创新思维法学教材
Legal Textbooks of Creative Thinking

武汉大学规划教材建设项目资助出版

立法法学

Legislative Jurisprudence

江国华 彭 超 编著

WUHAN UNIVERSITY PRESS
武汉大学出版社

图书在版编目(CIP)数据

立法法学/江国华,彭超编著.—武汉:武汉大学出版社,2024.9
创新思维法学教材
ISBN 978-7-307-24349-1

Ⅰ.立…　Ⅱ.①江…　②彭…　Ⅲ.立法—法的理论—高等学校—教材
Ⅳ.D901

中国国家版本馆 CIP 数据核字(2024)第 075642 号

责任编辑:胡　荣　　　责任校对:汪欣怡　　　版式设计:马　佳

出版发行:**武汉大学出版社**　　(430072　武昌　珞珈山)
　　　　　(电子邮箱:cbs22@whu.edu.cn　网址:www.wdp.com.cn)
印刷:武汉图物印刷有限公司
开本:787×1092　1/16　印张:29.5　字数:589 千字　插页:1
版次:2024 年 9 月第 1 版　　2024 年 9 月第 1 次印刷
ISBN 978-7-307-24349-1　　定价:89.00 元

目　　录

导　论

　　《管子》曰："尺寸也，绳墨也，规矩也，衡石也，斗斛也，角量也，谓之法。"可见，"法"在外表现为"行为典范"，在内蕴含"公正价值"。立法，即行为典范的创设过程，亦"公正价值的"的预设过程。《韩非子》有云："法者，编著之图籍，设之于官府，而布之于百姓者也。"①

　　"法"乃治国理政的准据。《商君书》云："法者，国之权衡也。"《孟子》云："不以规矩，不能成方圆。"《管子》说："以法治国，则举措而已。是故有法度之制者，不可巧以诈伪；有权衡之称者，不可欺以轻重；有寻丈之数者，不可差以长短。"是故"国无常强，无常弱。奉法者强，则国强；奉法者弱，则国弱"。②"法"也是社会善治之基础。《墨子》说："百工为方以矩，为圆以规，直以绳……故百工从事，皆有法所度。"《管子》有云："法律政令者，吏民规矩绳墨也。夫矩不正，不可以求方；绳不信，不可以求直。法令者，君臣之所共立也。"故"法令行则国治，法令弛则国乱"。③

　　立法必须为"公"，并明定"分"。《韩非子·有度》云："能去私曲就公法者，民安而国治；能去私行行公法者，则兵强而敌弱。"《商君书·修权》曰："法者，君臣之所共操也。""公私之分明，则小人不疾贤，而不肖者不妒功。故尧、舜之位天下也，非私天下之利也，为天下位天下也；论贤举能而传焉，非疏父子亲越人也，明于治乱之道也。故三王以义亲，五霸以法正诸侯，皆非私天下之利也，为天下治天下。"故"君臣释法任私必乱。故立法明分，而不以私害法，则治"。《商君书·定分》中和慎到的《慎子》中曾书"百人逐兔"之故事，曰："今一兔走，百人逐之，非一兔足为百人分也，由未定。由未定，尧且屈力，而况众人乎？积兔满市，行者不顾，非不欲兔也，分已定矣。分已定，人虽鄙，不争。故治天下及国，在乎定分而已矣。"

　　立法当顺乎自然，回应时势。《韩非子·安危》有言："奔车之上无仲尼，覆舟之下无伯夷。故号令者，国之舟车也。安则智廉生，危则争鄙起。""故安国之法，若饥而食，寒

---

　　① 《韩非子·难三》。
　　② 《韩非子·有度》。
　　③ 《潜夫论·述赦》。

1

而衣，不令而自然也。……今使人饥寒去衣食，虽贲、育不能行；废自然，虽顺道而不立。"《韩非子·心度》则曰："治民无常，唯治为法。法与时转则治，法与世宜则有功。……时移而治不易者乱，能治众而禁不变者削。故圣人之治民也，法与时移而禁与能变。"

"法"一经颁布，便具有强制力，"夫令必行，禁必止"。① 《韩非子·守道》曰："圣王之立法也，其赏足以劝善，其威足以胜暴，其备足以必完。治世之臣，功多者位尊，力极者赏厚，情尽者名立。""明主之所导制其臣者，二柄而已矣。二柄者，刑德也。何谓刑德？曰：杀戮之谓刑，庆赏之谓德。"《韩非子·二柄》曰："夫虎之所以能服狗者，爪牙也。使虎释其爪牙而使狗用之，则虎反服于狗矣。人主者，以刑德制臣者也。今君人者释其刑德而使臣用之，则君反制于臣矣。"在"法"面前，人人平等，不别亲疏贵贱。此即所谓"法不阿贵，绳不挠曲，法之所加，智者弗能辞，勇者弗敢争，刑过不避大臣，赏善不遗匹夫"。②

一、立法法学的研究对象

法学，是研究法律的科学；它是以法律、法律现象以及其规律性为研究对象的学科。立法法学是法学的一个分支，是以立法法规范、立法现象及其规律为研究对象的部门法学。

（一）立法法学以国家立法法规范体系为研究对象

立法法学首先要研究国家的立法法规范。在我国，已经形成了以宪法为统帅，以《中华人民共和国立法法》（以下简称《立法法》）为核心的立法法规范体系。

其一，宪法是国家一切法律制度的总根据，在立法法规范体系中居于统帅地位。宪法规定了人民代表大会主导的立法体制和立法权行使的基本原则。任何形式的立法活动，都不得与宪法精神、宪法原则和宪法规范相抵触。

其二，以《立法法》和"组织法"③为内核的宪法性法律是各类立法主体从事立法活动的合法性基础，在立法法体系中居于主导地位。宪法性法律将宪法所规定的立法体制具象化，它规定了各类立法主体的权限范围、立法程序和监督机制等，任何立法主体的立法活动都必须有《立法法》和"组织法"上的依据。

其三，以全国人大及其常委会、国务院以及地方人大及地方政府出台的涉立法的规范性文件对立法活动具有直接的规范作用，在立法法体系中居于基础性地位。这类规范性文

---

① 《韩非子·饰邪》。
② 《韩非子·有度》。
③ 这里的"组织法"是指具有组织法功能的法律之概称，既包括以"组织法"命名的《国务院组织法》《地方各级人民代表大会和地方各级人民政府组织法》，也包括不以"组织法"命名却涵摄"组织法"功能的《民族区域自治法》、港澳"基本法"等。

件包括：(1)由全国人大或其常委会出台的《全国人民代表大会常务委员会议事规则》《法规、司法解释备案审查工作办法》以及全国人大及其常委会的"授权立法决定"等；(2)由国务院出台的《行政法规制定程序条例》《规章制定程序条例》《法规规章备案条例》等；(3)由省、自治区、直辖市以及设区的市人大及其常委会出台的"地方立法体例""常委会议事规则""规范性文件备案审查规范"等；(4)由省、自治区、直辖市以及设区的市人民政府出台的"规范性文件管理办法"等。

（二）立法法学以各种类别的立法现象为研究对象

立法法学需要研究各种立法现象。这些立法现象包括不同性质、不同位阶、不同历史类型的立法活动。

其一，立法法学要研究不同性质的立法主体的立法活动。由于立法主体的种类及其产生、任期、职权等各不相同，使得立法性质、立法的过程、立法结果等在客观上受到不同程度的制约而出现了差异，因此，研究立法学必须要研究有权立法的立法主体。[1] 在我国，立法法学既要研究国家权力机关的立法活动，包括全国人大及其常委会的"立改废释决授编纂审"等活动及其过程——"立改废释决授编纂"即制定、修改、废止、解释、授权、决定、汇编、编纂等立法活动的简称，以及设区的市以上的地方人大及其常委会行使地方立法权的活动及其过程；又要研究国家机关的立法活动，包括国务院的行政法规、国务院部委的部门规章以及地方政府规章的创制及其过程；还要研究其他国家机关、社会组织或公民个人等涉立法的活动，比如最高人民法院、最高人民检察院等从事的司法解释活动，专家学者从事的立法论证、咨询和评估活动，等等。

其二，立法法学要研究各种效力等级的立法现象。正如法律存在位阶之分，立法也有效力等级的区分：有中央立法与地方立法的区分，有根本法立法与普通法立法的区分，有基本法律立法与非基本法律立法的区分，有法律立法与法规、规章立法的区分，还有其他多种不同效力等级立法的区分。在实践中，这些不同效力等级的立法现象，主要表现为法律、立法性决定、行政法规、地方性法规、自治条例和单行条例、规章等立法现象，都属于立法法学的重要研究对象。

其三，立法法学要研究各种效力范围的立法。除纵向上的效力等级区分之外，由于法律规范所调整对象以及调整方法的不同，[2] 这也使得立法在横向的效力范围方面也有不同。例如基本法律适用于全国范围内，调整某种或某些社会关系。而有些非基本法律仅规制某一行业或某一领域的法律关系。而行政法规则规定法律保留事项之外的与行政管理活动有关的内容，具有全国性效力。地方性法规规定一定行政区划之内的法律事务。这些不

---

[1]　徐向华主编：《立法学教程》，上海交通大学出版社2011年版，第3页。

[2]　参见雷磊著：《法理学》，中国政法大学出版社2019年版，第53页。

同效力范围的立法现象，都是立法法学的研究对象。

其四，立法法学要研究不同时代的和不同历史类型的立法。法律乃时代的产物，它不能超越其所处的历史阶段。受制于不同时期的生产和生活条件，其立法的指导思想必然存在差异，立法技术、立法的功能预设和价值预设亦被烙上时代印记。所谓鉴往知来，研究不同时代的立法现象，爬梳国家立法发展的历史脉络，总结立法经验与教训，探寻国家立法规律，是立法法学知识体系不可或缺的组成部分。

（三）立法法学以立法过程为研究对象

立法是一项组织性的活动过程。一般而言，立法过程分为立法准备、法律形成、立法完善和立法监督等阶段。① 尽管各阶段的任务和性质不同，但都属于立法过程的范畴。

其一，立法法学要研究立法准备阶段及其各种活动。立法准备是正式立法活动的前置环节。就当代立法而言，这一阶段的内容主要包括立法预测、编制立法规划、组织调查研究、形成立法创议、作出立法决策、组织法案起草班子、起草法案草稿等。立法法学需要研究立法准备阶段各项活动的功能、程序及其与立法形成之关系等内容。

其二，立法法学要研究法律形成过程及其各种活动。法律的形成过程就是由法案提出到法的公布生效的过程。根据宪法、组织法及立法法之规定，法律的形成过程包括提出法案、审议法案、表决通过法案、公布法等基本内容。由于这一阶段是法律得以形成并产生法律效力的关键阶段，因而也是立法法学的研究重点。

其三，立法法学要研究立法完善阶段及其各种活动。立法是一个动态与静态相结合的过程，当法案变为法以后并不意味着立法的终结，而是表明立法进入了稳定化、常态化的新阶段。为使法律进一步臻于完善，需要进行一系列完善活动，包括法的解释、立法信息反馈、法的修改或补充和废止、法的清理、法律汇编和编纂等。从静态的角度来讲，近现代以来各国都是通过法律来规范立法活动的，必然形成静态的制度性规定。② 随着社会的发展，立法完善阶段的工作益显重要，立法法学对它们的研究也应随之加强。

其四，立法法学要研究立法监督过程及其各类活动。立法监督是现代法治社会中立法活动实现法治化、民主化和科学化不可缺少的重要保障，是确保立法权能够有序行使的必要手段。就其广义而言，立法监督贯穿于整个立法活动过程，例如对立法机关法律草案的审议是对草案本身质量的监督，开门立法是通过公众参与来实现全社会广泛的监督等。就其狭义而言，立法监督主要是指立法审议程序之后的合宪性审查与合法性审查，其中，对立法草案的合宪性审查是法律公布生效的前置程序，备案审查则属于公布生效之后的监督机制。

---

① 参见魏海军主编：《立法概述》，东北大学出版社 2013 年版，第 18 页。
② 朱力宇、叶传星主编：《立法学》，中国人民大学出版社 2015 年版，第 20 页。

（四）立法法学以各种立法规律为研究对象

立法要实现科学化，必须遵循立法规律，例如立法必须与社会生产力发展水平相适应、立法要遵循法理逻辑等。规律是对客观现实的正确认识。唯有正确认识、把握和运用这些规律，才能正确认识立法现象，有效指导立法实践，因此，立法法学应当对立法规律展开研究。

其一，立法的过程是在党的领导下将人民意志上升为国家意志的过程，因此，立法的形成过程就是人民意志、党的意志与国家意志三者有机相统一的过程。就其性质而言，有机统一既是一项立法规律，它本身又内嵌着唯物辩证法。

其二，立法是一项主观见之于客观的社会活动，因此，立法既要充分发挥立法者的主观能动性，又要充分尊重社会实践的基本规律。实践的规律就是主观统一于客观、认识统一于实践之规律，是认识与实践的矛盾在发展中的统一，是具体的历史性统一。归根结底，就是社会发展的历史必然律。历史唯物主义把自由的实现看作对必然性的认识，并根据这种认识进行社会的改造。人们不能改造或废除社会发展规律，但可以在实践中认识和掌握这些规律，在自己的行动中遵循和利用它们来改造社会，获得自由。

其三，立法是一项国家作用于社会的系统工程，因此，立法既要服务于国家发展战略，又要尊重社会发展规律。在新时代，国家发展必须是遵循经济规律的科学发展，必须是遵循自然规律的可持续发展，必须是遵循社会规律的包容性发展。立基于此，科技领域的立法应当遵循自然规律，经济领域的立法应当体现经济发展规律，文化领域的立法应当尊重文化发展规律。

其四，立法是一项专业性很强的工作，需要遵循与其专业相关联的规律。首先，立法是法治工程的一项基础性工作，需要遵循法治的内在规律，要科学处理法治与政治、法治与德治、权力与权利、政府与市场、管理与服务、惩罚与保障等诸多关系；其次，立法本身也是一项技术性工作，立法工作应当遵循立法的技术规范——这些技术规范内嵌着语言规律和逻辑规律。

（五）与立法现象和立法规律密切相关的事物也属于立法法学的研究对象

立法现象之间是相互联系的而不是彼此孤立的。立法规律在对立法现象发生作用时，通常也与其他事物及其规律发生联系，立法规律对立法现象发生作用的程度和效果，往往与这种联系的程度和效果密不可分。因此，立法法学还要研究与立法现象和立法规律相关的事物尤其是关联紧密的事物及其规律。例如，要注重研究立法与历史现象和其他种种社会现象的联系，揭示各种立法现象和立法规律的精神实质或其社会条件。再如，要注重研究立法与立法思想的联系。各种立法现象通常总是与它们所存在的那个社会、那个时代的立法思想尤其是占主导地位的立法思想，有不可分割的联系。立法法学也以这些立法思想为研究对象，研究各种立法现象以什么样的思想资料作参考、作指导，研究这些思想对当时和后来立法的影响，也研究这些思想基于何种立法现象以及其他因素而萌生和发展。

二、立法法学的学科地位

各个学科以其研究对象所具有的矛盾的特殊性而同其他学科区分开来，成为具有独立性的学科，同时又因其对象在特殊性中包含着普遍性而相互连接起来，构成一个包括多个学科的更高层级的学科或学科群。① 立法法学具有区别于其他法学二级学科的研究对象和研究范围，有其独立的学科地位，并于其他法学二级学科存在着密不可分的关联性。

（一）立法法学是法学体系中的一门独立学科

科学是对物质世界的现象、本质和发展规律的反映。哲学社会科学之所以是一个学科体系，之所以具有系统性、专业性，归根到底是由其所反映的客观对象固有的性质决定的。② 从基本学科定位来看，立法学一直被作为法学内部的独立分支学科。根据《中华人民共和国国家标准 GB/T13745—2009》所确定的学科分类，立法学与法理学、比较法学、法社会学等并列，一起统属在理论法学之下。③ 立法法学之所以具有独立于其他法学二级学科之地位，正在于其研究对象和研究任务的特殊性。

其一，立法法学有其独立的研究对象。不同的法学二级学科从不同角度研究法律，将法律的不同运行形式或不同部分、不同方面、不同层次作为研究对象，在长期历史发展中构成了人类迄今所具有的法学学科体系。与所有的法学二级学科一样，立法法学也是研究法律的学科。但立法法学的侧重点在于研究"法律是如何形成的"，而其他法学二级学科则侧重于研究其领域之"法律是如何运用的"。

其二，作为立法法学主要研究对象的立法法体系是一个独立于其他部门法的法部门。如果说，民法学是以民法典为核心研究对象的学科，刑法学是以刑法典为核心研究对象的学科，那么立法法学就是以立法法为核心研究对象的学科。

其三，立法法学的任务在于揭示"法律是如何形成的"，并以此总结立法经验、提炼立法技术、抽象立法规律。这项任务既不属于宪法学或者法理学，也不属于其他部门法学，只属于立法法学。

（二）立法法学与其他学科的关系

由于各种法律现象的相互联系、渗透和作用，立法现象既是立法法学研究的专门领

---

① 田心铭：《学科体系、学术体系、话语体系的科学内涵与相互关系》，载《光明日报》2020 年 5 月 15 日。

② 田心铭：《学科体系、学术体系、话语体系的科学内涵与相互关系》，载《光明日报》2020 年 5 月 15 日。

③ 王建学：《立法法释义学的理论建构》，载《荆楚法学》2022 年第 1 期。

域，也会进入法学其他学科研究的视野，处于这些学科所研究的边缘地带或所涉及的领域。反过来说，其他学科在从不同角度研究法律现象时，也会对立法现象有所涉及。① 因此，必须在法学体系中将立法法学与其他相邻或深度相关的法律学科进行比较。

其一，立法法学与法理学的关系。立法法学与法理学具有相互作用、相互影响的关系。其中法理学是立法法学的基础。法理学是法学这一学科的基础理论，属于理论科学。作为一门理论科学，法理学研究的直接对象是有关一般意义上的法律，特别是本国法的基本概念、原理和规律。因此，它是比较抽象的，是通过各种法律规范的中介同社会生活联系的。这些基本概念、原理和规律对各门应用法学都适用，当然也适用于立法法学。学习立法法学，应该了解法律的产生、本质、特征、作用（功能）形式，应该了解法律的制定和实施，法律上的权利和义务，法律的效力和解释，守法与违法等概念和原理，而这些都是法理学研究的基本内容。同时，立法法学是法理学的延伸和具体化，立法法学贯彻了法理学的相关理论，实现了法理学提出的制度设想和理论实践。特别是实践性立法法理学的提出，它有助于将立法重新塑造为一种可被理性化的原则论坛，有助于将学界提出的科学立法、民主立法、依法立法等原则统合成一个更为理论的体系。② 此外，立法法学与法理学在研究对象方面存在不少重合的地方。例如，两学科都要研究法律制定的概念、原则、程序、技术、法律形式、法律体系等，但对立法法学来说，则着重从立法的角度去研究，其研究内容更为具象。

其二，立法法学与宪法学的关系。宪法作为国家的"母法"，具有最高的法律效力，也是其他各项法律的来源，立法法也不例外。一国的立法活动必须在宪法的指引之下，立法法学的研究内容如立法主体、立法程序、立法权限等内容必须以宪法学的相关理论为依据；同时，立法法学对于宪法学也具有重要的影响作用。制定宪法也是一种特殊的立法活动，因而必须由立法法学展开研究。立法法学的研究也是对宪法学的补充和完善。

其三，立法法学与立法学的关系。立法学与立法法学存在紧密关联，在很多地方存在重合之处，例如二者都研究立法思想、立法制度、立法技术等，但二者亦存在研究对象、研究方法上的差异。立法法学是以立法权力配置规范、立法组织规范、立法程序规范、立法技术规范、立法评估规范等为基本研究对象的部门法学。立法学则是以立法行为、立法技术、立法规律等为基本研究对象的学科，其性质更倾向于管理科学。

其四，立法法学与其他部门法学的关系。立法法学与民法、刑法、行政法、诉讼法等各部门法学均具有十分密切的关系。一方面，立法学的产生和发展直接受制于部门法的发

---

① 参见黄文艺、杨亚非主编：《立法学》，吉林大学出版社 2002 年版，第 7 页。

② 参见叶会成：《立法法理学的类型与意义——立法学学科性质的反省》，载《法制与社会发展》2021 年第 6 期。

达和部门法学的完善，立法学的研究要借助各部门法学所提供的有关各部门法的研究成果和资料，部门法学的研究状况决定着立法学研究的深度和广度；另一方面，立法学对涵盖所有法律部门和部门法学的立法现象的科学说明，又可以直接用来指导部门法的研究，协调各部门立法、各部门法学之间的关系，促进法律体系的和谐，进而促进各部门法的完善。①

（三）立法法学的作用

作为一门学科，立法法学是国家立法事业发展的产物，反过来，它又构成了立法事业发展的理论基础。

其一，立法法学可以为立法活动提供智力支持。立法活动随着社会经济条件的发展呈现出快速的更新态势，立法法学基于最新的立法研究成果，不仅为立法活动提供理论论证，而且引领着立法制度的不断创新。在具体的立法程序中，专家论证、立法前评估等制度都需要立法法学研究为其制定标准，提供可操作的方案和促进立法效能的提升。

其二，立法法学可以促进立法研究的科学化与规范化。立法法学是对立法现象与立法规律的一种体系化的科学研究，明确了立法的相关范畴、基本原理、基本渊源、各类法律性文件的制定规范以及各项特殊的立法活动等相关内容。党的十八届四中全会强调，建设中国特色社会主义法治体系，必须坚持立法先行，发挥立法的引领和推动作用，抓住提高立法质量这个关键。这就要求立法研究必须形成完善的知识体系，立法法学则能够提高其科学化与规范化水平。

其三，立法法学可以培养专业的立法人才。培养专业的立法人才乃立法法学的当然使命。全面深化依法治国，要有高质量的立法供给。高质量的立法供给，离不开高素质的立法专业人才。

三、立法法学的研究方法

立法法学研究对象的复杂性，决定着其研究方法的多样性。鉴于立法活动的特殊性，实证分析和价值分析被认为是立法法学最重要的研究方法。

（一）实证分析方法

立法法学作为一门社会科学，除了拥有自身的价值分析方法之外，还可以采用社会科学研究的通用方法——实证分析方法。运用实证分析研究立法法学，就是要通过对经验事实的观察和分析来建立和检验立法法学的各种理论命题。对于立法法学的实证研究而言，经验事实既包括与法律制定有关的社会事实，也包括法律文本中的词语、句法、逻辑结构等事实因素。具体而言，实证分析方法主要包括以下几种：

---

① 黄文艺主编：《立法学》，高等教育出版社 2008 年版，第 7 页。

其一，调查研究法。所谓调查研究，是指一种描述性研究，是通过对原始材料的观察，有目的、有计划地收集研究对象的材料，从而形成科学认识的一种研究方法。[①] 运用社会调查进行立法法学研究，有助于加强理论联系和指导实际的功能，保证立法法学研究成果的科学性、准确性。社会调查的方法也是多种多样的，一般可以分为普遍调查、抽样调查、典型调查和个案调查等。同时调查者还需熟练运用一些接触事实、收集资料的技术性方法，如观察法、实验法、参与法、访谈法、问卷法等。

其二，比较研究方法。对于立法现象的比较研究，包括两种：一种是不同国家以及国家内部不同地区之间的不同立法体制、立法文化等的横向比较，有助于借鉴和吸收先进的立法经验，完善一国的立法制度。这种横向的类型比较重点在于对研究对象进行分类整理。对事物的分类可以通过归纳法来进行，在归纳过程中，对大量现象进行辨别和区分，找出其共同点和不同点，然后加以概括，再从具体事物的各种属性和关系中抽出某一本质特征，确定其类别关系。[②] 另一种是按照立法现象发展的时间顺序的纵向历史比较，通过对不同历史类型以及同一类型中不同时期的立法制度的比较研究有助于继承和发扬历史的优秀传统，并从中获得经验教训，从而推动立法法学的理论发展。

其三，逻辑分析方法。法本身就是一种由各种规则构成的内在统一、结构严谨的体系，正确使用逻辑分析方法有利于全面、准确地了解立法的内容。逻辑分析方法的具体形式也有很多，如归纳与演绎、分析与综合、比较与分类、科学抽象法、数学模型法等。在立法法学研究中，这些具体形式都有其特殊作用，如研究者可以运用演绎法从一般的立法原则推导出具体的立法原则，可以用科学抽象法提炼出立法法学的基本范畴，可以利用数学模型法对立法成本与效益进行评估，等等。逻辑分析方法还可以通过对同一立法文本或不同立法文本的法律概念、规则、原则或制度之间的逻辑关系的研究，帮助我们理解法律概念、规则、原则或制度的内涵，理清立法文本之间错综复杂的关系。[③]

其四，语义分析方法。立法过程实际是与语言的操作过程相伴随的，立法主体正是通过语言的操作来划定权利与义务的界限，从而宣告和推行国家意志立法语言成为传达国家意志和指令、表达具体立法目的的载体。因而，如何正确使用、解释立法用语，直接关系到人们的切身利益和社会秩序。如果立法文本中的用语无法解释，或者本身就是语义含混、前后矛盾，这种立法将无法充分保护其应当保护的利益，也无法有效制裁其应当制裁的行为。同时，如果不能准确合理地使用和解释立法用语，则将会导致立法法学理论研究的混乱与交流的障碍。但是，与价值分析中的文本分析不同，实证分析中的语义分析不能

① 诸彦含主编：《社会科学研究方法》，西南师范大学出版社 2016 年版，第 78 页。
② 林聚任、刘玉安主编：《社会科学研究方法》，山东人民出版社 2004 年版，第 162 页。
③ 黄文艺主编：《立法学》，高等教育出版社 2008 年版，第 12 页。

止步于价值判断，而必须回答其背后的形成原因，分析其优化途径。

（二）价值分析方法

价值分析方法就是通过认知和评价社会现象的价值属性，从而揭示、批判或确证一定社会价值或理想的方法。法律作为调整社会生活的规范体系，从终极的意义来说，它的存在本身并不是目的，而是实现一定价值的手段。[①] 立法法学也涉及价值判断的问题，使得立法活动符合人权、公平、正义、秩序这些立法的基本价值，具体体现在立法程序的实施和立法权的配置等方面。在立法法学研究中，价值分析方法的主要研究方式是通过立法文本进行解构和分析，与既有的立法法学理论进行印证，用立法法学的理论对其进行解释和论证，分析其中的优缺点，并提供改进和优化的方向判断。

四、新时代的立法与工作要求

习近平新时代中国特色社会主义思想是解决新时代的新问题的指导思想，其主要内容包括八个方面：总任务、主要矛盾、总体布局和战略布局、改革、法治、强军、外交、党的领导和党的建设。全面依法治国是习近平新时代中国特色社会主义思想的核心内容之一，在"八个明确"中，明确了全面推进依法治国总目标是建设中国特色社会主义法治体系、建设社会主义法治国家，在"十四个坚持"中，坚持全面依法治国是重要内容。全面推进依法治国是一个系统工程，是国家治理领域一场广泛而深刻的革命，必须坚持依法治国、依法执政、依法行政共同推进，坚持法治国家、法治政府、法治社会一体建设，实现科学立法、严格执法、公正司法、全民守法，不断把法治中国建设推向前进。

全面推进依法治国强调治国、执政、行政必须"依法"，治国、执政、行政所依之法是拥有立法权的机关所立之法，尤其要发挥人大及其常委会在立法工作中的主导作用。习近平总书记指出："要优化立法职权配置，发挥人大及其常委会在立法工作中的主导作用，健全立法起草、论证、协调、审议机制，完善法律草案表决程序，增强法律法规的及时性、系统性、针对性、有效性，提高法律法规的可执行性、可操作性。"[②]以习近平新时代中国特色社会主义思想为指导，新时代的立法工作具有以下重要意义和工作要求。

立法是关乎全面依法治国、新时代高质量发展、满足人民群众期待的重要工作。

其一，立法是全面依法治国战略部署中的重要环节。"全面推进依法治国，必须坚持科学立法。"[③]法律是治国之重器，良法是善治之前提。全面推进依法治国，立法具有前提性、基础性作用，要"推进科学立法、民主立法、依法立法，以良法促进发展、保障善

---

①　参见姚小林著：《司法社会学引论》，厦门大学出版社 2014 年版，第 36 页。

②　习近平著：《论坚持全面依法治国》，中央文献出版社 2020 年版，第 114 页。

③　习近平著：《论坚持全面依法治国》，中央文献出版社 2020 年版，第 19 页。

治"。①

其二，立法质量是影响新时代高质量发展的重要因素。习近平总书记强调："发展要高质量，立法也要高质量。要以立法高质量保障和促进经济持续健康发展。"②实现高质量的立法的途径是科学立法、民主立法。习近平总书记指出："推进科学立法、民主立法，是提高立法质量的根本途径。科学立法的核心在于尊重和体现客观规律，民主立法的核心在于为了人民、依靠人民。要完善科学立法、民主立法机制，创新公众参与立法方式，广泛听取各方面意见和建议。"③

其三，高质量立法是人民群众对立法的期待。在党的十八届中央政治局第四次集体学习讲话中，习近平总书记指出："人民群众对立法的期盼，已经不是有没有，而是好不好、管用不管用、能不能解决实际问题；不是什么法都能治国，不是什么法都能治好国；越是强调法治，越是要提高立法质量。"④人民是国家的主人，立法机关要始终坚持科学立法、民主立法，以高质量立法满足人民群众的立法需求。

立法工作是一项专业性很强的工作，科学的立法规划，健全的立法工作机制和程序，优秀的立法人员是做好立法工作重要抓手。

其一，制定科学的立法规划。习近平总书记指出，做好立法工作，要"完善立法规划，突出立法重点，坚持改废并举，提高立法科学化、民主化水平，提高法律的针对性、及时性、系统性"。⑤立法工作是主观性与客观性相结合的工作，立法的客观性在于把握客观规律，立法的主观性在于立法者积极主动地谋划立法，以有计划、有目的的立法规划对未来做部署。

其二，建立健全的立法工作机制和程序。习近平总书记指出，做好立法工作，必须"完善立法工作机制和程序，扩大公众有序参与，充分听取各方面意见，使法律准确反映经济社会发展要求，更好协调利益关系，发挥立法的引领和推动作用"。⑥完善立法的工作机制和程序在于保障民众有效参与立法，反映经济社会发展要求，协调各方利益关系。经济社会的发展是满足"人民日益增长的物质文化需要同落后的社会生产之间的矛盾"的基础。民众有效参与立法、协调各方利益关系是立法过程中的民主，立法过程的民主是全过程人民民主的体现。

其三，培养优秀的立法人员。习近平总书记强调："立法是为国家定规矩、为社会定

① 习近平著：《论坚持全面依法治国》，中央文献出版社 2020 年版，第 186 页。
② 习近平著：《论坚持全面依法治国》，中央文献出版社 2020 年版，第 253 页。
③ 习近平著：《论坚持全面依法治国》，中央文献出版社 2020 年版，第 95 页。
④ 习近平著：《论坚持全面依法治国》，中央文献出版社 2020 年版，第 20 页。
⑤ 习近平著：《论坚持全面依法治国》，中央文献出版社 2020 年版，第 20 页。
⑥ 习近平著：《论坚持全面依法治国》，中央文献出版社 2020 年版，第 20 页。

方圆的神圣工作，立法人员必须具有很高的思想政治素质，具备遵循规律、发扬民主、加强协调、凝聚共识的能力。"①高质量的立法离不开优秀的立法工作者，坚定的政治信仰、优异的政治品格是国家立法人员的基本要求，遵循规律、发扬民主、加强协调、凝聚共识的专业能力是国家立法人员的追求目标。

我们已经步入中国特色社会主义新时代，新的时代要求科学立法、民主立法、依法立法，新的时代呼唤更高质量的立法。在新的历史起点上，我们要以习近平法治思想为指引，紧跟时代步伐，紧贴人民期待，紧扣现实需求，运用娴熟的立法技术，通过立法保障国家高质量发展。

📑 **思考题：**

1. 试论立法的概念。
2. 试论立法法学的研究对象。
3. 试论立法法学的学科地位。
4. 试论实证分析方法。

---

① 习近平著：《论坚持全面依法治国》，中央文献出版社 2020 年版，第 116 页。

第一章　立法法学之基本范畴

马克思主义认为，范畴是反映客观事物本质联系的思维形式，是各个知识领域中的基本概念，各门具体学科中都有各自特有的范畴——"任何一门学科，从理论形态上说，都是由范畴构建起来的理论大厦，没有范畴就意味着没有理性思维，没有理论活动和理论表现。"①作为一门以研究立法法规范及其运行过程的部门法学，立法法学也有其独立的范畴体系，其中，立法、立法权、立法主体、立法程序和立法方法等属于基本范畴之列。

第一节　立　　法

在构词学上，"立法"由"立"和"法"两个字组成。由于发音重心的差异，"立法"一词既可以表达为行为结果的"法"，也可以体现为行为过程中的"立"。② 其中，"立"是动词，指陈"立法活动"，包括法的创制和法的解释等；"法"是名词，指陈"立法活动"的结果，表现为法的形式渊源。"立法"并用，具有动名双性——作为动词，"立法"指陈立法活动及其过程；作为名词，"立法"指陈法的产生方式。

一、法的概念

在其一般意义上，法是由国家经过公布周知的程序制定或认可的，能够反映由一定物质生活条件所决定的统治阶级意志，并且由国家强制力保证实施的规范体系。法也可以被定义为调整社会生活之一般性、实证性的规范整体。③ 它通过确定人们在一定社会关系中的权利和义务，来确认、保护和发展对统治阶级有利的社会关系和社会秩序。其要义有五：

其一，法是体现统治阶级意志的社会规范。在法的意志性与社会物质生活条件制约性之关系上，马克思主义法学认为法律是统治阶级意志的体现，而统治阶级的意志归根结底

---

① 张文显著：《法学基本范畴研究》，中国政法大学出版社 1993 年版，第 1 页。
② 邓世豹主编：《立法学：原理与技术》，中山大学出版社 2016 年版，第 2 页。
③ ［德］拉德布鲁赫著：《法哲学入门》，雷磊译，商务印书馆 2019 年版，第 40 页。

又是由其社会物质生活条件所决定的。对法律而言，统治阶级的意志和社会物质生活条件是其不同层次的本质。对此，列宁指出，统治阶级的意志是法的"初级本质"，社会物质生活条件是法的更深层次的本质。①

其二，法是调整人们行为的社会规范。首先，法律是一种行为规范，其作用对象是人的外在行为，而非内在思想。所谓"外在行为"意指受一定主观意图所支配的能够被观察或被推断的具有外部效果的言论或举止，由法律所调整的外在行为必须是社会关系中的行为。其次，法律是一种社会规范，其作用对象是人的社会性行为，而非个体性行为。所谓"社会性行为"就是存在于社会交往关系之中并能够产生一定社会效果之行为。其法律意义正在于通过对人的社会性行为的评价与约束来调整社会主体之间的利益、解决他们之间的冲突，使人们的行为服从规则的治理，② 实现社会的良好秩序。

其三，法律是国家创制的社会规范。首先，法律是国家意志的体现，具有国家性，法律的产生与维持都与国家权力存在着内在的、不可分离的联系，没有国家权力作为基础，任何法律都无从产生；③ 其次，法律是国家作用社会的基本方式，是由国家创制的，而非社会长成的，这是法律区别于其他社会规范的标志性特质。

其四，法律是以规定权利和义务关系为基本内容的社会规范。法律上的权利与义务是相对应的范畴，权利和义务在结构、功能、数量等方面具有内在的关联性。④ 法律通过对权利义务的分配，引导人们的行为动机，指导人们的行为活动，实现其对社会关系的调整，从而确认、保护和发展对统治阶级有利的社会关系和社会秩序。

其五，法律是由国家强制力保证实施的社会规范。社会规范除了法律规范外，还包括道德规范、宗教规范、政党纪律等，因为它们都调整人与人之间的行为及其关系。⑤ 法律的实施由国家强制力保证，是法律与其他社会规范的重要区别。如果没有国家强制力作后盾，违反法律的行为得不到纠正与惩罚，法律所体现的国家意志也就得不到贯彻和保障。正是国家强制力的保证，使得法律具有统一性、普遍性、权威性和实效性。⑥

二、法的创制

在法理学上，法的创制主要是指由特定主体依据一定职权和程序，运用一定技术，制

---

① 参见张文显主编：《法理学》，高等教育出版社，北京大学出版社 2011 年版，第 44~47 页。

② 参见周赟主编：《法理学》，清华大学出版社 2013 年版，第 36~37 页。

③ 参见赵肖筠、史凤林主编：《法理学（第二版）》，法律出版社 2012 年版，第 27 页。

④ 参见柳之茂主编：《法理学》，中国社会科学出版社 2012 年版，第 93~94 页。

⑤ 参见雷磊著：《法理学》，中国政法大学出版社 2019 年版，第 19 页。

⑥ 参见魏清沂主编：《法理学》，北京大学出版社 2011 年版，第 43 页。

定、认可和变动法律这一特定社会规范的专门性活动。① 其主要有两重意思：(1)法的创制即广义上的立法，意指由立法主体依据法定职权和程序，运用一定技术，为体现统治阶级意志而制定、认可、修改、补充和废止法律规范活动的总和；(2)法的创制单指法的制定，指陈与法的认可、修改、补充和废止相区别的法律规范制定活动。

其一，法的创制是国家的专有活动，是实现国家职能和国家对社会领导的重要形式之一，是统治阶级的意志上升为国家法律的关键性阶段。历史地看，有国家或政权就有法的创制，只是在不同历史时期、不同国家，法的创制的目的、性质、方式及其在国家活动中的地位和作用有所不同。比较而言，各国法的创制权限划分、职权范围和程序，通常由其具体国情所决定；在法制健全的现代国家，法的创制权限之划分等问题均属于法律保留事项，由法律规定之。比如在我国，法的创制权配置、权限范围、运行程序等均由《立法法》明文规定。

其二，法的制定，即狭义上的立法，根据英国《牛津法律大辞典》的解释，意指"通过具有特别法律制度赋予的有效地公布法律的权力和权威的人或机构的一致制定或修改法律的过程"；根据《美国大百科全书》的解释，意指"国家机关为了规范社会行为，而制定法律规范的活动。通常用于表明代议机关制定法律和立法程序的活动"；根据《中国大百科全书》的解释，意指国家机关依照其职权范围通过一定程序制定(包括修改或废止)法律规范的活动，既包括拥有立法权的国家机关的立法活动，也包括被授权的其他国家机关制定从属于法律的规范性法律文件的任务。从公法学的原理而言，所谓立法，乃是国家有意识地创设能够规制、统制特定社会事项的一般、抽象规范之过程。②

其三，法的认可，意指国家机关根据社会需要，将社会中已存在的一些行为规范认可为法律规范；其认可方式有三：一是在国家的法律文件中明确认可某些规范具有法律上的效力；二是赋予社会上早已存在的某些一般社会规则，如习惯、经验、道德等，在法律适用活动中或国家的其他活动中将其纳入法律规范体系，从而具有法律上的效力；三是通过加入国际组织、承认或签订国际条约等方式，认可国际法规范。③

其四，法的修改，是指国家立法机关根据经济社会发展的需要，依照法定程序对现行法律进行变更、删除或补充的立法活动。在我国的立法实践中，法的修改主要有修订、修改决定和修正案三种基本形式。三种形式各有其不同的适用对象和特点，差别较大。一般来说，修订形式适用于法律的全面修改，可称之为整体修改；修改决定形式适用于普通法律的部分修改；修正案形式在国家层面主要用于对宪法和刑法等基本法律的部分修改，在

① 公丕祥主编：《法理学》(第二版)，复旦大学出版社2008年版，第217页。
② 罗传贤著：《立法程序与技术》，台湾五南图书出版公司初版，第4页。
③ 参见孙笑侠、夏立安主编：《法理学导论》，高等教育出版社2004年版，第32页。

地方也主要用于对法规的部分修改，但各地规定会略有不同。具体有四：（1）适用条件不同。法律的修订，通常是基于法律的调整对象发生重大变化，或者人们对法律的认识和要求有明显转变，以致法律的基本原则和主要条款需要修改，或需要对条文作全面修改，以适应变化较大的新情况，如1997年《刑法》的修订；地方立法中也是如此，比如《北京市制定地方性法规条例》规定：修订适用于修改内容较多、修改量较大的法规，有时法规体例、结构需要变动。修改决定形式的使用前提是，法律的基本原则和主要条款基本适应需要，法律的表现形式和内部结构基本合理，但法律的某些方面、某个部分或者某些条款、词句不能适应经济社会发展和法治建设的需要。这是最常用的修改法律的形式。《北京市制定地方性法规条例》也规定，它适用于对法规作部分修改，一般法规体例、结构不作变动。修正案的形式在中央适用于法典化程度较高、稳定性较强的宪法和基本法律的部分修改，在地方一般规定为"法规修改较少，法规体例、结构不作变动的情况"。（2）修改范围和内容不同。这是与其适用条件相对应的。修订对法律的修改范围较大，修改内容既可以是指导思想和基本原则，也可以是调整对象和重要制度，还可以是框架结构和具体条文。修改决定的修改范围相对较小，一般是对现行法律的某些方面、某个部分乃至个别条款和词句进行修改。修正案的修改范围也比较小，且适用的法律层级与修改决定有所不同。（3）审议和通过的对象不同。修订是对法律的全面修改，因此向立法机关提出的是完整的法律修订草案文本，即修改后的整部法律，立法机关审议的也是修订草案文本的全部内容，而不是仅针对需要修改的内容进行审议；立法机关表决通过的，也是整个法律文本，因此也可称之为"废旧立新"。对于修改决定或修正案，立法机关审议的仅仅是修改决定草案或者修正案草案，虽然修改后的整个修正文本草案也会印发立法机关，但那只是一个便于立法者了解法律全貌的参阅文件，不是审议内容；立法机关表决通过的也只是修改决定或者修正案，不是修改后的整个法律文本。（4）公布的对象和形式不同。以修订形式进行法律修改后，其公布对象是修改后的法律全文。以主席令公布的法律文本形式是"某某法"，通常表述为"某某法已由某某会议于某年某月某日修订通过，现将修订后的某某法公布，自某年某月某日起施行"，因而是主席令直接公布法律全文。以修改决定形式进行法律修改后，公布的是修改决定，并在其后附修正本，即将原法律根据这一决定作出的相应修改予以重新公布，也就是需要公布两个文件；以主席令公布的法律文本形式是"关于修改某某法的决定"，表述为"关于修改某某法的决定已由某某会议于某年某月某日通过，现予公布，自某年某月某日起施行"。同时，修改决定中要载明"某某法根据本决定作相应修改，重新公布"，这是主席令间接公布法律全文。以修正案形式进行法律修改后，公布的是法律修正案，且不对原法律进行调整，不用公布修正后的法律，也就是说只需要公布一个文件——但在实践中为便于使用，有时也公布修正后的法律全文，如2004年修宪后同时公布了宪法修正文本。以主席令公布的法律文本形式是"某某法修正案"，表述为"某某法修正案已由某某会议于某年某月某日通过，现予公布，自某年某月某日起施行"。（5）生效时间不同。采用修订形式修改法律后，由于修改的内容较多，涉及法律原则、制度的修改，实际上相当于制定了一部新法律，因而整部法律的生效时间需要重新规定。如 2005 年修订后的《公司法》最后一条就明确规定："本法自 2006 年 1 月 1 日起施行。"地方性法规亦然，《北京市制定地方性法规技术规范》就规定：对于全面修订的方式，"应在法规最后一条明确修订后的法规的生效时间"。采用修改决定或修正案形式修改法律后，由于涉及的只是若干条款和部分内容，在通过的修改决定或修正案中，只规定修改决定或修正案的生效时间，该法律的原生效时间不变。也就是说，修改后的法律将同时有两个生效时间——如果做过多次修改，则会有多个生效时间。①

三、法的解释

法的解释是通过对法律、法规等法律文件条文、概念、术语的说明，揭示其中所表达的立法者的意志和法的精神，进一步明确法定权利和义务或补充现行法律规定不足的一种国家活动。因此，只有被授权的国家机关才能进行法律解释，法律解释属于官方解释或有权（有效）解释。在阶级社会，法律解释总是以统治阶级的立法政策和法律价值为指导进行的，并服务于统治阶级的根本利益。所以，法律解释也具有阶级性。正如列宁所指出的，在资本主义国家，有成千上万的资产阶级的律师和官吏，他们能把法律解释得使工人和普通农民永远逃不出法网。② 社会主义国家的法律解释则是为了正确说明国家的立法意图，更好地执行人民意志，便于人民群众明确自己的权利和义务，更好地行使权利和履行义务，便于国家机关执行和适用法律。③

（一）法律解释的必要性

法律是一种通过语言的社会控制工具。法律解释直接关系到如何准确地理解和切实贯彻法律规范的精神实质，达到立法者所预期的社会效果。④ "法律语言是一项模糊的艺术"，但是，法的实施却是一项"不得不精雕细琢的技术"。法律解释就是法律从"模糊的艺术"到"精雕细琢的技术"不可或缺的条件。

其一，法律规范是抽象的行为标准，具有概括性、相对稳定性的特征，而人们的行为和社会关系却是具体的和千差万别的。在立法时，立法者舍弃了行为或关系的差别因素，

① 李正斌：《"修正案"、"修订"与"修改决定"应用之辨》，载《检察日报》2012 年 6 月 11 日，第 006 版。

② 参见《列宁选集》第 3 卷，人民出版社 1995 年版，第 632~633 页。

③ 张文显著：《法理学》，中共中央党校出版社 2002 年版，第 233 页。

④ 高其才著：《法理学》（第四版），清华大学出版社 2021 年版，第 366 页。

仅按照它们的共性规定行为的界限和权利义务关系。但在执法和司法时，执法者和司法者所遇到的是具有个性的行为和关系，要把抽象的规范适用于具体的行为和关系，就需要正确地判断、理解和解释法律规范的含义及其适用范围。

其二，法律词语、术语、概念经常具有多种含义，所以对法律规范的理解就会产生分歧。为了消除分歧，就需要有权威性的法律解释。法律文本中大量使用的"公平""适当""合理""过错"等概念更是需要通过解释使之具体化，从而确定其在具体情形下的含义。从这方面来讲，法律解释是寻求法律规范的统一、准确和权威的理解与说明的需要。[1]

其三，社会生活是不断发展变化的，新情况、新问题不断出现，在改革时期尤其如此。有些新情况、新问题无须通过制定法律、法规或修改法律、法规来应对，但可以通过法律解释来解决。即使需要通过修法或立法解决的，也需要有一个过程。通过法律解释使法律及时适应新情况，有助于充分发挥既定法律规范的功能，提高法律的稳定性。[2]

（二）法律解释的体制

法律解释的体制是指国家法律解释权限划分的制度。根据我国现行《宪法》《立法法》以及全国人大常委会《关于加强法律解释工作的决议》等法律文件的规定，结合法律解释实际情况，我国法律解释的体制可以概称为"一元主导，多元并行"的体制。其中，所谓"一元主导"体现为"法律解释权属于全国人民代表大会常务委员会"。《宪法》第 67 条赋予全国人民代表大会常务委员会解释宪法和法律的权力；《立法法》第 48 条进一步规定："法律有以下情况之一的，由全国人民代表大会常务委员会解释：（一）法律的规定需要进一步明确具体含义的；（二）法律制定后出现新的情况，需要明确适用法律依据的。"所谓"多元并行"则表现为除全国人大常委会的法律解释外，还存在着其他类型的法定法律解释主体。

其一，法律解释权限。根据法律解释权限分工所形成法律解释体制可以概括为：全国人大常务委员会处于法律解释的主导地位，国家机关之间实行分工配合，部门领域内实行法律解释权的集中垄断。（1）按《宪法》《立法法》的规定，我国法律的最高解释权，属于全国人民代表大会常务委员会。凡法律条文本身需要进一步明确界限或作补充规定的，都由全国人大常委会解释或作出规定。（2）凡属于法院审判工作中具体应用法律的问题，由最高人民法院进行解释；凡属于检察院检察工作中具体应用法律的问题，由最高人民检察院进行解释。最高人民法院和最高人民检察院如果有原则分歧，报请全国人大常委会解释或决定。（3）不属于审判和检察工作中的其他法律如何具体应用的问题，由国务院及主管部门进行解释。（4）凡属地方性法规条文本身需要进一步明确界限或作补充规定的，由制定地方性法规的地方人大常务委员会进行解释或作出规定。凡属地方性法规规章具体应用的

---

①　孙国华、朱景文主编：《法理学》，中国人民大学出版社 2021 年版，第 144 页。

②　张文显著：《法理学》，中共中央党校出版社 2002 年版，第 233 页。

问题，由地方政府主管部门解释。(5)国务院制定的行政法规的具体应用问题，由国务院及主管部门解释。国务院主管部门的规章由主管部门解释。

其二，法律解释类型。在法律解释的权限上，全国人大常委会行使立法解释权，其目的和任务是对"需要进一步明确具体含义"以及"法律制定后出现新的情况，需要明确适用法律依据"的法律规范进行解释；而行政解释、司法解释的目的和任务在于解决具体应用法律的问题。(1)立法解释即由全国人大常委会对法律所作出的解释。全国人大常委会的法律解释同法律具有同等效力。国务院、中央军委、最高人民法院、最高人民检察院和全国人大各部门委员会以及省级人大常委会可以向全国人大常委会提出法律解释的要求。(2)行政解释是指由国家行政机关对于不属于审判和检察工作中的其他法律的具体应用问题以及自己依法制定的法规进行的解释。(3)司法解释是国家最高司法机关对司法工作中具体应用法律问题所做的解释。司法解释分为最高人民法院的审判解释、最高人民检察院的检察解释和这两个机关联合作出的解释。(4)地方解释，即凡属于地方性法规条文本身需要进一步明确界限或作补充规定的，由制定法规的省、自治区、直辖市人民代表大会常务委员会进行解释或作出规定。

(三)法律解释的方法

如何推进法律解释工作的开展，其解释方法也就显得十分必要。其方法通常可以分为以下几种：

其一，文字解释与文理解释。文字解释又称文义解释或语义解释，将其理解为某一措辞或者文字组合在一般语言用法中应该具有的意义，[1] 是指对法律条文的字义的解释，尤其是指对其中疑难字句的解释。文法解释，又称文理解释，是指法律解释者根据文法规则对法律的文字结构进行分析，从而阐明法律规范的内容和含义。具体说，就是对法律条文的文字排列、标点符号、字句结构进行分析，从而说明法律规范的含义和内容。[2] 这一对概念主要从法律文字内涵与组成结构的角度出发，是最基本的法律解释方法。

其二，扩张解释与限缩解释。扩张解释又称扩大解释，是指在认定法律的字面意义过于狭窄而无法涵盖全部立法意图或规范的合理含义的情形下，对法律条文进行的宽于其字面含义的解释方法。它与目的性扩张不同，扩张解释虽扩张文义范围，但仍在法条可能文义之范围内；而目的性扩张则已完全超出法条文义之可能范围。[3] 限缩解释又称缩小解释，它与扩张解释相反，是指在认定法律的字面意义过于宽泛而超出了立法精神所指的含义或规范的合理含义的情形下，对法律条文进行的窄于其字面含义的解释方法。

---

① ［德］卡尔·拉伦茨著：《法学方法论》，黄家镇译，商务印书馆 2020 年版，第 403 页。

② 刘和海、李玉福著：《立法学》，中国检察出版社 2001 年版，第 128 页。

③ 参见梁慧星著：《民法解释学》，中国政法大学出版社 1997 年版，第 222 页。

其三，类推解释、相反解释和当然解释。类推解释、相反解释和当然解释的方法，在严格意义上并不具有逻辑性，而是传统修辞学上的技术，因此不是法学中特有的思维方式，其运用也受到一定的限制。尽管如此，在法律解释中，人们有时还是会运用这些方法。类推解释的方法也可被视为一种推理方法，即类推适用。相反解释是指在类推解释也有可能成立的情形下，否定其适用的一种独特的法律解释方法。当然解释是指法律虽然没有明文规定，但衡量其规范目的，某一事实比法律已经规定的更有可适用的理由因而对其加以适用的解释方法，如所谓"举重以明轻，举轻以明重"的情形。由于法律不可能穷尽所有的具体事实，而且随着社会、科学的发展，会出现难以归类的事实出现，因此当然解释也成为法律解释的一种重要方法。①

其四，逻辑解释和系统解释。逻辑解释是指采用形式逻辑的方法分析法律结构，以求得对法律的确切解释。这种解释的基本原则是要使用法律解释符合思维的基本规律。因此，无论何种解释都要使用逻辑解释的方法，要对法律规范的逻辑要素进行分析对比阐明规范的内容、含义和适用范围，然后运用逻辑进行正反两方面的推论，来说明法律规范的要求和目的；系统解释是指分析某一法律规范在整个法律体系和所属法律部门中的地位和作用，来揭示其内容和含义。这种解释之所以必要，是因为每一个法律规范都是统一的法的整体的一部分，也是某一法律部门的一部分。它是在与相关的法律规范相互配合下发挥作用的。

其五，历史解释。历史解释是指联系立法史料的方法，即依据立法史料进行解释，探求立法者在制定法律时所根据的事实、情势、价值取向、目的等，来推知立法者的意思。这里的立法意思，并非指立法者当时之意思而言，而系指依当时立法者处于今日所应有之意思。② 现行法律往往是从其前身继受而来，而其前身又往往有过一系列相应的立法历史资料，解释现行法律不可能不考虑今昔法律之间的联系。立法史料包括该法之前身以及立法当时的背景材料及一切议案、草案、审议记录，它们都是进行沿革解释或历史解释的重要依据。③

第二节 立 法 权

在其一般意义上，立法权即国家制定、修改和废止法律的权力，是国家主权的重要组成部分。就其实际运用情况而言，立法权包含两重含义：（1）立法权意指由宪法专属性配

---

① 张晓晓主编：《法理学导论》，知识产权出版社 2013 年版，第 249 页。
② 参见杨仁寿著：《法学方法论》，中国政法大学出版社 1999 年版，第 123 页。
③ 郑成良主编：《法理学》，高等教育出版社 2012 年版，第 315 页。

置给立法机关制定、认可、解释、补充、修改或废止法律之权力；它是立法机关职权重要组成部分，但不是全部——它不包括立法机关的议决预算案、议决条约案、宣战宁和媾和案、议决戒严案、议决大赦案以及质询权、同意权、弹劾权、不信任投票权等权力。（2）立法权意指由宪法专属性配置给立法机关，或者由法律或立法机关授权特定主体，制定、认可、解释、补充、修改或废止法律的权力。这个意义上的立法权行使主体是多元的，在我国，《宪法》《立法法》等法律法规除了明确规定享有立法权的主体外，还明确规定了各个不同立法主体行使权力的合理范围与界限。① 我国的立法主体包括全国人大及其常委会、国务院及其各部委、国家监察委、省自治区直辖市人大及其常委会、省级人民政府、设区的市人大及其常委会以及设区的市人民政府等。

一、立法权的意涵

在学术界，通常对立法权作广狭两分。其中，狭义的立法权意指国家立法机关制定、认可、修改和废止法律这种特定的规范性文件的权力；广义的立法权意指特定的国家机关行使的制定、认可、修改和废止一切具有法律效力的规范性文件的权力。② 但不管是广义立法权，抑或是狭义立法权，均与国家事务、国家制度息息相关，并与国家制度相互作用、相互促进。在这个意义上，黑格尔说："立法权所涉及的是法律本身（因为法律需要进一步规定），以及那些按内容来说完全具有普遍性的国内事务。立法权本身是国家制度的一部分，国家制度是立法权的前提，因此，它本身是不由立法权直接规定的，但是它通过法律的不断完善、通过普遍行政事务所固有的前进运动的性质，得到进一步的发展。"③

其一，立法权的结构主义解析。④ 所谓立法权的结构主义解读，是以政体理论和分权理论为基础的。政体理论为解析立法权提供了一个结构模式，而分权理论则为解析组构政体各单元及其相互关系提供了理论依据。从这样的理论视角观察，政体乃是一个具有整体性的结构系统，立法权不过是组成这个系统的若干成分之一，它与组成政体的行政权、司法权一样，是服从于政体之所以成其为政体的一般原则的。这就意味着，在这种结构中，立法权实际上是与行政权、司法权相对存在的整个国家权力结构中的一种要素，是构成一国政体的基本成分，是一种政体结构或者政府职能划分的产物。⑤ 因此，我们只能用政体来解释立法权，而不是用立法权来解释政体；立法权只有在政体之中，才具有存在的价值；它的独立性也只有相对于组成这个结构的其他成分即行政权与司法权而言，才具有意

---

① 黄文艺主编：《立法学》，高等教育出版社 2008 年版，第 60 页。
② 侯淑雯主编：《新编立法学》，中国社会科学出版社 2010 年版，第 89~91 页。
③ 转引自吕世伦著：《黑格尔法律思想研究》，西安交通大学出版社 2016 年版，第 150 页。
④ 江国华著：《立法：理想与变革》，山东人民出版社 2007 年版，第 34~38 页。
⑤ 李林著：《走向宪政的立法》，法律出版社 2003 年版，第 27 页。

义。在政体结构之中，立法权居于核心地位。立法权的统一乃政体统一的基本标志；立法权的分裂则意味着整体的分裂。可见，在结构主义的视野中，立法权概念的使用已经超越了国家权力的特定范围，而被视为政体结构中最高权力主体及其职能的象征，被赋予了最高性、神圣性和不可变更性的权力，立法权的内涵也不仅仅指制定法律规范的立法活动，它甚至还包括立法机关的监督权、质询权、弹劾权、调查权、任免权等。①

其二，立法权的功能主义解析。② 从功能主义的视角来看，政府是一个典型的功能性系统模型，其中立法、行政和司法这三种功能的协调和充分发挥是系统得以继续的基本条件——只有在这三种功能协调和充分发育的条件下，作为一个系统存在的政府的整体功能才有可能得到正常的发挥。与立法、行政和司法三种功能相对应的是立法权能、行政权能和司法权能。这三种权能的界分不以掌握这种权能的主体为依据，而是以其所具有的功能为依据。比如立法权就不仅仅限于狭隘的立法机关所掌握和行使的权力，而是指一切能够产生具有社会功能之法律的权力的总和，包括制定法律（law-making）、制定法规（rule-making）、制定规章（regulation-making）或者制定地方性法规（local regulation-making）的权能或权力。其中行政机关制定行政法规和行政规章的职权，属于行政机关立法的权能；司法机关作出司法解释或创造司法判例的职权以及自治组织创制自治性法律规范的权力，也是立法权能的表现。③ 与此相对应，一切具有法律功能的规范性文件都属于法的范畴。显然，这种解析打破了立法权由代议机关独占或垄断的思维，在立法主体上，突破了狭隘的议会独占的局限，将其扩充到代议机关以外的合法主体，实现了立法权主体的多元化，有助于认识立法形态的多样性；与此同时，功能主义立法权观念丰富了立法权的来源，除了为原生性立法权，即有宪法和法律明确授予的立法权提供了正当性基础之外，也赋予了继有性立法权即授权、转授权和立法惯例或宪政实践等造法权能正当性。

其三，立法权之所属与立法权之所在。上述结构主义和功能主义对立法权的解析代表了理解立法权的两种基本视角。但不管哪个视角，都涉及有两个不可规避的问题：一是在存在形态上，立法权的归属权与行使权问题；二是在主体问题上，立法权主体和主权主体的界分问题。（1）立法权之所属决定于国家主权之所属。主权之所属乃主权的本源问题，它关注的是主权的所有者以及最终的决定者是谁的问题，它解决了政府权力的合法性来源，并表达着国家的性质。④ 主权理论创设之初，君主被认为是当然的主权者，是主权之所属与所在的统一体，主权之所属与所在被认为当然是统一的。但自18世纪以来，随着

① 李林著：《走向宪政的立法》，法律出版社2003年版，第27页。

② 江国华著：《立法：理想与变革》，山东人民出版社2007年版，第39~41页。

③ 陈宏光：《立法权概念的评析》，载《安徽大学法律评论》2002年第1期。

④ 国家的性质并不必然地就等同于政体的性质。在一个民主的国家里，可能存在着一个专制的政府；在一个君主制的国家里，可以有一个民主的政府。

人民主权的兴起，主权之所属与所在由统一走向分离，主权理论也开始就主权所属与所在问题展开论证。在这个阶段，持社会契约论的诸多学者就主权之所属问题，基本达成共识，那就是主权属于国民全体，国民全体为主权之所有者。① 在这个意义上，"人民"乃共和国立法权之所属。立法权为谁拥有和为谁行使不是一回事，拥有立法权的只能是一国或一个政权的主权者，在现代社会，这种主权者属于人民。在当代中国，只能是人民。②（2）立法权之所在表征着主权之所在。主权之所在要关注的是主权之现实所在，它解决的是政府权力的合理配置，因而更多地体现为制度的建构与设计之理念，并表达着政体的性质。③ 对于主权之所在，启蒙学者们虽然存在分歧，如霍布斯以为主权在君，洛克则强调主权在议会，而卢梭则主张主权在主权所有者本身，即国民全体。但是，启蒙学者们就主权之所在与主权之所属相分离的观点，即所谓主权之所有权与行使权相分离的学说，则恰好解决了宪法制度安排上的一桩逻辑难题。在近代国家的宪法中，大多在明确规定主权之所属的同时，也内在地将立法权之所属与所在予以规定。如我国《宪法》第 2 条规定："中华人民共和国的一切权力属于人民。人民行使国家权力的机关是全国人民代表大会和地方各级人民代表大会。"这一规定，既表明了我国立法权为人民之所属，也明确了其所在于人大机关。立法权之所在的代议机关经立法权所属的人民的同意，可以将立法权的某些部分授予或者给予同样是由人民平等自由选举产生的其他机构。通过代议机关的依法委托，其他机构可以合法地分享部分立法权，但这些机构所行使的立法权是一种派生性的权力，必须受制于议会所行使的本源性立法权。④

二、立法权的性质

对于立法权的性质，台湾学者罗传贤曾对之进行归纳：立法权具有政治性、主动性、民主性、主观性、统一性、公开性及自律性七大特质。⑤ 不过他在分析上述特质时，又将政治性归于立法决策，主动性归于立法提案，民主性归于立法程序，主观性归于立法行为，统一性归于立法技术，公开性归于立法过程，自律性归于立法机关。⑥ 这种观点不免引起概念上的自相矛盾：如果说立法决策、立法提案、立法行为都可以被视为立法权的外延，那么立法程度、立法技术、立法过程、立法机关就不能被视为立法权的外延，因为它

---

① 江国华著：《立法：理想与变革》，山东人民出版社 2007 年版，第 42 页。

② 周旺生著：《立法学》，法律出版社 2009 年版，第 198 页。

③ 就其形式而言，只有在主权之代表者为复数的前提下，才有可能构造出民主的政体，尽管复数的代表者未必就一定能够构造出一个民主的政体。

④ 江国华著：《立法：理想与变革》，山东人民出版社 2007 年版，第 44 页。

⑤ 罗传贤著：《立法程序》，台湾龙文出版社 1993 年版，第 4 页。

⑥ 罗传贤著：《立法程序》，台湾龙文出版社 1993 年版，第 5~9 页。

们不具有立法权作为权力的本质属性。罗氏对上述概念的种属关系的混淆不清使得他对立法权性质的归纳经不起推敲。因此，对立法权性质的认定既要考虑到它是一种权力这一本质属性，又要归纳出其本质属性中的次要方面，立法权的性质应为合法性、统一性和民主性。①

其一，立法权的合法性，即立法权合法地产生、存在及行使，它决定着立法成果的正义性。从立法权的本性来看，它是一种反映和代表民意的国家权力。② 其法律权力的性质主要体现在它所具有的强制性和普遍有效性上。作为一项具有强制性的权力，立法权由谁行使和如何行使是由权力者所决定的。一经确定，便具有强制性，所有的管辖对象都必须遵守，不得有任何破坏、违反、阻挠这项权力实施的行为，否则，便会受到相应的制裁。立法权的普遍有效性是指这种权力的行使在政权所辖范围内是普遍有效的，所有的机关、团体、个人都受这项权力的支配和约束，都必须根据权力的规定设计自己的行动。无视这个权力，就是无视法律，就是对政权的挑战。③

其二，立法权的统一性。其在规范意义上，立法权统一性之要义有四：（1）立法权具有专属性，即专属于国家立法机关，并由其统一行使，不经国家立法机关授权或委托，任何团体和个人不得制定成文法律，不得创制法律规范或规则；由立法授权行政机关所颁布的法规也不得与立法机关制定的法律相抵触。（2）在立法形式上，法律的结构、系统、格式及文字等诸方面要保持统一；在立法技术上，通常要以禁止性规范为主、授权性规范为辅；在立法价值上，要求有统一的价值标准。（3）在宪法层次上，它要求只有一个统一的意志，即人民意志经合宪程序转化的国家意志，以体现包括立法权在内的主权统一和完整。（4）在法律层次上，它要求法规范和法规则包含理性的功利主义价值和个体本位价值。前者是指作为社会进步力量的主体现实地和直接地追求符合社会历史发展方向的功利，后者则要求在立法中承认公民独立的经济人格和政治人格。在这个意义上说，立法权统一性的特性是宪法成为最高法的一个因素。正是这一特性要求一国应有一部宪法作为行使立法权和制定法律的准绳。④

其三，立法权的民主性，即立法权的产生和存续要以民主为基础，立法权的活动和运行要以民主为价值取向。在民主体制下，任何公共权力的产生（获得）都必须具有合法性，立法权也不例外。但是，立法权是一种创制性的国家权力，可以通过立法为行政权和司法权提供合法性的依据或基础，但立法权不能为自己提供合法性的基础，必须以民主作为基

---

① 戚渊：《立法权概论》，载《政法论坛（中国政法大学学报）》2000年第6期。
② 李林著：《立法理论与制度》，中国法制出版社2004年版，第43页。
③ 候淑雯著：《立法制度与技术原理》，中国工商出版社2003年版，第81页。
④ 罗传贤著：《立法程序》，台湾龙文出版社1993年版，第5~9页。

础。这就是，经由普遍、平等的直接或者间接选举，组成代议制的议会，由议会行使立法权。① 在我国，就是由民主选举产生的国家权力机关统一行使国家立法权。

三、立法权的法理基础

主权是现代法治概念的基础，立法权的合法性基础在于主权的授予，主权是现代立法权的唯一根据。制定法律是主权最重要的功能，立法权力的运作过程在相当意义上体现着主权的运作，所以强调法律的至上性，在本质上就是强调国家主权的至上性。②

其一，主权是立法权合法性的唯一根据。主权是政治社会中最后的和绝对的政治权威，是国家一切其他权力的渊源，也是国家立法权的渊源。当前对主权概念的通说是：在一个领域之内最高的权力，对外则与其他领域的最高权力互相平等。前者具体表现为主权最高，有权制定并解释法律，建立内部的规范秩序和政府组织等；后者即所谓主权平等原则，每一个主权实体皆独立并在国际法上享有平等地位。③ 主权作为一个国家所拥有的独立自主地处理其内外事务的最高权力，必然借助于一定的权力形态表达出来。支配现实政治运作过程的立法权、行政权、司法权、军事权等无一例外的都是国家主权的载体。国家的立法、行政、司法、军事、经济、文化等运作过程正是国家主权得以实现的基本途径和必要手段。主权概念自其发明之日起就与立法权密不可分，一方面主权为立法权的合法性找到了根据，另一方面立法权又为主权提供了载体。故而，在某种意义上说，立法权具有等同于主权的地位。④ 特别是在人民主权的逻辑中，人民、主权、立法权这三个概念几乎是同义语：人民作为一个存在于国家之中的整体，享有主权是其在政治学和国际法上的主体形态，而享有立法权则主要是其在法学和国内法上的主体形态，两者均为同一主权主体即人民所享有，都以人民为主体。⑤

其二，法律至上的理念来自主权至上。人类的善只有通过人类的法律制度才能够得到保障，人类实践的要求只有通过人类的法律制度才能够得到满足。⑥ 主权意志只有通过法律才可以得到真正地体现，立法是实现主权权威的基本途径。法律权威是主权权威的派生物，法律之所以具有权威，之所以具有强制全社会遵守的秉性，正是源于主权的赋予。所

---

① 李林著：《立法理论与制度》，中国法制出版社 2005 年版，第 52 页。

② 江国华著：《宪法的形而上之学》，武汉出版社 2004 年版，第 368 页。

③ 吴庚、陈淳文著：《宪法理论与政府体制》，台湾三民书局 2019 年版，第 39 页。

④ 把立法权等同于主权，一方面赋予了立法权至高无上的地位，真正体现了主权在民的原则；另一方面，也使立法权脱离了结构中权力分工与制约的关系，高高地凌驾于行政权和司法权之上，难以形成不同权力之间的监督制约。特别是，如果立法权等同于主权，则将使国际法上的主权原则受到挑战。参见李林著：《立法理论与制度》，中国法制出版社 2005 年版，第 17 页。

⑤ 江国华著：《立法：理想与变革》，山东人民出版社 2007 年版，第 53~60 页。

⑥ 张乃根主编：《西方法哲学主要流派》，复旦大学出版社 1993 年版，第 34 页。

以，立法的至上性正是源自主权的至上性；而主权的至上性在其现实性上可以化约为立法的至上性，而立法至上则是法律至上的逻辑前提，因而也是法治的逻辑前提。① 当然，正如洛克所强调的那样，立法权虽然是国家最高的权力，但不能被滥用，因为立法权只是为了某种目的而受委托的权力，当人民发现立法机关的所作所为违反了人民的委托，就可以解散或者更换立法机关，并收回它的立法权。因此，人民永远是政府的法官。②

其三，制定法律是主权的首要功能。主权可以决定一切重要的权力，包括决定这些权力的创设、调整、分配等。但主权最重要的功能就是制定法律，法律是根据主权原则所创造的。③ 所以，主权者就是法律的创造者。④ 主权通过创建法律，以之约束全体的或个别的国民。法律作为得到批准的规则，其用处不在于约束人民不做任何自愿的行为，而只是指导和维护他们，使之在这种行为中不要由于自己的鲁莽愿望或行为不慎而伤害了自己。正如同栽篱笆不是为了阻挡行人，而只是为了使他们往路上走一样。而法律是否明确与其说在于法律本身的词句，还不如说是在于将制定法律的动机与原因予以公布，也就是向人民说明立法者的意图，因此立法者就有职责要清楚地说明法律是为什么而制定的，条文本身要尽量简洁，用字要尽量恰当而又意义明确。⑤

其四，在实证意义上，宪法乃立法权正当性的首要依据，立法权正当性来源于宪法的明确授予。遵守与维护宪法权威，乃立法权法定主义的核心内容；在法治社会，宪法居于至高无上的地位，无论是普通公民还是政府，都必须服从宪法——只有来源于宪法的立法权，才可能制定出合法的法律。从权力的位阶关系来看，宪法制定权、修宪权属于宪法的核心内容，某种意义上高于立法权此种具体权力形态，因此，立法权活动要从属于制宪权宗旨，不能脱离制宪目的和原则。⑥ 如果立法权违宪，那么就无所谓法律的权威——法律乃促进和平秩序的权威性制度安排，其正当性基础在于合宪性。

第三节 立法主体

在一般意义上，立法主体就是法的创制主体，是所有立法活动的具体实施者，是立法权的直接行使者，⑦ 它是一个功能主义的概念。但立法主体必须依法设立，其立法权限、

---

① 江国华著：《立法：理想与变革》，山东人民出版社 2007 年版，第 53~60 页。
② ［英］洛克著：《政府论》（下），叶启芳、瞿菊农译，商务印书馆 1997 年版，第 91 页。
③ 浦兴祖、洪涛主编：《西方政治学说史》，复旦大学出版社 1999 年版，第 151~152 页。
④ ［美］斯科特戈登著：《控制国家——西方宪政的历史》，应奇等译，江苏人民出版社 2001 年版，第 359 页。
⑤ ［英］霍布斯著：《利维坦》，黎思复、黎廷弼译，商务印书馆 1996 年版，第 170 页。
⑥ 韩大元、林来梵、郑贤君著：《宪法学专题研究》，中国人民大学出版社 2008 年版，第 118 页。
⑦ 徐向华主编：《立法学教程》，上海交通大学出版社 2011 年版，第 88 页。

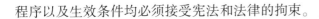

程序以及生效条件均必须接受宪法和法律的拘束。

一、立法主体的意涵

基于不同的视角，学术界对于立法主体的概念有不同的界定，大体上可以分为法治说、功能说两种基本观点。

其一，法治说认为，立法主体是指根据宪法、法律有权制定或认可、修改、补充、废止各种规范性法律文件的国家机关或组织。其中，对"何者具有立法权"又存在不同的认识，有观点认为立法主体仅限于具有立法权的国家机关；另有观点则认为除国家机关外，还应当包括具有立法权的社会组织、团体和个人。但无论何种观点，法治说强调依法享有立法权是立法主体的必备要件。

其二，功能说则认为，立法主体是有权参与和实际参与立法活动的机关、组织和个人的总称，包括立法机关、立法者、立法参与者、议会、议员、议会委员会、立法工作机构和立法起草者等。[①] 功能说强调"是否具有立法功能"乃判断立法主体资格的核心要件；据此，即使不具有法定立法权和授权立法权，但只要事实上具有立法功能，能够对立法起实质性作用或者对立法产生重要影响的组织，就属于立法主体之范畴，比如现代国家中的执政党。[②]

其三，我国的立法主体兼具法治说与功能说双重意味。(1)基于法治说，我国的立法主体是指具有宪法或法律赋予的法定立法权力的国家机关，包括全国人民代表大会、全国人民代表大会常务委员会、国务院、国务院各部委、中国人民银行、审计署、具有行政管理职能的直属机构、中央军事委员会、中央军事委员会各总部、军兵种和军区省、自治区、直辖市以及较大的市的人民代表大会及其常务委员会、省、自治区、直辖市以及较大的市的人民政府民族自治地方(自治区、自治州、自治县)的人民代表大会。(2)基于功能说，执政党、社会组织、行业协会以及基层自治组织等被纳入立法主体之范畴——执政党的党内法规被纳入国家法治体系之中，社会组织的章程、行业协会制度的技术标准、基层自治组织制定的村规民约等均具有准法之功能。

二、立法主体的权限

权限是指为了保证职责的有效履行，行为者必须具备的，对某事项进行决策的范围和程度。而立法主体权限是保障立法权的有效履行，立法者所必须具备的，对立法内容进行决策的范围。

---

① 周旺生著：《立法论》，北京大学出版社1994年版，第12~213页。
② 魏海军主编：《立法概述》，东北大学出版社2014年版，第108页。

其一，立法主体权限的内涵。立法主体的权限就是立法主体行使立法权的界限。解决的是立法主体行使立法权的范围和深度问题。其要义有二：一是立法权可以和应当达到何种界限，二是立法权不能超出何种界限。从时间维度上说，立法权限指立法权的效力可以维持的时间区间，即其时间效力。从空间上说，立法权限指立法权可以和应当对哪些领域、方面、事项加以调整，不能对哪些领域、方面、事项发挥作用，即其空间效力。从表现形式上说，立法权限范围指通过立法权的行使，可以制定、变动哪些法律性文件。从运作过程上说，立法权限范围是指能否就某事项或某种法的形式行使提案、审议、表决、公布权，或是能行使其中哪一方面的立法权。

其二，确定立法主体权限范围的意义。立法权固然是一种特别重要的国家权力，却不是也不能是没有范围、没有限制的。确定立法主体权限范围的意义主要有：（1）有助于防止专制擅权。立法权作为特别重要的国家权力，范围如不明确、不确定，就可能甚至必然出现专制擅权的局面。（2）有助于使立法者明确立法的任务和目标，为立法者进行立法活动提供范围上的准绳、标准，不至于作出超越自己权限范围的事。（3）有助于使立法者尽职尽责，促使立法者对自己权限范围内的事尽心尽力去做，也有防止不尽职守的作用。（4）有助于监督立法活动。（5）有助于完善立法制度，实现立法的制度化、科学化。①

其三，确定立法主体权限范围的根据。立法主体的立法权限范围主要取决于它置身于何种国情之下。古今立法实践中不乏这样两种情况：一种情况是，一个机关享有法律上甚至宪法上确定的很大的立法权，然而事实上它很少行使立法权；另一种情况正相反，一个机关或一个组织甚至个人，在宪法和法律上并不享有立法权，但事实上却有很大的立法权甚至但凡重大的立法活动都由其决策。因此，判定一个立法主体的立法权限范围，不仅要看宪法、法律上的规定，还要看它事实上有多大立法权。如果说认定一个立法主体的立法权限范围有多大，是对已然的立法权限范围的认识，那么，确定一个立法机关或其他立法主体的立法权限范围则是对作为综合性权力体系的立法权的一种安排和设定。这种安排和设定是否确当，关系到立法全局、法治全局乃至整个国家体制和社会状况的基本面貌。因而正确确定立法权限范围比正确认定立法权限范围更重要。当代中国正在走向全面法治，各类立法主体的立法权限范围无疑应当确定。确定的基本方式应当是以宪法和基本法律的形式，对各种立法主体可以、应当和不能行使的立法权加以规定。在当代中国，确定立法权限范围的根据，主要应当是国家的经济、政治、文化、人口、地理以及其他重要国情因素的综合作用，主要应当是有利于早日在中国建设现代法治社会，有利于维护人民的根本利益，有利于维护中国走向富强、民主、文明境地的社会制度。②

① 周旺生著：《立法学教程》，北京大学出版社 2006 年版，第 222~224 页。
② 李林著：《立法理论与制度》，中国法制出版社 2005 年版，第 17 页。

三、立法主体的责任

"责任"一词至少有两层含义：一指分内应该做的事，二指因没做好分内的事所承担的不利后果。① 据此，立法主体责任之要义有二：一是立法职责。不同历史时期立法主体的职责有不同的内容，近现代以来，立法职责法定，即立法主体依照其法定权限和程序创制、认可、修改、废除法律规范。② 二是立法主体不正当行使这些立法权所应承担的不利后果。在现代法治社会，立法责任的两层含义是统一的，前者是后者的基础，后者是为了规范前者。③ 作为一种责任形式，立法主体的责任除了上述一般特征外，还有其自身的特性：

其一，立法主体的责任是集体责任。现代法治国家对于立法者的个人职务行为，通常予以免责，宪法中含有免责条款。即我们所说的立法责任不是针对个体的立法者，而是针对作为集体的立法主体。④ "在现代国家，立法往往表现为立法主体的集体行为和集体智慧。用流行的话语，立法是集体选择的结果，而集体选择的结果发生的责任属于集体责任。"⑤

其二，立法主体的责任是公共责任。法律具有普遍性，它的受体是公众，从法经济学角度来说，立法产品是公共产品。因此，立法主体的立法行为是公共行为，其所要承担的立法责任是公共责任。立法责任的公共属性使之区别于其他平等民事主体间的责任。

其三，立法主体的责任具有终端性。责任在一个规范系统中具有终端性，是第二性义务。立法主体的责任亦是如此，其在立法系统里属于终端设置。为了规范立法权的正当行使，在立法理论和实践上往往要规定严格的立法程序和严密的立法监督。立法程序和立法监督起到了防患于未然的作用，属于前置性制约，而立法主体的责任则是后置性制约，二者相辅相成、不可分割。立法主体的责任以法定程序性失效为前提，立法程序和立法监督只有以立法责任为保障才具有强制力。

其四，立法主体的责任是法律责任和政治责任的统一。《中共中央关于全面推进依法治国若干重大问题的决定》提出"完善行政组织和行政程序法律制度，推进机构、职能、权限、程序、责任法定化"。责任法定的基本含义是，法律责任应当由法律事先予以规定，

① 罗竹风主编：《汉语大词典》，汉语大词典出版社 1992 年版，第 91 页。

② 戚渊著：《论立法权》，中国法制出版社 2002 年版，第 19 页。

③ 陈伯礼、杨道现：《立法责任的概念与法理分析——以规范立法权为视角》，载《社会科学家》2012 年增刊。

④ 温晋锋：《行政立法责任略论》，载《中国法学》2005 年第 3 期。

⑤ [美]斯科特戈登著：《控制国家——西方宪政的历史》，应奇等译，江苏人民出版社 2001 年版，第 359 页。

人们只能根据法律规定的法律责任的性质、范围、程度和方式追究违法者的责任。① 在法治社会，责任法定，立法责任也不例外，当然具有法定性。② 此外，立法主体的责任还具有政治性，这主要是由立法权是连接社会系统和法律系统之间的纽带这一特性所决定的。在立法学领域，政治责任是指政治上的得失尺度来评价立法主体的立法行为，以不利的政治性后果来作为承担责任的方式。如果说立法权是法治的逻辑起点，那么立法主体的责任则是法治的最后一道屏障。③

<h2 style="text-align:center">第四节　立法程序</h2>

立法程序即立法过程所须遵循的基本程序。对立法程序可以从静态和动态两个角度来理解。从静态上看，立法程序表现为立法主体进行立法活动时的操作规程，它由步骤、时序、方式三要素构成。从动态上看，立法程序则表现为立法主体以制定规范性文件为目标的一系列连续的立法行为所组成的立法过程。可以说，立法程序就是静态和动态的统一，二者相互依存，不可分割。④ 尽管立法在不同时代背景和政治制度下显现出不同的形态，但无论是古希腊雅典和古罗马民主政体中的立法，还是此后漫长的专制社会的立法，抑或今天宪法体制的议会立法，都是以恪守既定的程序为圭臬。⑤ 在这个意义上，美国法学家弗里德里希说："在对各种可能的选择谨慎地加以权衡之后精雕细刻出的程序，是保证一个文明社会认为值得保护的所有不同权利最大限度地实现的唯一方法。"⑥

一、正当法律程序

正当法律程序的概念来源于英国成文法，其内涵则受到英国普通法上的自然正义原则（Natural Justice）的影响。而自然正义原则是英国普通法上一个古老的原则。在最广泛的意义上，它意味着"天然的是非观"。⑦ 在英国司法界经过法院解释的自然正义原则有着确定的内涵，它包含排除偏见、听取意见等基本的程序规则。20 世纪中期以后，公开、透明、公众参与等，在正当法律程序中占有越来越重要的地位。⑧ 正当法律程序的内涵虽然非常

---

① 孙笑侠、夏立安主编：《法理学导论》，高等教育出版社 2004 年版，第 163 页。
② 姚国建著：《违宪责任论》，知识产权出版社 2006 年版，第 366~383 页。
③ ［英］霍布斯著：《利维坦》，黎思复、黎廷弼译，商务印书馆 1996 年版，第 170 页。
④ 黄文艺主编：《立法学》，高等教育出版社 2008 年版，第 117~118 页。
⑤ 江国华著：《立法：理想与变革》，山东人民出版社 2007 年版，第 147 页。
⑥ ［美］卡尔·J. 弗里德里希著：《超验正义：宪政的宗教之维》，周勇、王丽芝译，生活·读书·新知三联书店 1997 年版，第 17 页。
⑦ 刘东亮：《什么是正当法律程序》，载《中国法学》2010 年第 4 期。
⑧ 姜明安：《正当法律程序：扼制腐败的屏障》，载《中国法学》2008 年第 3 期。

丰富，但从交往行为理论"交往合理性"的视角来看，其判断标准应当确定为"排除偏见、听取意见和说明理由"三项核心要素。对于任何立法、执法以及司法活动的程序而言，排除偏见、听取意见和说明理由，这三项要素缺一不可。任何立法、执法以及司法活动，在没有法律明确规定时，都可以看其是否具备这三项程序要素，并以此判断其程序是否"正当"。这一标准的显著优点在于，由于它是一个简单的形式标准，具有直观性，因而可以最大限度地消除人们的认识分歧。①

其一，任何人不能作为自己案件的法官（排除偏见）。这项程序规则来源于古拉丁法谚"Nemo judex in re sua"，意指任何人不能作为自己案件的法官。这项规则的意思是说，法官没有资格裁决对于其自身有利害关系的案件。因为在这样的案件中，裁判者难免会出现偏私和偏见。为了尽量排除这一情形，需要对裁决主体资格进行限制，即"任何人不能作为自己案件的法官"。所以，这项规则又被称为"排除偏见规则"，它构成了回避制度的基础。在司法实践中，裁决主体是否存在偏见的判断标准主要有两个：一是偏见的确实可能性(Real Likelihood of Bias)，二是偏见的合理怀疑(Reasonable Suspicion of Bias)。②

其二，人们的辩护必须公平地听取（听取意见）③。这项程序规则意味着在司法程序中，任何人不能未经审讯就受到处罚，法官必须在听取当事人的意见之后才能作出判决，这是审判公正的最低要求。不论判决的内容是否公正，首先在判决的程序上必须保证公正。正当法律程序是一个程序法的规则，这种意义的正当法律程序要求一切行使剥夺私人的生命、自由或财产的权力时，必须听取当事人的意见。④ 从裁决主体一方来说，任何人在行使权力可能使他人受到不利影响时，必须听取对方的意见，在英美法系中称之为"听证"(hearing)，这也是自然正义原则最核心的内容。自然正义原则在英国普通法上最初仅适用于司法程序，后来被移植到行政程序之中（甚至在私法领域它也要求得到遵守，比如雇主解雇雇员或者俱乐部开除其成员等）。在英国法长期的历史发展过程中，虽然自然正义原则的确切内容不时出现多元化解读，但听证程序始终是自然正义原则的重要内容，它的普遍适用性从未受到怀疑。⑤

其三，任何由公权力机关作出的决定或裁决都必须有充分的理由（说明理由）。在普通法传统中，由于判例法的适用受自然正义原则的影响，法官在案件的判决中会对判决的理由进行详尽的阐述，使说明理由成为司法裁判中的一项重要原则；后来它衍生为"正当法律程序"的基本要素，成为公权力行使中的一项重要制度，在控制权力与保护权利的道路

---

① 刘东亮：《什么是正当法律程序》，载《中国法学》2010 年第 4 期。

② P. P. Craig, *Administrative Law*, Sweet & Maxwell, London, 1983, p.294.

③ H. W. R. Wade, *Administrative Law*, Oxford University Press, 1988, p.466.

④ 王名扬著：《美国行政法》，北京大学出版社 2015 年版，第 286 页。

⑤ P. P. Craig, *Administrative Law*, Sweet & Maxwell, London, 1983, p.294.

上发挥着不可替代的作用，从而被称为"第三条自然法原则"。① 据此，任何公权力机关在作出决定或裁决时，均须向利害关系人说明其所做决定或裁决之法律依据和事实根据，以及通过相关法律和事实进行推理或裁量所得出结论之过程，并阐明最终决定与理由之间的内在关联性。说明理由要求决定或者裁决必须具有足够的、合乎规则的事实依据和有效的规则，是正当程序中重要的构成要素，违反说明理由义务有可能直接影响到决定或裁决的效力。②

二、正当法律程序在立法过程中的适用

立法是社会资源有效配置的一种基本方式，因而，立法的过程充满着矛盾和冲突。但人类社会之所以要有立法，恰在于希望借助于立法来谋求一种有序的生活。指望通过一个充满矛盾的过程来追求一种和谐的结果，这本身就是一种悖论。悖论必须消解，而消解这一悖论的任务，便历史性地赋予了正当程序。具体而言，正当法律程序在立法过程中的适用主要包含以下几个方面：③

其一，正当的立法主体。正当程序的首要内容应当是具有正当的立法主体。没有正当的主体，就无所谓正当的程序。立法主体正当性的首要依据是合法性，只有合法的立法主体，才可能从事正当的立法。而那些由法定主体以外的主体制定的规范性法律文件，即使它在其他的各方面都符合法律的各项规定，具备良好的外在形式，其仍然不具有法的正当性，这是由它的主体的非法性所决定的。此外，现代民主国家对国家权力的行使趋向制度化和专门化。④ 而这种要求反映在立法方面就是立法主体的专门化和法定化。立法是国家的专有活动，是由国家机关进行的具有法律意义的活动，其他任何社会组织、团体和个人，非经国家机关授权或法律规定，不能进行这种活动。⑤ 立法活动的开展必须由具有立法职能的主体来进行。⑥ 因为"现代法治政治，最重要的意义，乃在于要求立法者本身也必须受到法律的约束，其立法的权能，并不是统治意志的工具，而是一般法理的确认"。⑦

其二，正当的立法权限。立法的过程实际上就是立法主体为一定的目的而借助于立法权作用于立法客体的过程。正当的立法不仅要由具有立法资格的主体来进行，还必须由对特定

① ［美］迈克尔·D.贝勒斯著：《程序正义》，邓海平译，高等教育出版社2005年版，第73页。

② 王立勇：《论正当程序中的说明理由制度》，载《行政法学研究》2008年第2期。

③ 江国华著：《立法：理想与变革》，山东人民出版社2007年版，第153~163页。

④ ［英］M.J.C.维尔著：《宪政与分权》，苏力译，生活·读书·新知三联书店1997年版，第275~277页。

⑤ 朱力宇、叶传星主编：《立法学》，中国人民大学出版社2015年版，第89页。

⑥ 李长喜：《立法质量监测标准研究》，载周旺生主编：《立法学研究》（第2卷），法律出版社2001年版，第119页。

⑦ 罗传贤著：《立法程序与技术》，台湾五南图书出版公司1997年版，第340页。

的立法活动享有立法权的主体来进行。如果一项立法，其制定主体是法定的立法主体，但对所规范的事项并不享有立法的权力，那么它对该事项进行的立法行为就是越权立法行为。在这种情况下，该主体所立之法也就因立法主体对立法权的僭越而归于无效，这项立法的正当性也因此而丧失，并极易造成法律规范之间的矛盾和冲突。正当的立法权限原则同时也要求立法主体必须依法积极、充分地行使宪法和法律赋予的或者其他法定立法主体授予的立法权。立法不作为，即怠于行使法定立法权或授权立法权也是违背正当立法程序的表现。它势必延误人们对于立法需求之满足，并为其他主体的越权立法埋下隐患。①

其三，程序法定主义。作为"正当的"立法程序，必然恪守程序法定主义原则。即立法程序的正当性，来源于程序的法定性。这就意味着，在立法过程中，其程序是否符合法律的有关规定，乃检验立法程序是否正当的基本标尺，也只有按照法定程序制定的法律文件才有可能满足正当性的要求。程序法定主义原则的效力溯及立法的整个过程。为确保立法的每一个过程都满足正当程序的要求，法律应当为每一个不同的立法阶段设置相应的程序。每一阶段的程序都对立法活动起着特定的作用。只有真正地将每一阶段的立法活动落到实处，立法程序才具有意义。此外，为了确保立法程序的连续性，立法的每一个步骤通常应当有一定的时限，法定的立法程序也应当具备时效性的要求。正当的时效设置也因此成为正当的立法程序的当然内容。在现代社会中，立法程序所涉及的立法主体、立法内容以及必要步骤和方式都是由宪法、宪法性文件或者有关法律明确规定的。因此，政权机关在履行立法职能时，必须遵守的这些步骤和方法就具有法定性特征。② 目前世界上许多国家的宪法都规定了代表机关的会期制度，给予了代议制度的运作程序以时间上的保证，这有力地保证了立法内的正义性。当然，正当的立法程序对立法过程的规约并不必然地天衣无缝，再完美的立法程序都不能保证所有根据这种程序所制定的法律都是良好的，因此任何一种正当的立法程序都包含着一种补救程序。这种补救程序不仅为立法者修正不当立法提供了依据，同时也为民众抵抗不当立法提供了合法性途径。③

其四，程序的可参与性。正当的程序应当具备民主性要求，程序的可参与性乃程序民主的核心内容。任何具备可参与性的立法程序都应当包含这样一些条款，这些条款赋予了人们参与这个程序之中的选择权。其背后的法理在于：人民和政府的关系正像契约中的双方当事人一样，共同订立了契约，共同遵守契约，缺乏一方当事人，契约不能订立，即使订立也不能在双方之间发生法律效力。这种理论将公众参与性问题当作政治统治正当性的基础性条件。公众参与在民主政治中之所以具有如此重要的地位，其原因之一即在于它提

---

① 江国华著：《立法：理想与变革》，山东人民出版社 2007 年版，第 153～163 页。
② 徐向华主编：《立法学教程》，上海交通大学出版社 2011 年版，第 167 页。
③ 江国华著：《立法：理想与变革》，山东人民出版社 2007 年版，第 153～163 页。

高了民主政体的合法性。当然,这种合法性还依赖于公众对于议会的认识和支持程度。①在现代社会,公众参与立法的方式并非都是亲自而直接,甚至也不是强制性的,而是选择性的。自近代以来,民众对于立法程序的参与主要是通过代议程序来完成。尽管我们为代议程序设置了诸多法则,但是代议程序本身所固有的间接性仍然使得其中的缺漏无法避免。为防止这种缺漏可能带来的整个代议制度的失败风险,立法辩论程序和听证程序便应运而生。通过辩论程序和听证程序,立法主体可以获取相关组织和个人对于立法的意见并将这种意见作为立法决策的依据或参考,这一方面使立法决策合乎民主且尽可能达致科学,另一方面也使公众参与到立法中来,从而体现主权属于人民。②

三、立法的基本程序制度

立法的基本程序制度就是立法主体在制定、认可、修改、补充和废止法的活动中所应遵循的法定步骤和方法。在整个立法活动过程中,由法案到法的阶段是整个立法程序的重点所在,这一阶段的立法基本程序通常包括提案、审议、表决和公布。

其一,提案。即提出法律案(也称做立法议案、法律议案),是权力机关立法的启动环节。法律案是指依法享有法律议案提案权的机关或个人向立法机关提出的关于制定、修改及废止某项法律的正式提案。法律案一经提出,相关的立法机关要根据会议议程的安排,对其进行审查和讨论,决定是否将其列入议程并进行正式审议和讨论。提出法律案,应当同时附带提出法律草案及相关说明,并提供必要的资料。法律草案的说明应当包括制定该法律的必要性和主要内容。③ 此外,在法案提出阶段,有权提案的机关、组织和人员,应当就本身职权或业务范围内的事项行使立法提案权,应当提出属于接受法案的机关的职权范围内的法案,④ 必要时需要进行立法听证。立法听证制度是直接民主的一种基本形式,也是立法科学化和民主化的重要保证,它是指"立法主体在立法活动中,进行有关涉及公民、法人或其他组织的权益的立法时,给予利害关系人发表意见的机会,由立法主体听取意见的法律制度"⑤。

其二,审议。审议法案就是在由法案到法的阶段,由有权主体对法案运用审议权,对法律草案进行正式的审查和讨论。这是立法的第二道程序,是立法民主化非常重要的一个阶段,也是保证立法质量,使立法更加科学、完备和成熟的重要环节。会议组成人员能否

① [美]卡尔·克茨著:《公民与议会公众对于议会的参与和信心》,节大磊译,载蔡定剑主编:《国外公众参与立法》,法律出版社 2005 年版,第 5 页。
② 刘东亮:《什么是正当法律程序》,载《中国法学》2010 年第 4 期。
③ 朱继萍主编:《法学导论》,中国政法大学出版社 2015 年版,第 132 页。
④ 周旺生著:《立法学》,法律出版社 2009 年版,第 226 页。
⑤ 汪全胜著:《立法听证制度研究》,北京大学出版社 2003 年版,第 3 页。

充分行使审议权是立法民主化的重要标志。① 立法程序的审议阶段将决定法律的命运：是经审议修改后提交表决，还是暂时搁置或予以否定。对法律草案的审议，世界多数国家的法律规定必须经过立法机关全体组成人员的讨论，并按一定的程序进行，但各国的做法不尽相同。我国对法律草案的审议，一般需经三个阶段：一是由全国人民代表大会专门委员会进行审议，包括对法律草案的修改和补充；二是全国人民代表大会常务委员会审议，一般需经过三次审议；三是立法机关全体会议的审议。这种具有中国特色的审议程序，有助于发扬民主，提高审议的质量和效率。②

其三，表决和通过。表决法案，即有法案表决权的机关和人员，对法案表示最终的、具有意义的态度——表决者对法案最后是赞成或是反对的态度。③ 表决的结果直接关系到法案最终能否成为法，因此是立法程序中最重要的一环。通过法案，是指法案经表决获得法定多数的赞成或同意所形成的一种立法结果。法案表决和通过两者之间关系非常密切，但并非同一个概念。表决法案是通过法案的必经阶段，是法案获得通过的前提。通过法案则是表决法案的一个主要结果和目的。每个列入审议议程的法案都要经过表决这一程序，但并不都能获得通过。通过法案的基本原则一般是少数服从多数，法案只有获得法定多数表决者的赞同，才能获得通过而成为法。普通法案通常由法定会议人数中的普通多数通过。特殊法案如宪法案，由特殊多数通过。在许多国家，法案经大会审议、表决并获得通过后即成为法。在另一些国家，法案经大会审议通过后，还要经过诸如另一院复议、公民公决、国家元首批准、合宪性审查等程序并获得通过后才能成为法。④

其四，公布。法的公布，是指有权公布法的机关和人员，在特定期间内，以法定方式将有权立法主体通过的法正式公之于众的活动。作为立法程序中的最后一个环节，公布法是法律生效的一个必要步骤，也是法案变成法律的关键性飞跃。⑤ 在经过立法机关的审议、表决与通过程序之后，需要一个专门的程序使得法案得以最终生效。由于此时的法尚未得其受众所知晓，因而不能发挥其调整社会关系、规范行为的重要作用。公布是立法的最后一道程序，也是法律文本生效的必要条件。它在立法程序中具有独立的地位和价值，任何法律文本未经公布或公布的形式要件有欠缺，都不应当生效。⑥ 因此，必须将其公之于众，以便国家机关、公职人员和公民都能了解、执行和遵守法，从而实现立法的根本目的。

① 舒国滢著：《法理学导论》(第3版)，北京大学出版社2019年版，第186页。
② 张光杰主编：《法理学导论》(第2版)，复旦大学出版社2015年版，第108页。
③ 吴光辉、孙启福主编：《立法学》，重庆大学出版社1997年版，第243页。
④ 张文显主编：《法理学》，高等教育出版社、北京大学出版社2011年版，第196~198页。
⑤ 魏海军主编：《立法概述》，东北大学出版社2013年版，第243页。
⑥ 黄文艺主编：《立法学》，高等教育出版社2008年版，第139页。

<h1 style="text-align:center">第五节　立法方法</h1>

通常而言，立法需要通过一系列论证，以证明其之必要性、可行性、合法性。再在不断商谈的过程中对立法的内容予以确定，最终通过决议的方式来对立法的内容进行表决。当然，这只是立法过程中所涉及的主要方法。在每一个论证、商谈、决议的环节中，还有其他更为具体的立法方法。只有将这些方法融贯于整个立法过程中才能立出合法、有效之法。

一、论证

在语义学上，论证的英文为 argument 与 argumention，前者意指"以理服人"，后者则有"论据、理由、论辩、辩论法"或"论辩的过程、说服的艺术"之意。而论证对应的拉丁文是 argumentum，意指支持某一立场的理由。① 由此可见，"论证"一词的核心含义是指一种理性的语言运用行为，是一个说者向听者阐明道理的过程。基于此，所谓立法论证是指在立法机关制定法律的过程中，参与立法的主体旨在说服他人接受围绕立法议案提出的主张而进行的一种理性说理活动。② 依据哈贝马斯的分析，论证具有过程、程序和结果三个层面和意图："首先是一种坚决反对压制和不公平，并且带有理想色彩的言语情境的结构；接下来是一种追求更好论据，并且具有一定程序竞争的结构；最后是决定不同论据之构成及其相互关系的结构。但是，仅仅停留在任何一种层面上，都不足以揭示出论证言语的内在理念。在论证过程层面上的意图是要让广大听众信服，并能够获得广泛的赞同；而在论证程序层面上的意图则表现为，对假设的有效性进行争论，并最终达成合理共识；在论证结果层面上的意图表现为，用论据对有效性要求加以证明或兑现。"③法律论证是指通过提出一定的根据和理由来证明某种立法意见、法律表述、法律陈述或法律决定的正确性和正当性。④ 立法论证的主要内容包含以下几个方面：

其一，立法的必要性论证。立法的必要性论证也就是要解决为什么要进行该项立法的问题，即讨论立法对于当前社会利益关系的价值问题。它涉及立法的两个面向：（1）立法的适恰性，即立法是否最优选项。在诸多调整社会关系的规范体系中，法仅仅是其中一种类型。只有在与其他社会控制方式相比较过程中，其他规范的作用失灵，立法被认为不可

---

① 焦宝乾著：《法律论证导论》，山东人民出版社 2006 年版，第 44~47 页。
② 李晓辉：《立法论证：现代法律的正当性基础》，载《甘肃理论学刊》2015 年第 5 期。
③ ［德］哈贝马斯著：《交往行为理论（第一卷）：行为合理性与社会合理性》，曹卫东译，上海人民出版社 2004 年版，第 26 页。
④ 张文显主编：《法理学》，高等教育出版社 2018 年版，第 301 页。

避免的条件下，立法才具有适恰性。(2)立法的适宜性，即立法是否恰逢其时。立法是以社会关系成熟度为基础的，立法时机过早或过迟都有违法的时宜性。

其二，立法的可能性论证。立法的可能性论证则意在解决所立之法是否能够在当前的社会经济等环境下得以出台并予以实施的问题。它涉及立法的三个基本面向：(1)该项立法是否具有宪法或法律依据。其所要解决的问题是"依法立法"或者"立法依据"。(2)过往的立法实践中是否有借鉴经验。其所要解决的核心问题是"法的衔接"或"法的嫁接"。(3)域外是否有同类立法可资借鉴。其所关涉的核心问题是"法的移植"或"法的借鉴"。

其三，立法形式的合理性与合法性论证。立法形式主要是相对于立法内容而言的。论证是一种语言类型，在论证过程中，参与者把有争议的有效性要求提出来，并尝试用论据对它们加以兑现或检验，从这个方面来讲，论证是一种沟通的形式。① 这里的立法形式主要是指两种形式：(1)法律规范总体形式或者讲是以哪一级规范性文件的面目出现，它关涉法律保留和法的位阶两个基本问题；(2)规范性文件的结构形式，一般来说，现代成文法的结构通常包括法的名称、法的内容和技术符号三个基本要件。

其四，立法的可行性论证。立法的可行性论证是对立法的实际可操作性进行论述与证明。② 它涉及法的三项内在法则：(1)法不能强人所难，立法的要求必须合乎理性，不能高于常态条件下一般人的理性水准；(2)法的可接受性，任何立法都应当考量民族价值观、国民心理和社会情感等因素，考虑所立之法与国民心理的契合度或兼容度；(3)法的可操作性，法的生命在于执行，这不仅关涉法自身之规范性，也关涉法的执行所必要的配套的制度和条件。③

立法论证的内容与其形式相互交织，共同构成了立法论证制度。在我国，立法论证的形式主要有专门委员会审议论证、常务委员会审议论证、代表团会议与小组讨论。④ 理论上所有的立法论证形式都要对立法论证的各项内容进行审议和讨论，从而不断形成共识、增强立法的科学性与民主性。

二、商谈

立法商谈是立法过程中各立法主体、各类利益相关者对立法中的重要争议问题沟通、协调、寻求各方最大共识的活动过程。立法商谈是沟通立法机关与社会公众的一个重要渠道，是立法机关倾听各个方面意见和诉求，最大限度地实现最广大人民根本利益的一种重要形式，同时也是促进科学民主立法、提高立法质量的重要举措之一。商谈意味着各种主

---

① 付子堂主编：《法理学》，法律出版社 2022 年版，第 196 页。
② 汪全胜：《立法论证探讨》，载《政治与法律》2001 年第 3 期。
③ 汪全胜：《立法论证探讨》，载《政治与法律》2001 年第 3 期。
④ 李晓辉：《我国立法论证的形式及其存在的问题》，载《法制与社会》2015 年第 26 期。

张或观点的正确性问题才是讨论的唯一对象；就讨论的参与者而言，对各种见解、论题，除了必须接受有关正确性的检验之外，不受其他约束。① 立法商谈是中国特色社会主义民主政治的重要方面之一，在近年来逐渐受到理论界和实务界的广泛关注。2015 年经修改的《立法法》新增加的一个重要内容就与立法商谈有关，例如修改后的第 36、37、51、52、53、67、101 条等都与立法商谈有关联。②

立法商谈本身是一个过程，贯穿于立法的每一个阶段和环节，但大量的立法商谈工作是在规范性文件起草和审议阶段进行的。

其一，在立法起草阶段商谈。一个规范性文件草案是否成熟，能否提交给有权的国家机关进行审议，在很大程度上取决于立法商谈工作的质量，其重要性不言而喻。其方法主要是召开座谈会、论证会等，并以此来征集有关方面的意见。在实际立法过程中，已广泛采取诸如座谈会、书面征求意见、调查研究、列席和旁听、公民讨论、专家咨询和论证、社会舆论讨论、信访等形式。③

其二，在立法审议阶段的商谈。尽管在法律草案起草阶段已就许多问题进行过商谈，但在法律文件审议阶段依然有较繁重的商谈任务。并且，这两个阶段的立法商谈是不能互相代替的。依照我国《立法法》的相关规定，全国人民代表大会主席团有权在审议法律案的过程中，依照法定程序进行立法商谈。这与主席团在立法决策中的重要作用是完全一致的。对于已经列入常务委员会会议议程的法律草案通常由委员长会议负责立法商谈。在政府立法工作中，审查是一个相当重要的环节。国务院法制机构进行的审查也就是行政法规草案审议时的商谈工作。当然，行政法规草案审议中重大问题的商谈有可能由国务委员、副总理甚至总理亲自来进行。此外，对于已列入代表大会会议议程的地方性法规草案、自治条例和单行条例草案等，由代表大会主席团负责商谈；对于已经列入常务委员会会议议程的地方性法规草案、自治条例和单行条例草案等，则由主任会议进行商谈。④

三、议决

立法议决是立法主体在自己的职权范围内，就立法活动中的实际问题作出某种决定的行为。当立法问题呈现在立法主体、立法者面前，需要由他们就解决这些问题作出定夺时，立法议决就应时而生。⑤ 要言之，立法议决实则是立法者作出立法决策的过程，是法案得以形成和完善的重要方法。立法议决的特征主要有以下几个方面：

---

① 付子堂主编：《法理学》（第六版），法律出版社 2022 年版，第 202 页。
② 朱立宇、叶传星主编：《立法学》，中国人民大学出版社 2015 年版，第 169~175 页。
③ 陈斯喜：《论我国立法的公众参与制度》，载《行政法学研究》1995 年第 1 期。
④ 朱立宇、叶传星主编：《立法学》，中国人民大学出版社 2015 年版，第 169~175 页。
⑤ 周旺生著：《立法学教程》，北京大学出版社 2006 年版，第 464~470 页。

其一，立法议决的主体是立法主体，主要包括有权立法的国家机关和这些机关的负责人。没有合法授权，非立法主体或立法主体中的一般人员，没有成为立法议决主体并就立法问题作出决策的资格。立法议决对于法案的产生有十分重要的影响，是立法权的集中体现。实践中，虽然有些非立法主体对立法往往也能起到至关重要的作用，但绝非立法议决。因为立法议决本质上是一种立法行为而不是对立法的作用。即便非立法主体对立法往往起决定性作用这也不算正式的立法议决。

其二，立法议决要根据法定职权作出。有权不能任性，立法主体也是如此。立法主体掌握了法的制定权，必须将其限定在一定的范围才能使得立法权不被滥用。因此，立法主体只能在法定立法权限范围以内，亦即在自己有权立法的事项（法的形式和法所调整的内容）范围以内对立法问题作出议决，而不能就任何立法问题作出议决。

其三，立法议决是一种具有实在性、旨在解决立法实际问题的行为。立法问题都需要解决，但只有立法实际问题而不是所有立法问题才需要通过立法议决来解决。立法理论、观念、方法论之类的问题，通常就不是立法议决所要解决的问题。处理立法实际问题通常需要或离不开立法理论、观念、方法论的指导，但解决这类问题本身并不是作出立法议决。

其四，立法议决是就立法实际问题作出对策性决定的行为，不是仅就这些问题作出考虑或加以讨论、研究的行为。虽然一般而言作出某种决定，需要考虑问题，往往离不开讨论问题，需要不断判断和作出调整，但是立法议决要产生确定的结果，这种结果就是对处理某种问题所作的对策性决定。

其五，立法议决是就立法问题作出价值判断和决定取舍的行为。在立法活动中，立法主体面临着大量问题需要解决；在解决这些问题的过程中，许多解决问题的方式、可能性呈现在立法主体面前。在这些问题和解决问题的方式中，哪些问题首先需要解决，哪些解决问题的方式尤其可以采纳，以及选择某一种解决问题的方式可能带来的社会影响等。立法主体作出立法议决的过程，就是对这类价值判断决定作出取舍的过程。①

📋 思考题：

1. 试论法的创制。

2. 试论立法权的法理基础。

3. 试论法的解释方法。

4. 试论立法的正当程序。

5. 试论立法方法。

① 周旺生著：《立法学教程》，北京大学出版社 2006 年版，第 464~470 页。

第二章 立法法学之基本原理

迄今为止的研究表明，早在古代西亚乌尔第三王朝（约公元前 2113—前 2008 年）时期，人类历史上就诞生过第一部法典《乌尔纳姆法典》。这表明，人类社会存在着四千多年的立法活动史。在这漫长的历史进程中，尽管不同历史阶段的法律有其不同的产生方式，但成文化仍是立法历史进程中的标志性特征。近代以降，基于成文化之需要，立法的职业化、专业化遂成主流——在代议制度下，立法者基于合宪性原则、合法性原则、民主性原则、科学性原则从事立法活动，并将民主、人权、秩序、公平和正义等基本价值寓于法律之中，借其实现国家之组织功能、规范功能、保障功能和导向功能。

第一节 法的起源与法的产生方式

研究立法，必须要首先回答一个根源上的问题，即最初的法是以何种形式存在，又是由何种方式形成的。这样才能厘清立法的源头，从而为立法制度的流变寻找逻辑起点。法的形成，是指新的法律规范逐步产生、发展，直至最后被纳入一个国家的法律体系的过程。[①] 为此，必须要研究法的起源与法的产生方式两个问题：（1）法的起源回答法如何出现的问题，一般有两层含义：一是法在制度史上的起源，二是法在思想上或者说观念史上的起源。其中又包含两个研究的维度，即法理学上法的起源以及立法学上法的起源。法理学上法的起源更多是从法的渊源入手，探讨法的内容来源和效力来源的问题；[②] 而探讨立法学上法的起源，本质上是探讨"法"这种形式的起源，指的是一种社会行为规范转化为成文法的过程，实际上是探讨立法的起源，是在立法的历史中找寻法的起源。在这个过程中，立法学可以在方法论上引入人类学、社会民族学的研究方法来探究法的源头与形成问题。（2）法的产生方式需要解决的是法以何种方式形成的问题。作为一种特殊的行为规范，法形成于原始社会时期，有其自身的特殊性。法脱胎于原始习惯之中，却又大有不同。与原始习惯相比，法的产生方式比较复杂。无论是对原有的习惯进行甄别和遴选还是组织人

---

① 朱景文主编：《法理学》，中国人民大学出版社 2021 年版，第 236 页。
② 张文显主编：《法理学》，高等教育出版社 2018 年版，第 86 页。

力制定新的法律规范，都集中体现掌权者的意志。因此，法的产生更体现了人的自觉意识，具有更明确的实践指向和操作可能性。①

一、法起源的前提：社会或者社会关系形成

一个行为规范的产生，离不开人与人之间的交往。当人群聚集形成一个生活共同体时，社会就产生了，在社会形成之后，法律才会开始形成，因为法律是一种社会调整形式。所有社会规范都是产生、运作、实施于一定形态的社会之中的。社会调整形式一般认为有两种，个别性调整和规范性调整。个别性调整是针对具体的个人、具体事件所进行的一次性的调整，是人类最早出现的，因为缺乏统一的处理方式而需要每次都重新提出的最简单的调整方式。规范性调整是在个别调整上发展起来的，适用于某一类人、某一类事件的有着固定模式的调整方式。规范性调整与个别性调整是相互促进的。一方面，规范性调整有助于克服个别性调整所固有的不确定性、随意性，从而使被调整的社会关系摆脱单纯偶然性和任意性的束缚；另一方面，由于规范性调整不能考虑具体的、个别的情况和各情况的一些特点，往往会缺乏灵活性，这时在规范性调整出现之后，仍然需要个别性调整加以补充。② 从法律的起源上看，也是经历了从个别性调整到规范性调整的过程，即从禁忌到习惯，从习惯到习惯法，最后对习惯法加以固定形成成文法的过程。穗积陈重曾经谈到这个问题说："法的起源，就是个体力的社会化，是个体力进化而成社会力的表现形式。"③

二、法的重要来源——禁忌

通常而言，法是以人的行为为调整对象的，其意在让人们清楚地知道可以为哪些行为以及不可为哪些行为。而在立法技术不发达的古代，更多的是通过某种方式来表达出不可为哪些行为。而这种"不可为之行为"在古代就表现为"禁忌"。

(一)禁忌的含义

"禁忌"有两层含义，其一是指神圣不可侵犯的，其二是指危险不可接触的。既包含来自外界社会对个体行为的禁止之意，又包含主体基于内心而对自身行为有所约束的含义。禁忌在原始先民的生活中最主要表现为图腾禁忌，图腾禁忌的来源目前还没有定论，但是比较合理的一种解释是来源于原始先民对未知力量的恐惧。先民们寄望于通过自我设限以规避自然和鬼神的惩罚，这种限制不是针对特定某人的行为准则，而是为氏族所公认的。

---

① 叶立周、杨慧娟主编：《法理学》，海潮出版社 2007 年版，第 95 页。
② 孙国华、朱景文主编：《法理学》(第五版)，中国人民大学出版社 2021 年版，第 34 页。
③ ［日］穗积陈重著：《关于法之起源的"私力公权化"之作用》，愚笙译，载《法学新报》1927 年第 2
期。

因此，图腾禁忌是远古时代的某个时期，外在压力所附加于原始先民的禁令，对人的本能行为加以限制，这些禁令可能与某种强烈意愿的活动相互关联，并一代代流传下来，逐渐被组织化，形成行为规范。禁忌可以被视为是最早的禁止性规范。德国学者冯特说："禁忌是人类最古老的无形法律，它的存在通常被认为是远比神的观念和任何宗教信仰的产生还要早。"①因此，禁忌所代表的各种禁令与宗教、道德上的禁令并不相同。以禁止性规范为内容，以氏族的惩罚为强制力的禁忌，正是在原始社会中孕育出的法的雏形与种子。

（二）图腾禁忌已经具备了原始法的功能

当氏族开始形成，原始的禁忌中逐渐出现了图腾禁忌。图腾包含三层含义，即血缘亲属、祖先和保护神。在宗教信仰方面，氏族成员不仅有共同的宗教仪式，而且带有宗教性质的原始图腾和禁忌对氏族成员有极大约束力，如严禁使用图腾物、严禁直呼图腾名、严禁图腾群体成员之间通婚，等等。② 原始先民相信图腾具有保护或惩罚图腾群体成员的功能。如果某个成员违反了禁忌，伤害或食用图腾，不仅会给个人带来祸害，而且还会给整个群体带来灾难。这样图腾群体成员必然会严禁伤害图腾，并把禁忌当做一项人人必须遵循的神圣规则了。这时的图腾禁忌，不仅调整着人与自然的关系，而且还调整着同一图腾群体社会内部人与人之间的利益关系。这种通过禁止他人侵犯图腾以保护氏族群体利益的禁忌，带有较强的强制性和规范性，支配着人们日常生活的各种行为，协调、整合着同一图腾群体中的人际关系，有助于社会关系和社会秩序的建立和延续。因此，图腾禁忌实际上发挥着法的功能和效力。正如法国学者倍松所说："图腾主义便是原始人民的宪法。"③这种法的功能体现在两个方面：

其一，惩戒功能：在原始先民看来，违反禁忌是罪孽，所以往往对违反者施以惩罚。岑家梧在《转型期的图腾文化》中举例，在埃及王朝形成以前，"各地埃及人对于鳄鱼、红鹤、蝎、山羊等都敬为图腾动物，凡有杀害的，概处死刑"④。"在南非有个野兔部落，倘若有人误食了野兔肉，无论他是一般部民，还是酋长、显贵，都要按照禁规敲掉他的若干牙齿。"⑤弗洛伊德在《图腾与禁忌》中曾引述弗雷泽讲过的澳大利亚一个部族对违反婚姻禁忌者处罚的事例："在澳洲与一个受禁制的族人通奸，其处罚通常是死亡。不管那个女人从小就是同族人或只是作战时被俘获的人；那个宗族关系上不应以她为妻的男子马上会被

---

① 转引自李军、春艳：《内在的原始宪法——浅析图腾禁忌》，载《楚天主人》2002 年第 4 期。
② 舒国滢著：《法理学导论》（第三版），北京大学出版社 2019 年版，第 261 页。
③ 转引自田成有、张向前：《原始法探析——从禁忌、习惯到法起源的运动》，载《法学研究》1994 年第 6 期。
④ 何星亮：《图腾文化与人类诸文化的起源》，中国文联出版社 1991 年版，第 194 页。
⑤ 高明强：《神秘的图腾》，江苏人民出版社 1989 年版，第 57 页。

其族人追获捕杀，对女子来说也是这样。"①在澳大利亚昆士兰各部族中，凡违反图腾禁忌者，将被打死。在实行严格图腾外婚制的美洲印第安各部族，同一母系和图腾的男女发生性关系，将受到严重的刑罚，甚至死刑。

其二，社会调整功能。田成有先生在《原始法探析——从禁忌、习惯到法起源的运动》一文中提出，禁忌作为一种较低级的社会控制形式，它是一种约束面最广的社会行为规范。从吃穿住行到心理活动，从行为到语言，人们都自觉地遵从禁忌的命令；禁忌像一只看不见的手，暗中支配着人们的行为，起着一种社会协调、整合的功能作用，有助于社会关系和社会秩序的建立和延续。其中最突出的是图腾禁忌中的族外婚制和食物调节分配的禁忌。它以图腾群体公共强制的办法调整人的生存和延续，保证人人必须无条件地遵守其禁忌规则。

三、法的产生方式

作为法的重要来源之一，"禁忌"大多只能承载指引人们不能为何种行为的功能。但这仅仅是法的功能的一部分。因此，在人类不断发展的过程当中，其他形式的法也逐渐成为法的来源之一。从禁忌到习惯，到习惯法，再到成文法。法在不断发展的过程当中，也不断地丰富其产生的方式。

(一) 从禁忌到习惯

在原始社会中，调整原始先民行为的规范是多种多样的。除了各类禁忌，如食物禁忌、性禁忌，以及后来发展出的图腾禁忌外，晚期母系社会还逐渐演化出各种习惯。对于习惯，恩格斯在论及易洛魁人的氏族社会时指出，在那里大多数情况下，人们之间的关系是靠历来的习惯来调整的。梅因也指出："在人类初生时代，不可能想象会有任何种类的立法机关，甚至一个明确的立法者。法律还没有达到习惯的程度，它只是一种惯行。"②尽管如此，现代人类学也有研究表明，在原始社会中可能已经出现相应的社会机构来依据习惯解决纠纷，而非仅仅依靠当事人自行适用习惯。③ 在当代的西方的社会学研究中，习惯规则与社会结构、社会冲突并列为研究法律起源的三个视角。

其一，法学上"习惯"的含义。习惯通常是指人们在长期的生活和生产中自然形成、逐渐养成的，由于重复和练习而巩固下来的某种行为方式和生活准则。它表现为个人或群体的行为所遵循的惯例、风俗、礼仪等。在法学意义上，这种习惯是以人们的社会关系为调整对象，并具有普遍约束力的社会惯例，属于社会规范，并不是只对个人有约束的生活

---

①　[奥]弗洛伊德：《图腾与禁忌》，杨庸一译，中国民间文艺出版社 1986 年版，第 17 页。

②　[英]梅因：《古代英法》，郭亮译，商务印书馆 1984 年版，第 5 页。

③　吕世伦、叶传星：《现代人类学对法起源的解释》，载《中国法学》1993 年第 4 期。

习惯。

其二，习惯的来源。一般而言，习惯有三个基本渊源：（1）习惯来自禁忌。禁忌，特别是图腾禁忌，随着生产力的发展，特别是原始先民对周围世界认识的拓展，发生了相应的变化。首先，对图腾的崇拜和畏惧心理减弱，禁忌由严禁到松弛，最后形成人们的一般的习惯。其次，禁忌逐渐普遍化，禁忌从个人或者少数人的禁令逐渐成为一个群体大多数所遵循的禁止性规则。郑振铎指出习惯"是从很远古的时代遗留下来的原始禁忌的一种"。①（2）习惯源自物品交换的需求。随着生产力发展，以及劳动形成的自然分工，物品的交换在父系家族公社内部逐渐发展起来。这种物品交换还不能被称为是商品交换，因为那时"人民只是直接为自身的消费而生产，间或发生的交换行为也是个别的，只限于偶然留下的剩余物"。②当交换行为的次数增多，交换范围的拓展，一定程度的交换规则和惯例被固定下来，逐渐形成交换习惯。（3）习惯源自氏族的公共活动。即便是在生产力水平很低的原始社会，也会产生一些与公共利益有关的公共事务，例如解决纠纷、组织祭祀、战争行为等。这些行为的方式和程序逐渐被固化为反复使用的一定模式，经过历代传承形成共同遵守的习惯规则。

（二）从习惯到习惯法：以复仇习惯为例

当生产力进一步发展，原始社会中相对平等的社会关系逐渐被打破。特别是在父系氏族社会中，往往氏族中会产生一个权威来维系和管理氏族。当这个社会权威渗透进入原始的习惯中，习惯法就得以产生。习惯法是法律化的人们在生产和生活中所必须遵循的行为规范的总和，氏族通过对违反习惯法者采取特殊的强制措施，团结全体氏族社会的成员，维护社会的存在和发展。③

在原始氏族中，复仇是一种很重要和常见的习惯，本质上是人的自我防卫的表达。拉法格对复仇的来源做过总结："复仇作为人类精神中最古老的情欲，它的根子源自人和动物自卫的本能，源自促使人和动植物进行抵抗的需要。这种自卫的本能也是原始先民生活其中的自然环境和社会环境长期作用的结果。"④复仇不仅对过去的伤害进行清算，也对将来可能的伤害进行了威慑和预防。

其一，复仇习惯的三种形式。（1）血族复仇。血族复仇是存在于氏族社会早期，以全体族人的生命为代价的不受限制的报复。一个氏族的成员被另一个氏族成员伤害后，受害者氏族全体的成员都有义务对对方氏族的成员加以报复。可见，这种报复习惯已经演化为一种义务性的规则。（2）血亲复仇。血亲复仇是存在于氏族社会中期的，由被害者亲属向

---

① 郑振铎著：《原始崇拜纲要》，中国民间文艺出版社 1989 年版，第 104 页。
② 吕世伦著：《法理的积淀与变迁》，西安交通大学出版社 2016 年版，第 83 页。
③ 张文显主编：《法理学》（第五版），高等教育出版社 2018 年版，第 185 页。
④ ［法］拉法格著：《思想起源论》，王子野译，生活・读书・新知三联书店 1978 年版，第 67 页。

加害方亲属实施报复的复仇习惯。血亲复仇的出现，是由于氏族的扩大引起的氏族成员关系的疏离以及族外通婚引起的血族关系和家庭成员范围的缩小。因此，这种复仇比血族复仇的范围要小，仅限于双方的近亲属。(3)同态复仇。同态复仇是存在于氏族社会晚期的，报复的对象、程度、方式与所遭受的损害相同的复仇习惯，是一种具有平等性和对等性的复仇方式。实施同等的报复，实质上是在报复中实行平等，按照受损的大小程度取得补偿。这样才能满足原始先民的平等感情需要，以及避免血族、血亲复仇引发的报复不能终止、循环往复的问题。

其二，从同态复仇到赎罪。赎罪是指产生于父系氏族社会晚期的，加害者可以用财物来代替或者抵消其罪行的习惯。从以命抵命、以伤抵伤的同态复仇习惯到以财物来赎罪是复仇习惯发展中最深刻的变革，也是习惯法形成的标志之一。原始先民强烈的复仇欲望，虽然受到后来的同态复仇的约束，但始终没有平息，最终被私有财产平息。穗积陈重在其著作《复仇与法律》中指出，对于赔偿的数额产生争执时，掌握权力的族老便趁势介入，承担起仲裁的责任，而他们的仲裁又成为先例，遂逐渐形成具有权威的礼法。①

其三，习惯法的形成。随着生产力的提高，生产、生活行为的种类增多，单一的禁忌和图腾禁忌作为禁止性规范，以及独立的习惯方式，开始不能满足日常生活以及氏族扩展的需要。特权阶层的出现，使得原始先民社会中本来约定俗成的规范渐渐地被祭司、族长、首领等人所规定的规范所取代，对具体事件的处理、解释已被一小部分人所掌握。某一部分有特权的人已经控制了对社会的管理，调整人们行为的规则已不再是全氏族的共同决定，而是特权者的个人意志了。原始的禁忌和习惯"或为先知、祭司化为宗教上的戒律，或为故老、圣贤化为道德上的说教，或为国王、酋长化为法律上的禁令"。② 总而言之，习惯法的形成离不开权威的选择和推动。③ 这种经过选择和阐释的习惯，逐渐被习惯法所取代，进而成为一个氏族乃至一个部族的共同的规范。韦伯总结道："习惯法因为其更具客观性的陈述和规定了用于裁判的尺度而有别于单纯的习惯。它不仅仅是规定勿为，规定应完成的义务，而更多地关注人与人之间的权利、义务的平等。习惯法是禁忌的发展，是根据社会的要求由禁忌发展起来的、更成熟的社会调节规范。"④恩格斯也指出："在社会发展某个很早的阶段，产生了这样的一种需要：把每天重复着的生产、分配和交换产品的行为用一个共同规则概括起来，设法使个人服从生产和交换的一般条件。这个规则首先表现为习惯，后来便成了法律。"⑤

---

① ［日］穗积陈重著：《复仇与法律》，曾玉婷、魏磊杰译，中国法制出版社2013年版，第8页。
② ［日］穗积陈重著：《法律进化论(第三册)》，岩波书店1926年版，第85页。
③ ［日］穗积陈重著：《法律进化论(第三册)》，岩波书店1926年版，第85页。
④ 马克思·韦伯：《论经济与社会中的法律》，中国大百科全书出版社1998年版，第66页。
⑤ 《马克思恩格斯选集》(第二卷)，人民出版社1972年版，第538~539页。

（三）从习惯法到成文法：以雅典城邦立法为例

在通常的认知中，法律特别是成文法几乎是与国家同时产生的。比如雅典城邦的国家法律的萌芽、形成与雅典城邦国家的萌芽、形成处于同一个历史时期。在雅典国家孕育的时期，前后经历了2个多世纪之久，具体分为三个历史时期的改革，而这三个时期的改革都是通过立法的形式来展开的。这三次立法分别是提秀斯立法、德拉科立法、梭伦立法。

其一，提秀斯立法。西方史学界通常认为雅典城邦国家和法律的产生是以提秀斯立法为标志的，根据考古的证据显示，这次立法始于公元前8世纪。提秀斯立法在内容上，设置了在雅典的中央议事会行政机关，以取代原先各部落的行政机构。这就意味着，从前各部落的自我管理机制被统一的公共权力所取代。这个公共权力就是雅典国家权力出现的标志。这也造成了两个后果：一是松散的氏族部落联合形成了雅典城邦国家，在这个过程中部落的武装变成了以公共权力为后盾的国家武装，法庭、监狱也逐渐设立，这些力量形成了法律强制力的基础；二是在统一联合的过程中，部落联盟形成了统一的民族。恩格斯说道："于是就产生了凌驾于各个部落和氏族的法权习惯之上的一般的雅典民族法。"①此外，恩格斯所说的这种"民族法"已经与氏族的习惯法有了本质上的不同了：首先，这种民族法产生于分散部落的融合和国家的产生，设立了国家机构，并以国家强制力为后盾；其次，这种法超越于先前各部族的习惯法之上，具有普遍的约束力；最后，这个法重新定义了法律的适用主体，即雅典公民，只要是安提卡地区的人都是雅典的公民，均适用这个法。

其二，德拉科（Draco）立法。公元前621年，由雅典执政官德拉科（Draco）首次制定了成文法。在此之前，城邦中盛行习惯法，但是习惯法在援用的时候相当隐蔽，再加上氏族贵族垄断了习惯法的解释权，经常以自己的意愿随意解释。因此习惯法有很大的随意性，成为贵族迫害平民的工具。在平民的要求下，德拉古开始立法，以成文法的形式把习惯法固定下来。《雅典政制》写道："在德拉科（Draco）执政时……制定了第一部法典。但该部法典保护的是有权持有武器的大地主这一少数阶层，普通的人民并没有政治权利。"②但是由于德拉科法典过于严苛，并且内容十分单一，并不是一部完善的法律。亚里士多德曾评论："除了课罪从重，处刑严峻著名外，德拉科（Draco）法典没有值得提示的特点。"③

其三，梭伦立法。提秀斯立法是国家和法律产生的萌芽，开始瓦解氏族制度和习惯，德拉古立法标志着习惯法向制定法转变，成文法开始出现。在提秀斯立法之后两个世纪，雅典社会发生了很大的变化。从公元前8世纪到公元前6世纪，雅典的工商业发展迅速，兴起了一批工商业奴隶主。新兴奴隶主、氏族贵族、平民之间的矛盾激化。同时，雅典城

---

① 《马克思恩格斯选集》（第四卷），人民出版社1972年版，第106页。

② ［美］斯科特·戈登著：《控制国家——西方宪政的历史》，应奇、陈丽微、孟军、李勇译，江苏人民出版社2001年版，第67页。

③ ［古希腊］亚里士多德著：《政治学》，商务印书馆1965年版，第108页。

邦在政治上实行贵族寡头制，经济上实行债务奴役制。当时调整人们债务关系的习惯法规定，如果平民交不起地租，那么他自身及其子女便会被捕，以人身作为担保还债。公元前584年，梭伦在雅典神庙的柱子上，用16块木板颁布了一系列缓和城邦冲突的法令。与德拉古的立法相比，梭伦立法标志着较完善的制定法开始形成，习惯法或被吸纳或被废止，开始从调整城邦的社会规范中淡出。从梭伦立法中制定和颁布的法律的内容、种类来看，此次立法开创了雅典城邦国家综合法律的先河，既有国家组织结构、公民权利义务方面的法，也存在调整工商业、婚姻家庭的法和刑律，还有涉及司法组织机构和审判程序的诉讼法。

从梭伦立法来看，原始禁忌、习惯与法律的重要区别在于：禁忌、习惯是未得到立法者颁布的，或未得到受过职业训练的法官以书面形式加以阐述的，在长期社会生活中自发形成的社会规范；而法律则是有文字的社会的理性选择。与习惯行为方式不同，法律需要国家强制力，人们遵守法律时，可能会考虑多种因素，如法律的强制性或合理性。① 禁忌、习惯是个体适应群体的生活模式和行为标准，而法律是群体对个体行为的调控和引导。凯尔森在《法与国家的一般理论》中谈道："习惯法和制定法之间的真正差别在于：前一法律是分权化的法律创造，而后一法律是集权化的法律创造。习惯法是由一些人创造的，这些人又从属于他们所创造的法律；而制定法的创造者却是为了创造法律的目的而设立的特殊机关。"②法律最终能取代原始禁忌、习惯法的原因，除了马克思所说的社会基本矛盾的运动以及归结于私有制带来的经济根源和社会对立引发的阶级矛盾外，还在于原始的禁忌、习惯法无力驾驭和调整社会关系，无法满足日益发展和复杂的社会管理需要。

但是，正如马克思在《路易·波拿巴的雾月十八日》中所说的那样："一切已死的先辈们的传统，像梦魇一样纠缠着活人的头脑。"③以复仇为例，一方面，公权力对私力复仇不断进行限制，例如我国《周礼》中要求复仇前必须先"书于士"，日本古代也会由幕府对复仇行为进行审查和许可，此外在中国还出现了法家提出的"侠以武犯禁"和柳宗元的《驳复仇议》这样反对私斗、推崇法制的思想主张。但另一方面，无论中国还是日本，像《赵氏孤儿》《忠臣藏》这样的复仇故事不仅被民间喜爱，也为鼓吹忠孝的统治阶级所赞美，因此复仇者又往往被赋予道德上的正当性而得到法外开恩。④ 可见，在公权力通过立法不断扩张其调整范围、限缩、取代原始禁忌、习惯的同时，也不得不妥协并继承渗透于习俗、道德乃至宗教信仰之中的习惯与禁忌，从禁忌到成文法，法律的产生与发展并非飞跃式的激

① 舒国滢著：《法理学导论》（第三版），北京大学出版社2019年版，第299页。
② ［奥］凯尔森著：《法与国家的一般理论》，中国大百科全书出版社1996年版，第145页。
③ 《马克思恩格斯文集》（第二卷），人民出版社2009年版，第471页。
④ 参见［日］穗积陈重：《复仇与法律》，曾玉婷、魏磊杰译，中国法制出版社2013年版，第3~11页；苏力：《复仇与法律——以〈赵氏孤儿〉为例》，载《法学研究》2005年第1期。

变，而是如忒修斯之船一般在继承与扬弃中经历了漫长的演变。

第二节　代议民主与立法的职业化

代议制是一种以议会为国家政治活动中心、由民选的代议士主要通过讨论或辩论等方式进行立法和行政决策的政治制度和政权组织形式，是与公民直接参与国家管理的直接民主形式相对的间接民主形式。议会是代议民主制的组织形式，立法则是议会的核心职能。因此，议会制度的发展史就是立法职业化的发展史。

一、代议民主制度的肇因与流变

代议制民主是将代议制和民主嫁接在一起而组成的一个复合概念。它是公民选举代表参与政治活动和政治决策的一种制度安排。[1] 相较于直接民主，代议制民主意味着统治者与被统治者身份的分离，是统治者作为被统治者的代表进行政治统治和管理。在代议制民主中，国家权力由代议士掌握，普通公民在政治中是被代表的，其角色仅限于选举产生代表自己的代议士。[2] 显然，代议制民主建立的是一种由少数人直接掌握国家权力，并代表公意实行立法等权力。相比于古希腊的直接民主制度，虽然代议民主无法做到让每个人都当家作主，但却逐渐取代了直接民主的主导地位，成为现代国家的一项普遍施行的基本制度。

（一）代议民主制度的肇因

如果遵循一种历史主义的眼光，代议民主制并非是近现代社会的一种完全创新。代议民主制在西方具有深厚的思想基础和社会土壤。如当代民主理论家 R. 达尔所说的，现代民主思想属于一种"混合物"。它们有对古典时代直接民主思想的继承，但大部分是中世纪的创新。封建主之间的契约关系、教会的理论和实践发展、自由的自治城市……这些思想和政治实践都成为近代代议制民主的先声和基石。[3] 在中世纪结束的时候，它已经初具轮廓，为近代代议民主思想准备了充沛的思想资源。它的基本内容包括：社会共同体是政治权力的最终；王权源于人民权利的转让，但人民仍保留着对它的所有权和终极控制权；公共权力的使用应以社会共同体的同意为基础，"政权的一切和平的起源都是基于人民的同意的"，[4] 另外"基于人民的同意理论"应成为立法、建立政府及其他政治决策的基本原则；由各等级或社会团体选派的代表组成的机构能够行使共同体的政治权力，特别是立法权和

---

① 包刚升著：《政治学通识》，北京大学出版社 2015 年版，第 139 页。
② 张国军著：《西方民主的演变与反思》，经济日报出版社 2015 年版，第 99 页。
③ 丛日云、郑红：《论代议制民主思想的起源》，载《世界历史》2005 年第 2 期。
④ ［英］洛克著：《政府论》下篇，叶启芳、翟菊农译，商务印书馆 2018 年版，第 70 页。

征税权。

如果说十七八世纪政治学的使命主要是在彻底批判专制及其政治学说的基础上阐述民主制度的政治思想和政治原则。从 19 世纪以来，随着革命的完成，政治学的主要任务之一就是探索国家。采取什么样的政府形式才能更有利于政治管理？显然，这个问题的回答不能简单依靠以往那些抽象的理念如社会契约、天赋人权等原则，而必须创立一些新的更具体的政治理论，以用来指导民主国家的政治实践。代议制理论就是在这种背景下产生的。亨廷顿认为，美、法、英等国的"多头制"民主制度，正是在 1828—1926 年第一次民主化浪潮中产生的。[1] 在第一波民主化浪潮中，乔纳森·尚善提出了两个合理的主要标准，以确认 19 世纪的政治体制是在何时取得了那个世纪背景下的最低限度的民主资质：(1)50%的成年男性拥有投票权；(2)政府首脑要么获得议会多数的支持并对其负责，要么由定期举行的普选选举产生。[2] 可见，这两个标准是植根于代议制的理论基础之下的。

代议制民主得以产生，主要有两个方面的原因：(1)直接民主的投票制度存在问题。首先，它可能由于忽视了少数人的偏好强度而缺乏效率。也就是说对于一些事项，可能对于某一群体而言是迫在眉睫的，他们愿意花费更多的资源来解决这些问题，从而在投票中形成较强的偏好意愿；其次，它本身往往因内在不稳定性而导致幕后操纵，因为直接投票的数量较为庞杂，监管容易出现漏洞，也为寻租留下了空间。(2)直接民主的多数投票规则也具有局限性。首先，由于选民人数众多，要确保所有人都到场参与是十分困难的；其次，直接民主的成本高昂，也会产生寡头铁律，即更多地体现少数人的意志。主要原因在于，所有选民都希望规避高决策成本从而接受了小集团决策的决策原则。此外，即使在人数小到足以让所有人实际上共同讨论和决定议案的政治组织中，让所有人都表达自己观点的做法也不具有可行性。

因此，人们选择了一种间接的民主方式，这种方式极大地扩展了民主的适用范围和程度，使民主突破了古希腊城邦直接民主的狭小范围，使之能够适应于领土广阔、人口众多的国家的需要。[3] 此外，由全体选民选出的专业代理人组成的小集团代表绝大多数成员进行决议，相对而言，代表表决制具有两方面的好处：一是可以规避多数人表决时的高决策成本；二是可以消除独裁或寡头决策时的外部成本。正因如此，代理或者代议往往成为集

---

① ［英］安德鲁·海伍德著：《政治学》(第三版)，张立鹏译，中国人民大学出版社 2012 年版，第35 页。

② ［美］塞缪尔·P. 亨廷顿著：《第三波 20 世纪后期的民主化浪潮》，欧阳景根译，中国人民大学出版社 2013 年版，第 11~12 页。

③ 陈斯喜著：《人民代表大会制度概论》，中国民主法制出版社 2007 年版，第 16 页。

体决策的中心内容。① 然而，即便是将代议制政府视为最理想形式的密尔也指出，代议制无法避免的问题在于，代理人掌握权力后可能为了个人、地区或阶级的眼前私利而损害公共利益。②

(二)代议制民主的流变

自由和平等被认为是民主的两个核心价值。基于自由先行，抑或平等先行，代议制民主在发展过程中，逐渐形成了两种发展模式：一是英国的自由先行模式，二是法国的平等优先模式。无论是英国自由先行的代议制民主，还是法国平等先行的代议制民主，其流变过程均反映了自由与平等两种价值最终走向融合或平衡。

英国代议民主模式遵循的是自由先行原则。自由理念来自中世纪的宗教政策、法律习惯、议会传统等遗产。英国民主发展历程大体上分为两个阶段，即自由化阶段和平等化阶段。在自由化阶段中，议会贵族通过与王权的斗争实现自由宪政；而后在美法革命影响下平等化运动高涨，公民权利逐渐普及。从自由到平等的民主发展过程与其政治格局发展的走向息息相关。在英国资本主义革命初期，革命的主要矛盾是废除封建制度，实现新兴资产阶级的权利自由，因而民主制度以自由为主要导向。随着资本主义制度的建立与逐步发展，自由的目的在相当程度上得以实现，而阶级的差异逐渐彰显，平等权则成为资产阶级的重要目标。

法国的代议民主遵循的是平等先行原则。平等理念渊源于古希腊民主政体，后经启蒙思想家的阐发和宣扬，渐成法国核心价值观。在历史上，法国民主化历程曲折多难，政体也随之频繁变更。法国大革命时期，法国人视平等为至上价值。但大革命之后，法国却建立君主立宪制，并以财产资格限制公民身份，背离了平等价值。此后的法国民主政治虽几经反复，但平等一直是其所推崇的首要价值。③ 法国人民逐渐意识到单一的平等价值导向并非最好的民主模式，开始引入自由价值，并力图寻求平等与自由的平衡。

二、从代议民主到议会主权

顾名思义，议会(parliament)抑或称为国会，是表示议会成员聚集讨论的场所④，最早起源于英国，是从封建性质的等级会议演变而来的，1265 年贵族孟福尔以摄政名义召开由贵族、僧侣、骑士和市民参加的会议。议会也为美国、法国及其他资本主义国家普遍采

① 朱富强编著：《现代西方政治经济学——以公共选择学派为主的经济和政治理论》，清华大学出版社 2016 年版，第 104 页。

② [英]约翰·密尔著：《代议制政府》，汪瑄译，商务印书馆 1997 年版，第 96 页。

③ 张国军著：《西方民主的演变与反思》，经济日报出版社 2015 年版，第 88 页。

④ [英]威廉·布莱克斯通：《英国法释义》(第 1 卷)，游云庭、缪苗译，上海人民出版社 2006 年版，第 168 页。

用。议会主权又称"巴力门主义"，是英国代议民主制核心原则，最早被英国 1689 年的《权利法案》所确立。它强调议会拥有最高国家权力，其地位居于行政机关和司法机关之上，行政要对议会负责，议会有权组织和监督政府；议会可以制定和修改一般法律和宪法性法律，其他机关无权废除议会制度的法律或宣布其无效。议会主权原则下，相较于欧陆的"协和式民主"，英国的"威斯敏斯特模式"具有更加明显的中央集权倾向。①

议会主权理论自英国发端之日起，虽然经历了不同历史发展阶段，但其基本旨趣并无太大变化。布莱克斯通在其代表性著作《英国法释义》中首次明确提出了"议会至上"的原则。他指出："在制定及确认某项新法，扩大或限制某项法律的适用范围，撤销、废止或重新启用某项法律及对某项法律加以阐述方面，议会拥有的权力是至高无上且不受约束的……事实确实是，对议会所做的任何事，世上再无其他权力机构可以加以废除。"②白芝浩和戴雪在英国成熟宪法实践的基础上完成了英国宪法的"学术法典化"，奠立了"议会主权"的宪法理论框架。随着 19 世纪英国自由主义思潮的兴起，布莱克斯通的"议会至上"理论成为保守党的重要武器。白芝浩则运用新功利主义对议会主权做了更为全面而深入的分析，打破了英国宪法的神秘，将其分成了"尊荣部分"和"效能部分"。③ 他在其《英国宪法》的开篇即指出："每一个宪制都必须达到两个伟大的目标才算成功，而每一个古老的、著名的宪制都十分精彩地达到了这两个目标：每一个宪制都必须首先赢得权威，然后再利用权威；它必须首先取得人们的忠诚和信任，然后再利用这种效忠进行统治。政府的尊荣部分是那些带给它力量的部分——那些凝聚其运动力量的部分。有效用的部分仅仅利用这种力量。"④戴雪则在其《英宪精义》中明确指出了议会主权的要义，即议会有制定或废除任何法律的最高权力，任何人、任何团体无权压倒或推翻经议会通过的法案或宣告它无效，议会的权力普及国土的一切领域⑤。并进而提出了议会是法律的主权者，而选民是政治主权者。⑥ 20 世纪以来的詹宁斯、格里菲思、汤姆金斯等人则分别从功能主义和共和规范主义的进路推进"议会主权"的理论完善，在当代英国宪法改革论辩中独树一帜。⑦

理论的演进与制度发展是密不可分的，议会主权与议会制度的发展存在着必然的联

---

①　[英]安德鲁·海伍德著：《政治学(第三版)》，张立鹏译，中国人民大学出版社 2012 年版，第 36 页。

②　[英]威廉·布莱克斯通著：《英国法释义》(第 1 卷)，游云庭、缪苗译，上海人民出版社 2006 年版，第 182 页。

③　参见龚祥瑞：《法与政治——读白芝浩〈英国宪法〉》，载《比较法研究》1995 年第 2 期。

④　[英]沃尔特·白芝浩：《英国宪法》，夏彦才译，商务印书馆 2010 年版，第 3 页。

⑤　参见龚祥瑞：《宪法与法律——读戴雪〈英宪之法的研究导论〉》，载《比较法研究》1995 年第 3 期。

⑥　[英]W. Ivor. 詹宁斯著：《法与宪法》，龚祥瑞、侯健译，生活·读书·新知三联书店 1997 年版，第 101 页。

⑦　田飞龙：《英国议会主权的思想史演变》，载《环球法律评论》2014 年第 3 期。

系。英国议会制度起源于中世纪，是国王与封建贵族斗争的产物。至 13 世纪初期，国王与贵族诸侯的矛盾激化，约翰王不得不接受规定双方封建权利和义务的《自由大宪章》；1258 年国王亨利三世在贵族的压力下又颁布《牛津条例》，承认了议事会的议政权和其所拥有的某种决定权，这是英国议会制度的肇始；1322 年颁布的《约克法令》则以法令的形式肯定了议会的法律地位。① 但是，在这一阶段议会依然主要是英国国王与贵族利益妥协的一个平台，是抗衡国王"君权神授"掌握国家立法权的筹码。随着新兴资产阶级势力的兴起，限制王权成为议会的首要目标。在英国资产阶级革命内战期间，有关"议会至上"的话语，尤其是对于议会绝对权力的论证，已逐渐弥漫在这一时代的政治话语之中。光荣革命之后，议会主权逐渐成为英国宪制的首要原则。②

如今，虽然议会主权冠以"主权"之名，但却不同于一般的政治主权，其本质上属于一种法律主权。戴雪在"议会主权"的概念中实际上借助了传统主权理论中主权的"至上、绝对性"的特征，用于描述议会法律对于法庭的关系，从而生成法律主权，即由议会通过的任何法律将被法庭视为有效并予以实施，而不及政治权力存于何处。③

三、法的统治与立法的职业化

法的统治(rule of law)亦称为法治是一种文化，也是一项原则。它是孕育立法职业化之酵素，亦为拘束职业立法及其过程之核心原则。

(一)法的统治

法的统治是人类文明的一种统治方式，这一概念存在着极丰富的含义，据说到现在为止全世界对法治的定义有一百多种。但无论如何，各种对法治的定义都绕不开对"法治"一词词源语义的追寻。从现代意义上来说，法的统治主要是民主政治的产物，来源于古希腊和古罗马。最具代表性的当属亚里士多德在其著作《政治学》中的阐述："已成立的法律获得普遍的服从，而大家所服从的法律又应该是制定良好的法律。"④易言之，法的统治的要义在于"良法"与"善治"，既是一种制度形态，也是一种法律精神。而罗马人则着重于从政治学和法律学的角度来考察政治生活，从而维护和巩固复杂的社会结构和国家结构。⑤因而，从这个角度来说，法的统治也是一种国家统治的手段。如果以法来取代传统以"实

① 参见洪邮生：《英国的"议会主权"：理论演进与概念辨析》，载《南京大学学报(哲学·人文科学·社会科学版)》2010 年第 4 期。

② 参见于明：《议会主权的"国家理由"——英国现代宪制生成史的再解读(1642—1696)》，载《中外法学》2017 年第 4 期。

③ 张海廷：《英国议会主权的变迁》，载《法商研究》2001 年第 4 期。

④ [古希腊]亚里士多德著：《政治学》，吴寿彭译，商务印书馆1997 年版，第 199 页。

⑤ 常桂祥著：《法治政治论》，山东大学出版社2007 年版，第 85 页。

力"统治国家的手段，基于此理念所成立的法的统治，可称之为"形式意义上法治"。如果实行法的统治不仅仅依赖"法"为工具，且探讨法治的目的，其诉诸的价值为何，也即是说以形式意义上的法治为基础，再加以价值的判断，可称之为"实质意义上的法治"。法的统治即是形式法治理与实质法治的结合。①

随着民主政治制度的发展，法治的内涵也在不断丰富。英国法学家戴雪认为法的统治主要包含三层含义：（1）人民非依法定程序，并在普通法院确认违法，不受财产及人身上不利的处罚；（2）法律面前人人平等，一切等级平等地服从司法法院形成的或运用的普通法，即行政权受司法权的直接监督；（3）英国宪法是各法院由个案判决所累积的成果，所以宪法是保障人权的结果，而非人权之本源，即个人权利来自普通法院的司法判决的确认，而不是宪法。②

对于我国当前的法治建设来说，法的统治又被赋予了新的、具有中国特色的内涵。法律由手段上升为目的，变成一种非人格的至高主宰。它不仅支配着每一个个人，而且统治着整个社会，把全部的社会生活都纳入一个非人格化的框架中。③ 具体而言，新时代的法的统治应当包含三个层次：法的统治是一种根据共同体所认同的规则形成的有秩序的社会状态；法的统治是社会成员达到一定规模的人类共同体生存和发展的必要条件；法治是文治的基本形态。④

因此，法的统治其实是一个复合的概念，但其最明显的一个特征在于它与人治是相对应的，由此可以进一步衍生出法律至上、权力制约、人权保障、司法独立等诸多子原则。⑤

（二）立法职业化的内涵

立法职业化主要包含两方面的含义：一是立法作为国家最重要的一项活动，应由专门机构的专业人士完成，同时立法者个人的职业地位应有制度上的保证；二是立法者个人在从事立法活动时应有高度的职业精神或敬业精神，应遵循一定的职业伦理和职业道德，并且使职业精神建立在立法必备的文化水平和法律等方面的专业知识基础上。⑥

其一，专门的立法机关。英国是世界上最早形成专门立法机关的国家，号称"议会之母"。在传统上，英国的议院由上议院、下议院和国王三部分组成，行使国家的最高立法

①　参见陈新民著：《德国公法学基础理论》，法律出版社 2010 年版，第 2 页。

②　刘平著：《法治与法治思维》，上海人民出版社 2013 年版，第 15 页。

③　参见周叶中：《中国国家治理形态的全新发展阶段——全面推进依法治国的深远战略意义》，载《学术前沿》2014 年第 11 期。

④　参见江必新著：《国家治理现代化与法治中国建设》，中国法制出版社 2016 年版，第 15 页。

⑤　参见罗先泽、张美萍主编：《社会主义法治文化建设研究》，中国政法大学出版社 2016 年版，第 20 页。

⑥　周旺生、赵颖坤：《中国立法职业化问题研究》，载王晓民主编：《议会制度及立法理论与实践纵横》，华夏出版社 2002 年版，第 103 页。

权。其中，上议院对下议院所议决的法律案保有一种相对的否决权，而不享有绝对的否决权，① 在立法程序中拖延法案生效等立法权限。下议院享有提出重要法案、先行讨论并通过法案、提出质询案等立法权限，并专享财政法案的提案权和审议权。国王被认为是"一切权力的源泉"，但遵循"统而不治"的宪法惯例，在立法权限上，享有批准和颁布法律、制定文官管理法规、颁布枢密院令和特许状、召集或终止议会会议、解散议会等权力。

近代以来，随着代议民主制度的发展，西方国家大多建立了以议会为中心的专门立法机关。1949 年之后，我国也建立了以人民代表大会为主导的立法体制。根据"五四宪法"的规定，全国人民代表大会行使国家最高立法权。"八二宪法"赋予了全国人大常委会制定基本法以外的其他法律的职权，赋予省、自治区、直辖市人大及其常委会制定地方性法规的权限。2015 年修改的《立法法》将立法权进一步下沉，赋予设区的市人大及其常委会制定地方性法规的权限。至此，中国特色的以人民代表大会为主导的多层级的立法组织体系逐渐完善。

其二，专门的立法队伍。作为"议会之母"的英国，是世界上最早实现代议士职业化的国家。1688 年"光荣革命"后，英国确立了"议会主权"原则，议会的宪法地位和立法权威随之确立。之前的义务代议士，由此走向职业化的道路。在漫长的进化过程中，逐渐形成了以"常任制"和"兼职禁忌"为内核的代议士专职制度。其中，常任制强调经选举产生的议会议员，是从事代议工作的专职人员，必须是全职代表，而且必须从代议工作中获得相应的报酬；兼职禁忌则规定，代议士一般不得兼任任何政府职务。

近代以后，英国代议士专职化的模式为西方国家所普遍效仿。我国 1949 年之后，尽管各级人大代表未尽专职化，但在全国人大下设的专门从事法律案审议工作的"法律委员会"、全国人大常委会内设专门从事立法工作的"法制工作委员会"以及地方各级人大常委会内设的"法制工作委员会"的组成人员均实现了"专职化"或"全职化"。此外，尽管对各级人大代表没有兼职禁忌的要求，但《中华人民共和国全国人民代表大会组织法》也规定了全国人大常委会的组成人员不得担任国家行政、监察、审判和检察机关的职务。

四、人民代表大会制度与立法的职业化

人民代表大会制度是我国的根本政治制度，是与我国人民民主专政的国家性质相适应的政权组织形式，人民代表大会作为国家权力机关，是全权性的国家机关，其他国家机关的建立都以其为基础。② 人民代表大会制度产生并发展于党领导中国人民进行的革命和改革实践之中，适应中国国情，具有鲜明的优越性和鲜活的生命力，未来也将在新时代中国

---

① 王世杰、钱端升著：《比较宪法》，商务印书馆 2019 年版，第 256 页。
② 周叶中主编：《宪法(第五版)》，高等教育出版社 2020 年版，第 206 页。

特色社会主义事业中随实践而不断发展。

（一）人民代表大会制度的起源

人民代表大会制度不是凭空产生的，其自有形成的先声和源流。在第一次国共合作期间，中国共产党在领导工人运动和农民运动的过程中，就已经开始尝试组织工农的代表大会以组织和发动群众。张希坡教授研究发现，早在 1925 年的省港大罢工中，中国共产党就已经提出"人民代表大会"这一概念并在广东省筹建了"广东人民代表大会"。[①] 此后，在土地革命期间，党领导的各革命根据地建立了苏维埃代表大会，并最终于 1931 年在中央苏区建立了中华苏维埃共和国，产生了中华苏维埃全国代表大会，该制度已经显现出人民代表大会制度的一些雏形和特色。经过抗日战争中的参议会制度和解放战争中地方人民代表会议制度的发展，1940 年，毛泽东同志在《新民主主义论》中分析中国革命的前途时，第一次正式提出中国未来的政权组织形式是要建立人民代表大会制度。[②] 1949 年 9 月 29 日，《中国人民政治协商会议共同纲领》明确了人民行使国家政权的机关是各级人民代表大会及其产生的各级人民政府。

（二）人民代表大会制度的确立

尽管《共同纲领》规定了人民代表大会制度，但由于中华人民共和国成立初期的条件限制，直到 1953 年 7 月，中国基层政权在普选的基础上，逐级召开了人民代表大会。1954 年 9 月，各民族 1226 人从祖国的四面八方来到新中国的首都，第一届全国人民代表大会第一次会议在北京召开。本届大会第一次会议制定和颁布了《中华人民共和国宪法》（即"五四宪法"），同时还通过了《中华人民共和国全国人民代表大会组织法》《中华人民共和国地方各级人民代表大会和地方各级人民委员会组织法》，至此，人民代表大会制度在我国正式确立，全国人民代表大会作为最高国家权力机关的地位得到宪法确认，其组织结构、运行程序也由宪法及法律规范和确立。

（三）人民代表大会制度的发展

"文化大革命"期间，人大制度受到了很大的冲击和破坏，直到"文革"结束后，才逐渐重回正轨并继续发展。1979 年，五届全国人大二次会议第一次对 1978 年《宪法》进行了修改，决定在县级以上各级人民代表大会设立常务委员会，同时将县级人大代表的产生方式由间接选举改为直接选举，扩大了直接选举的范围。1982 年全面修改后的《宪法》完善了国家机构的设置，扩大了全国人大常委会的职权与组织，增设了专门委员会，常委会组成人员的兼职禁忌也在此时确立。1993 年修订宪法时，县、不设区的市、市辖区的人民代表大会每届任期由 3 年改为 5 年；2004 年修订宪法时，乡镇人大的任期也由 3 年改为 5

① 张希坡：《我国人民代表大会制度之起源新证》，载《荆楚法学》2021 年第 1 期。
② 蔡定剑著：《中国人民代表大会制度》（第四版），法律出版社 2003 年版，第 57 页。

年，至此，各级人大的任期得到了统一。此外，2000年颁布并经过2015年和2023年两次修正的《立法法》、2021年修改的《中华人民共和国全国人民代表大会组织法》和《中华人民共和国地方各级人民代表大会和地方各级人民政府组织法》，也促进了人民代表大会立法活动的规范和发展。

（四）人大立法的职业化

我国立法体制以人大为主导。我国人民代表大会既是立法机关，又是权力机关，立法职能仅仅是其众多职能中的一部分。为保证立法的职业化，有必要从组织、程序、队伍三个方面加强制度建设。

其一，组织建设。在我国，全国人大下设的"宪法与法律委员会"是统一审议向全国人大或者全国人大常委会提出的法律案的专门机构。全国人大常委会和地方各级人大常委会内设的"法制工作委员会"是专门的法制工作机构。其中，全国人大常委会法制工作委员会分设宪法室、立法规划室、刑法室、民法室、经济法室、国家法室、行政法室、社会法室、法规备案审查室等专门机构从事立法日常工作。但无论是《全国人民代表大会组织法》《地方各级人民代表大会和地方各级人民政府组织法》，还是《全国人民代表大会议事规则》《全国人民代表大会常务委员会议事规则》，均未能就其组织结构、职权范围、工作机制作详尽规定。为进一步推进立法的职业化，有必要进一步加强宪法与法律委员会、法制工作委员会自身的组织建设。①

其二，程序建设。程序的科学与否将为立法职业化起到催化剂的作用。否则，即使是最优秀的立法者，也会因为立法相关程序的低效与缺漏降低立法效能。目前，尽管《立法法》对立法程序作了原则性规定，但立法程序的民主性、科学性等方面仍有诸多亟待完善之处。其中，立法程序民主性建设的核心问题在于规范和拓展立法的民主参与机制，包括构建常态化的立法听证、立法咨询和论证等，特别是要规范民众意见的反馈程序；立法程序科学性建设的核心问题在于规范和拓展立法的民主参与机制。

因此，至少应当从以下几个方面作出改进措施：（1）要完善立法主体组成人员的选举程序，加强对立法主体组成人员资格的审查，对当选代表提出更高的素质要求②。（2）应当适度延长立法会期，确保各项立法案能够有充足的时间进行讨论和论证。根据我国《宪法》和《地方组织法》规定，人大的会议间隔以年为单位。在每次会议期间，除每届人大一次会议的选举议程外，代表们一般例行要听取并审议政府工作报告、上年度国民经济和社会发展执行情况和下年度计划的报告、上年度预算执行情况和下年度预算的报告、常委会

---

① 参见彭超：《论立法的职业化》，载《理论月刊》2019年11月。

② 赵颖坤：《专任化与专业化：权力机关立法主体职业化的可能路径》，载《福建论坛（人文社会科学版）》2008年第5期。

工作报告、法院、检察院工作报告等①，难以对立法案投入更多的时间和精力。（3）完善立法公开和立法准备工作。立法公开不仅仅是民主立法的基本要求，更有利于对立法工作进行监督和查缺补漏。立法准备工作则是正式立法的前提基础，也是立法职业化的一个重要的风向标。因此，立法应当对立法规划、立法调研、法律起草人员的组成、专家和有关公民在法律案起草中的作用做出相应的规定。

其三，队伍建设。立法是一项专业性工作，科学立法离不开高素质的法律职业群体。正如波斯纳所言："职业的标志是这样一种信念，即这是一个相当有公共意义的工作岗位，从事这一工作要求有非常高的专业的甚至是深奥的知识，这种知识只有通过专门的正式教育或某种精细监管的学徒制才能够获得。"②立法职业群体的形成，既需要借助于立法学教育的发展，也需要长效的培训机制。因此，应制订科学合理的培训计划，迅速提高现有立法工作机构人员的综合素质和立法业务能力。此外，应当完善政策，吸引高素质人才，加强专家库建设，强化与科研机构、高校的合作，创新立法人才管理机制，优化立法人才成长环境。不仅要吸引立法人才，更要确保立法队伍保值增值。

第三节　立法之基本原则

"原则（principle）"一词自拉丁语 principium 演化而来，有"开始""起源""基础"之义。③ 立法基本原则是立法主体据以进行立法活动的重要准则，是立法指导思想在立法实践中的重要体现。立法的原则是指导立法的总的精神，它所表明的一般是立法的性质、宗旨、根本任务和价值追求；它同国体、政体和国家活动、国家职能紧密相连，是整个国家在一定历史时期的重大理论、路线、方针和政策的体现，因而在制宪时，都有或略或详的表述。④ 世界各国的立法基本原则一般是以观念的形态对立法起作用，很少有制度性的规定。许多法治发达国家虽然没有专门以法律形式规定立法基本原则，但扎根于其整个社会生活之中的法治观念，是包含着立法基本原则的内容的。由于这种法治观念深入人心，因而其能对立法实践直接发生有效的作用。中国传统之中，法治的因素极为贫乏，自古以来又特别强调制定法形式，因而作为观念形态的立法基本原则，难以对立法产生作用。中华人民共和国自成立以来，在我国丰富的立法实践中，总结和形成了具有中国特色的社会主义立法原则。2000 年第九届全国人大第三次会议通过《立法法》，其中第一章总则部分规

---

① 邵骏：《推进中国权力机关立法职业化》，载《党政论坛》2003 年第 12 期。

② ［美］理查德·A. 波斯纳著：《道德与法律理论的疑问》，苏力译，中国政法大学出版社 2001 年版，第 216~217 页。

③ 徐向华主编：《立法学教程》，上海交通大学出版社 2011 年版，第 59 页。

④ 李步云主编：《法理学》，经济科学出版社 2001 年版，第 525~526 页。

定了立法的基本原则，这代表基本原则从观念形态转变成为一种制度化的形式，我国的立法原则终于有了"法定"的确认形态。法定的立法原则是对观念形态立法原则的法律化和强制化，从对立法实践的影响来看，法定立法原则具有更强的权威性和规制性。中国整个立法的总的基本原则，可以从性质和内容的结合上区分为多种。其中合宪性原则、合法性原则、民主性原则、科学性原则尤为重要。①

一、合宪性原则

所谓立法的合宪性原则，是指立法机关在创制法律规范时，坚持宪法的至上性，必须以宪法为依据，必须符合宪法规定的基本原则和内容，不得违背宪法的规定。②《立法法》第 5 条规定："立法应当符合宪法的规定、原则和精神，依照法定的权限和程序，从国家整体利益出发，维护社会主义法制的统一、尊严、权威。"这一条文是对合宪性原则的具体阐述，要求立法必须遵循宪法的基本原则。

其一，立法应以宪法为总根据。宪法是根本法，是治国安邦的总章程，是国家各种制度和法律法规的总依据，具有最高的法律效力。《立法法》第 3 条、第 5 条明确规定立法应当遵循宪法的基本原则。坚持依宪立法，有三重意味：首先，从法的产生渊源上分析，宪法是一切法律的制定依据，没有宪法依据或者宪法授权，就不能制定法律法规；其次，从法的内容上分析，所有法律法规的立改废释都必须符合宪法的原则和要求，必须贯彻人民主权、分权制约、人权保障和依法治国等宪法原则，并不得同宪法规定、原则与精神相抵触；最后，立法必须贯彻党的方针政策。宪法序言部分规定建设中国特色社会主义，必须坚持中国共产党的领导。2018 年通过的《宪法修正案》在第 1 条增写"中国共产党领导是中国特色社会主义最本质的特征"，通过人民代表大会制度依法履行立法职能，使党的主张通过法定程序上升为国家意志，形成全社会一体遵循的行为准则，是党的主张和人民的根本利益有机统一的集中体现，也是我国立法工作的基本经验。

其一，立法应当以经济建设为大局。我国不仅在《宪法》中写入了要以经济建设为中心，而且在《立法法》中也专门规定以经济建设为中心是立法的基本原则。历史唯物主义的一条基本原理就是，经济基础决定上层建筑，上层建筑反过来为经济基础服务。③ 因此，应当积极制定经济方面的法律、法规，积极建设市场经济法律体系。20 多年来，立法实践已经充分注意这一点，制定了相当数量的经济法律、法规，市场经济法律体系的宏观框架亦已大体形成。

---

① 参见周旺生著：《立法学教程》，北京大学出版社 2006 年版，第 68 页。
② 杨临宏著：《立法学 原理、程序、制度与技术》，中国社会科学出版社 2020 年版，第 88 页。
③ 朱力宇、叶传星主编：《立法学》（第四版），中国人民大学出版社 2015 年版，第 54 页。

其二，立法应当坚持四项基本原则。立法的社会主义方向和人民民主专政性质不能改变。立法应当坚持党的领导，主要应当坚持以党的路线、方针和政策指导立法，而不是代替立法机关和其他立法主体的立法。马克思列宁主义、毛泽东思想、邓小平理论，是各项事业的指针，也是立法的指针。

其三，立法应当与改革开放相得益彰。随着改革开放的发展，各方面的社会生活发生重大而深刻的变化，产生大量的新的社会关系需要立法调整，由此推动立法获得很大进展。同时，立法也应当积极确认改革开放的大政方针，使改革获得法的依据从而拥有正当性基础；将改革开放的成果和成功经验确立和巩固下来，使改革开放能够稳定地、成功地、深入地进行下去；通过制定相关法律、法规，为改革开放所需要的安定的社会环境和社会秩序提供保障。立法在确认改革成果的同时，也应该主动与改革步骤紧密配合，做到服务改革的全局，最后实现立法引领和推动改革发展。① 再次，我们的立法思想、立法程序、立法技术与立法方法，是应不断改革与完善的，不能一成不变，故步自封，必须不断地弃旧立新，才能制定出更加符合我国日益发展新形势要求的法律。②

二、合法性原则

《立法法》第 5 条规定，立法应当依照法定的权限和程序，从国家整体利益出发，维护社会主义法制的统一和尊严。这是立法活动中法治原则的具体表述。法治是国家现代化的重要标志。立法作为建设法治国家的前提和基础，因此需要实行法治化，需要坚持法治的原则。

其一，立法要依照法定权限。立法是公权力行使的表现，必须遵循"法无授权不可为"的公权力行使原则，一切立法权的存在和行使都应当有法的根据。立法活动各个环节都依法运行，其行为应当以法为规范，行使法定职权，履行法定职责。《立法法》详细地规定了中国现今中央立法的权限和程序，特别是《立法法》第 11 条集中地列举了只能由法律规定的十个方面的事项，明确和统一了中央立法的专属范围。此外，《立法法》也比较集中地规定了各有关地方的立法权限和立法程序架构。特别是明确限定了设区的市立法应严格按照"城乡建设与管理、环境保护、历史文化保护等方面的事项"行使立法权，不得超越权限立法。各立法主体应准确把握各层次立法的权限安排和功能定位，处理好宪法、法律、行政法规、地方性法规与规章的关系，处理好创制性立法与实施性立法的关系。在维护国家法制统一的前提下，充分发挥各个层次的作用，依法行使好立法权。③

---

① 石佑启：《论立法与改革决策关系的演进与定位》，载《法学评论》2016 年第 1 期。
② 参见燕广：《学习贯彻〈立法法〉基本原则》，载《观察与思考》2000 年第 6 期。
③ 安东：《坚持依法科学民主原则，切实提高立法工作水平》，载《法制日报》2016 年 12 月 14 日。

其二，立法要依照法定程序。"程序先于权利"(Process before Rights)。立法程序是立法机关在规范性法律文件创制过程中所遵循的协调利益冲突、配置立法资源的路径。在法律的起草、审议、公布等立法过程中，立法程序都起着桥梁与支撑作用，确保立法活动在法定轨道上运行。有学者指出，立法程序是影响立法质量的关键因素：激情、鲁莽、专断将被程序一一化解，唯存理性；偏私、贪婪、邪恶将被程序一一阻截，唯有正义。① 《立法法》《全国人民代表大会组织法》《全国人民代表大会常务委员会议事规则》《国务院组织法》等法律法规规定了制定法律、行政法规、地方性法规的程序，包括编制立法规划和计划、立项、起草、审议、表决等。这些程序性规定对防止和克服立法工作的随意性，提高立法的规范化、制度化水平具有重要意义。②

其三，从国家整体利益出发，维护社会主义法制的统一和尊严。我国是单一制的社会主义国家，地域辽阔，人口众多，各地政治、经济、文化发展很不平衡，在制定法律、行政法规、地方性法规时，要从国家整体利益出发，防止通过立法实行地方保护主义、妨碍公平竞争。立法法坚持法制统一原则，就要保持法律体系内部的和谐一致，在整个法律体系内尽可能防止出现矛盾，对已存在的矛盾应当采取积极的政策予以消除。③ 法制统一原则的最终目标在于使法律规范之间发生"系统性的有机联系"，使整个法律体系的外部规范、内在精神相互依存、协调一致。④ 对不同层级的规范性文件，《立法法》规定了对规范性文件的备案审查标准，即合宪性、合法性、适当性三个层次，尽管在实践中还存在着一些适用上的模糊之处，⑤ 但运用这三个标准对规范性文件进行审查无疑是促进了法律规范之间内容的和谐、贯通和统一。

三、民主性原则

民主性原则体现在《立法法》第6条中："立法应当体现人民的意志，发扬社会主义民主，坚持立法公开，保障人民通过多种途径参与立法活动。"各国立法都遵循民主性原则，但其中的理由、含义、内容和方式，都与本国的国情密切结合，应当从现代民主性原则的普遍性和本国民主性原则的特色相结合的角度，把握中国立法的民主原则。

其一，立法民主原则之法理。在中国，立法应当遵循民主原则之法理在于：(1)这是实现人民主权的必然要求。中华人民共和国是一个人民主权国家，要体现人民是国家的主人，就要确认和保障人民的民主权利特别是当家作主管理国家的权利。民主政治的基本要

---

① 孙潮、徐向华：《论我国立法程序的完善》，载《中国法学》2003年第5期。

② 付才峰：《科学立法、民主立法、依法立法的理论与实践》，载《人大研究》2019年第1期。

③ 参见周旺生著：《立法学》(第二版)，法律出版社2009年版，第77页。

④ 参见刘莘主编：《行政立法原理与实务》，中国法制出版社2014年版，第24页。

⑤ 王锴：《合宪性、合法性、适当性审查的区别和联系》，载《中国法学》2019年第1期。

求是政府必须按照人民的意志治理国家，其主要表现为按民意代表机关制定的法律来治理国家。① 在立法中遵循民主原则，用立法的形式充分反映和保障人民的民主权利，让公民真正成为立法的主人。(2)这是反映人民意志和客观规律所必需。要使所立的法反映人民的意志和利益，就要使人民成为立法的主体；要使所立的法正确反映客观规律，就要注意总结实践经验。法要符合客观规律，必须通过社会实践的中介来实现，而人民群众正是实践的主体，让最有社会实践的人民群众成为参与立法，才能有效地反映客观规律。如果只由少数人"闭门造法"，就难以体现人民的意志和客观规律。(3)这是对立法实行有效的监督和制约，防止滥用立法职权、个人独断以致不尽立法职守所必需。

其二，立法民主原则的内在要素。立法民主原则应当包括三个要素：(1)立法权在根本上属于人民，由人民行使，人民是立法的主人。立法主体是多元化的、广泛的，中央与地方、权力机关与政府机关应当有合理的立法权限划分体制和监督体制。(2)立法内容具有人民性，以维护人民的利益为宗旨，注意确认和保障人民的权利。而不是以政府的意志或少数人的意志为依归。立法内容的民主性强调一切法的内容都须以民意为依归，立法内容是民意的法律化，这是民主立法的实质要求。② (3)立法活动过程和立法程序是民主的，在立法过程中注重贯彻群众路线，使人民能够通过必要的途径，有效地参与立法，有效地在立法过程中表达自己的意愿。立法职业化的同时，也要保障人民的直接参与以对抗精英主义的倾向，否则，"普通百姓完全外在于立法过程的结果是法律的异化和百姓面对法律的陌生和麻木"。③

其三，立法民主原则的内在要求。在中国国情下的立法民主原则内在地要求：(1)从国情出发，健全较为完备的民主立法制度。既要实施民主化的立法，即立法实体的民主；又要实施立法的民主化，即立法程序的民主。④ 在立法权限划分和立法权行使方面，既要注意保障全部立法权归于人民，又要注意在社会主义初级阶段由于人民的政治觉悟、文化水平、管理国家的能力和国家的经济实力、交通条件等多方面的原因。尚不能由人民直接行使立法权，只能将立法权委托给人民代表或有关主体代为行使。因此，需要坚持和完善人民代表大会制度。应使人大代表更密切联系群众，更真实、更广泛、更深刻地反映人民的意志，同时也要使人大代表更多参与到立法活动之中，充分保障人大代表依法履行职责。⑤ (2)根据国情，在观念和制度的结合上坚持立法的民主原则。在立法中遵循民主原则，应当注意以立法的形式反对特权和专制，不允许任何个人、组织和国家机关侵犯公民

① 参见黄文艺主编：《立法学》，高等教育出版社 2008 年版，第 28 页。
② 徐向华主编：《立法学教程》，上海交通大学出版社 2011 年版，第 69 页。
③ 陈端洪：《立法的民主合法性与立法之上——中国立法批评》，载《中外法学》1998 年第 6 期。
④ 郭道晖总主编：《当代中国立法》(上)，中国民主法制出版社 1998 年版，第 151 页。
⑤ 张文显主编：《法理学》，高等教育出版社 2018 年版，第 234 页。

的合法权益，特别要注意用立法肯定和保障人民当家作主的权利。（3）在立法过程和立法程序方面，使立法向社会公众公开，使公众能有效参与和监督立法，贯彻全过程人民民主。立法所反映的意志和利益应当客观，把各方面的矛盾、问题、意见都摆出来，多方征求意见，集思广益，在高度民主的基础上尽可能把正确的意见集中起来，使立法真正代表最广大人民的最大利益。（4）注意民主与集中相结合。在立法的本质、内容和目的上，所立的法要反映经过集中的人民共同意志，即立法不是反映人民的所有意志，而是反映经过选择的有必要提升为国家意志的人民共同意志。在立法过程中，既要保障大众能有效地参与立法，也要加强专门机关的现代化建设，充分发挥专门机关、专家和其他有关人员的作用。随着社会分工不断深入发展，法律调整对象日趋多样化的同时，各领域专业化程度也不断加深，同时，立法活动本身也是一项需要专门技术的工作，因此，无论是法律专家还是其他各行各业的专家，都需要使其积极参与到立法工作中来，这与民主立法原则并不冲突。①

四、科学性原则

《立法法》第7条规定："立法应当从实际出发，适应经济社会发展和全面深化改革的要求，科学合理地规定公民、法人和其他组织的权利与义务、国家机关的权力与责任。"这就要求，立法活动必须遵循科学原则，立法产生的法律成果应当明确、具体，具有针对性和可执行性。立法的科学性原则的含义，就是实现立法的科学化、现代化。这具体包含三点内容：立法必须尊重客观实际，遵循客观规律；立法应当合理吸收、借鉴历史和国外的文明成果；有关科技立法中应当特别注意增强科学性。② 与此同时，立法本身是一项重要的政治活动，也是一门技术难度较大的工作，有其自身活动的规律，遵从科学性原则就是把握立法活动自身规律。③ 立法遵循科学性原则，有助于提升立法质量和产生良法，有益于尊重立法规律、克服立法中的主观随意性和盲目性，也有利于在立法中避免或减少错误和失误，降低成本，提高立法效益。

其一，立法观念的科学化。要以科学的立法观念影响立法，消除似是而非贻误立法的所谓新潮观念和过时观念。马克思指出："立法者应该把自己看作一个自然科学家。他不是在创造法律，不是在发明法律，而仅仅是在表述法律，他用有意识的实在法把精神关系的内在规律表现出来。如果一个立法者用自己的臆想来代替事物的本质，那么人们就应该责备他极端任性。"④构造立法蓝图，作出立法决策，采取立法措施，应当自觉运用科学理

---

① 高其才：《现代立法理念论》，载《南京社会科学》2006年第1期。
② 石茂生主编：《法理学》（第2版），郑州大学出版社2010年版，第180页。
③ 任才峰：《科学立法、民主立法、依法立法的理论与实践》，载《人大研究》2019年第1期。
④ 《马克思恩格斯全集》（第一卷），人民出版社1995年版，第347页。

论来指导。在立法的过程中，设定法律上的权利、义务和责任时，必须从实际情况出发，充分考察客观条件。① 对立法实践中出现的问题和经验教训，应当给予科学解答和理论总结。立法实践主要是摸索的实践、试验的实践而不是自觉的实践，忽视客观实际而凭主观独断立法经常付出沉重代价，这种状况必须改变。

其二，立法制度的科学化。要建立科学的立法权限划分、立法主体设置和立法运行体制。整个立法制度应当合乎社会和立法发展规律，合乎国情和民情，合适、合理、完善。建立和完善科学的立法体制，顾及立法的全局和局部、长期与短期、中央与地方、地方与地方之间的关系。② 立法主体应当由高素质的立法者和立法工作人员组成。这就需要不断促进人大立法的职业化，提高人大代表的专业素质和立法技术水平。

其三，立法方法、策略和技术的科学化。从方法说，立法要坚持从实际出发和注重理论指导相结合，客观条件和主观条件相结合，原则性和灵活性相结合，稳定性、连续性和适时变动性相结合，总结借鉴和科学预见相结合，中国特色和国际大势相结合。从策略说，要正确处理立法的超前、滞后和同步的关系，"稳定性是确立法律权威和法律信仰的要求，也是保持法律内部和谐的需要"③；要按照客观规律的要求来确定立法指标；要尽可能选择最佳的立法形式、内容和最佳的法案起草者；要顾及全局并做到全面、系统，同时还要分清轻重缓急，合理安排各个项目的先后顺序。立法要注意各种法之间的纵向、横向关系的协调一致，法的内部结构的协调一致；要注意立法的可行性，所立的法要能为人接受，宽严适度易于为人遵守；还要特别注意避免和消除立法中的混乱。在立法技术方面系统地总结本国的立法经验，从中提炼出一些规律性的知识、方法，并提升为可靠的实用技术，将现代的各种高科技手段和技术，如大数据技术，充分运用于立法活动中，提高立法的效能。④ 另外，在今后的工作中，立法应当更加重视质量，不断完善和发展中国特色社会主义法律体系。

第四节 立法的基本价值

法律规范是法治价值的载体，立法是将抽象的法治价值具体化为法律规范的过程。但法治不等于法制，法治应是良法之治，立法作为法治的起始环节，应以创制良法为价值目标。⑤ 而这一价值目标的实现依赖于多元法律价值的协调与博弈。马克思说："价值这个

① 黄文艺主编：《立法学》，高等教育出版社 2008 年版，第 29 页。
② 杨临宏著：《立法学 原理、程序、制度与技术》，中国社会科学出版社 2020 年版，第 99 页。
③ 高其才：《现代立法理念论》，载《南京社会科学》2006 年第 1 期。
④ 黄文艺主编：《立法学》，高等教育出版社 2008 年版，第 30 页。
⑤ 吴晓蓉著：《法治主体的德性研究》，甘肃人民出版社 2015 年版，第 48 页。

普遍的概念是从人们对待满足他们需要的外界物的关系中产生的。"①据此，国内学者一般认为，价值就是主体需要和客体适应与满足主体需要之间的一种特定关系。② 而法的价值则是其客观性与主体性统一于法律主体的社会实践。③ 立法的价值性，就是关于立法活动与人的内在需要的一种匹配关系——美国法学家庞德指出：法学家的一个主要任务就是论证法律的价值准则；那些主张不可能有任何法律价值的法学家，往往强调法律是一种强力的秩序，但法律的强力恰恰意味着如果要使法律价值准则发生效力，就必须要有强力加以支持，而这却并不意味着强力本身就是最终的价值准则。④

一、人权

立法是一项以人为起点，并以人为归宿的事业。因为"与具有神圣性、超然性和崇高境界的宗教和道德不同，法律的立足点则一直是'世俗人'和'世俗社会'。它注重的是现实社会关系的调整，规范的是人的具体行为，保障的是社会成员的权利和利益，以实现稳定合理的社会秩序。因此，法律的核心关怀必然是人。尤其在法治社会，更是如此"。⑤正因为如此，现代法治社会立法的逻辑起点必然为："一切从人自身出发，以人自身为中心，把人自身作为观念、行为和制度的主体。"⑥也正是在这个意义上说，人本乃立法之逻辑起点。⑦ 而人权即人本之内核，因而，以人本为逻辑起点的立法理所当然地要以人权为其首要价值。

（一）人权的基本内涵

人权是指在一定的社会历史条件下每个人按其本质和尊严享有或应该享有的基本权利。享有人权的主体是所有的人，而不论其种族、肤色、性别、语言、财产、宗教、政治、国籍、出身、身份等。享有人权的主体不仅包括单个的人，也包括人的结合，即群体、民族和国家等。人权的核心和关键因素是对人的行为自由和价值的确认，既包括经济、社会、文化与政治权利，也包括生存权、发展权、民族自决权等。⑧ 从这一定义可以看出，人权的要义有以下几个层次：

其一，人权是一个社会历史的范畴，人权价值必须与所处的特定历史背景、社会经济

---

① 《马克思恩格斯全集》（第十九卷），人民出版社 1963 年版，第 406 页。

② 参见葛洪义：《目的与方法：法律价值研究论析》，载《法律科学》1992 年第 2 期。

③ 孙国华、朱景文主编：《法理学》（第五版），中国人民大学出版社 2021 年版，第 62 页。

④ 参见沈宗灵著：《现代西方法律思想史》，北京大学出版社 1997 年版，第 296 页。

⑤ 马长山：《法律的"人本精神"与依法治理》，载《法制与社会发展》2004 年第 4 期。

⑥ 谢根成著：《现代法精神与人文主义》，载《华北水利水电学院学报（社科版）》2001 年第 6 期。

⑦ 江国华：《论法治的伦理法则》，载《光明日报》2006 年 8 月 7 日，"理论版"。

⑧ 王海根编著：《人权与法制简明教程》，同济大学出版社 2013 年版，第 1 页。

条件相结合，这也是人权难以形成统一概念的原因。不同国情、社会性质、生产力发展水平乃至于同一国家、社会的不同发展阶段或不同侧面的人权含义均是有所差异的。从人权概念产生的社会历史过程来看，人权是一种反抗权利。也就是说，在观念上，人权诉求反映了人们反抗特权、反抗统治者压迫和剥削的愿望；在现实中，法律权利逐步增长乃至进化为人权，是人们反抗人身依附、政治专制和精神压迫的斗争不断取得胜利的结果。在此意义上，人权主要是公法意义上的权利。① 为此，当代英国思想家米尔恩提出了"作为最低限度标准的人权"。其核心内容主要有两点：（1）由于社会发展的不平衡性和道德规范的多样性，得到某种共同体认可的权利，没有足够的理由被认为也同样适用于其他共同体；（2）无论社会发展和道德规范存在多么大的差异，一些最低限度的人权必须得到所有共同体的一致拥护。总结起来，最低限度的人权必须为全人类所共同享有的权利，但是也要尊重人权的特殊性，从而做到人权的普遍性与特殊性的统一。在全球化的时代，怎样通过建设性的对话来沟通和扩大人权方面的国际共识已成为当今国际社会主要议题之一。不仅在西方文明的框架内思考人权，而且在与西方文明并驾齐驱的其他文明框架内省察人权，已形成一种"文明相容的人权观"，是缓和并逐步化解矛盾冲突的一条必由之路。

其二，人权是基本权利的本源，基本权利是人权宪法化的产物。在当今主流社会的宪政体制中，宪法一般都将人权明细化和法制化。但是人权作为"人因其为人而应享有的权利"，并不是宪法赋予的，而是宪法确认了作为人所应享有的权利，并且其成为保障和实现人权的一种手段。人权与基本权利的区别在于：（1）人权是一种自然权，而基本权利是实定法上的权利；（2）人权具有永久不变的价值上的效力，而基本权利是法律和制度上保障的权利，其效力与领域受到限制；（3）人权主要表现为价值体系，而基本权利具有具体权利性；（4）人权源于自然法，而基本权利源于人权。从逻辑的维度分析人权，李步云教授提出人权具有三种存在形态，即应有的权利、法定的权利与实现的权利。此三种权利有一种递进的过程，从应有的权利转化为法定的权利，再从法定的权利转化为实有的权利。② 如果从这个角度来界分人权与基本权利的区别，可以看到人权是公民权利产生的源泉，是其合理性的基础，公民基本权利来源于人权，公民基本权利也就是规定在宪法中的人权，是人权中"法定形态"的一部分。③ 因此，人权与基本权利的区别决定了宪法文本中的人权需要法定化，并转化为具有具体权利内容的基本权利形态。人权一旦转化为宪法文本中的基本权利后，公民与国家机关都应受到基本权利的约束。④

其三，人权通常是指普遍的人类权利，因此，人权的主体是广义上的"人"，意味着无

---

① 夏勇著：《人权概念起源——权利的历史哲学》，中国政法大学出版社 2001 年版，第 170 页。

② 参见李步云：《论人权的三种存在形态》，载《法学研究》1991 年第 4 期。

③ 参见焦洪昌：《"国家尊重和保障人权"的宪法分析》，载《中国法学》2004 年第 3 期。

④ 胡锦光、韩大元著：《中国宪法》，法律出版社 2018 年版，第 151 页。

论是个人、群体，还是整个人类族群，都涵盖在人权的涵摄范围内。在这一范围内，每个"人"的人权都应当是平等的，不因个体差异存在分殊。人权的本质特征是自由和平等，其实质内容和目标是人的生存与发展。倡导自由、平等的目的，是使人摆脱一切压迫、剥削和歧视。因此，人权既是个人的权利，也是集体的权利。前者是指个人依法享有的生命、人身和政治、经济、社会、文化等各方面的自由平等权利；后者是指作为个人的社会存在方式的集体应该享有的权利，如种族平等权、民族自决权、发展权、环境权、和平权等。

其四，人权是涉及社会生活各个方面的广泛、全面、有机的权利体系，是人的人身、政治、经济、社会、文化诸方面权利的总称，它与人的尊严、价值、权利、自由密不可分。基于人权内容，一般将其分为公民、政治权利和经济、社会、文化权利两大类。前者是指一些涉及个人的生命、财产、人身自由的权利以及个人作为国家成员自由、平等地参与政治生活方面的权利；后者是指个人作为社会劳动者参与社会、经济、文化生活方面的权利，如就业、劳动条件、劳动报酬、社会保障、文化教育等权利。

（二）立法中的人权价值

如果说，从人权到"法定权利"乃人权保障制度化的基本途径，那么，立法就是人权法定化的基本途径。

其一，法律体系的健全与否直接关系人权的确认程度，要切实加大科学立法、民主立法的力度，尽最大可能把人民群众的合理诉求通过宪法、基本法律或其他法律法规、条例条令等转化为可实际享有的法定权利。[①] 而立法不仅是人权的重要实现途径，能够保护"法定权利"，而且人权在立法领域也具有特殊性和新的内涵。迄今，为多数国家认同的人权立法包含如下内容：（1）安全的权利：有关禁止犯罪行为，如谋杀、屠杀、酷刑和强奸；（2）自由的权利：有关自由的范畴，如言论、出版、集会、结社、游行、示威以及宗教信仰的自由；（3）政治的权利：有关人民的自由参政权，如抗议或入党；（3）诉讼的权利：有关防止滥用法律制度，如监禁审讯、秘密审讯和过度惩罚；（4）平等的权利：有关公民的平等，在法律面前人人平等；（5）福利（经济）的权利：有关提供教育和免于遭受严重的贫穷和饥饿；（6）民族的权利：有关群体免受种族屠杀和其建立民族国家之权利。

其二，纵观人权发展史，大致可以把人权分为三代。第一代人权是指在近代西方资产阶级革命中确立的权利，主要包括人身自由、精神自由和经济自由，即传统的自由权。第二代人权是19世纪末20世纪初社会主义运动中提倡的权利，主要包括公平、正义、平等，如劳动权、休息权、受教育权等，这类权利要求对社会进行改造。第三种人权是第二次世界大战之后一些国家和民族在反对殖民主义压迫、争取民族独立和解放运动过程中提

---

① 参见李海星著：《人权哲学导论》，社会科学文献出版社2012年版，第278页。

供的各种权利，包括民族或国家的生存权、发展权和民族自决权等"集体人权"。① 由此可见，随着社会的变革与发展，一般都是先从社会生活中产生人权要求，随后逐步形成人权意识、人权学说，它又推动人权实践，包括争取人权、维护人权和实现人权法制化。而人权法制化又往往先是形成政治原则的宣示，然后形成宪法中的人权原则，再到构建人权法律体系。各项人权都由法律来规定它的外在表现形式，而法律的核心内容和根本价值就是彰显人权的不可侵犯性。所以说，重视人权就必须讲究法制，人权的实现程度与法制的进步程度是互成正比、相辅相成的。如果不讲法制，那么人权就会失去保障；反过来说，忽视权利的法律，就不是良法，甚至可能是恶法。所以，在加强社会主义民主法制建设中，一定要坚持以人为本的执政理念和权利本位的立法思想，以此为指导推进立法，正确处理权利与权力、权利与义务、权力与责任等一系列关系，更好地规范和保障人权的实现。②

其三，立法中的人权，按照涵摄范围的不同，首先体现在国家这个集合体中。作为国家构成的四要素之一，主权可以说正是体现国家本质的人权之一，而立法权则是国家制定、修改和废止法律的权力，是其组织和调整一切社会关系的准备工作和必要前提，是国家主权的重要内容之一；而站在某一社会群体的角度，立法既是立法者的法定职权，也是各个利益团体实现群体利益的重要方式；站在个体的角度，立法与公民的基本权利——政治权利和自由、监督权密切相关。选举权和被选举权及各项监督权利的行使，都是公民参与立法的重要手段。

二、秩序

根据《辞海》的解释："秩，常也；秩序，常度也，指人或事物所在的位置，含有整齐守规则之意。"因此，秩序是相对于"无序"而言的，其本意就是指事物有条理、不混乱的状态，后引申为自然进程或者社会进程中所呈现的某种程序的一致性、连续性和确定性状态。

(一)秩序的意义

一般而言，秩序可以分为自然秩序和社会秩序。自然秩序由自然规律所支配，如日出日落、月亏月盈等；社会秩序由社会规则所构建和维系，是指人们在长期社会交往过程中形成相对稳定的关系模式、结构和状态。在一切时代，人类都依赖这两种秩序而存续——人类生活在自然界，与物质的自然界发生关系，依赖着自然秩序生存而发展。没有必要的自然秩序，日月无辉、星辰大战、四季紊乱，人类一日不能存活。人类自身又结成社会，

---

① 参见《宪法学》编写组：《宪法学》(第二版)，高等教育出版社2020年版，第186页。

② 参见陈德生、纪荣荣、欧世平、李传柱著：《人权意识与人权保障》，中国长安出版社2014年版，第62页。

在这个社会整体中，以一个成员的身份同他人发生关系，以社会秩序为纽带而生存，依赖着社会秩序而生活。没有必要的社会秩序，社会处于混乱状态，人类就没有基本的生存和发展条件。①

如果说，自然秩序是受自然运行规律所调整的产物，那么，社会秩序则是受社会发展规律调整的产物。社会秩序是指在社会中存在的某种程度的一致性、连续性和确定性，是人与人之间较稳定的、模式化的联系。② 不管是自然运行规律，还是社会发展规律，都是客观规律，其作用不受人的意志所支配。但客观规律可以被人所认识、所把握、所利用。正是人类基于对客观的自然规律和社会规律之认识和把握，运用禁忌、习俗、宗教、道德、法律等方式，不断地推动自在秩序转向自为秩序；人类也因此逐渐由自由秩序走向秩序自由。

对于人类社会生存而言，最低限度的秩序是维续其生存和正常运行的必要条件。但对于人类发展而言，最低限度的秩序是远远不够的，它还需要"良好的秩序"——这种良好的秩序就是"公平的、公正的和尊重人之尊严的秩序"。而立法则是这种"良好秩序进路"的主要方式——基于对自然规律的把握，人类通过立法方式，规范和调整人与自然界的关系，实现自然秩序向法律秩序的转变；基于对社会规律的把握，人类通过立法的方式，规范和调整人与社会的关系，实现由禁忌、习俗、道德和宗教为主要调控方式的传统秩序向法律秩序的转变。

因此，法律秩序乃现代语境中"秩序"之基本内核。根据《牛津法律大辞典》的解释："法律秩序是从法律的立场进行观察、从其组织成分的法律职能进行考虑的、存在于特殊社会中的人、机构、关系原则和规则的总体。法律秩序和社会、政治、经济、宗教和其他的秩序共存。它被当作是具有法律意义的有机的社会。"③换而言之，法律秩序，就是法律在调整社会关系时在人们间产生的动态化、条理化、规范化、模式化和权威化的社会生活方式。④ 博登海默则认为："法律秩序要素所涉及的是，一个群体和政治社会是否采纳某些组织规则与行为标准的问题。这些规则与标准，按其设想，是要给予为数众多却又混乱不堪的人类活动以模式和结构，从而预防不能控制的混乱。"⑤在这个意义上说，法律秩序可以被认为是法律规范的要求在社会生活中得以实现后所形成的稳定的状态，其主要由三

---

① 周旺生：《论法律的秩序价值》，载《法学家》2003 年第 5 期。
② 周永坤著：《法理学——全球视野》(第四版)，法律出版社 2016 年版，第 182 页。
③ [英]沃克编辑：《牛津法律大辞典》，北京社会与科技发展研究所译，光明日报出版社 1988 年版，第 539 页。
④ 谢晖：《论法律秩序》，载《山东大学学报》2001 年第 4 期。
⑤ 参见[美]E. 博登海默著：《法理学——法哲学及其方法》，邓正来、姬敬武译，华夏出版社 1987 年版，第 237 页。

个方面构成：(1)法律的社会政治价值。法律能对公权力进行规制、协调与分配，使得权力运行规则化、制度化。(2)法律的社会经济秩序价值。法律能够建立生产、分配、交换、消费秩序，从而维护经济的正常运行。(3)法律的社会生活秩序价值。维护社会的正常秩序，促进社会的团结统一是法律追求的基本价值之一。[1] 如果从法规范本身而言，法律秩序是指根据一定的标准或原则将一国现行有效的全部法律规范划分为不同层级所形成的统一体。[2]

(二)立法中的秩序价值

在现代社会，如果说，法治是塑造秩序的主要方式，那么，立法就是法律秩序的源头。离开立法这个源头，法治与法律秩序就是无源之水、无本之木。

第一，维护社会秩序。从与其他形态的秩序相比较来看，法律秩序是最完善的社会秩序。自从人类产生以来，社会秩序至少存在过四种形态，即习俗秩序、道德秩序、制度秩序和法律秩序。法律秩序作为最晚出现的一种特殊的社会秩序，也是社会秩序最发达和最完善的形态。这里需要说明的是，我们这样说无意贬抑其他社会秩序的价值。事实上，这四种秩序形态之间并不存在互相排斥的特性。或者说，一种新的秩序形态的产生，并不替代和取消已有的秩序形态，它们往往共存于同一个社会之中，相互配合发挥作用。我们之所以说法律秩序是最发达、最完善的社会秩序，仅仅是就法律秩序本身而言，或者说，理想的现代社会秩序应该是法治状态下的秩序。

第二，维护法律秩序。从法律秩序的内容来看，法律秩序是在法律规则、法律规范作用基础上形成的良性社会秩序。社会规则是社会秩序的内核，它作为社会秩序的实际内容，是社会秩序的中心环节。同样，法律秩序这种社会秩序的特定形式，通过立法形成以法律规则为其内容的法规范体系，通过调整不同层级的法律规范，形成统一的法律秩序。或者说，法律规则是形成法律秩序的一个基础性前提，没有法律规则，就没有法律秩序。从这个意义上来讲，立法活动有助于维护法律秩序的统一性。

第三，维护政治秩序。从法律秩序的形成来看，法律秩序除了必须有以成文法典或判例形式表现的法律规则体系存在之外，还必须以国家权威机关的存在为前提。法律有助于维护政治秩序价值。一方面通过立法活动来确认和保护国家的根本利益，使国家政权合法化、制度化；另一方面，通过立法形成的法律体系在协调政治关系、规范政治行为、促进社会发展、解决政治问题等方面发挥重要功能。[3] 我们说，习俗秩序的形成，主要是人们不断往复的社会生产实践导致人们形成一种习惯定势，极少需要什么力量强迫。虽然不能

---

① 李其瑞主编：《法理学教程》，中国政法大学出版社 2017 年版，第 55~57 页。
② 雷磊著：《法理学》，中国政法大学出版社 2019 年版，第 62 页。
③ 参见付子堂主编：《法理学进阶》(第六版)，法律出版社 2022 年版，第 131 页。

说道德秩序没有强制，但是，道德强制主要是通过人们的自身良心自觉和社会舆论的力量来实现的。团体、组织的制度规则和秩序由于有纪律、内部处罚等，应该说其强制性更为强烈一些。但是，无论上面哪种情况，都不存在以国家名义作出的强制。而法律秩序的形成则不同，它必须以国家强制力为后盾，必须有国家强制机关的存在作保证。① 法律秩序的实现，离不开司法机关甚至军事机关的"武器的批判"。更重要的是，国家对违法者的强制，不以被强制者的接受或认同程度为转移，因而其力量是更加强悍而稳定的。②

三、公平

在人类文明史上，公平观念可谓源远流长。在中国，法字的古体是"灋"。据《说文解字》解释："灋，刑也，平之如水；廌，所以触不直者去之，从去。"法字从"水"，象征法的公平，所谓法平如水，这是对法的期望和法所追求的价值目标，也是古代官吏司法自律的标准。西汉桓谭便提出"治狱如水"，以示公平执法。在西方，古希腊哲学家柏拉图在其《理想国》中讨论的核心问题之一就是正义（公平），他指出："我们在建立我们这个国家的时候，曾经规定下一条总的原则。我想这条原则或者这一类的某条原则就是正义（公平）。"③

（一）法的公平价值

法的公平价值主要体现为法对公平的保护。公平是法律的价值取向，法对公平予以确认、维护，并努力使其实现。法律之所以能够保障公平，是因为法律与其他的规范相比有国家的强制力作为后盾，这为法律对公平的保障提供了可能。

其一，法将公平权利化。法律对公平的保护首先表现为法律将公平权利化，即法律明确规定其所规制的对象应公平地享有的权利和承担的义务。法律不允许有人只享有权利而不承担义务，不允许特权的存在。法律通过法律规范的量化把权利和义务公平地分配给每一个人，并要求每一个人按照自己所分配到的份额享受权利和承担义务。法律同时规定在享受自己的权利时，不能对他人的权利造成损害。如果一个人的权利遭到损害，那么国家将会以法律的名义对损害行为加以追究。同时，法律也不允许有人不承担义务，不承担应该承担的义务，同样会受到法律的追究。

其二，法为公平提供统一的标准。公平是主观的认识，既然是主观的认识，人与人之间的认识就必然存在差异。同时，由于公平本身存在不同的形式，如起点公平、过程公平、结果公平等，因此在主观意义上，公平是不可能达到统一的。公平是不可能在没有统

---

① 吕世伦、文正邦主编：《法哲学论》，西安交通大学出版社 2016 年版，第 368 页。
② 周旺生：《论法律的秩序价值》，载《法学家》2003 年第 5 期。
③ ［古希腊］柏拉图著：《理想国》，郭斌和、张竹明译，商务印书馆 1986 年版，第 154 页。

一的标准的情况下实现的，同时也必须对有些以公平的面目出现但实际上根本不是公平的情况予以纠正。由于法律是客观存在的，不管人们主观上的平等观念有多大差异，如果统一在一定的法律规范下，并以国家强制力作为保证，公平就会获得统一的标准。在中西方的法律文化中，法或法律是评判和认定曲直对错、合法与非法、责任与惩罚等的根本依据，其不仅具有规范性、明确性和可操作性等行为特征，而且具有与公平正义相联系的价值性特征，是将道德意义上的公平正义予以具体化、规范化。[①] 根据既定的法律规范作为衡量平等与否的依据，人们不仅可以通过法律的规定获得一致的公平与否的结论，而且还可以根据法律的规定公平地分配权利和义务，实现公平。

其三，法保护被确认的公平。法律体系自成一体，在法律实施的过程中与其他的规范体系是相对独立的。公平的观念并不仅仅存在于法律规范中，在其他的规范体系中同样存在。但是法律并不对其他规范体系中的公平予以保护，法律只保护自己所确认的公平。法律通过对自己确认的公平予以保护，从而实现法所追求的公平。[②]

(二)立法中的公平价值

立法中的公平价值，是一个动态与静态双重结构：一方面，立法公平是指作为立法活动或过程中的动态的立法公平，是享有立法职权的国家机关通过一系列法定程序、步骤、方法等制定、认可、修改、废止具有法的效力的规范性法律文件的活动或过程中所体现的公平观。另一方面，则是指作为立法活动结果的静态的立法公平，是立法机关通过立法活动所选择的符合立法者利益与要求的公平意志在法律中的体现。[③] 因此，立法公平主要包含以下三点内容：

其一，立法权配置的公平性。立法权是一种综合性的权力体系，它由多种级别、多种类别、多种内容、多种形式、多种结构的具体立法权所构成，而不是单一的权力结构。[④]因此，立法权的配置主要是解决谁有权立法的问题，它包含两个方面：一是立法主体的代表性问题。立法是民意的表达，只有满足广泛代表性的立法机关，才能制定出真正反映广大人民的共同意愿、充分保障广大人民的各项权利和根本利益。我国实行党领导立法、人大主导立法的体制，各级人民代表大会的广泛代表性是其区别于西方议会制度的本质特征；[⑤] 为确保并扩大"广泛代表性"这一特点，2010 年第十一届全国人大三次会议对《选举法》进行了修改，将第 6 条第 1 款修改为："全国人民代表大会和地方各级人民代表大会的

① 参见李林：《通过法治实现公平正义》，载《北京联合大学学报》2014 年 7 月，第 12 卷第 3 期。

② 参见周林主编：《法理学》，西南交通大学出版社 2012 年版，第 78~79 页。

③ 邵诚、刘作翔主编：《法与公平论》，西北大学出版社 1995 年版，第 75 页。

④ 参见周旺生主编：《立法学》(第二版)，法律出版社 2009 年版，第 198 页。

⑤ 参见[英]安德鲁·海伍德著：《政治学(第三版)》，张立鹏译，中国人民大学出版社 2012 年版，第 148~150 页。

代表应当具有广泛的代表性，应当有适当数量的基层代表，特别是工人、农民和知识分子代表；应当有适当数量的妇女代表，并逐步提高妇女代表的比例。"二是立法权的内部分配问题，即从权力机关到其他国家机关、从中央到地方，如何形成立法权的公平配置的问题。一部法律，往往涉及多方面的利益关系，涉及多个部门的权力和责任。立法工作的立项、起草、审议、修改、不同意见的协调等多个环节，都需要各相关方面的共同参与和配合，也不可避免地会受到各方面利益的影响。现在许多法律法规的制定和修改由主管部门动议和起草，部门权力和利益往往成为法律草案的核心，形成"部门利益法律化"的状况，严重损害法律的公信力和权威。因此，立法权不应被某些政府机构和利益团体所操纵和垄断，特别是不能将立法权赋予或者没有节制地授权行政机关行使，避免因立法执法权力的混同而带来立法的先天不公。

其二，立法过程的公平性。从动态的视角来看，立法公平是立法过程中各种因素通过立法程序实现价值合成与利益整合的结果。因此，程序公平乃是立法过程公平的核心要素。没有立法程序的公平，就无所谓立法过程的公平性。就其内容而言，立法过程的公平性内在地包含两个基本要素：一是立法过程的民主性与公开性。基于此，立法机关应当遵循民主立法之原则，使得一切有关立法法案的不同意见都能够通过公开的程序得以表达和质辩，并最终由全体成员通过多数议决的民主原则予以权衡与抉择。二是立法过程的参与性和开放性。立法过程中的公开和参与制度不仅有助于防止立法权行使过程中可能滋生的自腐性，而且更有助于各种利益的表达、冲突、协调、认同并整合，既坚持少数服从多数，保障多数的合理权利，又尊重少数人的意见，确认少数人的恰当权利。①"立法权运行程序既是立法机关行为的程序，也是受公众监督的程序"，因此，我们需要创造一种不仅适用于议会立法的程序，而且适用于立法时全民参与的程序，② 从而使得立法法案所涉及的利害关系人的意见能够在立法程序中平等地得到表达，并在法律文本中得到充分体现。

其三，立法内容的公平性。党的十八届四中全会通过的《关于全面推进依法治国若干重大问题的决定》指出，法律是治国之重器，良法是善治之前提。治国理政必有良法相辅，良法善治是建设法治国家的应有之义。"立善法于天下，则天下治；立善法于一国，则一国治。"因此，立法内容的公平性内在地要求：（1）立法内容要以人为本，以人民为中心，充分反映各个社会群体、各个方面的利益关切，平等保障其各项权利。（2）立法要在各种社会利益和利益集团之间找到一个很好的平衡点，使得经济、政治、文化等各种权利在社会成员之间合理分配，各种义务由社会成员合理承担，有效发挥法律之于社会各种利益调

---

① 徐向华主编：《立法学教程》，上海交通大学出版社2011年版，第169页。
② 季卫东著：《法治秩序的构建》，中国政法大学出版社1999年版，第16页。

节器的作用。鉴于立法涉及不同群体、不同基层的利益调整，为确保立法内容的公平性，2017 年全国人大常委会办公厅印发了《关于立法中涉及的重大利益调整论证咨询的工作规范》（常办秘字〔2017〕237 号），明确要求各类立法但凡涉及重大利益调整，均应当按照规定的程序，邀请全国人大代表、有关国家机关代表、军事机关和军人军属代表、人民团体代表、专家学者、基层工作者和群众代表、行业协会代表等，对立法中涉及的重大权利义务关系、利害关系的设定、变动等调整问题，进行专题论证和咨询。

四、正义

正义是立法的永恒追求，正如同真理乃思想的永恒追求一样。[①] 一项合乎正义的立法，必须公正地表达不同社会利益需求，平等地保护一切正当利益，有效地调整各种利益关系，平衡各种利益冲突，并创设和维护一种有助于人们去追求共同的幸福生活的环境。

（一）正义的内涵

正义既是人类普遍公认的崇高的价值、理想和目标之一，但对于正义的解读却难以统一。这是因为正义是个关系范畴，是一种在涉及利害关系的场合，要求平等地对待他人的观念形态。正义也是一个涉及个人行为和人际关系处置、安排的范畴和准则，其标准具有多样性。它不可能有一个确定的、永恒的标准。正义标准之所以多样，主要是因为正义概念的历史性、阶级性和具体性。如在庞德看来，正义并不是指个人的德行，也不是指人们之间的理想关系，它意味着一种体制。[②] 马克思主义认为，正义是一个历史的、阶级的概念，而不是一个永恒的、超阶级的概念。正义的标准在不同时代、不同阶级的人有不同的解释。即使同一时代、同一阶级的人，由于利益的差异，也可能持不同观点。[③] 回顾历史上正义内涵的嬗变，正义往往与"应得"相联系，即一个人在物质上可以合理占有的范围如何界定、对为恶之人进行惩罚是否正义的、当一个社会成员处于不利地位时，他应当得到怎样的对待？这些问题的不同答案反映出不同时代、不同阶级的不同正义观。[④] 但不管在什么时代，正义的内涵在如下方面均具有共识：

其一，正义是社会制度的伦理标准。"正义"一词在近代以前，主要是作为人之行为的评价标准而存在的。但在近代以来的西方许多学者那里，"正义"的概念越来越多地被专门用作评价社会制度的一种伦理标准，如罗尔斯认为，正义的对象乃社会的基本结构，即用来分配公民的基本权利和义务、划分由社会合作产生的利益和负担的主要制度；正义原则要通过调节主要的社会制度，来从全社会的角度处理人们由于诸如出生等起点方面的不平

---

① 江国华著：《立法：理想与变革》，山东人民出版社 2007 年版，第 254 页。
② ［美］庞德著：《通过法律的社会控制》，沈宗灵等译，商务印书馆 1984 年版，第 73 页。
③ 柳之茂主编：《法理学》，中国社会科学出版社 2012 年版，第 249 页。
④ 廖申白：《西方正义概念：嬗变中的综合》，载《哲学研究》2002 年第 11 期。

等，尽量排除社会历史和自然方面的偶然任意因素对于人们生活前景的影响。①

其二，正义观念也与人类的生活境界密切相关。如有限自然法论者富勒就将正义与人的生活境界连接起来，认为正义就是法律的外在道德或实体自然法，是保持和发展人之间的交往，以便继承以往人类的成就，丰富后代的生活，扩大自己生活的境界。他说："如果要求我认定一个可以成为实体自然法——用大写字母写的自然法——的一个核心的无可争辩的原则时，我们在这一命令中找到：展开、保持和保护这种交往渠道的完整性，通过这种渠道，人们相互传达他们所觉察、感觉和要求的事务。"②这种最高道德即正义正是立法所追求的实体目标。

其三，正义直接关涉人类的共同幸福。正义在不同的时空会改变其内容。但正义也有其不变的内容，即正义有一个底线，这个底线是文明的人类社会所共同具有的价值标准。不遵守这一底线的社会是不文明的社会，否则就无法解释为什么所有文明的社会都对杀人、盗窃等行为作出否定性评价。③而正义的这一底线也是追求人类共同幸福的基础。如英国学者菲尼斯就将正义直接指向人类的共同幸福。④所谓共同幸福，是指人类社会追求的共同目标；这是在实践中要考虑到的、使他们相互进行合作的某种因素。就人类的共同幸福而论，就是使"社会成员为达到他们的合理目标，合理地实现他们的价值以及为了社会相互合作的一系列条件"。⑤

（二）法与正义的关系

法是善良与公正的艺术，正义只有通过良好的法律才能实现。法律凭借其规范性和强制性，能够成为实现正义的有效手段。

其一，立法是实现正义的有效途径，必须通过立法实现正义规范化和明确化。"既然正义秉性的特征是他律，它就只能在一定条件下才能导致正义的行为。为了克服这一条件性，使正义具有自律的外表，社会必须诉诸法律。法律强制手段迫使人们遵守正义规范，不论他们与否情愿。"⑥正义的要求先于法律的制定，由正义的要求引发而导致立法行为，从而使一定的正义要求通过法律形式固定下来，通过立法把正义的原则具体化为权利和义务，实现对资源、利益和责任的公正分配。但是法律规范意义上的正义要转化为社会现实

---

① 参见［美］约翰·罗尔斯著：《正义论》，何怀宏等译，中国社会科学出版社 1988 年版，序言第 7 页。

② Lon. L. Fuller, *The Morality of Law*, Revised edition, Yale University Press, 1969, p. 186.

③ 张文显主编：《法理学》（第五版），高等教育出版社 2018 年版，第 338 页。

④ 托马斯·阿奎那说"法的目的即共同幸福"。转引自吕世伦主编：《西方现代法学流派》，中国大百科全书出版社 2000 年版，第 55 页。

⑤ Fennis, *Natural Law and Natural Rights*, Oxford University Press, p. 155.

⑥ 慈继伟著：《正义的两面》，生活·读书·新知三联书店 2001 年版，第 33 页。

还要取决于法律正义得以实现的条件、手段方式、途径等。①

其二，法律使正义具体化和合法化。法律通过行为规范将抽象的正义观念具体化，使人们能够认识它，并将其作为自己的行为标准，这种行为标准逐渐演变成一种社会共识，进一步强化了人们正义观念的权威性、合法性。换言之，法律使正义完成了主客观相转化的过程。法律保障和促进诉讼的正义，其通过建立公正地、和平地解决社会纠纷和争端的规则和程序保障诉讼正义，如规定罪刑法定、审判公开等原则。②

其三，法律是正义得以实施的有力手段。法律是由国家制定并保障实施的，具有极大的权威性和强制力，在法律运行的过程中，渗透在法律中的正义也得以有效实现。首先，通过立法可以促进和保障"实体正义"的实现。立法活动将正义原则具体化为权利（权力）、义务和责任，实现对社会资源和利益的公正分配。其次，通过法律实施保障和贯彻"程序正义"的实现。法律在其实施过程中，通过惩罚违法犯罪来保障正义，通过补偿损失来恢复正义，但是这些都需要一套公正裁决的程序。由此可见，没有法律，正义是不可能有效实现的。

其四，正义是评价法律优劣的尺度和力量源泉。这主要表现在：首先，正义是评价法律优劣的尺度。正义是人类追求的永恒理想，更是法律的最高价值。正义价值是对其他法律价值的最终检验和评价，我们很难将不保障人权、不维护秩序、不促进公平的法律评价为正义的法律。正义是评价现实社会中法律善良与否的标准，它推动了法律的良性发展。其次，正义是法的力量源泉。法律的真正力量源自其本身的善良，法律的制定和实施都离不开正义的指导。③

（三）立法中的正义价值

立法与正义是一对辩证关系。正义是立法的内在价值，决定着立法的本质属性。正义是一定社会条件下的道德观念和道德准则在法律领域的体现，不可能不带有这个社会的经济、政治和文化的印记，在一定程度上还具有阶级性。但同时正义也是全人类共同追求的崇高价值，是人类社会共有的美德。④ 就其性质而言，立法的正义价值可以分解为三种基本形态，即自由的正义、公平的正义和衡平的正义。

其一，自由的正义。立法涉及每一个普通公民的生活；对于一个普普通通的人来说，在饮食家庭之外，最弥足珍贵的东西就是有自由⑤。法是实现自由的必要方式。任何时代的法，都或多或少确认和体现着一定的行为自由。一种正义的现代社会制度和法律制度，

① 孙笑侠主编：《法理学》，浙江大学出版社 2011 年版，第 204 页。
② 参见高其才著：《法理学》（第四版），清华大学出版社 2021 年版，第 203 页。
③ 苗金春著：《法理学导论》，法律出版社 2014 年版，第 113～114 页。
④ 李林：《试论立法价值及其选择》，载《天津社会科学》1996 年第 3 期。
⑤ 参见［英］麦金德：《民主的理想与现实》，武原译，商务印书馆 1965 年版，第 162 页。

必须在尽可能的范围内确认和保障每个人的最大限度的自由。① 自由乃人类进步的酵母，迄今为止人类社会所取得的一切进步，都是源自自由的孵化，因而也是向自由王国的迈进。自由亦幸福生活的本源，人类一切形式的幸福生活，都是以自由为条件的，因而都可以称之为自由的生活。而自由，至少在其现实性上，无疑源自制度，制度则源自立法。所以，法律不仅构成了自由的条件，亦成为幸福生活的条件；哪里没有法律，哪里就没有自由，② 因而也就没有幸福的生活——当然，只有那些符合自由的正义原则之立法才构成自由的条件；倘若立法所铺就的是一张"天罗地网"，那么人类自由的翅膀必将因失去可以遨游的天空而退化而萎缩；人类自由的天性也必将因此而窒息。

其二，公平的正义。③ 公平的正义，其立法观念可以追溯到古希腊时期。早在公元前6世纪，雅典执政官梭伦就曾经说过："制定法律，无贵无贱，一视同仁，直道而行，人人各得其所。"④这可以说是公平的正义立法观念的最朴素的表达。公平的正义要求立法必须兼顾社会绝大多数人的需要，不能对一部分人持有政策歧见，有意忽视其利益，或者通过牺牲一部分人及其团体的利益以成全另一部分人及其团体的利益；同时又必须优先考虑处于社会底层的最劣势的那一部分人，尽可能使受益者扩大，尽量使利益普及于一般公众，而不仅仅局限于特权阶层或少数人。⑤ 因此，在某种意义上，人们把那些倾向于产生和保持政治共同体的幸福或其行为看作是公正的。⑥ 立法必须坚持公正无偏原则，即持无私无偏的态度，对当事人、利害相关人、社会大众等，均应予以通盘谨慎的考虑；坚持个人受益原则，即无论采取何种行动方案解决问题，最终的受益者都必须落到一般公民身上；坚持分配普遍原则，即应尽可能使受益者扩大，尽量使利益普及于一般人，而非仅仅局限于少数人。⑦

其三，衡平的正义。衡平的立法正义亦即比例的正义。它在保护与平衡的意义上对个人利益与公共利益进行权衡，尤其是要具体斟酌公共利益与公民个人在利益冲突状况下的失衡度，以防止过分与错误的立法出台。对于立法而言，衡平正义的意义在于强调立法者的职责应当是通过立法权的行使，谋求对社会集体中的成员加以恰当又平均地对待，以试图阻止专制与权力的滥用。因此，立法应当是一种旨在维护或重建平衡或均衡的事业；亦

① 孙国华、朱景文主编：《法理学》，中国人民大学出版社 2021 年版，第 76 页。
② ［英］洛克著：《政府论》（下），叶启芳、瞿菊农译，商务印书馆 1997 年版，第 36 页。
③ 参见［美］约翰·罗尔斯著：《正义论》，何怀宏等译，中国社会科学出版社 1988 年版，第 12 页。
④ ［古希腊］亚里士多德著：《雅典政制》，日知、力野译，商务印书馆 1997 年版，第 35 页。
⑤ 参见陈潭：《公共政策：谁之政策？何种政策？》，载《行政与法》2004 年第 5 期。
⑥ 参见［古希腊］亚里士多德著：《尼各马可伦理学》，廖申白译，商务印书馆 2019 年版，第 142 页。
⑦ 参见张成福、党秀云著：《公共管理学》，中国人民大学出版社 2001 年版，第 108 页。

如德国学者耶林所指出的那样，法的最高任务在于平衡利益，"法律的目的是平衡个人利益和社会利益，实现利己主义和利他主义的结合，从而建立起个人和社会的伙伴关系"；①立法者的精神就是衡平的精神。但是，由利益差别所导致的利益冲突也是客观存在的，衡平的正义要求立法实现对这种利益冲突的平衡和协调，既要做到公益与私益的兼顾，又要谋求强者与弱者的衡平——在立法中采用适当调节措施，即不使社会强者的利益受到不当贬损，又能使社会竞争中的弱者在衡平中受惠。

第五节　立法的基本功能

立法的基本功能是指立法行为所固有的功用和性能，是立法行为的天然的和内在的属性。功能是相对于事物的结构而言，是事物对外发挥的正面而积极的影响和作用。立法的功能即立法对人们的行为和社会关系所起的正面而积极的影响和作用。② 这对法律人至少有两方面的意味：一是应当充分尊重立法的功能的本来面貌，而不能擅自增加、减少、改变法的功能。二是应当善于发现、发掘和利用立法的基本功能，设法使立法行为所天然具有的这种资源能够得以充分和有效地实现，不致辜负了立法行为的功能，使它的价值搁置或浪费。在我国，立法的基本功能主要集中于四个方面，即组织功能、规范功能、保障功能和导向功能。

一、组织功能

立法的组织功能是指立法对于国家政治、经济、生活等方面予以管理的一项重要职能。简言之，立法的组织功能体现为，为了达到一定的目的，立法法将不同层次的立法权责进行分配，形成相应的权责结构。

立法是组织和发动社会变革的重要手段。法律的作用不仅仅是确认和维护现存的社会关系和社会秩序，还包括塑造和建构理想的社会关系和社会秩序。古今中外的很多改革家在推行改革前往往先制定某些新的法律，以立法的形式确认改革的方案和措施，然后再依法组织和实施改革方案和措施，如战国时代秦国的商鞅变法、古希腊雅典的梭伦改革、美国的罗斯福新政。在此，立法成为组织和发动社会变革的重要手段。"凡用兵，胜有三等，若兵未起则错法，错法而俗成，而用具。"③《商君书》此言正是强调了立法对发起变革、组织生产的引领作用。在现代社会，以立法的方式来组织和发动社会变革，已成为国家进行

① 张文显著：《二十世纪西方法哲学思潮研究》，法律出版社 1996 年版，第 129 页。
② 邓世豹主编：《立法学：原理与技术》，中山大学出版社 2016 年版，第 66 页。
③ 商鞅：《商君书》，章诗同注，上海人民出版社 1974 年版，第 39 页。

很多重大改革的基本方略。2014 年，党的十八届四中全会通过了《中共中央关于全面推进依法治国若干重大问题的决定》，强调重要改革于法有据，立法先行，这一要求在自贸区改革中得到充分落实和体现。与以其他方式进行的社会变革——例如政策、领导人指示、暴力等方式——相比，通过立法进行的社会变革至少具有这样两种优点：第一，立法是一种秩序化、制度化的变革，这种变革表现为立法机关、行政机关和司法机关通过程序化的制定、适用法律的活动来组织实施社会变革。第二，这种社会变革更具有正当性、合法性。国家被认为是社会利益的代表者，法律被认为是社会共识的反映，因而通过立法的社会变革更容易得到全社会的支持，更有机会获得成功。在进行变革的同时，立法机构的建设一方面要以发挥立法组织科层化的技术优势，另一方面也要预防和消除立法组织科层化的负面效应。①

立法是组织和实现民主政治的关键环节。民主政治的基本要求是政府必须按照人民的意志治理国家。从可操作性角度来看，这项要求实现的关键在于确定什么是人民的意志。确定人民意志的方式，有直接和间接两种。所谓直接的方式，就是通过投票表决的方式来确定人民的意志。如对宪法草案进行全民公决。所谓间接的方式，就是通过民意代表机关来集中人民，其主要的形式是立法。由民意代表机关通过立法来反映和表达人民的意志，是现代民主政治中确认人民意志最经常、最主要的方式。政府按人民的意志治理国家，主要表现为按民意代表机关制定的法律来治理国家。这样，民意代表机关是如何制定法律的，其制定的法律是否真正代表人民的意志，就决定某种政治事件是真民主还是假民主。②

在现代社会中，特别是在急剧变革的社会中，立法在社会生活中扮演着至关重要的角色。这是因为在现代社会中，社会生活日新月异，新生事物层出不穷。这些新事物、新关系不可能由既定的规则来调整和规范必须由与之相适应的新规则来调整和规范。这些现代生活的新规则不可能像传统生活的规则那样经由数代人的实践缓慢而自发地生成，而必须由国家通过立法及时地创造出来。正是因为如此，立法权的地位日益突出，制定法的数量迅猛增长，是现代法制的一个重要特征。从这种意义上来讲，立法是现代社会前进的火车头。

立法活动作为法律制度的一个重要组成部分，在中国社会变迁、和谐社会结构塑造及权利义务调整模式上扮演着重要角色，并为推动和保障各地的发展起到了不可替代的作用。③ 中国特色社会主义法律体系的形成，使立法站在了一个新的历史起点上，面临着更

①　钱大军：《立法权的策略配置与回归——一个组织角度的探索》，载《现代法学》2020 年 3 月第 42 卷第 2 期。

②　严峰：《论法律的作用》，载《新疆教育学院学报》2005 年第 3 期。

③　葛群：《论法律体系形成后地方立法的功能——基于地方立法类型的展开》，载《华北水利水电大学学报（社会科学版）》2014 年第 3 期。

多的要求和挑战。在这样一种情形下，如何在新的起点上继续加强立法工作，提高立法质量，更好地发挥立法的组织功能就成为一个重要课题。

二、规范功能

立法的规范功能是在《立法法》的具体指引下，规范立法主体在立法领域的行为。法学首先是一门规范性的科学。它涉及的是当为规范，也就是价值判断及其适用与贯彻。它通过法律规范服务于价值的实现。[1] 任何社会的存续发展都以一定的规范形态为特点。因此，规范性也是立法活动的内在要求。

第一，立法的规范功能体现为立法的秩序性。马克思主义基本原理认为：秩序是一定物质的、精神的生产方式和生活方式的社会固定形式。秩序总是意味着某种程度的关系的稳定性、结构的一致性、行为的规则性、进程的连续性、实践的可预测性以及人身财产的安全性。[2] 立法活动俨然是在秩序中发展的。在这一过程中，《立法法》起着极端重要的作用，显示出极大的规范价值。《立法法》的制定即为对立法秩序的规范。立法活动作为社会活动的一种，需要有明确的规范和指引，应当在秩序中稳定发展。立法的秩序性使得立法活动有章可循，在法治和规范的轨道中开展。立法的秩序性主要是指对立法主体权限的明确划分。立法权限不分，是立法混乱的主要症结所在。《立法法》对此作出了明确规定，不仅规定了全国人大及其常委会的专属立法权，而且对行政法规、地方性法规、自治条例和单行条例也作出了大致规定，明确了不同立法主体的不同立法权限。

第二，立法的规范功能体现为立法的程序性。《立法法》涉及立法主体在进行立法活动时应当遵循的基本程序，例如法律的审批流程等。立法程序是有权立法的机关为了实现一定的立法目的，通过法定的形式用以规范立法主体立法行为的一系列次序、步骤和方法，是法律程序的一种。[3] 它是人们进行立法活动这一工作时必须遵循的程序，即有关国家机关制定、修改或废止规范性法律文件的法定步骤和方式。虽然各国的民主发展程度存在差异，立法程序的完善程度也各有不同，但沿着立法程序制度化、法律化的轨道发展却是一个共同的趋势。同时，只有严格按照一定程序立法，才能保证立法真正体现统治阶级的共同意志，以实现真正维护有利于统治阶级的共同意志，以实现真正维护有利于统治阶级的社会关系和社会秩序的目的。更重要的是，使法律具有程序性的立法活动才能更具有公信力。我国《立法法》对法律的申报立项、起草、论证、审查、审议、公布等程序都作出了具体规定，并发扬立法民主，在重要法律制定过程中引入听证会、论证会制度。《立法法》还

---

① ［德］伯恩·魏德士著：《法理学》，丁晓春、吴越译，法律出版社2013年版，第142~143页。
② 张文显著：《法学基本范畴研究》，中国政法大学出版1993年版，第258页。
③ 汪全胜：《论立法的正当程序》，载《华东政法学院学报》2006年第2期。

规定地方性法规、自治条例和单行条例由本级人大制定，并参照全国人大及其常委会的做法，规定必须要有统一的审议环节；并对其发布、公告、备案等程序做了特别规定。①

立法的规范功能还体现为规范了授权立法。建立和完善社会主义市场经济体制包括制定与之相匹配的法律，这需要一定的过程。现阶段，保留授权立法是必要的，同时也应进一步对授权立法予以完善。从长远来看，基于"法律保留"原则对授权立法进行规范和限制，对实现民主、法治和人权保障是不可或缺的。② 为此，《立法法》对授权立法作出了必要的规定。此外，《立法法》加强了对立法的监督，对规范立法行为起到了重要作用。一方面，《立法法》明确规定了立法层次和适用规则，明确法律、法规、规章之间的效力等级及其适用原则；另一方面，《立法法》还建立了裁决制度，即法律、法规、规章之间规定不一致，执行机关不能依据效力层次确定如何适用时，应由有权机关对如何适用作出裁定。备案、审查制度的确立也是立法规范功能的体现，这是立法的内部层次监督，对行政立法监督起到主导作用。此外，《立法法》中也确立了民主立法的基本原则，在立法程序中引入了让利害关系人和有关专家参与立法过程的听证会和论证会制度；《立法法》对各级规范性法律文件的公告程序作出了特别规定，从而使得立法能及时便利地为公众、社会所知晓，更好地发挥社会的监督作用。

三、保障功能

立法的保障功能主要体现为保障立法活动有序开展、保障公民基本权利不受侵犯。充分发挥立法的保障和推动作用，根本在于适应新形势、新任务、新要求。当前，改革开放战略有着前所未有的高度、广度和深度，要制定促进国家发展的法律法规，就要树立大局意识和战略思维，主动适应改革开放和经济社会发展需要，全面理顺社会发展各个环节的内在关联，立足国情，回应关切，突出重点，统筹兼顾，促进立法和改革决策更好衔接，切实做到适应发展而立法。当然，科学立法、民主立法、依法立法是发挥立法保障作用的核心所在。强化立法保障功能，本质上是以良法保障立法工作的规范开展。良法不会自然形成，要制定促进国家发展的法律法规，就要遵循社会发展的客观规律，反映广大人民群众的利益与意志，确保法律的正当性，找准科学立法、民主立法、依法立法的着力点，确保法律的良善性质，切实做到为"善治"铸"良法"。

充分发挥立法的保障和推动作用，重点在于增强立法的及时性、系统性、针对性。对于国家发展特别是改革开放迫切需要的立法，比如粮食安全保障立法，立法部门应及时启

---

① 汪地彻、龚荣华：《〈立法法〉对行政立法的规范作用及其缺陷》，载《安徽警官职业学院学报》2003年S1期。

② 秦前红、叶海波：《论立法在人权保障中的地位——基于"法律保留"的视角》，载《法学评论》2006年第2期。

动立法工作。坚持通盘考虑，深入调查研究，突出关键重点，综合运用制定、修改、废止、解释等多种形式，把行之有效的改革政策法定化，确保各项法律制度相互衔接、统筹协调、形成合力，更好地解决现实问题，切实做到适时而立法、因时而修法。立法工作是一项专业性、综合性极强的系统工程，需要立法机关依法履职、主动作为，把党的领导贯穿立法工作全过程，认真贯彻实施《立法法》，严格依照法定权限和程序立法，加强立法工作的制度化、规范化、程序化。严格落实立法工作责任，不断加强沟通协调，确保各部门各司其职，合力推动立法进程，为国家发展提供坚强法治保障。

结合我国国情，立法对改革有重要的保障作用。立法工作应主动适应全面深化改革的形势和经济社会发展的需要，保障我国在法治下推进改革、在改革中完善法治。当前，改革发展对立法的要求已不仅仅是总结实践经验、巩固改革成果，而是需要通过立法做好顶层设计、引领改革进程、推动科学发展。因此，立法工作不能仅仅是对实践的被动回应、事后总结和局部反映，而是要对经济社会发展和改革进程进行主动谋划、前瞻规范和全面推进，也就是要积极发挥立法对改革的引领和推动作用。这是以法治思维和法治方式推进改革的重要体现，对全面深化改革具有重要意义。发挥立法对改革的保障作用，意味着立法不是简单地迎合改革的要求，而是要通过整个立法程序使改革决策更加完善、更加科学。立法对改革方案和改革措施的确认，要依情况而定，实践证明行之有效的，要及时上升为法律，实践条件还不成熟的，需要先行先试的，要按照法定程序作出授权。[1] 在立法过程中，应广泛征求各方面意见，特别是基层一线干部群众的意见，经过立法机关认真审议，进一步完善改革决策，更好体现党的领导、人民当家作主和依法治国的有机统一。此外，还应突出立法的前瞻性，为改革预留空间。对于一些属于探索的领域，改革的方向确定了，这时立法就要有一定的前瞻性，为将来的改革发展预留空间。[2]

四、导向功能

立法的导向功能是指制定的法律规范对一个国家的政治、经济、社会生活等方面的价值引导。党中央提出全面建成小康社会、全面深化改革、全面依法治国、全面从严治党的战略布局，明确立法和改革如车之两轮、鸟之两翼，要发挥立法对改革的引领和推动作用，做到立法和改革协调推进。经济基础决定上层建筑，法律是上层建筑，是由经济基础决定的。反过来，法律也为经济基础服务。根据这一原理，结合我国当前全面深化改革和社会主义现代化建设的实践，《立法法》明确了我国社会主义立法工作的指导思想，对做好立法工作，加强法制建设，是不无裨益的。

---

① 张文显主编：《法理学》(第五版)，高等教育出版社 2018 年版，第 233 页。
② 乔晓阳：《发挥立法对改革的引领和推动作用》，载《人民日报》2016 年 7 月 19 日，第 007 版。

改革开放以来，法治建设百废待兴，立法工作在摸索中开始前行、不断发展。当时的立法功能主要以发挥规范、保障功能为主，注重为社会安定有序保驾护航、为经济社会发展提供法治保障。党的十八大以来，我国进入全面建设小康社会、全面深化改革的重要时期，立法功能从注重总结实践、提炼经验，变为重视引领、增强前瞻。这是对立法功能的进一步深化和拓展，顺应了时代的新变化、新要求，是新时期立法工作的理论基础。当前，发挥立法对国家的引领导向功能的客观条件已经具备。一方面，充分的社会建设和改革发展为立法引领功能提供了坚实的实践基础；另一方面，法律体系的形成，为立法引领功能提供了法治本身的支撑。①

提高全社会的法律素质是实施依法治国方略的基础之一，这不仅需要一大批熟悉掌握包括立法学在内的法学各部门学科的基本内容的专门人才，更需要提高全社会公民的法律意识、增强全社会的法治观念，需要有一个任何守法者都有自由、任何违法行为都要受到制裁的良好法制环境。而实现这种法制环境，立法起到了举足轻重的作用。多年来，我们树立了以民为本、立法为民的立法理念，逐步从"立权"向"立责"转变。即在立法全过程中，贯彻公正、公平、公开的原则，增强立法的公开性，切实防止立法工作中部门化倾向和争权诿责现象。对于国家权力机关，立法首先是立责，随责才能授权，有责不履要有问责，有权滥用要受追究。对人民，立法要保障权利，同时明确应尽的义务，使人民认识到法律既是保障自身权利的有力武器，也是必须遵守的行为规范。只有增强立法的针对性、有效性，坚持针对问题立法，才能进一步发挥立法的引领和推动作用，促进改革决策与立法决策的协调统一，促进立法、执法、司法、守法的协调统一。

思考题：

1. 试论立法的起源。
2. 试论立法的职业化。
3. 试论立法的基本价值。
4. 试论立法的基本功能。

---

① 熊菁华：《发挥立法引领和推动作用的思考》，载《地方立法研究》2018 年第 3 期。

第三章　立法法的基本渊源

法的渊源亦被称为法源，是"一个充满歧义的概念"。法的渊源的概念在西方大陆法系和英美法系之间长期存在不同认识和理解，甚至在"同一法系中不同成员之间赋予这些渊源的重要性却明显不同"[①]。但法的渊源概念纷争的本质在于如何理解"什么是法"的问题。我国当下学界对法的渊源的理解主要分为五种学说。（1）表现形式说，其主张法的渊源就是法的形式或法的具体表现形式。（2）本质渊源说，这种学说认为法的渊源其实就是一定社会的物质生活条件和统治阶级意志的表现形式。（3）效力渊源说，此种学说将法的效力作为法的表现形式的依据或基础。（4）内容渊源说，其认为法的渊源指的并不是法的形式，而是法律得以形成的原料或内容的来源。（5）司法渊源说，这种学说将法的渊源这一概念的意义定位于司法裁判的领域，旨在帮助法官寻找到判决的基础或者说法律推理的大前提。然而在五种学说中，一般而言，"表现形式说"乃学界的主流观点。[②]我国台湾学者苏永钦认为，两大法系的差异不能仅抓住一个案例或者制定法。两者都有案例，两者也都有制定法，真正的差异是这两者之间的关系。在中国这样的制定法传统的国家里，认识和思考中国法的渊源问题，当然不能脱离中国现行的法律体系和法律制度。"也就是说，我们应当以中国的宪法和《立法法》为依据，来判断法律的表现形式"，"不能脱离制定法来考虑法律渊源问题"。因此，"法律渊源就是有效力的法律表现形式"[③]。讨论立法法的法源问题，即在于探究哪些规范是可以用来规范立法行为的准则。也就是说，立法法的法源即是在形式上及实质上规范行政行为的法规总称。在现行实证法规范中，不同的法源组成了不同的法律领域，立法法的法源与宪法、民法和刑法等领域的法源自有不同。学界对宪法、民法或刑法等法源的研究远较立法法繁荣。反之，对立法法的法源的研究不仅更加困难，但也显示了其必要性。

[①] [美]H. W. 埃尔曼著：《比较法律文化》，贺卫方、高鸿钧译，清华大学出版社2002年版，第32页。

[②] 参见雷磊：《"法的渊源"意味着什么？》，中国政法大学出版社2021年版，第12~22页。

[③] 刘作翔：《"法源"的误用——关于法律渊源的理性思考》，载《法律科学》2019年第3期。

第一节　宪法与宪法性法律

一、宪法

宪法是我国的基本法，是治国安邦的总章程，是我国社会主义法的基本渊源。与我国法的其他渊源相比，宪法在我国法的渊源体系中居于首要地位，具有最高的法律效力。宪法是我国全部立法工作的基础、根据和最基本的效力来源，一切法律、法规和其他规范性文件，都不得与宪法的规定相抵触。① "宪法是国家最高位阶之法源"，是我国"所有法规范之最高位阶法源"②。宪法的内容涉及一个国家的政治、经济、文化、社会、对外交往等各方面的重大原则性问题，确认了社会的核心价值观，规定了一个国家的根本制度和基本制度，以及国家的基本理念等。③ 我国宪法确立立法权法定的基本原则，"因此立法机关在行使立法权时，必须明确宪法典上的依据"，还要按照宪法规定的立法权限和立法程序进行立法。"除此之外，现代宪法以法律保留、比例原则和正当法律程序等机制，进一步规范立法的具体内容。"④

（一）作为立法渊源的宪法原则

法律原则是指寓存于法律之中的最初的、根本的规则⑤。鉴于法律原则所具有的初始性、根本性、补充性等特点，现代各国广泛运用法律原则指导立法和法律实践活动。在法学原理上，原则不同于规则。规则是指具体规定权利和义务及其法律后果的准则；而原则更具有抽象性、综合性、稳定性，是指可以作为法律规则基础的原理和准则。⑥ 就立法而言，法律原则既是立法的基本依据和指导思想，又是保障法律体系内部和谐统一的基础，它体现了法律的性质，决定了法律的内容。其中，最根本的法律原则，就是宪法原则。立法机关在制定法律时，必须反映宪法原则的精神，坚持宪法原则的指导。具体而言，我国宪法原则主要包括人民主权原则、基本人权原则、法治原则、权力制约原则等。

宪法原则可以作为立法的基本指导思想。宪法规定的这些基本原则也是人类发展过程中的优秀政治和法律思想文化结晶。它们体现出权利获得保障以及权力受到约束的法治文明进程。在立法活动的整个过程中，从立法的动议、起草、提案，再到审议、通过、公布，无不

---

① 冯玉军、赵一单主编：《新〈立法法〉条文精释与适用指引》，法律出版社 2015 年版，第 13 页。

② 参见陈新民著：《德国公法学基础理论》，法律出版社 2010 年版，第 2 页。

③ 许崇德、胡锦光主编：《宪法学》（第七版），中国人民大学出版社 2021 年版，第 6 页。

④ 叶海波：《"根据宪法，制定本法"的规范内涵》，载《法学家》2013 年第 5 期。

⑤ 胡旭晟、蒋先福主编：《法理学》（第 2 版），湖南人民出版社、湖南大学出版社 2002 年版，第 87 页。

⑥ 《宪法学》编写组：《宪法学》（第二版），高等教育出版社 2020 年版，第 89 页。

体现了来自不同阶层的各种思想观念的碰撞。这些思想无论是代表着个体、局部抑或所谓的整体，都必然是对现实生活的生动的反映和体现。立法过程要容纳、吸收、提炼这些不同的思想观念，就必须以宪法所规定的原则作为"容器"，使之在规范之内有所依附。

宪法原则可以在基本价值理念上对立法进行指引。宪法原则作为一种具有高度抽象的思想观念的凝结，无疑会对立法活动产生重要的影响。宪法原则看似无形，实则为一切立法活动的灵魂指引。从理念到制度再到技术，良法善治的政治文明的理想就在宪法原则的指引之下得以实现。若失去这些原则的规范与指引，立法可以为善，更可能作恶，立法活动也不过是没有生命的技术工具手段。

(二) 作为立法渊源的基本权利条款

权利是宪法和法律赋予公民的进行某种行为的法定资格和可能性。而基本权利则是对国家权力的行使构成了最直接的约束，是为宪法所承认和保障的公民享有的必不可少的权利，它是普通权利的核心和基础，决定了公民在国家生活中的法律地位，具有鲜明的政治性。基本权利从其法律属性而言，首先是公民的主观权利。它划定了公民不受国家干预的私人领域，并赋予公民一定权能，可以在国家侵犯其私人领域时予以抵御。[1] 我国宪法规定的公民的基本权利可概括为平等权、政治权利和自由，宗教信仰自由，人身自由，社会经济权利和文化教育权利，监督权和获得赔偿权六大类。

宪法规定的基本权利条款为立法活动提供了较具体的价值指引。基本权利与人权关系紧密，具有重要的立法价值指引作用。同时，基本权利属于法定权利，对于立法活动的指引更加具体而且具有法律上的效力。像宪法上的平等权本身也是一种权利的基本原则，在任何立法活动和立法过程当中都必须予以贯彻的价值准则。而且由基本权利所构筑的法律权利体系，对立法活动也形成了一种客观价值秩序，对国家权力包括立法权产生直接的约束作用，"公权力主体要时刻以维护保障基本权利作为自己的基本考量"。[2]

(三) 作为立法渊源的宪法授权性规范

宪法规范的种类是由宪法的性质和立法的特点所决定的，按照《宪法》的表现形式和调整目的，宪法规范主要划分为确认性规范、限制性规范、权利义务性规范和程序性规范，其中宪法授权性规范是涵括在确认性规范当中的。

确认性规范是对已经存在的事实的认定，其主要意义在于根据一定原则和程序，确立具体宪法制度和权力关系，以肯定性规范的存在为其主要特征。[3] 例如，我国《宪法》总纲第1条规定，中华人民共和国是工人阶级领导的、以工农联盟为基础的人民民主专政的社

---

① 赵宏：《作为客观价值的基本权利及其问题》，载《政法论坛》2011 年第 2 期。
② 张翔：《基本权利的双重属性》，载《法学研究》2005 年第 3 期。
③ 胡锦光、韩大元著：《中国宪法》，法律出版社 2018 年版，第 102 页。

会主义国家。授权性规范则是依据确认性规范作用的特点所表现出来的形式，主要规定主体享有某种积极行为的权利的法律规范。这一规范形式主要用于确定特定国家机构的职权范围，保障其在法定范围内行使国家和社会管理权。授权性规范多见于《宪法》的总纲和国家机构规范部分，其中有关各个国家机关的职权规定均属此类。

（四）作为立法渊源的宪法禁止性规范

宪法禁止性规范是指对特定主体或行为的一种限制，也称其为强行性规范。这类规范对于《宪法》的实施起着十分重要的作用，集中反映《宪法》的法律属性。禁止性规范的特点在于它禁止宪法主体作出一定行为或者声明要求人们抑制一定行为。禁止性宪法规范除了按禁止的行为主体的性质不同进行分类外，还可按禁止行为的主体是一个还是几个分为特别禁止性宪法规范和一般性禁止性规范。① 在我国《宪法》中，禁止性规范主要以"禁止""不得"等形式加以表现，这类规范虽数量不多，但产生的影响较大。例如我国《宪法》第65条规定，全国人大常委会的组成人员不得担任国家行政机关、审判机关和检察机关的职务。《宪法》第4条规定，禁止对任何民族的歧视和压迫，禁止破坏民族团结和制造民族分裂的行为。《宪法》第12条规定："国家保护社会主义的公共财产。禁止任何组织或者个人用任何手段侵占或者破坏国家的和集体的财产。"禁止性规范有时还表现为对某种行为的要求规范，如《宪法》第140条规定："人民法院、人民检察院和公安机关办理刑事案件，应当分工负责、互相配合、互相制约，以保证准确有效地执行法律。"这里所说的"应当"是一种要求性规范，如不按这一规范的要求去做，就需要承担相应的法律责任。

二、组织法

（一）作为立法渊源的全国人大组织法

我国实行人民代表大会制度，全国人大是最高国家权力机关，行使国家立法权，决定国家其他重大事项。同时，我国又是一个单一制国家，国家的重要权力由中央政权统一行使，地方的权力来自中央授权，而不是中央与地方分权。故在我国统一的、分层次的立法体制中，全国人大及其常委会的立法权限是整个立法体制的核心。具体来讲就是全国人大及其常委会在整个立法体制中居于最高地位，它所制定的法律是其他各种法律规范的依据和基础，对属于全国人大及其常委会优先立法范围内的事项，在全国人大及其常委会没有进行立法之前，其他立法主体可以在其权限范围内先行立法，一旦全国人大及其常委会对这些事项进行立法以后，其他立法主体所作的规定如果与全国人大及其常委会制定的法律相抵触，一律无效。② 同时全国人大及其常委会对其他各个层次的立法活动享有监

---

① 刘茂林：《论宪法结构的涵义与宪法规范的结构特点》，载《法商研究》1995年第4期。

② 陈斯喜著：《人民代表大会制度概论》，中国民主法制出版社2007年版，第198页。

督权。

我国《宪法》第 58 条一般地规定了全国人大和全国人大常委会行使国家立法权的原则，第 62 条对全国人大的立法权作出了"制定和修改刑事、民事、国家机构和其他的基本法律"的具体规定，第 67 条则对全国人大常委会的立法权作出了"制定和修改除应当由全国人民代表大会制定的法律以外的其他法律"的具体规定。《立法法》第 11 条以列举的方式规定了全国人大及其常委会能够制定法律的十大事项，包括制定有关国家主权的事项、制定各级代表大会、人民政府、法院、检察院的产生、组织和职权的事项、有关犯罪和刑罚的事项等。这部法律部分澄清了中央立法机关的立法权限，较之于宪法的原则规定，在立法技术上无疑是上了一层台阶。

《全国人民代表大会组织法》是全国人民代表大会制定的第一部法律（不包括宪法），规定了全国人大及其常委会的组织和工作制度，保障和规范其行使职权，于 1954 年 9 月 20 日与《宪法》同日通过。1982 年 12 月 4 日，第五届全国人大五次会议审议通过了现行《宪法》。现行《宪法》在 1954 年《宪法》的基础上，对国家机构作了一系列新的重要规定：完善国家的领导体制和政治体制，发展社会主义民主，健全社会主义法制。该次大会根据新通过的《宪法》，并总结全国人大成立以来的工作经验，重新制定了《全国人民代表大会组织法》，对 1954 年《全国人民代表大会组织法》作了较大的修改和补充，主要是对全国人大和全国人大常委会的组织和工作程序作了一系列的具体的规定。2021 年 3 月 11 日，十三届全国人民代表大会第四次会议通过了对《全国人民代表大会组织法》的修改，主要是对内部机构职能的调整。《全国人民代表大会组织法》的制定和发展，见证了我国人民代表大会制度确立和发展的历程，充分说明全国人大在我国政权架构中具有基础性地位。《全国人民代表大会组织法》在法律体系特别是国家机构组织法律中起着支架性作用，是人民代表大会制度这一国家根本政治制度的梁柱和基石。

（二）作为立法渊源的国务院组织法

国务院是我国最高的行政机关，制定行政法规和部门规章是其主要职权。在 1954 年《国务院组织法》的基础上，1982 年 12 月 10 日，五届全国人大五次会议通过了《国务院组织法》。该法没有分章，共 11 条。《国务院组织法》重申了《宪法》相关规定以外，还明确规定了国务院的会议制度、行为方式、国务委员的职责、国务院秘书长的设置、国务院部委的设置程序、国务院直属机构与办事机构的设置以及国务院各部门的领导副职制度等。①

鉴于该法本身的历史局限性，如法律条文粗疏、用语比较模糊、规定不够详尽具体、

---

① 叶晓川、万其刚：《落实国家机构组织法定原则　修改完善国家机构组织法》，载《行政管理改革》2021 年第 2 期。

操作性不强等问题日益突出。有的学者建议，除了修改《宪法》外，还要着重完善中央行政组织法，即要求对作为第一层次的法律——《国务院组织法》作出相应的变动和规范。① 有的学者建议，修改《国务院组织法》，并在此基础上制定《国务院部门组织法》，从而规范中央政府及各个部门权力的运行与配置。② 关于充实《国务院组织法》的具体内容包括：(1)明确国务院机构设置，即以法律的形式来规定，并把相关行政法规的内容吸收进《国务院组织法》；(2)明确国务院副总理的职责权限；(3)鉴于金融在经济社会中的重要地位和作用，中国人民银行的法律地位虽然在《中国人民银行法》中作了规定，但也应当在《国务院组织法》中予以明确；(4)细化国务院议事规则和工作规则。

(三) 作为立法渊源的地方组织法

《地方各级人民代表大会和地方各级人民政府组织法》(以下简称《地方组织法》)是关于地方人大、地方政府的组织和工作制度的基本法律，是宪法关于地方政权建设规定的立法实施，是地方各级国家权力机关、行政机关行使职权、履行职责的重要制度保障。我国《宪法》第 95 条规定："地方各级人民代表大会和地方各级人民政府的组织由法律规定。"在我国，地方立法机关和行政机关是指地方各级人大及其常委会，亦即地方权力机关，以及相应级别的人民政府。尽管行使立法权力的地方政权机关具有多元性和多级性，但通称为地方立法主体，由这些主体行使的立法权力简称为地方立法权。③

1954 年《宪法》规定，地方各级人大在本行政区域内，保证法律和法令的遵守和执行。1975 年《宪法》规定，地方各级人大和它产生的革命委员会在本地区内，保证法律、法令的执行。1978 年《宪法》则进一步将其提升为，地方各级人大在本行政区内，保证宪法、法律、法令的遵守和执行。1982 年《宪法》延续了 1978 年《宪法》的传统，将地方人大的法律执行保证权进一步提升为宪法执行保证权，同时将国务院制定的行政法规的执行保证权也授予了地方人大。以《宪法》的规定为基础，《地方组织法》还增加了一项，即保证上级人大及其常委会的决议的遵守和执行。④

在制定《地方组织法》以后，1982 年、1986 年、1995 年、2004 年、2015 年、2022 年，全国人大及其常委会六次对其进行了修正，使地方立法权主体不断扩容。《地方组织法》把地方性法规制定权逐步扩大到省级政府所在地的市和经国务院批准的较大市的人大及其常委会。在不同宪法、法律和行政法规相抵触的前提下，可以制定和发布适用于本地区的地

---

① 应松年、薛刚凌：《中央行政组织法律问题之探讨——兼论中央行政组织法的完善》，载《公法研究(第一辑)》，商务印书馆 2002 年版。
② 江国华：《中国纵向政权组织法治体系的解构与建构》，载《武汉大学学报(哲学社会科学版)》2016 年第 3 期。
③ 徐向华主编：《立法学教程》，上海交通大学出版社 2011 年版，第 145 页。
④ 何俊志：《中国地方人大的三重属性与变迁模式》，载《政治学研究》2016 年第 5 期。

方性法规，并报全国人大常委会和国务院备案。省、自治区人民政府所在的市和经国务院批准的较大的市的人民代表大会及其常务委员会，也可以制定地方性法规，经省、自治区的人民代表大会常务委员会批准后施行，并由省、自治区的人大常委会报全国人大常委会和国务院备案。省、自治区、直辖市和较大的市的人民政府，可以根据法律、行政法规和地方性法规，制定地方政府规章。根据《宪法》《地方组织法》《民族区域自治法》的规定，民族自治地方有权根据当地政治、经济、文化的特点，制定自治条例和单行条例。自治区人民代表大会制定的自治条例，报全国人大常务委员会批准后生效；自治州、县人大制定自治条例和单行条例，报自治区人民代表大会常务委员会批准后生效。

这些规定表明，中国的地方人大的首要职权和任务，是保证宪法的遵守和执行，保证国家立法机关所制定的法律的遵守和执行，保证最高国家行政机关所制定的行政法规和上级人大及其常委会的决议的遵守和执行。中国政治在宪法和法律执行方面的一个重要特征是，宪法和全国性立法机关所制定的法律，并不是由国家行政机关来统一保证实施，而是由地方各级人大来分散性地保证实施；而且，国家行政机关所制定的行政法规，也要由地方各级人大来保证实施。从这个意义上讲，中国的地方人大作为国家意志的执行保证者，不仅体现为国家立法机关在地方的执行保证者，而且还体现为国家最高行政机关在地方的执行保证者。

三、民族区域自治法

(一)变通立法规范

我国疆域辽阔，不同地区经济、社会发展水平不一，民族自治地方在施行法律法规的过程中，可能因上位法的普遍性要求在本地造成差异，产生了变通实施的需求。在我国一元两级多层次的立法体制下，不同立法主体制定的法规范文件效力等级不同，根据法制统一原则的要求，下位法不得与上位法相抵触。然而在法规授权的情况下，下位法立法主体可以作出与上位法规定不相一致的内容，这就是立法变通权。[1] 鉴于此，《立法法》规定，民族自治地方在制定自治条例、单行条例时，依法可进行变通立法。[2]

其一，变通立法的效力来源。变通立法是民族自治地方立法权的一个重要方面，是在立法过程中自治机关根据法律规定或者国家权力机关授权，在本自治地方就特定事务对法律和法规进行的非原则性变动。根据《宪法》《民族区域自治法》《立法法》的规定，自治条例和单行条例可以依照当地民族的特点，对法律和行政法规作出变通规定。变通立法是民

---

①　黄文艺主编：《立法学》，高等教育出版社 2008 年版，第 82 页。
②　徐爽：《变通立法的"变"与"通"——基于 74 件民族自治地方变通立法文件的实证分析》，载《政法论坛》2021 年第 4 期。

族自治地方自治机关行使自治权的重要内容，也是我国社会主义法律规范体系中的特例。① 2001 年修改的《民族区域自治法》明确规定了民族自治地方享有的立法权的有关事项。《民族区域自治法》第 5 条、第 7 条明确规定了民族自治地方立法的基本原则，即民族自治地方的自治机关必须维护国家的统一，保证宪法和法律在本地方的遵守和执行；民族自治地方的自治机关要把国家的整体利益放在首位，积极完成上级国家机关交给的各项任务。该法第 19 条规定："民族自治地方的人民代表大会有权依照当地民族的政治、经济和文化的特点，制定自治条例和单行条例。自治区的自治条例和单行条例，报全国人民代表大会常务委员会批准后生效。自治州、自治县的自治条例和单行条例报省、自治区、直辖市的人民代表大会常务委员会批准后生效，并报全国人民代表大会常务委员会和国务院备案。"

其二，变通立法的本质与原则。从性质上讲，变通立法是一种地方性法规的立法，其本质是有权限的地方机关在执行国家法时，根据法律规定，在特定地方根据当地的习惯和特点，就特定事务对法律法规进行非原则性的变动②。这样的变动，局部细化了既有制度在民族自治地方的实施，而不是打破既有制度另行立法。也就是说，立法主体在民族自治地方出现不能完全适用全国性法律法规或省级地方性法规时，可以作出本地调整性改变，从而使统一适用的法律法规更适合于民族自治地方③。宪法和法律是具有包容性的，不可能成为一个国家和社会中唯一的规范类型和规范体系，不可能把其他的规范类型和规范体系都磨灭掉④，从我国法律体系整体来看，变通立法数量小而独特，但它起到的"修补"作用是必不可少的。变通立法要实现的功能是"修复性"的，其目的始终是双重的：既维护国家法制的统一，也符合少数民族地区的特定情况⑤。二者缺一不可，其中任何一项目标都不能取代另一项。正是为了实现双重目标，民族自治地方人大根据本地特有的民族性与地域性，依法适度调整上位法的尺度，或者补充上位法在本地运行需细化的规则，为上位法打上一个"补丁"，既使地方立法保持在全国统一的法律体系之内，又吸纳进更多有特色、灵活性的措施。之所以有变通立法这个"小而必要"的补丁，本身即是基于我国社会主义法律体系和民族区域自治制度的双重设计。变通立法并非仅是民族自治地方"地方立法"的产物。恰相反，授权民族自治地方进行变通立法，首先来自《民族区域自治法》《立法法》的明确规定；其次，制定的变通立法要由上级人大常委会批准，还要逐级报备至全国人大常委会进行合宪性审查，由此形成了一套完备的变通立法程序。

---

① 李适时：《形成完备的法律规范体系》，载《求是》2015 年第 2 期。

② 雍海滨：《论民族自治地方立法变通权及其运用》，载《民族研究》2006 年第 3 期。

③ 张殿军：《府际关系视野下的民族自治地方自治立法》，载《云南社会科学》2019 年第 6 期。

④ 刘作翔：《构建法治主导下的中国社会秩序结构：多元规范和多元秩序的共存共治》，载《学术月刊》2020 年第 5 期。

⑤ 乔晓阳主编：《中华人民共和国立法法讲话》，中国民主法制出版社 2008 年版，第 28 页。

其三，变通立法的限度。变通立法作为一种灵活的立法策略与技术，是一种特定的地方立法权限，有其适用前提和限度，并不意味着可随意变通，而是有其"不可变"之边界。《宪法》《立法法》《民族区域自治法》设下了"三个不能变"的限制，使得在立法中的变通有了可以遵循、操作的基本原则：（1）对应法律法规的基本原则不能变。具体规范是基本原则在具体问题上的展现，针对具体情况。对具体规范加以变通，这往往是对基本原则更好的适用。从基本原则的角度来讲，它们实质上是不矛盾的。所以，自治条例与单行条例可以依据本民族自治地方的具体情况对法律法规进行规范上的变动，这是对原有法律法规的发展。但如果从原则上加以改变，那就是对原有法律法规的否定。（2）《宪法》和《民族区域自治法》的规定不能变。如前所述，民族自治地方变通立法，只能对某一具体规范作出调整，不可改变法律原则。而从立法体系上讲，相对于具体的民族地区立法，《宪法》和《民族区域自治法》就是原则。变通立法必须在《宪法》《民族区域自治法》画出的"圈子"里活动，不能超出《宪法》《民族区域自治法》关于民族事务的各项原则和规定，这是变通立法必须遵循的基本前提。（3）法律法规已经对民族自治地方作出的专门规定不能变。授权民族自治地方可以就某些特定问题作出变通或者补充规定，主要是考虑到民族自治地方可能由于地区差异性而出现不能完全适用全国性法律法规和省级地方性法规的情形。如果法律法规中已经专门规定了相关问题，那么民族自治地方便不存在加以变通的必要了。如果仍要变通，实质上是对相关法律法规的否定。

（二）变通立法的实证考察

通过国家法律法规数据库和北大法宝等网络资源，对 1980 年年初至 2021 年年底四十年间三级民族自治地方的变通立法文件进行全面统计，查找到一些法规文件，以供研究、立法参考。

其一，数量。截至 2021 年年底，除去失效及被修改的，现行有效的变通规定和补充规定共 62 件（详见表 3-1）；其中，变通规定 32 件，补充规定 29 件，另有 1 件《凉山彝族自治州施行〈中华人民共和国婚姻法〉的规定》的名称未使用"变通"或"补充"的字眼。一般来说，民族自治地方既要在本地立法中进行变通，自然"调整"的成分更多，"补充"的成分稍少。但是，我们能看到变通规定的数量和补充规定的数量差不多。

表 3-1　　　　　　　1980—2021 年我国民族自治地方变通立法状况

类型	名　称
变通规定	《海北藏族自治州施行〈中华人民共和国民法典〉结婚年龄的变通规定》《果洛藏族自治州施行〈中华人民共和国民法典〉结婚年龄的变通规定》《阿坝藏族羌族自治州施行〈中华人民共和国民法典〉继承编的变通规定》等 32 件

续表

类型	名　　称
补充规定	《峨边彝族自治县施行〈中华人民共和国民法典〉婚姻家庭编的补充规定》《马边彝族自治县施行〈中华人民共和国民法典〉婚姻家庭编的补充规定》《甘孜藏族自治州实施〈四川省河道采砂管理条例〉的补充规定》等29件
其他	《凉山彝族自治州施行〈中华人民共和国婚姻法〉的规定》

其二，层级。从民族自治地方的层级看，自治区制定的变通立法5件，自治州的变通立法31件，自治县的变通立法26件。自治州和自治县制定的变通立法超过总量的90%，可见，越是基层或贴近基层的民族自治地方，进行的立法变通相对越多，体现出变通立法贴近民族特色、因地制宜的特点。

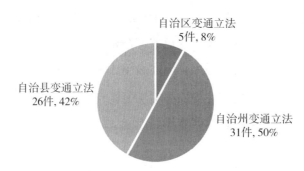

图3-1 三级民族自治地方变通立法数量分布

在自治区一级，除广西、内蒙古以外，宁夏、新疆、西藏等都有自治区级变通立法，主要集中于对婚姻法、收养法的变通，具体可见表3-2。

表3-2　　　　　　　　　　　　自治区制定的变通或补充规定

标　　题	制定机关	通过日期	是否修订
《新疆维吾尔自治区执行〈中华人民共和国婚姻法〉的补充规定》	新疆维吾尔自治区人大常委会	1988年10月15日	是
《新疆维吾尔自治区执行〈中华人民共和国收养法〉的补充规定》	新疆维吾尔自治区人大常委会	1999年3月25日	是
《宁夏回族自治区执行〈中华人民共和国婚姻法〉的补充规定》	宁夏回族自治区人大常委会	1981年6月15日	否

续表

标　　题	制定机关	通过日期	是否修订
《西藏自治区施行〈中华人民共和国婚姻法〉的变通条例》	西藏自治区人大常委会	2004 年 6 月 9 日	是
《西藏自治区实施〈中华人民共和国民事诉讼法（试行）〉的若干变通办法》	西藏自治区人大常委会	1983 年 9 月 17 日	否

在自治州一级进行的变通立法中，可以发现：阿坝藏族羌族自治州立法较活跃，从1983 年颁布施行《婚姻法》的补充规定以来，到 2021 年作出修改实施《中华人民共和国民法典》继承编的变通规定，前后制定各种变通或补充规定共 9 项，占到全国 30 个自治州变通立法数量的 1/3 多。除此之外，其他四川藏族自治州立法也相对活跃，四川川西、川南地区自古以来藏羌回汉杂居的社会结构形成了多民族共生互利的格局，也产生了旺盛的变通立法需求。这些变通立法因地制宜、因俗而治，以反映本地实际情况的弥补国家法律法规的刚性，同时也说明科学合理的制度对于维护民族地区的持久发展和稳定有着至关重要的作用。

其三，内容。从三级民族自治地方变通立法的内容来看，主要集中在少数民族保留其自身独特民族传统习惯的民事法律领域，如《婚姻法》《收养法》《继承法》等法律。在《民法典》生效后，部分少数民族自治州、自治县又根据新法制定了新的变通规定；以及涉及土地使用权流转、自然资源管理方面，如土地管理法律法规、《草原法》《森林法》等自然资源的利用和保护方面。

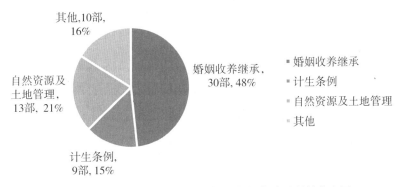

图 3-2　我国民族自治地方变通与补充规定涉及领域分布图

其中立法变通最多的，体现在对《婚姻法》中结婚年龄及结婚禁忌所作的规定。目前，共有 27 个实施《婚姻法》或《民法典》婚姻编的变通或补充规定，主要依据少数民族的婚嫁习俗，适度调低了本地的结婚年龄。在民族自治地方的变通或补充规定尤其是补充规定中，还有一类关于森林、草原等自然资源利用保护的规定。民族地区多位于我国中西部，拥有山地、盆地、丘陵、草原等多种地貌，既是自然资源富集区，又是生态环境脆弱区，在生态文明建设方面，尤其需要重点保护、科学规划。少数民族地区因地制宜，在遵守《森林法》原则的基础上制定出适宜本民族发展的变通规定。

在我国的立法体制中，中央权威性立法与地方层级性立法并存的一元多层制度安排在国家治理中发挥着持续稳定的优势作用①。变通立法是民族自治地方遵循党中央集中统一领导之下，充分发挥地方主动性、积极性的宝贵的立法资源。在我国民族区域自治制度的实践中，民族自治地方在制度预留的空间内，用好变通立法权，制定出更加科学、规范的变通或补充规定，为民族事务治理提供全面的法律支撑，为发展和完善我国社会主义法律体系贡献独特的中国经验②。

第二节　立　法　法

依据《宪法》，2000 年 3 月九届全国人大三次会议通过了《立法法》，对我国的立法体制、立法权限、立法程序、立法监督等作出全面规定。2015 年 3 月十二届全国人大三次会议在总结《立法法》实施经验基础上，通过了《关于修改立法法的决定》，进一步完善了国家的立法体制，完善了科学立法、民主立法、依法立法的机制和措施。

《立法法》是关于国家立法制度和规范立法行为的重要法律，被称为"管法的法"。改革开放四十年来，中国立法学经历了一个由形而上的理论探讨、制度的宏观架构，转向更为具体、精细的中国特色立法实践问题，并由此实现从自主的制度建构向回应现实问题的提升。③ 从此种意义而言，中国立法制度的鲜明特色既是中国立法法发展的标志，同时也透露出中国立法区别于法治国家立法的法律文化背景。在大多数法治国家，立法活动中并未规定立法的指导思想和基本原则，这有赖于其深厚的法治文化背景。法治在那里不仅是立法的渊源，也是立法的基本原则，"能对立法实践直接发生有效作用"。而在我国，2000 年《立法法》的出台，我国的立法原则从"理论原则"的形态具有了"法定"的确认形态。从对立法实践的影响来看，法定立法原则具有更强的权威性和规制性。④

---

① 周尚君：《中国立法体制的组织生成与制度逻辑》，载《学术月刊》2020 年第 11 期。

② 徐爽：《变通立法的"变"与"通"——基于 74 件民族自治地方变通立法文件的实证分析》，载《政法论坛》2021 年第 7 期。

③ 封丽霞：《面向实践的中国立法学——改革开放四十年与中国立法学的成长》，载《地方立法研究》2018 年第 6 期。

④ 参见徐向华主编：《立法学教程》，上海交通大学出版社 2011 年版，第 64 页。

一、基本原则

立法的基本原则乃是立法主体在立法时所应当遵循的基本准则和总体要求。[①] 同时是立法指导思想在立法实际工作中的具体体现，也是指导立法活动的指南针。立法基本原则对立法者来讲：（1）有助于站在一定的思想理论高度来认识和把握立法；（2）有助于从大局上把握立法活动，突出强调立法者的某些重要意志；（3）有助于立法活动的协调统一，贯彻立法的主旨和精神。[②]《立法法》在总则的第 5、6、7 条中明确规定了我国立法的四项基本原则，即合宪性原则、法制统一原则、民主立法原则和科学立法原则。这四项基本立法原则是多年来实践经验的总结，《立法法》将它们上升为法律，"成为立法活动必须遵循的法律规范，有利于提高立法质量"[③]。当然，这些是最基本的经验，也有一些立法经验并没有被写进法律文本中，但对立法活动一样具有重要的指导作用，例如，立法成熟原则、立法简明原则等。因此，立法的（基本）原则也是一个开放性的体系，对于立法活动和立法过程能够产生一定影响的法律观念（理念、思想）都可以纳入其中，成为立法法的渊源。

其一，合宪性原则。合宪性原则指的是立法机关在制定法律规范时，必须坚持宪法至上的原则，一切立法活动必须以宪法为依据，在遵循宪法规定的基本原则和内容的前提下行使立法权，不得违背宪法规定、原则与精神。[④] 中国立法所遵循的宪法基本原则，是指执政党在社会主义初级阶段的基本路线。按照这条基本路线，执政党及其领导的国家，在现时期以及今后相当长的历史时期内，也就是在社会主义初级阶段，要以经济建设为中心，以坚持"四项基本原则"和坚持改革开放为基本点。同时，立法的合宪性原则还要求任何立法的目的都在于保证宪法在社会生活中得到切实有效的实施。毫无疑问，立法的合宪性原则最首要的表现就在立法活动中所创制的法律规范必须合乎宪法的规定。

其二，法制统一原则。立法应当依照法定的权限和程序。这不仅是对立法的程序性要求，也是国家法制能够保持统一的前提条件。[⑤] 这一原则的基本要求和主要内容突出地体现为：一切立法权的存在和行使都应当有法律根据，立法活动的绝大多数环节都要依法运行，立法主体在立法活动过程中，应当以法为规范，行使法定职权，履行法定职责。在立法需要遵循的法的根据中，宪法是最高规格的根据。坚持立法的法治原则，就要有一套较为完善的立法制度，为立法权的存在和行使，为立法活动的进行提供法的根据。特别要有

---

① 黄文艺主编：《立法学》，高等教育出版社 2008 年版，第 27 页。

② 周旺生：《论中国立法原则的法律化、制度化》，载《法学论坛》2003 年第 3 期。

③ 陈斯喜：《规范立法活动，健全立法制度——〈中华人民共和国立法法〉简介（一）》，载《新疆人大（汉文）》2000 年第 6 期。

④ 参见杨临宏著：《立法学　原理、程序、制度与技术》，中国社会科学出版社 2020 年版，第 88 页。

⑤ 朱力宇、叶传星：《立法学》，中国人民大学出版社 2015 年版，第 60 页。

关于立法权限划分，立法主体设置，立法运作程序，立法与政党、政府、司法的关系，中央立法与地方立法的关系等方面的健全而具体的法律制度。立法要坚持法制统一原则，需要制定统一的立法权限和程序，这就需要由统一的机关和法律来规定立法权限和程序：国家主权方面的事项，各级人民代表大会、人民政府、人民法院和人民检察院的产生、组织和职权，民族区域自治制度、特别行政区制度、基层群众自治制度，犯罪和刑罚，对公民政治权利的剥夺、限制人身自由的强制措施和处罚，对非国有财产的征收，民事基本制度，基本经济制度以及财政、税收、海关、金融和外贸的基本制度，诉讼和仲裁制度，必须由全国人大及其常委会制定法律的其他事项。

其三，民主立法原则。我国是人民主权的国家，人民是国家主人，国家一切活动的根本目的就是确认和保障人民的民主权利特别是人民当家作主的权利。民主立法的核心在于为了人民、依靠人民。立法要坚持人民主体原则，以人民为中心，完善立法工作机制，通过座谈、听证、评估等扩大公民有序参与立法途径，广泛凝聚社会共识。① 立法的内容应当体现和反映民意，在立法过程中充分发扬民主，其内容应当包括：(1)立法主体是广泛的，人民是立法的主人，立法权在根本上是属于人民，由人民行使的权利。立法主体是多元化的，中央与地方、权力机关与行政机关应当有合理的立法权限划分体制和监督体制。(2)立法内容具有人民性，以维护人民的利益为宗旨，注意确认和保障人民的权利，而不是以政府的意志或少数人的意志为依归。(3)立法活动过程和立法程序是民主的，在立法过程中要注重贯彻群众路线，使人民能够通过必要的途径，有效地参与立法，并在立法过程中表达自己的意愿。同时，遵循立法的民主原则，也需要同中国国情结合起来。一是需要从国情出发，建立较完备的民主立法制度；二是要根据国情，在观念和制度的结合上坚持立法的民主原则；三是在立法过程和立法程序方面，应当注意使立法面向社会公众，使公众能有效参与和监督立法；四是注意民主与集中相结合。在立法的本质、内容和目的上，所立的法要反映经过集中的人民共同意志，即立法不是反映人民的所有意志，而是反映经过选择的有必要提升为国家意志的人民共同意志。在立法权方面，要由全国人大及其常委会行使国家立法权，其他法不得同宪法和法律相抵触。在立法过程中，既要保障群众能有效地参与立法，也要加强专门机关的现代化建设，充分发挥专门机关、专家和其他有关人员的作用。

其四，科学立法原则。科学立法原则是指立法的科学化和现代化。现代立法应是科学的活动。科学立法的要义是尊重立法规律、克服立法中的主观随意性和盲目性，避免或减少错误和失误，降低成本，提高立法效益。② 坚持科学立法，核心在于立足于中国国情和

---

① 朱景文主编：《法理学》(第四版)，中国人民大学出版社2021年版，第251页。
② 张文显主编：《法理学》(第五版)，高等教育出版社2018年版，第232页。

实际，遵循和体现客观规律，增强立法工作的科学性、协调性和系统性，使制定出来的法律经得起实践和历史的检验。这一点在立法法中得到很好体现。实现科学立法，首先需要实现立法观念的科学化。要把立法当科学看待，以科学的立法观念影响立法，作出立法决策，采取立法措施，应当自觉运用科学理论来指导。其次，要建立科学的立法权限划分、立法主体设置和立法运行体制。再次，立法要坚持从实际出发和注重理论指导相结合，客观条件和主观条件相结合，原则性和灵活性相结合，稳定性、连续性和适时变动性相结合，总结借鉴和科学预见相结合，中国特色和国际大势相结合。

二、立法权的配置

"立法体制的核心在于立法权限的划分"，而"立法体制是国家制度的重要组成部分"。"一个国家采取什么样的立法体制是由国体、政体、国家结构形式、历史传统、民主状况等一系列客观因素决定和影响的。"① 根据宪法"遵循在中央的统一领导下，充分发挥地方的主动性、积极性的原则"，立法法确立了我国统一的、分层次的立法权配置体制，主要包括国家立法权、行政立法权、地方立法权、经济特区立法权、规章立法权等。

（一）全国人大及其常委会行使国家立法权

按照近代国家法治理念，立法指的是立法机关的立法。而能够代表人民立法的机构，也就是国家的代议机关。尽管我们和西方国家在体制上有差异，但也基本接受和吸纳了近代以来的法治文明。在我国，全国人大立法与全国人大常委会立法共同构成中国国家立法的整体，是我国中央立法非常重要的方面。② 《宪法》第 58 条规定："全国人民代表大会和全国人民代表大会常务委员会行使国家立法权。"即全国人民代表大会有权修改宪法，制定和修改其他基本法律；全国人民代表大会常务委员有权制定和修改除应当由全国人民代表大会制定的法律以外的其他法律，全国人民代表大会闭会期间，对全国人民代表大会制定的法律进行部分补充和修改，但不得同该法律的基本原则相抵触；全国人民代表大会常务委员会有权撤销同宪法和法律相抵触的行政法规，有权撤销同宪法、法律和行政法规相抵触的地方性法规。

《立法法》第 10 条、第 11 条规定了专属于全国人民代表大会及其常务委员会的立法权限，包括：国家主权的事项；各级人民代表大会、人民政府、人民法院和人民检察院的产生、组织和职权；民族区域自治制度、特别行政区制度、基层群众自治制度；犯罪和刑罚；对公民政治权利的剥夺、限制人身自由的强制措施和处罚；税种的设立、税率的确定和税收征收管理等税收基本制度；对非国有财产的征收、征用；民事基本制度；基本经济

---

① 黄文艺：《论中国特色社会主义立法理论》，载《南京社会科学》2012 年第 10 期。

② 参见周旺生著：《立法学》（第二版），法律出版社 2009 年版，第 260 页。

制度以及财政、海关、金融和外贸的基本制度；诉讼和仲裁制度；必须由全国人民代表大会及其常务委员会制定法律的其他事项。

（二）国务院根据宪法和法律制定行政法规

"从1954年《宪法》到1982年宪法，我们对行政立法权的态度发生了根本变化。"[1] 1954年《宪法》未赋予国务院行政立法权，现行《宪法》第89条规定："国务院行使下列职权：（一）根据宪法和法律，规定行政措施，制定行政法规，发布决定和命令……"

《立法法》第72条规定："国务院根据宪法和法律，制定行政法规。行政法规可以就下列事项作出规定：（一）为执行法律的规定需要制定行政法规的事项；（二）宪法第89条规定的国务院行政管理职权的事项。应当由全国人民代表大会及其常务委员会制定法律的事项，国务院根据全国人民代表大会及其常务委员会的授权决定先制定的行政法规，经过实践检验，制定法律的条件成熟时，国务院应当及时提请全国人民代表大会及其常务委员会制定法律。"

（三）地方人大及其常委会行使地方立法权

"当代中国的立法体制，既不是单一的立法体制，也不是复合的立法体制和分权制衡的立法体制，是独具中国特色的立法体制。"[2]中央立法权与地方立法权的配置是国家立法权结构的中心问题，是国家机构形式在立法领域的体现。1982年《宪法》第3条只是规定了一个笼统原则："中央和地方的国家机构职权划分，遵循在中央的统一领导下，充分发挥地方的主动性、积极性原则"，《宪法》并没有明确说明如何界定中央和地方所行使的职权，也没有具体规定如何解决中央和地方法律规范之间的冲突。[3] 因此，两种立法权配置关系是否得当直接关系到国家权力的行使状况，如果配置不当，可能出现中央立法权挤压地方立法权的空间，使地方立法权虚化，或地方立法权将中央立法权虚化，进行地方保护，产生条块分割，破坏国家法制的统一。改革开放以来，我国实施的实际上是有限的分权立法体制。近年来，地方立法权呈现不断发展的局面，立法主体范围得以扩大到设区的市。

具体而言，我国地方立法权可以划分为两个层次：一是，省、自治区、直辖市的人民代表大会及其常务委员会根据本行政区域的具体情况和实际需要，在不同宪法、法律、行政法规相抵触的前提下，可以制定地方性法规；二是，设区的市、自治州的人民代表大会及其常务委员会根据本市、州的具体情况和实际需要，在不同宪法、法律、行政法规和本省、自治区的地方性法规相抵触的前提下，可以对城乡建设与管理、环境保护、历史文化保护等方面的事项制定地方性法规，报省、自治区的人大常委会批准后施行。2015年修改

---

① 黄文艺：《论中国特色社会主义立法理论》，载《南京社会科学》2012年第10期。

② 冯玉军主编：《新〈立法法〉条文精释与适用指引》，法律出版社2015年版，第16页。

③ 张千帆：《国家主权与地方自治：中央与地方关系的法治化》，中国民主法制出版社2012年版，第129页。

《立法法》，赋予所有设区的市享有地方立法权，该立法权主体扩大到289个；30个自治州以及广东省东莞市和中山市、甘肃省嘉峪关市、海南省三沙市4个不设区的地级市也享有地方立法权。

（四）民族区域自治地方人大制定自治条例和单行条例

《宪法》规定，各少数民族聚居的地方实行民族区域自治，设立自治机关，行使自治权。制定自治条例和单行条例是自治机关行使自治权的重要方式。[①]《立法法》规定，自治区、自治州和自治县的人大有权依照当地民族的政治、经济和文化特点，制定自治条例和单行条例并经批准生效。自治条例和单行条例可以依照当地民族的特点，对法律和行政法规的规定作出变通规定，但不得违背法律或者行政法规的基本原则，不得对《宪法》和《民族区域自治法》的规定以及其他有关法律、行政法规专门就民族自治地方所作的规定作出变通。目前，全国155个民族自治地方共制定了130多件自治条例、700多件单行条例、60多件变通和补充规定。

（五）经济特区所在的省、市人大及其常委会的特殊立法权

经济特区所在地的省、市的人大及其常委会根据全国人大的授权决定，可以制定经济特区法规，在经济特区范围内实施。全国人大及其常委会于1988年至1996年分别通过了对海南省、深圳市、厦门市、汕头市和珠海市制定经济特区法规的授权决定。

授权立法决定构成授权立法实施的法定载体，在本质上也是立法权行使的一种基本方式。它不仅关乎宪法文本中职权立法条款的实施，而且关涉被授权机关依据其制定的法律的质量，因而必须接受合宪性控制。经济特区的授权立法遵循的是“依照”原则，即依照宪法和法律的原则制定在经济特区实施的法规。[②] 对此，全国人大宪法和法律委员会应从主体适格性、形式规范性以及内容有限性三个方面展开审查。在主体上，我国职权立法主体仅限于央地两级人大及其常委会，只有它们才是作出授权立法决定的适格主体；在形式上，央地两级人大及其常委会的立法职权都源自人民委托，其转移必须征求委托人的同意。授权立法决定应以“授权法”的规范形式作出；在内容上，有些立法职权非常重要，只能由最高国家权力机关行使，不得授权，授权决定应遵循法律绝对保留原则。[③]

（六）规章制定权

行政规章的立法权大致有两个方面：一是国务院各个部门等的部门规章制定权。[④] 根据《宪法》《立法法》的规定，国务院各部、委员会、中国人民银行、审计署和具有行政管

---

① 杨临宏著：《立法学　原理、程序、制度与技术》，中国社会科学出版社2020年版，第215页。

② 李林著：《立法理论与制度》，中国法制出版社2005年版，第361页。

③ 曹榕、江国华、梅扬：《授权立法决定的性质及其合宪性审查基准》，载《学习与实践》2018年第5期。

④ 孙国华、朱景文主编：《法理学》（第五版），中国人民大学出版社2021年版，第238页。

理职能的直属机构，可以根据法律和国务院的行政法规、决定、命令，在本部门的权限范围内，制定规章。二是地方政府的政府规章制定权。省、自治区、直辖市和设区的市、自治州的人民政府，可以根据法律、行政法规和本省、自治区、直辖市的地方性法规，制定规章。2015 年修改《立法法》，对规章的权限作了进一步规范：没有法律或者国务院的行政法规、决定、命令依据，部门规章不得设立减损公民、法人或者其他组织权利或者增加其义务的规范，不得增加本部门的权力、减少本部门的法定职责。制定地方政府规章，没有法律、行政法规、地方性法规依据，不得设定减损公民、法人或者其他组织权利或者增加其义务的规范。① 此外，《立法法》还对特别行政区的立法权，军事法规、军事规章等作了规定。

三、立法基本程序

根据《立法法》和有关法律的规定，全国人大及其常委会制定法律的程序，包括法律案的提出、法律案的审议、法律案的表决、法律的公布四个阶段。

（一）法律案的提出

由有立法提案权的国家机关和工作人员提出的创制、补充、修改或废止特定法律的建议，通过一定程序进入立法机关的立法议程。这是法律案进入立法程序的开端，而提出法律草案的主体，则是由法律明确规定享有提案权的特定的国家机关和人员。

其一，有权向全国人民代表大会提出法律案的主体包括：（1）全国人民代表大会主席团；（2）全国人民代表大会常务委员会；（3）国务院；（4）中央军事委员会；（5）最高人民法院；（6）最高人民检察院；（7）全国人民代表大会各专门委员会；（8）一个代表团或者三十名以上的代表联名；（9）五分之一以上全国人民代表大会的代表提出修改宪法的议案。《立法法》规定，向全国人大提出的法律案，在全国人大闭会期间，可以先向全国人大常委会提出，经常委会会议审议后，决定提请全国人大审议。近年来，《慈善法》《民法总则》《监察法》都是经过常委会两次或者两次以上审议后，提请全国人大审议通过。

其二，有权向全国人大常委会提出法律议案的主体有：（1）委员长会议；（2）国务院；（3）中央军事委员会；（4）最高人民法院；（5）最高人民检察院；（6）全国人民代表大会各专门委员会；（7）全国人民代表大会常务委员会组成人员十人以上联名。

其三，法律案的撤回程序：（1）已经列入常务委员会会议议程的法律案，在交付表决前，提案人要求撤回的，应当说明理由，经委员长会议同意，并向常务委员会报告，对该法律案的审议即行终止；（2）法律案已经交付表决，则提案人提出撤回的请求无效；

---

① 陈书笋、王天品：《新形势下地方政府规章立法权限的困境和出路》，载《江西社会科学》2018 年第 1 期。

(3)提案人虽已提请审议，但法律案尚未进入大会议程阶段，如果提案人提出撤回的请求，则该法律案的撤回即刻生效。

(二)法律案的审议

审议法律案，是指立法机关对于根据已被通过的法律案而拟定的法律草案，按照会议的安排正式进行审查和讨论，[①] 是立法程序中最重要的环节。全国人大及其常委会审议法律案的过程，是充分发扬民主、集思广益和凝聚共识的过程。

其一，全国人大审议法律案的程序。一是在会议举行前一个月将法律草案发给代表，以便代表进行认真研究，准备意见；二是在大会全体会议上听取提案人作关于法律草案的说明；三是各代表团全体会议或小组会议对法律草案进行审议；四是有关的专门委员会对法律草案进行审议，提出审议意见，然后由宪法和法律委员会根据各代表团和有关的专门委员会的审议意见，对法律草案进行统一审议，向主席团提出审议结果的报告，并提出法律草案修改稿。全国人大审议法律案，一般经过一次会议审议后即交付表决。法律案在审议中有重大问题需要进一步研究的，经主席团提出，由大会全体会议决定，可以授权常委会进一步审议，作出决定，并将决定情况向全国人大下次会议报告；也可以授权常委会根据代表的意见进一步审议，提出修改方案，提请全国人大下次会议审议决定。

其二，全国人大常委会审议法律案的程序。一是在常委会会议举行的7日前将法律草案发给常委会组成人员，以便常委会组成人员进行认真研究，准备意见；二是在常委会全体会议上听取提案人作关于法律草案的说明，由提案人委托的人对制定该法律的必要性、可行性、立法的指导思想和基本原则以及法律草案的主要内容作出说明；三是常委会分组会议对法律草案进行审议，在此基础上，必要时可以召开联组会议进行审议；四是有关的专门委员会对法律草案进行审议，提出审议意见，然后由宪法和法律委员会根据各常委会组成人员、有关的专门委员会的审议意见和其他各方面的意见，对法律草案进行统一审议，向常委会提出审议意见的汇报或者审议结果的报告，并提出法律草案修改稿。统一审议制度既有利于对法律案所涉及的专业问题进行深入研究，也有利于统一立法技术规范，统一协调解决重点难点问题，维护法制的统一。

其三，关于三审制。全国人大常委会审议法律案的一个重要特点，一般是实行三审制，即一个法律案一般应当经过三次常委会会议审议后，才能交付表决。实践证明，实行三审制，对于充分发扬民主，保证常委会组成人员有充分的时间对法律案进行深入审议，提高立法质量，具有重要意义。根据《立法法》的规定和实践做法，三次审议之间的主要分工是：(1)一审，在常委会全体会议上听取提案人关于法律草案的说明，然后在分组会议上对法律草案进行初步审议。一审着重审议制定该法律的必要性、可行性和法律的框架结

---

① 孙笑侠、夏立安主编：《法理学导论》，高等教育出版社2004年版，第192页。

构是否合理等问题。（2）二审，在常委会全体会议上听取法律委员会关于法律草案修改情况和主要问题的汇报，然后在分组会议上对法律委员会提出的法律草案修改稿(称"二次审议稿")进行全面、深入的审议。二审重点审议法律草案二次审议稿对若干主要问题的规定是否合适、可行。（3）三审，在常委会全体会议上听取法律委员会关于法律草案审议结果的报告，然后在分组会议上对法律委员会提出的新的法律草案修改稿(称"三次审议稿")再次进行深入的审议。三审的审议重点是，各方面提出的对法律草案中若干主要问题的意见是否得到妥善解决，对没有采纳的意见是否有充分、合理的解释和说明。

其四，关于广泛听取各方面意见的制度。在立法过程中，除了人大代表和常委会组成人员参加审议讨论、提出意见外，还要广泛听取各个方面的意见，是我国立法工作必须遵循的一条重要原则和基本经验。《立法法》总结实践经验，对广泛听取各方面意见的制度，作出了比较全面的规定，主要包括：书面征求意见、座谈会、听证会、论证会、向社会公布法律草案公开征求意见等几种制度。

(三)法律案的表决

法律案的表决指的是立法机关对于经过审议的法律议案进行表决，正式表示同意或不同意的活动。这是立法程序中最具有决定性的一个步骤①，表决的通过与否直接关系到一个法律案能否成为法律。

在我国，全国人民代表大会举行会议的法定人数是全体代表的三分之二以上；全国人民代表大会常务委员会举行会议的法定人数是全体组成人员的过半数，具体规定为：（1）宪法的修改，由全国人民代表大会常务委员会或者五分之一以上的全国人民代表大会代表提议，并由全国人民代表大会以全体代表的三分之二以上的多数通过。法律和其他议案由全国人民代表大会以全体代表的过半数通过。（2）法律草案修改稿经各代表团审议，由法律委员会根据各代表团的审议意见进行修改，提出法律草案表决稿，由主席团提请大会全体会议表决，由全体代表的过半数通过。（3）法律草案修改稿经常务委员会会议审议，由法律委员会根据常务委员会组成人员的审议意见进行修改，提出法律草案表决稿，由委员长会议提请常务委员会全体会议表决，由常务委员会全体组成人员的过半数通过。

至于最终未通过的法律案，《立法法》第60条规定："交付全国人民代表大会及其常务委员会全体会议表决未获得通过的法律案，如果提案人认为必须制定该法律，可以按照法律规定的程序重新提出，由主席团、委员长会议决定是否列入会议议程；其中，未获得全国人民代表大会通过的法律案，应当提请全国人民代表大会审议决定。"

(四)法律的公布

法律的公布，是立法的最后一道工序，是法律生效的必要条件。根据我国《宪法》和

---

① 公丕祥主编:《法理学》(第二版)，复旦大学出版社2008年版，第223页。

《立法法》的规定，经全国人大及其常委会通过的法律，由国家主席签署主席令予以公布。签署公布法律的主席令载明该法律的制定机关、通过和施行日期。

法律签署后，及时在《全国人民代表大会常务委员会公报》和在全国范围内发行的报纸上刊登。在《全国人民代表大会常务委员会公报》上刊登的法律文本为标准文本。所谓标准文本，就是凡发现各种法律文本之间不一致的，均以《全国人民代表大会常务委员会公报》上刊登的法律文本为标准，以维护法制统一，保证法律的正确贯彻实施。

第三节 人大议事规则、工作办法、行政法规和地方性法规

一、人大议事规则

程序是民主的保证。民主政治从某种意义上讲，就是程序政治。健全民主政治程序，不仅有利于防止专断，克服任意，而且有利于增强决策的民主化、科学化和提高效率。因此加强人民代表大会制度建设和政治文明建设，一个很重要的方面，就是必须切实加强民主政治程序建设，包括人大及其常委会的议事程序。[①] 在长期的制度发展历程中，人民代表大会行使职权都在会议上，人民代表大会职权主要是通过会议方式行使。[②] 开会（议事）的程序，是人民代表大会有效行使职权的保障，基于这套程序的规则设计可以说是人民代表大会制度的运作核心。人大议事规则是人民代表大会制度体系的重要组成部分，是国家权力运行的重要保证，是人大履职的基础环节。

（一）全国人大议事规则

第一届至第六届全国人大一直没有制定议事规则；第一届至第五届全国人大常委会也是如此。1987 年地方人大常委会率先制定议事规则。是年 11 月 22 日河南省第六届人民代表大会常务委员会第三十一次会议通过了我国人大历史上的第一部议事规则即《河南省人民代表大会常务委员会议事规则》。1989 年 4 月 4 日第七届全国人民代表大会第二次会议通过了《中华人民共和国全国人民代表大会议事规则》，其体例为会议的举行议案的提出和审议工作报告、审查国家计划和国家预算国家机构组成人员的选举、罢免、任免和辞职询问和质询调查委员会发言和表决。这之后各地人大纷纷制定议事规则。随着议事规则的实施，各级人大及其常委会依照议事规则行使权力进入议事法治时代。[③]

全国人大议事规则是根据《宪法》《全国人民代表大会组织法》和全国人民代表大会的

---

① 陈斯喜著：《人民代表大会制度概论》，中国民主法制出版社 2007 年版，第 317 页。
② 蔡定剑著：《中国人民代表大会制度》（第四版），法律出版社 2003 年版，第 450~451 页。
③ 蒋劲松：《改革开放以来人民代表大会制政体的成长》，载《湖南社会科学》2009 年第 2 期。

实践经验而制定的。全国人大议事规则是全国人大运行的组织章程，规定了全国人大会议的举行、议案的提出和审议、审议工作报告、审查国家计划和国家预算、国家机构组成人员的选举、罢免、任免和辞职、询问和质询、调查委员会、发言和表决等相关问题。人大议事规则是人民代表大会制度体系的重要组成部分，是国家权力运行的重要保证，是人大履职的基础环节。随着人大议事规则的实践运行，其在强化会前组织、规范议事安排、保障职责行使、凝聚智慧力量等方面持续发挥着重要作用。

（二）地方人大议事规则

人民代表大会议事规则的立法肇始于 20 世纪 80 年代末。1989 年 4 月全国人大通过《全国人民代表大会议事规则》，开创人大议事规则制度化之先河，随后在 1988 年至 1991 年期间各省、直辖市、自治区人大常委会也制定出台了各自的议事规则（其中一个例外是《河南省人民代表大会常委会议事规则》制定时间比全国人大常委会议事规则提前两日）。代表大会全体会议的议事规则出现时间稍晚，较早的是《云南省人民代表大会议事规则》，在 1989 年 3 月 9 日的云南省第七届人民代表大会第二次会议上通过；还有 1989 年 3 月 16 日公布的《广东省人民代表大会议事规则（试行）》。

《全国人民代表大会议事规则》《全国人民代表大会常务委员会议事规则》在我国属于基本法律，各省级人大及其常委会议事规则属于地方性法规。此外，各地市人大、县区人大及其常委会也制定了全体会议、常委会会议乃至主任会议的议事规则，这些属于规范性文件。就整体框架而言，全国人大及其常委会和各省市地方人大及其常委会的议事规则具有很大程度的趋同性，但在具体章节设置上也存在多样性。一些地方人大议事规则有不同的章节结构和条文安排，例如将会议的准备、预备会议、代表建议的处理等单独设为一章，将不同类别报告的审议审查分为不同章，将会议制度的几个部分内容重新安排顺序，将会议的举行和议案报告的审议合在一起规定，等等。透过表面看实质，全国和地方各级人大及其常委会的议事规则文本都遵循了议事程序的基本规律，即"召集会议—提出动议—审议动议—表决决议"的整个过程。召集会议是议事的平台，提出动议是议事的开始，审议动议是议事的进行，表决动议是议事的完成。[①]

与作为基本法律的《全国人民代表大会议事规则》《全国人民代表大会常务委员会议事规则》相比，地方人大及其常委会的议事规则在制度细节上有更多的灵活性和开放性，具有地方创新的特色。一方面，《地方组织法》等法律限定了地方人大及其常委会议事规则的空间，并且决定了后者之间存在多方面的相似性；另一方面，地方人大及其常委会议事规则的自主空间依然较大，主要表现在地方人大及其常委会议事规则不仅对相关法律（包括《全国人民代表大会议事规则》《全国人民代表大会常务委员会议事规则》）没有规定的事项

---

① 孙莹：《从理念到规范　推进地方人大议事规则的完善》，载《人民之声》2022 年第 4 期。

有补充规定，而且对同一事项的补充规定常常有不同的规定。

二、全国人大工作办法

(一)《法规、司法解释备案审查工作办法》

备案审查，顾名思义，是国家机关通过"备案"与"审查"相结合的方式对规范性文件进行监督的制度，具体指法定机关将其制定的法规、司法解释等规范性文件依规定期限和程序报送有权机关备案，由接受备案的机关存档，并依法进行审查处理的制度。[①] 为了规范备案审查工作，加强备案审查制度和能力建设，履行宪法、法律赋予全国人民代表大会及其常务委员会的监督职责，根据《宪法》《立法法》《监督法》等有关法律的规定，必须对有关法规、司法解释进行备案审查。

必须备案审查的法规范围包括对行政法规、监察法规、地方性法规、自治州和自治县的自治条例和单行条例、经济特区法规(以下统称法规)以及最高人民法院、最高人民检察院作出的属于审判、检察工作中具体应用法律的解释的备案审查。长期以来，对备案审查的对象和范围、审查标准、审查方式、处理方式等有很多探讨，促使这一工作不断寻找差距、补足短板，逐步改进和完善。2019 年 12 月 16 日，第十三届全国人民代表大会常务委员会第四十四次委员长会议通过《法规、司法解释备案审查工作办法》，该办法回应了学术界多年来对于备案审查制度的讨论，总结经验、正视不足、主动变革，为备案审查工作提供了重要的制度依据，是备案审查工作的重要阶段性成果。

(二)合宪性审查的规范依据

合宪性审查指的是由有关权力机关依据宪法和相关法律的规定，对于可能存在违反宪法规定的法律法规、规范性文件以及国家机关履行宪法职责的行为进行审查，并对发现违反宪法的问题予以纠正，以维护宪法的权威。我国实定法意义上的合宪性审查制度以《宪法》《立法法》以及《监督法》第五章为主要规范依托，确认全国人大常委会为主要审查机构，将五大类别国家机构(国务院、中央军事委员会、最高人民法院、最高人民检察院和各省、自治区、直辖市的人民代表大会常务委员会)和公民、社会组织确认为提请审查之主体，采用对行政法规和地方性法规进行事前审查与事后审查、主动与被动并存的审查方式，构建了集中式、抽象的审查模式。[②] 2018 年 3 月 11 日，十三届全国人大一次会议修改《宪法》，将全国人大法律委员会更名为宪法和法律委员会，在其他国家机关和主体提出审查建议时，由全国人大常务委员会工作机构进行研究，必要时，送专门委员会进行审

①　全国人大常委会法制工作委员会法规备案审查室著：《规范性文件备案审查理论与实务》，中国民主法制出版社 2020 年版，第 15 页。

②　王蔚：《客观法秩序与主观利益之协调——我国合宪性审查机制之完善》，载《中国法律评论》2018 年第 1 期。

查、提出意见。可见，专门委员会是协助全国人大及其常委会进行合宪性审查的机构。在这一体制下，全国人大及其常委会有权审查所有的法律文件的合宪性，全国人大有权改变或者撤销它的常务委员会制定的不适当的法律，有权撤销全国人大常委会批准的违背《宪法》和《立法法》规定的自治条例和单行条例。

依据《宪法》《民族区域自治法》《立法法》等规定，启动全国人大及其常委会进行合宪性审查的机制包括：

其一，提请批准。民族自治地方的人民代表大会有权依照当地民族的政治、经济和文化的特点，制定自治条例和单行条例。自治区的自治条例和单行条例，报全国人民代表大会常务委员会批准后生效。全国人大常委会在批准过程中，必然要对其合宪性进行预防性审查。

其二，备案审查。全国人大常委会对提请备案的法律文件，认为其可能存在合宪性问题，可以在不存在任何争议的情况下抽象地进行合宪性审查。

其三，经要求审查。《立法法》第 110 条第 1 款规定："国务院、中央军事委员会、国家监察委员会、最高人民法院、最高人民检察院和各省、自治区、直辖市的人民代表大会常务委员会认为行政法规、地方性法规、自治条例和单行条例同宪法或者法律相抵触，或者存在合宪性、合法性问题的，可以向全国人民代表大会常务委员会书面提出进行审查的要求，由全国人民代表大会有关的专门委员会和常务委员会工作机构进行审查、提出意见。"

其四，经建议审查。《立法法》第 110 条第 2 款规定："前款规定以外的其他国家机关和社会团体、企业事业组织以及公民认为行政法规、地方性法规、自治条例和单行条例同宪法或者法律相抵触的，可以向全国人民代表大会常务委员会书面提出进行审查的建议，由常务委员会工作机构进行审查；必要时，送有关的专门委员会进行审查、提出意见。"

三、行政法规

按照上述对于法的渊源的理解，一般的部门法（民法、行政法等）都会将行政法规、地方性法规和政府规章等作为它们的法源。但当我们考虑立法法的基本渊源这个问题时，似乎与一般部门法的渊源应当有所区别。在这里能够作为立法法的基本渊源的行政法规和规章应当是与立法活动有紧密关系的那些行政法规和规章，而不是一般的行政法规和规章。因为一般的行政法规和规章的制定和修改活动都是要受到这一类特殊的行政法规和规章的规范和约束的。而且这样一类特殊的行政法规和规章正是对于宪法、立法法的展开和细化，使之更具可操作性。目前，我国有关行政法规制定方面的立法主要是 2001 年国务院制定了《行政法规制定程序条例》（2017 年修订）、《规章制定程序条例》（2017 年修订），2002 年制定了《法规规章备案条例》，作为立法法的配套法规，《行政法规制定程序条例》

等在规范行政法规、规章的制定和备案程序，保证行政法规质量等方面起到了非常大的积极作用，是我国制定行政法规、规章的主要法规渊源。

(一)《行政法规制定程序条例》

在《立法法》颁布之前，国务院于1987年4月21日批准的《行政法规制定程序暂行条例》(以下简称《暂行条例》)是对我国行政立法活动进行规范的主要法律依据。2000年《立法法》的颁布，启动了行政立法程序蜕变的进程。根据《立法法》的规定，2001年国务院颁布了行政立法程序的行政法规即《行政法规制定程序条例》，并同时废止了《行政法规制定程序暂行条例》，使得行政立法程序摆脱了计划经济体制的影响，开始逐渐融入现代法治的大潮。① 2017年12月22日国务院对该条例进行了修订。该条例为了规范行政法规制定程序，保证行政法规质量，根据《宪法》《立法法》《国务院组织法》的有关规定，对行政法规的立项、起草、审查、决定、公布、解释等问题，作了具体规定。②

《行政法规制定程序条例》规定了行政法规的立项、起草、审查、决定、公布、解释等立法程序问题，是对我国行政立法活动进行规范的主要法律依据。

《立法法》第72条规定："行政法规可以就下列事项作出规定：（一）为执行法律的规定需要制定行政法规的事项；（二）宪法第89条规定的国务院行政管理职权的事项。应当由全国人民代表大会及其常务委员会制定法律的事项，国务院根据全国人民代表大会及其常务委员会的授权决定先制定的行政法规，经过实践检验，制定法律的条件成熟时，国务院应当及时提请全国人民代表大会及其常务委员会制定法律。"加上现行有效的行政法规，我国行政法规的立法范围包括：国防、外交、经济和社会发展规划、国土资源、城乡建设、工商行政、金融、环境、教育、科学、文化、卫生、体育事业、财政、民政、公安、司法行政、计划生育、民族事务、审计、监察等。从行政管理的角度上来看，行政法规还囊括了行政许可权、行政处罚权、行政强制权、行政奖励权、行政征收权、行政征用权、行政给付权、行政规划权、行政裁决权、行政调解权、行政指导权、行政复议、国家赔偿等多方面内容。

(二)《规章制定程序条例》

制定规章的程序是指有权制定规章的机关在制定、修改、废止部门规章时的先后次序和方法步骤，包括国务院有关部门制定部门规章的程序，省、自治区、直辖市和设区的市、自治州的人民政府制定地方政府规章的程序。③《立法法》将政府规章作为调整对象之一，并将政府规章的制定程序授权国务院进行规定。这就使得对规章立法程序进行研究成

---

① 董礼洁：《论中国行政立法程序的蜕变》，载《四川行政学院学报》2008年第2期。
② 朱景文主编：《法理学》(第四版)，中国人民大学出版社2021年版，第244页。
③ 朱力宇、叶传星主编：《立法学》，中国人民大学出版社2015年版，第135页。

为必要。规章存在的必要性要求对立法质量进行关注。而科学的立法程序对保证立法质量具有不可替代的重要意义。2002 年，国务院根据《立法法》"国务院部门规章和地方政府规章的制定程序，参照本法第三章的规定，由国务院规定"的授权，制定和公布了《规章制定程序条例》。这一行政法规的颁布，是国家对规章立法活动的步骤和方法首次作出统一规定，也是目前对地方政府规章立法程序进行规制的最高级别的规范性文件。此后，各地方有权政府也大多制定规章，以规范地方政府规章立法活动。

规章制定程序从静态意义来讲，就是指拥有规章创制权的行政主体在行政相对人的参与下创制规范性行政管理文件依法必须遵循的限制恣意专断和任意裁量的规则；从动态的意义上来说，是指拥有规章创制权的行政主体在行政相对人的参与下创制规范性行政管理文件所必须遵循的正当过程。[①] 根据《规章制定程序条例》的规定，规章制定权的运行必须严格遵循立项、起草、审查、决定、公布等的正当程序。其中审查程序是对送审稿进行修改形成部门规章草案的规定，较诸《法规规章备案条例》更为严谨。根据相关条款之规定，规章的审查程序如下：

其一，规章送审稿由法制机构负责统一审查。法制机构主要从以下几个方面对送审稿进行审查：(1)是否符合本条例所规定的基本原则和要求；(2)是否与有关规章协调、衔接；(3)是否正确处理有关机关、组织和公民对规章送审稿主要问题的意见；(4)是否符合立法技术要求；(5)需要审查的其他内容。

其二，规章送审稿有下列情形之一的，法制机构可以缓办或退回起草单位：(1)制定规章的基本条件尚不成熟的；(2)有关机构或部门对规章送审稿规定的主要制度存在较大争议，起草单位未与有关机构或部门协商的；(3)上报送审稿不符合本条例规定的送审稿的要求的。

其三，法制机构应当将规章送审稿或规章送审稿涉及的主要问题发送有关机关、组织和专家征求意见。

其四，法制机构应当就规章送审稿涉及的主要问题，深入基层进行实地调查研究，听取基层有关机关、组织和公民的意见。

其五，规章送审稿涉及重大问题的，法制机构应当召开由有关单位、专家参加的座谈会、论证会，听取意见，研究论证。

其六，规章送审稿直接涉及公民、法人或其他组织切身利益，有关机关、组织或公民对其有重大意见分歧，起草单位在起草过程中未向社会公布，也未举行听证会的，法制机构经本部门或本级人民政府批准，可以向社会公布，也可以举行听证会。举行听证会的，应当依照本条例所规定的程序组织。

---

① 李慎：《规章制定程序概念的评析与重构》，载《政法学刊》2003 年第 4 期。

(三)《法规规章备案条例》

根据国务院 2002 年颁布的《法规规章备案条例》相关条款之规定，法规、规章应当于发布之日起 30 日内，地方性法规、自治州和自治县的自治条例和单行条例由省、自治区、直辖市的人民代表大会常务委员会报国务院备案；部门规章由国务院部门报国务院备案，两个或者两个以上部门联合制定的规章，由主办的部门报国务院备案；省、自治区、直辖市人民政府规章由省、自治区、直辖市人民政府报国务院备案；较大的市的人民政府规章由较大的市的人民政府报国务院备案，同时报省、自治区人民政府备案；经济特区法规由经济特区所在地的省、市的人民代表大会常务委员会报国务院备案。由国务院法制机构负责就下列几个主要方面进行审查：(1)是否超越权限；(2)下位法是否违反上位法的规定；(3)地方性法规与部门规章之间或者不同规章之间对同一事项的规定不一致，是否应当改变或者撤销一方的或者双方的规定；(4)规章的规定是否适当；(5)是否违背法定程序。国家机关、社会团体、企业事业组织、公民认为部门规章同法律、行政法规相抵触的，可以向国务院书面提出审查的建议，由国务院法制机构研究处理。经审查，部门规章与地方性法规之间对同一事项的规定不一致的，由国务院法制机构提出处理意见，报国务院依照《立法法》第 107 条第 1 款第(1)项的规定处理；规章超越权限，违反法律、行政法规的规定，或者其规定不适当的，由国务院法制机构建议制定机关自行纠正；或者由国务院法制机构提出处理意见报国务院决定，并通知制定机关；部门规章之间、部门规章与地方政府规章之间对同事项的规定不一致的，由国务院法制机构进行协调；经协调不能取得一致意见的，由国务院法制机构提出处理意见报国务院决定，并通知制定机关。

四、地方性法规

(一)地方性法规制定条例

地方性法规是指享有地方立法权的地方国家权力机关依照法定权限，在不同宪法、法律和行政法规相抵触的前提下，制定和颁布的在本行政区域范围内实施的规范性法律文件。地方性法规是地方立法的重要形式，是国家法律体系的组成部分。我国地方性法规立法的主体大致可划分为三种：(1)省、自治区、直辖市的人民代表大会及其常务委员会；(2)设区的市的人民代表大会及其常务委员会；(3)自治州的人民代表大会及其常务委员会。

地方立法权是《立法法》赋予地方权力机关的一项重要职权，而合理完善的立法程序是行使地方立法权的重要保障。地方性法规制定条例作为地方立法的"小立法法"，对规范地方立法活动，保证地方立法质量，推动地方立法合法有序推进将起到十分重要的作用，是对我国地方性法规进行规范的主要法律依据。以《北京市制定地方性法规条例》为例，该条例总共 5 章，66 条。总则部分阐述了制定条例的必要性。即为规范北京市地方立法活动，正确、有效地行使法律赋予的地方立法权，以《地方组织法》《立法法》等法律、行政法规为依据，结合北京市实际，制定该条例。第2章立法规划、计划与法规起草，第3章制定地方性法规的程序，第4章地方性法规的解释，第5章附则。该条例主要规定了以下内容：一是条例的适用范围以及制定地方性法规应当遵循的原则和规范要求；二是地方立法的立项工作制度以及起草地方性法规案的要求；三是市人民代表大会及其常委会的立法权限和程序，包括提出法规案的主体、提案的要求、列入会议议程前的程序、列入会议议程后的审议、表决程序等；四是地方性法规通过后的公布程序等；五是法规解释的主体、程序、效力等。

(二)规章制定程序条例

《规章制定程序条例》是国家对规章立法活动的步骤和方法首次作出统一规定，也是目前对地方政府规章立法程序进行规制的最高级别的规范性文件。此后，各地方有权政府也大多制定规章，以规范地方政府规章立法活动。除港、澳、台地区之外，我国有规章制定权的省级人民政府、较大的市的人民政府中，根据北大法宝网站搜索，几乎所有有权政府对规章立法程序都以规章形式作出了规定，呈现出一派以程序规制立法活动的景象。

由此可见，我国各地方政府对规章立法程序极为重视，相关的立法规制数量蔚为壮观，但通过仔细研读会发现，各级地方政府所制定的规范，几乎无一例外的是对国务院《规章制定程序条例》内容的重复，未能根据地方立法的实际作出创新、大胆尝试，无法体现地方政府制定规章的必要性和价值。《立法法》第93条规定："地方政府规章可以就下列事项作出规定：(一)为执行法律、行政法规、地方性法规的规定需要制定规章的事项；(二)属于本行政区域的具体行政管理事项。"由此确定了地方政府规章立法的从属性、相对独立性及地方性特征。因此，作为各级政府按照规章立法程序制定的地方政府规章，应该是为执行国务院《规章制定程序条例》，从本地方的具体情况和实际需要出发所进行的补充、细化，以具体指导其规章立法活动。而不应将立法作为"政绩工程""形象工程"，而制定出"观赏性"的法律。当然，也有地方政府走在立法前沿的，如上海市、南京市、杭州市等政府就率先对公众的立法动议权进行了规定，体现了地方立法的创新性，《广州市规章制定公众参与办法》更是走在了立法前沿，这些为完善我国地方规章立法程序提供了很好的示范和经验借鉴。

第四节 授 权 决 定

全国人大常委会作出授权决定是一种立法活动。授权决定属于"有关法律问题的决定"，属于中国特色社会主义法律体系的有机组成部分，是法律渊源的一种，具有法的性质、效力以及较高的效力位阶和清晰的效力边界。

一、授权决定的基本要素

授权法的范围本属于法律规定的事项范围，也就是法律保留的范围，但绝对保留的事项除外。简言之，即为相对保留事项。被授权机关依宪法和组织法的规定本属于自己职权范围内的立法事项也不属于授权立法范围。

（一）授权主体

新《立法法》第 12 条规定，"尚未制定法律的，全国人民代表大会及其常务委员会有权作出决定，授权国务院可以根据实际需要，对其中的部分事项先制定行政法规，但是有关犯罪和刑罚、对公民政治权利的剥夺和限制人身自由的强制措施和处罚、司法制度等事项除外"。第 13 条规定："授权决定应当明确授权的目的、事项、范围、期限以及被授权机关实施授权决定应当遵循的原则等。"第 14 条规定："授权立法事项，经过实践检验，制定法律的条件成熟时，由全国人民代表大会及其常务委员会及时制定法律。法律制定后，相应立法事项的授权终止。"第 16 条规定："全国人民代表大会及其常务委员会可以根据改革发展的需要，决定就特定事项授权在规定期限和范围内暂时调整或者暂时停止适用法律的部分规定。"这些规定表明，在新《立法法》的语境下，有权将立法权授予其他机关行使的主体只能是全国人大及其常务委员会，不包括国务院、最高人民法院和最高人民检察院。首先，从理论上讲，授权立法是近现代意义上的分权出现后的产物。也就是说，在宪政体制的框架下，在宪法确立议会是唯一的立法主体后，才存在其他机关根据授权而立法的问题。全国人大及其常委会的主要职权之一就是行使基本法律的立法权。再从《立法法》的性质上看，它是宪法性法律，规定的是国家或社会的根本问题。因此，在我国，能够由《立法法》规定并且享有立法委托权的只能是全国人大及其常委会。[1]

（二）被授权主体

新《立法法》第 12 条规定，"尚未制定法律的，全国人民代表大会及其常务委员会有权作出决定，授权国务院可以根据实际需要，对其中的部分事项先制定行政法规……"第 72 条规定，"……应当由全国人民代表大会及其常务委员会制定法律的事项，国务院根据全国人民代表大会及其常务委员会的授权决定先制定的行政法规，经过实践检验，制定法律的条件成熟时，国务院应当及时提请全国人民代表大会及其常务委员会制定法律"。第 84 条规定："经济特区所在地的省、市的人民代表大会及其常务委员会根据全国人民代表大会的授权决定，制定法规，在经济特区范围内实施。"第 101 条规定："经济特区法规根据

---

[1] 朱汉卿：《新立法法视域下的授权立法基本范畴研究及其法律规制》，载《江汉大学学报（社会科学版）》2016 年第 5 期。

授权对法律、行政法规、地方性法规作变通规定的，在本经济特区适用经济特区法规的规定。"基于此，根据新《立法法》，我们可以得出，授权立法的对象有国务院和经济特区所在地的省、市的人民代表大会及其常务委员会。

（三）授权的范围或权限

授权的范围包括授权事项范围和授权时限范围，即被授权主体在授权法规定的何种权限范围内和何种时限范围内行使授权立法权。① 《立法法》第 11 条规定，下列事项只能制定法律：国家主权的事项，各级人民代表大会、人民政府、人民法院和人民检察院的产生、组织和职权，民族区域自治制度、特别行政区制度、基层群众自治制度，犯罪和刑罚，对公民政治权利的剥夺、限制人身自由的强制措施和处罚，税种的设立、税率的确定和税收征收管理等税收基本制度，对非国有财产的征收、征用，民事基本制度，基本经济制度以及财政、海关、金融和外贸的基本制度，诉讼和仲裁制度，必须由全国人民代表大会及其常务委员会制定法律的其他事项。第 12 条规定："本法第 11 条规定的事项尚未制定法律的，全国人民代表大会及其常务委员会有权作出决定，授权国务院可以根据实际需要，对其中的部分事项先制定行政法规，但是有关犯罪和刑罚、对公民政治权利的剥夺和限制人身自由的强制措施和处罚、司法制度等事项除外。"

二、授权决定的类型化分析

我国现行宪法诞生于 1982 年。自 1982 年以来，我国授权立法决定共有 32 个，全部是由全国人大和全国人大常委会作出，在主体上完全符合宪法对职权立法主体的规定。（详见表 3-3）。

表 3-3　　　　　　　　　　　**1982 年以来我国授权立法决定样本分析**

授权动机	授权立法决定	授权机关
行政管理需要	《关于授权国务院提前下达部分新增地方政府债务限额的决定》《关于授权国务院在部分地区和部分在京中央机关暂时调整适用〈中华人民共和国公务员法〉有关规定的决定》《关于授权国务院对职工退休退职办法进行部分修改和补充的决定》《关于授权国务院改革工商税制发布有关税收条例草案试行的决定》《关于授权国务院在经济体制改革和对外开放方面可以制定暂行的规定或者条例的决定》5 个	全国人大 1 次、全国人大常委会 4 次

---

① 徐向华主编：《立法学教程》，上海交通大学出版社 2011 年版，第 153 页。

续表

授权动机	授权立法决定	授权机关
特区发展需要	《关于授权国务院在广东省暂时调整部分法律规定的行政审批试行期届满后有关问题的决定》《关于授权国务院在广东省暂时调整部分法律规定的行政审批的决定》《关于授权汕头市和珠海市人民代表大会及其常务委员会、人民政府分别制定法规和规章在各自的经济特区实施的决定》《关于授权厦门市人民代表大会及其常务委员会和厦门市人民政府分别制定法规和规章在厦门经济特区实施的决定》《关于授权广东省、福建省人民代表大会及其常务委员会制定所属经济特区的各项单行经济法规的决议》《关于授权海南省人民代表大会及其常务委员会制定所属经济特区法规的决定》《关于授权深圳市人民代表大会及其常务委员会和深圳市政府分别制定法规和规章在深圳经济特区实施的决定》7个	全国人大2次、全国人大常委会5次
改革试验需要	《关于授权国务院在营商环境创新试点城市暂时调整适用〈中华人民共和国计量法〉有关规定的决定》《关于授权国务院在部分地区开展房地产税改革试点工作的决定》《关于授权国务院在广东省暂时调整部分法律规定的行政审批的决定》《关于授权国务院在中国(上海)自由贸易试验区暂时调整有关法律规定的行政审批的决定》《关于授权最高人民法院、最高人民检察院在部分地区开展刑事案件速裁程序试点工作的决定》《关于在北京市、山西省、浙江省开展国家监察体制改革试点工作决定》等20个	全国人大0次、全国人大常委会20次

　　我国有关授权立法的规定主要集中在《立法法》中,基于缘由的不同,授权立法主要以三种样式展开,它们实质上都是一种立法职权的转移:

　　第一类是基于行政管理需要,授权国务院制定法规。不同于西方政府从"守夜人式"到"从摇篮到坟墓式"的变迁,我国政府似乎从未经历过"管得最少的政府就是最好的政府"时期,它从一开始就是"全能型政府"。虽然政府权力触角已延伸到社会的每一个角落,但政府大多是通过各种计划和行政手段进行管理,对法律的需求并不强烈。十一届三中全会后,国家开始实行改革开放,强调进行现代化建设,为防止陷入"一放就乱、一管就死"的怪圈,真正实现对社会的良好管理,就出现了对立法的迫切需求,"有法可依"成为当时的首要任务。考虑到立法机关在人员以及会期上的限制,只能通过授予行政机关相应领域的立法权来增强法律的供应。该类授权的一般特征是:实践时点较早,一般出现于我国立法权系统尚未发展成熟阶段。在授权方式上,更加注重法的位阶而不是法的实施区域,针对需要尝试改革的问题,以低于法律位阶的其他规范先予以规定,且未限定地域,直接在全国大范围进行试验，实践成熟后，方可上升为法律。① 在事项方面，鉴于当时以经济建设为中心的改革策略，多为经济制度方面的改革。这一类授权虽然于 2000 年经由《立法法》第 9~11 条规定成为常态化机制，但我国的法律体系已经有了相对完整的框架，国务院依授权，直接根据宪法进行行政立法的前提，即"（法律保留以外的事项）尚未制定法律"的情况，近年来已较少出现。②

第二类决定模式是基于特区发展需要，授权经济特区的地方人大及其常委会、人民政府制定特区法规。十一届三中全会后，国家将工作重心从阶级斗争转移到经济建设上来，将"无所不包"的国家行政开始"有所不包"地开放给市场，由市场在政府的主导下发挥决定性作用。于是市场功能如何发挥，行政职能如何收缩，二者又如何配合，成为一个颇具中国特色的问题。在没有现成经验可供借鉴的情况下，中国将中央部分立法权授予经济特区，让其自我摸索，先行先试，为日后国家统一立法提供经验。"改革开放需要法律规范……为先导，也需要将改革开放过程中的经验教训升华为法律。授权立法可以充当改革摸着石头过河的依据。"③回望 20 世纪 90 年代的授权立法高峰期，也正是改革开放不断深化、建立社会主义市场经济体制的高潮期。《立法法》第 84 条实际上正式确认了这一授权立法类型。

第三类决定模式是基于改革试验需要，授权国务院或其他主体在部分地区暂时调整特定法律的实施，即"授权试点"模式。该类授权是一种新兴的授权决定，由 2012 年《全国人民代表大会常务委员会关于授权国务院在广东省暂时调整部分法律规定的行政审批的决定》拉开其序幕，该种授权决定成为近年来改革工作中全国人大常委会最为青睐的一种授权方式。十八大以来，以习近平同志为核心的党中央高举改革旗帜，改革已构成当代中国最鲜明的特色。改革是一个动态过程，意味着变革与发展，法律则是静态文本，意味着安定与秩序，如何处理好两者之间的关系就成为非常现实的问题。2015 年《立法法》修改，新增的第 13 条规定："全国人民代表大会及其常务委员会可以根据改革发展的需要，决定就行政管理等领域的特定事项授权在一定期限内在部分地方暂时调整或者暂时停止适用法律的部分规定。"2023 年《立法法》的修改在此基础上增加："暂时调整或者暂时停止适用法律的部分规定的事项，实践证明可行的，由全国人民代表大会及其常务委员会及时修改有关法律；修改法律的条件尚不成熟的，可以延长授权的期限，或者恢复施行有关法律规定。"这实际上肯定了全国人大常委会先后通过的各项改革决定的合法性，使其成为实现改

————————

　　① 江国华、梅扬、曹榕：《授权立法决定的性质及其合宪性审查基准》，载《学习与实践》2018 年第 5 期。

　　② 万千慧：《全国人大常委授权决定的合宪性控制》，载《河北法学》2019 年第 8 期。

　　③ 朱汉卿：《新立法法视域下的授权立法基本范畴研究及其法律规制》，载《江汉大学学报（社会科学版）》2016 年第 5 期。

革与立法相衔接的一个规范途径。有些学者认为，这并不属于授权立法的范畴，两者存在很大差异。① 然而，立法是一项系统工程，包括制定法、修改法以及补充法和废止法等一系列活动，"暂时调整"和"暂时停止适用"当然也属于立法权的范畴。"暂停法律实施，当属广义的立法权。由于《立法法》的管辖范围明确涉及法律、行政法规、地方性法规、自治条例和单行条例的制定、修改和废止，因此暂停法律实施符合《立法法》调整范围。"②

三、授权决定的效力

授权法的效力，是指被授权主体依据授权指定的规范性法律文件在一国法律体系中的等级。具体地说，法律等级（位阶）是依据法律法规的效力来源，确定法律规范之间的相互关系，以及以此解决相互冲突的法律规范的法律效力制度。③《立法法》关于授权立法并未明确授权法效力的问题，有人提出："规范性法律文件的效力等级主要取决于制定主体在法律体系中的地位。无论立法权的性质究竟是'法定'还是'授权'，同一主体所立之法的效力等级应当相同；反之，不同主体所立之法的效力等级不相同。因此，被授权主体依据授权所立之法与依其自身法定立法权所立之法的效力等级相同。"④同时我们也应当注意到《立法法》第14条规定："授权立法事项，经过实践检验，制定法律的条件成熟时，由全国人民代表大会及其常务委员会及时制定法律。法律制定后，相应立法事项的授权终止。"

其一，授权决定的空间效力、时间效力和对人的效力。在法理学的著述中，法的效力是指法所具有的普遍约束力和适用范围，即法在什么地方、什么时间、对什么人有效。为了说明授权决定的效力，下面将以2019年12月18日全国人大常委会作出的《关于授权最高人民法院在部分地区开展民事诉讼程序繁简分流改革试点工作的决定》为例。（1）授权决定的空间效力是指授权决定在哪些地域和空间范围内具有约束力。根据该授权决定，在北京、上海市辖区内中级人民法院、基层人民法院，南京、苏州、杭州、宁波、合肥、福州、厦门、济南、郑州、洛阳、武汉、广州、深圳、成都、贵阳、昆明、西安、银川市中级人民法院及其辖区内基层人民法院，北京、上海、广州知识产权法院，上海金融法院，北京、杭州、广州互联网法院开展民事诉讼程序繁简分流改革试点工作，那么该授权决定也就在以上城市具有约束力。（2）授权决定的时间效力是指授权决定何时开始生效、何时停止生效以及是否具有溯及力。根据该授权决定，试点期限为两年，自试点办法印发之日起算，该授权决定自2019年12月29日起施行，亦即该授权决定的时间效力为2019年12

---

①　彭浩：《授权地方改革试点决定的性质与功能探析》，载《法制与社会发展》2018年第1期。

②　傅蔚冈、蒋红珍：《上海自贸区设立与变法模式思考——以"暂停法律实施"的授权合法性为焦点》，载《东方法学》2014年第1期。

③　黄文艺主编：《立法学》，高等教育出版社2008年版，第78页。

④　徐向华主编：《立法学教程》，上海交通大学出版社2011年版，第154页。

月 29 日至 2021 年 12 月 28 日，并且没有溯及力。(3) 授权决定对人的效力是指授权决定对哪些人有约束力。根据该授权决定，对上述范围内的法院就优化司法确认程序、完善小额诉讼程序、完善简易程序规则、扩大独任制适用范围、健全电子诉讼规则等，开展民事诉讼程序繁简分流改革试点工作。试点期间，试点法院暂时调整适用《中华人民共和国民事诉讼法》(2017 年) 第 39 条第 1 款、第 2 款，第 40 条第 1 款，第 87 条第 1 款，第 162 条，第 169 条第 1 款，第 194 条。这意味着该授权决定对以上法院具有约束力。综上所述，这就是授权决定的空间效力、时间效力和对人的效力。

其二，授权决定的效力位阶低于宪法和法律，高于行政法规、司法解释、地方性法规和规章。法的效力位阶是指不同机关制定的规范性文件在法律体系中所处的效力等级和效力位置，这是由立法体制所决定的。一般而言，法的效力位阶高低首先取决于法的制定机关在国家机关中的等级和地位，由不同等级的国家机关制定的规范性文件，其效力位阶也是不同的。规范性文件的制定机关的等级和地位越高，其效力位阶也越高。[1] 而授权立法的位阶等同于被授权机关制定的法规范性文件的位阶，因为在我国的授权立法实践中，被授权机关在授权范围内进行了大量的授权立法，其调整与发挥作用的范围与被授权机关的职位立法是一致的。[2] 授权决定是由全国人大常委会制定的，行政法规、司法解释、地方性法规和规章分别是由国务院、"两高"、地方性权力机关和政府部门制定的，而这些制定机关的地位低于全国人大常委会，所以授权决定的效力位阶是高于行政法规、司法解释、地方性法规和规章的。由同一主体制定或者修改的规范性文件，其制定或者修改的程序更加严格、特别，其效力位阶也越高，高于按照普通程序制定或者修改的规范性文件。授权决定是由全国人大常委会制定的，但是其制定的程序比制定或修改宪法和法律的程序要宽松，所以授权决定的效力位阶是低于宪法和法律的。综上所述，授权决定的效力位阶低于宪法和法律，高于行政法规、司法解释、地方性法规和规章。

其三，授权决定的效力边界是不得抵触宪法和法律的基本原则。既然授权决定具有法的性质、效力和较高的效力位阶，那其效力边界在哪里呢?《立法法》第 10 条规定，全国人大制定和修改刑事、民事、国家机构的和其他的基本法律;全国人大常委会制定和修改应当由全国人大制定的法律以外的其他法律;在全国人大闭会期间，全国人大常委会可以对全国人大制定的基本法律进行部分补充和修改，但是不得同该法律的基本原则相抵触，这便构成了全国人大常委会补充和修改全国人大制定的基本法律的边界。"暂时调整或者暂时停止适用法律的部分规定"属于一种特殊形式的法律修改，那么全国人大常委会作出的授权决定的效力边界就应该等同于全国人大常委会进行法律修改的边界，所以全国人大

---

① 朱力宇、叶传星主编:《立法学》，中国人民大学出版社 2017 年版，第 88 页。
② 参见黄文艺主编:《立法学》，高等教育出版社 2008 年版，第 80 页。

常委会作出的授权决定的效力边界就是不得抵触全国人大制定的基本法律的基本原则，自然也就不能抵触宪法的基本原则。同样的道理，全国人大常委会作出的授权决定效力位阶低于全国人大常委会制定的法律，那么前者作为对后者的一种特殊形式的法律修改，前者的效力边界也是不得抵触后者的基本原则，即全国人大常委会作出的授权决定不得抵触全国人大常委会制定的法律的基本原则。综上所述，全国人大常委会作出的授权决定的效力边界是不得抵触全国人大及其常委会制定的宪法和法律的基本原则。①

正是因为全国人大常委会作出的授权决定，属于中国特色社会主义法律体系的有机组成部分，是法律渊源的一种，具有法的性质、效力以及较高的效力位阶和清晰的效力边界，所以我们才能说全国人大常委会作出的授权决定，确保了重大改革于"法"有据，为开展改革试点工作提供了法律支持和法律依据，确保了先行先试的重大改革在法治轨道上有效运行。

第五节 法律解释

当代中国法律解释体制是根据 1981 年 6 月全国人民代表大会常务委员会通过的《关于加强法律解释工作的决议》而建立的。具体来讲，法律解释体制包括：（1）立法解释。全国人大常委会即国家最高立法机构的常设机关对法律的解释，有权制定地方性法规的省、自治区、直辖市人大常委会明确界定地方性法规的界限或补充规定也属于立法解释。（2）司法解释。由最高司法机关对工作中遇到的法律问题进行具体解释。司法解释分为最高人民法院的审判解释和最高人民检察院的检察解释。（3）行政解释。有权作出行政解释的机关包括制定行政法规的国务院和制定部门规章的国务院各部委。虽然《立法法》关于法律解释权分配的规定与《决议》有很大不同，但是，随后的法律解释实践仍然是按照立法解释、司法解释和行政解释的框架运作，法律解释体制的特点仍是"一元多极"，即由中央地方立法机构、最高司法机关、国务院组成。② 立法解释的效力级别为法律，是立法的渊源。司法解释和行政解释虽不是正式的法律渊源，但对法的实施和运行有指引作用，可作为立法的参考。

一、立法解释

立法解释，从狭义上说，其是专指国家立法机关对法律所作的解释；从广义上说，则

---

① 江国华、郭文涛：《全国人大常委会授权决定的实证分析——以第十二届全国人大常委会作出的 21 个授权决定为样本》，载《中南民族大学学报（人文社会科学版）》2019 年第 9 期。
② 杨永海：《我国现行法律解释体制及进路》，载《黑龙江生态工程职业学院学报》2019 年第 5 期。

泛指所有依法有权制定法律、法规的国家机关或其授权机关，对自己制定的法律、法规进行解释。① 这里所说的立法解释是狭义的。根据《立法法》的规定，全国人大常委会应当就法律要求进一步澄清其具体含义和法律颁布后出现的新情况需要有明确的法律适用基础这两种情况进行立法解释。前者是为了在文理上明确法律条文的字面含义，弥补法律条文本身含糊其辞的漏洞。如《全国人民代表大会常务委员会关于〈中华人民共和国刑法〉第三百四十一条、第三百一十二条的解释》，全国人大常委会根据司法实践中遇到的情况，对《刑法》第341条第1款规定的非法收购国家重点保护的珍贵、濒危野生动物及其制品的含义和收购《刑法》第341条第2款规定的非法狩猎的野生动物如何适用刑法有关规定的问题，做了具体解释；后者在于紧跟时代步伐，对于社会发展出现的新情况新问题给出及时合理的法律解释，以此来补足法律往往落后于时代发展的滞后性。如《全国人民代表大会常务委员会关于〈中华人民共和国国籍法〉在澳门特别行政区实施的几个问题的解释》，则是在澳门回归后，根据澳门的历史背景和现实情况，对《中华人民共和国国籍法》在澳门特别行政区实施作新的解释，以适应新情况。

但是，从立法解释现状来看，全国人大常委会的法律解释非常有限。根据北大法宝和国家法律法规库搜索查找1981—2022年全国人大常委会仅解释法律24件，然而，在司法实践中，要求对作出明确清晰解释的法律数量非常大。立法解释在现实中发挥的作用较小，未能反映全国人大常委会立法解释权的主导地位。全国人大常委会应当在"两高"的司法解释出现排斥时作出最终解释，以有效化解法检机关适用法律的理解冲突。同时主动行使法律解释权，有益于防范司法公权与公民诉讼权之间的纠纷风险，尤其是全国人大在刑事、民商事领域的主动解释更有助于防止和减少国家公权力侵犯公民权利的行为。

二、司法解释

从我国法律实践看，在中央一级国家机关中，作出法律解释最多、影响最大的是最高司法机关，特别是最高人民法院。② 各级人民法院是将法律条文运用到实践的重要阵地，也是最先能感知到法条与实践存在不足与漏洞的机关。当法律条文与疑难复杂的案件事实发生冲突时，对法律解释的巨大需求就在司法实践中显现出来。但是，《宪法》并未赋予法官解释法律的权力。即使是法官对法条的个人理解会在自由裁量权中发挥作用，但这也只是存在于个案之中，不能普遍适用。通过对最高人民法院和最高人民检察院作出的司法解释的搜索中，我们可以找到这样的特征：(1)审判解释数量巨大。仅2020年最高人民法院共制定了38项司法解释。(2)审判解释涉及范围广泛，涵盖刑法、民法、行政法、商法等

① 张文显主编：《法理学》(第五版)，高等教育出版社2018年版，第294页。
② 朱景文主编：《法理学》(第四版)，中国人民大学出版社2021年版，第350页。

各个领域。(3)审判解释的名称多种多样,其中以规定、解释、批复和决定四个名称为主。

最高人民法院颁布的司法解释在整个法律体系中发挥着十分重要的作用,"无论是从数量、涉及的范围还是在司法审判中的地位来看,中国最高人民法院的司法解释皆可被视为除法律、法规和规章以外的最重要的法源"。①

三、行政解释

行政解释的主体即国务院及其主管部门。另外 1999 年 5 月 10 日,国务院办公厅发出《关于行政法规解释权限和程序问题的通知》,对行政法规(包括法律的实施细则、实施条例)和国务院、国务院办公厅有关贯彻实施法律、行政法规问题的规范性文件等的解释权限和程序作出明确规定。② 但在实践中,行政解释在司法实践中往往呈现出一定的被动性,因为我国的行政解释大多以"答复"或"复函"等形式来体现。如 2014 年国务院办公厅发布的《关于政府信息公开申请答复主体有关问题的解释》,对河北省人民政府办公厅《关于征地批复类信息依申请公开有关问题的请示》,经研究并书面征求国土资源部、国务院法制办的意见作出解释;2004 年国务院法制办发布的《关于对〈城市房屋拆迁管理条例〉第五条第二款具体含义的请示》的答复,该答复针对河北省政府法制办请示的〈城市房屋拆迁管理条例〉第五条第二款具体含义,作出解释"负责城市房屋拆迁工作的部门,应当是地方人民政府的行政管理部门"。

不难看出,行政解释的主要特点是一事一解释,一请示一解释。可见,行政解释大多是在被动的情况下作出的,主动作出的解释少之又少。而在我国行政解释通常与公民的利益息息相关,却不能及时被社会公众所知晓,未能让公众参与其中,公众无法积极行使自己的权利。因此有必要建立合理的行政解释制度,促进行政解释机制的科学运用,增强行政解释的积极性与主动性。扩充行政解释主体的范围,必要时可以充分发挥公民的积极性,听取公民的意见、建议,从而真正实现法律为人民服务、为社会主义服务这一基本宗旨。

思考题:

1. 试论宪法在立法法体系中的地位。
2. 试论组织法的立法法渊源地位。
3. 试论各级人大议事规则的立法法渊源地位。
4. 试论授权法的表现形式和法律效力。

---

① 陈林林、许扬勇:《司法解释立法化问题三论》,载《浙江社会科学》2010 年第 6 期。
② 李林著:《立法理论与制度》,中国法制出版社 2005 年版,第 299 页。

第四章　中国立法体制

　　所谓立法体制，是指有关国家机关权限划分的制度和结构。它既包括中央各国家机关之间及地方各级国家机关之间关于立法权限划分的制度和结构，也包括中央和地方关于立法权限划分的制度和结构。[①] 立法体制是中国特色社会主义制度的组成部分，是推进国家治理体系和治理能力现代化的制度依托。人民代表大会制度是我国的根本政治制度，我国又是统一的、多民族的国家，这决定了我国的立法体制是有中国特色的，可以概括为"一元、两级、多层次"。一方面，立法领导权的一元性、国家立法权对地方立法权的统领性、地方立法权相对国家立法权的从属性，构成了中国特色立法体制的权威性特征。另一方面，国家立法权被划分为最高权力机关立法权、最高行政机关立法权、最高监察机关立法权、最高军事机关立法权、国务院所属部门立法权、中央军委各总部立法权；地方立法权被划分为省级立法权、设区的市立法权、特别行政区立法权等，构成了中国特色立法体制的层级性特征。我国现行立法体制整体上适应改革开放以来我国经济社会发展的需求，同时此项需求随时代发展而发展。

第一节　全国人大与全国人大常委会"双核"立法体制

　　全国人大及其常委会是行使国家立法权的机关，国家立法权在我国所有立法体系中处于最核心的地位、最高的地位。[②] 十八届四中全会提出要健全由立法权的人大主导立法工作的体制机制。健全人大主导立法工作的体制机制需要在已取得的历史成就中继续探寻全国人大与全国人大常委会"双核"立法体制的发展新思维、新途径，以充分发挥全国人大与全国人大常委会在立法工作中的重要作用。

一、"双核"立法体制的形成

　　正如前文所述，我国的人民代表大会制度正式建立于 1954 年，在这之前的一段时期

---

　　① 　孙笑侠、夏立安主编：《法理学导论》，高等教育出版社 2004 年版，第 185 页。
　　② 　王清秀著：《人大学》（第二版），中国政法大学出版社 2014 年版，第 267 页。

是由全国政协代行全国人大的所有权力。由全国政协全体会议通过的《共同纲领》第 13 条规定由中央人民政府委员会行使国家权力,所以这一时期并无全国人大与全国人大常委会立法体制的相关内容。第一届全国人大一次会议通过的我国第一部《宪法》第 22 条明确规定中华人民共和国全国人民代表大会是最高国家权力机关、是行使国家立法权的唯一机关,第 27 条规定全国人民代表大会修改宪法、制定法律,第 31 条进一步规定全国人民代表大会常务委员会解释法律、制定法令。① 根据以上宪法条文之规定可以看出全国人大是唯一的立法机关,全国人大常委会也被排除在立法主体之外,即所谓的集中立法体制。1975 年和 1978 年《宪法》也都作了基本一致的规定。全国人大常委会虽然可以解释法律和制定法令但是不享有国家立法权。

虽然宪法规定立法权由全国人大专享,但是当时全国人大会议制度尚不健全,加上人大会议形式的天然限制,立法权的行使显然存在诸多障碍。因此,1955 年 7 月第一届全国人民代表大会第二次会议又专门"授权常务委员会依照宪法的精神根据实际的需要,适时地制定部分性质的法律,即单行法规"。1959 年第二届全国人民代表大会第一次会议又进一步确定:"为了适应社会主义改造和社会主义建设事业发展的需要,大会授权常务委员会,在全国人民代表大会闭会期间,根据情况的发展和工作需要,对现行法律中一些已经不适用的条文,适时地加以修改,作出新的规定。"这两次授权使得全国人大常委会可以分享国家的部分立法权。但遗憾的是后来我国的民主与法制建设逐渐陷入了停滞状态,全国人大常委会除了极有限地通过了一些决议和决定外,没有制定过任何法律。② 1982 年《宪法》在 1954 年《宪法》的基础上,建立了现行的立法体制。1982 年《宪法》做此重大改变是由国情决定的。中国人口极其众多,因此产生的代表人数相应较多,这导致开会议事不方便,在一定程度上影响全国人大适应形势需要及时制定法律。实行全国人大常委会同全国人大共同行使国家立法权的制度,就弥补了以上不足。③ 根据《宪法》第 58 条之规定,全国人大和全国人大常委会行使国家立法权。2000 年颁行的《立法法》也作了相同规定,自此我国的中央立法的全国人大与全国人大常委会"双核"立法体制正式成型。

二、"双核"立法体制的内容

全国人大和全国人大常委会行使国家立法权。这证明我国实行的是单一立法体制,立法权集中在宪法指定的最高国家权力机关。④ 具体体现为全国人大与全国人大常委会享有

① 《中华人民共和国第一届全国人民代表大会第一次会议文件》,人民出版社 1955 年版,第 27~28 页。
② 刘克希著:《当代中国的立法发展》,法律出版社 2017 年版,第 62 页。
③ 周旺生著:《立法学》(第二版),法律出版社 2009 年版,第 262 页。
④ 王清秀著:《人大学》(第二版),中国政法大学出版社 2014 年版,第 273 页。

中央专属立法权限，根据《立法法》第 11 条之规定，国家主权的事项，各级人民代表大会、人民政府、人民法院和人民检察院的产生、组织和职权，民族区域自治制度、特别行政区制度、基层群众自治制度，犯罪和刑罚，对公民政治权利的剥夺、限制人身自由的强制措施和处罚，税种的设立、税率的确定和税收征收管理等税收基本制度，对非国有财产的征收、征用，民事基本制度，基本经济制度以及财政、海关、金融和外贸的基本制度，诉讼和仲裁制度及其他必须制定法律的事项必须由全国人民代表大会及其常务委员会行使立法权。另外，《宪法》规定必须由法律规定和依照法律进行的事项也由全国人大常委会及其常务委员会来行使立法权，如各级地方人大代表名额和代表产生办法、对土地的征收征用并予以补偿等。

对于全国人大与全国人大常委会这两大中央立法主体的立法权限也有具体划分，全国人大是最高国家权力机关，它在中国立法体制中，以最高性、根本性、完整性、独立性和主权性为显著特征。[1] 根据宪法的规定，全国人大有权修改宪法，制定和修改刑事、民事、国家机构和其他基本法律。全国人大常委会也是中央立法非常重要的主体，它在我国立法体制中以地位高、范围广、任务重、经常化为特色。根据宪法的规定，全国人大常委会有权制定和修改除应当由全国人民代表大会制定的法律以外的其他法律；在全国人民代表大会闭会期间，对全国人民代表大会制定的法律进行部分补充和修改，但是不得同该法律的基本原则相抵触。但是以上划分不能理解为全国人大只能制定和修改基本法律，无权制定和修改非基本法律。从理论上讲，全国人大作为宪法确立的最高国家权力机关，其立法权是最高的；可以说，凡是需要制定法律的事项，全国人大都有权制定。[2]

三、"双核"立法体制的新发展

立法权是宪法明确规定的全国人大及其常委会的一项重要职权。但通过观察改革开放近四十多年来的中国立法发展，一个显豁的事实就是，人大立法权尤其是大会立法权的弱化、虚化态势以及政府立法权的高度膨胀。[3] 为此党的十九大报告提示，要发挥人大及其常委会在立法工作中的主导作用。我们之所以强调"人大主导立法"，很大程度上是对当前"人大立法虚化""政府部门主导""立法官僚化"等现实问题作出的积极回应。[4] 发挥人大及其常委会在立法工作中的主导作用，对于在新时代坚持和完善人民代表大会制度、加强全国人大及其常委会的立法工作具有重要意义。现在所强调"人大主导立法"，本质上是要实现宪法性立法制度的回归。

---

① 徐平著：《人大职权研究》，法律出版社 2017 年版，第 31 页。
② 吴高盛主编：《人大立法工作教程》，中国民主法制出版社 2015 年版，第 24 页。
③ 封丽霞：《人大主导立法的可能及其限度》，载《法学评论》2017 年第 5 期。
④ 王理万：《立法官僚化：理解中国立法过程的新视角》，载《中国法律评论》2016 年第 2 期。

要充分发挥全国人大及其常委会这两个立法"核心"的权力、要科学合理界定人大与其他立法参与主体之间的关系，首先是处理好全国人大与党的关系。彭真同志曾经说过："在我国，法律就是实践证明是正确的并且需要长期执行的党的方针政策的定型化、条文化，是党领导制定的，又是经过全国人大或其常委会按照法定程序通过的。"因此，宪法和法律都是党的正确主张和人民共同意志的统一。这在一定程度上指明了党领导立法的实质和方向。① 其次是处理好全国人大与地方人大的立法关系。为此需要进一步激活合宪及合法性审查制度，划定地方立法红线和底线，实现全国人大及其常委会立法主导的主动地位。再次是处理好全国人大与国务院的立法关系。使人大主导立法从应然状态走向实然运行，同时也要使人大与政府立法能够和谐共处、相得益彰。② 最后是全国人大与全国人大常委会之间的关系。虽然全国人大和全国人大常委会同为我国国家立法权的行使主体，但两者的宪法地位以及民意基础并不相同，全国人大常委会只是全国人大的常设机构。③ 可见，全国人大与其常委会的法律地位、权力是有差别的，因此在它们之间进行立法权限划分和地位区分是应当的。

从十九大重申"发挥人大及其常委会在立法工作中的主导作用"以来，我国全国人大及其常委会积极行使自身的立法权，很大程度上改变了长期以来的人民代表大会立法稀少、立法主导权弱化的状况。全国人大与全国人大常委会的立法工作呈现出数量多、分量重、节奏快的特点。首先是一批重大立法相继出台。国家安全法律体系基本确立，国家安全法、反间谍法、反恐怖主义法、网络安全法、核安全法制定完毕宪法保障实施制度不断完善，设立了国家宪法日，建立宪法宣誓制度。其次是全国人大代表立法工作继续深入发展，据统计，在全国人大代表审议《民法总则》的过程中，共有700多位代表发言，提出了近2000条意见建议，有关部门对这些意见逐条分析、认真研究，根据代表们的审议意见，对《民法总则》草案先后作了150多处修改，充分体现了人大代表在立法工作中的主体作用。④ 再次是对宪法的修改与完善。十三届全国人大一次会议对宪法进行了第五次修改，确立了习近平新时代中国特色社会主义思想的指导地位，通过了监察法，规定了国家监察委员会组织和职权和责任，进一步体现了人民意志和党的主张。最后是对《民法典》的通过。第十三届全国人民代表大会第三次会议审议通过《民法典》，共7编1260条，形成一部适应新时代中国特色社会主义发展要求，符合我国国情和实际，体例科学、规范合理、内容完整并协调一致的法典。

---

① 李克杰：《"人大主导立法"原则下的立法体制机制重塑》，载《北方法学》2017年第1期。
② 陈俊：《论人大主导立法所涉若干重要关系及其立法权行使》，载《政治与法律》2017年第6期。
③ 徐向华主编：《立法学教程》，上海交通大学出版社2011年版，第136页。
④ 乔晓阳：《党的十八大以来立法工作新突破》，载《求是》2017年第11期。

第二节 全国人大授权立法体制的发展与变革

通常所说的授权立法，就是立法机关授权有关国家机关依据所授予的立法权进行立法的活动。授权立法权则指由于立法机关的授权或委托使有关国家机关获得的一定立法权。① 授权立法最早起源于西方国家，随着社会结构日趋复杂，立法机关的立法任务日益加重，仍将立法权牢牢控制于自己手中已极不现实。为此，它们将一部分立法权授予行政机关、司法机关进行行使，在当代中国也是如此。授权立法因具有迅速、灵活等优点，故被经常采用。但这种"立法职权之外授"直接关涉宪法文本中职权立法条款的实施。故此，其授权之主体、形式和内容等均应当接受"合宪性"拘束，② 以达到更好施行授权立法之目的。

一、授权立法体制沿革

央地两级人大及其常委会作为职权立法主体，决定了它们皆有资格对立法职权进行处分，进行转移。通过观察可以看出，1982 年以来，我国授权立法决定共有 25 个全部都是由全国人大和全国人大常委会作出。③ 这体现出全国人大及其常委会的授权立法在我国授权立法体制中的地位与强度。前文已经提及，全国人大第一次发布授权决议是在 1954 年《宪法》颁行以后，授权对象是全国人大常委会，因为那时候全国人大常委会没有立法权。中华人民共和国成立初期新问题、新情况频发，全国人大囿于会议制度的天然限制，对很多新近事务无法及时处置，授权给全国人大常委会一定的立法权，以解决全国人大自身的短板。1979 年，我国颁布实施了《地方组织法》，从此我国的授权立法实践进入了一个新的发展期。④ 授权主体由全国人大发展到了全国人大常委会，乃至国务院和省级人大及其常委会。授权方式出现了立法决定与法条授权并存的现象。授权事项由个别具体变得更加宽泛。这一时期授权立法的蓬勃发展积累了丰厚的立法经验，也加快了法律体系的形成，但是也产生了许多乱象。2000 年《立法法》颁行了采取了包括规定法律保留事项、确立不得转授的原则、明确授权机关的监督职责等措施来规制前期授权立法中产生的诸多问题。2023 年《立法法》得以修改，针对以前授权立法的空白领域、重点领域作出了新的规制和约束，成为我国授权立法理论与授权立法实践中的崭新立法总结。

---

① 周旺生著：《立法学》(第二版)，法律出版社 2009 年版，第 303 页。
② 江国华、梅扬、曹榕：《授权立法决定的性质及其合宪性审查基准》，载《学习与实践》2018 年第 5 期。
③ 吴高盛主编：《人大立法工作教程》，中国民主法制出版社 2015 年版，第 25 页。
④ 陈伯礼著：《授权立法研究》，法律出版社 2000 年版，第 66 页。

二、授权立法新发展态势

党的十八届四中全会《中共中央关于全面推进依法治国若干重大问题的决定》提出，衔接立法和改革决策，做到凡属重大改革都能找到法律法规上的依据，立法主动适应改革和发展的需要，对于一部分实践条件尚不成熟、需要进行先行先试的计划立法事项，可以按照法律规定的程序作出授权立法决定。2015 年 3 月 15 日，第十二届全国人民代表大会第三次会议通过了《全国人民代表大会关于修改〈中华人民共和国立法法〉的决定》，该决定最大的亮点之一就是对于全国人大授权立法体制进行了进一步的完善和紧缩。在新《立法法》的语境下，作为授权主体的全国人大及其常委会授权立法应当明确目的、事项、范围、期限以及被授权机关实施授权决定应当遵循的原则等的规定。另外，还增加了授权的最长期限以及授权实施情况报告和后续处置办法等内容。在《立法法》修改以后，全国人大授权立法制度呈现出新的发展态势。其一是全国人大及其常委会的授权立法转向为因改革试验需要而作出的授权立法决定，且这些授权立法决定的内容与之前相比已有了明显进步。[1]数据显示，自《立法法》修改以来全国人大及其常委会通过的 13 项授权决定、决议中有 10 个是授权调整法律实施决定。全国人大常委会在授权调整法律实施决定的授权法立法实践中逐渐认可其他立法主体制定试点办法的权力并报其备案。[2] 其二是对国务院的授权立法将逐渐减少，而对地方的授权日益增多。其三是从授权类型上看，填补型授权立法的空间被大大压缩，而变通型授权立法则备受立法者和改革者的青睐；在新形势下，变通型授权立法实质上是修改法律的试验方式，也是完善社会主义法律体系的重要路径。[3]

三、特区授权立法

(一)特区授权立法之变迁

我国经济特区建设适于 20 世纪 80 年代，属国家改革开放战略的直接产物。国内现有的经济特区如深圳、珠海、厦门、汕头、海南等基本可归于综合性经济特区的范畴，横跨生产、流通两大领域，具有多元化的产业构成，规模大、功能齐全，实行国家规定的特殊经济政策和特殊管理体制，在较长的历史时期乃至当下，都扮演着改革开放和现代化建设的"实验田"和示范者的角色。[4] 经济特区法规是经济特区所在地的省、市的人大及其常委

① 江国华、梅扬、曹榕：《授权立法决定的性质及其合宪性审查基准》，载《学习与实践》2018 年第 5 期。

② 贾辉：《全面深化改革背景下的授权立法研究——以授权调整法律实施制度为视角》，载《上海政法学院学报》2018 年第 1 期。

③ 尹德贵：《全面深化改革视野下的授权立法》，载《学术交流》2015 年第 4 期。

④ 许佩华著：《经济特区立法研究》，法律出版社 2014 年版，第 80 页。

会根据全国人大的授权决定制定的在经济特区范围内实施的法规。经济特区法规是我国地方立法的一种特殊形式。我国的经济特区和经济特区立法是改革开放的产物。① 1980年8月2日，国务院向全国人大常委会提出了在广东省的深圳、珠海、汕头和福建省的厦门设立经济特区，并同时将《广东省经济特区条例》（草案）提请审议。② 同年8月26日，五届全国人大常委会第十五次会议批准了国务院提出的《广东省经济特区条例》。此后，全国人大及其常委会作出了一系列关于经济特区立法的授权决定。1981年11月26日，五届全国人大常委会第二十一次会议决定授权广东省、福建省人大及其常委会，根据有关的法律、法令和政策规定的原则，按照各该省经济特区的具体情况和实际需要，制定经济特区的各项单行经济法规，并报全国人大常委会和国务院备案。

1988年4月13日，七届全国人大一次会议决定划定海南岛为海南经济特区，同时，授权海南省人大及其常委会，根据海南经济特区的具体情况和实际需要，遵循国家有关法律、全国人大及其常委会有关决定和国务院有关行政法规的原则制定法规，在海南经济特区实施，并报全国人大常委会和国务院备案。③

为了更好地发挥经济特区的作用，1992年7月1日，七届全国人大常委会第二十六次会议、1994年3月22日八届全国人大第二次会议和1996年3月17日八届全国人大第四次会议，分别决定授权深圳市、厦门市和汕头市、珠海市的人大及其常委会和各该市的人民政府分别制定法规和规章，分别在各该经济特区实施。

2000年《立法法》问世，对于经济特区的立法格局构造来讲是一个巨大的转折点。首先，该法将授权主体限于全国人大。其次，被授权主体也仅限于相关省市的人大及其常委会，而不包括政府。再次，授权立法形式仅限于法规，而不包括规章。最后，特区立法除了可以对法律、行政法规进行变通之外，还可以根据授权对地方性法规进行变通。④ 2015年修正后的《立法法》延续了这一框架。

（二）特区授权立法之权限

经济特区授权立法的权限范围，主要是指在经济特区的人大及其常委会，按照国家立法机关的有关授权规定，根据经济特区的具体情况和实际需要，遵循宪法的规定以及法律和行政法规的基本原则，完成国家立法机关的授权规定所确定的立法任务。

关于经济特区授权立法的权限，全国人大及其常委会的授权决定采用笼统的表述，规

---

①　吴高盛著：《人大立法工作教程》，法律出版社2015年版，第91页。

②　熊哲文著：《法治视野中的经济特区》，法律出版社2006年版，第20页。

③　卢朝霞、李会艳：《经济特区授权立法若干问题探讨》，载《郑州大学学报（哲学社会科学版）》1997年第2期。

④　林彦：《经济特区立法再审视》，载《中国法律评论》2019年第5期。

定"根据具体情况和实际需要，遵循宪法的规定以及法律和行政法规的基本原则，制定法规"。①《立法法》第84条规定："经济特区所在地的省、市的人民代表大会及其常务委员会根据全国人民代表大会的授权决定，制定法规，在经济特区内实施。"

其一，遵循宪法的规定。宪法是国家的根本大法，在国家的法律体系中处于最高地位，是其他法律的基础。授权立法遵循"宪法的规定"也就是不得与宪法的概念、原则和规则相抵触、相矛盾。

其二，遵循法律和行政法规的基本原则。法律和行政法规的基本原则是体现法律和行政法规的根本价值的法律原则，是法律活动的指导思想和出发点，构成法律体系的神经中枢。② 在实践中，一是在授权立法中遵循法律和行政法规的基本原则，应遵守的是"根本性的规则"。授权立法既可以作出与法律、行政法规的具体规定不一致的规定，又可以创设新的权利、义务和责任。这正是授权立法与其他地方立法的重大区别。二是对法律、行政法规中不涉及基本原则的具体规定、具体条文从特区实际出发，进行变通创新。

其三，对"具体情况和实际需要"的把握。从《立法法》的规定看，该法第12条对国务院的授权立法作出了明确规定，包括授权的目的、范围、禁止事项和时效四个方面，这是符合国际法惯例的。任何合法的授权立法，必须有若干限制条件，否则授权立法就可能引发合法性和合宪性问题，但全国人大及其常委会对经济特区授权立法的授权决定，却没有明确的限制性要求。③ 由于经济特区法规具有试验性，因此国家相关方面制定了法律和行政法规后，经济特区法规能否对其再进行变通。关于授权立法的事项范围，有以下建议：(1)依据《立法法》规定，有关国家机关、国家主权、刑事法律制度、公民基本政治权利和人身自由权利、司法制度以及明确属于国家事权的立法权，必须由全国人大及其常委会行使，不属授权范围。从七个法律部门对应分析，经济特区授权立法不能涉及宪法和宪法相关法、刑法、诉讼与非诉讼程序法，行政法、民法、商法、经济法、社会法的立法领域。(2)对于《立法法》中规定的十项专属立法权，经济特区授权立法不能笼统突破，其中相对保留的立法权限，可由全国人大通过一事一授的形式授权。(3)可以增设有关请求授权立法的制度，根据需要，经济特区所在地的省市的人大及其常委会可以向全国人大及其常委会提出授权立法的请求，全国人大代表或全国人大常委会组成人员也可以依法提出授权立法议案，由全国人大及其常委会决定。(4)鉴于经济特区建立之初授权立法的需要，当时采取了"一揽子"授权方式，但随着法制的健全和完善的需要，现在应采取限制和列举并用

---

① 秦蓁：《经济特区授权立法有关情况综述》，载中国人大网，http://www.npc.gov.cn，最后访问日期：2021年3月26日。

② 来利明：《行政法基本原则之法理学分析》，载《群文天地（下半月）》2011年第9期。

③ 李林：《关于经济特区授权立法的几个问题》，载《海南人大》2004年第2期。

的方式，在法律中对经济特区立法的权限范围作出明确规定。

(三)特区授权立法之发展

体制优势是经济特区的突出优势，改革资源则是经济特区的重要资源。五大经济特区经过三十多年的立法实践，充分行使授权立法权，在经济社会等方面积极探索，体现了浓厚的地方特色即特区特色，为国家立法提供了有益的经验。展望未来，我国社会的治理理念和方式将逐渐从管制型向服务型转变。为此，经济特区立法应当以经济特区现实为基础，在不断适应新事物、解决新问题的过程中走向成熟，在适应自身发展需要的同时，不断引领国家立法走向完善。

其一，坚持现有立法体制和法律体系。经济特区立法授权立法制度的建立，有深刻的时代背景，经历了较长的发展过程，不仅对经济特区的经济发展，对整个国家的改革开放都起到巨大的推动作用。经济特区立法立足国家改革和经济发展前沿，所调整的是国家中至为活跃的经济社会关系，其据此所作的创新和实验，对于完善和发展我国社会主义法律体系并进一步彰显其中的中国特色而言，无疑是独具价值的。其次，职权立法存在也不能构成否认授权立法的理由。经济特区确实可以借由职权立法的形式对经济特区发展的一般性事项作出规定，但制度创新是经济特区的独到之处，也是其不断发展的生命力所在。因此，要坚持现有立法体制和法律体系。①

其二，推进经济特区立法的民主化、科学化。现代立法制度要求立法过程的民主性，立法的内容要体现出民意。(1)应当切实改变闭门立法的传统，充分贯彻立法公开的原则，通过立法渠道和途径及时向公众公开特区立法规划、立法事项、立法进程、立法草案等内容，保障经济特区立法权的阳光行使、各项立法活动都在公众的关注下，透明地开展，保障公民的基本知情权和监督权，以杜绝立法腐败，提高立法的质量。(2)应当明确公民参与特区立法的相关权利，不断拓宽渠道，保障公民对特区城市居民之间的联系。还应重视经济特区民主党派、无党派人士、社会团体等在特区立法中作用的发挥，积极邀请他们参与立法工作。(3)推进经济特区立法的科学化。一方面要重视立法规划的编制。立法规划有助于立法工作的渐进开展，实现立法的有序化、科学化和系统化，最大限度地保障立法目的的达成。另一方面，要重视法规起草工作。法规草案质量的好坏直接影响立法的效率和效果的优劣。主要表现在：一是，草案内容往往决定最后通过法规的基本方向和原则；二是，草案内容往往被直接转化为最后通过法规的内容；三是，对经济特区的法规要及时清理。经济特区立法机关也有自我的内部监督机制，主要表现为清理制度。

其三，立法决策与改革开放决策相结合。改革开放是经济特区的工作主题，也是立法的方向、内容和手段；立法是改革开放的实际需要，是改革开放措施的条文化、规范化，

---

① 许佩华著：《经济特区立法研究》，法律出版社 2014 年版，第 88 页。

引导、促进和保障我国改革开放的顺利推进。坚持立法与改革决策相衔接，保证重大改革于法有据。这是新时代立法工作的鲜明特色之一。立法工作应当自觉贯彻国家重大改革决策，围绕全面深化改革的重大课题加强重点领域立法，及时将有关的改革措施具体化、法律化。① 在进行立法的过程中应该将立法活动置于改革开放的大局中设计运行，坚持立法决策和改革开放决策紧密结合，只有实行授权立法和改革开放同步推进的决策，不断探索授权立法的新领域，才能使授权立法充分体现特区经济发展的规律和特区改革开放的客观要求。②

其四，重视立法调研，借鉴先进立法经验。为提高调研工作质量，在立法的各个阶段都应充分调研。一是在实质增幅提请人大审议前，提前介入法规的调研、起草工作中，加强对部门法规起草工作的指导，及时解决立法中的问题。二是在内容上注重突出针对性，认真梳理并整理出立法调研提纲和争议的焦点问题。③ 三是经济特区立法工作不仅要立足自身的现实，而且应当积极主动地学习国外的一些较先进、成熟的立法理念、立法技术。同时在学习借鉴其他国家立法理念和立法技术时，应注意优选性、超前性和本土化。

第三节 地方人大"两级"立法体制

中央立法权与地方立法权的配置是国家立法权结构的中心问题，是国家机构形式在立法领域的体现。两种立法权配置关系是否得当直接关系到国家权力的行使状况，如果配置不当，可能出现中央立法权挤压地方立法权的空间，使地方立法权虚化，或地方立法权将中央立法权虚化，进行地方保护，产生条块分割，破坏国家法制的统一。改革开放以来，我国实施的实际上是有限的分权立法体制。近年来，地方立法权呈现不断扩张的局面，立法主体范围得以扩大到设区的市。地方人大由此产生了两级立法主体，形成了"两级"立法体制。

一、地方人大"两级"立法体制的沿革

1954 年《宪法》确立了由全国人大行使立法权的制度，取消了一般地方享有的法令、条例拟定权，全国人大是行使立法权的唯一机关。1975 年和 1978 年的《宪法》均做了类似规定。所以这一阶段，我国实质上没有地方权，更无法形成地方一级的立法体制。1979 年制定的《地方组织法》规定省级人大及其常委会行使地方性法规制定权，第一次以法律的形

---

① 孙国华、朱景文主编：《法理学》（第五版），中国人民大学出版社 2021 年版，第 241 页。
② 唐小然：《经济特区立法问题研究》，载《海南大学学报（人文社会科学版）》2017 年第 6 期。
③ 郑荣荣：《浅析经济特区授权立法》，复旦大学 2012 年硕士学位论文。

式赋予地方立法权。1982 年《宪法》以根本法的方式确认了该项权力并重新确认民族自治地方行使自治条例、单行条例制定权。① 随后召开的五届全国人大常委会第五次会议通过的《宪法》确认了 1979 年《地方组织法》规定的地方立法制度。1986 年修改的《地方组织法》进一步规定省会市和较大的市的人大及其常委会有权制定地方性法规报省级人大常委会批准后施行。2000 年制定《立法法》时又增加规定经济特区所在地的市的人大及其常委会也可以制定地方性法规。2015 年修改《立法法》时，明确规定所有设区的市的人大及其常委会都可以根据本市的具体情况和实际需要，在不同宪法、法律、行政法规和本省、自治区的地方性法规相抵触的前提下，可以对城乡建设与管理、环境保护、历史文化保护等方面的事项制定地方性法规。自此以后，我国立法体制迎来了重大调整，地方性法规的制定主体除了省、自治区、直辖市一级的人大及其常委会外，另有 320 个市（自治州）的人大及其常委会获得了地方立法权。②

二、地方人大"两级"的立法权限

关于省级人大及其常委会制定地方性法规的权限，主要体现为三个方面的内容：其一是制定依据和制定原则。《宪法》第 100 条规定："省、直辖市的人民代表大会和它们的常务委员会，在不同宪法、法律、行政法规相抵触的前提下，可以制定地方性法规，报全国人民代表大会常务委员会备案。"由此可见地方性法规的制定依据为具体情况和实际需要，制定原则为不抵触原则，这些规定在《立法法》第 80 条中也得到了重申。其二是有关立法范围的排除事项。《宪法》部分条文针对一些事项明确规定，只能由法律规定。这意味着在这些领域，省级人大无法触及。《立法法》结合中央立法权限，对地方性法规的权限作出了明确的原则规定，具体体现为该法第 11 条明确列举的只能制定法律的事项。这些事项既是全国人大及其常委会的专属立法权，也是省级人大制定地方性法规的禁区。另外，其他法律中有一些特殊事项只能由法律规定的条款，省级人大亦不能染指。其三是有关立法范围的列举事项。为此《立法法》第 82 条对可以由地方性法规作出规定的事项列举了两个方面的内容。

关于设区的市人大及其常委会制定地方性法规的权限，其依据主要源于修改后的《立法法》的规定。《立法法》第 81 条规定，"设区的市的人民代表大会及其常务委员会根据本市的具体情况和实际需要，在不同宪法、法律、行政法规和本省、自治区的地方性法规相抵触的前提下，可以对城乡建设与管理、环境保护、历史文化保护、基层治理等方面的事

---

① 徐向华主编：《立法学教程》，上海交通大学出版社 2011 年版，第 146 页。

② 在《立法法》修订前，我国拥有地方立法的地方仅有 49 个。这 49 个市也被称为较大市。在《立法法》修订后，我国享有地方立法权的市共有 320 个，包括 49 个已享有地方立法权的设区市，237 个新获地方立法权的设区市，30 个自治州，广东省东莞、中山、海南三沙、甘肃嘉峪关。

项制定地方性法规，法律对设区的市制定地方性法规的事项另有规定的，从其规定"，"自治州的人民代表大会及其常务委员会可以依照本条第一款规定行使设区的市制定地方性法规的职权"。这将以前仅有"较大的市"独享的地方立法权下放给所有"设区的市"，拥有地方立法权的城市明显扩容。赋予"设区的市"以地方立法权，有利于在中央的统一领导下充分发挥地方的主动性与积极性。① 由此可知设区的市(自治州)人大及其常委会可以对城市建设与管理、环境保护、历史文化保护等方面的事项制定地方性法规，而省级人大及其常委会的立法事项则不受这三方面事项范围的限制。

三、地方人大立法体制发展新趋势

中华人民共和国成立 70 周年以来，地方人大立法工作走过了一条饱经曲折、柳暗花明的道路。目前，我国经济社会全面而快速的发展为地方人大立法工作提供了充足的动力来源。中国特色社会主义民主与法治日益完善，公民的文化素质与法治素养不断提升。地方立法体制下的人大立法工作正朝着特色化、民主化的新趋势前进。

地方立法的特色化是指地方立法在具备某一类立法的共性特征时还要反映、揭示、规范本地的特殊性，并且蕴含针对性、先行性、创新性和自主性。② 我国曾非常重视地方立法的数量和规模，全国各地制定了数量惊人的地方法规和规章，2008 年 3 月第十届全国人大常委会向第十一届全国人大一次会议所作的报告中提出："到目前为止，我国现行有效的法律共 229 件……现行有效的行政法规近 600 件，地方性法规 7000 多件。"可见，地方性法规的数量远远多于其他法律，这还不包括地方政府规章。在如此众多的地方性法规、规章中，虽然不乏富有特色者，但比例较低。③ 地方人大立法一度呈现出"数量多、大面空、相类似这些共同的特征外，尤其共同的一点就是无特色"的特征。④ 而地方立法应该贴近民众生活，协调各方利益，积极回应地方民众诉求。追求立法的实效应该成为地方立法的价值和目标所在。⑤ 以湖北省为例，2013 年 8 月，湖北省成为党的十八大召开后的第一个生态建设省试点。湖北省正是在这种政策大环境中开展了一系列自然资源地方立法。截至目前，湖北省涉及生态文明建设的地方性法规共有 30 部。颁布或最新修订时间在 2013 年之后的有 10 部，与之前相比，无论是特色条款凸显率、平均每部法规特色条款数

① 高其才著：《法理学》(第四版)，清华大学出版社 2021 年版，第 290 页。
② 周旺生著：《立法学教程》，北京大学出版社 2016 年版，第 305 页。
③ 王建华、杨树人著：《立法制度研究》，四川人民出版社 2008 年版，第 278 页。
④ 王斐弘：《地方立法特色论》，载《人大研究》2005 年第 5 期。
⑤ 徐娟：《地方立法的治理功能及其有效发挥》，载《学术交流》2019 年第 5 期。

量，还是平均每部法规特色凸显率均有不同程度地上升。① 不仅如此，以安徽、浙江、天津为代表的省（直辖市）级人大正加快探索独具特色的反映当地政治、经济、地理、文化、风俗、民情方面的地方性法规。可以说，具有地方特色的地方人大立法工作正在如火如荼进行，这为丰富我国地方立法体制提供了宝贵的经验。

我国地方立法的民主化，是指我国地方立法主体和立法程序从较低程度的民主不断走向较高程度民主的一种动态过程。② 党的十八届四中全会通过的《全面推进依法治国若干决定》中提出，应当深入推进科学立法、民主立法。人民在想什么，民心民意如何在立法中得以表现，就是民主立法的历史任务。③ 省级人大与设区的市级地方人大是地方立法权的行使主体，其组成是否具有相当广泛的民主性则决定了地方立法反映人民意志的程度。长期以来，在地方立法实践中，地方人民代表大会不充分行使立法权，使得地方人大常委会行使地方立法权"理所当然"，这削弱了地方立法的民意代表性，进而影响了地方立法的质量和民主价值。④ 此外，地方立法程序也存在许多民主性不足的问题。许多地方立法项目的提出主体都是地方人大和地方政府；地方立法起草渠道也十分狭窄，绝大多数地方性法规都由地方政府部门起草；地方立法审议和表决的民主性也存在诸多不足之处。针对以上这些问题，各地方人大积极响应。自2015年《立法法》修改后，广东、上海、浙江、甘肃等各省（直辖市）地方人大及时更新了地方立法条例；各地的立法文本分别就总则、立法准备、法规起草、审议与公布和法规评估等阶段对公众的立法参与均做了详细的规定。可见，公众立法参与不断予以完善，并由点到面地在全国快速展开。⑤

第四节 民族区域立法体制

民族区域自治制度是指在中华人民共和国范围内，在中央政府的统一领导下，以少数民族聚居区为基础，建立相应的自治地方，设立自治机关，行使宪法和法律授予的自治权的基本政治制度。⑥ 党的十八大曾强调要坚定不移坚持党的民族政策、坚持民族区域自治制度。中华人民共和国成立七十年的实践证明，这一制度是适合我国国情的正确选择。民

---

① 宦吉娥、谈西润、王艺：《地方性法规立法特色的实证研究——以湖北省自然资源地方性法规为样本》2017年第2期。

② 段葳、刘权：《地方立法民主化的界定、标准及功能》，载《云南行政学院学报》2015年第4期。

③ 封丽霞：《以科学立法引领良法善治》，载《领导科学论坛》2018年第5期。

④ 黎堂斌：《地方民主立法存在的问题、成因及对策》，载《学习与探索》2018年第12期。

⑤ 石东坡、王剑：《制度化与法治化：公众立法参与的必然跃迁——以十份立法参与制度文本为基础》，载《地方立法研究》2017年第5期。

⑥ 周叶中主编：《宪法》（第五版），高等教育出版社2020年版，第221页。

族自治区域是一个或者多个少数民族在其聚居的地方依法实行区域自治的行政区域。鉴于民族自治区域与一般行政区域的差异，民族区域立法应限于民族自治区域的自治机关依据宪法和法律，根据当地的政治、经济和文化特色，依照法定程序制定、认可、补充、修改、废止自治法规的专门性活动。多年来，民族区域立法的为巩固和发展平等、团结、互助、和谐的中国特色社会主义民族关系提供了牢固的制度保障。在新时代背景下，回顾民族区域立法的发展历程，总结民族区域立法的建设成就和经验，展望民族法治建设的未来，有利于健全和完善民族法律规范体系和民族法治实施机制，更好地推进民族团结进步事业，更全面地保障少数民族权益。[1]

一、民族区域立法之变迁

民族区域自治是法治国家解决国内民族问题的最佳路径，民族区域自治是法治中国建设的应有之义。民族区域立法的核心内容是体现其民族性，即确保本地方实行自治的民族和其他民族各项权益的实现。[2] 我国的民族区域立法是伴随民族区域自治制度的不断健全而发展的，也是在不断探索其鲜明的民族特色的过程中不断前进的，自中华人民共和国成立以来，我国的民族区域立法历经了一个曲折的历史发展过程。

中华人民共和国成立之前通过的《共同纲领》，就确定了我国将实行民族区域自治制度，1952 年 8 月《民族区域自治实施纲要》第 23 条规定："各民族自治区自治机关在中央人民政府和上级人民政府法令所规定的范围内，依其自治权限，得制定本自治区单行法规，层报上两级人民政府核准。"[3]民族区域立法有了明确而直接的依据，各民族自治区域开展了一系列的立法活动，为后期民族区域自治立法活动打下了良好基础。1954 年《宪法》通过后，确立了高度集中的中央立法体制，相较于普通地方人大立法权的剥离，民族自治区域立法权可谓备受优待。该宪法赋予了了民族自治地方的自治机关可以根据当地政治、经济和文化特点制定自治条例和单行条例的权力。此后不久的一段时期内，全国不少民族自治地方都通过了单行条例，为自治机关的组织及选举工作提供了制度保障。1975 年《宪法》只规定了民族自治区域的自治权，但是却取消了民族自治区域的立法权。1978 年《宪法》又恢复了民族自治地方制定自治条例和单行条例的自治立法权，但受制于整体法治环境的影响，民族区域自治立法权没有实际行使起来。十一届三中全会召开后，民族区域自治立法开始复苏，并快速进入了蓬勃发展的时期。1982 年《宪法》第 116 条规定："民族自治地方的人民代表大会有权依照当地民族的政治、经济和文化的特点，制定自治条例和

---

① 潘红祥、张星：《中国民族法治七十年：成就、经验与展望》，载《民族研究》2019 年第 3 期。

② 吉雅著：《民族区域自治地方自治立法研究》，法律出版社 2010 年版，第 2 页。

③ 《中华人民共和国民族区域自治实施纲要》，载中国人大网，www.npc.gov.cn，最后访问日期：2023 年 7 月 30 日。

单行条例。自治区的自治条例和单行条例，报全国人民代表大会常务委员会批准后生效。自治州、自治县的自治条例和单行条例，报省或者自治区的人民代表大会常务委员会批准后生效，并报全国人民代表大会常务委员会备案。"①这是现行民族区域自治立法权最直接的宪法依据。继《宪法》颁行之后，1984年5月施行的《民族区域自治法》标志着民族区域自治进入了一个新阶段，也是我国民族区域自治立法史上的一座里程碑。② 2000年《立法法》颁行，作为专门规范和约束立法活动的宪法性法律，它也明确赋予了各民族自治区域自治机关的自治立法权。自此，我国民族区域自治立法制度基本建立起来。

二、民族区域立法之权限

民族自治区域的人大作为民族自治区域的自治机关，它既享有作为一般地方国家权力机关的立法权，也享有宪法与法律赋予的制定自治法规的立法权。如果只把民族自治区域当成普通的地方行政区域，则很容易直接把民族自治区域的立法权归入普通的地方一级立法体制中。但民族自治区域的人大具有双重性，③ 从民族自治区域与普通地方的差异角度而言，民族自治区域的人大主要享有以下立法权限：

其一，自治条例制定权。自治条例是我国民族自治地方的人民代表大会依照当地民族的政治、经济和文化特点，制定的有关本地方实行民族区域自治的组织和活动原则、自治机关的构成和职权等全面调整自治地方事务的综合性法律规范。④ 截至2015年年底，民族自治地方共制定和修改自治条例262件，现行有效的139件。⑤ 自治条例作为调整本自治区内的政治、经济和文化等各种社会关系的、自治性的基本规范，它兼备综合性与民族性的特征。如《恩施土家族苗族自治州自治条例》第6条规定，自治机关根据本州的实际情况，在不违背宪法和法律的原则下，有权采取特殊政策和灵活措施，加速经济、文化和社会事业的发展。

其二，单行条例制定权。单行条例是民族自治地方的人民代表大会依照当地民族的政治、经济、文化的特点制定的调整本自治地方某方面事务的规范性文件。⑥ 从定义可推知单行条例与自治条例的一大区别就是单行条例的内容只针对某一特定的法律关系作出相应的规定，而不是对各种关系作出全面而原则性的规定。此外，自治条例与单行条例还有以

① 刘政、于友民、程湘清主编：《人民代表大会工作全书》，中国法制出版社1999年版，第5页。
② 宋发才、谢尚果主编：《民族区域自治法通论》，法律出版社2017年版，第39页。
③ 吴金宗主编：《中国民族区域自治法学》(第三版)，法律出版社2016年版，第85页。
④ 吴高盛著：《人大立法工作教程》，中国民主法制出版社2015年版，第106页。
⑤ 《全国人民代表大会常务委员会执法检查组关于检查〈中华人民共和国民族区域自治法〉实施情况的报告》，载中国人大网，www.npc.gov.cn，最后访问日期：2019年11月11日。
⑥ 武增主编：《中华人民共和国立法法解读》，中国法制出版社2015年版，第277页。

下区别：一个民族区域自治地方只有一部自治条例，而单行条例却可以有很多部；从时效上来看，自治条例要贯穿民族区域自治地方的发展始终，而单行条例有的是只使用一次就废止、有的是短期有效、有的是长期有效，总之其时效长短不一。

其三，变通和补充规定制定权。变通和补充规定是指民族区域自治机关根据部门法的授权和当地民族的实际特色，以变通规定或者补充规定这两种形式对原有部门法作出的变动和补充。由此可以看出，变通和补充规定都是法律在具体条文中赋予民族区域自治机关的一种立法自治权，所以《民族区域自治法》中对于变通和补充规定亦没有专条规定，只在第 4 条中明确民族自治地方的自治机关根据本地方的实际情况贯彻执行国家的法律、政策，显示了变通和补充规定的立法精神。据此，自治地方的人大有权制定有关变通法律、行政法规有关规定的条件、原则和程序等内容的自治条例或单行条例。① 同时《立法法》第 75 条强调了变通规定不得违背法律或者行政法规的基本原则，不得对《宪法》和《民族区域自治法》的规定以及其他有关法律、行政法规专门就民族自治地方所作的规定作出变通规定。又由于补充规定和变通规定在我国大部分时候是混在一起并用的，在规定变通的时候也往往作出补充规定，反之亦同。② 所以补充规定也不得违反《立法法》第 75 条之规定。

三、民族区域立法之发展

一方面是立法程序逐渐完善，立法质量逐步提高。决定立法质量的一个关键性要素是完备的立法程序，一个科学完善的立法程序应当具备民主、科学、规范的特征。根据《立法法》的规定，全国人大及其常委会的立法程序主要包括以下核心步骤：法律案的提出—法律案的审议—法律案的表决—法案的公布。③ 新的《立法法》对立法程序又加入了一些新的内容，使得立法的程序规定更加具体和翔实。修正后的《立法法》将提高立法质量明确为立法的一项基本要求，在第 1 条中作出规定；增加了开展立法协商、完善立法论证、听证、法律草案公开征求意见等制度的规定；同时加入了健全审议和表决机制的规定。而关于民族区域地方自治立法的程序步骤，《立法法》还没有作出具体明确的规定，但第 87 条规定："自治条例和单行条例案的提出、审议和表决程序，根据中华人民共和国地方各级人民代表大会和地方各级人民政府组织法，参照本法第二章第二节、第三节、第五节的规定，由本级人民代表大会规定。"从目前来看，我国五大自治区都先后制定了本自治地方的立法程序规定。除了个别地方的个别程序尚属空白之外，各区域自治地方的立法程序已经较完备，详见表 4-1、表 4-2、表 4-3。

---

① 周旺生著：《立法学》(第二版)，法律出版社 2009 年版，第 295 页。
② 康耀坤、马洪雨、梁亚民：《中国民族自治地方立法研究》，民族出版社 2007 年版，第 242 页。
③ 许安标：《宪法及宪法相关法解读》，中国法制出版社 2015 年版，第 379 页。

表 4-1 自治立法的提案主体

自治区	具 体 规 定
宁夏	向自治区人大提案的有：自治区人大主席团、自治区人大常委会、自治区人民政府、自治区高级人民法院、自治区人民检察院、自治区人大专门委员会、1 个代表团或者代表 10 人以上联名。 　　向自治区人大常委会提案的有：除上述主体外，还有自治区人大常委会主任会议、常委会 5 人以上联名。
内蒙古	向自治区人大提案的有：自治区人大主席团、自治区人大常委会、自治区人民政府、自治区人大专门委员会、1 个代表团或者代表 10 人以上联名。 　　向自治区人大常委会提案的，即上述向自治区人大提案的主体。
新疆	向自治区人大提案的有：自治区人大主席团、自治区人大常委会、自治区人民政府、自治区高级人民法院、自治区人民检察院、自治区人大专门委员会、1 个代表团或者代表 10 人以上联名。 　　向自治区人大常委会提案的有：自治区人民政府、自治区高级人民法院、自治区人民检察院、自治区人大专门委员会、常委会 5 人以上联名。
广西	向自治区人大提案的有：自治区人大主席团、自治区人大常委会、自治区人民政府、自治区高级人民法院、自治区人民检察院、自治区人大专门委员会、1 个代表团或者代表 10 人以上联名。 　　向自治区人大常委会提案的有：自治区人民政府、自治区人大专门委员会、自治区人大常委会主任会议、常委会 5 人以上联名。
西藏	向自治区人大提案的有：自治区人大主席团、自治区人大常委会、自治区人民政府、自治区人大专门委员会、1 个代表团或者代表 10 人以上联名。 　　向自治区人大常委会提案的有：自治区人民政府、自治区人大专门委员会、自治区人大常委会主任会议、常委会 5 人以上联名。

表 4-2 自治立法的意见征询方式

自治区	具 体 规 定
宁夏	法案审议过程中邀请提案人旁听、听取有关委员会意见、邀请其他委员会旁听、座谈会、论证会、听证会形式征询社会意见。
内蒙古	草案用蒙、汉两种文字在《内蒙古日报》公布，广泛征求社会意见。草案发送有关机关、组织和专家进行讨论。
新疆	草案发送有关机关、组织征询意见，具体采取座谈会、论证会、听证会等多种方式征询意见，经主任会议确定允许公民旁听，草案在《新疆日报》及其他媒体上公布，征求意见。
广西	采取座谈会、论证会、听证会等多种形式征询意见，草案向社会公布，听取社会各界意见。
西藏	草案发送有关机关、组织征询意见，采取座谈会、论证会、听证会等多种形式征询意见。

表 4-3   自治立法的表决通过

自治区	具 体 规 定
宁夏	经常委会二审后表决，如果二审后意见分歧较大则暂不表决。
内蒙古	一般情况下，法规案经常委会二审表决，有的法规案经常委会主任会议决定可以进行三审后表决。
新疆	经常务委员会两次会议审议后表决，仍有重大问题需要进一步研究的，经主任会议决定可以经三次常务委员会会议审议后再交付表决；内容简单或者属于部分修改的法规案，各方面意见比较一致的，也可以经一次常务委员会会议审议后交付表决。
广西	一般经自治区人民代表大会常务委员会三次会议审议后再交付表决，各方面无原则分歧意见的，可以经两次常务委员会会议审议后交付表决。 　部分修改的法规案，各方面无原则分歧意见的，由主任会议决定，也可以经一次常务委员会会议审议即交付表决。
西藏	一般情况下经常委会三审后表决。

另一方面是立法社会基础扩大，立法公众参与渠道拓宽。公众参与是民族自治地方的民主政治和民族区域自治权发展的良好结合，是我国民族自治地方立法民主化、科学化的重要保障，已经成为民族自治地方立法发展的必然趋势。[①] 为保证公众有效参与立法，各自治区通过自治法规等形式，对立法中的公开征求意见、论证、听证等作出了具体规定；自治州、自治县两级民族自治地方也对本地方立法公众参与进行了规定。早在 2004 年，宁夏回族自治区就制定了《宁夏回族自治区人民代表大会常务委员会立法听证条例》，对立法听证作出了专门规定。除自治区外，如恩施土家族苗族自治州在 2016 年制定的《恩施土家族苗族自治州人民代表大会及其常务委员会立法条例》中规定：法规案有关问题存在重大意见分歧或者涉及利益关系重大调整，需要进行听证的，应当召开听证会，听取有关基层和群体代表、部门、人民团体、专家、州人民代表大会代表和社会有关方面的意见。云南省新平彝族傣族自治县在 2017 年制定的《新平彝族傣族自治县人民代表大会及其常务委员会立法办法》要求开展立法时进行项目调研，有针对性地赴省内外考察学习，咨询有关专家和专业技术人员，开展民意调查，召开基层群众和业务人员座谈会，坚持公众参与立法、开门立法，使民族立法"接地气"。还有一些民族自治地方专门制定了"公众参与立法办法"来保证立法过程中的民主参与。当然，从实际情况来看，民族自治地方在其自治条例中对立法公众参与的形式和途径作出规定的情况居多。这些自治法规成为民族自治地方立法公众参与的法规依据。

---

① 李军：《论民族自治地方立法公众参与机制的完善》，载《民族学刊》2016 年第 5 期。

<h2>第五节 行政立法体制</h2>

行政立法体制是国家行政立法主体的设置及其权限划分，是一个国家的立法体制的组成部分。行政立法具有动态和静态两方面的含义。从动态的角度而言，行政立法是享有行政法规和规章制定权的行政主体制定行政法规和规章的活动。从静态意义上讲，行政立法就是行政法规和规章。① 中国现行的行政立法体制是一个多层次、分等级的严密统一体系。中国行政立法系统包括：国务院立法、国务院各部委立法及地方行政机关立法。

<h3>一、国务院的立法权</h3>

国务院立法是中国最高国家行政机关即中央政府，依法制定和变动行政法规并参与国家立法活动以及从事其他立法活动的总称②。这是 1982 年《宪法》赋予国务院的一项职权，1954 年、1975 年、1978 年的三部宪法都没有赋予国务院这一职权。根据《宪法》和《立法法》的规定，可以对国务院制定行政法规的权限作如下概括和分析：

（一）制定行政法规

国务院可以制定行政法规，是 1982 年《宪法》在立法体制方面的一项重要改革。此后的《国务院组织法》和《立法法》都予以明确规定了这点。行政法规是国务院为领导和管理国家各项行政工作，根据宪法和法律，按照《行政法规制定程序条例》的规定而制定的政治、经济、教育、科技、文化、外事等各类法规的总称。《立法法》第 72 条规定："国务院根据宪法和法律，制定行政法规。行政法规可以就下列事项作出规定：（一）为执行法律的规定需要制定行政法规的事项；（二）宪法第 89 条规定的国务院行政管理职权的事项。

对上述行政管理职权的事项，有两点需要明确：一是行政法规规范的事项仅限于属于行政管理的事项，凡不属于行政管理职权范畴的事项，如刑法、审判和检察制度、诉讼程序方面的事项，行政法规不得规定。二是凡是属于全国人大及其常委会专属立法权的事项，行政法规不得规定。如确需制定行政法规，必须经过全国人大或其常委会的授权，即授权立法。这一点是对宪法原意的进一步明确。从实际情况看，除制定法律外，属于国务院行政管理职权范围内的问题，有许多需要制定行政法规。

（二）提出法律议案权

国务院有权"向全国人民代表大会或者全国人民代表大会常务委员会提出议案"。国务院依据宪法赋予的这项权力，根据国家政治、经济、文化和社会生活发展的实际需要和可

① 应松年主编：《当代中国行政法（第三卷）》，人民出版社 2017 年版，第 832 页。
② 杨临宏著：《立法学：原理、制度与技术》，中国社会科学出版社 2016 年版，第 163 页。

能，拟定法律（草案），按照法定程序适时地向全国人大及其常委会提出法律议案，提请审议，是符合国情和实际需要的。法律提案权是整个权力体系不可或缺的组成部分，也是国务院立法权的重要组成部分。自 1979 年以来，国务院就制定新法律、将行政法规修改完善上升为法律以及修改和废止现行法律等多方面事项，向全国人大及其常委会提出大量法律案，全国人大及其常委会所立法律中，由国务院提案的约占 70%。①

（三）行政法规解释权

行政法规条文本身需要进一步明确界限或者作出补充规定的，由国务院负责解释。具体操作程序是：由国务院法制机构研究拟订行政法规的解释草案，报国务院同意后，由国务院公布或者由国务院授权有关部门公布②。

（四）一定范围的立法监督

国务院也有一定范围的立法监督权。国务院有权改变或撤销其所属各部门发布的不适当的命令和指示；有权改变或撤销地方各级国家行政机关的不适当的决定和命令；有权改变或撤销不适当的部门规章和地方政府规章；制定地方性法规要以不同宪法、法律、行政法规相抵触为前提；部门规章规定的事项应当属于执行法律或国务院的行政法规、决定、命令的事项；地方政府规章规定的主要事项之一应当属于为执行法律、行政法规、地方性法规的事项；部门规章之间、部门规章与地方政府规章之间对同一事项的规定不一致时，由国务院裁决；地方性法规、自治条例和单行条例、部门规章和地方政府规章，均应当报国务院备案③。这里的"改变""撤销""执行""裁决""备案"，都是国务院有权对有关立法活动实施监督的表现。国务院在国家机构体系中的地位，国务院在中国立法体制中的地位，决定了国务院的立法监督权在中国这样的单一制国家里对保持法制统一特别是立法的统一，有重要的意义。

由上可见，国务院立法权在现行中国立法权限划分体制中占有非常重要的地位。明确这种地位，是搞好中国政府法制建设从而推进整个国家法制建设的一大重要条件。

二、国务院部门的规章制定权

规章过去一般指国家机关、企事业单位和其他社会组织的内部规则，主要是它们的内部制度的表现形式，不属于法定制度，不具有国家强制力。《宪法》和《立法法》确定国务院所属部门和地方有关政府可以制定规章后，规章在中国就不仅以内部制度的形式表现出来，更是作为法的一种形式表现出来。④《宪法》第 90 条第 2 款规定："国务院各部、各委

①　周旺生著：《立法学》（第二版），法律出版社 2009 年版，第 268 页。
②　冯玉军著：《中国的立法体制研究》，经济科学出版社 2020 年版，第 111 页。
③　杨临宏著：《立法学：原理、制度与技术》，中国社会科学出版社 2016 年版，第 163 页。
④　周旺生著：《立法学》（第二版），法律出版社 2009 年版，第 275 页。

员会根据法律和国务院的行政法规、决定、命令，在本部门的权限内，发布命令、指示和规章。"

《立法法》第 91 条进一步明确规定："国务院各部、委员会、中国人民银行、审计署和具有行政管理职能的直属机构以及法律规定的机构，可以根据法律和国务院的行政法规、决定、命令，在本部门的权限范围内，制定规章。"规章也习惯地被称为"部门规章"。

关于部门规章，需要注意以下几点：一是，《立法法》将《宪法》赋予国务院部、委的立法权，扩大到中国人民银行、审计署和"具有行政管理职能的直属机构"，包括中国证监会、中国银监会、中国保监会、中国气象局、中国地震局等。这是在立法实践中很长一段时间内被争论的问题，《立法法》的规定可谓是定分止争。二是，部门规章的性质属于实施性立法，即部门规章制定的根据是法律和国务院的行政法规、决定和命令，其规定的事项应当属于执行法律或者国务院的行政法规、决定和命令，其规定的事项应当属于执行法律或者国务院的行政法规、决定、命令的事项，言下之意，部门规章没有立法创制权。《立法法》在 2015 年修改时对此又作了强调，明确"没有法律或者国务院的行政法规、决定、命令的规范，部门规章不得设定减损公民、法人和其他组织权利或者增加其义务的规范，不得增加本部门的权力或者减少本部门的法定职责"。三是，国务院部门可以制定联合规章，根据《立法法》第 92 条的规定，涉及两个以上国务院部门职权范围的事项，应当提请国务院制定行政法规或者由国务院有关部门联合制定规章，这是一项特别的规定。实践中，各地都在探索区域间的立法协作，如长三角地区、珠三角地区、环渤海地区、东北三省等，都已有区域立法协作的机制，也希望国家能赋予省级政府间有制定联合规章的权力，但《立法法》并未授权，只授权国务院部门之间可以联合制定规章。

三、地方行政机关的立法权

地方政府规章，是指省、自治区、直辖市和设区的市的人民政府根据法律、行政法规和本省、自治区、直辖市的地方性法规，依照《规章制定程序条例》制定的规章。

《立法法》第 93 条第 1 款规定："省、自治区、直辖市和设区的市、自治州的人民政府，可以根据法律、行政法规和本省、自治区、直辖市的地方性法规，制定规章。"据此规定地方政府规章制定主体包括三类：第一，省、自治区和直辖市人民政府（不包括香港、澳门特别行政区和台湾地区）；第二，设区的市人民政府；第三，自治州人民政府。此外，根据全国人民代表大会 2015 年《关于修改〈中华人民共和国立法法〉的决定》，广东省的东莞市和中山市、甘肃省的嘉峪关市和海南省的三沙市也有权制定地方政府规章。

根据《立法法》的规定，地方政府规章的权限包括：（1）为执行法律、行政法规、地方性法规的规定需要制定的规章；（2）属于本行政区域内的具体行政管理事项制定的规章。

根据《立法法》第 93 条第 1 款、第 2 款的规定，制定地方政府规章时还应注意如下问题：

首先，设区的市、自治州的人民政府行使上述规章制定权，制定地方政府规章，限于城乡建设与管理、环境保护、历史文化保护等方面的事项。已经制定的地方政府规章，涉及上述事项范围以外的，继续有效。

其次，除省、自治区的人民政府所在地的市，经济特区所在地的市和国务院已经批准的较大的市以外，其他设区的市、自治州的人民政府开始制定规章的时间，与本省、自治区人民代表大会常务委员会确定的本市、自治州开始制定地方性法规的时间同步。

再次，应当制定地方性法规但条件尚不成熟的，因行政管理迫切需要，可以先制定地方政府规章。规章实施满两年需要继续实施规章所规定的行政措施的，应当提请本级人民代表大会或者其常务委员会制定地方性法规。

最后，没有法律、行政法规、地方性法规的依据，地方政府规章不得设定减损公民、法人和其他组织权利或者增加其义务的规范。

部门规章与地方政府规章的区别主要表现见表 4-4。

表 4-4

	部 门 规 章	地 方 政 府 规 章
制定机关	国务院各部、各委员会、中国人民银行、审计署和具有行政管理职能的直属机构	省、自治区、直辖市、设区的市的人民政府和自治州人民政府
效力范围	一般适用于具有全国性行政事务	仅限于区域性的行政事务
调整对象	专业性强	区域性强
制定依据	法律和国务院的行政法规、决定、命令	不得与宪法、法律、行政法规和特定的地方性法规相抵触

📃 思考题：

1. 试论立法体制的概念和内容。

2. 试论立法体制与立法权归属的关系。

3. 试论判定立法体制种类的标准。

4. 试论我国授权立法的效力。

第五章　法的位阶与法的体系

　　现代法治国家，大多形成了由宪法、各部门法以及相应的法规、国际条约等构建而成的法律体系。在其法律体系内，不同的法律法规之间存在不同的效力等级，由此，衍生出不同法律法规的位阶差异。

第一节　法 的 位 阶

　　对于任何一个国家而言，无论其奉行成文法或遵循判例法，均存在着纷繁多样的规范性法律文件。只是在不同的国家中，法律或者以法律所命名的规范性文件所呈现的形式不同而已。基于法律区分适用之需要，就有必要厘定法的位阶。正是法的位阶，决定了不同法律之效力等级。如果说，法律体系构筑了"法律帝国"，那么，法的位阶则形塑了法律体系的整体结构。

一、法的位阶内涵

　　法的位阶，也称为法律的效力层次或效力等级，是指一国法律体系中不同渊源形式的法律规范在效力方面的等级差别。在一个统一的法律秩序内，高位阶法律的效力高于低位阶法律的效力。不管人们是否在理论上确立法律位阶这一概念，一个成熟的法律秩序必然事实上存在法律位阶制度。[①] 法律位阶理论（Stufenbaulehre）最早由维也纳学派的代表人物梅克尔提出，后经凯尔森采用得到广泛传播，旨在为判断法律形式之间的关系提供标准。[②] 法的位阶是在某一法律体系中不同的规范性文件所处位置与等级的具象化表达。法的位阶是一个法理学的常识性的问题，具备初步法理知识即可辨别"上位法优于下位法""特别法先于一般法""新法优于旧法"等基本法律原则。但关于法的位阶之具体内涵，比如法律位阶到底是指抽象的法律形式之间的位阶还是指具体的法律文件之间的位阶、法律

---

① 周永坤著：《法理学——全球视野》，法律出版社 2016 年版，第 94 页。
② 参见王锴：《法律位阶判断标准的反思与运用》，载《中国法学》2022 年第 1 期。

位阶到底是指效力位阶还是指规范位阶、法的位阶与法的效力等级①之间是何关系、法的位阶的划分依据如何等，这些理论争议不仅关系到法律位阶的成立，也影响到对法律位阶判断标准的理解。

(一)法律位阶与法律体系

法律位阶与法律体系密切相关。"任何法律规范都不是独立存在的，任何具体规范都是'整个法律秩序'之一部分。"②"法的位阶"概念的出现和存在需要具备两个重要前提条件：

首先，要有一个法的体系，法的位阶才有存在的可能性。正如有的学者所说，如果一个共同体(或者说国家)只有一部法律，当然这个法律一般来说应该是实定法或者制定法，那么就不会有法的位阶的概念。③ 实际上，这只是学者假定的一种极端的情景。举例来说，例如中华人民共和国刚成立时，国民党政府的"六法全书"已经全部废除，原有法统完全被割断，一种新的社会主义法律体系还未建立起来，④ 除了被认为是起到过渡性和临时性宪法作用的政治协商会议所制定的《共同纲领》外，最早制定的法律只有一部《婚姻法》，这种客观现实决定了当时可能不会有明确的法的位阶观念。不过，常态的场景却是，在法律发展的相当长的历史时期里，在大多数国家和地区，即便存在着诸多不同种类的法律规范，但因为没有法的体系概念的存在(出现)，诸多法律规范之间似乎呈现出一种极其松散的结构状态。或者说，法律还没有被有意识地体系化，这时法律位阶的概念同样也没有被发展出来。这样的现象在传统的中华法系就有比较明显的表现。当然，在现代学者借助法的体系相关概念对其进行梳理之后，我们也可以看到传统中华法系呈现某些体系化的特征。⑤ 因此，法的位阶一定是在法的体系出现之后的概念，没有法的体系对于法秩序有意识地追求，法的位阶就是无稽之谈。

其次，要有法的层次或等级的观念(概念)。如果法的体系是一个"如同在同一平面上并立的诸规范的体系"，⑥ 法的位阶就没有存在的必要性，因为各种规范之间并不存在着

———————

① 王名扬先生在《美国行政法》(上)一书中使用了"法律效力的等级原则"，"在联邦政府和州政府内部，各机关之间的立法权力有一定的等级存在，下级机关行使的立法权力不能违背上级机关的立法权力。不同机关所制定的法律规范的效力高低不同，称之为法律效力的等级原则"，这里我们使用了国内多数学者的一般用法，不再对此进行区分。参见王名扬著：《美国行政法》(上)，中国法制出版社 2005年版，第 5 页。

② [德]伯恩·魏德士著：《法理学》，丁春晓、吴越译，法律出版社 2013 年版，第 65 页。

③ 徐向华主编：《立法法教程》(第二版)，北京大学出版社 2017 年版，第 228~229 页。

④ 杨昌宇：《中国法律体系苏联渊源的当代反思》，载《法治现代化研究》2017 年第 5 期。

⑤ 例如，就法典编纂而言，中国古代已经展开了法典化的系统化的努力。但在此，我们意指作为一种主观上有意识地将法律看做一种整体规范体系的观念，而非呈现出的某些局部的特征或客观效果。

⑥ [奥]凯尔森著：《法与国家的一般理论》，沈宗灵译，商务印书馆 2013 年版，第 193 页。

高级规范与低级规范的位阶上的差异性。正如上述对法的体系与法的位阶关系论述中所说，法的体系概念出现之后，必然会引发对于体系中法的地位的考量，法的层次或等级的观念(概念)也就会自然而然地发生了。当然，这种关于法的地位的安排与设置究竟用何种标准，又需要经历法的理论上进一步演进。① 及至近现代时期，经历资产阶级革命之后，以宪法为根本大法的"金字塔"式的法秩序观念体系才渐趋确立，世界各国尤以成文法国家中法律体系的层次与等级特征愈加明显，法的位阶的概念也不断进一步发展演化。

(二)法的位阶与法的效力

法的位阶与法的效力等级关系最密切，也最容易混淆不清。要弄清法的位阶与法的效力等级之间的关系，就需要对法的效力等级的上位概念进一步进行分析。

其一，法的效力。在法理学研究中，法的效力通常有广义和狭义两种含义。广义的法的效力是指法的约束力与强制力，既包括规范性法律文件对人的行为具有一种普遍性的法律上的约束力和强制力，也包括非规范性的法律文件对具体的事和人都有特定的法律约束力。但这种约束力指的不是事实上的约束力或拘束力，而是规范上的约束力或拘束力。也就是说，指的不是"某个法律或者法律规范实际上有没有对人们的行为造成拘束"，而是指"某个法律或者法律规范是否应当对人们的行为进行拘束"。② 狭义的法的效力则仅指由国家制定和颁布的规范性法律文件的效力，包括层次、效力范围(人、空间、时间等)等③。而法的效力产生之基础也存在理论分野。分析实证主义法学派依据法律的逻辑效力观，认为只要是有权立法机关所制定的规范自然具有法律效力；自然法学派坚持伦理效力观，认为法律的效力来自对正义原则与道德要求的遵循；社会法学派遵循法律的实效观，认为法律的效力本质上是法律的实际效果。④ 其中比较有影响的理论为法律实证主义代表人物凯尔森的观点。他认为："法律规范并不是由于它们本身或基础规范有一种其拘束力是自明的内容才是有效的。规范之所以是有效力的法律规范，就是由于它是根据特定的规范创造出来的。法律秩序的基础规范就是这样一个被假设的最终规则，根据该规则这一秩序的规范才被创造和被废除、才取得并丧失其效力。"⑤凯尔森的法规范等级体系以及效力等级论在全世界颇具影响力，已经成为许多国家法学理论的通说，并对我国法学产生极大影响，《立法法》中有关法律规范等级效力的规定，即可视为依据这种学说而确立的。就某一共同体或国家法律体系而言，法的效力即所具有的国家控制力，可以表现在法规范与其指向的不同时空中对象之间，也可以表现在同一体系中不同层级的法规范之间。在前一种面向

① 杨昌宇：《中国法律体系苏联渊源的当代反思》，载《法治现代化研究》2017年第5期。
② 雷磊著：《法理学》，中国政法大学出版社2019年版，第69页。
③ 张文显主编：《法理学》，法律出版社1997年版，第89～95页。
④ 杨忠文、杨兆岩：《法的效力等级辨析》，载《求是学刊》2003年第6期。
⑤ [奥]凯尔森著：《法与国家的一般理论》，沈宗灵译，商务印书馆2013年版，第193～202页。

中，法的效力即不同时空中的对象效力，不论处于法体系层级的哪一位阶的法，对其指向的对象来说都是一种国家强制力，自然不存在效力高低与强弱的分别。在后一面向中，实际是法规范体系的一种内部控制，表现在上位法对下位法的控制力，不仅上位法要对下位法的程序和内容予以控制，更表现在上位法决定了下位法效力的有无，下位法的效力直接渊源于上位法。

其二，法的位阶与法的效力之分殊。目前学术界对于法的位阶和法的效力两个概念的关系并未达成共识——究竟二者是同一关系、因果关系还是种属关系还没有形成定论。(1)因果关系说。该观点认为，法的位阶与法的效力等级之间是一种因果关系，"由于法律本身是有层次或等级划分的，因而其效力当然具有层次性或等级性"。在某一法律体系中，"较低一层次的法律效力是或应当是来自并服从于(即低于)较高一层次的法律效力"。[1] 也就是，法的效力等级源自法律体系本身的层次或等级的结构特征，法的位阶构成了法的效力的内在条件。(2)同一关系说。该观点认为，法的位阶与法的效力等级是同一概念，"法的位阶就是指法的效力等级"[2]。在其他一些学者的论述中虽然明确指出了这一点，但在这两个概念的使用上没有加以区别，也可以说是默认了两个概念的同一性。(3)属种关系说。该观点认为，法的位阶与法的效力等级是两个既有区别又存在相互紧密关系的概念。更进一步讲，有学者认为法的位阶与法的效力等级这两个概念之间是种属关系。法的位阶是种概念即下位概念，法的效力等级是属概念即上位概念，法的位阶是被包含于法的效力等级之内的概念。[3] (4)辩证关系说。该观点主张法的位阶不同于法的等级效力，二者应当分开。其理由有二：一是法的效力是法律在属时、属地、属人与属事的四维空间中所具有的作用力，因此，不存在等级性。换言之，无论规范性法律文件是哪一层级的规范，对人的行为都具有一种普遍性的约束力和控制力。如果规范性法律文件有层次之分，则应在不同的维度中体现出其作用力的层次性。二是法的位阶仅对法的效力的有与无产生影响，并不会产生层次上的高与低的影响。在某一法律体系中，当低位阶的法律与高位阶的法律在规范内容上发生矛盾时，产生的直接影响是低位阶法律的应然法律效力的变化。这种法律效力的变化是有效与无效的问题，而不是法律效力的高与低的问题。一个规范与其调整的行为之间只存在具有作用力或没有作用力这两种状态，这种作用力是一种非物质性的力量，没有量的区别，没有强弱之分。[4]

其三，本书观点。综上所述，研究法的效力，归根结底要落实到一定时空中的对象效力，而法的对象效力的实现却是以法的效力等级关系为前提条件的。法的效力等级是法的

---

①　姚建宗：《法律效力论纲》，载《法商研究》1996 年第 4 期。
②　乔晓阳主编：《立法法讲话》，中国民主法制出版社 2000 年版，第 284 页。
③　杨忠文、杨兆岩：《法的效力等级辨析》，载《求是学刊》2003 年第 6 期。
④　张根大著：《法律效力论》，中国法制出版社 1999 年版，第 190 页。

效力的一个重要的面向。法的效力等级关系就是不同位阶的法之间效力渊源关系，是不同位阶的法之间控制关系的重要内容。因此，在实质上，法的效力等级与法的位阶是同一概念的不同表达，二者所指向的内容也是一致的。①

（三）法的位阶的作用

法的位阶是法的规范体系理论发展过程中的产物，不仅对越来越繁重的法规范体系建构与秩序安定起到直接的作用，同时也在间接上形塑了法规范体系"金字塔"式的几何等级图像，② 维持了法的权威，满足了法治的内在需求。

其一，建构法规范等级体系。法的位阶将一国所有现行有效的规范性文件分类为高低不同的层次，从而使不同渊源的规范性文件在效力上呈现出等级有序的阶梯状态。其中处于较高层次的是上位法，处于较低层次的是下位法。较高位阶的法的效力高，较低位阶的法效力低。较低位阶的法服从于较高位阶的法，从而将繁杂的法规范建构为"金字塔"式的等级体系，理顺了不同位阶的法之间的效力关系。

其二，法秩序的内在安定。在现代立法主体多元化和法的渊源多样性的前提之下，不同的立法主体所制定的规范性文件在调整同一社会规范时，可能存在相互冲突的情形，从而引发法秩序内部的不和谐与不安定。当拟适用的多个法律之间有效力等级的区分时，适用上位法的规定；当法律渊源之间的效力等级相同时，遵循新法优于旧法或特殊法优于一般法的规则。③ 法的位阶对处于不同效力等级或虽为同一效力等级但内容相互冲突的法规范之间作出了适当的效力和适用关系上的安排，保证在不同效力等级的规范之间或新旧规范之间在适用上的先后次序，避免因法规内容之间不一致带来的对于法秩序的内在伤害，维护了法秩序的安定性与统一性。

其三，满足法治现实的需要，维护法的适用权威。法的位阶强调一切法律法规必须服从于宪法，低层次的法规范服从于（来源于）较高层次的法规范。首先从形式逻辑的层面上已经形塑了法规范体系自身的形式理性结构关系，法规范体系呈现出所谓的"金字塔"式的形式结构，符合体系化的建构理性。最重要的是在实质上，法的位阶能够保障法规范体系符合法治精神的内在要求，一切法规范文件都需要来自更高层级的法规范的授权并且受其控制，否则低层次规范就失去了存在的合法性。相关国家机关在进行立法、执法和司法活动的过程中，如果能够遵循这样的体系规则，法规范冲突的现象就会大为减少，在一定程度上不仅维护了法规范体系的内在权威，更是切合了法治的内在精神。如果法规范体系之间，缺少法的位阶的适用与调整，既不能保证法规范内部的和谐一致，导致立法质量的下

① 学界也有观点主张法的位阶与法的效力等级应当分开。参见邓世豹：《法的位阶与法的效力等级应当分开》，载《法商研究》1999 年第 2 期。
② 邓世豹主编：《立法学：原理与技术》，中山大学出版社 2016 年版，第 158 页。
③ 徐向华主编：《立法学教程》，上海交通大学出版社 2011 年版，第 241 页。

降以及法规范适用上的困难，也会造成法秩序的混乱与冲突，破坏法秩序自身的权威性。①

二、法的位阶判断标准

(一) 法的位阶影响因素

影响法的位阶的因素有很多，学者之间的认识也很不一致。有的学者指出，影响法的位阶的主要因素有制定主体、适用范围以及制定时间，同时具体的情形还要根据宪法、法律以及法律传统等因素加以具体分析②；有的学者提出，影响法的位阶的因素主要是立法主体地位的高低和立法程序限制的差异③；也有学者认为，制定机关、程序和依据等方面的不同造成了法的效力高低有别。④ 尽管影响法的位阶的因素有多种，但其中根本的影响因素是法的制定主体的地位与立法权力。

其一，法的制定主体在国家权力体系中的地位。一般而言，法的制定主体的地位的高低决定(影响)法的效力层次的高低。法的制定主体地位越高，其制定的规范性文件的效力也就越高。就现代法治的精神而言，各级主体之间的立法权力有一定的等级存在，不同立法主体所创制的规范性法律文件具有不同的法律效力。⑤ 任何法的制定主体都不能超越其权限立法，尤其是下级立法主体不能违背上级立法主体的权力。

其二，立法主体行使立法权的性质。法的制定主体的地位是确定法的位阶的一般依据，在一些特殊的情况下，在确定立法的效力等级时还要考虑立法权的性质。这里主要是有关授权立法的地位问题，虽然理论界对此仍存在争议，但基本上承认被授权主体所立之法与授权主体自身所立之法是两种不同性质的立法活动。在国外的授权立法实践中，一般都确认授权立法规范不得违背议会的法律，从而确立了授权立法的效力低于议会制定法的一般原则。⑥ 在我国，全国人大及其常委会对其专属立法事项尚未制定法律时，根据实际需要可以授权国务院对其中的部分事项限制性制定行政法规；经济特区所在地的省、市人大及其常委会可以根据全国人大的授权决定，制定在经济特区范围内实施的地方性法规。目前对于授权立法的效力问题也存在争议，学者之间有"代理说"与"转移说"。⑦ 如果国务院依据全国人大及其常委会立法授权所制定的规范性文件，其效力与法律相同，其行为即

---

① ［奥］凯尔森著：《法与国家的一般理论》，沈宗灵译，商务印书馆 2013 年版，第 193~202 页。

② 张文显主编：《法理学》，法律出版社 1997 年版，第 89~95 页。

③ 张根大著：《法律效力论》，中国法制出版社 1999 年版，第 190 页。

④ 朱力宇、叶传星主编：《立法学》，中国人民大学出版社 2015 年版，第 142~146 页。

⑤ 公丕祥主编：《法理学》(第二版)，复旦大学出版社 2008 年版，第 233 页。

⑥ 徐向华主编：《立法法教程》(第二版)，北京大学出版社 2017 年版，第 230~231 页。

⑦ 邓世豹：《论授权立法的位阶》，载《河北法学》2000 年第 5 期。

为代为行使全国人大及其常委会的法律制定权，就是"代理说"；如果因授权而取得的是行政法规制定权，其效力等级与依职权制定的行政法规效力等级相同，就是"转移说"。此外，民族自治地方的人民代表大会制定的自治性法规与地方性法规也存在同一法的制定机关制定的法规效力等级不同的问题，这也与立法权的性质有关。其原因在于自治性法规的制定权属于民族自治权的一部分，可以对法律、行政法规的某些规定作出变通规定，具有立法权变通的性质。至于有些学者认为，宪法与基本法律均由全国人民代表大会制定但效力等级却不同的问题，对此在认识上还是存在很大争议的。① 因为宪法的制定属于制宪权的启动问题，在权力的性质上与一般的立法权并不相同，其区别为"宪法制定权力"与"宪法所制定的权力"。同时，严格来讲，宪法的制定机关也不能简单认为就是全国人民代表大会。②

其三，如果说法的位阶根据因法的调整对象不同而不同，而不同的法的调整对象存在交叉或重叠，如何确定法律位阶？如果说法的位阶根据在于法律制定程序限制的多少而不同，而在法的制定程序已经相差无几的情况下，如何区分法的位阶的高低？况且立法程序更多是出于保障立法质量的需要，因此说程序决定位阶，也有倒因为果的嫌疑。如果说法的位阶的根据在于立法的依据不同而不同，而立法实践中也存在着依据相同而效力等级不同的立法。因此，法的调整对象、制定程序和依据等因素对确定法的位阶具有一定的参考作用，但并非判断法的位阶的独立标准，只有与制定主体的地位及其所行使的立法权的性质结合起来，对于确定法的位阶才具有实质性的意义。

其四，有学者研究认为国家结构形式不同对法的位阶也会产生影响，例如，单一制与联邦制的国家在立法体制上的不同，对法的效力等级的规定也可能存在差异。在单一制国家，法的位阶问题可能相对简单清晰，这是由于单一制意味着中央政府代表了国家的所有主权，地方政府只是中央政府的分支，有义务服从中央命令，并且地方政府的权限本身完全是由国家宪法与法律决定的。③ 而在联邦制国家可能首先要进行联邦与州之间立法权限的划分，法的位阶问题可能呈现出更多样的面向。"美国是一个联邦国家，立法权分别由联邦和州行使，两种立法权力可能发生冲突。为了解决联邦和州之间的法律冲突，联邦宪法规定联邦的法律效力最高，州的一切法律，包括州的宪法在内，不能违背联邦的法律。"④但在联邦和州政府的内部，也同样要遵循法的效力等级原则。

（二）法的位阶实质判断标准

根据前文所述，我国学界多将法的制定主体与立法权的性质作为法的位阶判断标准，

---

① 顾建亚：《法律位阶划分标准探析》，载《浙江大学学报（人文社科版）》2006 年第 6 期。
② 林来梵著：《宪法学讲义》，法律出版社 2011 年版，第 77~101 页。
③ 张千帆著：《宪法学导论——原理与应用》（第三版），法律出版社 2014 年版，第 255 页。
④ 杨忠文、杨兆岩：《法的效力等级辨析》，载《求是学刊》2003 年第 6 期。

以其他影响因素作为补充。但制定主体与立法权都不能作为法的位阶判断的实质标准，而只能作为其影响因素，原因有二：一是同一制定主体所立之法的位阶高低如何判断；二是行使不同种类权力的机关之间法律位阶如何判断。因此，法的位阶判断标准应从其理论核心中分辨。

其一，条件关系标准。梅克尔在 1931 年发表的《法律层级结构理论绪论》一文中初步构建了条件关系标准的基础。① 其认为，在法律秩序的体系中，不同法律形式之间存在派生关系，如果一个形式构成了另一个形式产生和生效的前提，那么可以说这个形式构成了另一个形式的条件。② 以条件与被条件关系构成了一种等级高低关系，从而产生法的位阶。综上所述，条件关系标准主张，法的位阶必须是一个法律规定(Rechtsvorschrif)中的构成要件连接了产生另一个法律规定的法律后果。③

其二，废止关系标准。梅克尔在构建法律位阶理论之时，除了条件关系标准，还提出了废止关系标准以判断法律位阶。废止(Derogation)，是指通过一个规范取消另一个既有规范的效力。④ 法律规范的冲突有可能发生在高位阶规范与低位阶规范之间，也有可能发生在同位阶规范。可以说，当一个法律语句，能够废止另一个法律语句的效力，而另一个法律语句并不能废止它的效力，那在此关系中具有废止力的法律语句必然是高位阶，而被废止的法律语句是低位阶。同样地，如果两个法律语句能相互废止，那么说明它们是相同位阶。⑤

因此，法律位阶的判断标准应回溯至法律位阶理论的实质内涵，将条件关系与废止关系作为判断法的位阶之标准。⑥ 在具体的判断中，两个立法规范的位阶判断，应以条件关系作为积极标准，而废止关系作为消极标准。也就是说，如果两个立法之间存在条件关系的，就初步推定其存在上下位阶关系，然后再根据废止关系进行校正，只具备条件关系而不具有废止关系的仍然不能被认定为上下位阶。

三、我国法的位阶的适用规则

法的位阶直接体现了不同法规范文件在法的体系中的地位，不仅影响着法的体系安排和结构，也为法的适用以及法的冲突等问题提供相应的解决机制。

---

① 参见张龑编译：《法治国作为中道：凯尔森法学与公法学论集》，中国法制出版社 2016 年版，第 212 页。
② Vgl. Bettina Stoitzner (Fn. 6)，S. 53.
③ Vel. Robert Walter(Fn. 46)，S. 61.
④ Vgl. Hans Kelsen，Allgemeine Theorie der Normen，1979，S. 84.
⑤ Adolf Merk l (Pn. 45)，S. 276.
⑥ 参见王锴：《法律位阶判断标准的反思与运用》，载《中国法学》2022 年第 1 期。

（一）上位法优于下位法

上位法优于下位法，下位法不得与上位法相冲突。当下位法的规定与上位法的规定不一致时，适用上位法的规定。一般认为，我国《立法法》第 5 章适用与备案审查的相关规定解决了法的位阶问题。主要表现为：（1）宪法具有最高法律位阶，表现为具有最高的法律效力与不得与宪法相抵触原则。这是构筑法的体系的根基，也是法的位阶的根本原则。（2）上位法效力高于下位法，下位法依据上位法制定。法律的效力高于行政法规、地方性法规、规章，行政法规需要国务院根据宪法和法律来制定，地方性法规则需要各级地方立法机关在不同宪法、法律、行政法规相抵触的前提下制定，规章也要根据法律、法规来制定。（3）法律、行政法规、地方性法规、自治条例和单行条例以及规章的改变或者撤销。上述规范性文件存在越权、违反上位法等情况即可被有关机关改变或撤销。

（二）特别法优于一般法

如果出现同一机关制定的上位法的一般规定与下位法的特殊规定不一致时，按照上位法优于下位法的规则处理。但在我国目前的立法实践中，由同一机关制定的规范性文件之间也存在着一般法与特别法区分标准不清的问题，导致该规则适用上的困难。

同一机关制定的处于同一位阶的规范性文件之间，特别规定与一般规定不一致时，适用特别规定。特别法是根据某一特殊情况和需要调控与之相适应的特殊社会关系而制定的法律规范。一般法则是指为了调整某类社会关系而制定的法律规范。由于特别法所指向是具体的、明确的、特殊的社会关系，所以确定特别法优于一般法更便于法律有针对性、更高效地调整社会关系，适应情况多变的现实要求。但必须注意的是，特别法优于一般法的原则只限于同一主体制定的法律规范，对于不同主体制定的法律规范，仍然适用制定机关等级决定法的效力的一般原则。①

（三）新法优于旧法

在法的历史类型更替时，其基本精神就是废旧立新。随着法的历史类型更替，新法全面规范社会生活，不存在旧法延续适用于某些法律事实的情况。因此在法的历史类型更替的情况下，新法一般优于旧法。② 同一机关制定的新的规定与原有规定不一致时，适用新的规定。社会生活发生新的变化，原有规定不再适应调整新的社会关系，新法替代旧法顺应新的立法诉求，在法的适用上一般确定新法优于旧法规则。我国《立法法》第 103 条规定："同一机关制定的法律、行政法规、地方性法规、自治条例和单行条例、规章，特别规定与一般规定不一致的，适用特别规定；新的规定与旧的规定不一致的，适用新的规定。"

新法是指制定时间靠后的法律规范，旧法则是指制定时间靠前的法律规范。社会经济

---

① 孙国华、朱景文主编：《法理学》（第五版），中国人民大学出版社 2021 年版，第 118 页。

② 参见朱力宇、叶传星主编：《立法学》（第四版），中国人民大学出版社 2015 年版，148～149 页。

作为法律赖以存在的基础和前提条件，总是处于发展变化之中的，由于法律的滞后性必然会导致法律不适应时代发展变化的情况，因此需要不断地修改和更新原来的法律法规，确定新法优于旧法正是为了跟上社会经济发展的脚步。

不过适用"特别法优于一般法，新法优于旧法"这一规则的前提条件是相比较适用的两个法律规范属于同一法律效力位阶，如果属于不同位阶，则不能适用。

（四）法不溯及既往

法的溯及力是指法对其生效之前的行为和事件是否具有追溯适用的效力。如果法对其生效之前发生的行为和事件可以适用，说明该法具有溯及力；反之，如果不能适用，则说明该法不具有溯及力。现代法治国家一般都遵循法不溯及既往的基本原则，法律、行政法规、地方性法规、自治条例和单行条例以及规章原则上不溯及既往。但在例外的情况下，为了更好地保护公民、法人和其他组织的权利和利益，采取"有利追溯"的补充规则。因此，《立法法》第104条规定："法律、行政法规、地方性法规、自治条例和单行条例、规章不溯及既往，但为了更好地保护公民、法人和其他组织的权利和利益而作的特别规定除外。"

（五）法律规范冲突的裁决

当法律之间发生冲突，不能确定适用方式之时，据《立法法》第105条规定："法律之间对同一事项的新的一般规定与旧的特别规定不一致，不能确定如何适用时，由全国人民代表大会常务委员会裁决。行政法规之间对同一事项的新的一般规定与旧的特别规定不一致，不能确定如何适用时，由国务院裁决。"

当地方性法规、规章发生冲突时，据《立法法》第106条规定，"（一）同一机关制定的新的一般规定与旧的特别规定不一致时，由制定机关裁决；（二）地方性法规与部门规章之间对同一事项的规定不一致，不能确定如何适用时，由国务院提出意见，国务院认为应当适用地方性法规的，应当决定在该地方适用地方性法规的规定；认为应当适用部门规章的，应当提请全国人民代表大会常务委员会裁决；（三）部门规章之间、部门规章与地方政府规章之间对同一事项的规定不一致时，由国务院裁决"。

根据授权制定的法规与法律规定不一致，不能确定如何适用时，由全国人民代表大会常务委员会裁决。

四、我国的法的位阶体系

我国法的位阶体系是一个以宪法为核心的包括法律、行政法规、地方性法规、部门规章和政府规章等多层级的中国特色社会主义法律体系。① 其中，宪法居于最高位阶，法律

---

① 朱景文：《中国特色社会主义法律体系：结构、特色与趋势》，载《中国社会科学》2009年第3期。

仅次于宪法的位阶，行政法规的位阶低于法律但高于地方性法规，地方性法规的位阶高于部门规章和政府规章。当然，在这个法律体系中，也存在一些特殊的法规文件的等级效力问题，例如，自治条例和单行条例之间的等级效力关系，依授权制定经济特区法规的效力等级问题等需要进一步研究。①

（一）宪法

宪法是我国的根本法，具有最高法律地位和法律效力。一切法律、行政法规、地方性法规、自治条例和单行条例、规章都不得同宪法相抵触。② 作为国家的根本法，宪法调整国家社会生活中最根本的社会关系，规定根本政治制度和根本任务等国家根本性的问题。在制定和修改程序上，宪法较普通法律更复杂和严格。宪法在我国法律体系中的最高地位主要体现在：第一，宪法是其他法律的立法依据，宪法和其他法律法规之间是母法和子法的关系，宪法的规定以及所确立的原则是其他法律的立法基础和立法依据；第二，所有与宪法相抵触的法律法规都不具备法律效力，失去其在法律体系中存在的合法性。

（二）法律

在一般习惯中，法律又被区分为广义的法律和狭义的法律。广义的法律往往包括所有具有约束力的规范性文件，而狭义的法律仅指由国家立法机关即全国人民代表大会及其常务委员会制定的规范性文件。在法的体系中，处于较高位阶的法律就是指狭义的法律。在法的体系中，法律的位阶低于宪法，但法律的位阶又高于行政法规、地方性法规和规章等规范性文件。在我国的立法体制中，全国人民代表大会及其常务委员会拥有国家立法权，可以制定法律。全国人民代表大会有权制定基本法律，全国人大常委会可以制定除基本法律之外的其他法律。全国人大常委会是全国人民代表大会的常设机关，但基本法律与其他法律之间并不存在法律位阶上的差异性。

（三）法规

其一，行政法规。行政法规由国务院依据宪法和法律制定，除宪法和法律，行政法规的效力高于地方性法规和规章。行政法规与地方性法规都属于法规，但根据《立法法》的相关规定，行政法规在法效力上是高于地方性法规的。如果仅从二者都属于法规的角度理解，这样的规定似乎存在着矛盾。这是基于中国的政治体制和历史传统的影响因素，以及我国的国家机构和立法权限等因素所共同决定的。首先，我国传统上就一直是单一制国家，在中央和地

① 杨临宏著：《立法学：原理、程序、制度与技术》，中国社会科学出版社 2016 年版，第 149~162 页。

② 现行《宪法》第 5 条第 3 款的原文是，"一切法律、行政法规和地方性法规都不得同宪法相抵触"。从字面上看，对于规章及规章以下的规范性文件是否适用似乎还有解释的空间。但依据该条第 1 款"实行依法治国"的规定，宪法根本法的地位以及"举重以明轻"法理推论，都可以清楚地明白"一切自治条例与单行条例、规章及规范性文件"同样不得与宪法相抵触。

方关系上奉行地方服从中央、下级服从上级的原则。中华人民共和国成立后不仅没有弱化这一传统，甚至还有持续加强的趋势，故这一观念也适用于我国的立法体系中。其次，从适用范围上看，国务院制定的行政法规在全国范围内实施，对更多的不特定对象产生规范约束力，而地方性法规仅在地方行政区域内有效，根据地方服从于中央的原则，设定行政法规效力高于地方性法规，维系了整个法律体系的有序性。最后，在立法权限上，地方性法规仅涉及地方性事务，而全国统一规定的事项应由法律和行政法规调整。①

其二，地方性法规。在我国，地方性法规分为省级的地方性法规和设区的市（以及自治州）级地方性法规。其中，省级的地方性法规由省、自治区、直辖市人大及其常委会制定；设区的市级（以及自治州）地方性法规由其同级人大及其常委会制定。地方性法规的效力高于本级和下级地方政府规章。地方性法规也是地方政府规章的制定依据之一。根据2015年对《立法法》的修改，扩大了地方立法权，将拥有地方立法权的主体范围由"较大的市"扩大到其他设区的市，但地方性立法权的扩大也可能产生利与弊两个方面的结果。②

（四）规章

其一，部门规章。根据《宪法》和《立法法》的规定，国务院各部、委员会、中国人民银行、审计署和具有行政管理职能的直属机构，可以根据法律和国务院的行政法规、决定、命令，在本部门的权限范围内，制定规章。③ 部门规章由国务院各部委、直属机构等中央行政机关制定，在效力等级上低于宪法、法律和行政法规。国务院各部委属于国务院的组成部门，各部委与地方政府之间也不存在上下级的关系。因此，部门规章在效力等级上有其特殊之处，不能当然就直接推断出其效力等级低于地方性法规。

其二，政府规章。政府规章由省、自治区、直辖市和设区的市（以及自治州）人民政府可以根据法律、行政法规和本省、自治区、直辖市的地方性法规制定。地方政府规章是中国法律渊源体系中最低的一种法形式，但它的数量多，调整范围大，规范具体，对贯彻实施宪法、法律、行政法规和省级地方性法规，有积极而行之有效的作用。④ 省、自治区的人民政府制定的规章的效力高于本行政区内设区的市（以及自治州）的人民政府制定的规章。一般认为，部门规章与地方政府规章之间具有同等效力，在各自的权限范围内施行。

第二节 法 的 体 系

体系化的目的在于通过将既有知识按照特定原则整理形成一个有机整体，从而便于人

---

① 徐向华主编：《立法法教程》（第二版），北京大学出版社2017年版，第234~235页。
② 冯玉军主编：《新〈立法法〉条文精释与适用指引》，法律出版社2015年版，第260~268页。
③ 孙国华、朱景文主编：《法理学》（第五版），中国人民大学出版社2021年版，第238页。
④ 黄文艺主编：《立法学》，高等教育出版社2008年版，第192页。

们去认识、掌握和利用。同理，法的规范体系化的意图也在于以某种方式将众多分散的规范性文件整合在一起，便于正确把握和运用法律规范。马克斯·韦伯就指出："原始的'法'不知体系化为何物。按照我们今天的思维习惯，体系化意味着：建立所有由分析所获得的法的原则的联系，使它们之间组成一个逻辑上清楚的，本身逻辑上毫无矛盾的和首先是原则上没有缺漏的规则体系，也就是说，这种体系要求，一切可以想象的事实在逻辑上都必须能够归纳到它的准则之一的名下，否则，它们的秩序就失去法的保障。"①

一、法的体系的概念

所谓法的体系，又称部门法体系，是指根据一定的标准或原则将一国制定和认可的现行全部法律规范划分成若干的法律部门所形成的有机联系的整体。② 在统一的法体系中，各种法律规范，因其所调整的法律关系的性质不同，划分为不同的法的部门，如宪法、行政法、刑法、刑事诉讼法、民法、民事诉讼法、经济法、婚姻法，等等。在各个法的部门内部或几个法的部门之间，又包括各种法律制度，如所有权制度、合同制度、公开审理制度等。部门与部门之间，制度与制度之间，既存在差别，又相互联系、相互制约，形成了一个内在一致的统一体。③

目前学界主流对法的体系的理解主要来源和继承于苏联时期的法律体系理论，该理论的产生有其自身的特定历史背景。同时，这个理论对法的体系的理解也比较狭窄。就中国目前的法的体系的实际而言，法的体系存在体系内容单一性、划分标准非逻辑性、部门法划分随意性、对实践指导的软弱性以及主权学说的非自足性等问题。④ 就目前中国特色社会主义法律体系的构建而言，法的体系也更侧重于静态法规范体系建构，即一个通过立法就能够为司法、执法活动提供完全的法律依据的法律规范体系。

二、法的体系的基本特征

体系是指若干有关事物或某些意识相互联系而形成的一个整体。因此，体系是以系统存在和运行的整体，是由整体的构成要素在相互联系和配合中构成的以系统运行和存在的和谐整体。⑤ 法的体系有其自身的基本特征，总体而言，法的体系具有内容的完备性、结构的严谨性、内部协调性、形式统一性等特征。

---

① ［德］马克斯·韦伯著：《经济与社会》（下），林荣远译，商务印书馆1997年版，第16页。
② 舒国滢主编：《法理学导论》（第三版），北京大学出版社2019年版，第119页。
③ 张文显主编：《法理学》，法律出版社1997年版，第96~103页。
④ 杨昌宇：《中国法律体系苏联渊源的当代反思》，载《法治现代化研究》2017年第5期。
⑤ 高其才著：《法理学》（第四版），清华大学出版社2021年版，第63页。

（一）法的体系内容的完备性

法的体系是由现行所有法律规范组成的有机体系，具有多个观察侧面和子系统，它是静态与动态、横向与纵向、形式与内容、规范与制度、法律部门与效力等级等多方面的统一。[①] 内容的完备性要求法律各部门门类齐全，以保证社会生活的各个领域都有法可依。如果法规零零散散、支离破碎，连最基础的法律部门都没有建立，那么法的体系也不复存在。法的体系之完备性，自然不是人为编造，它是必然存在的，而且能够在社会生活中形成。只有如此，法的体系才能为我国的立法预测与立法计划提供一定的理论依据。

（二）法的体系结构的严谨性

法的体系是一个整体性和系统性的概念，其中存在着整体与部分、上位法与下位法、法律部门与其分支、制度与规范等各种关系。法的体系的严谨性要求各种法规之间能够成功配套，做到上下左右紧密配合，以构成一个有机整体。同时应当注意，法的体系结构的严谨性与具体的法律规范文件的结构严谨性不同，不应混淆。

（三）法的体系的内部协调性

法的体系的内部协调性与上述结构严谨性也有密切的关系。法的体系的内部协调性要求各个部门规范、各个规范之间和谐一致，不能彼此重复、相互矛盾。法的体系理论的重要功能就是维护法的体系内部的协调性，以保证法秩序的安定性与和谐性。

（四）法的体系的形式统一性

法的体系的形式统一性要求法规名称规范化，以保证法的体系易于为人们准确掌握。相对于法的内容来讲，法的体系的形式属于相对次要的问题，但也具有重要的意义。因为实现法规名称的规范化，可以使人们通过法规的称谓比较清楚看出一个法规范文件是由哪个立法机关或行政机关制定，具有什么样的法律效力，可以适用于什么范围，哪一级国家机关可以修改或废除它。这对于法的实施、法的教育、法制宣传、法的汇编等都具有一定的作用和意义[②]。

三、我国的部门法律体系

在中国的法律体系的构建中，法律规范是基本的构建元素，法律部门是法律体系的直接构件，是法律规范有序整合为法律体系的桥梁[③]。法律部门是依照调整的社会关系和调整方法对法律规范进行分类的结果。在理论上，这种分类的结果也存在很大的差别，如公法与私法的两分法，公法、私法和社会法的三分法，公法、私法、社会法和经济法的四分

---

①　陈金钊：《开放"法律"体系的构成要素》，载《上海政法学院学报（政法论丛）》2018 年第 3 期。

②　杨临宏著：《立法学：原理、程序、制度与技术》，中国社会科学出版社 2016 年版，第 288~291 页。

③　李拥军：《当代中国法律体系的反思与重构》，载《法制与社会发展》2009 年第 4 期。

法。也有基于公法与私法区分为基础，形成的五分法——民法、商法、民事诉讼法、刑事诉讼法和刑法，一直划分到"十一法体系"——宪法、行政法、刑法、民法、商法、经济法、环境法、劳动法、婚姻法、诉讼法、军事法。面对如此众多的法律部门划分方法，第九届全国人大常委会对中国法律体系的框架设计采取了七分法，将当代中国法律体系主要划分为七个法律部门：宪法部门、民法商法部门、行政法部门、经济法部门、社会法部门、刑法部门、诉讼与非诉讼程序法部门。① 这样划分，清楚地反映了各类法律规范所调整的对象和方法，既能够把各个法律部门区分开，又能够使各个法律部门之间的关系合乎逻辑，并且符合我国现有法律和将要制定法律的状况。②

（一）宪法法律部门

宪法是根本法，在当代中国的法律体系中处于中心的主导地位。在宪法这一占主导地位的法律部门中，最主要的法律规范就是 1982 年通过的《中华人民共和国宪法》，以及 1988 年、1993 年、1999 年、2004 年和 2018 年通过的五次《宪法修正案》。除此之外，宪法法律部门还包括宪法性法律文件和规范：（1）有关国家机关组织法。主要有《全国人民代表大会组织法》《国务院组织法》《人民法院组织法》《人民检察院组织法》《监察法》《地方各级人民代表大会和地方各级人民政府组织法》等。（2）有关国家权力机关议事规则。主要有《全国人民代表大会议事规则》《全国人民代表大会常务委员会议事规则》《全国人民代表大会和地方各级人民代表大会代表法》等。（3）立法法。主要有《中华人民共和国立法法》。《立法法》规范立法活动，健全国家立法制度，提高立法质量，完善中国特色社会主义法律体系，发挥立法的引领和推动作用。（4）选举法与代表法。主要有《全国人民代表大会和地方各级人民代表大会选举法》《人民解放军选举全国人民代表大会和地方各级人民代表大会代表的办法》《香港特别行政区选举人民代表的办法》《澳门特别行政区选举人民代表的办法》等。（5）中央与地方关系法。目前有《民族区域自治法》《香港特别行政区基本法》《澳门特别行政区基本法》。（6）公民基本权利与义务法。主要包括《义务教育法》《未成年人保护法》《妇女权益保护法》等。（7）其他附属法律和规范性法律文件。如《国旗法》《国徽法》等。

（二）行政法法律部门

行政法法律部门是指有关调整国家行政管理活动中形成的社会关系的法律规范的总和。具体包括：全国人大及其常委会制定的有关行政管理的法律，国务院制定的有关一般行政管理的行政法规，也包括地方国家机关制定的有关行政管理的地方性法规。由于国家行政管理活动的多样性、复杂性及广泛性，行政法法律部门没有核心法律或法典，而是由

① 雷磊著：《法理学》，中国政法大学出版社 2019 年版，第 55 页。
② 李拥军：《当代中国法律体系的反思与重构》，载《法制与社会发展》2009 年第 4 期。

许多单行的法律、法规、地方性法规构成。目前，正在进行行政法法典化的努力。

（三）民商法法律部门

民商法法律部门是指调整平等主体的公民、法人以及其他社会组织之间的财产关系和人身关系以及商事关系的法律规范的总和。自近代以来，世界上大多数国家是采用以一部较完整的"民法典"和"商法典"作为民法法律部门的核心法律规范。目前，我国已经制定了《民法典》作为民法法律部门的核心法律规范，我国《民法典》包括总则、物权、合同、人格权、婚姻家庭、继承、侵权责任各个部分，是我国民事法律成熟的标志。商法是民法的一个特殊部分，是在民法基本原则的基础上适应现代商事活动的需要逐渐发展起来的，主要包括公司、破产、证券、期货、保险、票据、海商等方面的法律规范。①

（四）刑法法律部门

刑法法律部门是指有关犯罪和刑罚的法律规范的总称。刑法法律部门在法律体系中具有极其重要的地位。刑法法律部门并不是主要以调整对象来划分，而是以其调整方法即刑罚制裁方法来划分，凡是属于刑罚制裁方法的法律规范都属于刑法法律部门。目前我国刑法法律部门主要是以 2020 年修订的《中华人民共和国刑法》为核心法律规范，除此之外为了适应社会需要，全国人民代表大会常务委员会通过一些单行刑事法律决定或刑事立法解释等。② 同时还包括散见于行政法规、经济法规中有关追究刑事法律责任的规定。

（五）经济法法律部门

经济法法律部门是指调整国家在国民经济管理中和各种经济组织的活动中所发生的经济关系的法律规范的总和。经济法和民法、商法、行政法等法律部门之间有较密切的关系，由于它们调整的对象有所交叉，因而这些法律规范之间也存在着相互衔接的关系。同时，经济法调整的经济关系的广泛性和复杂性，很难由一部法典来作为经济法法律部门的核心法律规范。我国经济法就其核心——公共经济管理法而言，可以分为综合职能管理法和行业管理法两个部分。综合职能管理法包括宏观调控的各个领域，如预算法、审计法、统计法、价格法、反垄断法、银行法、反洗钱法、税法、产品质量法、计量法、标准化法、会计法等。行业管理法包括农业、林业、畜牧业工业、贸易、邮政等各个产业法。③

（六）社会法法律部门

社会法是调整劳动关系、社会保障、社会福利和特殊社会群体权益保障等方面的法律规范总称，主要包括四种类型：一是保护弱势群体的法律规范，如《未成年人保护法》《老年人权益保障法》等；二是维护社会稳定的法律规范，如《劳动法》《社会保障法》等；保护

① 《法理学》编写组：《法理学》，人民出版社、高等教育出版社 2010 年版，第 321 页。
② 参见公丕祥主编：《法理学》，复旦大学出版社 2008 年版，第 268 页。
③ 朱景文主编：《法理学》（第四版），中国人民大学出版社 2021 年版，第 295 页。

自然资源和生态环境的法律规范，如《环境保护法》《能源法》《自然资源保护法》《生态法》等；三是促进社会公益的法律规范，如《社区服务法》《彩票法》《人体器官与遗体捐赠法》《见义勇为资助法》等；四是促进科教、文卫、体育事业发展的法律规范，如《教师法》《科技进步法》《义务教育法》《教育法》《卫生法》等。

（七）诉讼与非诉讼程序法

程序法是规定保障权利和义务实现的程序方面的法律规范。诉讼程序法是规范国家司法机关解决社会纠纷的法律规范，非诉讼程序法是规范仲裁机构和人民调解组织解决社会纠纷的法律规范。程序法是正确实施实体法的保障，审判活动则是实体法和程序法的综合运用。作为实体法的对称，不能简单地把程序法与诉讼法或者审判法相等同，因为程序法是一个大概念，既包括行政程序法、立法程序法和选举规则、议事规则等非诉讼程序法，也包括行政诉讼法、刑事诉讼法、民事诉讼法、仲裁法、律师法、公证法、调解法等。

第三节　法的汇编

通常而言，在制定某一类型法律时，可能并未有十分清晰的意识将之做纵观全局的考虑。此外，立法技术方面的原因，也会使一部法律不能面面俱到。但更多的原因在于，社会发展的速度之快，立法的预见性难以与社会发展的速度相匹配，这也就导致了只能是当出现了某一类型社会问题后，集中立法来解决该类型问题，而难以全盘考虑整个社会情况这一现象。因此，就继续通过法律的汇编手段，将各个时期不同类型、作用的法律文件进行整体汇编，以保持法的体系的统一性、完备性和协调性等。

一、法的汇编的概念

法的汇编，也被称为法律汇编或法规汇编，是指在不改变内容的前提下，[①] 将有关法规范性文件按照一定的标准予以排列，并编辑成册的活动。依据 1990 年 7 月 29 日国务院发布的《法规汇编编辑出版管理规定》，其第 2 条规定："本规定所称法规汇编，是指将依照法定程序发布的法律、行政法规、国务院部门规章（下称部门规章）、地方性法规和地方政府规章，按照一定的顺序或者分类汇编成册的公开出版物。"也有学者认为，法的汇编是法的清理基础上，按照一定顺序，将各种法或有关法集中起来，加以系统地编排，汇编成册。[②] 总之，法的汇编不改法的内容和文字，不是法的修改，只能对一定时段内或一定范围内的法进行汇总、分类和编排。

---

① 孙国华、朱景文主编：《法理学》（第五版），中国人民大学出版社 2021 年版，第 121 页。
② 邓世豹主编：《立法学：原理与技术》，中山大学出版社 2016 年版，第 346 页。

同时，根据《立法法》的相关规定，法律、法规只能是刊登在《全国人民代表大会常务委员会公报》或《国务院公报》后才能成为标准文本，法的汇编不是刊登法的标准文本，只能作为认识和了解法律的一种参考资料。

二、法的汇编的目的与作用

法的汇编被认为是法律系统化的方式之一，其目的是便于人们查阅各种法律法规，以利于法律的遵守和适用，[①] 通常要以法的清理为基础。因此，法的汇编与法的清理有着直接关系，法的汇编通常可以作为法的清理的结果，也可以视为实现法的清理目的的一种重要形式。没有对法的清理，不清楚哪些法律文件继续有效，哪些法律文件应当予以废止，在法的汇编中就不能注明所汇编的各个法律文件的有效性，对于法律文件的使用者就难以发挥有效的作用，甚至可能造成误导。[②]

法的汇编的作用，有学者总结为八个方面：（1）能够客观反映一个国家和地区一定时期的立法状况；（2）能够使一定范围内的法得到集中化和有序化，便于人们查阅；（3）可以完整地显示现行法的范围，有助于法的实施；（4）可以为法的修改和制定提供必要的信息；（5）可以为学术研究提供便利；（6）可以为法的编纂准备条件；（7）可以为法的科学分类提供可靠的依据；（8）可以为法律、法律解释和有关法律问题的决定的区分提供标准和数据。[③] 这样总结法的汇编的作用固然全面，但也存在着一定程度上将法的汇编的作用与后果相互混淆的问题。例如，上述第（3）、（4）、（5）、（6）、（7）个方面，更多的是法的汇编所呈现出的后果，并不完全是法的汇编的作用。

三、法的汇编的主体与分工

法律汇编是一个复杂、专业的工作，因此需要专业的人群按照不同的要求来从事法的汇编工作。在我国，也正是由专业的主体进行科学的分工来从事法的汇编工作，才能使法的汇编具有一定的权威性。

（一）法的汇编的主体

法的汇编的主体既可以是创制规范性法律文件的机关，也可以是其他国家机关、社会组织或者个人。根据国务院发布实施的《法规汇编编辑出版管理规定》，以下主体编辑出版的法规汇编是国家出版的法规汇编正式版本：全国人民代表大会常务委员会法制工作委员会、国务院法制局、中央军事委员会法制局、国务院各部门、具有地方性法规和地方政府

---

① 高其才著：《法理学》（第四版），清华大学出版社 2021 年版，第 72 页。
② 参见周旺生主编：《立法学》（第二版），法律出版社 2009 年版，第 514 页。
③ 刘莘主编：《立法法》，北京大学出版社 2008 年版，第 296 页。

规章制定权的地方各级人民代表大会常务委员会和地方各级人民政府指定的机构。此外，根据工作、学习、教学、研究需要，有关机关、团体、企业事业组织可以自行或者委托精通法律的专业人员编印供内部使用的法规汇集。但是如果需要正式出版的，应当经出版行政管理部门核准。并且在该规定中，排除了个人进行法规汇编。

（二）法的汇编的分工

其一，单项汇编。法律汇编由全国人民代表大会常务委员会法制工作委员会编辑；行政法规汇编由国务院法制局编辑；军事法规汇编由中央军事委员会法制局编辑；部门规章汇编由国务院各部门依照该部门职责范围编辑；地方性法规和地方政府规章汇编，由具有地方性法规和地方政府规章制定权的地方各级人民代表大会常务委员会和地方各级人民政府指定的机构编辑。

其二，综合汇编。全国人民代表大会常务委员会法制工作委员会和国务院法制局可以编辑法律、行政法规、部门规章、地方性法规和地方政府规章的综合性法规汇编；中央军事委员会法制局可以编辑有关军事方面的法律、法规、条令汇编；国务院各部门可以依照本部门职责范围编辑专业性的法律、行政法规和部门规章汇编；具有地方性法规和地方政府规章制定权的地方各级人民代表大会常务委员会和地方各级人民政府可以编辑本地区制定的地方性法规和地方政府规章汇编。

其三，内部汇编。根据《法规汇编编辑出版管理规定》第 5 条的规定，为了工作、学习、教学、研究需要，上述主体外其他机关组织可以自行或者委托精通法律的专业人员编印供内部使用的法规汇集。除此之外，个人不能进行法的汇编。

四、法的汇编的过程与方法

法的汇编工作是一个专业且复杂的过程，需要消耗大量的时间和人力资源，这就要求在烦琐的汇编过程中，按照法的汇编的方法科学地进行法的汇编工作。

（一）法的汇编的过程

法的汇编一般分为两个阶段。第一个阶段是规范性法律文件汇编的编辑阶段，包括正确确定汇编的主体和采用正确的方法进行汇编工作。第二个阶段是法的汇编的出版发行阶段。主要是依据国家有关规定对汇编成果进行出版发行，体现法的汇编成果。

（二）法的汇编的方法

其一，确定汇编内容。关于汇编内容的确定就是法的汇编的选材。首先，要确定汇编内容的范围，即要对哪些或哪一类规范性文件进行汇编。其次，要确定汇编内容的时限，即集中出版的规范性法律文件的时间范围。例如，由中国法制出版社 2011 年出版的国务院法制办出版的《中华人民共和国法规汇编》，该文献逐年编辑出版，且每年一册，收集当年全国人大及其常务委员会通过的法律和法律问题的决定、国务院公布的行政法规和法规性文件、选收国务院部门公布的规章。再次，要确定汇编内容的效力范围，即是汇集现行有效的规范性法律文件，还是汇集包括失效规范性法律文件在内的所有文件。最后，汇编内容须完整，即不得随意改动或删减收入的汇编文件，包括其名称，通过和发布机关、日期、批准或发布机关、日期，施行日期，章节条文标题，正文等应当全部收入。

其二，选择汇编结构。法的汇编的结构是指汇编的组成部分的构造。单项汇编的规范性法律文件，宜根据其各自的特点作出安排；综合汇编的规范性法律文件可依照法律体系或部门法律的结构作出划分。例如，《中华人民共和国法规汇编》在结构安排上分为：总类、国家机构、基本建设、经济体制改革、外事、司法、公安、民政、税务、金融、商业、外贸、农业、林业、城乡建设、环境保护、工业、地质矿产、能源、物价、工商管理、劳动人事、文化、科学技术、教育、卫生等。

其三，安排汇编顺序与技术处理。关于法的汇编中规范性法律文件的排序通常采取两个步骤：首先把所汇集的规范文件按照内容分为若干部分或门类，排出顺序；然后，将每一部分或门类的规范文件依据公布时间排列。但由于汇编不是立法，需要进行相应技术性处理。汇编的技术性处理仅限于改正规范性法律文件的文法、语法错误，并需要对改动处加注说明，而不能对规范性文件进行增删或改动。

第四节　法的编纂

法律汇编更多的是将同一类型或者需要按照某一分类方式的法律通过汇编的方式集中在一起的规范化法律文件系统化的形式。而法的编纂不仅仅将法律汇编在一起，还需要对同一类型的法律进行统一的审查、补充、修改等。因此，法的编纂与法律汇编相比而言，更为复杂。

一、法的编纂的概念

法的编纂，也称为法典的编纂，是指对属于某一类的或某一法律部门的全部规范性法律文件进行整理、审查、补充、修改，并在此基础上编制一部新的系统化法典的法的创制性活动。法的编纂目的在于将同类的有关规范性法律文件进行统一，消除立法中的矛盾、混乱，形成一个系统的整体。① 从法的编纂的主体来看，只能由国家立法机关行使，因此它是专属于立法权范畴的一项重要立法活动。另外，有些国家，例如美国，所有有权立法机关都可以在法律整理和修订的基础上进行法律清理和法律汇编，也被称为法的编纂，但

---

① 周旺生主编：《立法学》(第二版)，法律出版社 2009 年版，第 519 页。

这是一种后立法活动，并非修订和创制新法。

其一，法的编纂不同于法的汇编。法的编纂和法的汇编都是法的系统化的重要形式。但法的汇编旨在对法的形式体系进行整理，而不改变法规范的内容，其主体具有多元化的特点，既可以是有立法权的机关，也可以是其他机关、社会组织或个人，法律汇编行为也不具有立法活动的性质。而法的编纂，则主体相对单一，即只能是具有立法权的机关，其行为也属于立法活动的一部分。① 它的行为主要包括决定存废、修改（补充）以及制定成一部新的法典，另外，编纂完成后颁布新法典，意味着与新法典相抵触的规范性法律文件不再适用。②

其二，法的编纂不同于法的清理。法的编纂与法的清理都需要分析现存的法哪些可以继续适用，哪些应当修改、补充、废止，同时法的编纂还需要利用法的清理的结果。但法的编纂目的是编纂出新的规范性法律文件，法的清理的目标是整理出现存的规范性法律文件的"家底"，然后根据需要加以处理；法的编纂是对同类规范性法律文件的肯定、修改、补充和废止，法的清理则不限于同类规范性法律文件，也可以对各类规范性文件进行清理。

其三，法的编纂不同于法的制定。法的编纂过程就是将旧的、零散的规范性法律文件创制为新的、完整统一的规范性法律文件的过程。而法的制定是有权的国家机关在其法定职权范围内依照法定程序制定规范性文件的过程，并不使现存的规范性法律文件产生诸多变化。

目前，建设中国特色社会主义法治体系的一项重要内容就是形成完备的法律规范体系，不能简单将此理解为仅仅是强化法的制定。③ 实际上，法的编纂也是完善法律规范体系的一项核心内容，但我国没有形成严格意义上的编纂机制，没有建立起一个科学的法典化和更新的法律规范编纂体系。但自 2015 年 3 月，全国人大常委会法制工作委员会启动《民法典》编纂工作。在 2020 年 5 月 22 日，在第十三届全国人民代表大会第三次会议上作关于《中华人民共和国民法典（草案）》的说明。5 月 28 日，十三届全国人大三次会议表决通过了《中华人民共和国民法典》，自 2021 年 1 月 1 日起施行。法律编纂将散见于不同规范性法律文件中属于某一部门法的全部现行法律规范，进行审查、修改和补充，编纂成具有完整结构、严谨统一的法典的活动。④ 这种活动扫除了执法、司法和守法环节之间的巨大障碍，提升了民众对法律法规的查阅、学习、研究的效率。

①　杨临宏著：《立法学：原理、程序、制度与技术》，中国社会科学出版社 2020 年版，第 292~293 页。

②　黄文艺主编：《立法学》，高等教育出版社 2008 年版，第 115 页。

③　刘平著：《立法原理、程序与技术》，学林出版社、上海人民出版社 2017 年版，第 271 页。

④　高其才著：《法理学》（第四版），清华大学出版社 2021 年版，第 72 页。

二、法的编纂的主体与权限划分

法的编纂与法的汇编区别在于，法的编纂会产生新的知识，在某种意义上而言是一种法律制定的过程。因而其有更严格的主体限制以及权限划分。

（一）法的编纂的主体

法的编纂是一项立法活动，也是创制系统性、全面性的规范性法律文件的过程。因此，法的编纂目的对编纂的主体产生了较高的要求。第一，并不是任何主体，都可以进行法的编纂，由于法的编纂是一种立法活动，没有立法权的机关或组织不能进行法的编纂，[①] 只有具有立法权的国家机关才可进行。第二，即便按照"谁制定谁编纂"的一般原则，在各级立法主体中，也应当由立法层级更高或最高的主体担任法的编纂工作。

（二）法的编纂的权限划分

目前理论研究认为，法的编纂主体的权限与自身的立法职权具有密切关系，法的编纂主体不能超越法的形式范围和调整范围进行编纂活动。现阶段，我国规范性法律文件编纂主体的权限划分如下：（1）法典的编纂权属于全国人民代表大会。这里的法典是指经由基本法律编纂而成的规范体系，例如，1997 年 3 月 14 日，第八届全国人民代表大会第五次会议通过的《刑法》，就是法的编纂的结果。（2）基本法律之外的其他法律的编纂权属于全国人大常委会。（3）行政法规的编纂权属于国务院。（4）地方性法规的编纂权属于有权制定地方性法规的地方国家机关。（5）自治法规的编纂权属于民族区域自治地方的国家机关，但不包括其常设机关。由于民族自治地方的单行条例所调整的事项比较具体，级别或效力上不及自治条例，自治法规的编纂是指编纂自治条例，不包括单行条例。（6）特别行政区法律的编纂权属于特别行政区的立法机关。

一般情况下，行政规章作为级别或层级较低的、具体调整有关事项的规范性法律文件，不存在编纂的问题。如果需要编纂，其权限划分为：其一，如果在编纂过程中多个部门规章属于一个制定主体的，编纂权归属该主体；如果涉及的规章属于多个主体共同制定，则归属于国务院指定的主体。其二，地方政府规章的编纂权属于地方政府。[②] 此外，法的编纂的权限划分还包括内容交叉的情形。如果上一层次的编纂主体认为有必要，在编纂过程中可以或应当将下一层次的法的内容吸收到编纂的法中，并可以或应当宣告被吸收的下一层次的法的废止；如果是下一层次的编纂主体把上一层次法的内容吸收到所编纂的法中，则不能宣告该法的废止。

[①]　黄文艺主编：《立法学》，高等教育出版社 2008 年版，第 115 页。

[②]　周旺生主编：《立法学》（第二版），法律出版社 2009 年版，第 520 页。

三、法的编纂的内容与过程

对于法的编纂而言，由于其不仅仅是对于纷繁复杂的法律文件进行汇总，而是要对既存法律文件进行"加工、修饰"，并且重新审查某一法律部门或某一方面的全部法律规范，从而形成法典。① 因此其具体内容相对而言更加丰富，过程持续时间也相应地较长。

(一)法的编纂的内容

法的编纂包括四个方面的工作：第一，删除原有的规范性法律文件中已经过时的或不适合的部分内容；第二，消除互相重叠和矛盾的部分条款；第三，整理不协调的条款内容和次序；第四，必要时增加新的条款和规范，填补法律空白。就上述几个方面而言，法的编纂可以适度改变法规范原来的内容，但这种改变不是随意性的行为，而是一种根据某些共同原则的理性建构和谐法秩序的行为。

(二)法的编纂的过程

法的编纂可分为准备、正式制定和完善三个阶段。

其一，准备阶段，主要是进行法的清理或法的汇编。法的编纂是在法的清理或法的汇编的基础上进行的。法的编纂可以利用法的清理或汇编的已有结果，也可以是为法的编纂而专门进行法的清理或汇编。但后一种情况下，法的清理或汇编可以不是完全正式意义上的清理或汇编，对清理的结果可以不公布，对汇编的结果可以不出版。从这里也可以看出，法的编纂在目标上与法的清理和汇编的不同。

其二，正式编纂阶段，也就是通常所言之的立法从提案到公布的阶段。从程序的角度来看，除一些重大的法律、法规的编纂由于设立诸如专设委员会之类因而需要履行某些特别或临时程序外，法的编纂从提案到公布的过程在基本环节上并无二致。② 正式编纂阶段即由提案到公布法阶段，包括提案、审议、通过、公布等几个阶段。③

其三，完善阶段，也是法的修改、补充阶段。在基本环节上，与通常立法的同一阶段也是相同的。由于法的编纂的目标是形成较大规模的和统一的基本法律或法典，在此阶段更加需要进一步修改、补充和完善。

四、法的编纂的方法与意义

法的编纂更多情况下是立法者对既存法律进行整理、修订、删减等过程，而这一过程具有促进法制发展的意义，因而需要通过一定的方法来予以实现。

---

①　舒国滢主编：《法理学导论》(第三版)，北京大学出版社 2019 年版，第 190 页。

②　周旺生主编：《立法学》(第二版)，法律出版社 2009 年版，第 521 页。

③　黄文艺主编：《立法学》，高等教育出版社 2008 年版，第 116 页。

（一）法的编纂的方法

法的编纂与制定新的规范性法律文件相比，有更严格的要求，需要做更多的工作。制定新的规范性法律文件，虽然也需要立法的准备和规划，但相当于在平地上起建筑；而法的编纂相当于在已有建筑的基础上进行翻新建造，没有对已有基础和材料的充分了解与掌握，法的编纂往往无功而返。因此，法的编纂应当具备一些基本条件，归纳如下：（1）在编纂法典前，要有一定数量的、同类的规范性法律文件存在，并且这些法律文件中的一些或部分已不能适应社会情势与需要。（2）社会关系的发展需要用统一的法典对每个权利主体的行为进行规范和调节。（3）立法者具有法典编纂所需的基本立法技术。（4）要有法典编纂的法定职权或授权，且应有较完善的不同于立法程序的法典编纂程序。

法的编纂的基本方法是分析与综合相结合并最终以综合的形式出现的方法来进行。首先是分析的方法。分析的方法主要是分析研究现有的同类或同一部门的单行法，弄清楚它们有哪些内容可以继续有效，哪些内容还有空白等。其次是综合的方法。综合的方法主要是保留其可用之处、摈弃其应废之处，删除其重复之处。最后以综合的形式出现加以改造与完善，形成一个统一的法。[①]

（二）法的编纂的意义

法的编纂是法律实践经验的总结，是法制发展的一个环节，更是体现一国法制发展水平的标志之一，对完善法律体系和促进法制统一具有重要意义。

其一，有助于实现法的科学化、系统化。法的编纂包含法的收集、梳理、汇编以及清理等多重功能，并且按照法的原则和内在精神对规范文本进行保留、删除、补充等技术处理，可以将重复、庞杂的同类法、法的规范损益，综合为单一的、系统化的法，[②] 完成了除其弊留其利补其缺的目标，实现了科学化和系统化的创制与改造。

其二，有助于促进法的体系的完善。法律体系成熟的一个重要标志就是构成法律体系的法律部门出现标志性的法律文件或法典。法的编纂的直接的任务就是增删整合已有法律文件，产生规模较大的法，消除原有同类法律中的矛盾、庞杂和不完善；[③] 因此，通过法的编纂推动法典化从而促成不同法律部门的发展，进而使得法的体系逐渐得以完善。

其三，有助于法制的统一。法制的完善首先在于法制的统一，也就是不同的法及法规内部的协调一致、相互配合的程度。法的编纂可以通过对现存法的整理与系统化，消除法与法之间、法的内部规范之间的失调与冲突，从而促进法制的统一。

其四，有助于法的贯彻实行。正是基于法的编纂在理论层面的上述积极意义，通过法

---

① 参见黄文艺主编：《立法学》，高等教育出版社 2008 年版，第 116 页。

② 参见周旺生主编：《立法学教程》，北京大学出版社 2006 年版，第 558 页。

③ 侯淑雯著：《立法制度与技术原理》，中国工商出版社 2003 年版，第 256 页。

的编纂也能够对法的贯彻实施产生深远影响。法的编纂可以减少执法、司法、守法的麻烦，也有利于不同的主体了解、掌握和运用法律。①

第五节 法的清理

通常而言，立法具有滞后性。当我们发现既存的法律文件出现重复、叠加或有交叉规定现象时，我们就需要对其进行变动，以保证整个法律体系的统一性。而这种"变动法律"的活动在法学意义上可以被称为法的清理过程。

一、法的清理的概念

法的清理是指有权的国家机关，在其职权范围内以一定的方式对一国一定范围内存在的规范性法律文件进行审查，确定它们是否继续适用或者是否需要加以变动（修改、补充或废止）的专门性活动。该活动不制定新的法律规范，也不修改原有规范的内容，而是依据一定的标准对现行法规进行审查，以便重新确定其法律效力。② 也就是说，法的清理不是独立的立法创制行为，也不是像法的修改、补充和废止的立法变更行为，而是与立法相关的技术性工作。③

法的清理的目的是把现存的规范性法律文件按照一定的方式，加以系统地研究、分析、分类和处理。围绕法的清理的目的，形成了两方面的基本任务，并形成了两个阶段。第一个阶段是法律文件的梳理阶段。这个阶段的主要任务是搞清楚现存各种法律文件的基本情况，以便确定哪些可以继续使用，哪些需要修改、补充或废止。第二个阶段是分析处理法律文件的阶段。这个阶段的主要任务是针对不同的法律文件加以分析处理：对于可以继续适用的，列为现行法律文件；对于需要修改或补充的，提上修改或补充的日程，有些可以届时修改或补充的，加以修改或补充后再列为现行法律文件；对于需要废止的，加以废止。

二、法的清理的权限

法的清理作为具有重要立法性意义的活动，其主体应当明确，其执行应当受到适度的限定。法的清理只能由具有一定立法职权的国家机关和这些国家机关的授权机关进行，其结果可以是立法主体作出的关于法律清理的决定和作为决定附件的清理报告，也可以是立

---

① 邓世豹主编：《立法学：原理与技术》，中山大学出版社 2016 年版，第 351 页。
② 朱景文主编：《法理学》（第四版），中国人民大学出版社 2021 年版，第 263 页。
③ 周旺生主编：《立法学》（第二版），法律出版社 2009 年版，第 507 页。

法主体自行作出的清理公告。① 在中国的立法实践中，法的清理由立法主体的工作机构，如全国人大常委会法制工作委员会来具体实施，或者立法主体成立的临时工作机构，如国务院法规清理小组来具体操作，由立法主体对清理报告或结果加以审查、批准。但也有由立法主体的一个部门审查、批准的情况，如国务院办公厅审查、批准清理报告或结果。如果没有相关立法主体的授权，这种情况有悖于法治的精神。②

立法主体或其授权主体应当在法定职权范围内进行法的清理活动，应当坚持"谁制定谁清理"的原则。既不能越权清理自己无权清理的规范性文件，又不能代为清理不必由自己清理的规范性文件，当然也不能在有必要清理自己制定的规范性文件时不作清理。此外，上级主体认为下级主体必须进行规范性文件清理时，有权责成或要求其进行清理。在中国的立法体制下，全国人大常委会、国务院、国务院所属部门、地方有权制定地方性法规、规章的国家机关以及自治法规的制定机关，其法的清理范围分别为法律、行政法规、部门规章、地方性法规、地方政府规章、自治法规，详见表5-1。

表5-1   法的清理的主体与范围

清理主体	全国人大及其常委会	国务院	国务院所属部委	省、自治区、直辖市、设区的市、自治州的人民代表大会及其常务委员会	有立法权的地方人民政府	自治地方的人民代表大会
清理范围	法律	行政法规	部门规章	地方性法规	地方政府规章	自治条例、单行条例

三、法的清理的方法

法的清理的方法通常分为三种：集中清理、定期清理和专项清理。

(一)集中清理

集中清理的时间跨度大且涉及的内容广泛，从时间角度来看，是指对较长时间内的规范性法律文件进行清理；从内容角度来看，是指对较多或一定立法主体所订立各方面的规范性文件进行清理。

集中清理通常发生在以下集中情况：(1)重要的历史转折时期。在这样的时期，执政者往往为适应历史转折对立法的需求，或为实现依法治理国家、管理社会的目标，对长期以来积累的规范性法律文件，进行系统的清理，并总结经验编纂或制定新的法律。(2)在

---

① 孙笑侠、夏立安主编：《法理学导论》，高等教育出版社2004年版，第260页。
② 刘平著：《立法原理、程序与技术》，学林出版社、上海人民出版社2017年版，第271页。

法制或法治原本落后而新的历史时期迫切需要较好地运用法制来保障社会发展的情况，需要集中清理原有的法律。(3)社会形势发展变化较快而法的制定或修改相对滞后的时期。实际上，上述集中情况所反映的历史时期或特定情形都是在法治相对不成熟或落后的社会才会发生。①

(二)定期清理

定期清理是把法的清理作为一项常规工作，每隔一定时期进行一次清理。它的好处是，有助于及时协调法律与法律之间、法律与社会变化和社会需求之间的关系，有助于及时发现和解决问题。如国务院于 1985 年要求国务院各部门和各省、自治区、直辖市人民政府应每年清理法规一次。② 定期清理应当由立法主体将其列入常规立法工作日程，由专门人员或机构具体操作。

(三)专项清理

专项清理是指专门对特定事项内容的规范性法律文件或某种形式的规范性法律文件进行清理。专项清理具有针对性强的特点，有助于集中时间和力量解决某一方面或某一领域的法律问题。总的来说，在法的清理迈入正轨后，定期清理和专项清理相结合应当成为法的清理的一个基本思路。③

四、法的清理的程序

法的清理应当按照法定程序进行，通常清理的程序有两种。一是由立法主体作出法的清理的决策，授权其专门委员会或法制工作机构或临时成立的专门机构进行清理，由它们提出法的清理案，再由立法主体对清理案加以审议。在审议过程中，如有必要则由立法主体或其授权提案的机构进行修改，清理案经审议通过后，由立法主体予以批准并以一定的形式正式公布。二是由立法主体的专门委员会或法制工作机构根据已有的关于法的清理的常规规定或客观需要，直接向立法主体提出法的清理案，由其审议。

其一，法的清理案的提出。法的清理案一般由两部分构成：一是关于对相关规范性法律文件清理的提议；二是关于法的清理的具体报告。

其二，法的清理案的审议。清理案应当由有立法权或一定立法性职权的主体进行。审议的标准主要有：(1)是否适合社会发展的需要；(2)是否与现行《宪法》以及法律体系相抵触；(3)文本在内容、文字表述等方面是否存在问题。

其三，公布法的清理的结果。法的清理案经审议修改并经立法主体正式表决获通过或

---

① 刘平著：《立法原理、程序与技术》，学林出版社、上海人民出版社 2017 年版，第 271~273 页。

② 朱力宇、叶传星主编：《立法学》，中国人民大学出版社 2015 年版，第 211 页。

③ 周旺生主编：《立法学》(第二版)，法律出版社 2009 年版，第 512 页。

批准后，应当将结果正式公布。清理结果的形式，可以是立法主体作出的关于法的清理的决定和作为决定附件的清理报告。表 5-2 与表 5-3 即是作为决定附件的清理报告。①

表 5-2　　　　　　　　　国家文物局继续有效的规范性文件目录（部分）

序号	文 件 名 称	发 布 单 位	文　　号	发布日期
1	《拓印古代石刻的暂行规定》	国家文物事业管理局		1979 年 9 月 4 日
2	《文物商店工作条例(试行)》	国家文物事业管理局	(81)文物字第 343 号	1981 年 7 月 17 日
3	《全国重点文物保护单位保护范围、标志说明、记录档案和保管机构工作规范(试行)》	国家文物局	(91)文物字第 185 号	1991 年 3 月 25 日
4	《国家文物局田野考古奖励办法(试行)》	国家文物局	(93)文物文字第 545 号	1993 年 8 月 1 日

表 5-3　　　　　　　　　国家文物局废止和失效的规范性文件目录（部分）

序号	文 件 名 称	发布单位	发布日期	说　　明
1	《省、市、自治区博物馆工作条例》	国家文物事业管理局	1979 年 6 月 29 日	已被 2005 年 12 月 22 日《博物馆管理办法》(文化部令第 35 号)代替
2	《国家文物局文物科研项目课题及经费管理办法(试行)》	国家文物局	1991 年 6 月 17 日	已被《文物保护科学和技术研究课题管理办法》等代替
3	《国家文物局文物科学技术进步奖励办法(试行)》	国家文物局	1991 年 6 月 17 日	已被《文物保护科学和技术创新奖励办法》代替

五、法的清理的意义

第一，法的清理有助于促进法与社会需求之间的和谐。法本身的特性决定了法具有一定保守性甚至是滞后性。法与社会之间经常并不是同步发展的，社会生活关系的变化自然带来了法的变迁。当法通过解释等方式无法适应社会生活时，就需要对法进行修改、补充或废止。法的清理正是为适应法与社会之间的变化而进行的具有立法性意义的活动。

第二，有助于实现法的科学化、系统化。这一点亦如前述已经分析过的法的汇编和法的编纂，都是法律系统化的重要方式。法的清理是法的汇编和法的编纂的基本前提。

---

① 表 5-2 与表 5-3 来自相关部门信息公开中的图表，本书节录其中一部分作为举例说明使用。

第三，有助于立法的开展。通过法的清理可以总结立法经验，看清利弊得失，找出规律性的东西，避免在后续立法中走弯路。

　　第四，有利于执法、司法和守法。立法不科学，缺少立法规划，部门立法严重，立法的地方保护主义，立法多重复，法律之间"打架"，相互之间冲突不断，这些立法问题带来的是法的体系不和谐、不统一，导致实践中执法、司法和守法的困惑和疑难。法的清理通过对法的留存、修改、补充和废止，促进了法制的统一，有利于严格执法、司法和守法。

思考题：

1. 如何理解法的位阶的概念？
2. 试从法的位阶角度分析上位法和下位法、同位法之间的关系。
3. 如何理解法的体系与法系的关系？
4. 试述法的汇编的主体与程序。
5. 法的编纂的条件是什么？如何进行法的编纂？
6. 法的清理的权限、程序和方法是什么？
7. 法的汇编、法的编纂与法的清理之间的关系是什么？

第六章　立 法 规 划

习近平总书记在《在十八届中央政治局第四次集体学习时的讲话》(2013 年 2 月 23 日)中指出："要完善立法规划,突出立法重点,坚持立改废并举,提高立法科学化、民主化水平,提高法律的针对性、及时性、系统性。要完善立法工作机制和程序,扩大公众有序参与,充分听取各方面意见,使法律准确反映经济社会发展要求,更好协调利益关系,发挥立法的引领和推动作用。"发挥好立法规划的引领作用,推动立法工作的有序发展,是实现立法工作的重要基础和前提。我国《立法法》第 56 条对立法规划和立法计划工作作出系列规定,"通过立法规划、年度立法计划、专项立法计划等形式,加强对立法工作的统筹安排"。"立法规划和年度立法计划是立法过程的重要环节","是向科学立法、民主立法迈向的又一步"。① 当前我国立法规划和立法计划工作日趋成熟,立法规划的研究仍离不开对基础问题的把握,本章试图回答这些基础性问题,包括:立法规划的定义和性质是什么? 立法规划的特征是什么? 立法规划的基本原则是什么? 立法规划在我国立法过程中发挥何种作用? 当前我国立法规划的发展和实施情况如何?

第一节　立法规划的概述

一、立法规划的定义

就立法规划的定义而言,不同的学者有着不同的理解,大体包括以下几种定义:(1)"规划目的说",该观点认为立法规划是有权的主体在自己职权范围内,为达到一定的目的,按照一定原则和程序,在对立法项目预测的基础上,进行通盘考虑和总体设计后所编制的,用以实施的关于立法工作的设想和部署。② (2)"立法计划说",该观点将立法规划同立法计划的定义一致化处理,即立法主体根据法律、国家的方针和政策、国民经济和社会发展计划,在自己职权范围内,按照一定原则和程序,在科学的立法预测基础上,作出

---

① 冯玉军主编:《新〈立法法〉条文精释与适用指引》,法律出版社 2015 年版,第 175 页。

② 参见魏海军主编:《立法概述》,东北大学出版社 2014 年版,第 465 页。

的关于立法工作的计划、安排和部署。① （3）"立法部署说"，该观点从实务角度出发，将立法规划定义为：有立法权的人大常委会在职权范围内，为实现任期内的一定目标，按照一定原则和程序编制的关于立法工作的设想和部署。②

本书认为，立法规划是为国家发展和社会进步提供顶层设计，是享有规划制定权的机关，为保证其立法工作任务的可持续发展，回应现实需要和体现党和国家政策方针，并结合当前国家社会经济发展状况和本国国情，依照一定的程序要求，在法律规定的范围内，所编制和实施的有关法律规范相关的计划安排。据此，立法规划可以归纳为如下几个特征：首先，立法规划的制定主体的确定性和合法性，制定主体需要享有相应的立法规划制定权；其次，立法规划的制定不是空口无凭，也不是无中生有，而是要切实符合国家和社会的发展，实际考虑规划的可行性和合理性；再次，立法规划的制定并不是没有章法的，要遵循基本的原则和程序，在宪法和法律规范的范围内进行；最后，立法规划的是一种未来的预期和安排，带有前瞻性和展望性以及明确的目的性，是立法主体对未来时期的预判。

二、立法规划的性质

立法规划的性质是立法规划的本质体现，是准确把握和认定立法规范定位的要素。

目前，学术界对于立法规划的性质存在四种不同观点。(1)立法规划具有准法性质，立法规范虽并不具有法律规范所内含的法律属性，但其仍发挥着指导法律制定的作用。③ (2)立法规划具有准备性质，立法规划隶属于立法活动之中，是立法活动的前期准备阶段。立法主体按照立法规划开展立法活动，可以消除立法工作中的分散劳动和重复劳动现象，使立法工作开展在有充分准备的基础上，进而可以按部就班、协调一致地进行立法，节省立法资源，提高立法质量和效率。④ （3）立法规划具有管理属性，管理立法进程，推进立法活动。⑤ 立法规划正因其管理定位，方能按照其所指导和规划来管理社会生活和经济活动，在国家和地区发展和建设中发挥其顶层设计的作用。(4)虽然立法规划有着不同的特定属性，但学者们也都对立法规划具有的预测性属性，达成统一认识，乔晓阳在《立法法讲话》一书中，就立法规划的预测性进行分析，⑥ 在提出立法规划具有管理计划性质的同时指出，"立法规划工作是同立法预测工作紧密地联系在一起的，并且是依靠立法预测而

---

① 参见黄文艺主编：《立法学》，高等教育出版社 2008 年版，第 147 页。

② 张春生主编：《立法实务操作问答》，中国法制出版社 2016 年版，第 1 页。

③ 参见周旺生主编：《立法学》（第二版），法律出版社 2009 年版，第 422 页。

④ 黄文艺主编：《立法学》，高等教育出版社 2008 年版，第 148 页。

⑤ 吴大英、任允正、李林著：《比较立法制度》，群众出版社 1992 年版，第 783 页。

⑥ 参见乔晓阳主编：《立法法讲话》，中国民主法制出版社 2000 年版，第 100 页。

进行的。立法预测为立法的科学化奠定了基础，使其成为立法活动中一个重要的环节。[1]

在其现实性上，立法规划属于立法活动的头部程序，虽然没有明确的法律规定对其作出清晰界定，《立法法》第 56 条指出全国人民代表大会常务委员会通过立法规划、年度立法计划等形式，加强对立法工作的统筹安排。可以看出，立法规划虽然不属于法律规范，但在立法中发挥着重要作用。在 2013 年 10 月底，全国人大常委会法工委副主任信春鹰在十二届全国人大常委会立法规划答记者问时说："立法规划是全国人大常委会在统筹各方面意见基础上形成的重要文件。"[2] 在这个意义上说，立法规划属于规范性法律文件之范畴，是立法机关对立法工作的重大决策，其主要内容是对要完成的各个具体立法项目作出的安排和部署，是具有与该立法机关公布的规范性文件相同的法律地位的规范性法律文件。[3]

三、立法规划的特征

立法规划作为规范性法律文件的一种，与立法活动的进程息息相关。在实践中立法规划逐渐与社会和国家发展相适应呈现出中国特色。

第一，立法规划紧密围绕立法目的进行与国家政治社会经济发展相适应；立法目的来自人们对法律的需要，人们需要什么样的法律就会形成什么样的立法目的。[4] 立法目的随着社会的发展和时代的变迁发生变化，自党的十八届四中全会以来，确立了全面依法治国的战略方针，立法目的为实现全面实现依法治国战略，建设中国特色社会主义法治体系和中国特色社会主义法治国家，来贯彻和指导这个立法活动。立法规划作为立法活动的工作依据，也要贯彻和执行基本的立法目的。立法目的除了满足基础性的发展需要也要具体问题具体分析，注意立法活动的特殊性，立法因调整的社会关系不同，涉及社会关系的范围不同，也有着不同的立法目的。立法规划在遵循基本的立法目的的基础上，统筹兼顾立法所涉及的社会范围。立法目的的遵守和贯彻不是凭空的，要同实际发展相结合，同现实需要相结合。立法目的反映的是实际需要，立法规划依照立法目的，回到实践中来，使得立法规划不会成为空中楼阁，具有可行性。因此，从实际出发，既是立法目的的来源也是立法规划的依据，立法规划对国家社会需求的反映，是符合立法目的的，也是立法目的的需要。

第二，从重视法律制定向制定与修改法律并重，综合考虑法律的立改废；法律的制

---

① 参见侯淑雯著：《立法制度与技术原理》，中国工商出版社 2003 年版，第 148 页。
② 《信春鹰就十二届全国人大常委会立法规划答记者问》，载中央人民政府网站，http://www.gov.cn/jrzg/2013-10/30/content_2518208.htm，最后访问日期：2022 年 5 月 11 日。
③ 邓世豹主编：《立法学原理与技术》，中山大学出版社 2016 年版，第 268 页。
④ 黎建飞：《论立法目的》，载《中国社会科学院研究生院学报》1992 年第 1 期。

定、修改和废除是立法调整的三大基本手段，三者在不同时期发挥着不同的作用。在2011年我国初步形成社会主义法律体系之前，我国立法活动主要集中在法律从无到有的过程。在体系初步形成之后，完善立法体系成为重要任务，立法体系的完善离不开立法技术的支撑，立改废的选择和适用，要适应国家和地区发展需要以及法律规范自身逻辑。随着国家改革发展的不断深化，面对前所未有的风险和挑战，推进立法工作，发挥立法规划的指导意义尤为重要。立法规划作为综合性和全局性的法律抓手，要合理安排和运用立法手段进行立法指导。当前，国家在互联网、环境保护以及文化建设等重点领域仍存在诸多法律空白，相关基础法律的配套法律规范尚未建立，立法规划要把握立法工作的整体性，对适合制定新法律的工作作出部署。在现有的立法体系中，已经存在大量的基本法律，但基于当时法律规范的制定条件较落后，法律的设置较粗糙，条文过于僵化，与现实的发展相脱节。为保持法的稳定性，兼具变革的变动性，使法律规范顺应现实发展，应及时对法律规范进行修正或修订，针对不适宜的条文进行调整，避免重新制定造成的立法资源浪费和法律规范的重叠。此外，立法规划的设定要通盘考虑整个法律体系，近年来我国经济发展形势迅猛，立法所依据的经济基础和现实生活情况发生巨大转变。有些法律在被制定时，立法者并未考虑到情势变化的程度，使得法律规范的预测性和现实性不够，严重与社会发展相脱节，无法对当下问题进行规制甚至与当前实际情况的发展相违背，在适当甄别后可予以废止。综上所述，立法规划的设定要考虑内外部环境，切实发挥规划的前瞻性和预测性，采用合适的立法技术，进行立法工作任务的分配和部署。①

第三，立法规划与立法计划相互配合，年度立法计划为立法规划的具体实施单位。从理论上讲，制定立法计划以立法规划为依据，将立法规划中的每一个项目都分解在相应的年度，有计划地进行立法。② 相较于立法规划更具有灵活性，年度立法计划能够针对性进行立法安排，尤其在立法工作中，动态把握所调节的社会关系发展状况以及国家和社会发展的客观环境，精确部署和安排。实践是法律的基础，法律是实践经验的总结升华，有效地把握实践规律，使立法活动随着实践发展而发展，与时俱进。而立法规划的制定，是从宏观上推动立法的计划性、主动性，有利于法制的统一和法律体系的和谐，实现科学立法。③ 但立法规划制定程序没有明确的法律依据，导致立法规划的"强指令性和弱程序的矛盾"。年度立法计划的制定能够及时发现立法规划中出现的问题，予以调整，纠正与现实的偏差，避免损害的扩大。"立法规划被批准实施后，有关单位要按照立法规划的要求如期完成法律的起草和提请审议工作。"因此，能否进入立法规划就成了制定法律的关键环

---

① 徐凤英：《提升我国立法质量的路径选择》，载《东岳论丛》2016年第10期。
② 杨临宏著：《立法学：原理、程序、制度与技术》，中国社会科学出版社2020年版，第300页。
③ 万其刚著：《立法理念与实践》，北京大学出版社2006年版，第176页。

节，"立法规划呈现出强制令性的特征"。① 立法规划的强制性特点需要年度立法计划的实施保障，年度立法计划根据规划的指示精神，在立法规划的指导下，制定年度立法计划。一般情况下，立法规划以五年为期，根据宏观判断，结合当下发展的实际作出五年立法规划。在此基础上制定年度立法计划，根据立法规划的部署，细致化、具体化地落实到每项立法项目之中形成具有可操作、细致化的年度立法计划。两者之间相互配合，方能把握好政策方针和兼顾现实发展的需要。

四、立法规划与相关概念辨析

立法规划作为一项立法工作文件，在其运用中存在着与之相似的立法概念。把握好立法规划的基本属性，探讨立法规划的本质特征。在此基础上结合立法规划的特点，才能利用好立法规划。因此，有必要厘定立法规划与相关概念之分殊。

（一）立法规划与立法计划

"立法计划，是指立法主体根据立法预测的结果，在法定范围内根据经济社会发展的需要，依据一定的原则和程序所编制的关于本立法年度内的立法目标、措施、步骤的基本设想和安排。"②可以发现，立法计划并未脱离立法规划的本质内容，但在内容表述、关系划分与组成类型上二者存在细微差别。

其一，在定义中对"年度"进行把握，在时间上将二者进行区别。实践中，从 1993 年第八届全国人大常委会开始，每年全国人大常委会都会制定年度立法计划，落实本年度的立法项目。值得注意的是，2008 年全国人大常委会，又将"立法计划"变更为"立法工作计划"，同时在前面加上"年度"二字。③ 因此，在立法计划的表述上，"立法计划"也可是"年度立法工作计划"。相较于立法规划在宏观层面上的指导意义，年度立法计划则是将立法计划变得更加具体、精确，更具有可操作性。可以说，立法规划是制定年度立法计划的重要依据，而立法计划则是立法规划的具体化。

其二，二者在关系划分上有着不同的定位：立法规划发挥着指导和建设性作用，而立法计划在遵循立法规划的具体安排下，结合当年的实际情况进行调整和变更。目前我国实践中，年度立法计划主要是贯彻五年立法规划的具体要求，安排好本年度内立法规划确定的立法项目的审议工作。另外，对于立法规划的内容，年度立法计划可以对立法规划的一些内容进行必要的补充与修改，以适应社会生活不断变化发展的需要。在这期间，难免会

---

① 冯玉军主编：《新〈立法法〉条文精释与适用指引》，法律出版社 2015 年版，第 178 页。
② 杨临宏著：《立法学原理、程序、制度与技术》，中国社会科学出版社 2020 年版，第 337 页。
③ 《从"立法计划"到"立法工作计划"》，载全国人民代表大会网站，http://www.npc.gov.cn/npc/xinwen/lfgz/lfdt/2016-05/17/content_1990049.htm，最后访问日期：2018 年 12 月 7 日。

出现因现实需要、国际国内形势变更，引起的立法变动。但立法计划的及时性，并不会打破立法规划的预设安排，在重大情势变更的情况下，仍要按照立法规划进行年度立法计划，保证立法的完整性和连续性。因此，相较于立法规划，立法计划的制定更应当切合实际，贯彻和落实立法规划，同时兼顾立法实际，保证立法规划的分步实现和落实，推进法律规范体系建设。在实践中，年度立法计划编制程序一般是：在前一年度下半年由全国人大常委会法制工作委员会着手编制下一年度的立法工作计划，通常于前一年度由委员长会议原则通过，对下一年度的立法工作作出预安排。待下一年度全国人民代表大会召开后，根据会议精神和全国人大代表审议中的意见、建议，对预安排作出调整完善，经委员长会议讨论通过后正式印发执行，并向社会公布。立法计划一般包括三部分内容。第一部分一般是关于立法工作的总体要求，即今后一年的立法工作应遵循的指导思想和原则要求。第二部分是具体的立法项目任务。第三部分一般是关于做好立法工作的具体措施，对加强和改进立法工作，切实提高立法质量，推进科学立法、民主立法等方面做出了部署和安排。①

其三，二者在组成上存在明显区别：在人大立法规划中根据成熟条件的不同划分为三大类：第一类项目：条件比较成熟、任期内拟提请审议的法律草案；第二类项目：需要抓紧工作、条件成熟时提请审议的法律草案；第三类项目：立法条件尚不完全具备、需要继续研究论证的立法项目，三类项目根据项目的成熟条件情况，依次划分。在人大年度立法工作计划中，除了包括法律案的类型之外，还包括立法的指导思想、立法的基本要求。在法律案的划分上是根据审议案的状态进行分类：第一类继续审议的法律案、第二类初次审议的法律案、第三类预备审议项目、第四类做好授权决定和改革决定相关工作。将立法规划和立法计划相比较可以发现，立法计划要比立法规划更详细且具体，对推进立法工作有着更清晰的指向。

（二）立法规划与立法项目

立法项目是立法规划的具体内容，是对立法规划的列举和安排。立法规划的主体内容体现在立法项目上，立法规划得以贯彻和实施离不开立法项目，而立法项目只有被选入立法规划才能进行相应的立法编撰活动。立法计划作为立法规划的具体执行单位，同样是由各个立法项目所组成的。② 立法项目从立法规划到立法计划再到立法项目的落地，构成了整个立法的前期准备工作。实践中，在立法规划和立法计划中，往往采用列举立法项目的方式进行，如全国人大常委会一般将列入年度立法计划中的立法项目除了包括基本的三大类，还规定了对于立法条件还不成熟、需要先行先试的，依法及时作出授权决定或者改革决定。这些内容的实现，都是以立法项目为载体所完成实施的。

① 郑淑娜主编：《〈中华人民共和国立法法〉释义》，中国民主法制出版社2015年版，第149页。
② 参见周旺生著：《立法学教程》，北京大学出版社2006年版，第454页。

（三）立法规划与立法政策

立法政策，是指党和国家在国家发展过程中，根据国家的实际需要和当前发展现状，在一定时期内，所制定的立法工作的指导方针和原则，是立法活动的基本依据。在国家层面立法政策往往体现的是党中央的政策和意见，党的十八届四中全会指出，将党的主张上升为国家意志。立法政策对执政党主张的贯彻和执行，是具体地将执政党的路线方针转化成国家意志的前提和必要步骤。① 在地方层面，立法政策往往是地方各级党委，根据地区发展的需要，结合地区发展特点，将其主张转化为地方意志。将党的主张和国家意志的有机统一，有利于国家发展和社会建设。实践中根据国家发展的不同需要，党的主张也会出现不同的需求，如国家近中远期的发展规划目标、发展战略或者急需发展的重点行业和领域、亟待解决的重大问题等，都是立法规划所需贯彻和执行的。立法规划在落实立法政策的同时，也要根据各立法项目所调节的社会关系进行分析调研，结合立法规划的自身特点。立法规划制定者制定符合实际情况、兼具各项特点、运用各种立法技术的具有指导意义的立法规划。理解立法规划和立法政策的联系和区别，就应当充分注意：在编制和实施立法规划时，要自觉用立法政策加以指导，使立法规划和立法政策的原则、精神和要求协调一致或不相抵触。同时，不能以为确立了立法政策就等于有了立法规划。②

五、立法规划在立法过程中的作用

立法项目的通过通常是在立法规范的框架内，根据立法规划的部署所开展具体的立法工作。立法规划作为立法活动的重要依据，是立法过程中不可缺少的组成部分。正是如此，在立法的前期、中期、后期都发挥着重要的作用。

其一，立法规划的遵循体现的是党对立法工作的领导。坚持中国共产党的领导是中国特色社会主义最本质的特征，将党的领导贯彻到立法活动中，就是要"始终坚持党的领导和理论指导，善于使党的主张通过法定程序成为国家意志，成为全社会一体遵循的行为规范和活动准则，从法律制度上贯彻落实党的方针政策和重大决策部署"。习近平总书记指出，要加强党对立法工作的领导，而立法规范作为立法工作的指向标，必然需要直接且集中地将党的领导体现在立法规划的编制和实施中。实践中，全国人大常委会的立法规划需要经过党中央的批准，同时立法规划的制定又要围绕党中央的重大决策部署开展，在程序上和内容上保证党的主张、决策和指示得到贯彻和落实，从源头上保证党的领导。

其二，立法规划有利于推动立法活动的科学化、民主化。党的十八届四中全会指出，推进科学立法、民主立法，而科学立法主张的是对客观规律的尊重，民主立法的关键是以

① 孙国华主编：《中华法学大辞典·法理学卷》，中国检察出版社1997年版，第282页。
② 周旺生主编：《立法学》（第二版），法律出版社2009年版，第425页。

人为本，坚持立法为了人民、依靠人民、造福人民。尊重客观规律，把握社会发展需要和回应人民群众需求，把维护好最广大人民群众的利益作为出发点和落脚点。立法规划的好坏由人民来评判，人民对立法的支持是检验立法规范可行性的重要依据。因此，发挥立法规划在贯彻和落实科学立法和依法立法方面的带头示范作用。另外，立法规划不仅在编制过程要符合科学立法和民主立法的要求，其编制的方式、方法和手段也同样如此。立法规划作为一项系统性工程，要遵循其本身的规律方法、要求。其中，对立法规划的公开性要求、普遍性要求和广泛性要求发挥广大人民群众的积极性和参与度，提升立法规划的透明度，推进立法规划朝着科学合理的方向发展。

其三，立法规划有助于法律体系的整体性和协调性建设。以宪法为核心的中国特色社会主义法律体系已经初步构建，但其中仍有诸多需要修改和完善的地方。当前我国确立"科学立法、严格执法、公正司法、全民守法"的法治方针，无论处于法治的何种环节，都需要有法可依。法律规范作为法治活动的依据，要形成合理可行的法律体系，防止法律之间、法律部门之间出现重叠或真空地带。制定和实施立法规划，可以全局性把握法律规范，准确定位立法项目所处的位置，目前进行到的环节和所持的状态，把现行法律、审议法律和拟定法律三者有机地统一起来。通过实施立法规划，也可避免立法机关之间的因利益分配的不均衡造成的立法不公，部门利益过大的情况，协调和维护好和谐有序的立法氛围。同时，利用立法规划的评估机制，判断立法项目的可行性和必要性，及时针对各立法项目调整思路，保证法律体系内部的和谐统一。

其四，立法规划有助于立法活动的有序开展。立法规划的有序性体现在立法规划本身的计划性。在立法规划中立法项目的确定本身要经过大量的论证，并且立法规划的确定还需要根据党和国家的政策方针进行，需要严格的程序把控。同时注意到，立法规划中往往分为三大类型的立法项目，尤其是在众多立法项目中，立法规划的制定者往往要分主次、抓重点，分门别类地规划立法项目。另外，从立法规划到年度立法计划的制定和实施过程中，对立法草案的制定主体，制定环节的时间安排，都有着清晰的规范和规定，这样有利于调动和组织各有关方面参与立法工作的积极性，从而确保立法的速度和进程。① 尤其某些立法项目涉及范围广、立法周期长的情况，通过立法计划来规范立法活动，如在我国《民法典》的制定过程中，涉及社会方方面面，以及各种法律之间的衔接还有立法制定机关之间的配合等情况，都需要规划的统筹安排，合理分配立法资源，把握各立法项目的进展程度，使得立法资源都能得到合理的利用。

其五，立法规划是对立法预测的继承。立法预测是对立法工作的预先评估，是提前对立法工作作出的合理判断，因当前我国社会主要矛盾发生变化，新的战略和目标的不断实

---

① 朱力宇、叶传星主编：《立法学》，中国人民大学出版社 2015 年版，第 157 页。

施，为避免立法规划与社会发展相脱节，故而要进行立法预测，推动科学立法。如果不进行立法预测，立法规划就难免带有主观主义的成分，甚至陷入盲目性。[1] 通过立法预测能够对立法规律进行有效的分析，包括整个立法以及一般法的发展趋势，以及对现行法律规范的社会效果和法律效果的评估，预判其能够达到的效果，为今后的立法提出相应的意见和建议。[2] 同时根据预测发现社会的显著变化为立法规划的制定提供客观支撑，提升规划的可行性和规划性。实际上，在我国目前各类中长期立法规划中，立法规划的制定和实施经过严密的论证、广泛的参与和详细的审核，对所处阶段局势的预判和预测分析，制定出本届任期的立法规划。因此，立法规划的制定和实施是一项技术性和系统性工程，需要的是缜密的安排和合理的设计方能实现对立法的指导作用。

第二节　立法规划的分类

在整个立法体系中，立法活动的开展受到严格的法律限制。立法规划的制定和实施同样受到法律规范的约束。那么，立法规划会因此产生何种划分？基于学界的通说[3]，立法规划可以按照时间长短、规划主体、制定机关和内容范围为标准进行划分。

一、中长期立法规划和短期立法规划

立法规划按照所涉及的时间长短不同，可以分为中长期立法规划和短期立法规划，中长期立法规划通常指的是规划时长在五年以上的立法规划，而短期立法规划是指较短时期内的立法项目所作的安排和部署。各国具体时限并不一致。总的来说，短期立法规划一般不超过两年。[4] 相较于短期立法规划，中长期立法规划具有覆盖范围广、内容量大的特征，对保持国家和社会发展的稳定具有重要意义，保持法的连续性和一致性，中长期规划往往具有宏观性和全局性等特点。

在实践中，我国第七届全国人大常委会立法规划因实际发展情况的需要，制定出三年国家立法规划，而从第八届开始我国全国人大常委会立法规划和全国人大每届任期保持一致，为五年一次。这样的安排，可以较稳健地提升立法安排，完善立法规划，又能防止立法规划因现实经济和社会发展过快而导致的立法滞后，无法适应时代的需要，造成立法资源的浪费。中长期立法规划除了与国家五年一届的任期安排相一致，也保持着与国家政策方针相配合。中华人民共和国成立后，截至目前，我们已经实施十四个五年计(规)划，从

---

① 吴大英、信春鹰：《加强立法预测是法制协调发展的重要措施》，载《法学》1984年第8期。

② 参见吴大英：《我国的立法预测与社会主义现代化》，载《中国法学》1984年第1期。

③ 曾粤兴主编：《立法学》，清华大学出版社2014年版，第164页。

④ 侯淑雯著：《立法制度与技术原理》，中国工商出版社2003年版，第151页。

"十一五"开始,"五年计划"改为"五年规划",目前中长期规划处于国家发展的主导地位,[①] 逐渐形成具有中国特色的国家发展五年规划体制,如《法治中国建设规划(2020—2025 年)》《中华人民共和国国民经济和社会发展第十四个五年规划和 2035 年远景目标纲要》等。因此,国家立法规划以五年为标准,已经形成独具中国特色的政治体制。

二、中央立法规划和地方立法规划

根据规划制定主体的层级不同进行划分,中央立法规划指的是由中央立法机关根据中央立法需要所制定的部署和安排。其主要任务是明确整个国家范围内的法律制定、变动的目标和方向。而地方立法规划指的是地方立法机关根据地方立法需要或根据中央立法规划部署所制定的适用于地方发展的立法安排和部署。相较于中央立法规划,其主要任务面范围较小,以服务于本地区发展为主要内容,对本地区范围内的规范性文件的制定和变动提供方向、任务和指标。地方立法规划在制定和实施上,既遵守中央立法规划的普遍性,又兼顾本地方的特色。

因此,地方立法规划与中央立法规划之间关系体现在三个方面:(1)地方立法规划贯彻和落实中央立法规划,对于需要地方立法规划进行配合的内容进行细致化处理。反之,中央立法规划对地方立法规划提供指导,并就一般性、基础性的规划事项进行规定。(2)地方立法规划具有自主性。我国《立法法》第 80 条规定:"省、自治区、直辖市的人民代表大会及其常务委员会根据本行政区域的具体情况和实际需要,在不同宪法、法律、行政法规相抵触的前提下,可以制定地方性法规。"(3)地方立法规划必须以中央立法规划为依据,不得违背中央立法规划的规定、原则和精神,另外地方立法规划还应有适合本地方实际情况而中央立法规划没有规定的内容。理论上讲,中央立法规划的制定应该先于地方立法规划的制定,以便为地方立法规划提供依据和参考。[②]

三、人大立法规划、行政立法规划和军事立法规划

根据立法机关的性质不同,可以划分为人大立法规划、行政立法规划和军事立法规划。

第一,人大立法规划指的是享有立法权的权力机关进行规划。人大作为国家的权力机关,是其他机关的责任机关。其立法规划的设定,在整个立法规划中具有主导地位。而全国人大作为最高的权力机关,其立法规划的制定与党中央决策部署高度协调,是对全国立法工作的指导。发挥人大在立法规划中的主导作用,通过立法规划和立法计划的编制和实

---

① 刘风景:《法治中国建设的顶层设计——〈法治中国建设规划(2020—2025 年)〉的法理阐释》,载《东岳论丛》2021 年第 12 期。

② 汪全胜:《立法规划新论》,载《杭州商学院学报》2003 年第 2 期。

施，牢牢把握立法工作的方向，总体把握立法进度、指导思想、主要内容等方面。而地方各级人大作为地方的权力机关，在本地区范围内，根据地区发展的需要制定符合当地情况的立法规划。同时，地方各级人大的立法规划还要同上级立法规划保持一致，贯彻上级立法规划，不与其相违背。根据立法的有关规定，地方人大机关的立法事项受到法律的严格限制。因此，地方各级人大在制定和实施立法规划时要保证在规定范围内确定立法项目。同时，需要注意与上级地方立法规划的配合，即为贯彻和实施中央立法规划中的立法项目，根据本地方实际情况作出的立法规划的情形。

第二，行政立法规划指的是享有行政立法权的行政机关进行规划。行政立法规划的制定主体多为行政机关中的法制部门，行政立法规划基于行政机关的属性，从事行政管理工作，因此会涉及社会管理的方方面面，与公众的生活息息相关，对行政立法规划的制定和实施要广泛听取群众意见，避免行政规划的盲目性和随意性，保障行政立法工作的有序开展。[①] 行政立法规划的主要内容包括：一是就行使行政权而确定行政法规或行政规章的制定或变动；二是就贯彻执行议会法律而确定法律实施细则的制定或变动；三是在某些事项需要法律调整而法律尚未出台的情况下，或是在某些法律需要变动而议会尚未变动的情况下，就这些法律的制定或变动，确定拟向议会提交哪些法案。[②] 行政机关作为权力的执行机关受到权力机关的监督和制约，这种监督和制约不仅来自同级权力机关也包括来自上级立法机关，行政立法规划要坚持对人大立法规划的贯彻和遵守，不得与人大立法规划相冲突或抵触。在法律规定的范围内制定立法规划，包括行政法规、行政规章、行政规范性文件等内容。另外，行政立法规划要具有可操作性与特色性，能够发挥其规划的作用，针对具体问题具体分析和研判，解决好部门之间的协调问题，符合地方发展，推动地方立法工作。

第三，军事立法规划指的是享有军事立法权的军事机关进行立法规划。相较于人大立法规划和行政立法规划，军事立法规划涉及领域较为狭窄，主要集中在军事范围内，就国防、军队建设所涉及的各种社会关系进行调整、分析、梳理、研究，制定相应的规划目标，统筹安排、综合协调。[③] 军事立法规划对于我国军事和国防建设有着重要的作用，同时也是与国家整体发展、党中央决策部署以及国家立法规划相衔接的重要组成部分。在1995 年 5 月，我国首次制定军事立法规划《中央军委"八五"期间立法规划》开始了军事立

①　参见肖蔚云、姜明安主编：《北京大学法学百科全书·宪法学　行政法学》，北京大学出版社1999 年版，第 588 页。

②　周旺生主编：《立法学》(第二版)，法律出版社 2009 年版，第 427 页。

③　参见张建田：《军事立法体制与军事立法实践中的有关问题》，载《西安政治学院学报》2002 年第6 期。

法规划的新阶段。① 当前军事立法规划，为适应新时代国防和军队建设，落实总体国家安全观，提出制定和修改一系列的军事法规，保证军事和国防改革依法有据，强化对军人权益的保障。② 制定军事立法规划主动将军事立法活动融入社会主义法律规范体系，妥善解决军事立法与军事法制其他各个领域之间的关系，确保军事立法与军事法制建设协调发展，通过军事立法规划准确把握立法进度的轻重缓急，切实提高军事立法的科学性和针对性，从而形成覆盖全面、结构合理、内部协调、科学严谨的军事法规体系。③

四、专项立法规划与综合性立法规划

根据立法规划的涉及范围不同，可以分为专项立法规划和综合性立法规划。专项立法规划和综合性立法规划二者并不是相互独立的，而是相互配合统筹规划，一方面加强立法规划的顶层设计，另一方面突出重点，就重点性问题发展确立专项性规划。④ 当前我国坚持"先单项法，后综合法"的立法规划思路，先抓住重点，对重点领域展开专项立法规划，后体系化、综合性的立法规划的建立，整合原本零散的法律规范，实现体系的协调和完善，避免因立法杂乱造成立法效果打折扣，影响立法权威和立法公信力。

其一，专项性立法规划指的是立法机关为调整某一方面的社会关系而制定的规划。专项立法规划能够发挥行业领域的特点和长处，使规划制定者更为全面和细致地把握某一领域的谋篇布局，设计细致化的立法规划，同时又能够明确相应的立法工作机构，并划分好不同主体之间的责任，有利于立法效率和立法质量的提升。专项规划往往是一种从上到下的调整范围，涉及上级和下级，中央和地方之间的关系调整，采用这种单一范围的立法规划，能够合理分配立法任务，避免不必要的人力物力的浪费，提升立法的实用性，从解决问题出发，细化和量化立法规划。⑤ 通过该领域或行业的立法规划进行系统且全面的立法安排，既能制定新法律，也能够注意对已有法律规范的完善，及时编制配套性的法律规范和定期清理不必要的法律规范。进而，突出重点、优先考虑、全盘分析，有利于完整的法律体系快速形成，层层相扣，环环推进，步步落实。如我国在网络强国战略的指导下，以维护网络安全开展的立法规划，全国人大常委会先后通过《关于加强网络信息保护的决定》和《网络安全法》，系统确立网络与信息安全保护基本制度，如网络实名制等。很多制度的

① 参见张建田：《新中国军事立法的历史发展与阶段划分》，载《法学杂志》2007 年第 4 期。

② 参见宫宜希、彭东昱：《厚植强军兴军的法治根基——全国人大常委会法制工作委员会、中央军委法制局、退役军人事务部就国防军事立法答记者问》，载《中国人大》2021 年第 15 期。

③ 张建田：《以科学发展观审视军事立法工作》，载《法学杂志》2006 年第 5 期。

④ 参见沈达：《对推进新时代信息化立法的思考》，载《人民邮电》2018 年 12 月 25 日，第 7 版。

⑤ 申素平、袁晨钧：《北京市地方教育立法的回顾与思考》，载《中国人民大学教育学刊》2019 年第 3 期。

实现从无到有、从原则到规则、从粗放规定到精细规定的重大转变。①

其二，综合性立法规划指的是立法机关针对社会中方方面面所制定的规划。例如，国家权力机关编制的关于民事、商事、行政、刑事、环境等诸多方面的立法的规划。② 综合性立法规划的编制并不是直接进行的，往往经过从易到难、从简单到复杂、从专项到综合的过程，经过立法经验的积累、实际效果的调整，逐步提升立法能力，渐渐完善立法规划的设定。③ 综合性立法规划又可以根据立法规划中立法项目涉及的主体多样性，包括纵向多主体参与和横向多主体参与，称之为"协同立法规划"。④ 相较于专项立法规划，综合性立法规划涉及范围广，对纲领性、一般性规范、基本原则等内容进行规定，强调规划的顶层设计。综合性立法规划并不涉及具体问题的解决，而是交由专项法律规划负责。综合性立法规划在内容上具有广泛性和全面性的特点；在立法形式上，综合运用各项技术，强调不同主体以及公众的广泛参与。设立综合性立法规划的目的，是对整个范围领域的规划和部署，是对整体性和系统化的把控。在考虑综合性立法规划时，要关注综合立法的能力，也要突出重点，点面结合，避免立法资源的分散，造成资源的浪费。

第三节 立法规划的基本原则

立法规划的基本原则是立法规划制定主体进行立法规划工作的重要准绳，是立法规划的内在精神的集中体现。⑤ 目前，学界对立法规划的基本原则主要包括合法原则、可行原则和科学原则。但部分学者也对立法规划的基本原则持有不同见解，如黄文艺教授在《立法学》一书中指出，立法规划的基本原则既包括合法性原则和可行性原则，也包括合理性原则。⑥ 该原则强调，立法规划的可持续性要从实际出发，立法规划和依照立法规划进行的立法要符合社会生产生活条件，要符合中国国情。也有部分学者认为立法规划的基本原则要从当下实际的立法规划中提炼出相应的原则，比如朱力宇教授在分析我国第八届、第九届、第十届全国人大常委会立法规划文件的基础上，提炼出立法规划具有的可行性原则、突出重点原则和体系协调原则；⑦ 还有部分学者同样根据国家需要和实际情况，提出

① 周汉华：《习近平互联网法治思想研究》，载《中国法学》2017 年第 3 期。

② 黄文艺主编：《立法学》，高等教育出版社 2008 年版，第 148 页。

③ 参见莫小松、马艳、马维博、陈波：《有了立法权能否遏制红头文件泛滥》，载《法制日报》2015 年 8 月 3 日，第 3 版。

④ 参见方印、王明东：《环境法的性质定位：认知焦虑、理性回归及归位效应》，载《贵州大学学报（社会科学版）》2022 年第 2 期。

⑤ 参见周旺生：《论中国立法原则的法律化、制度化》，载《法学论坛》2003 年第 3 期。

⑥ 参见黄文艺主编：《立法学》，高等教育出版社 2008 年版，第 147 页。

⑦ 参见朱力宇、张曙光主编：《立法学》（第三版），中国人民大学出版社 2009 年版，第 169 页。

"立法规划权由立法机关行使的原则""根据需要与可能，坚持量力而行的原则""统观全局，坚持法规的衔接配套和协调一致的原则"。①

在其现实意义上，立法规划的基本原则作为立法规划的指向标，具有明确的现实意义。我国于 2023 年修改的《立法法》，在第 5、6、7 条分别规定了立法的基本原则，即依法立法、民主立法和科学立法。立法规划作为立法工作的基础性环节，在坚持立法基本原则的基础上，结合立法规划的独特性进行分析。据此，我国立法规划的基本原则可作如下分解：

一、坚持党的领导

坚持党的领导是中国特色社会主义最本质的特征，是社会主义法治最根本的保障。把党的领导贯彻到依法治国全过程和各方面，是我国社会主义法治建设的一条基本经验。②党的十八届四中全会和五中全会指出，加强党对立法工作的领导，完善党对立法工作中重大问题决策的程序。党对立法工作的领导要求，把党的领导贯彻到立法工作全过程，确保反映党和国家事业发展要求、体现社会主义核心价值观、回应人民群众关切期待，实现良法善治。坚持党对立法规划的领导之要义有四：

首先，将党的方针政策、价值理念转化到国家立法层面，即通过立法规划将党的执政理念与价值追求贯彻到立法计划、立法项目和法律规范之中。立法规范的制定和实施，涉及重大事项和重大政策调整的，报请党中央进行讨论决定。在立法规划中涉及重大问题的由全国人大常委会报请党中央。③

其次，将党的主张和意志转化为国家和人民群众的意志，发挥立法规划的先导作用，把党的意志贯穿其中，党通过向权力机关提建议的方式，获得国家权力机关的支持和认同，并将建议写入立法规划，通过年度立法计划予以具体实施和安排执行。

再次，发挥健全和完善立法工作向同级党委报告制度，积极报告立法规划的制定和实施情况，将党的思想和行动贯彻其中。尤其涉及重大事情和重要情况，人大党委要向同级党委及时报告。建立请示报告制度，有利于领会党的立法意图，把党的决策不断贯彻落实到立法规划之中，也能够保证党委掌握立法规划的工作情况，切实保障党委的重大决策能够得到贯彻落实。④

①　参见刘和海、李玉福著：《立法学》，中国检察出版社 2001 年版，第 95 页。

②　张文显：《习近平法治思想研究(中)——习近平法治思想的一般理论》，载《法制与社会发展》2016 年第 3 期。

③　参见《坚持党的领导是社会主义法治的根本要求》，载新华网，http://www.xinhuanet.com/politics/2014-12/10/c_1113587997.htm，最后访问日期：2022 年 5 月 13 日。

④　参见《请示报告制度是党的一项重要政治制度》，载人民网，http://dangjian.people.com.cn/n1/2019/0408/c117092-31017186.html，最后访问日期：2022 年 5 月 13 日。

最后，坚持党的领导的同时也要坚持人大主导的立法工作原则，有机统一党的领导和人大主导，形成"党领导下的人大主导立法"的工作模式。党对立法工作的领导，是党行使执政权和领导权，并通过人大及其常委会立法权的运行而得以实现的过程，党的执政能力在相当程度上体现为依据宪法法律，通过人民代表大会制度制定法律和带头遵守法律的能力。[①] 也就是说，在坚持党对大政方针、发展方向领导的基础上，发挥党对立法规划工作的保障作用，为立法规划的开展和实施指明方向、协调矛盾、提供政治保障等重要作用。在此基础上，尊重人民代表大会领导立法规划依法依规在职权范围内行使权力，从而实现人大的主导地位。党领导立法绕不开人大立法工作，二者在性质、逻辑、组织方式、工作任务方面都有着不同的区别，二者之间不可相互替代。党的领导目的是实现立法规划工作的更好运转，党依据党内规范和制度要求，实现党的立法工作和人大的立法工作相衔接，为立法规划起到督促和监督的作用，促进良法善治的实现。因此，在立法规划中要坚持党的领导基本原则，将其与人大主导立法原则相统一。

二、提高立法质量

党的十八届四中全会指出，建设中国特色社会主义法治体系，必须坚持立法先行，发挥立法的引领和推动作用，抓住提高立法质量这一关键问题。立法质量是对立法产品的好坏进行评价，是立法活动的目标指向，是对立法问题的反映和体现。立法规划是对立法工作的指导，是进行立法工作的首要环节。通过立法规划的部署和安排，使得立法工作能够划分出轻重缓急、次序和步骤，有重点地进行立法活动，避免盲目立法或重复立法，降低立法成本，提高立法效率，使得立法与改革发展相协调、立法的科学性与现实性相统一。故构建科学、合理的立法规划，要坚持以提升立法质量为目标，进而有效指导立法工作的进行。立法规划对立法质量的追求，体现在对立法规划的制定和实施程序上。

首先，立法规划的编制要进行广泛和深入的调研，广泛听取民意，深入调研，专抓国家发展和社会经济建设中亟待解决的问题，把人民群众最关心和迫切需要解决的问题，提到立法规划的议程之中，使得立法规划有针对性、规划性，提升立法规划的可行性和预测性。

其次，立法规划的编制要符合客观发展规律和实际情况，在国家层面的立法规划要立足国情、把握党和国家的发展需要，制定符合国家发展方针的立法规划；在地方层面，地方立法规划要在贯彻国家发展规划的基础上，结合地方特色，尊重地方发展的实际需要，从当地的现实情况出发，围绕地区问题展开规划，使规划更具有针对性和可操作性。

---

① 秦前红：《依规治党视野下党领导立法工作的逻辑与路径》，载《中共中央党校学报》2017 年第 4 期。

最后，立法规划工作是一项系统性立法工作，立法规划的制定要考虑立法技术、形式的多样化，在严格遵守法律规范的基础上，保证立法规划的公开性，人民群众、社会各界的广泛参与，在规划中把握矛盾点、问题点，实现程序和实质的有机结合。① 因此，发挥立法规划的预测作用，指导立法工作，提高立法质量，使立法工作安排更加科学、合理，做到立法决策同改革与发展决策相一致，保证立法活动有秩序地进行。②

三、坚持人大主导

党的十八届四中全会指出"健全有立法权的人大主导立法工作的体制机制，发挥人大及其常委会在立法工作中的主导作用"。我国修改《立法法》之后，将人大主导立法上升到法律高度，是新时期立法工作的基本要求。该法强调全国人大及其常委会加强对立法工作的组织协调，发挥在立法工作中的主导作用。显然，提升人大主导立法的工作能力已经成为新形势下加强和改进立法工作、完善我国法律法规体系的基本着力点。③ 人大主导立法，即人大对立法工作的起到主要引导和指导的作用，把握立法工作的方向。在立法规范之中，坚持人大主导立法原则，人大及其常务委员会享有最基本、最重要的立法职能，因此对立法规划的宏观把握，统领整个立法规划工作。坚持人大主导立法工作原则，发挥人大在立法规划中"话语权"的作用，对立法规划的起草、制定和实施具有实质意义上的主导地位和作用。人大主导立法规划在整体性宏观性事项的把控上，需要人大及其常委会实质性地参与到立法规划的整个流程之中，成为立法规划的组织者、主导者、协调者，成为真正决定立法规划内容的实际权力者。但主导权的实现并非要求人大及其常委会事事亲力而为，而是对基础内容把握最关键的要求。在整个立法规划体系中，不同主体所制定的立法规划，都受到全国人大及其常委会立法规划的指导。地方各级人大常委会的立法规划在受到上级人大常委会的立法规划指导的同时，也对同级其他主体和下级立法机关的立法规划进行指导工作。在同级立法规划中，人大及其常委会的立法规划处于主导地位，对其他机关制定的立法规划享有监督和审查的作用，能够撤销与地区发展不相协调甚至违背国家发展、党和国家的政策要求的立法规划，从而实现享有立法权的人大在同级立法规划体系中的主导作用。

而在人大主导立法工作的基础上，又延伸出人大和人大常委会之间的关系。人大常委会对人大负责，向人大报告。实践中，立法规划的制定和发布往往是由人大常委会进行，但要保障人大的主体地位，这表现在人大对人大常委会立法规划的决定权和决策权上。在

---

① 石佑启：《论地方特色：地方立法的永恒主题》，载《学术研究》2017 年第 9 期。

② 乔晓阳主编：《立法法讲话》，中国民主法制出版社 2000 年版，第 101~102 页。

③ 封丽霞：《人大主导立法的可能及其限度》，载《法学评论》2017 年第 5 期。

人大上下级关系中，首先发挥全国人大的主导作用，① 在此基础上发挥上级人大对下级人大的指导作用，同时给予地方人大自主权。地方人大要积极创新发挥其主导地方立法的规划作用，根据地方实际情况制定符合地方发展的立法规划；同时要始终坚持人大对行政机关立法工作的主导作用。党的十八届四中全会指出，在立法领域面临着一些突出问题，比如立法工作中部门化倾向、争权诿责现象较突出。行政机关主导的立法规划，容易出现部门利益化、受到地方保护主义的干涉。因此，必须坚持人大主导立法，发挥行政机关在立法起草环节的基础性功能，为后续的立法工作奠定基础。②

立法规划的制定和实施是人大主导立法工作的起点，立法项目设定的科学性需要人大在起始环节进行把控。人大及其常委会把握立法规划的主导权围绕党和国家的重大战略决策部署，围绕经济社会发展大局，从全面深化改革的现实需要出发，在广泛听取各方面意见的基础上，按照突出重点、统筹兼顾、立改废释并举的要求，完善立法项目征集和论证制度，科学确定立法项目，增强法律法规的及时性、系统性、针对性、有效性。③ 在制定立法规划的基础上，统筹确定立法项目，发挥出人大及其常委会对立法工作的组织协调能力，对立法规划的实施进行监督和指导，加强对整个立法工作的把控，做到立法规划与重大改革相衔接。

四、急需先立、成熟先立，急需先修、成熟先修

无论是在五年立法规划还是年度立法计划中，对立法项目都进行了分类处理。立法项目的先后顺序不同代表着不同的立法需求。十八届四中全会提出，加强重点领域立法，通过对重点领域的立法部署实现依法治国同中国特色社会主义事业相契合。当前我国正处于统筹推进"五位一体"总体布局、协调推进"四个全面"战略布局的关键时期，各个领域的任务都十分艰巨，各领域的立法活动都在开展之中；但立法资源的有限性，使得立法规划的设计要合理配置立法资源，坚持"急需先立、成熟先立，急需先修、成熟先修"的基本原则。其中"急需"表明相关立法项目的紧迫性，立法规划的制定往往需要充分的论证和实际调研，针对当下亟待解决的社会问题，立法规划应当就重点问题和关键问题予以及时回应，满足国家和社会发展的需要。

党的十八届四中全会决定提出"实现立法与改革决策相衔接，做到重大改革于法有据、立法主动适应改革和经济社会发展需要"。改革和经济发展的需要对立法规划有着直接的作用，坚持突出重点，成熟的先立、紧迫的先立，成熟的先修、紧迫的先修，从实际出

① 参见赵一单：《论人大主导立法的适格主体》，载《政治与法律》2019 年第 5 期。
② 参见陈俊：《论人大主导立法所涉若干重要关系及其立法权行使》，载《政治与法律》2017 年第 6 期。
③ 傅伦博：《健全人大主导立法工作的体制机制》，载《深圳特区报》2015 年 3 月 17 日，第 B10 版。

发，结合行业领域或地区发展特点，着力于解决实际问题进行合理恰当的立法安排。改革决策是重新分配社会利益的方案，因此，改革必然会面临整合不同利益诉求的问题，而立法又具有吸纳这些诉求及凝聚社会共识的制度效用，法律是社会基本共识的载体，那么要有效有序整合利益诉求，确保人民福祉的增进，改革决策就应当通过作为立法机关的人民代表大会这一民主化商谈机制来赋予其正当性。① 急需的、成熟的立法项目、立法计划和立法规划，要做到与党委重大决策部署相结合，做到人民群众严重关切的立法项目优先、党委建议的立法项目优先、代表提案的立法项目优先。在众多的立法项目中，突出重点和特色，集中优势力量，做好立法规划部署，有效配置立法资源，杜绝"观赏性立法""应景性立法"，提高立法质量。② 在急需的立法规划的部署安排中，也要统筹兼顾，综合全盘考虑立法体系，将重点领域的立法经验上升到法律规范之中。除了对新法的确立外，还要注意对旧法的及时调整。旧法的变更，往往是因为已有的法律规范无法适应当下的社会经济发展和国情需要，无法发挥法律的保障和规范作用。但对法律进行调整时，也要注意已有法律体系的完整性，提出对已有法律的变更调整，而非新设法律规范。避免因新设立法造成的立法重叠、立法冲突，影响法的稳定性。

五、坚持"立、改、废"并重，适时废(修)旧立新

立法规划的制定和实施离不开对立法形式的合理运用，把握立法规律，准确运用各种立法形式，推动立法规划的顺利运行。中华人民共和国成立以来，经过多年的立法实践，我国的立法主体、程序、活动不断发展变化，法律渊源日益多样，立法形式不断丰富，逐渐形成具有中国特色的立法制度。立法形式也由最初单一的制定法律、法令发展到制定新法和修改法律并举，又发展到改革开放后根据经济社会发展需要，综合运用"立改废释"多种立法形式。特别是党的十八大以来，制定、修改、废止、解释、授权、决定、编纂、清理等多种立法形式被更灵活、更常态化地运用。立法形式不断多样化、立法活动日益规范化，使立法更有效率，能更好地体现党和人民的共同意志，也反映出我国国家治理水平和治理能力不断提升，在实现国家治理体系和治理能力现代化的征途上迈出坚实步伐。③

那么，如何理解"立、改、废"三种立法形式呢？立法规划中"立"强调的是因国家和社会发展的需要但尚未建立法律规范或者其他规范性文件，要进行新的科学论证，并在必要期限内完成制定新的法律规范。新的法律制定，往往是顺应社会发展的新要求，就当前

---

① 石佑启：《论立法与改革决策关系的演进与定位》，载《法学评论》2016 年第 1 期。

② 参见蒋元文：《做好地方立法需要重点把握的几个关系》，载《人大研究》2009 年第 11 期。

③ 《"立改废释"的立法实践与发展》，载中国人大网，http://www.npc.gov.cn/npc/dzlfxzgcl70nlflc/202108/21ab64d8ce7a49188639229e3a9c3b9d.shtml，最后访问日期：2022 年 5 月 13 日。

重点领域立法，实时制定，随着改革的不断深入，相较于以往的立法体系，新形势新任务对新的立法，展现出新的需求。针对法律空白领域和出现新的问题需要制定规范的，区别轻重缓急，集中有限资源予以填补；对于已经不适应新形势、新情况，需要变更和变革的制度，根据现实的需要及时进行修改和完善；对过时的法律，及时废止；实践中有理解偏差的，要解释法律。根据不同的立法需求、立法任务，综合运用多种立法方式，科学推进中国特色社会主义法律体系形成和完善。[1]

在 2010 年我国已初步形成中国特色社会主义法律体系，我们国家和生活各方面的主要的、基本的法律都已具备。但过去制定的法律，随着时代的发展和国家经济状况的变化，已经不适应现在的情况，为了使法律能够更好地适用我国经济社会发生的剧变，更好地发挥规范和保障作用，需要进行法律的修订修改。而"改"是指当前存在的法律规范，与当下的新形势、新任务要求不相符合或者法律规范的订立依据发生变更，需要对已有的法律规范进行变动和完善。其中"改"的方式包括全面修订、修改、统筹修改，"修改"属于对法律的局部修改，包括修正案和修正两种形式。采用法律修正案形式修改的目前只有宪法和刑法；修正又称修改法律的决定，目前局部修改都采用修改法律的决定的形式。根据修改内容的范围广泛，修改可分为全面修改和局部修改。为适应改革开放经济社会快速发展的需要，多种立法手段并用的立法形式将会持续一段时期，并成为一种新常态。

"废"是指对于不符合改革发展形势以及根据现行的法律法规及国家政策规定，内容陈旧、操作性不强，不能发挥应有作用的原有的法律规范要予以废止执行。[2] 除了基本的"立改废"三种模式外，我国《立法法》中还规定了支持授权试点的立法形式，在立法规划中可以借鉴采纳，针对立法规划中仍需调查研究的立法项目，可以根据实际条件进行先行先试，依法作出授权，积极探索新的立法形式，丰富立法规划的实施途径。

六、不抵触、有特色、可操作

相较于中央立法规划工作，地方立法规划工作的开展除了满足前述的几个基本规划原则之外，还需要结合地方特点，坚持不抵触、有特色、可操作原则。

首先，在地方立法规划中，不抵触原则被视为地方立法规范工作的首要遵循原则，立法规范虽然没有直接的法律效力，但作为规范性法律文件，地方各级人大和各级政府所制定的立法规划，不应当与上级的立法规划相违背，不应当与党和国家的政策方针相违背。

---

① 田禾、吕艳滨主编：《中国立法与人大制度（2002—2016）》，社会科学文献出版社 2018 年版，第 15 页。

② 参见《关于进一步做好规章制度"废改立"和议事机构调整工作的通知》，载河南师范大学网站，https：//www.htu.edu.cn/2018/1120/c8955a133294/page.htm，最后访问日期：2022 年 5 月 13 日。

地方立法规划的创制必须以维护国家法制统一为前提。① 在同级之间，地方各级人大及其常委会是地方各级权力机关，地方各级行政机关对其负责，受其监督。因此，地方各级行政机关的立法规划不应当与同级人大及其常委会的立法规划相违背。

其次，地方立法规划工作需要突出地方特色，尊重地方发展规律，实现行得通、稳得住的基本要求，把握地方特色为提高立法质量起到关键作用。地方立法规范的关键在于"地方"，根本在于"地方"，就地方所面对的突出问题制定对应的立法规划，在地方立法规划的制定上要充分了解本地方的地情、行情，在符合国家发展战略的基础上，满足当地的发展，提升立法质量。

最后，注意立法规划的可操作原则。立法规划是对立法工作的部署和安排，立法规划只有具备可操作性才能落地，才能发挥其应有的规划作用，提升立法的效果。

第四节　立法规划程序

我国《立法法》中并未对立法规范的编撰程序作出明文规定，仅是提出指导性的意见，第56条规定，全国人民代表大会常务委员会通过立法规划、年度立法计划等形式，加强对立法工作的统筹安排。编制立法规划和年度立法计划，应当认真研究代表议案和建议，广泛征集意见，科学论证评估，根据经济社会发展和民主法治建设的需要，确定立法项目，提高立法的及时性、针对性和系统性。立法规划和年度立法计划由全国人大常务委员会委员长会议通过并向社会公布。学界对立法规范的编撰主要分为两大类型：

一、论证模式

论证模式的基本程序为：起草规划主体——规划论证——起草规划——审议、批准和公布规划。② （1）明确立法规划的机构和人员，立法规划的机构和人员是立法规划制定首先要考虑清楚的问题，它直接关系到立法规划的质量和起草进程。为使其能有效地工作，起草班子或机构应该有部门负责人参加或领导。起草人员应当有较强的民主、法治意识，有一定的立法理论、技术水平和立法经验，有相当的业务专长。③ （2）草案的论证是确保立法规划得以通过的基础，论证草案就是要广泛吸纳各方意见论证规划的合理性，为立法

---

① 参见《关于重庆直辖以来立法工作的发展规律、特点及思考》，载中国人大网，http：//www. npc. gov. cn/npc/c35256/201809/5164a660c25747a5b01007a25117cc83. shtml，最后访问日期：2022 年 5 月 13 日。

② 参见周旺生著：《立法学教程》，北京大学出版社 2006 年版，第 463 页。

③ 侯淑雯著：《立法制度与技术原理》，中国工商出版社 2003 年版，第 153 页。

规划的制定提供正当性依据。① 论证程度的高低决定了后续立法质量的好坏，以发挥立法规划的指引性。立法论证是立法主体围绕立法议题而进行的说理活动。在立法规划阶段，立法论证重点在于论证立法项目的必要性与可行性。② （3）立法规划的起草，即对立法规划中的内容予以确定。包括立法规划的名称、内容和准确合理的文字表述，其中内容又可以细化为指导思想、基本原则、总体要求以及具体的立法工作等。（4）针对立法规划审查、审议予以批准、公布。

二、项目模式

项目模式的基本程序为：提出立法项目——立法项目汇总——审查、编制立法项目——审议、批准立法项目。③ （1）提出拟立法项目。立法项目的提出没有明确的主体限制，如中央层面，全国人大各专门委员会、国务院、监察委、最高人民法院、最高人民检察院等机关都能够提出。而提出项目需要以详细的文本形式予以提交，在提交立项建议书中，往往会写明：拟立法的名称、立法的必要性和可行性、拟立法调整的社会关系、拟通过立法解决的主要问题、拟立法确立的主要制度、立法进程和完成时限、立法的社会影响和立法成本效益分析、立法保障等内容。④ （2）汇总立法项目。立法项目被提出后，由有关部门进行汇总、整理。一般情况下，由各机关中负责法制工作的部门或者综合秘书处承担，如在中央层面，拟由全国人大常委会制定的立法项目，由全国人大常委会秘书处负责接收并汇总；拟由国务院制定行政法规的立法项目，由国务院法制办公室负责接收并汇总；在地方层面，拟制定地方性法规的立法项目，由本级人民代表大会常务委员会的法制工作委员会负责接收并汇总。地方政府规章的立法项目，由本级人民政府的法制机构负责接收并汇总。⑤ （3）立法项目经汇总后，需要经过专业化的审查判断，与前述方法的论证相似。经过认真的审查、合理的论证、广泛的调研，方能制定较为翔实的立法规划。（4）立法规划经审查后，仍需要有关机关的审议、批准，方能进行公布。

三、全国人大常委会立法规划的编制程序

实践中，自2007年调整《立法法》之后，第十一届全国人大常委会立法规划则是由常

---

① 参见赵谦主编：《立法学》，西南师范大学出版社2021年版，第263~264页。

② 参见宋方青：《立法能力的内涵、构成与提升以人大立法为视角》，载《中外法学》2021年第1期。

③ 参见杨临宏著：《立法学：原理、程序、制度与技术》，中国社会科学出版社2020年版，第342~345页。

④ 参见曾粤兴主编：《立法学》，清华大学出版社2014年版，第166页。

⑤ 参见杨临宏著：《立法学：原理、程序、制度与技术》，中国社会科学出版社2020年版，第344页。

委会法工委负责具体的编制工作。2015 年修改后的《立法法》，健全人大主导立法工作的体制机制，明确全国人大及其常委会通过立法规划和年度立法工作计划，对立法规划的编制和实施作了规定。2023 年新修改的《立法法》第 56 条中也规定，全国人民代表大会常务委员会通过立法规划和年度立法计划、专项立法计划等形式，加强对立法工作的统筹安排。一般而言，法工委在编制工作完成之后，提请常委会党组讨论，报请党中央同意后印发执行，并向社会公开。地方人大常委会的立法规划，一般也是由本级人大常委会的法制工作机构负责起草编制，经广泛调研和征求意见后，形成审议稿，提请常委会主任会议研究通过后，报同级地方党委审定。有些地方还通过本级地方党委形式转发。立法规划报请党中央和本级地方党委批准，体现了党对立法工作的领导，是与宪法规定的党的领导核心地位的精神相一致的。①

在全国人大常委会层面，具体的编制程序包括：（1）前期准备。编制人员认真学习中国共产党全国代表大会中相应的立法要求，根据党和国家的总体部署，把握人大代表中所提出的议案中涉及的立法项目的进展情况，注意新旧项目的融贯配合。（2）征集立法项目。党的十八届四中全会指出，完善立法项目征集和论证制度，因此要广泛征集各方意见，多渠道、多途径收集立法建议。（3）立法项目经汇总后，要进行专项讨论论证项目的可行性，立法项目的论证要以立法机关为主导，避免立法部门利益化。同时立法项目的论证，要紧密围绕党和国家的战略方针，结合本地区的中心任务，合理回应各方的立法需求。在此基础上，形成立法规划的建议稿，正式征求所涉及部门的意见。在对反馈意见的研究并修改立法规划后，形成立法规划即请示的代拟稿。后向常委会党组报告，经常委会党组同意后，报请党中央同意并由党中央转发执行。②

第五节　立法规划的发展与实施情况

立法规划作为立法的时间表和路线图，在不同的国家发展阶段都起着重要的指导作用，随着中国社会经济的发展和全面深化改革的推进，立法工作中的重点、难点都会有所不同。自党的十八届三中全会以来，完善以宪法为核心的中国特色社会主义法律体系成为当下国家立法的新方向。总结和明确立法规范在立法体系中的作用和功能，发挥立法规划的作用，在中国特色社会主义法治道路的建设上尤为重要。③

---

① 参见张春生主编：《立法实务操作问答》，中国法制出版社 2016 年版，第 3 页。
② 参见张春生主编：《立法实务操作问答》，中国法制出版社 2016 年版，第 4~5 页。
③ 参见本书编写组著：《完善中国特色社会主义法律体系问题研究》，中国民主法制出版社 2015 年版，第 73 页。

一、立法规划的发展

在中国特色社会主义法治体系建设和中国特色社会主义法治道路的建设中，立法规划发挥立法的带头作用，推进科学立法、民主立法和依法立法，保障我们法律体系内部和外部的协调性，并且能够很好地贯彻党中央决策部署，按计划、按要求实现党和国家交付的立法任务，继续完善以宪法为核心的中国特色社会主义法律体系。

（一）第一个全国人大常委会立法规划

党的十一届三中全会指出，将党和国家的工作重心转移到经济建设上来，同时提出发展社会主义民主、法制，确立了"有法可依、有法必依、执法必严、违法必究"的社会主义法制建设方针。从此，我国社会主义法制建设进入新的发展阶段，随着改革的不断深入，各种立法工作开始不断地涌现出来，立法任务的增加也给立法机关提出了更高的要求。1988年，第七届全国人大常委会第一次会议上万里委员长指出今后五年，我们立法工作的任务十分繁重，无论是新法律的制定、现行法律的修改，还是法律的解释，都是关系全局的大事，都必须审时度势，积极且慎重地进行。本届人大的立法工作，需要有一个通盘考虑。本届常委会要制定出一个五年立法规划，然后有计划、有步骤地进行，成熟一个，制定一个。条件不成熟的，继续由政府制定行政法规。[①] 紧接着，第七届全国人大常委会法制工作委员会就立法规划展开调研、讨论，提出了1991—1993年的立法规划，经中央批准后实施，从时间上来看，这届立法规划不同于后续的立法规划，而是对其任期届满前一年的立法任务进行安排制定。

（二）第二个全国人大常委会立法规划

第八届全国人大常委会立法规划围绕着发展社会主义市场经济和党的十四届三中全会通过了《中共中央关于建立社会主义市场经济体制若干问题的决定》相配合，将立法规划的重心放在经济建设上面制定五年的基本立法规划，着力维护市场秩序，加强宏观调控，促进社会保障发展，扩大对外开放。[②]

（三）第三个全国人大常委会立法规划

第九届全国人大常委会立法规划，围绕着"初步形成中国特色社会主义"这一命题开展。党的十五大报告将"依法治国"确立为党领导人民治理国家的基本方略，把"建设社会主义法治国家"树立为中国社会主义民主政治发展的重要目标，提出到2010年要初步形成中国特色社会主义法律体系，并肯定了尊重和保障人权的原则。这是中国共产党治国理政

---

① 全国人大常委会办公厅研究室编：《中国特色社会主义法律体系形成大事记》，中国民主法制出版社2011年版，第68页。

② 参见本书编写组著：《完善中国特色社会主义法律体系问题研究》，中国民主法制出版社2015年版，第78页。

从理念到方式的革命性变化，是中国法治建设中的一项标志性事件，具有划时代的重要意义。[1]

（四）第四个全国人大常委会立法规划

第十届全国人大常委会立法规划继续围绕"形成中国特色社会主义法律体系"这一目标开展。党的十六大再次明确，要加强立法工作提高立法质量，适应经济发展新环境。根据党中央决策部署，本届人大会上确立了"一个目标、一个重点"的工作指示。"一个目标"是，争取在本届全国人大及其常委会的五年任期内，基本形成中国特色社会主义法律体系；"一个重点"是，提高立法质量。

（五）第五个全国人大常委会立法规划

第十一届人大常委会立法规划，在我国初步建立起中国特色社会主义法律体系之后，继续不断完善法律规范体系。党的十七大提出"全面落实依法治国基本方略，加快建设社会主义法治国家"，在十一届全国人大会议上，为贯彻中国共产党全国代表大会的精神，提出要以改善民生为重点加强社会领域立法，继续完善经济、政治、文化领域立法，积极推进科学立法、民主立法，不断提高立法质量，更好地发挥法律在国家政治和社会生活中的规范、引导和保障作用。[2]

（六）第六个全国人大常委会立法规划

第十二届全国人大常委会立法规划结合当前的新发展、新情况和新要求，统筹安排立法活动并贯彻党的十八大决议要求，推动以全面深化改革、全面建成小康社会和全面依法治国为内容的三大全面发展战略目标，充分发挥立法的顶层设计，将立法和改革相结合，着力推进中央的重大决策部署。

（七）第七个全国人大常委会立法规划

第十三届全国人大常委会立法规划贯彻落实《中共中央关于全面推进依法治国若干重大问题的决定》，加快推进全面依法治国战略，以中国特色社会主义法治道路，建设中国特色社会主义法治体系为目标，全面深化改革。在立法规划上要注意新时期的特殊性，把握"五位一体"和"四个全面"的战略布局，力图实现完善和发展中国特色社会主义制度、推进国家治理体系和治理能力现代化。

二、立法规划的实施情况

根据前述立法规划的发展历程可以发现，我国在国家层面已经颁布过七次立法规划，

---

[1] 李林：《中国依法治国二十年(1997~2017)》，社会科学文献出版社 2017 年版，第 127 页。
[2] 全国人大常委会办公厅研究室编：《中国特色社会主义法律体系形成大事记》，中国民主法制出版社 2011 年版，第 263 页。

除去第七届立法规划时间不是按照五年计划来，其余六届都是以五年为单位。另外，在2013 年第十二届全国人大常委会立法规划中开始划分为三类：第一类项目，条件比较成熟、任期内拟提请审议的法律草案；第二类项目，需要抓紧工作、条件成熟时提请审议的法律草案；第三类项目，立法条件尚不完全具备、需要继续研究论证的立法项目。由于第三类立法规划属于未形成法，仅是对法律制定方向的预判，因此，不计入统计数据中。由图 6-1 可知，目前全国人大常委会第一类和第二类立法项目数达到 663 项，其中第一类为452 项，第二类项目共 211 个。[①] 其中第八届立法项目数量最高达到 152 项，当时我国正处于改革开放的关键时期，市场经济体制能否建立关系到改革开放能否顺利进行。[②] 在该届人大常委会任期内，初步形成社会主义市场经济法律体系的基本框架。因此，五年的立法规划之中绝大多数围绕着经济建设开展。[③]

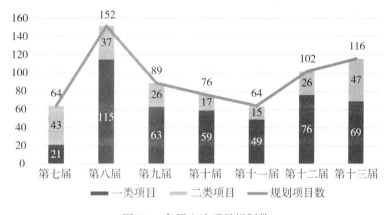

图 6-1　各届立法项目规划数

从图 6-2 和图 6-3 的对比可以发现，从第七届到第十三届全国人大常委会立法规划共有 663 个立法项目列入五年立法规划，但实际上共涉及 682 项具体法案，其中 448 项先后通过，各届人大任期内通过的法案有 321 项。因此，后续的数据分析中以 448 项为数据样

---

① 具体数据主要来源于：1991 年至 2019 年全国人大常委会立法规划及规划内法案具体的落实情况。数据来自《全国人民代表大会常务委员会公报（1988—2019）》、《中华人民共和国立法统计（2018 年版）》、中国人大网和期刊论文《中国立法效率影响因素的再审视——基于全国人大常委会立法规划的实证分析（1991—2019 年）》。

② 参见全国人大常委会办公厅研究室编：《中国特色社会主义法律体系形成大事记》，中国民主法制出版社 2011 年版，第 106 页。

③ 参见本书编写组著：《完善中国特色社会主义法律体系问题研究》，中国民主法制出版社 2015 年版，第 78 页。

本。① 另外，除了第七届和第十三届立法规划的通过率较低外，其余几届的立法规划在当届的通过率均保持在50%左右，尤其是第十二届全国人大常委会立法规划中立法项目通过率达到60%以上，这一定程度上反映了《立法法》的修改对立法进程的影响。图6-4显示数届立法规划通过率都过半，且通过率整体呈现出上升趋势，这意味着立法规划的指导和规划作用越来越明显，国家层面立法计划的实施能够很好地贯彻立法规划的安排，相反立法规划的有序性和科学性也通过立法项目的通过予以体现出来。

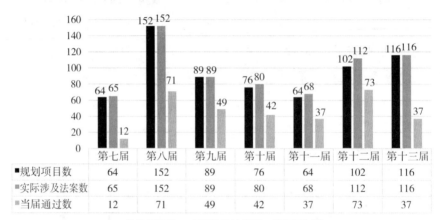

	第七届	第八届	第九届	第十届	第十一届	第十二届	第十三届
■规划项目数	64	152	89	76	64	102	116
■实际涉及法案数	65	152	89	80	68	112	116
当届通过数	12	71	49	42	37	73	37

■规划项目数　■实际涉及法案数　当届通过数

图 6-2　立法规划项目数比较②

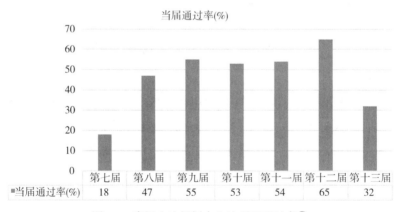

当届通过率(%)

	第七届	第八届	第九届	第十届	第十一届	第十二届	第十三届
■当届通过率(%)	18	47	55	53	54	65	32

图 6-3　当届立法规划中立法项目通过率③

---

①　杨惠、于晓虹：《中国立法效率影响因素的再审视——基于全国人大常委会立法规划的实证分析（1991—2019年）》，载《中国法律评论》2022年第2期。

②　说明：图表中规划项目数和实际涉及法案数目不相符合，是因为存在某些立法项目对应的不止一个法案。另外第十三届全国人大常委会立法项目通过数的时间统计到2019年12月31日。

③　第十三届全国人大常委会立法项目通过数时间统计到2019年12月31日。

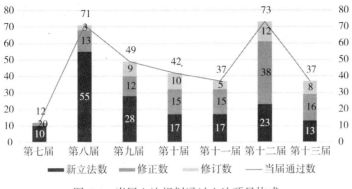

图 6-4　当届立法规划通过立法项目构成

图 6-4 是对每届立法项目通过的方式进行划分，包括以确立新法律案、修正法律案、修订法律案。从第七届到第十届立法项目通过情况来看，确定新法律的数量要高于修订数和修正数之和，而从第十一届立法规划开始，三者之间关系正好相反，即修正数和修订数的总和要高于新法律。这正好与我国基本形成中国特色社会主义法律体系的工作安排相吻合。2011年中国特色社会主义法律体系宣告基本形成，经过前期的立法铺垫，我国法律规划开始向完善法律体系方向转变，对已有法律的调整成为今后的立法重心。

针对已通过立法项的牵头机关分析(图 6-5)，可以发现国务院所牵头起草的法案占据数量大头，紧随其后的是全国人大常委会和其专门委员会。国务院牵头起草法案占据绝大多数，与法律对其定位相关。我国《立法法》对属于全国人大及其常务委员会所涉及的法律规范予以明确规定，其他法律规范的起草并未予以规定，且法条中还规定授权立法的情形，可以得出其占据多数的原因。

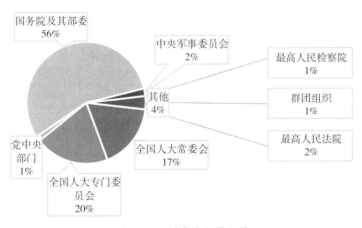

图 6-5　探讨牵头起草机关

在图 6-6 和图 6-7 中，将已通过法案的议题同政务资源信息分类相比较，可以发现近年来的立法规划中的立法项目仍主要集中在财政经济方面，其次为政法类法案。这与我国坚持以经济建设为中心的指导方针相契合。

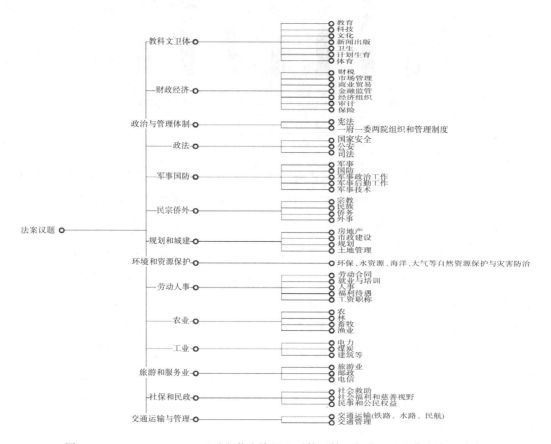

图 6-6 GB/T21063.4—2007《政务信息资源目录体系第 4 部分：政务信息资源分类》

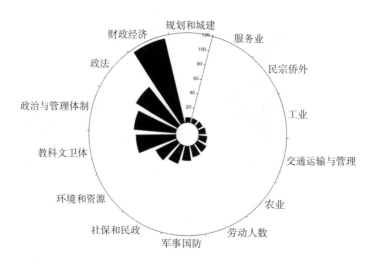

图 6-7 已通过法案的议题类别

综上所述，立法规划给立法工作的开展提供方向。经过多年的立法规划的制定和实施，我国立法规划模式机制日趋成熟，逐渐在立法工作中起到重要作用。立法规划模式是中国特色社会主义法治体系的重要组成部分，也是重要的实践成果。立法规划的发展，能够很好地反映立法规划与国家发展、社会进步和人民群众的需求相紧密结合在一起，在我国法治体系建设和法治国家建设中发挥先导作用。

📑 思考题：

1. 立法规划的特点和作用是什么？
2. 立法规划包括哪些原则？
3. 立法规划有哪些类型划分？
4. 立法规划与立法政策的概念辨析。

第七章 立法计划

立法计划的制订是立法工作的重要部分。立法工作有步骤、有目的地进行，对于提升立法质量至关重要。现行《立法法》对于全国人大常委会制定立法规划及年度立法计划进行了规定，有助于加强对立法工作的统筹安排。作为立法年度"施工图"，全国人大常委会年度立法工作计划向外界公布了新一年国家立法的"着力点"，有助于不断提高立法工作质量和效率，完善中国特色社会主义法律体系。

第一节 立法计划的定位与效力

在对全国人大立法计划进行具体分析前，本章将首先对立法计划的相关概念、在我国立法工作中的定位以及立法计划的效力等问题进行探讨。

一、立法计划及相关概念

在学理上，立法规划是指有权主体在其职权范围内，为达到一定目的，按照一定原则和程序所编制的，准备予以实施的关于立法工作的设想和步骤。[①] 根据编制主体不同，可分为"权力机关的立法规划""行政机关的立法规划"；根据时间跨度不同，可分为"短期立法规划""中期立法规划""长期立法规划"等。在法律上，立法规划一般指每届人大常委会所编制的五年立法规划；立法计划一般指年度立法计划，是短期立法规划中的一种形式。从其内容而言，立法计划是指立法主体根据立法预测的结果，在法定范围内根据经济、社会发展的需要，依据一定的原则和程序所编制的关于本立法年度内的立法目标、措施、步骤的基本设想和安排。[②] 年度立法计划的主要任务就是把中长期立法规划落到实处、变为现实。相较于中长期立法规划，年度立法计划更具体、更精确、更注重可操作性、更具有现实意义，对立法现实及其调整的社会关系有更直接、可见度更大的作用。[③]

---

① 参见周旺生著：《立法学》，法律出版社 2009 年版，第 416 页。
② 参见杨临宏著：《立法学：原理、程序、制度与技术》，中国社会科学出版社 2020 年版，第 337 页。
③ 参见朱力宇、张曙光主编：《立法学》，中国人民大学出版社 2009 年版，第 170 页。

立法的立项环节主要是指对立法机关未来审议哪些立法项目进行讨论和确定的过程。[1] 立法计划和立法项目具有紧密的关系。首先，立法计划是有权主体在一定时期、一定范围内安排立法工程的蓝图，立法项目则是这幅蓝图中具体而实在的对象；其次，编制和实施立法计划离不开立法项目的确定和落实，然而并非所有的立法项目都可被列入立法计划；最后，确定、列举和安排立法项目是立法计划的主要内容，但并非全部内容。[2]

为了行文便利，本书所使用的"立法规划"为学理上的概念，即有权主体准备实施的关于立法工作的设想和步骤，是作为特殊对象"立法计划"的上位概念。本书所使用的立法计划指年度立法计划，并在研究对象上将其进一步限缩为权力机关制订的立法计划。

二、立法计划在我国立法工作中的定位

对于立法计划在我国立法工作中的定位，应当从立法计划本身的性质、立法计划对我国立法工作发挥的作用以及立法计划的制订法依据等方面进行分析。

首先，从立法计划的性质看，立法计划是立法准备活动的一部分，而不是正式立法程序。立法准备，一般指提出法案前所进行的有关立法的活动。而正式立法活动一般则是指从法案提出到法的公布所历经的过程。立法计划是为正式立法提供或创造条件、奠定基础的活动，属于立法准备活动，而非正式立法程序的环节。

其次，立法计划在立法工作中具有一定的管理作用。立法需要有计划地进行，加强管理的科学性。从实施的情况来看，年度立法计划对于保证立法工作的有序进行、科学地确定立法项目、最大限度地减少立法的盲目性、提高立法质量，起到了积极作用。[3] 目前，我国立法工作过程中的许多环节都依赖于行政管理的途径或思路完成。这直接体现为立法者将立法计划中所设定的立法项目完成程度视为本级人大常委会考核其工作成绩的重要依据，同时人大常委会也将其作为业绩指标予以汇报。

再次，立法计划在立法工作中获得了广泛认可，成为重要的立法惯例。在中央层面，全国人大常委会制定年度立法计划可以追溯到1993年八届全国人大。第九届全国人大在以往工作的基础上，进一步改进立法规划工作，提出要"年度有计划、五年有规划、长远有纲要"的立法工作目标。2005年，《全国人民代表大会常务委员会2005年立法计划》为进一步提高立法质量、落实五年立法计划而提出。此后全国人大常委会立法工作计划制度得以确立并延续。在地方层面，早在全国人大常委会立法计划推行前就有地方人大发布年度立法计划，促使本地立法工作有序推进，如《上海市人大常委会1998年度立法计划》、

---

① 参见阎锐著：《地方立法参与主体研究》，上海人民出版社2014年版，第50页。
② 参见周旺生著：《立法学》，法律出版社2009年版，第423～424页。
③ 张春生主编：《立法实务操作问答》，中国法制出版社2016年版，第8页。

《广西壮族自治区人民政府 1999 年立法计划》等。2016 年，地方人大及其常委会积极创新立法工作机制，通过主导年度立法计划编制，把握法规立项和法案起草主导权。① 由此可见，地方立法计划制度也已经获得了充分的认可和实践。

最后，《立法法》对立法计划进行了部分规定。2023 年新修订的《立法法》，在第二章第五节"其他规定"中对于全国人大常委会的立法规划进行了规定。第 56 条规定："全国人民代表大会常务委员会通过立法规划和年度立法计划、专项立法计划等形式，加强对立法工作的统筹安排。"第 73 条还规定了国务院的年度立法计划："国务院法制机构应当根据国家总体工作部署拟订国务院年度立法计划"。因此，上述两条款明确了编制立法计划属于国家机关的法定职责。立法计划获得了法律层面的认可。

三、立法计划的效力

立法计划具有何种效力，需要回到学界关于立法规划效力的探讨。对此的不同观点可大致归纳为三种学说。"双重效力说"认为，立法计划具有指导性和指令性两重属性。指令性使立法计划具有一定的约束力，而指导性又使得立法计划不具有完全意义上法的强制力。有学者认为，立法计划是经过一定程序制定的，一经制定就应当严格执行；在执行过程中发现不适应时，必须根据新的情况及时进行调整；因此立法计划一方面是指令性，一方面是指导性。实际上，持这种观点的学者认为，立法计划属于一种准法性质的规范性文件：它具有法的性质，但又不是完全意义上或典型意义上的法，而是特殊意义的法，即"准法"或"半法"。② 另有学者在承认双重效力的基础上，认为立法计划经历了指令性不断削弱、指导性不断加强的过程："近年来越来越重视纳入计划的立法项目与现实情况的实际契合程度，不再为了完成立法规划而强推某部法律。立法计划的指令属性不断被削弱，指导性色彩愈来愈浓厚。"

"指导性说"认为立法计划仅具有指导性。有学者提出，立法计划"应当只具有指导意义，对立法工作起着提示和某种软约束的作用"，"由于它容易将人的思想导入固定模式，从而可能导致立法工作的僵化，因而实践中还需要注意减少和避免它对工作的负面影响"。

"法律效力说"则认为立法计划是一种立法活动，具有法定约束力。主要理由是，《立法法》第 56 条将立法计划纳入调整的范围，这意味着，编制立法计划是立法行为，立法计划具有法的性质，即立法计划属于一种立法性质的文件，因此立法计划具有法律效力。③

笔者赞同"双重效力说"，认为立法计划具有指导性和指令性两重效力属性。首先，立

① 李林主编：《中国依法治国二十年(1997—2017)，社会科学文献出版社 2017 年版，第 114 页。
② 参见周旺生主编：《立法学》(第二版)，法律出版社 2009 年版，第 422 页。
③ 参见宋万青：《论立法规划的强化》，载《地方立法研究》2016 年第 1 期。

法计划是对未来立法的预测，不一定科学准确，因此不应当强制立法机关依计划立法，客观上也无法强制立法机关依计划立法。因此，立法计划的"指令性"不等于强制性。制定立法计划的主要目的，是加强立法工作的科学性，构建完备的法律体系及发挥人大对立法的主导作用等。在立法计划的实施过程中，发现立法项目不符合客观的立法需求时，应当通过法定程序对立法计划进行调整和重新安排，而并不强制立法项目的实现。因此，不应当赋予立法计划法律效力，《立法法》第 56 条是对全国人大常委会编制立法规划、立法计划职责的要求，而非赋予立法计划法律的效力。

其次，从立法计划的性质来看，虽然其不属于正式立法程序，但并不意味着立法计划对于后续正式立法活动没有约束力。从前文立法计划在我国立法工作中的定位来看，立法计划已经成为重要的立法惯例，并成为立法工作中的管理手段。应当对立法计划的指导性予以认可。因此，立法计划的效力具有指导性和指令性的双重属性。立法计划对立法活动有一定的约束力，但并不具有法的强制属性。

第二节　全国人大常委会立法计划规范分析

2023 年《立法法》第 56 条规定，全国人民代表大会常务委员会通过立法规划、年度立法计划等形式，加强对立法工作的统筹安排。编制立法规划和年度立法计划，应当认真研究代表议案和建议，广泛征集意见，科学论证评估，根据经济社会发展和民主法治建设的需要，确定立法项目，提高立法的及时性、针对性和系统性。立法规划和年度立法计划由委员长会议通过并向社会公布。全国人民代表大会常务委员会工作机构负责编制立法规划和拟订年度立法计划，并按照全国人民代表大会常务委员会的要求，督促立法规划和年度立法计划的落实。此条款明确了全国人大常委会编制立法计划的职责，并对编制主体和过程进行了规定。然而，上述规则较为简短和笼统，因此需要结合全国人大常委会公布的其他文件加以理解。

一、全国人大常委会立法计划变迁

前文提及，全国人大常委会制定年度立法工作计划始于 1993 年第八届全国人大，使用的名称为"全国人大常委会立法计划"，主要对年度内提交常委会会议审议的立法项目作出安排。第九届全国人大常委会围绕党的十五大提出的形成法律体系的立法工作目标，制定的立法规划和年度立法计划，加快了立法工作步伐。[①] 2008 年，"全国人大常委会立法

---

① 全国人大常委会法制工作委员会研究室编：《我国改革开放 40 年立法成就概述》，法律出版社 2019 年版，第 40 页。

计划"被更名为"全国人大常委会立法工作计划",增加了对立法工作层面的一些要求。例如,2007 年立法计划包括"一、集中力量,确保提请审议或通过的法律案 22 件"和"二、预备项目 9 件及其他项目"两个部分。2008 年立法计划则包括"一、研究制定五年立法规划""二、2008 年立法工作安排""三、积极推进科学立法、民主立法""四、加强法律的学习宣传和培训"四个部分。其中第二部分"2008 年立法工作安排"所占篇幅最长,其内容为当年度的立法项目。随后几年,立法工作计划对立法工作的安排更加细致和具体。截至2022 年,立法工作计划已基本形成相对固定的结构,第一部分是今后一年的立法工作应遵循的指导思想和原则要求。第二部分为对待审议法律案、预备审议项目以及授权立法和改革决定相关工作的列举。第三部分是关于做好立法工作的具体措施。[①] 本书将重点分析全国人大常委会立法计划对立法项目的统筹安排,因而使用"全国人大常委会立法计划"表示对全国人大常委会制订的立法计划概括的名称;使用"××年全国人大常委会立法工作计划"指代某年制订的具体的立法工作计划。

二、立法计划的编制过程

根据全国人大常委会的组织结构安排,由全国人大常委会法制工作委员会负责制定本届全国人大常委会立法规划和年度立法计划。立法工作计划的编制程序一般是:在前一年度下半年由全国人大常委会法制工作委员会着手编制下一年度的立法工作计划,通常于前一年度年末由委员长会议原则通过,对下一年度的立法工作作出预安排。待下一年度 3 月全国人民代表大会会议召开后,根据会议精神和全国人大代表审议中的意见、建议,对预安排作出调整完善,经委员长会议讨论通过后正式印发执行,并向社会公布。[②] 如在 2021年 11 月,十三届全国人大常委会第一百零六次委员长会议审议并通过了 2022 年度工作要点和立法、监督、代表工作计划。[③] 2022 年 4 月第一百一十四次委员长会议审议通过了全国人大常委会 2022 年度工作要点和立法、监督、代表工作计划。[④]

三、立法项目的来源

全国人大常委会立法工作计划是对该年度全国人大常委会立法工作的具体安排。在编制立法工作计划时,根据经济社会发展和民主法治建设的需要,围绕党和国家工作大局,

---

① 参见刘风景、周磊:《立法规划的属性、职能与编制》,载《扬州大学学报(人文社会科学版)》2020 年第 2 期。

② 张春生主编:《立法实务操作问答》,中国法制出版社 2016 年版,第 8 页。

③ 栗战书主持召开十三届全国人大常委会第一百零六次委员长会议,决定十三届全国人大常委会第三十二次会议于 12 月 20 日至 24 日在京举行。

④ 栗战书主持召开十三届全国人大常委会第一百一十四次委员长会议,决定十三届全国人大常委会第三十四次会议 4 月 18 日至 20 日在京举行。

确定立法项目，着力通过立法推动落实党中央的重大决策部署，加强涉及经济社会发展全局的重点领域立法，对各方面提出的立法需求进行通盘考虑、总体设计，增强立法的针对性、及时性和系统性。因此，立法项目主要有以下几个来源：

一是根据党中央有关工作部署，从中汇总、梳理出有关立法项目。例如，自党的十八大以来，党中央把社会保障体系建设摆上更加突出的位置，推动我国社会保障体系快速发展。党中央提出要把更多人纳入社会保障体系，完善覆盖全民、统筹城乡、公平统一、可持续的多层次社会保障体系，进一步织密社会保障安全网。[1] 习近平总书记在2022年的两会上也谈到要完善社会保障的托底制度，强调："要深化社会救助制度改革，形成覆盖全面、分层分类、综合高效的社会救助格局。"[2]为回应党中央加强社会保障的决策部署，全国人大社会建设委员会于2018年成立社会救助立法联系审议工作领导小组，多次召开会议研究立法重点难点问题，并到四川、福州、厦门、南平等多个地方开展专题调研，听取基层意见和建议，积极推进立法工作。[3] 如保障粮食安全成为2022年两会的热点话题，提出必须把确保重要农产品特别是粮食供给作为首要任务，把提高农业综合生产能力放在更加突出的位置，把"藏粮于地、藏粮于技"真正落实到位。[4] 因此全国人大常委会将"粮食安全保障法""黑土地保护法"这两部与粮食安全密切相关的法律案纳入2022年立法工作计划。

二是立法项目建议征集。法制工作委员会向全国人大各专门委员会、常委会有关工作机构、国务院有关部门、最高人民法院、最高人民检察院、中央军委法制局等单位发函征求立法项目建议，请各单位在提出立法项目时，提供立项报告，说明立法的必要性、可行性、主要内容、重点难点问题、与相关法律之间的关系、起草进度安排等。

三是吸收代表提出的立法项目建议。充分发挥全国人大代表在拟定立法工作计划中的作用，认真研究代表议案和建议。如在全国人民代表大会宪法和法律委员会关于第十三届全国人民代表大会第四次会议主席团交付审议的代表提出的议案审议结果的报告中阐明，对于31件议案涉及的15个立法项目，有的可待条件成熟时列入立法规划、年度立法工作计划，有的可在相关法律的制定或者修改等工作中统筹考虑，做进一步研究。[5]

在立法项目的确定过程中，法制工作委员会广泛征求全国人大有关专门委员会和常委

---

① 习近平：《促进我国社会保障事业高质量发展、可持续发展》，载《求是》2022年第8期。

② 张维炜：《用法治勾勒更有质感的民生愿景——人大年度立法计划盛满民意》，载全国人民代表大会网站，http://www.npc.gov.cn/npc/c2/kgfb/202206/t20220620_318135.htm，最后访问日期：2022年8月15日。

③ 《社会救助法明年或提请审议》，载搜狐网，https://www.sohu.com/a/362650948_161795，最后访问日期：2022年8月15日。

④ 习近平看望参加政协会议的农业界社会福利和社会保障界委员，载中国政府网，http://www.gov.cn/xinwen/2022-03/06/content_5677564.htm，最后访问日期：2022年8月15日。

⑤ 全国人民代表大会宪法和法律委员会关于第十三届全国人民代表大会第四次会议主席团交付审议的代表提出的议案审议结果的报告，载中国人大网，http://www.npc.gov.cn/，最后访问日期：2022年8月15日。

会有关工作委员会、国务院法制办、中央军委法制局等有关方面的意见。此外，法制工作委员会根据需要，向部分全国人大代表、各省级人大常委会法制工作机构和基层立法联系点征求意见，并根据各有关方面提出的意见，进行了修改完善。必要时，对一些有分歧意见或者立法思路不够明确的项目，召开座谈会，听取项目提出单位和其他相关单位、议案领衔代表、专家学者的意见，根据论证结果，提出项目安排建议。

第三节 全国人大常委会立法计划实证分析

下文选取 2013—2022 年年度立法计划，即对第十二届全国人大常委会及第十三届全国人大常委会制订的立法计划进行分析。分析的主要维度包括立法计划构成、立法计划的实现率等。

一、全国人大常委会 2013—2022 年立法计划基本情况

表 7-1 为全国人大常委会 2013—2022 年立法计划情况的基本描述。

立法工作计划的公布时间基本固定为 4 月底 5 月初，体现了计划工作的制度化。个别年份（2020 年）公布时间较晚。

表 7-1

计划名称	界 别	公布时间	公布方式
2013 年立法工作计划	第十二届全国人大常委会（任期 2013 年 3 月—2018 年 3 月）	2013 年 4 月 25 日	立法动态
2014 年立法工作计划		2014 年 4 月 17 日	立法工作文件
2015 年立法工作计划		2015 年 5 月 25 日	立法工作文件
2016 年立法工作计划		2016 年 4 月 22 日	立法工作文件
2017 年立法工作计划		2017 年 5 月 2 日	立法工作文件
2018 年立法工作计划	第十三届全国人大常委会（任期 2018 年 3 月至今）	2018 年 4 月 27 日	立法工作文件
2019 年立法工作计划		未公布	
2020 年立法工作计划		2020 年 6 月 20 日	立法工作文件
2021 年立法工作计划		2021 年 4 月 21 日	立法工作文件
2022 年立法工作计划		2022 年 5 月 6 日	立法工作文件

立法工作计划通常以立法工作文件的形式予以公布。2013 年以立法动态的形式予以公布。[1]

---

[1] 全国人大常委会确定 2013 年立法工作计划和监督工作计划，详见新华网，检索时间：2022 年 7 月 9 日。

2019 年立法工作计划未予以公布。

二、全国人大常委会 2013—2022 年立法计划项目分布

全国人大常委会 2013—2022 年立法计划项目分布(详见表 7-2)。

表 7-2

计划名称	继续审议的法律案(件)	初次审议的法律案(件)	预备项目(件)	授权、改革项目(件)	项目数量(包括授权、改革项目)(件)
2013 年立法工作计划	6	7	7	0	20
2014 年立法工作计划	6	10	15	0	31
2015 年立法工作计划	9	20	21	0	50
2016 年立法工作计划	10	10	19	2	39+2
2017 年立法工作计划	9	14	23	0	46
2018 年立法工作计划	12	14	24	10	50+10
2019 年立法工作计划	未公布				
2020 年立法工作计划	12	32	20	0	64
2021 年立法工作计划	17	37	21	1	75+1
2022 年立法工作计划	15	24	25	1	65+1

立法工作计划是对全国人大常委会法律案审议工作的安排。包括以下几种项目:继续审议的法律案、初次审议的法律案、预备项目。2016 年后增加"做好改革试点授权决定相关工作",作为第四类项目,2018 年后,其名称调整为"做好授权决定和改革决定相关工作",本书简称为"授权、改革项目"。

其中,继续审议的法律案是指已经经过审议,本年度继续安排审议的法律草案。初次审议的法律案是指提请常委会初次审议的法律草案。预备项目是指有关方面应当抓紧调研和起草工作,视情况在当年或者以后年度安排全国人大常委会审议的法律草案。授权、改革项目是指按照党中央决策部署,对立法条件还不成熟、需要先行先试的,依法及时作出授权决定或者改革决定。对正在实施的授权决定和改革决定,实践证明可行的,由有关方面及时依法提出修改或者制定有关法律的议案,适时安排审议,或者结合相关立法工作统筹考虑。①

全国人大常委会 2013—2022 年立法工作计划中,继续审议的法律案占比较小,初次审议的法律案和预备项目占比较大(详见图 7-1)。

---

① 全国人大常委会 2018 年立法工作计划,详见中国人大网,2022 年 7 月 9 日检索。

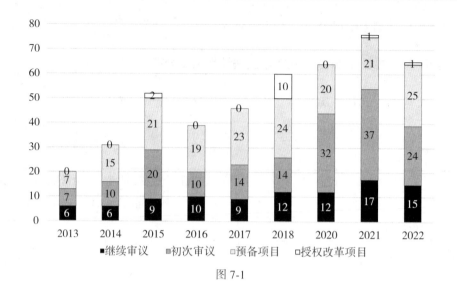

图 7-1

全国人大常委会 2013—2022 年立法工作计划中的项目数量总体上呈上升趋势。

三、全国人大常委会 2013—2022 年立法计划构成

全国人大常委会 2013—2022 年立法计划构成(详见表 7-3)。

表 7-3

计划名称	制定				修改			
	继续审议的法律案(件)	初次审议的法律案(件)	预备项目(件)	合计(件)	继续审议的法律案(件)	初次审议的法律案(件)	预备项目(件)	合计(件)
2013 年立法工作计划	1	3	3	7	5	4	4	13
2014 年立法工作计划	1	3	7	11	5	7	8	20
2015 年立法工作计划	4	7	9	20	5	13	12	30
2016 年立法工作计划	7	6	9	22	3	4	10	17
2017 年立法工作计划	4	9	8	21	5	5	15	25
2018 年立法工作计划	7	6	10	23	5	8	14	27
2019 年立法工作计划	未公布							
2020 年立法工作计划	7	13	7	27	5	19	13	37
2021 年立法工作计划	9	14	11	34	8	23	10	41
2022 年立法工作计划	4	10	10	24	11	14	15	40

全国人大常委会 2013—2022 年立法工作计划除 2016 年外,修改项目均多于制定项目。(详见图 7-2)

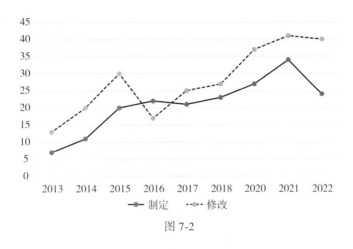

图 7-2

四、全国人大常委会 2013—2022 年立法计划内容

全国人大常委会 2013—2022 年立法计划内容(详见表 7-4)。

表 7-4

	财政经济(件)	政治与管理体制(件)	政法(件)	军事国防、国家安全(件)	民族宗教外交(件)	规划、城市建设与管理(件)	自然资源、环境(件)	劳动人事(件)	农业工业服务业(件)	社会保障和民政(件)	交通运输与管理(件)	科教文卫体事业(件)
2013 年立法工作计划	3	0	2	2	0	2	2	0	0	5	0	4
2014 年立法工作计划	5	1	5	3	0	2	3	1	4	1	0	6
2015 年立法工作计划	10	7	4	5	1	1	6	1	4	4	0	7
2016 年立法工作计划	11	1	3	4	1	1	5	2	4	2	1	4
2017 年立法工作计划	14	4	4	5	3	1	5	1	3	1	0	5
2018 年立法工作计划	14	4	7	3	2	2	5	4	1	3	1	4
2019 年立法工作计划	未公布											
2020 年立法工作计划	9	8	8	6	1	2	5	5	3	7	1	9
2021 年立法工作计划	11	9	9	7	0	4	6	3	4	6	2	14
2022 年立法工作计划	12	7	8	4	0	56	8	3	3	6	1	7
合计	89	41	50	39	8	21	45	20	26	35	6	60

全国人大常委会 2013—2022 年立法计划主要集中于财政经济、科教文卫体事业、环境保护与自然资源管理以及政法类事项。（详见图 7-3）

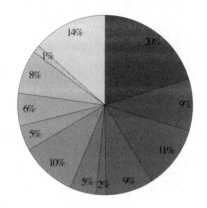

图 7-3

凡例：
- ■ 财政经济
- ■ 政治与管理体制
- ■ 政法
- ■ 军事国防、国家安全
- ■ 民族宗教外交
- ■ 规划、城市建设与管理
- ■ 自然资源、环境
- ■ 劳动人事
- ■ 农业工业服务业
- ■ 社会保障和民政
- ■ 交通运输与管理
- ■ 科教文卫体事业

五、立法计划与实际立法对比

（一）立法计划完成率（详见表 7-5）

表 7-5

计划名称	继续审议的法律案					初次审议的法律案					预备项目				
	项目数（件）	审议数（件）	审议率	公布数（件）	公布率	项目数（件）	审议数（件）	审议率	公布数（件）	公布率	项目数（件）	审议数（件）	审议率	公布数（件）	公布率
2013 年立法工作计划	6	5	83.3%	2	33.3%	7	4	57.1%	2	28.6%	7	0	0%	0	0%
2014 年立法工作计划	6	4	66.7%	4	66.7%	10	7	70%	4	40%	15	1	6.7%	1	6.7%
2015 年立法工作计划	9	9	100%	7	77.8%	20	15	75%	10	50%	21	4	19%	2	9.5%
2016 年立法工作计划	10	8	80%	8	80%	10	8	80%	4	40%	19	5	26.3%	2	10.5%
2017 年立法工作计划	9	8	88.9%	7	77.8%	14	12	85.7%	7	50%	23	3	13%	2	8.7%
2018 年立法工作计划	12	10	83.3%	9	75%	14	6	42.9%	5	35.7%	24	2	8.3%	2	8.3%

续表

计划名称	继续审议的法律案					初次审议的法律案					预备项目				
	项目数（件）	审议数（件）	审议率	公布数（件）	公布率	项目数（件）	审议数（件）	审议率	公布数（件）	公布率	项目数（件）	审议数（件）	审议率	公布数（件）	公布率
2019年立法工作计划	未公布														
2020年立法工作计划	12	12	100%	12	100%	32	17	53.1%	7	21.9%	20	0	0%	0	0%
2021年立法工作计划	17	16	94.1%	16	94.1%	37	20	58.8%	14	37.8%	21	2	9.5%	1	4.8%
2022年立法工作计划	未完成														

评价立法计划完成情况的指标为立法项目的审议率和公布率。相关项目分成继续审议的法律案、初次审议的法律案和预备项目三类，分别计算。立法项目审议率的计算公式为：立法项目的审议率＝全国人大常委会当年审议的法律草案数÷该部分项目数。得出的比率为在该年度经过全国人大常委会审议但未完成立法的项目占比。立法项目公布率的计算公式为：立法项目的公布率＝全国人大常委会当年公布的法律草案数÷该部分项目数。得出的比率为已完成立法的项目占比。

根据图7-4、图7-5显示，继续审议类项目审议率最高值为100%，最低值为66.7%，平均值为86.6%；初次审议类项目审议率最高值为85.7%，最低值为42.9%，平均值为65.3%；预备项目审议率最高值为26.3%，最低值为0%，平均值为9.2%。

继续审议类项目公布率最高值为100%，最低值为33.3%，平均值为75.6%；初次审议类项目公布率最高值为66.7%，最低值为21.9%，平均值为40.8%；预备项目公布率最高值为10.5%，最低值为0%，平均值为6.1%。

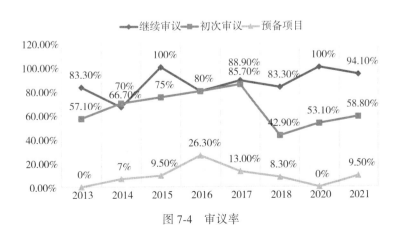

图7-4　审议率

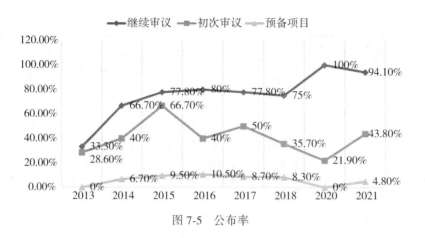

图 7-5　公布率

继续审议类项目审议率和公布率都比较高，基本均高于初次审议类项目。

（二）是否存在计划外立法（详见表 7-6）

表 7-6

年份	立法			审议		
	当年立法总数（件）	计划外立法数量（件）	计划外立法率	当年审议总数（件）	计划外审议数量（件）	计划外审议率
2013 年	23	19	82.6%	2	0	0%
2014 年	12	5	41.7%	7	3	42.9%
2015 年	43	25	58.1%	20	0	0%
2016 年	35	19	54.3%	19	0	0%
2017 年	40	23	57.5%	24	2	8.3%
2018 年	58	42	72.4%	15	3	20%
2019 年	未公开					
2020 年	22	1	4.5%	27	3	11.1%
2021 年	42	13	40%	49	9	18.4%
2022 年	立法未完成					

评价计划外立法的指标为计划外立法和计划外审议的情况。立法包括制定与修改。此处计数方法与审议率不同，当年审议总数、计划外审议数是指只进行审议且尚未完成的立法项目。当年立法总数、计划外立法数量均为完成立法的立法项目数量。计划外立法率计算公式为：计划外立法率＝全国人大常委会当年计划外立法数量÷当年立法总数，得出的比率为已完成立法的计划外项目占比。计划外审议率的计算公式为：计划外审议率＝全国

人大常委会当年计划外审议数量÷当年审议总数，得出的比率为在该年度经过全国人大常委会审议但未完成立法的计划外项目占比。

根据图 7-6 显示，计划外立法率最高值为 82.6%，最低值为 4.5%，平均值为 51.4%；计划外审议率最高值为 42.9%，最低值为 0%，平均值为 12.5%。

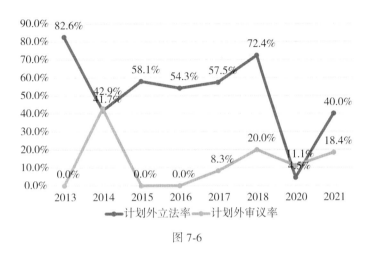

图 7-6

造成计划外立法率数值较高的原因，很大程度上是因为部分年度进行了法律的批量修改。如 2013 年通过的《全国人民代表大会常务委员会关于修改〈中华人民共和国文物保护法〉等十二部法律的决定》，对包含《草原法》《海关法》《进出口商品检验法》《税收征收管理法》《固体废物污染环境防治法》《煤炭法》《动物防疫法》《证券法》《种子法》《民办教育促进法》《传染病防治法》在内的十二部法律进行了修改。再如 2018 年通过的《全国人民代表大会常务委员会关于修改〈中华人民共和国野生动物保护法〉等十五部法律的决定》《全国人民代表大会常务委员会关于修改〈中华人民共和国国境卫生检疫法〉等六部法律的决定》等。

六、立法计划和立法规划的关系

立法计划和立法规划的关系(详见表 7-7)。

表 7-7

	继续审议的法律案			初次审议的法律案			预备项目		
	项目数（件）	属于立法规划项目数（件）	不属于立法规划项目数（件）	项目数（件）	属于立法规划项目数（件）	不属于立法规划项目数（件）	项目数（件）	属于立法规划项目数（件）	不属于立法规划项目数（件）
2013 年立法工作计划	6	6	0	7	5	2	7	6	1

续表

	继续审议的法律案			初次审议的法律案			预备项目		
	项目数（件）	属于立法规划项目数（件）	不属于立法规划项目数（件）	项目数（件）	属于立法规划项目数（件）	不属于立法规划项目数（件）	项目数（件）	属于立法规划项目数（件）	不属于立法规划项目数（件）
2014年立法工作计划	6	6	0	10	9	1	15	12	3
2015年立法工作计划	9	9	0	20	19	1	21	19	2
2016年立法工作计划	10	9	1	10	8	2	19	17	2
2017年立法工作计划	9	7	2	14	12	2	23	18	5
2018年立法工作计划	12	12	0	14	13	1	24	21	3
2019年立法工作计划	未公布								
2020年立法工作计划	12	11	1	32	19	13	20	12	8
2021年立法工作计划	17	9	8	37	23	14	21	10	11
2022年立法工作计划	15	6	9	24	15	9	25	8	17

根据图7-7显示，2018年以前，立法工作计划中的项目基本与五年立法规划中的立法项目重合，2020年以来，立法工作计划对五年立法规划有比较大的突破和改变。

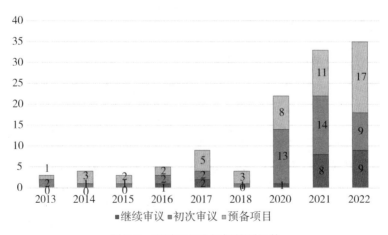

图7-7　不属于立法规划的项目数

第四节 立法计划作用分析

通过对全国人大常委会立法计划现状的考察，可以发现立法计划在立法工作的推进中发挥着重要的作用。

一、明确立法重点，加强立法计划性

其一，立法计划有助于明确立法工作重点。立法计划的制订，有助于全国人大常委会加强重点领域立法，着力解决法治领域的突出问题，健全国家治理急需的法律制度。首先，如前文所述，立法项目的重要来源之一就是党中央有关工作部署。因此立法计划有助于实现党中央确定的重大立法事项，贯彻落实党中央的重大决策部署，使党的主张通过法定程序成为国家意志。栗战书委员长强调，坚持立法与改革相衔接、相统一，确保重大改革于法有据，及时将改革成功经验上升为法律，是党的十八大以来人大立法工作的突出特点，明确提出本届常委会要坚决贯彻党中央关于改革决策部署，在总结以往经验的基础上，继续做好与改革相关的立法工作。① 其次，从立法计划的内容来看，全国人大常委会对社会保障与民政、科教文卫体事业予以充分的关注与重视，这体现了立法计划对于人民群众关注的现实问题和反映强烈的突出问题的回应。最后，立法计划有助于积极推进国家安全、科技创新、生态文明等重要领域的立法，填补法律制度薄弱点和空白。

其二，立法计划可以促使立法工作有序推进。立法工作是一项复杂的工作，包括提案、审议、表决、公布等多个环节，涉及全国人大常委会、各专门委员会、全国人大常委会工作机构、人大代表等多个主体的参与。立法计划有助于促进各项工作的有序推进、各个主体的协调配合，从而促使整个立法工作有计划、有步骤地向前推进。如法制工作委员会在制订立法计划时，会向全国人大各专门委员会、常委会有关工作机构、国务院有关部门、最高人民法院、最高人民检察院、中央军委法制局等单位发函征求立法项目建议，并提请各单位提供立项报告，说明立法的必要性、可行性、主要内容和起草进度安排等。立法计划有助于相关立法项目的安排和推进。

其三，立法计划有助于促进立法明确、稳定，为具体立法工作提供确定的信息和指导。从前文对"计划外立法"的分析中可以看出，除了2014年以外，计划外审议率不高，因此立法计划的制订有助于促使立法工作的稳定化。同时，因立法计划具有开放性，不能在实际上造成对立法的限制。如全国人大常委会未列入立法计划但急需立法的项目也会在

---

① 全国人大常委会法制工作委员会研究室编：《我国改革开放40年立法成就概述》，法律出版社2019年版，第154页。

当年进行审议。

二、提高立法质量，增强立法科学性

其一，立法计划有助于全国人大常委会把握立法工作全局，合理确定立法目标和方向。全国人大常委会立法计划有助于相关立法项目统筹规划、合理安排。如2022年全国人大常委会立法规划围绕以下几个方面展开，包括围绕坚持和完善人民代表大会制度、国家机构组织制度；围绕创新驱动发展战略，全面塑造发展新优势；围绕全面深化改革和对外开放，持续激发市场活力；围绕加强民生领域立法，提升人民群众获得感等。

其二，立法计划有助于全国人大常委会合理、适当、科学地调控立法进程，使法律充分反映经济社会发展的客观规律。首先，全国人大常委会的立法计划由继续审议的法律案、初次审议的法律案、预备项目以及授权、改革项目构成。其中初次审议的法律案和预备项目数量较多，初次审议的法律案当年度未能审议或还需继续审议，会转为继续审议的法律案在以后完成。预备项目会根据调研和起草工作等情况，灵活安排审议。这充分体现了立法计划对立法进程的调解作用。其次，全国人大常委会可以在确保立法质量的前提下，加快立法工作步伐，统筹进行法律的立、改、废；并且可以根据实际情况需要，采取打包形式修改相关法律。最后，立法计划对每届人大常委会任期内、每个年度内的立法工作作出整体安排和部署，并加强对其实施情况的检查督促，增强立法工作主动性，更好地发挥人大常委会在立法工作中的主导作用。①

三、完善立法体系，促进法律体系化

立法计划有利于法制的统一和法律体系的完善与和谐②，有助于全国人大常委会从法的制定、修改、补充等各个方面安排、布置立法工作。在全国人大常委会2013—2022年的立法工作中，既有新的法规的制定，也有大量对于既有法规的修改、废止工作。通过立法计划，可以发现和处理法律体系中存在的问题，促进法律体系的完善。立法计划通过安排授权决定、改革决定等，能够促进相关领域和地方改革创新，确保国家发展、重大改革于法有据。

第五节　立法计划缺陷分析

虽然立法计划在增强地方立法的计划性、科学性和体系性等方面都发挥着重要的作

---

① 张春生主编：《立法实务操作问答》，中国法制出版社2016年版，第2页。
② 参见杨临宏著：《立法学：原理、程序、制度与技术》，中国社会科学出版社2020年版，第340页。

用。但其也存在着编制程序不完善、定位不明确等缺陷。

一、立法计划编制程序不完善

目前关于全国人大常委会的立法计划的相关规范依据仅有《立法法》第52条。前文提及，全国人大常委会立法计划是在总结地方立法计划制度的充分实践的基础上确立的。但在规范层面上，并没有规范全国人大常委会编制立法计划的专门规则。因此，在全国人大常委会立法计划中，对于立法项目的提出和确定、立法计划的编制和公布等环节存在很多模糊之处。

(一)立法项目的确定

经过多年的实践，全国人大常委会立法规划覆盖五年的时间周期，具有相对固定的内容板块和体例结构，一般将立法项目分为三大类：第一类是条件比较成熟、任期内拟提请审议的法律草案；第二类是需要抓紧工作、条件成熟时提请审议的法律草案；第三类是立法条件尚不完全具备、需要继续研究论证的立法项目。而年度立法计划主要是贯彻全国人大常委会五年立法规划的原则要求，落实立法规划的立法项目的审议与安排。因此，立法计划中立法项目的确定是对立法规划要求的贯彻，但是根据经济和社会发展的需要，年度立法计划可以对立法规划进行必要的调整，这也就导致立法项目会产生相应的不确定性。① 如前文提到了立法项目的几个来源，包括从党中央有关工作部署中提取、立法项目建议征集、吸收代表立法项目建议等。这是一种事实上的阐述，而不是规范上的要求。《立法法》第56条对立法项目的来源仅表述为"认真研究代表议案和建议，广泛征集意见"。上述三种渠道是否满足"广泛征集意见"的要求？同时这些项目如何以及能在何种程度上成为立法项目不明，特别是法制工作委员会以函件方式向各单位征集的立法项目建议。从全国人大常委会公布的相关文件中，可以看出全国人大常委会立法计划对党中央有关工作部署和人大代表提出的立法项目建议的回应，但少有对于征集项目的阐述。

此外，根据全国人大常委会的工作要求，在立法项目的确定过程中，法制工作委员会需要广泛征求有关方面的意见。并且应当根据需要，向部分全国人大代表、各省级人大常委会法制工作机构和基层立法联系点征求意见。必要时，还应当召开座谈会，听取项目提出单位和其他相关单位、议案领衔代表、专家学者的意见，根据论证结果，提出项目安排建议。但是，此处的表述也十分模糊。

(二)公布不充分

从前文对于全国人大常委会立法计划基本情况的统计可以得出，立法计划的公布时间

---

① 参见刘风景、周磊：《立法规划的属性、职能与编制》，载《扬州大学学报(人文社会科学版)》第24卷第2期，2020年3月。

较为固定，并且通常以立法工作文件的形式予以公布。但是，总体而言，全国人大常委会立法计划的公布时间较晚，如2020年于年中(6月20日)予以公布。此外，2019年并未公布全国人大常委会立法计划。因此，应对立法计划的公布程序进行完善，便于公众对立法活动的知情和参与。

二、立法计划的定位不明

前文述及，学界对于立法规划的效力并未形成一致意见，这会影响对于立法计划定位的探讨。在我国立法工作中，也难以为立法计划寻找到明确的位置。在修改《立法法》时，将立法计划规定于在第二章第五节"其他规定"中。根据这一条款，全国人大常委会制定年度立法计划，是为了"加强对立法工作的统筹安排"。同时，对于立法计划与立法规划的关系也没有明确说明。

在每年的全国人大常委会立法工作计划中，对于法律案审议工作的表述为"结合落实全国人大常委会立法规划和专项立法工作计划，与中央有关方面的工作要点、计划相衔接"，对此可以从以下三个方面来理解。

一是全国人大常委会立法计划对于五年立法规划的落实和调整。但是，在立法项目来源中，并没有特别提及对于五年立法规划的贯彻和落实。同时，从前文对不属于立法规划项目数统计可以发现，自2020年以来，全国人大常委会立法计划对五年立法规划有比较大的突破。因此，立法计划与五年立法规划并不是完全的对应关系，而是灵活落实、补充与调整。

二是实现该年度的专项立法工作计划。全国人大常委会立法计划强调与该年度专项立法计划的衔接配合。如2020年全国人大常委会立法工作计划中强调与强化公共卫生法治保障立法修法工作计划结合，按照十三届全国人大常委会强化公共卫生法治保障立法修法工作计划安排，完善公共卫生领域相关法律，修改《动物防疫法》《野生动物保护法》《国境卫生检疫法》《传染病防治法》《突发事件应对法》等。

三是与中央有关方面的工作要点、计划相衔接。这在立法项目的来源方面已有充分体现。此外，在立法计划中也会特别强调与党中央的工作部署相配合。如2018年全国人大常委会立法工作计划中提出，要"贯彻落实党的十九大和十九届二中、三中全会精神，落实党中央关于全面深化改革、全面推进依法治国的部署要求，对涉及国家机构改革、国防和军队改革、监察体制改革等需要制定或修改的其他法律，适时安排审议"。

三、立法计划与实际立法不匹配

由前文相关统计可知，一方面，继续审议类项目审议率的平均值为86.6%，初次审议类项目审议率的平均值为 65.3%，预备项目审议率的平均值为 9.2%。除了继续审议类项目外，其他项目完成率不高。另一方面，而计划外立法数量较多，计划外立法率最高值为 82.6%，最低值为 4.5%，平均值为 51.4%。这反映了立法计划与实际立法的不匹配。这一方面是由立法计划的固有属性所导致的。立法计划具有预测性，是面向未来的，实际的立法需求和立法条件难以完全在规划的制定过程中预见。另一方面也是因为立法计划不够准确。全国人大常委会应当从合理确定立法项目数量、加强立法项目论证等方面入手，制订明晰合理的立法计划。

立法计划的编制是立法准备阶段的重要活动。全国人大常委会应当科学选择、合理确定立法项目，编制立法规划，充分反映立法需求、把握立法节奏。立法计划有助于提升立法工作的计划性、科学性和体系性，对于全国立法工作的完善和发展发挥着积极的作用。但是，也应当看到，目前立法计划存在着编制程序不完善、定位不明确、与实际立法不匹配等缺陷，应当予以改善。未来我国立法工作的高质量发展，要充分发挥立法计划的作用，增强立法的针对性、适用性、可操作性，提高立法质量和效率。

📋 **思考题：**

1. 立法计划的特点和作用是什么？
2. 立法计划在立法体系中的定位是怎样的？
3. 立法计划具有效力吗？
4. 简述立法计划与立法规划的区别。

第八章 立法论证

立法论证覆盖立项、起草、审议等重要立法过程，是立法的民主性、科学性的重要保障制度。在我国，立法论证制度起步较晚。但十八大之后，立法论证快速走向规范化和制度化。2008年有人大代表介绍了香港立法论证经验，建议法案在出台前进行可行性等论证。① 2009年四川省在制定《四川省雷电灾害防御管理规定》时进行了专门立法论证，并出具了长达10页的成本效益分析报告。2010年全国人大法制委组织欧盟立法项目考察团对国外规制影响评估制度进行了考察。国务院2011年发布的《中国特色社会主义法律体系》白皮书中也明确指出要"建立健全立法前论证和立法后评估机制，不断提高立法的科学性、合理性，进一步增强法律法规的可操作性"。2015年修改的《立法法》强调了立法前论证工作的开展，2015年国务院颁布的《法治政府建设实施纲要（2015—2020）》则明确了要通过立法前评估健全立法项目论证制度。《全国人大常委会2018年立法工作规划》也作出了健全立法论证机制的制度安排，如"推进科学立法、民主立法、依法立法。健全立法论证、听证机制，做好法律案通过前的评估和立法后评估工作，继续加强法律解释工作"。《全国人大常委会2021年度立法工作计划》中着重强调"以良法促发展保善治"，并提出统筹立法质量和效率，科学合理安排法律案审议工作。

立法是全面依法治国的前提和基础，立法质量直接关系到法治的质量。党的十九大报告指出，以良法促进发展、保障善治。"努力使每一项立法都符合宪法精神、反映人民意志、得到人民拥护"，这是立法工作的最高遵循和根本要求。为切实提高和保障立法质量，立法论证不可疏忽。立法论证的结果或肯定或否定；既可为支持性结论，也可为反对性结论。立法论证主要为了立法的科学价值的追求。首先，立法的性质决定了立法是否科学会直接影响产生结果的性质；其次，通过立法论证可以帮助立法决策主体制定出合法、合理的有质量的良法；再次，经过论证的法律，可加强公民对法治的信任和期待；最后，立法论证可以补充立法机关的盲点，相关专家的建言献策可以提高立法技术应用。

---

① 罗范椒芬建议，每一部法律在向省、市、县征求意见的时候，是否也可以要求各级政府评估法律草案在当地实施的可行性、实施的能力和实施的规划。参见《代表建议人大立法先评估法律起草应避免利益部门牵头》，载新华网，http//news.xinhuanet.com/politics/2008-12/24/content_10550385.html，最后访问日期：2020年5月6日。

第一节　立法论证的基本意涵

在西方法治国家，立法论证作为"证成拟将产生效力的立法规范的正当性和合理性"程序制度，被认为是立法程序不可或缺的组成部分。其法律论证(Legal Argumentation)理论适用领域也由传统的司法论证向立法论证的延展，其中，涉及立法论证的标准和要求、立法论证与民主正当性关系、影响论证质量的因素等方面内容，① 成为其核心关切。

一、立法论证的概念

尽管我国已存在着制度和实践层面上的立法论证，但由于相关理论研究总体比较缺乏，导致了立法论证概念不一、各种概念名词混用的乱象。

目前，我国理论界对立法论证这一术语的概念界定主要可以分为广义和狭义两种：其中：(1)广义的立法论证，意指一定的主体对立法运行中出现的有关问题提供论述与证明，从而为立法机关的立法提供参考与决策的依据。包括在立法之前对立法的必要性和可行性提供立法论证的价值论述与证明，在立法过程中对立法出现的内容与形式方面的问题提供论述与证明，以及在立法完成后对立法的实际可操作性以及立法的质量评价提供论述与证明。② (2)狭义的立法论证，即基于狭义的立法即法律的制定，指出立法论证是在制定法律的过程中，立法者旨在说服别人接受自己围绕立法议案所提出的主张而进行的一种说理活动(与之相应的是立法论辩制度)。③

在立法实务界，对立法论证的概念界定主要以2013年《广东省人民代表大会常务委员会立法论证工作规定》为代表，在多地有关立法的条例和工作规定中都有相似条款载明，认为"立法论证，是指按照规定的程序，邀请专家、学者、实务工作者和人大代表，对立法中涉及的重大问题、专业性问题进行论述并证明的活动"，并根据不同立法阶段，将立法论证分为立项论证、起草论证和审议论证。④

不难看出，广义的立法论证探讨范围太过宽泛，不利于立法论证的制度化、精细化建设和完善，狭义的立法论证又将处于关键环节的立法准备阶段排除在外，不利于从源头把

---

① 王锋：《由司法论证转向立法论证——中西比较视域下对我国立法论证的思考》，载《烟台大学学报》2015年第6期。

② 汪全胜：《立法论证探讨》，载《政治与法律》2001年第31期。

③ 李晓辉：《立法论证：走向民主立法的新阶段》，载《学习与探索》2010年第3期。

④ 《广东省人民代表大会常务委员会立法论证工作规定》第2条规定："本规定所称立法论证，是指按照规定的程序，邀请专家、学者、实务工作者和人大代表，对立法中涉及的重大问题、专业性问题进行论述并证明的活动"；第3条规定，"根据立法活动的阶段性特点，立法论证可以分为立项论证、起草论证和审议论证"。在2013年广东省出台此规定后，多个省市进行效仿。

控立法质量。实务中对立法论证的阶段节点划分虽较为合理，但其出于节约立法成本的考量将论证对象限定为涉及重大、专业问题的法案，限缩了立法论证的应用范围，从长远来看亦不利于立法质量的普遍化提高。

基于提高和保障立法质量之考量，结合立法工作的具体流程，考虑到我国立法一旦进入审议程序，未获通过的数量极少的立法现状，结合国外立法论证理论和实践现状，以实务中对立法论证的界定为基础，前移立法质量关口，立法论证可以界定为：在法案表决前的立项、起草和审议即从法案到法这一立法过程中就法该不该立、何时立以及如何立等问题，通过定性和定量分析就其合法性、合理性、必要性、有效性等进行充分论证，以供立法机关参考决定是否将相应立法规范列入年度立法计划项目、列入审议议程、表决通过。

基于论证对象的不同，立法论证可以分为形式论证和实质论证。形式论证和实质论证相辅相成，构成了形式和内容的关系。后者决定了前者，而前者为后者服务。① 其中：(1)形式论证是指对立法形式的合法性及合理性的证成，包括立法语言的精准度，法条表述的规范性，文本体系的逻辑性。立法论证对立法提案和已经实施的法律进行形式论证，保证立法的合体系化与技术化，确保法制统一而高效，确保民众易懂，增强可预测性，从而更有利于展现法律的权威与严谨。(2)实质论证即是对立法内容的合法性、合理性的证成，也包括权利义务分配、利益分担、权力配置等立法涉及的制度内容进行的论证，这是立法实践中最常见的论证。这一进路有立场而无严格的理论体系，更多是展现出一系列实质性的论点，如法的稳定性、法的统一性，社会效果、价值及利益等。② 立法内容的合法性是指法律的合宪合法性，合理性主要包括必要性、可行性与合正义性等方面，也包括关于立法的实质论证，学界主要关注点在于其程序方面，也就是实质论证如何运行最科学、最有效的问题。目前我国的地方性法规的实质论证主要还是书面的、内部的，目前有论证会、听证会、座谈会等形式；而国外的立法实质论证主要通过"立法论辩"这一形式进行，且制度发展得比较完善，一些有益经验值得我们借鉴。③

二、立法论证与相关概念辨析

在我国立法工作从"速度型"向"质量型"的转型过程中，与提高立法质量相伴而生了诸多立法专业术语如立法评估、立法后评估、立法前评估、表决前评估、成本效益分析、立法论证会等概念，但多出现概念混用状况，呈现出非常不规范的状态。其中较明显的便

---

① 王锋著：《立法论证研究》，商务印书馆 2019 年版，第 57 页。
② 郑永流著：《法律方法阶梯》(第四版)，北京大学出版社 2020 年版，第 69 页。
③ 钟望：《立法论证的结构、方法与法理分析》，载《实事求是》2020 年第 4 期。

是将立法论证与立法项目论证、立法论证会之间的混同。①

其一，立法论证与立法前评估、表决前评估。姜明安指出立法前评估的实质就是一种立法论证②。立法论证作为一种论述与证明，起到的是为立法提供参考和决策的依据的作用，立法论证有着确保立法具备一定条件、促进立法进程和保障法律实施的重要功能。③如果细看我国有关立法前评估的规范性文件和评估实践，可以发现一个有趣的现象，即在有关立法的规范性文件中，都是将前评估作为立法项目论证的一部分，决定是否将某一立法方案纳入立法规划，最典型的是国务院 2015 年颁布的《法治政府建设实施纲要（2015—2020 年）》须通过立法前评估健全立法项目论证制度。但在对具体法规的前评估操作中通常采取的是对已经列入年度立法计划后起草的草案进行前评估④，这也从侧面说明我国的立法工作规范呈现出概念术语繁多、缺少统一工作程序规范的现实问题。表决前评估⑤是指在法律草案表决前进行的评估，其所处法案出台的最后一个环节，所在的立法阶段更具封闭性。立法论证所涉的立法阶段涵盖了立法前评估和表决前评估的阶段，且其涵盖的法案对象比另外二者都广，从这一角度而言，立法前评估和表决前评估是立法论证的子概念。

其二，立法论证与立法项目论证、立法论证会、成本效益分析。由于立法实践中对科学立法、民主立法的理解主要停留在征求专家和群众意见上，实务中的立法论证常表现为立法论证会、听证会等形式，其中以立法项目论证最受重视，并在各地立法实践中得到推行。立法论证包括立项、起草和审议论证，立法项目论证是其重要组成部分，也是立法论证实务经验较丰富的子项目。立法论证会是目前我国立法论证制度在实务中的具体表现方式，是立法论证活动的载体，也是论证者获取论证信息的重要途径和方法。成本效益分析

① 参见相关新闻报道，如马北北：《北京：要立法先要通过立法论证》，载"中青在线"，2017 年 1 月 18 日，http://news.cyol.com/content/2017-01/18/content_15340214.htm，该文将立法论证与立法项目论证混同；浙江省人民政府发布的新闻"温州市召开立法专家论证会"，将立法论证会的召开等同于立法论证，http://www.zjfzb.gov.cn/n133/n193/n196/c131668/content.html，最后访问日期：2020 年 5 月 5 日。

② 姜明安：《改进和完善立法体制〈立法法〉呈现七大亮点》，载《行政管理改革》2015 年第 4 期。

③ 史银升、赵会生：《立法论证刍议》，载《人大建设》2002 年第 1 期。

④ 如 2011 年青岛对《青岛市建筑废弃物资源化综合利用管理条例（草案）》和《青岛市实施〈中华人民共和国标准化办法〉（草案）》的前评估，宁波市委和法制办对列入市政府 2016 年规章立法计划的《宁波市人民政府 2016 年规章立法计划》《宁波市先进制造业促进办法》牵头开展论证和调研。

⑤ 全国人大以及广东、江苏等曾于 2013 年较密集地开展了表决前评估工作，https://www.baidu.com/s?wd=%E8%A1%A8%E5%86%B3%E5%89%8D%E8%AF%84%E4%BC%B0&rsv_spt=1&rsv_iqid=0xd35f0f600000b642&issp=1&f=8&rsv_bp=0&rsv_idx=2&ie=utf-8&tn=baiduhome_pg&rsv_enter=1&rsv_sug3=8&rsv_sug1=4&rsv_sug7=100&rsv_sug2=0&inputT=7572&rsv_sug4=7572，最后访问日期：2020 年 10 月 5 日。

作为一种分析方法，广泛见于立法的论证和评估中，立法成本和效益是论证立法是否具备有效性的重要指标。三者间的概念虽有所交叉，但其实界限较为清晰，立法实务工作中可能基于政策宣传或其他考量，在进行立法工作的媒体宣传时，侧重于立法论证的不同面向，会导致其概念在形式上或使用上的混用。

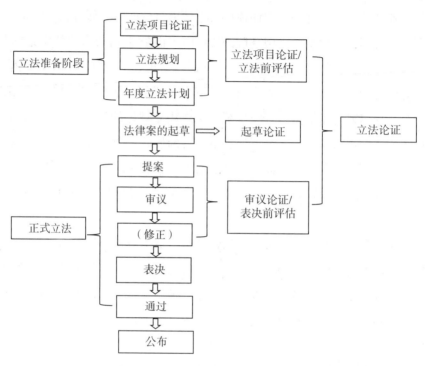

图 8-1　立法论证与相关概念辨析①

三、立法论证的价值预设

将立法质量控制关口前移，结合定性和定量方法对立法进行形式和实质论证，可以在立法准备阶段就有效地将不合理、不科学、可能造成法律冲突的法规排除在外，促进立法技术和质量的提高②。具体而言，立法论证除具有促进立法科学化、民主化的主要价值外，通过论证也可以尽可能预防风险以减少立法的试错成本。风险立法的价值体系是多元的，立法必须能够协调、整合诸多价值，这是风险社会立法必须完成的任务。③ 立法论证可以提前协调各方面的利益，减少法律实施的阻力以提高法律运行效率。另外，通过改善

---

① 参见曹海晶著：《中外立法制度比较》，商务印书馆 2004 年版，第 241~266 页。
② 王保民：《立法评估：一种提高立法质量的有效途径》，载《青岛行政学院学报》2007 年第 6 期。
③ 何跃军著：《风险社会立法机制研究》，中国社会科学出版社 2013 年版，第 146 页。

立法过程促进立法透明化，亦可以达到提高社会法律意识之效果。因此，立法论证制度的构建和完善具有非常重要的意义与价值。

其一，在定量与定性相结合的分析中，促进立法决策科学化。《立法法》第 7 条是"科学立法"规定，立法应当从实际出发，适应经济社会发展和全面深化改革的要求，科学合理地规定公民、法人和其他组织的权利与义务、国家机关的权力与责任。立法遵循科学原则，有助于提升立法质量和产生良法，克服立法中的主观性与盲目性，提高立法效益。[①] 对此习近平总书记指出，科学立法的核心在于尊重和体现客观规律。遵循和把握立法规律，就要自觉遵循经济规律、自然规律、社会发展规律以及立法活动规律，使制定出来的法律能够反映和体现规律的要求，符合客观实际。科学立法要求证明立法决策的正当化，何者为正当决策，衡量和评价的标准又是什么？我国《海南省人民政府办公厅关于开展立法成本效益分析工作的实施意见》(琼府办〔2007〕130 号)已对科学立法有较为详细的规定，明确要求各有关部门确定的立法项目进行立法成本效益分析，对需要进行修改的规章进行实施情况的评估。《海南省人民政府办公厅关于开展立法成本效益分析工作的实施意见》规定立法成本效益分析就是对立法的总成本与立法的效益进行分析论证的过程。其中立法成本包括直接立法成本和间接立法成本。直接立法成本是指具体立法活动中所耗费的成本即立法过程中人力、物力、财力及时间、信息等资源的支出，如立法调研、可行性论证、立法规划、起草、修改、审查、通过、颁布等过程中耗费的人力、物力、财力等支出。立法间接成本是指立法后行政机关为实施法规规章投入的人力、物力和财力以及社会为遵守法规规章需要或者可能增加的成本投入。立法效益是指法规规章实施后所产生的符合立法目的的有益的社会和经济效果，是法规规章实施所取得的成效与立法成本间的比值，包括经济效益和社会效益两部分。它是立法所追求的最终目标。立法的经济效益是指法规、规章实施后在经济上的收益。立法的社会效益是指法规、规章实施后在政治、文化、道德等方面产生的效果。在国外则通过评估立法规范的影响(Legislation-Assessment)，进行成本效益分析，作为衡量其立法决策优劣的标准，即通过预先明确可能的成本和收益，在成本远小于收益或收益尽可能最大化的情况下，才能证明立法决策是科学和正当的，是必要和可行的[②]。通过对不同立法方案(如不进行立法规制、修改旧法等)的论证，为决策者提供参考和依据，优化立法秩序和顺序，从而更高效合理地配置资源，遏制不良和过度立法，防止资源浪费，节省立法成本。

其二，在论证的动态过程中，实现立法民主化。《立法法》第 6 条规定的是"民主立法"，关于立法应当发扬社会民主，保障人民通过多种途径参与立法活动，践行全过程人

---

① 参见周旺生主编：《立法学教程》，北京大学出版社 2006 年版，第 86 页。

② 汪全胜：《立法成本效益评估制度的适用范围考察》，载《法学论坛》2016 年第 1 期。

民民主的理念。提高立法的民主化水平，可以通过制度形式确认和保障人民的知情权、参与权、表达权，从而保证人民当家作主。这体现了我们国家法治建设从"法律面前人人平等"向"法律上人人平等"的升级。① 民主立法亦有两个维度，一是民主立法的广度，二是民主立法的深度。民主立法的广度通过社会公众参与立法的普遍性来体现，深度则表现为社会公众参与立法的充分程度。立法论证通过立法调查和调研等方式充分收集和分析立法信息，增进立法机关对立法需求和立法所要解决的问题的理解，在扩大民众参与面的同时，可以通过相应的论证反馈，建立起公众与立法结果间的深度互动机制，从而实现立法内容的民主。

其三，通过风险预测和影响论证，减少试错成本。立法论证通过对经济、社会和环境可能产生影响的分析，预测立法可能带来的不确定性和风险，给立法、执法和守法主体一个较稳定的预期，从而保障经济、社会和环境的可持续发展。前文已经指出，有问题的立法决策一旦作出，将会产生不可逆的损失和一系列棘手的问题，而立法论证是减少立法试错成本的良药。如2013年实施的《机动车驾驶证申领和使用规定》的禁止闯黄灯条款，引起轩然大波就是缺少立法论证的典例。故《法治政府建设实施纲要（2015—2020年）》明确提出"通过开展立法前评估等方式，健全立法项目论证制度"。加快建设法治政府，立法保障是基础，立法质量直接关系法治的质量，通过建立健全立法前评估等机制，立良法、行善治，推动法治政府建设再上新台阶。建立立法前评估制度作为推进政府高质量立法的重要举措，可提高立法计划编制科学性、针对性和实效性，将有限的立法资源用在经济社会发展最急需的立法项目上，为我国全面建成小康社会、深化改革开放提供更加有力的法治保障。

其四，协调各方利益关系，提高法律运行效率。立法论证在收集信息和反映立法问题的过程中，一是需要向与该法案有联系的部门征求意见，做到立法协调，并整合各部门间利益；二是会征求利益相关主体的意见，从利益相关者角度分析和衡量法律立法的可行性、可能带来的影响和后果；三是向社会公开征求意见，协调各方利益。由此可见，通过对立法论证制度的程序设计，可以将立法涉及的利益主体联系在一起，通过利益的博弈来达成一致，从而协调各方目标和利益，减少法律运行阻力，从而提高法律运行效率。基于这个意义，立法论证可以说是统筹不同利益的协调工具。并且，立法论证还通过对立法的有效性分析，预测法律的可行性，将高成本难以执行的立法扼杀在摇篮之中，并尽早寻求其他解决方案。如2010年《广州市控制吸烟条例》发布后，广州市职能部门共检查各类公共场所12万多场次，发出整改通知书4000多份，但最终仅对1名个人和5家企业实施处罚，累计罚款26550元。执法的缺位是一方面，亦有公众反映将控烟的劝导责任交由酒店

---

① 江必新著：《国家治理现代化与法治中国建设》，中国法制出版社2016年版，第62页。

餐厅来承担很不现实也不符合市场规律。① 如果条例在设计时对相关条款进行了较全面的论证，则可以避免这种守法、执法成本过高的条款出现。

其五，改善立法制定过程，提高社会法律意识，防止立法腐败。虽然立法论证并不直接针对正式立法程序问题，但它弥补了传统立法程序中重形式而轻实质利益整合的漏洞，这极大完善了法律的制定过程、提高了立法质量，促进立法程序的健康可持续发展。强调社会公众参与是立法论证的一大特色，参与的社会公众主要除相关专家或科研机构外，很大一部分是作为利益相关人的普通大众，深入群众当中做好充足的调查研究，接受群众的监督、批评、意见和建议；把这些收集到的意见和资料作为本土素材，运用到立法的制定过程。② 公民作为相关利益主体的发言权会受到制度保障。原商务部反垄断办公室副主任郭京毅在任职期间出台和修订系列规范性文件，③ 在关键性条款上采用模糊用语，滥用法律解释权为自己留下权力寻租空间。这便是立法主体法治意识不强，没有进行立法论证，充分咨询利害关系人的典例。公众的参与无疑提高了立法过程的透明度，也必然会促进社会公众对相关立法内容的理解和掌握，强化公民的法律意识，为依法治国奠定一定的社会思想基础，符合我国法治建设的发展潮流。

第二节　立法论证的规范渊源与构成要素

我国立法制度建设在从过去的"有法可依"到"科学立法"这一进程中，取得了引人注目的成果。在提高立法质量的实践探索中，立法论证的制度建设也逐渐反映在不同位阶的立法规范之中，其以"谁来论证""论证什么""如何论证"为逻辑连接的制度要素，在理论上也更为明晰。

一、立法论证的规范渊源

我国立法论证实践由来已久，尽管相关的制度建设尚不成熟，但亦取得了相应的进展。特别是 2023 年新修订的《立法法》，在立法层面上提出了审议前评估的原则性标准④，

---

① 林小昭：《广州控烟难题》，载《第一财经日报》2012 年 1 月 11 日。

② 田思源著：《多向度的法治思考》，法律出版社 2014 年版，第 248 页。

③ 主要包括《关于外国投资者并购境内企业的规定》《关于外商投资的公司审批登记管理法律适用若干问题的执行意见》等。

④ 《立法法》第 42 条规定："拟提请常务委员会会议审议通过的法律案，在宪法和法律委员会提出审议结果报告前，常务委员会工作机构可以对法律草案中主要制度规范的可行性、法律出台时机、法律实施的社会效果和可能出现的问题等进行评估。评估情况由宪法和法律委员会在审议结果报告中予以说明。

随后出台的有关立法的法规、规章及地方立法都在实质上将立法论证制度纳入成文规范内。当然，在此之前，广东省在 2013 年就单独对立法论证进行了条例规范，并以其取得的良好效果，吸引了其他地方开展了立法论证的制度建设。其中较新和有代表性的规定可总结如表 8-1 至表 8-3①：

表 8-1 　　　　　　　　　　我国中央层面有关立法论证的代表性规定

规范性文件	论证主体	论证阶段和对象	论证标准、指标及方法	论证结果及其应用	强制要求程度
2023 年《立法法》	常务委员会工作机构	拟立法项目	及时性、针对性和系统性。	决定是否编入立法规划和立法计划。	应当
	常务委员会工作机构	拟提请常务委员会会议审议通过的法律案	(1)可行性；(2)法律出台时机；(3)法律实施的社会效果；(4)可能出现的问题。	在审议结果报告中予以说明。	可以
	有关专门委员会和常务委员会工作机构	列入议程的法律案有关问题专业性较强	召开论证会。	论证情况向常务委员会报告。	应当
	国务院有关部门或者国务院法制机构	起草的重要的行政法规	召开论证会。	草案及其说明。	应当
2017 年《行政法规制定程序条例》	报请立项部门	拟立法项目	(1)立法项目所要解决的主要问题；(2)依据的方针政策；(3)拟确立的主要制度。	无	应当
	国务院法制机构	立法建议项目	(1)贯彻落实党的部署，适应改革、发展、稳定的需要；(2)改革实践经验基本成熟；(3)在职权范围内；(4)有立法必要。	立项申请书。	应当
	起草部门	重大利益调整事项	论证咨询。	无	应当
	国务院法制机构	涉及重大利益调整的送审稿	论证咨询。	无	应当

① 如前文所述，由于我国立法时间对相关概念界定不明，经常混淆使用，难免会出现实质内容相同、但名称上不同的情况，因此本书从立法论证的实质内涵出发，将立法前的成本效益分析制度、完善后的立法项目论证制度和直接的前评估制度都总结在内。另外，相关规范性文件来源于北大法宝，但由于信息搜索可能存在遗漏，只能做到对最新规定进行梳理，难以做到对所有规定的穷尽分析。

续表

规范性文件	论证主体	论证阶段和对象	论证标准、指标及方法	论证结果及其应用	强制要求程度
2017年《规章制定程序条例》	报请立项部门	立法建议项目	(1)制定规章的必要性；(2)所要解决的主要问题；(3)拟确立的主要制度。	说明	应当
	法制机构	立法建议项目	无	拟定立法工作计划	应当
	起草部门	草案	(1)制定必要性；(2)主要措施；(3)有关意见及协调处理情况。	起草说明	应当
	法制机构	涉及重大利益调整的送审稿	采取座谈会、论证会、听证会、委托研究等多种形式进行论证咨询。	无	应当
2017年全国人大《关于立法中涉及的重大利益调整论证咨询的工作规范》	起草部门或法制工作委员会	起草中的法律草案或列入议程的法律草案	采取论证会、听证会、委托研究、咨询等形式，一般对主要制度规范的可行性、法律出台时机、法律实施的社会效果、可能出现的问题等进行评估。	立法论证咨询报告	应当

表 8-2 　　　　　　　　　**我国地方层面有关立法论证的代表性规定**

规范性文件	论证主体	论证阶段和对象	论证标准、指标及方法	论证结果及其应用	强制要求程度
2019年《新疆维吾尔自治区人民代表大会及其常务委员会立法条例》	建议项目提出主体：常务委员会	立法建议项目	编制立法规划草案和拟定年度立法计划草案，应当研究征集到的立法建议项目、代表的立法议案，并与全国人民代表大会常务委员会立法规划、立法计划以及国务院立法计划、立法进度相衔接。	立法规划和年度立法计划草案由常务委员会法制工作机构提请主任会议审议，形成立法规划和年度立法计划，按程序报请批准后向社会公布。	无
2018年《齐齐哈尔市人民代表大会及其常务委员会立法条例》	建议项目提出主体	立法建议项目	(1)立法必要性；(2)可行性；(3)立法依据；(4)制度创新；(5)需要解决的主要问题。	立项论证报告。	应当
	常务委员会法制工作机构	立法建议项目	调研、评估、论证。	决定是否列入立法规划和年度立法计划草案。	应当
	人大专门委员会、常务委员会工作机构	立法建议项目	参与调查研究和论证工作。	决定是否提案。	应当
	专门委员会	拟提请审议通过的法律案	(1)立法的必要性；(2)主要内容是否科学合理；(3)重大问题的解决措施是否合法可行。	决定列入常务委员会会议议程。	应当
	法制委员会或者有关专门委员会	列入议程的法规案	采取召开座谈会、论证会、听证会等形式，听取有关部门、专家和利害关系人的意见。(可以引入第三方评估)	决定是否通过。	应当

续表

规范性文件	论证主体	论证阶段和对象	论证标准、指标及方法	论证结果及其应用	强制要求程度
2017年《山东省地方立法条例》	省人民代表大会常务委员会		及时性、针对性和系统性。	决定是否编入立法规划和立法计划。	应当
	法制委员会、有关的专门委员会和常务委员会工作机构	列入议程的法案	可以采取座谈会、论证会、听证会等多种形式听取意见。专业性较强，需要进行可行性评价的，应当召开论证会，听取有关专家、部门和省人民代表大会代表等方面的意见。	论证情况应当向常务委员会报告。	应当
	常务委员会工作机构	拟提请审议通过的草案	主要制度规范的可行性、出台时机、实施的社会效果及可能出现的问题。	在审议结果报告中予以说明。	可以
2017年《重庆市地方立法条例》	市人大常委会法制工作机构	立法建议项目	对各方面提出的立法意见和建议进行综合协调、研究论证。	提出立法规划和年度立法计划的草案稿。	应当
	起草单位(邀请人大机构提前参与)	法律草案	对主要问题进行论证，法规草案应当符合立法技术规范。	无	应当
	提案机关	法律草案	制定或者修改法规的必要性、可行性、立法依据、主要内容、起草过程中对重大分歧意见的协调处理情况。	提案说明。	应当
	市人大专门委员会、市人大常委会工作机构	拟提请通过的法案	主要制度规范的可行性、出台时机、实施的社会效果及可能出现的问题。	在审议结果报告中予以说明。	应当
2016年《江西省立法条例》	提出机构	立法规划和立法计划	立法依据，立法的必要性、可行性，法规拟规范的主要内容。	立法建议说明。	应当
	起草机构	提请审议前	阐明立法的必要性、可行性和主要内容以及起草过程中对重大分歧意见协调处理等方面的情况。	起草说明。	应当
2016年《内蒙古自治区人民代表大会及其常务委员会立法条例》	由常务委员会主任会议提请常务委员会审议的立法项目	由常务委员会有关工作机构提出意见，由常务委员会主任会议审定。	根据经济社会发展和民主法治建设的需要，确定立法项目，提高立法的及时性和针对性。	各有关机关或者部门提出立法建议项目时，应当同时提出建议项目草案及其说明。	应当

规范性文件	论证主体	论证阶段和对象	论证标准、指标及方法	论证结果及其应用	强制要求程度
	拟由自治区人民政府提请常务委员会审议的立法项目	由自治区人民政府法制办公室提出意见，经自治区人民政府审定后提出			
2016 年《辽宁省人民代表大会及其常务委员会立法条例》	提出机构	常务委员会	提出立法建议项目，应当同时提供法规草案草稿和立法的必要性、可行性报告。	省人民代表大会常务委员会法制工作机构对提出的立法建议项目进行初步审查，提出年度立法计划草案的初步方案，并与省人民代表大会各有关专门委员会、常务委员会工作机构和办事机构、省人民政府法制机构研究、协调后，形成立法规划和年度立法计划草案，提请常务委员会主任会议决定。必要时，常务委员会法制工作机构可以组织专家对立法规划和立法计划草案进行论证，广泛征求意见。拟订年度立法计划的同时，确定一定数量的立法论证项目。	可以
2016 年《黑龙江省人民代表大会及其常务委员会立法条例》	提出机构	常务委员会法制工作机构	向社会公开征集，单位提出立法建议项目，应当提供法规草案初稿和立项论证报告。立项论证报告应当对项目的必要性、合理性、可行性、立法时机等进行论证。个人提出立法建议项目，可以只提供建议项目名称和主要理由。	常务委员会法制工作机构应当召开立项会议，组织专家逐项听取项目提出单位对立法建议项目的说明。省人民代表大会专门委员会、常务委员会工作机构和省人民政府法制工作机构应当根据需要，对立法建议项目进行调研、评估、论证，提出是否列入立法规划和年度立法计划的意见。	应当
	起草机构	省人民代表大会专门委员会、常务委员会工作机构和省人民政府法制工作机构			

续表

规范性文件	论证主体	论证阶段和对象	论证标准、指标及方法	论证结果及其应用	强制要求程度
2016年《四川省人民代表大会及其常务委员会立法条例》	起草机构	省人民代表大会常务委员会法制工作机构	编制立法规划草案和年度立法计划草案，应当根据经济社会发展和民主法治建设以及实施重大改革决策的需要，综合考虑法律法规的实施情况和社会重大关切等因素，认真研究代表议案，广泛征集各方意见，科学论证评估，确定立法项目，提高地方立法的及时性、针对性。	拟列入省人民政府下一年度立法计划的法规项目应当在每年年底前书面报送省人民代表大会常务委员会。	无
2016年《泉州市人民代表大会及其常务委员会立法条例》	常务委员会法制工作委员会会同有关的专门委员会、常务委员会有关工作机构以及市人民政府法制工作机构	在广泛征求意见的基础上，提出立法建议项目	立法规划和年度立法计划由主任会议通过，印发常务委员会会议，并向社会公布。其中，立法规划应当在新一届常务委员会产生后六个月内由主任会议通过；年度立法计划一般在上一年度末编制完成，由主任会议通过。	无	无
	常务委员会法制工作委员会	汇总立法建议项目，研究编制立法规划和年度立法计划草案		无	无
2014年《福建省人民政府法规草案和政府规章制定程序规定》	立项申请部门	立法建议项目	(1)立法的必要性、可行性、协调性、可操作性以及出台的时机；(2)立法拟确定的主要制度、规则、操作性措施和要解决的主要问题；(3)法规、政府规章实施后预期成本效益情况和社会效果，对经济、社会和环境可能产生的影响；(4)其他。	立法项目申报书。	应当
	起草单位	涉及重大问题或者专业技术问题	召开论证会，听取有关方面的专家或者专业技术人员的意见。	起草说明。	应当
	省人民政府法制办公室	送审稿	进行形式审查和实质审查。①		无

① 实质审查的主要内容包括：(1)是否符合宪法、法律、法规的相关规定；(2)是否符合本省改革、发展和稳定的实际需要；(3)立法的必要性是否充分，拟采取的主要措施和拟确定的主要制度是否具有可行性和可操作性；(4)是否与本省现行的法规和政府规章相衔接；(5)是否全面征求意见，并对分歧较大的意见协调一致，对协调达不成一致的应当附有列明各方理据和无法协调一致的理由的说明；(6)是否符合立法技术规范要求；(7)需要审查的其他内容。

续表

规范性文件	论证主体	论证阶段和对象	论证标准、指标及方法	论证结果及其应用	强制要求程度
2017年《泉州市人民政府法规草案和政府规章制定程序规定》	组织、指导和协调部门	市人民政府法制办公室	(1)法规、政府规章的名称； (2)立法依据、立法的必要性、可行性； (3)立法拟调整的对象、拟解决的主要问题和拟确立的主要制度； (4)起草或者调研情况和工作进度安排以及草案文稿上报时间； (5)其他需要说明的事项。	应当于每年8月31日前向市人民政府法制办公室提交下一年度的立项报告申请书。	应当
	起草部门	向各县(市、区)人民政府，泉州开发区、泉州台商投资区管委会和市人民政府各部门及社会公开			

表 8-3　　　　　　　　　　　　**有关立法论证的直接规定**

规范性文件	论证主体	论证阶段和对象	论证标准、指标及方法	论证结果及其应用	强制要求程度
2017年《潮州市人民代表大会常务委员会立法论证工作规定》	市人大常委会法制工作委员会	立法建议项目列入市人大常委会立法规划和年度立法计划前，应当进行立项论证	确定立法规划项目的立项论证会应当在编制立法规划前组织召开，确定下一年度立法计划项目的立项论证会应当在每年的第四季度召开。	对建议项目进行充分论证。	应当
	市人大有关专门委员会、市人大常委会有关工作委员会应当进行研究，提出是否需要进行立项论证的意见	对市人大代表、市人大常委会组成人员以及各民主党派、各社会团体、各企业事业组织、公民提出的立法建议项目	市人大常委会要充分发挥立法工作联系点、立法咨询员、立法联络员和立法工作联席会议制度的作用，对各有关方面提出的立法建议项目应当进行研究，提出是否需要进行立项论证的意见。立法建议项目需要进行立项论证的，项目建议人应当将该项目的立项建议说明及相关资料提交市人大常委会法制工作委员会。立项建议说明应当包括下列内容：(1)立法的必要性、可行性、合法性；(2)法规草稿文本或者法规拟规定的主要内容；(3)涉及的相关法律、法规和规章的情况；(4)法规实施对经济社会可能产生的影响评估；(5)其他需要说明的内容。		
	市人民政府法制机构应当进行研究，提出是否需要进行立项论证的意见	对市人民政府各部门、各机构提出的立法建议项目			

续表

规范性文件	论证主体	论证阶段和对象	论证标准、指标及方法	论证结果及其应用	强制要求程度
2016年《宿迁市人民代表大会常务委员会立法论证工作规定》	市人大有关专门委员会、市人大常委会有关工作委员会应当进行研究，提出是否需要进行立项论证的意见	对市人大代表、市人大常委会组成人员以及各政党、各社会团体、各企业事业组织、公民提出的立法建议项目	(1)立法的必要性、可行性、合法性；(2)法规草稿文本或者法规拟规定的主要内容；(3)涉及的相关法律、法规和章程的情况；(4)法规实施对经济社会可能产生的影响评估；(5)其他需要说明的内容。	对建议项目进行充分论证。	应当进行立项论证
	市人民政府法制办公室应当进行研究，提出是否需要进行立项论证的意见	对市人民政府各部门、各机构提出的立法建议项目			
2013年《广东省人民代表大会常务委员会立法论证工作规定》	省人大常委会法制工作委员会(立项论证)	需要进行立项论证的	(1)立法的必要性、可行性、合法性；(2)法规草稿文本或者法规拟规定的主要内容；(3)涉及的相关法律、法规和章程的情况；(4)法规实施对经济社会可能产生的影响评估；(5)其他需要说明的内容。③	立项建议说明。	应当
	起草部门或者省人民政府法制办公室(起草论证)	未经听证特定立法事项草案①	无	论证报告。	应当
		其他草案②			可以
	有关专门委员会、工作委员会(审议论证)	拟提请审议的法案	(1)必要性；(2)可行性；(3)合法性；(4)存在的主要问题。	无	可以

---

①《广东省人民代表大会常务委员会立法论证工作规定》第23条规定："省人大有关专门委员会、省人大常委会有关工作委员会起草地方性法规时，有下列情形之一，未通过听证会等其他方式公开听取意见的，应当组织起草论证：（一）设定行政许可的；（二）设定行政收费的；（三）设定行政强制的；（四）其他涉及社会公众切身利益的。"

②《广东省人民代表大会常务委员会立法论证工作规定》第24条规定："省人大有关专门委员会、省人大常委会有关工作委员会起草地方性法规时，有下列情形之一的，可以组织起草论证：（一）涉及本省经济社会发展重大问题，需要进行论证的；（二）涉及新情况、新问题，需要对未来发展趋势作科学论证的；（三）涉及技术问题、专业问题，需要为解决这些问题提供科学依据和最佳方案的；（四）其他复杂、牵涉面广的问题。"

③《广东省人民代表大会常务委员会立法论证工作规定》还对具体指标进行了细化，其第21条规定："立项论证时，应当围绕以下内容对建议项目进行充分论证：（一）为解决实际问题制定地方性法规的必要性；（二）拟设定的主要制度、措施的科学性和可行性；（三）拟设定的管理主体的职权职责以及公民、法人和其他组织的权利、义务的合法性和可行性；（四）拟设定的行政许可、行政收费、行政强制、行政征收、行政处罚等重要制度的合法性和可行性；（五）调整范围、主要内容是否符合地方立法权限；（六）其他需要论证的内容。"

续表

规范性文件	论证主体	论证阶段和对象	论证标准、指标及方法	论证结果及其应用	强制要求程度
2015年《常德市人大常委会立法论证工作制度》	主任会议决定进行立项论证，法工委具体组织实施(立项论证)	列入立法规划或计划前有立法权限、必要性、可行性争议	无	无	无
	人大有关专门委员会、工作委员会(起草论证)	起草阶段涉及技术问题、专业问题	无	无	应当
	人大有关专门委员会、工作委员会(审议论证)	列入议程的应当进行起草论证而没有论证的	无	无	应当
2017年《七台河市人民代表大会常务委员会立法论证工作规定》	市人大常委会法制工作机构(负责立项论证的组织工作)	立法建议项目需要进行立项论证的	(1)立法的必要性、可行性、合法性；(2)法规草稿文本或者法规拟规定的主要内容；(3)涉及的相关法律、法规和规章的情况；(4)法规实施对经济社会可能产生的影响评估；(5)其他需要说明的内容。	建议项目进行充分论证。	应当
	对市人民政府各部门、各机构提出的立法建议项目，市人民政府法制办公室应当进行研究，提出是否需要进行立项论证的意见，报市政府审定				
	立法建议项目需要进行立项论证的，项目建议人应当将该项目的立项建议说明及相关资料提交市人大常委会法制工作机构				

二、立法论证的构成要素

对立法论证的制度要素进行细化和提炼，是研究这一制度的基础。参考国内外立法论证的实践，从其工作流程着手，以"谁来论证""论证什么""如何论证"为逻辑出发点，将其制度要素分解为论证主体、论证标准、论证指标和方法、论证程序、论证结果及其应用。

其一，"谁来论证"——论证主体。论证主体又分为论证的实施主体、参与主体和监督主体。实施主体承担着统筹立法论证全程工作的重要任务。参与主体与立法咨询、立法公开、立法协调制度的建设密切相关，其具象为与立法规范利益相关的主体、专家及其他社会公众。监督主体是为保障立法论证的启动、实施和结果应用而设，其理论上可包括论证实施主体的内部监督、立法不同阶段的机构间监督以及必要的外部监督。论证主体间主要存在以下两种法律关系：一是论证实施主体和论证监督主体之间的内部组织和运作关系；二是论证实施主体和参与主体在论证过程中形成的外部互动关系，以及论证实施主体与论证监督主体之间的外部监督关系。在论证主体的相互作用之下，论证工作才能顺利启动、展开和推进。论证主体的模式选择和权力配置在很大程度上决定了论证的实际效果，因而论证主体的构建的是立法论证制度中的关键问题。

其二，"论证什么"——论证标准。所谓论证标准，即是指在论证过程中用以衡量立法是否符合一定原则和要求的尺度。立法论证标准，内含公众和立法者对立法规范的"应然"期待，是立法论证所需的核心内容。如前所述，立法论证是为论证立法规范的正当性，这一"正当性"又可以具象为二阶概念，即立法的有效性、合理性、合法性、成本小于收益等。立法论证标准，具有很强的正向价值导向性的，是评价立法规范的抽象价值坐标。《立法法》第 37 条规定，专门委员会审议法律案时，应当召开全体会议审议，根据需要，可以要求有关机关、组织派有关负责人说明情况。其缘由在于，专门委员会委员在审议法律案的过程中，可能会对该法律制定的必要性、可行性、背景情况、法律草案条文本身的具体含义等提出疑问。

其三，"如何论证"——论证指标及方法。论证指标的具体构建，是为论证标准这一价值预设而服务。论证标准具有很强的价值导向，而其在具体论证过程中对论证对象衡量所用的一定概念和数值，即论证指标，则具有价值中立性，如成本、犯罪率等。论证方法是指论证实施主体依据论证指标收集相关数据和资料，对立法是否达到标准进行分析，从而得出结论的途径、工具、技术和方法。论证方法又包括获取论证所需信息的方法和论证分析方法，论证方法是直接为论证标准和指标服务的，对立法论证有着非常重要的工具性价值。《江西省立法条例》第 16 条规定："起草法规草案应当进行调查研究，广泛听取各方面意见，对法规草案规范的主要问题进行论证。"《立法法》第 39 条规定各专门委员会和常委会工作机构采取多种形式听取对法律案意见的规定。《行政法规制定程序条例》第 13 条规定："起草行政法规，起草部门应当深入调查研究，总结实践经验，广泛听取有关机关、组织和公民的意见。"《行政法规制定程序条例》第 22 条规定："行政法规送审稿涉及重大利益调整，国务院法制机构应当进行论证咨询，广泛听取有关方面的意见。论证咨询可以采取座谈会、论证会、听证会、委托研究等多种形式。""行政法规送审稿涉及重大利益调整或者存在重大意见分歧，对公民、法人或者其他组织的权利义务有较大影响，人民群众普遍关注的，国务院法制机构可以举行听证会，听取有关机关、组织和公民的意见。"以上规定主要是对立法论证的方式进行规范。

其四，"如何论证"——论证程序。立法论证作为立法程序的重要组成部分，关涉立法的正当性，其本身也应遵循一定的步骤、方式。论证程序是将各个静态的要素转化成动态论证过程的重要桥梁，有着确保论证活动有序开展和论证目标顺利达成的作用。由于立法论证贯穿立项、起草、审议等不同的立法阶段，需因各不同立法阶段的特殊性，有所侧重地遵守相应的论证程序规范。各不同阶段论证程序的差异化规定，有利于通过立法论证保障立法质量的同时，不做论证的重复性工作，实现立法资源的高效化利用。

其五，论证结果及其运用。这是立法论证的最后一步，也是决定立法论证能否真正发挥其功能实现其制度价值的关键所在。一般而言，论证结果，主要以论证报告为载体呈现出来，内涵立法论证的核心实体内容，是对所要论证的立法规范的整体评价结果。而论证报告的运用需主要考虑的问题是，耗费大量立法资源所做的论证报告，能否对立法决策产生影响、产生何种程序的影响，是立法论证制度的"牙齿"所在。如《立法法》第 39 条规定法律案听取各方意见、第 40 条规定法律案向社会公布征求意见等规定，尤其是第 42 条规定法律案通过前评估尤为重要。

第三节　立法论证的样本分析与实务评析

立法论证的价值体现，既在于相应制度建设，更在于立法论证实务的展开。囿于立法资料的非全部公开化，本书以可搜集到的立法论证实务样本为基础，对我国立法论证实务予以简要评析。

一、立法论证的样本分析

与立法论证的规范渊源相呼应，我国中央和地方都开展了一定规模的立法论证实践。其中，较之地方立法论证实践而言，中央层面的立法论证实践开展与兴起较晚，且相应的论证标准和方法较为单一。

（一）中央层面的前评估实践

就近期而言，2013 年是立法论证实践空前活跃的一年，中央层面的立法论证实践主要体现人大常委会对相关法律草案的起草论证上。主要有全国人大常委会在 2013 年对《旅游法(草案)》《特种设备安全法(草案)》《消费者权益保护法(草案)》《商标法》修正案的起草论证,以及2014年对《军事设施保护法修正案(草案)》《安全生产法修正案草案》和2015年对《航道法草案》的起草论证。近几年亦有相应的论证工作展开,但相应公开资料较少,难以对其进行具体分析。

而通过对这些草案的论证情况说明可以发现,这些草案的论证主体和内容大体相同,即都是全国人大常委会基于《立法法》规定的"可行性""出台时机""立法的可能影响""实施中可能出现的问题"等维度对相应立法规范进行分析论证。

(二)地方层面的前评估实践

自2009年四川省对《四川省雷电灾害防御管理规定》进行以成本效益分析为主要特色的立法论证后,逐渐有越来越多的省市选择通过立法论证提高立法质量。但通常是实验性地对具体立法规范的草案进行起草论证,短期内达到一定法治宣传效果,而没有通过出台相关规范性文件确立立法论证制度。广东省2013年率先出台《广东省人民代表大会常务委员会立法论证工作规定》前后,其省内开展了以立项论证为主的立法论证工作实践,其相应的论证主要是围绕其工作规定所确认的"立法的必要性、可行性、合法性""涉及的相关法律、法规和规章的情况""法规实施对经济社会可能产生的影响"等内容展开,如《中山市人民代表大会常务委员会立法论证工作规定》(2015年)、《潮州市人民代表大会常务委员会立法论证工作规定》(2017年)、《七台河市人民代表大会常务委员会立法论证工作规定》(2017年)等地方规范性文件。

考虑到样本分析内容的多元化,但同时受相关立法资料公开所限,本书仅对其他省市可通过网络搜集到的一些立法论证开展情况及相关资料不完全汇总如表8-4所示:

表8-4 立法论证实践举例

论证实践	论证权限主体	论证实施主体	论证标准及指标
2009年《四川省雷电灾害防御管理规定》	起草机关	四川省法制办和气象局	(1)立法成本;(2)守法成本;(3)执法成本。
2011年《青岛市建筑废弃物资源化综合利用管理条例(草案)》和《青岛市实施〈中华人民共和国标准化办法〉(草案)》	起草机关	青岛理工大学、青岛社科院	(1)立法成本、执法成本、守法成本;(2)立法的经济效益;(3)法规实施情况预测。
2012年《山东省专利保护条例(草案)》和《山东省辐射污染防治条例(草案)》	起草机关	山东社科院和山东大学	(1)立法的条件和必要性;(2)法规涉及的主要内容;(3)立法技术;(4)立法效益以及立法后的社会影响。

续表

论 证 实 践	论证权限主体	论证实施主体	论证标准及指标
2013 年《杭州市物业管理条例（草案）》	起草机关	从事法律行业的专家学者	(1) 草案的可行性、出台时机；(2) 实施效果及实施中可能出现的问题；(3) 分析法律实施的效益与成本。
2013 年《江苏省爱国卫生条例（草案）》	起草机关	具有代表性的人员及专家学者	(1) 草案的立法基础、出台时机；(2) 具体规定的科学性和可操作性；(3) 重要制度实施的社会效果、法规实施中可能出现的问题。
2013 年《广西实施〈中华人民共和国节约能源法〉办法（草案）》和《广西水能资源开发利用管理条例（草案）》	起草机关	具有代表性的人员及专家学者	(1) 草案的主要制度；(2) 规定的可行性；(3) 审议出台和实施后可能出现的效果、产生的作用。
2013 年《甘肃省废旧农膜回收利用条例》草案	起草机关	甘肃省人大专门委员会及第三方评估主体评估	草案的实用性、专业性及影响力。
2016 年《宁波市先进制造业促进办法》和《宁波市农村宅基地管理办法（修订）》	起草机关	浙江大学宁波理工学院	资料缺失。

从我国立法论证的规范和制度实践现状可以看出，我国立法论证制度已经有了较完备的制度基础，并且较全面地进行了铺开，立法论证的各要素都进行了较好的完善落实。其主要特点有三：其一，在论证主体的选择上，体现出以人大为主导的特色。多是由人大常委会的工作机构负责组织立法论证工作，强调人大对立法调研和论证的参与。其二，在论证对象的筛选和论证阶段的选择上，兼顾了不同立法阶段的特点，涵盖立法项目建议、草案起草、提案、审议等立法准备和表决前的各个立法阶段，程序上具备一定的连贯性。其三，逐渐注重对论证内容的具体化规定，探索多元化的论证方法，明确论证标准和尝试细化论证指标，指导性更加鲜明。

二、立法论证的评析

虽然我国立法论证制度在论证阶段和论证对象的选择、论证程序和指标的细化、论证方法的多元探索方面取得了一定的效果，较好地践行了科学立法、民主立法的要求。但从我国立法工作的现实困境中，仍然可以窥见我国的立法论证制度在制度设计上存在着一定的问题。

（一）缺少统一的立法论证工作规定

立法论证作为一项精细的立法技术，需要层次较高的规范指引。《立法法》虽然对立法论证进行了规定，但较为模糊。2013年出台的《广东省人民代表大会常务委员会立法论证工作规定》引发了诸多省市竞相效仿，但其仅是有特色的地方立法，法律位阶制约了其影响力和指导力，且规定本身并不乏可指摘之处。出现这种情况的原因与我国"利益分化下的集权化政治结构"①有很大关系，中央和地方权限之间的收放难以拿捏：一方面，中央层面的立法需要考虑全国整体情况，容易忽视立法的实施效果和对各方面的具体影响，在可操作性上表现无力，看似抓到了一般规律，但忽视了它的指导性。另一方面，由于地域变化的复杂性，地方也有自己的独特诉求，但在政府层面，由于税制和干部考核制的关系，地方利益和中央利益、不同层级之间的政府利益并不一致，地方在权衡利弊的过程中，难免有心无力，导致使其立法行为脱离当地民众的实际利益。而统一立法论证指导的缺乏可能带来的问题主要集中在三个方面：

其一，论证形式主义。下位法简单抄袭上位法是我国的一大立法特色，作为提高立法质量的重要举措，立法论证首先要面对和解决的问题就是下位法针对性不强、重复立法的问题。这涉及地方对自身顽疾的治理，地方机关极易产生抵触心理，在没有较统一的相关细则指示的情况下，很容易只是走过场地进行立法论证，导致立法论证并不能真正发挥其提高立法质量的作用。长此以往，形成立法论证无用、领导决策万能的尴尬局面，陷入制度建设的恶性循环。

其二，论证政绩主义。在依法治国的大背景和现行政绩评估体制下，许多地方机关进行有关立法论证的方式方法"创新"活动的初衷在于取得政绩，而非从根本上重视立法工作。当然，这需要一分为二来看待，这种政绩的追求是调动地方积极进行立法论证的重要举措，但不可否认的是，有的地方机关出于与其他单位或部门竞争的考量，为响应中央和上级的要求，提出与上位法或其他省市的法规十分相似甚至完全相同的规定，如深圳市2016年出台的《深圳市制定法规条例》中的大部分内容，就与《立法法》规定完全相同，宿迁市2016年出台的《宿迁市人民代表大会常务委员会立法论证工作规定》几乎完全照抄《广东省人民代表大会常务委员会立法论证工作规定》，在浪费立法资源的同时，将规制规定复杂化，反而不利于立法论证实践的开展。

其三，论证片面化。虽然立法论证在规范上涵盖了立项、起草、审议等立法阶段，但从可搜集到的实践资料和相关实务政策宣传上来看，实务中更侧重于在立项和起草阶段的论证，审议论证并没有得到应有的重视。这固然与立法机关人力和时间资源有限，难以通

---

① 李向东著：《行政立法前评估制度研究》，法律出版社2016年版，第121页。

过立法调研等形式进行立法论证有关，但如果放任其流于形式审议，仍然实现不了提高立法质量的初衷，也不利于发挥人大在立法中的主导作用。

（二）论证主体设置太过单一

我国有关论证主体的设置一贯秉承的是"谁立法，谁论证"的原则，论证权限主体一般都是立项申请机关、立法规划和立法计划的起草部门、法案起草部门、提请审议的单位、决定是否列入立法议程的立法机构。规定由这些机构进行论证的优势很明显：一是论证工作的开展更容易取得相关单位的配合和支持，能够及时了解立法的需求和实际情况；二是作为申请、起草和决定单位，对立法的相关问题更加了解，且通常情况下掌握着立法的一手数据和资料；三是论证过程中发现问题后进行修正会更加便捷和高效；四是论证职责会更加明确，能快速追责。但将论证权限赋予这些部门机构自身，仍然有很大的隐患：一是客观和公正性存疑，有学者将这种现象类比为相关部门"自己做自己的法官"，容易陷入论证形式主义，从而难以反映立法可能会带来的真实的社会影响；二是立法论证涉及的面往往较广，需要有一定的法学、经济学、社会学、统计学等专业技术基础，而相关部门的工作人员往往缺乏这方面的培训和知识积累；① 三是立法论证工作还需要不少时间和精力的投入，而在我国现行立法体制下，申请和起草部门一般是行政机关，其还需承担自身的业务工作，人力资源和时间资源都非常有限，难以保障立法论证的按时高效完成。但在利弊权衡下，由申请、起草和决定机构实施立法论证，是最合适的选择，世界各国的论证实践也已证明了这一点。

但我国立法论证实施主体的设置上仍然存在着其自由裁量权过大的问题，虽然规范上都要求其"应当"进行论证，但论证实施主体在采取何种步骤方法、形成什么样的论证报告上也有很大监管漏洞，导致实践中多是通过举行论证会、听证会、座谈会这种单一形式进行论证，不利于立法论证真正作用的发挥。为规避这一漏洞，需要丰富立法论证主体的设置。且由于我国立法的民主化环境建设发展水平还没有达到一定水平、立法论证自身机制构建并不完善等原因，在监督和参与主体的权限设置和模式配套上，仍然有较大的进步空间。

我国在监督审查主体的设置上，主要涉及立项审议、提案、决定是否列入议程的委员会进行审查，这些机构在审查的基础上，又有自身的论证要求，这是我国立法的正常程序。但并非没有弊端，此种监督设置缺陷有二：一是在大部分情况下，人大专门委员会、人大常委会工作机构就是相关法规的起草者，或者起草的指导者，自己监督自己，自己当自己的法官，客观性和公正性都难以保障；二是在多元监督发展趋势的大环境下，此种监督方式太过单一，独断易造成专权，有悖立法论证期待对立法机关进行系统化规制的

---

① 汪全胜：《法律绩效评估的发生机制——以国家主导为视角》，载《法商研究》2008 年第 3 期。

初衷。

立法过程本身是一个多方主体进行博弈的过程，需要进行反复的利益衡量和沟通协商，让各方利益主体充分表达意见，从而增强立法的民主性、正当性，这是立法论证的应有之义。而落实公众参与无疑是落实民主立法的重要途径。我国立法论证的公众参与主要表现为立法调研、座谈、论证会等形式，随着我国民主化进程的推进，公众的立法参与越来越受到重视且得到了更多的保障，立法论证实践中也有着明显的向公众咨询的痕迹。但就立法论证的公众参与而言，仍然存在一些不足：一是，利害关系人的参与权得不到充分重视，① 在选择参与主体时，总是不能明确界定利害关系人，"听证专业户"等现象层出不穷；二是，专家的参与缺乏长效的保障机制，虽然规范性文件对专家参与都进行了相应规定，在论证实践中，多是邀请相关高校的专家学者参加论证，进行论证意见的收集，但并无相关的反馈机制规定；三是，其他机关参与不够充分。一项法案的出台，并非一个部门就能独立完成立项、申请和实施等工作的，需要各机关的配合，各部门积极参与立法论证，有利于减少其实施阻力，并增强立法的科学性。

德国参与立法成本效益评估的组织机构为法规评估委员会和执行成本评估委员会，法规评估委员会由总统直接领导属于独立的工作机构，执行成本评估委员会系非常设机构，成员来自高等院校和相关研究机构并由内政部根据立法项目组织该委员会。美国信息与规制事务办公室(OIRA)的组成人员包括经济学、法学、政策分析学、统计学、信息分析方面的专家学者，并且随着以科技为基础的法律法规的数量的增加，来自公共卫生、毒理学、流行病学、工程学等其他领域的专家也参与其中。鉴于我国的现行的法律体系，立法工作主要由权力机关和行政机关承担，针对这两种性质的法律法规，哪个部门负责撰写和审查立法成本效益分析报告尚不明确。

(三)缺乏核心论证标准和细化的论证指标

论证标准和指标作为立法论证的核心内容，在大部分有关立法论证的规范性文件有所涉及。而通过对我国立法论证的规范和实践现状可以发现，目前有关论证指标的规定主要有以下几类：一是以《立法法》中的规定为导向，在审议前论证法案的可行性、出台时机、法律实施的社会效果和可能出现的问题，这是中央层面立法论证的主流指标。二是以行政法规和规章制定程序为方向标，对立法项目的必要性、可行性和拟确定立法中主要制度的合法性、合理性等内容进行论证。《广东省人民代表大会常务委员会立法论证工作规定》和《福建省人民政府法规草案和政府规章制定程序规定》中对有关论证内容的规定，可以说是

---

① 这主要体现在两方面：一是公众并没有成为行政立法前评估的实质参与主体，最直接的一点体现是，并没有相应的反馈机制；二是利害关系人的参与地位并未能得到保障，之前频发的"听证专业户"事件便是典例。

对我国现行立法论证标准的一个全面总结和概括。地方规范性文件有《漳州市人民代表大会及其常务委员会立法条例(2016 年)》《漳州市人民政府法规草案和政府规章制定程序规定》(2018 年)规范地方立法活动，提高地方立法质量。

从我国立法论证的规范和实践现状来看，不难发现，我国有关论证标准和指标规定，存在着中央和地方、地方各级政府之间的论证标准规定鱼龙混杂、各自为政、越来越复杂的趋势，而且各级地方政府规定中还出现了较多照搬和简单叠加中央或其他地方的论证标准的现象。这与我国立法论证的概念界定混淆、争议较多有一定的关系，但"无论哪国的法律，也无论什么类型的法律法规，决定其立法质量的总有那么一些共通的不可或缺的质量因子"，[①] 论证标准可以依据各级各类立法的具体情况而有所不同，但不论在中央还是地方，都应该有着决定立法质量的统一核心的论证标准，以防止立法论证制度在推广和开展的过程中被曲解，导致背离立法论证制度建设的初衷。

而在论证指标的设置方面，较少有对必要性、可行性的论证标准进行了细化和具体的规定，一般都只停留在对论证标准的方向性制定上，这在一定程度上极大地削弱了立法论证的现实操作性，不利于各级立法论证在缺乏论证评估人才的情况下，进行立法论证工作的推广和开展。实务界的急切需要和理论研究的匮乏，凸显出立法论证标准和指标体系研究的重要性，这也是目前我国立法论证制度完善的重点和难点。

(四)论证程序规定不明

论证程序的规定不明，主要会带来三个方面的问题。一是各立法阶段的论证主体间权责不明。通观我国有关立法论证的理论、规范与实践，可以发现由于立法论证跨越的立法阶段较长，涵盖了立法准备的立法项目论证、起草论证，以及正式立法程序的提案、审议、表决前阶段的论证等，导致在立法进程的不同阶段，需要进行何种类型、达到何种程度的论证质量要求不明，各不同立法阶段的负责部门间相互推诿，将论证责任前置或后置而规避繁琐的论证工作等问题。这与我国立法论证缺少统一规范的工作指导与操作指南有密切关系，也与各地对立法论证的功能定位有关，但导致这些问题更直接的原因是论证程序的不够规范，难以将不同阶段的立法论证有机衔接起来，发挥其应有的体系化作用。二是各立法阶段间的立法论证衔接不畅。我国立法论证实践中，出现了如前文在概念辨析中展现立法前评估、立法项目论证、表决前评估等新概念，这些概念或有重复、或有交叉，与立法论证一同出现在"立法质保"体系中，但这些概念间又缺乏统一的程序规范，即何种立法该由哪一主体以什么标准进行何种程序的论证评估等，导致实践中概念繁复、重复论证或论证真空现象层出不穷，给立法论证在实务部门中的推广和论证工作的开展带来了较大的阻碍，也不利于立法论证的理论研究。三是程序规定不够公开透明，难以实现良好的

立法论证效果。

我们既需要关注立法论证的实质内容构建，更要注重对立法论证程序的规范，通过规范的论证程序厘清各论证主体间的权责关系、推动各阶段立法论证的协同运行，以达到合力保障立法质量的制度目标。

(五)论证结果应用流于形式

我国对论证报告应该包括哪些方面的内容都侧面体现在有关论证标准的规定上，但没有对论证报告的内容进行专门性规定，其载体多呈现为"立项建议说明""起草说明""论证报告"等"参阅材料"，其内容多是"论证什么，报告什么"。值得指出的是，我国在论证报告的内容规定上做得比较好的是海南省，海南省的实施意见中规定成本效益分析报告应有：所设制度的经济分析、比较分析的过程、结论以及是否需要新的立法项目建议。并且需要回答以下问题：为什么要进行该项管理？管理介入的程度如何？采取何种方法？支出的成本是多少？谁负担这些成本？收益是多少？谁获得收益？预测立法的净效益以及对可近似达到该目标的替代方案进行说明。在论证报告的效力方面也有明确规定，即只有预期收益超过成本，才可能进行立法。

其实只要一经确定论证标准和指标等，论证报告的内容和形式其实并不是什么难以解决的问题。真正的难题在于论证结果即论证报告的立法运用上，一般而言，立法论证的结果以立法论证报告为直接表现形式，附录在立项申报书、起草说明和审议报告中，再无后文，很少提及相关机关在立法决策过程中对论证报告的反馈。产生这一问题的原因与我国立法论证机制建设还不够成熟有很大关系，但也与我国立法工作长期以来缺少对监督反馈的立法惯性不无关联，而如前文所述，论证报告的应用才是立法论证评估制度建设的关键之义，决定立法论证保障立法质量的主功能能否实现。若无相应的应用反馈机制建设，所进行的立法论证工作也不过是在空谈的基础上浪费立法资源。故而，论证结果的应用反馈，是我国立法论证制度建设中的又一重要难题。

三、立法论证的规范化和制度化

立足于对我国立法论证制度的规范和实践现状，基于国外成功经验和我国学者目前的研究，以解决我国立法论证现存问题与不足为出发点，结合我国的具体国情特色，对完善我国立法论证制度提出以下对策建议：采取统一的中央立法论证指导与有特色的地方立法工作规定相结合的规范模式、完善论证监督和参与主体设置、统一核心论证标准和细化论证指标体系、逐步建立论证结果运用反馈机制。

(一)中央统一指导与有特色的地方规定相结合

单从立法论证的规范模式来看，从理论上可以分为两种模式：一是从上至下的规范模式，即由中央层面对立法论证的基本事项在较高层次的立法，如《立法法》规定，搭建立法论证制度的基本框架，为立法论证的指明统一方向；但同时不做过于详细死板的规定，需要给地方结合本地实际进行探索和发挥的空间。正如《立法法》第 85 条是关于自治条例和单行条例的制定原则、报批程序以及变通范围的规定。我国《宪法》规定，各少数民族聚居的地方实行民族区域自治，设立自治机关，行使自治权。自治条例集中体现民族自治地方的自治权，具有民族自治地方总章程的性质。单行条例是民族自治地方行使某一方面自治权的具体规定，单行条例应当遵循自治条例的规定。① 从国外历史经验和我国的推行现状来看，此种做法的优势在于，一开始就能获得高层的重视，给各级立法机关施加了外部压力，有利于这一制度在实践层面的推广落实。但在各级各地立法需求不一的情况下，总结出一套切实可行而又有宽紧适当的制度模式加以推广，其实行存在较大难题。二是由下而上的规范模式，即先放手让地方总结出其经验和共性，进行规范尝试，最后上升至中央层面的统一立法论证工作指导或规定。这也是我国在立法论证工作规范实践中正在采用的做法，这种做法的优势在于能积累丰富的实践经验，使得最后出台的中央层面立法更成熟，不足之处在于缺乏中央的统一指导和规范，各级政府在实践规范中出现偏差较大，事后再通过中央统一立法论证规范进行纠正的成本比较高。由于我国经济社会正处在快速发展时期，在有些方面因时机、条件尚不成熟，还不宜制定全国统一适用的法律规范，需要在地方先行探索。如《电子商务法》(2018 年)未出台前，有《北京信息化促进条例》(2007 年)、《天津市信息化促进条例》(2007 年)、《新疆维吾尔自治区信息化促进条例》(2009 年)、《吉林省信息化促进条例》(2011 年)、《浙江省信息化促进条例》(2011 年，已失效)、《山西省信息化促进条例》(2013 年)、《广东省信息化促进条例》(2014 年)、《广东省信息化促进条例》(2015 年)、《云南省信息化促进条例》(2015 年，已被修改)、《安徽省信息化促进条例》(2016 年)、《山东省信息化促进条例》(2016 年，已被修改)等地方性法规。地方"先行先试"的立法实践可以通过地方先行立法为国家统一法律寻找合法化的支撑，国家立法需要地方的立法活动实践，需要一定地方立法成败得失的经验和教训的总结，因此，对于作为排头兵和先行者的先行立法的地方，实际上承担了为国家立法打基础做贡献的重任。

维护法制统一是开展立法工作的根本原则，也是推进法治建设的基本要求。地方特色是地方立法的生命所系、价值所在。基于我国立法论证工作各地规范和实践不一的现状，目前企图通过中央层面的统一立法论证工作规定来实现一步到位的效果并不现实，在我国立法论证规范化的过程中，坚持秉承"不抵触、有特色、可操作"的立法理念，采取中央统一指导与有特色的地方规定相结合，确立分阶段的规范目标，逐步制定或修改相关立法的

---

① 全国人大常委会法制工作委员会国家法室编著：《中华人民共和国立法法释义》，法律出版社 2015 年版，第 243 页。

模式更稳妥。

（二）完善论证监督和参与主体设置

如前文所述，我国立法论证在实施主体的设置上存在论证实施主体自由裁量权过大的问题，但这一问题的产生不是由于其实施主体设置出现偏差，而是论证监督、参与主体设置缺位和立法论证制度尚未成规范和体系化导致的。因而，需要探讨我国立法论证监督主体和参与主体的设置。

其一，监督主体。由于立法论证的实施主体一般是各个提请立项、起草、审议的机构，机构部门的自利性决定了其公正独立进行论证的内在动力不足，要确保立法论证的质量，必须完善监督主体的设置。我国对立法论证的规定表现在对论证结果的审查上，对论证过程的关注十分少，且以机关的内部监督为主。这给论证部门留下了很大的捏造或隐瞒相关信息的空间，一份漂亮的论证报告背后可能潜藏着"恶法"出台的危机。为此有必要：(1)改进论证机关的内部监督。主要有两种选择，第一种是在各级人大中成立专门的监督机关，专司立法论证监督之职，监督机关应相对独立，配置相应的法学和经济学学家，并授权其指导论证实施主体的论证活动，对立法论证的启动、实施和提交的论证报告进行审查，并提出具有一定约束力的处理意见。第二种是利用和改造现有的论证机关，比如人大的法制机构及其相关专门委员会，由其承担监督职责。第一种方案具有很强的优势，但考虑到这对现行的机构组织造成了一定冲击，需要耗费相当的人力、物力、财力成本，实施难度太大。而第二种方案则有一定可行性，虽然现有的人大存在自身可能就是起草机关、缺乏论证所需的经济方面的专长等问题，但可以通过对其改革实现其监督职能的更好发挥。建议构想如下：在立法论证监督的常态化制度设置上，通过完善常年法律顾问、经济顾问的聘任机制来弥补立法机关的专业知识匮乏和独立性不足等问题。与此同时，可以根据具体的立法方案，从相关部门或领域抽调人员组成临时论证监督审查小组，以解决相关立法部门人力和时间精力不足问题。(2)加强立法论证后续立法阶段有关机构的内部流程监督。立法论证贯穿于立法表决前的各个阶段，由承接前述立法工作的相关工作者，对前一阶段的立法论证报告进行审查，未尝不失为值得探讨的方法。(3)在监督主体的权责设置方面，应当充分赋予监督机关相关权力，如有权启动相关立法论证工作，有权指导论证工作开展等以约束论证实施主体。

其二，参与主体。通过对我国相关规定的梳理以及与国外的对比可发现，受官僚主义风气和经验欠缺的影响，我国的立法过程中的信息公开和公众参与略显欠缺，存在利害关系的知情权和平等参与权得不到充分重视、专家的参与缺乏长效保障、其他主体参与不够充分等问题。由此，需要对咨询制度、公开制度和协调制度加以完善。(1)重新定位咨询制度，将咨询制度法定化、规范化。具体而言，首先要迈出咨询就是向专家咨询，而忽视对利益相关人咨询的误区；其次，要将咨询的基本原则法定化；再次，应当设立有关咨询时间、方法、对象等的基本要求；最后，要注重咨询回应制度的构建，不管采纳与否，至少对主要争议观点要有所回应，并且最好能体现在最后提交的论证报告中。(2)加大公开和参与力度。《广州市规章制定公众参与办法》规定立项建议、立法计划拟定和正式的计划都公开征求意见，对公众参与的也有较细致的规定，值得借鉴推广。另有地方政府规章《滨州市政府规章制定公众参与办法》也有政府规章制定程序相关规定。(3)完善部门协调机制，我国目前的协调主要有两种方式：一是由起草部门在起草阶段自行协调，二是法制机构在审查时进行协调。第一种方式缺乏中立机关的参与，很容易滋生对部门利益过度保护的问题；第二种方式则是由于法制机构的权威性不足难以产生实质影响。因而可以考虑参考监督机关的设置，通过增强协调机构的权威性来保障各部门有效的协调。首先，通过论证信息的尽早公开来保障利害关系人的知情权，并通过咨询集中论证信息收集过程保障利害关系人的参与权；其次，建立专家数据库，完善政府的法律、经济顾问制度；以法律专家为主，同时吸收部分经济、政治、文化、社会、科技等领域的教学、科研人员和实际工作者，与"外脑"保持充分联系，并且规范专家的选拔标准，使其能够以尽量客观中立的态度来参与论证；最后，在论证过程中应积极主动通知和联系其他机关，认真听取相关部门意见。目前不少省市人大常委会、政府建立了立法专家库。专家库将参与地方立法项目必要性、可行性及法规草案文本规范性等方面的论证；根据省市的实际需要，提出加强、改进地方立法工作的意见和建议；参与立法评估、立法课题研究或部分地方性法规的起草工作等。与此同时各省市出台有关立法咨询专家库相关规定，如《广州市政府法律咨询专家库管理办法》(2008年)、《中山市地方立法咨询专家库管理办法》(2015年)、《遵义市人民政府立法咨询专家管理办法》(2015年)、《铜川市人大常委会立法咨询专家库管理办法》(2016年)、《汉中市人大常委会立法咨询专家库管理办法》(2016年)、《新余市人大常委会地方立法咨询专家库管理办法》(2016年)、《贵阳市政府立法咨询专家库管理办法》(2017年)、《广西壮族自治区法制办公室立法咨询专家库管理办法》(2017年)、《固原市人大常委会立法咨询专家库管理办法》(2017年)、《南充市人民代表大会常务委员会立法咨询专家库管理办法》(2017年)、《陕西省人民政府立法专家库管理办法》(2018年)、《四川省立法专家库管理办法》(2019年)、《深圳市人大常委会立法咨询专家管理办法》(2020年)、《广东省人民政府立法咨询专家工作规定》(2020年)、《攀枝花市地方立法咨询专家库管理办法》(2020年)、《新疆维吾尔自治区人大常委会立法咨询专家工作规则》(2020年)、《内蒙古自治区政府立法专家库管理办法》(2021年)等。

(三)统一核心论证标准和细化论证指标体系

立法论证所应遵循的标准和要求，是立法论证理论的核心和精髓。在立法论证过程中，虽也有对立法合法性、可行性、必要性的要求，也有合理考量和平衡各方利益的要求。相关立法中无具体的明确规定，但实践中应遵循并应用。简·西克曼提出理性论辩包括六个方面的要求，对我国立法论证也有指导作用，可作为我国立法论证中的理性论辩的标准提供参考：一是立法论证过程中，考虑所有相关利益方及其利益是立法正当性的要求，也是立法正义的要求。二是从形式逻辑上提出的要求，即逻辑上避免矛盾并包含唯一的确定论证。三是以符合实际为立法论证的事实前提。四是正确确定论证基础，即与论证相关的方面和利益。五是充分衡量相关观点。六是尽可能地吸收其他论者的观点。以上标准和要求均是规范性要求，在实践中并不能完全实现。但是，这些要求可以作为立法论证应当满足的要求。越趋近以上要求，立法论证的质量就越高。①

其一，合法性与合理性论证标准(详见表 8-5)。对立法合法性的论证，主要包括论证立法权行使主体有无相应的立法权限、是否与上位法相抵触、立法程序是否合法等方面。对立法合理性的论证，则可以从道德和科学规律两个方面进行论证，即避免立法的泛道德化，立法应符合客观的自然、经济和社会规律等。

表 8-5　　　　　　　　　　　合法性与合理性标准及其论证指标

论证标准	论证指标
合法性	立法权行使主体有无立法权限
	是否与上位法相抵触
	立法程序是否合法
	其他
合理性	手段和措施是否合理
	是否符合自然规律
	是否符合经济规律
	是否符合社会规律
	其他

其二，必要性论证标准。在进行必要性论证指标的构建时，可以参考欧盟在论证其规制必要性时进行的有关步骤：(1)界定问题，如市场失灵、规制失灵、干预必要性；(2)确定替代选项；(3)收集数据，如咨询利害关系人和专家等；(4)评估替代方案；(5)确定首选选项；(6)对首选选项进行彻底评估，定量分析可能的影响和风险；(7)提供检测和

---

①　王锋著：《立法论证研究》，商务印书馆 2019 年版，第 224~225 页。

评价的大纲。① 从这些评估步骤中，可以获得立法论证进行必要性评估的评估指标启发，可以将其设计如表 8-6 所示：

表 8-6　　　　　　　　　　　　必要性标准的论证指标

论证标准	论　证　指　标
必要性	有无急需解决的现实问题
	立法是否能实现确定的目标
	立法时机是否成熟
	有无可替代性措施
	该措施是否效果最好/收益最大
	是否重复立法
	能否以更下位的细则方式加以规定
	其他

其三，有效性论证标准。有效性论证主要在于对经济、社会和环境三个领域的影响论证基础上，运用论证成本效益分析方法、风险分析法等论证方法加以分析，以判断立法是否能达成立法目标，解决相关问题。乍看下来它可能与必要性标准有所相似，但需要指出的是，有效性论证是针对单独立法方案的论证标准，而必要性标准是设定在需要对替代方案的有效性进行比较分析的基础上的，二者在这一层面上还是有很大差别的，属于不同的论证阶段。

从各地的论证实践来看，最难论证的便是立法的有效性。但在设置论证指标时，可以从经济、社会和环境领域的要素作为论证指标的一级论证指标，并在此基础上进一步细化，从而构建一个比较完整的论证指标体系。在具体论证实践的论证方案拟定时，可以根据论证情况，对相关要素和指标进行取舍。观察国内外的实践可以发现，在经济方面，主要是论证对宏观经济(经济增长、投资资本、国际收支、产业发展、财政税收、货币金融状况等)、市场机制(市场价格、消费者权益、不正当竞争、市场垄断、产品质量等)、市场主体(主要是企业和消费者)的影响。社会方面主要包括对社会生活(居民生活、家庭生活、社区建设和服务等)、就业(劳动者待遇、职业培训、就业质量、就业数量、工作环境等)、公共服务(公共文化、教育水平、公共安全、科技发展等)、社会保障(社会保险、社会福利、社会救济、社会安置、社会互助等)和社会基本价值(道德水平、社会风尚、法

---

① Andrea Renda, Improving the Use of Economic Analysis in Public Policy and Legislation, Intersentia, 2011, p. 26.

第八章 立法论证

治意识、公民权利、社会公平正义、个人自由等)的影响。对环境的影响主要体现对环境各要素即土壤资源(土壤质量、土壤梳理、土地使用等)、水资源(污染的水源排放、饮用水质的改善、淡水资源的保护、海洋水资源的保护、用水量等)、气候(温室气体、臭氧物质等排放)、空气质量(燃煤燃油、机动车船尾气排放、废气尘和恶臭污染等)、固体废弃物、噪声、动植物资源、矿物资源和生态保护的影响。在此要素分类的基础上,结合国内外立法论证的实践规定和学者的理论研究,特别是《OECD 监管影响分析指引》①,有效性论证标准的论证指标可作如表 8-7 的构想:

表 8-7 　　　　　　　　　　　有效性论证标准的论证指标

一级指标	二级指标	三级指标	指标衡量
经济影响	对宏观经济的影响	对经济增长影响	定量(国内生产总值、国民生产总值、经济增长率等)
		对投资资本影响	定量(分析资本收益率、流动性比率等)
		国际收支影响	定量(分析外贸依存度、外商投资、境外投资额度等)
		产业发展	定性或定量(分析对产业产量、产业产值、产业资产等的影响)
	对企业的影响	财政税收	定性或定量(对税收收入、专项收入、罚没收入、财政支出等的影响)
		货币金融状况	定性或定量(对货币供应、利率、融资、贷款、证券市场等的影响)
	对市场机制的影响	市场价格影响	定量(物价指数、价格指数、通货膨胀率)
		不正当竞争	定性或定量
	对消费者的影响	消费者权益	定性或定量(对消费者投诉、诉讼和赔偿的影响)
		对投资选择的影响	定性或定量(对房地产、金融、保险、储蓄等投资选择的影响)
		对消费水平的影响	定性或定量(对消费结构、恩格尔系数等的影响)
		其他	

---

① 席涛、吴秀尧等:《OECD 监管影响分析:经济合作与发展组织(OECD)监管影响分析指引》,中国政法大学出版社 2015 年版。

续表

一级指标	二级指标	三级指标	指标衡量
经济影响	对企业的影响	对企业设立注册的影响	定性或定量
		对企业生产的影响	定性或定量(分析其直接裁量费用、人工成本、制造费用支出等)
		对企业经营的影响	定性或定量(分析对产品市场、经营管理费用的影响)
		对企业盈利的影响	定性或定量
		其他	
	对消费者的影响	对收入水平的影响	定量(对工资水平的影响、个人所得税率等)
		对投资选择的影响	定性或定量(对房地产、金融、保险、储蓄等投资选择的影响)
		对消费水平的影响	定性或定量(对消费结构、恩格尔系数等的影响)
		其他	
社会影响	对社会生活的影响	对居民生活的影响	定性或定量(分析人均住房面积、平均预期寿命、幸福感指数等)
		对家庭生活的影响	定性或定量(如预期离婚率、生育率等)
		对社区建设和服务的影响	定性或定量(社区幼儿园、医院数量、社区公共服务设施开放率)
		其他	
	就业	对劳动者待遇的影响	定性或定量(休息休假待遇、工作报酬)
		职业培训	定性或定量(培训机会、培训次数、培训人数)
		就业质量	定性或定量(加班次数时长、补贴影响)
		就业数量	定量(就业率、失业率、创业率)
		工作环境	定性或定量(安全保障、住宿饮食条件、工会覆盖)
		其他	
	公共服务	公共文化	定性或定量[文化遗产保护数量、广播(电视)节目覆盖、图书种类等]
		公共安全	定性或定量(交通事故发生数、食品药品事故数、每万人口警察数)
		科技发展	定性或定量(科技财政投入、科技市场预期成交额)
		其他	

续表

一级指标	二级指标	三级指标	指标衡量
社会影响	社会保障	社会保险	定量(各类保险覆盖率、结余率、支付率)
		社会福利	定量(养老院、孤儿院数量、社会福利机构从业人员增长等)
		社会救济	定量(自然灾害救济、城乡贫困补助等)
		社会安置	定量(社会安置人数、安置事业费、优待金额等)
		社会互助	定性或定量(社会救助团体数、社会救助基金、捐赠金额及数量等)
		其他	
	社会基本价值	社会道德水平	定性或定量(青少年犯罪控制、上访人数、廉政指数、社会纠纷调解情况)
		良好社会风尚	
		公民法治意识	
		公民权利保障	定性或定量(性别比例平衡、政治参与度、言论自由、公平感等)
		社会公平正义	
		个人自由	
		其他	
环境影响	土壤资源	对土壤质量的影响	定性或定量(对土壤重金属的含量、农药残留的影响)
		对土壤数量的影响	定量(对各类用地面积的影响、有机产品产量等的影响)
		对土地使用的影响	
		其他	
	水资源	污染的水源排放	定量(工业废水、生活污水排放量)
		饮用水质的改善	定性或定量(水质常规指标、饮用水消毒剂常规指标、水质非常规指标)
		淡水资源的保护	定性或定量(地表水资源量、地下水资源量)
		海洋水资源的保护	定性或定量(海水淡化工业用水量、海水淡化民用供水量)
		用水量的节约	定量(水量减少、水费减少)
		其他	

续表

一级指标	二级指标	三级指标	指标衡量
环境影响	气候影响	温室气体的排放	定量（水汽、氟利昂、二氧化碳、臭氧等）
		臭氧物质的排放	
		其他	
	空气质量影响	燃煤、燃油	定量（二氧化硫、氮氧化物、烟尘排放量、PM2.5、烟尘排放量等）
		机动车船尾气排放	
		废气、尘和恶臭污染	
		其他	
	固体废弃物影响	工业固体废弃物	定性或定量（废物生产量、综合利用量、储存量、处置量、倾倒丢弃量）
		危险固体废物	
		医疗废物	
		城市生活废物	
		其他	
	噪声影响	工业噪声	定量（工业噪声等级、建筑施工噪声等级、交通运输噪声等级、社会生活噪声等级）
		建筑施工噪声	
		交通运输噪声	
		社会生活噪声	
		其他	
	动植物资源影响	动植物数量、品种增加	定量
		濒危物种保护	定性或定量（濒危动植物种类等）
		动植物保护区	定性或定量（保护区的数量、面积、级别等）
		淡水资源的保护	定性或定量（地表水资源量、地下水资源量）
		海洋水资源的保护	定性或定量（海水淡化工业用水量、海水淡化民用供水量）
		用水量的节约	定量（水量减少、水费减少）
		其他	

续表

一级指标	二级指标	三级指标	指标衡量
环境影响	气候影响	温室气体的排放	定量(水汽、氟利昂、二氧化碳、臭氧等)
		臭氧物质的排放	
		其他	
	空气质量影响	燃煤、燃油	定量(二氧化硫、氮氧化物、烟尘排放量、PM2.5、烟尘排放量等)
		机动车船尾气排放	
		废气、尘和恶臭污染	
		其他	
	固体废弃物影响	工业固体废弃物	定性或定量(废物生产量、综合利用量、储存量、处置量、倾倒丢弃量)
		危险固体废物	
		医疗废物	
		城市生活废物	
		其他	
	噪声影响	工业噪声	定量(工业噪声等级、建筑施工噪声等级、交通运输噪声等级、社会生活噪声等级)
		建筑施工噪声	
		交通运输噪声	
		社会生活噪声	
		其他	
	动植物资源影响	动植物数量、品种增加	定量
		濒危物种保护	定性或定量(濒危动植物种类等)
		动植物保护区	定性或定量(保护区的数量、面积、级别等)
		其他	
	矿物资源影响	对煤炭资源的影响	定性或定量(生产量、消费量)
		对石油资源的影响	
		对金属资源的影响	
		对非金属资源的影响	
		其他	
	生态保护影响	对生物多样性影响	定性或定量(植物多样性、动物数量等)
		自然保护区建设	定性或定量(保护区或名胜区的数量、面积、级别、管理费用等)
		风景名胜区建设	
		历史文化遗迹保护	定性或定量(文化遗产修复费用、景区面积、景区管理费用等)
		其他	

（四）明确各论证阶段的程序规定

从权责不明和衔接不畅的问题出发，论证程序的主要目标是规定各阶段应达到的立法论证要求，提高公开透明程度，以便其在外部监督下，完成内部立法论证的有效"接力"。

首先，随着立法质量把关关口的前移，立法项目论证阶段对立法建议项目的论证就应该对合法性和必要性进行衡量，以决定立法建议项目是否列入立法规划和年度立法计划。其次，由于在草案的起草阶段，立法所规定的主要制度已经基本明确，则需要进一步对立法内容的合法性、合理性、有效性进行全面的论证，形成专业的论证报告与起草说明一起以供提案机关和相关法制机构作出是否提案、是否列入审议议程的参考。再次，在审议阶段，虽然由于人力、时间、资源的限制，审议机关较难通过调查等形式进行立法论证，但也应当破除以往只进行形式审议，忽视实质审查的弊端，可以选择通过专家论证会、论证咨询等配套制度，来改进审议机关的实质审议工作。此外，审议机关对相关修正也应作出充分的论证说明，以供表决参考。最后，在交付表决前，如果对有关重大问题，仍然难以决策，可以重新组织立法论证工作，决定是否交付表决或者是否表决通过。

（五）逐步建立论证结果应用反馈机制

由于论证标准不统一，论证报告的内容既不完善也缺乏规范。可以根据论证标准，来确定论证报告的内容。即可以将论证报告的内容分为以下几个部分：（1）合法性和合理性论证；（2）立法必要性论证；（3）立法有效性论证；（4）立法的整体分析报告，即综合运用各种分析方法形成的如成本效益分析报告等；（5）根据前面的内容，提出对具体立法的框架性或具体制度建议等。

反馈机制的建设关涉相应制度能否走向实质化。[1] 正如法律的生命在于实践，立法论证制度的生命也在于真正实现"立法质保"，[2] 论证结果的应用是论证的终极目标与归宿[3]。立法论证结果对立法决策的影响，是立法论证制度必须考虑的一个重要问题。而我国在实践中通常只是将论证报告作为流于形式的"参考资料"，但是，就其现实性而言，立法论证效力应该不仅局限于形式上的参考，应当对立法有实质上的建议效力，具有一定刚性的反馈机制构建，从而落实论证结果应用，避免论证流于形式。

首先，应区分对待不同的论证标准，以必要性标准和有效性标准为例。即应当将立法的必要性标准列为立法的必备标准，如果立法方案不能达到这一标准要求，则可考虑不将该立法项目纳入立法计划或将草案搁置。针对有效性标准，正常情况下，如果进行影响的成本收益分析时，如果成本大于收益，则同前，不纳入立法计划或取消立法，但考虑到预

① 江国华、梅杨：《重大行政决策公众参与制度的构建和完善——基于文本考察与个案分析的视角》，载《学习与实践》2017 年第 1 期。

② 汪全胜著：《法律绩效评估机制论》，北京大学出版社 2010 年版，第 13~14 页。

③ 任尔昕著：《地方立法质量跟踪评估制度研究》，北京大学出版社 2011 年版，第 1 页。

期影响分析的不确定性以及立法价值和目标的特殊性，可以具体情况具体分析，将其作为立法方案制定的重要参考。其次，在决定立项、决定是否提请审议的过程中，应当充分考虑论证报告的内容。可以参考美国的做法，在决定是否将其列入立法计划或是否审议通过后，应当出具立法论证意见或审议说明。在意见或说明中，对论证报告的运用情况进行较详细的论述，即采用了哪些论证内容和建议，没有采用的需要说明具体原因，并及时将审议说明抄送至论证的监督主体和参与主体，通过这种方式来初步建立论证结果应用的反馈机制。

📑 **思考题：**

  1. 试论立法论证的基本意涵。

  2. 试论立法论证的基本价值。

  3. 试论立法论证与立法程序的关系。

  4. 试论立法论证的指标体系。

  5. 试论立法论证的效力。

第九章　法律的制定规范

作为一种具有普遍意义的社会规范，法律的制定有着更为严格、规范、精密的规范。由于法律有广义和狭义之分，因此，制定法律也有广义和狭义之分。在广义上，制定法律就是指全部的立法活动（包括制定宪法、法律、行政法规、地方性法规、规章）；在狭义上，制定法律仅指全国人民代表大会及其常务委员会制定法律的活动。本章所研究的法律制定，仅限于全国人民代表大会及其常务委员会制定法律的活动。① 孟德斯鸠在《论法的精神》一书中言道，法律的内容除了与一些我们通常所言及的宗教信仰、文化水平等因素相关外，还与地形、气候等自然环境的诸多方面相关。因此，除了一些需要在全国范围内进行统一规定的事项，且需要通过民主协商的方式制定的规范之外，我国也将部分立法权进行了转移，授权国务院对某些事项进行立法。至此，我国形成了全国人民代表大会及其常务委员会制定基本法，授予国务院部分立法权限的法律制定体系。

第一节　立法权限

一、立法权主体

我国是一个人民民主专政的社会主义国家，人民是国家的主人。立法是一项代表国家主权的活动，在立法的过程需要体现出全体人民的共同意志与整体利益。② 人民代表大会制度是我国的政权组织形式，按照民主集中制的原则，依照法定的程序，先通过民主选举产生人民代表组成各级人民代表大会，再以各级人民代表大会为基础组织对它负责、受它监督的各级其他国家机关，组成统一、协调的国家政权机关体系，共同行使国家权力。③全国人大是由人民选举自己的代表所组成的，全国人大常委会是全国人大的常设机关，全国人大及全国人大常委会行使国家立法权。《立法法》第 7 条规定了国家立法权限。其中，

---

① 杨临宏著：《立法学：原理、程序、制度与技术》，中国社会科学出版社 2020 年版，第 135 页。
② 乔晓阳主编：《中华人民共和国立法法法讲话》（修订版），中国民主法制出版社 2008 年版，第 30~31 页。
③ 许崇德、胡锦光主编：《宪法》（第七版），中国人民大学出版社 2021 年版，第 121 页。

第 1 款规定了国家立法权的主体是全国人民代表大会和全国人民代表大会常务委员会，第 2 款和第 3 款规定的是全国人大和全国人大常委会的立法权限。

其一，全国人大的立法权限。根据《立法法》第 10 条第 2 款规定了"全国人民代表大会制定和修改刑事、民事、国家机构的和其他的基本法律"。这里的基本法律应当是在国家和社会生活中具有根本的、全局的、长远的以及普遍的意义，包括涉及国家主权，国家的政治、经济、社会生活，公民的基本权利和义务等重大事项方面的法律。需要注意的是，虽然《立法法》规定了全国人大制定基本法律，但这并不代表全国人大只能制定基本法律，全国人大作为最高国家权力机关，其立法权限是非常广泛的，除了基本法律外，对于非基本法律也是可以制定的，当然重点应当是制定基本法律。[①]

其二，全国人大常委会的立法权限。全国人大常委会作为全国人大的常设机关，其在全国人大闭会期间行使部分最高国家权力。因此，全国人大常委会也拥有比较广泛的立法权。根据《立法法》第 10 条第 3 款之规定，全国人大常委会的立法权限主要包括以下两个方面：第一，制定和修改非基本法律；第二，对全国人大制定的法律进行部分补充和修改。全国人大常委会在对全国人大制定的法律进行补充和修改时必须遵循一定的原则：首先，需要在全国人大闭会期间进行补充和修改；其次，只能进行部分补充与修改，即只能在全国人大制定的法律的基础上，补充部分内容，或者对原有内容进行部分修改；最后，补充和修改的内容不能与原法律的基本原则相抵触，基本原则既包括原法律条文具体规定的原则，也包括原法律的核心思想和精神。[②] 根据我国《宪法》第 62 条之规定，"全国人民代表大会有权改变或者撤销全国人民代表大会常务委员会不适当的决定"，因此，全国人大认为全国人大常委会的补充和修改不适当的，有权进行改变或者撤销。

二、法律保留之范围

法律保留指的是凡属宪法、法律规定只能由法律规定的事项，则只能由法律规定，或者必须在法律有明确授权情况下，才能由行政机关作出规定。[③] 法律保留经过相当之发展，逐步建立起层级化的法律保留体系，大致可分为宪法保留、绝对的法律保留、相对的法律保留等。其中，宪法保留是指有关限制人身自由之事项；绝对法律保留是指诸如剥夺人民生命身体自由之可罚条件、各种时效制度等，必须以法律规定，不得委由行政命令补充，故又称议会保留或者立法保留；相对法律保留是指有关其他人民自由权利限制之重要事项，得以法律或具体明确之法律授权条款，委由命令规定。从这个意义上来讲，我国

---

①　吴高盛主编：《人大立法工作教程》，中国民主法制出版社 2015 年版，第 24 页。
②　冯玉军主编：《新〈立法法〉条文精释与适用指引》，法律出版社 2015 年版，第 33 页。
③　周佑勇著：《行政法基本原则研究》（第二版），法律出版社 2019 年版，第 163 页。

《立法法》第 11 条规定的保留应属于立法保留或议会保留。① 在我国，有些事项只能由全国人大或者全国人大常委会制定法律进行规定，或者在全国人大或全国人大常委会授权的情况下由国务院制定行政法规进行规定。对法律保留的事项进行规定有利于解决全国人大及其常委会与行政机关、地方权力机关的立法权限问题。据此，《立法法》第 11 条规定了11 项保留的事项。

（一）有关国家主权的事项

国家主权是一个国家享有的独立自主地处理自己对内和对外事务的最高权力。国家主权构成的最核心的要素为国家对外的独立自主性和对内的最高权威性。② 国家主权的内容十分广泛，大致包括政治主权、经济主权、领土主权、对外主权以及属人主权。国家主权的事项指的是涉及国家的政治、经济、社会制度以及国家领土、国防、外交、国籍、国旗、国徽、国歌、中国公民出入境和外国公民出入境制度等事项。③

（二）各级人民代表大会、人民政府、人民法院和人民检察院的产生、组织和职权

各级人民代表大会、人民政府、人民法院和人民检察院是我国的权力机关、行政机关、审判机关和检察机关，它们是我国国家机构的重要组成部分。关于各级权力机关、行政机关、审判机关和检察机关的产生、组织和职权的事项，全国人大及其常委会已制定了《全国人民代表大会和地方各级人民代表大会选举法》《全国人民代表大会组织法》《国务院组织法》《人民法院组织法》《人民检察院组织法》《地方各级人民代表大会和人民政府组织法》等相关法律进行规定。

（三）民族区域自治制度、特别行政区制度、基层群众自治制度

民族区域自治制度是指在国家统一领导下，各少数民族聚居的地方实行区域自治，行使自治权的制度。特别行政区制度是指我国在行政特区实行的特别的政治、经济制度，是我国"一国两制"战略构想的具体实践，是经《宪法》和特别行政区基本法固化而成的政治制度和法律制度。④ 基层群众自治制度是依照《宪法》和法律，由居民（村民）选举的成员组成居民（村民）委员会，实行自我管理、自我教育、自我服务、自我监督的制度。目前，全国人大及其常委会已制定了《民族区域自治法》《香港特别行政区基本法》《澳门特别行政区基本法》《城市居民委员会组织法》《村民委员会组织法》等相关法律对上述三项制度作出了规定。

---

① 参见吴庚、陈淳文著：《宪法理论与政府体制》，台湾三民书局 2019 年版，第 57 页。
② 黄仁伟、刘杰著：《国家主权新论》，时事出版社第 2004 年版，第 142 页。
③ 郑淑娜主编：《〈中华人民共和国立法法〉释义》，中国民主法制出版社 2015 年版，第 34 页。
④ 杨允中、黄纪来、李志强主编：《特别行政区制度与我国基本政治制度研究》，中国民主法制出版社 2012 年版，第 16 页。

（四）犯罪和刑罚

犯罪是指具有社会危害性和刑事违法性并且应受刑事处罚的行为。对于何种行为构成犯罪，只能由法律进行规定，即法无明文规定不为罪，这是罪刑法定原则的基本要求之一。刑罚是指对犯罪人适用的，由专门机关执行的最严厉的法律制裁措施。我国《刑法》规定的刑罚分为主刑和附加刑，主刑包括管制、拘役、有期徒刑、无期徒刑、死刑；附加刑包括罚金、剥夺政治权利、没收财产。

（五）对公民政治权利的剥夺、限制人身自由的强制措施和处罚

政治权利又称参政权或政治参加的权利，是人们参与政治活动的一切权利和自由的总称。① 根据《宪法》的规定，我国公民具有广泛的政治权利，主要包括选举权和被选举权，言论、出版、集会、结社、游行、示威的政治自由以及对任何国家机关和国家工作人员提出批评和建议的权利，对任何国家机关和国家工作人员的违法失职行为向有关国家机关提出申诉、控告或者检举的权利等。人身自由是公民的基本权利之一，它是公民享受其他一切权利和自由的基础。对公民政治权利的剥夺以及对公民的人身自由进行限制的强制措施和处罚只能由法律进行规定。

（六）税种的设立、税率的确定和税收征收管理等税收基本制度

税收是我国最主要的一种财政收入形式，其目的是向社会提供公共商品（包括公共产品和服务），满足社会公共需要，征税依据是国家政治权力，是借助于法律形式进行征收的，与其他财政收入形式相比，税收具有无偿性、强制性和固定性三种特征。② 税收应当是取之于民、用之于民，税收直接关系到纳税人的财产权利，关系着全体人民的福祉。因此，对于税种的设立、税率的确定和税收征收管理等税收基本制度应当由代表人民行使国家权力的立法机关以法律进行规范。

（七）对非国有财产的征收、征用

征收是国家为了公共利益的需要将公民的私有财产强制征归国有，征用是国家为了公共利益的需要强制性地使用公民的私有财产。我国《宪法》第 13 条第 3 款规定，"国家为了公共利益的需要，可以依照法律规定对公民的私有财产实行征收或者征用并给予补偿"。可知对公民的私有财产进行征收、征用是需要在法律中进行规定的。

（八）民事基本制度

民事基本制度主要包括以下几个方面的制度：有关民事主体资格的制度，有关物权方面的制度，有关知识产权方面的制度，有关债权方面的制度以及有关婚姻家庭、收养、继承等方面的制度。目前，全国人大通过的《民法典》对以上内容已经作出了具体详细的

---

① 许崇德、胡锦光主编：《宪法》（第七版），中国人民大学出版社 2021 年版，第 166 页。
② 高亚军、程黎、秦天主编：《国家税收》，清华大学出版社 2016 年版，第 3 页。

规定。

(九)基本经济制度以及财政、海关、金融和外贸的基本制度

根据我国《宪法》第 6 条可知,我国"坚持公有制为主体、多种所有制经济共同发展的基本经济制度"。又根据《宪法》第 7 条和第 11 条可知,在我国的基本经济制度中,是以国有经济为主导力量,个体经济、私营经济等非公有制经济是基本经济制度的重要组成部分。关于基本经济制度的立法,全国人大及其常委会已制定了《公司法》《合伙企业法》《个人独资企业法》《外资企业法》《中外合资经营企业法》《中外合作经营企业法》等。财政、海关、金融和外贸的基本制度属于我国宏观调控的基本制度。有关财政、海关、金融和外贸制度的事项,全国人大及其常委会已制定了《预算法》《海关法》《中国人民银行法》《商业银行法》《保险法》《证券法》《票据法》《对外贸易法》等相关法律进行规定。

(十)诉讼和仲裁制度

诉讼和仲裁是解决纠纷的两种主要方式。关于诉讼制度,包括民事诉讼程序、行政诉讼程序、刑事诉讼程序中的基本原则,诉讼法律关系、侦查、起诉、证据、辩护等制度以及审判制度、法律监督制度和执行制度等内容。关于仲裁制度,包括仲裁基本原则、仲裁机构、仲裁协议、仲裁程序等内容。① 目前,全国人大及其常委会已制定了《民事诉讼法》《行政诉讼法》《刑事诉讼法》《仲裁法》等相关法律对诉讼和仲裁制度进行规定。

(十一)必须由全国人民代表大会及其常务委员会制定法律的其他事项

这一项属于兜底条款。前十项是在社会实践的基础上总结出的法律保留事项,但是社会生活是在不断发展变化的,新的领域新的事物也是层出不穷,对于法律保留事项不可能一一列举,那么就需要留出一定的空间。法律保留分为相对保留与绝对保留,相对保留指的是对于全国人大及其常委会专属立法权的事项,其有权授权国务院制定行政法规。绝对保留指的是只能由全国人大及其常委会制定法律,不能授权国务院制定行政法规。② 《立法法》第 11 条规定的第 11 项中,包括法律相对保留与绝对保留的事项。以下事项属于绝对保留,不能授权国务院制定行政法规:(1)有关犯罪和刑罚的事项;(2)对公民政治权利的剥夺和限制人身自由的强制措施和处罚的事项;(3)有关司法制度的事项。为什么这些事项属于法律绝对保留的事项,不能进行授权呢?因为这些事项都是与公民的基本权利和自由密切相关的事项,涉及公民的基本权利和自由的事项,其立法权只能专属于全国人大及其常委会。除了这些绝对保留的事项外,其余的均属于相对保留的事项。③

---

① 冯玉军主编:《新〈立法法〉条文精释与适用指引》,法律出版社 2015 年版,第 50 页。
② 应松年:《〈立法法〉关于法律保留原则的规定》,载《行政法学研究》2000 年第 3 期。
③ 王玉全:《论法律保留原则的类别与二元判断基准》,载《黑龙江省政法管理干部学院学报》2017年第 1 期。

三、立法权的转移

在法理上，凡法律保留事项即属于全国人大及其常委会专属立法权之范围。但是目前社会发展迅速，很多新型的社会关系不断出现，有些事项急需制定法律予以调整，但是全国人大及其常委会的立法程序复杂，周期较长，如果由全国人大及其常委会对这些事项来进行立法，那么将不能及时地对一些问题进行调整，可能会影响到国家政治、经济和社会生活。① 为了解决这一问题，需要对全国人大及其常委会的立法权进行授权或委托。《立法法》第 12 条规定，"本法第十一条规定的事项尚未制定法律的，全国人民代表大会及其常务委员会有权作出决定，授权国务院可以根据实际需要，对其中的部分事项先制定行政法规，但是有关犯罪和刑罚、对公民政治权利的剥夺和限制人身自由的强制措施和处罚、司法制度等事项除外"。

全国人大及其常委会授权国务院制定行政法规，需要注意以下几个方面：（1）对于全国人大及其常委会授权的范围，必须是《立法法》第 11 条规定的事项，即属于全国人大及其常委会专属立法权的事项；（2）全国人大及其常委会授权的事项必须是全国人大及其常委会尚未制定法律予以调整，法律上尚属空白；（3）全国人大及其常委会授权的事项必须是急需予以调整的；（4）全国人大及其常委会授权的事项必须是全国人大及其常委会目前制定法律的条件尚未成熟，可以通过授权国务院制定的行政法规为立法积累经验；（5）全国人大及其常委会授权的事项必须是可以进行授权的。② 对于《立法法》第 8 条规定的所有事项，并非都可以授权。上文中提到的绝对保留的事项，即犯罪和刑罚、对公民政治权利的剥夺和限制人身自由的强制措施和处罚、司法制度等事项是不能进行授权的，只能由全国人大及其常委会制定法律予以规定。

为确保全国人大及其常委会授权决定的严肃性，《立法法》第 13、14、15 条对其作了明确的限制。其中，《立法法》第 13 条第 1 款规定了授权明确性原则，即授权应当明确授权目的、授权事项、授权范围、授权期限以及被授权机关实施授权决定应当遵循的原则。《立法法》第 13 条第 2 款、第 3 款以及第 14 条的规定明确了授权期限终止的两个条件，即授权期限满五年并且不再获得授权以及制定法律的条件成熟。《立法法》第 13 条第 3 款还规定了被授权机关的报告义务，即被授权机关应当在授权期限届满的六个月以前，向授权机关报告授权决定实施的情况，并提出是否需要制定有关法律的意见。《立法法》第 15 条规定了被授权机关的责任，一是应当严格按照授权决定行使被授予的权力，不得越权立法；二是不得将被授予的权力转授给其他机关。

---

① 吴高盛主编：《人大立法工作教程》，中国民主法制出版社 2015 年版，第 25 页。
② 郑淑娜主编：《〈中华人民共和国立法法〉释义》，中国民主法制出版社 2015 年版，第 52 页。

党的十八届四中全会中提出："实现立法和改革决策相衔接，做到重大改革于法有据、立法主动适应改革和经济社会发展需要。"为了贯彻该四中全会精神，2023 年《立法法》第 16 条规定："全国人民代表大会及其常务委员会可以根据改革发展的需要，决定就特定事项授权在规定期限和范围内暂时调整或者暂时停止适用法律的部分规定。"对于这一规定，需要注意授权的事项以及授权的期限：（1）暂时调整或者暂时停止适用法律的部分规定的事项，必须是行政管理等领域的事项，同时必须是改革发展中的特定事项；（2）对于授权期限，必须强调是暂时性的，不宜规定得太长。

第二节　立法目的与立法根据

根据《立法技术规范（试行）（一）》之规定："立法目的与立法依据（需要规定立法依据时）一般在第一条一并表述，先表述立法目的，再表述立法依据。"

一、立法目的

立法目的，又称立法宗旨，是指特定的立法主体通过制定法律文本等方式，有意识地调整社会关系的活动，意欲有效影响人的行为，彰显其立法意图的内在动因，最终使得主观意识形态转变为客观法律文本的过程。[①] 每部法律都有其特定的立法目的，明确立法目的和宗旨是立法的基本要求。立法目的决定了一部法律的具体内容，统领法律的价值取向，影响法律的具体规范和内容。

立法目的开宗明义、总揽全法，一般位列某部法律正文的第 1 条，具有以下特征：首先，立法目的通常以抽象、概括的语言阐明一部法律的基本价值和理念，具有较突出的宣示性意义，难以具体衡量其具体要求；其次，立法目的以凝练、严谨的语词清晰表述了一部法律的具体任务和目标，可以衡量其具体要求。前者称为价值性立法目的，后者则为工具性立法目的。这两种分类代表着目的的两个层次，价值性目的具有长远性、指引性、终极性，工具性目的具有短期性、具体性、功利性。两者的关系是相互依存、相辅相成、和谐统一的。

以目的条款表达立法目的，是我国立法实践的重要特色和基本要求。全国人大常委会法制工作委员会发布的《立法技术规范（试行）（一）》规定："法律一般需要明示立法目的，表述为：'为了……制定本法'，用'为了'，不用'为'。立法目的的内容表述应当直接、具体、明确，一般按照由直接到间接、由具体到抽象、由微观到宏观的顺序排列。"

事实上，我国立法机关颁布的法律基本都在第 1 条规定了立法目的。我国作为社会主

[①]　王柏荣著：《困境与超越：中国立法评估标准研究》，法律出版社 2015 年版，第 105 页。

义国家，在法律总则部分明示立法目的标示了其鲜明的价值取向和意识形态。就法典的编纂体例来看，在法典的篇首明确阐述立法目的的立法方法或者说技术，是社会主义法的一个显著特征。这一特点表明，社会主义法律体现着鲜明的政治意识形态，表明社会主义法律的政治站位。

二、立法根据

所谓根据，一般是指依据，作为根据，以之为基础。立法根据，是指立法者制定一部法律所凭借的法律根据。宪法是所有法律的立法依据，但事实上并非所有的法律都直接根据宪法制定。在中国的立法实践中，法律正文第 1 条写入"根据宪法，制定本法"条款，成为令人瞩目的现象。"根据宪法，制定本法"作为一种立法技术的使用，说明宪法在国家法律体系中的根本法特征能够以法律语言的形式表现于外部，说明宪法是普通法律立法的基础与依据，即普通法律的制定不得与宪法的原则、宪法精神或宪法规范相冲突，宪法如果失去其最高权威，立法活动就很难进行，法制也就无从统一，而法制统一要以宪法为基础、为核心，其实就是一切法律法规要统一于宪法。

（一）"根据宪法"

我国《宪法》和《立法法》都没有明确规定普通法律的制定要"根据宪法"，但现行《宪法》序言的最后一段和正文第 5 条明确规定一切国家机关必须以宪法为根本的活动准则、遵守宪法和法律，同时要求法律、行政法规和地方性法规不得同宪法相抵触。从法的运行层面而言，宪法与普通法律之间的关系应当是实施与被实施的关系，法律是将宪法的精神、宪法原则及宪法规范的具体化。宪法内容大多是概括的，亦即并不限定适用于一个最确定的具体事实，则其效力的实现，必须有待于多种其他法律，对于具体事项再加以规定。因此，"根据宪法，制定本法"从另一方面也表明普通法律是宪法的实施法，是对宪法的具体化。

宪法是一国的根本法，所规定的内容是国家生活中最根本的问题，所以就成为国家立法机关进行立法工作的法律基础，成为制定一般法律的依据，这也体现了作为"母法"的宪法与作为"子法"的下位部门法之间的关系。一部法律明确规定"根据宪法，制定本法"，表明了其在法律体系居于重要地位，或者至少具有特殊的意义，与宪法有比较直接密切的关系。从立法原理来看，宪法优位与宪法保留是基本原则。所谓宪法优位，是指宪法具有最高的法律地位和效力，是法律的最高依据。所谓宪法保留，是指国家的根本性问题只能由宪法规定。依此原理，一部法律明示根据宪法制定，即表明了其在内容、地位上的特殊性以及与宪法的紧密关系。①

---

① 张震：《"根据宪法，制定本法"的规范蕴含与立法表达》，载《政治与法律》2022 年第 3 期。

(二)法律中的立法根据条款

根据《立法技术规范(试行)(一)》之规定:"法律一般不明示某部具体的法律为立法依据。但是,宪法或者其他法律对制定该法律有明确规定的,应当明示宪法或者该法律为立法依据。"表述为:"……根据宪法,制定本法。"或者"……根据《中华人民共和国××法》的规定,制定本法。"截至 2021 年 10 月 23 日,全国人大公布的纳入官网统计数据的有效的全部 288 部法律中,共有 97 部明确了根据宪法而制定。表 9-1 概括展现了明确规定"根据宪法,制定本法"的法律数量及其分布的基本情况。

表 9-1

法律部门	明确写明"根据宪法,制定本法"的法律	部数
宪法相关法 (共 49 部)	《全国人民代表大会和地方各级人民代表大会选举法》《人民法院组织法》《人民检察院组织法》《全国人民代表大会组织法》《国务院组织法》《民族区域自治法》《全国人民代表大会常务委员会议事规则》《全国人民代表大会议事规则》《集会游行示威法》《城市居民委员会组织法》《香港特别行政区基本法》《国旗法》《缔结条约程序法》《国徽法》《全国人民代表大会和地方各级人民代表大会代表法》《澳门特别行政区基本法》《国家赔偿法》《法官法》《检察官法》《戒严法》《中国人民解放军选举全国人民代表大会和县级以上地方各级人民代表大会代表的办法》《香港特别行政区驻军法》《国防法》《村民委员会组织法》《澳门特别行政区驻军法》《立法法》《反分裂国家法》《各级人民代表大会常务委员会监督法》《国家安全法》《国家勋章和国家荣誉称号法》《国歌法》《监察法》《英雄烈士保护法》《香港特别行政区维护国家安全法》《反外国制裁法》《监察官法》《陆地国界法》	37
刑法 (共 1 部)	《刑法》	1
民商法 (共 23 部)	《民法典》《全民所有制工业企业法》《著作权法》《个人独资企业法》《农村土地承包法》	5
行政法 (共 96 部)	《文物保护法》《兵役法》《义务教育法》《土地管理法》《中国人民解放军军官军衔条例》《军事设施保护法》《人民警察警衔条例》《科学技术进步法》《监狱法》《人民警察法》《教育法》《预备役军官法》《体育法》《行政处罚法》《高等教育法》《行政复议法》《国家通用语言文字法》《人口与计划生育法》《科学技术普及法》《民办教育促进法》《海关关衔条例》《行政许可法》《公务员法》《驻外外交人员法》《国防动员法》《行政强制法》《反间谍法》《反恐怖主义法》《国家情报法》《消防救援衔条例》《基本医疗卫生与健康促进法》《社区矫正法》《反食品浪费法》《军人地位和权益保障法》	34

法律部门	明确写明"根据宪法，制定本法"的法律	部数
经济法 （共 80 部）	《矿产资源法》《预算法》《审计法》《外商投资法》《个人信息保护法》	5
社会法 （共 27 部）	《归侨侨眷权益保护法》《残疾人保障法》《未成年人保护法》《工会法》《妇女权益保障法》《劳动法》《母婴保健法》《老年人权益保障法》《职业病防治法》《社会保险法》《退役军人保障法》	11
诉讼与程序法（共 11 部）	《刑事诉讼法》《行政诉讼法》《民事诉讼法》《人民调解法》	4

从整体来看，据统计，两百多部法律中明确规定"依宪法某一具体规范"的有 4 部，占 1.42%；笼统规定"依宪法制定"的有 76 部，占 27.05%；规定"依宪法和其他法律或实际情况制定"的有 19 部，占 6.76%；未提及宪法的有 182 部，占 64.77%。所谓笼统规定"依宪法制定"，是指通过"根据宪法，制定本法"的方式或相近方式进行表述，而这种表述方式在国家最高权力机关通过的法律中不到 1/3，大多数法律文件并未提及"根据宪法，制定本法"。事实上，"根据宪法，制定本法"并非是国家最高权力机关所专有的立法术语，地方立法中出现"根据宪法，制定本法"的也并不少见。梳理这些法律文件可发现，当前"根据宪法，制定本法"条款并没有作为一种成熟稳定的立法技术固定下来，导致在立法实践中呈现出"五花八门"的特点，使法律体系显得很不规范。

从法律部门的分布来看，现有的明确规定"根据宪法，制定本法"的法律涉及多个法律部门，既有宪法相关法，也有行政法、刑法、民商法、经济法、社会法以及诉讼与非诉讼的程序法。其中，宪法相关法和行政法所占据的比重最大，达到 71 部，比例达 70% 以上。这说明这两类法律在内容上与宪法的关系更为密切。而典型的私法，如《民法典》中第 1 条也明确规定了"根据宪法，制定本法"。说明宪法也可成为私法的直接立法依据，体现了宪法的根本法属性。不过，私法中写明"根据宪法，制定本法"的情形较少，主要原因在于宪法文本中直接涉及私法的内容较少。

在宪法相关法中，同属国家标志的四部法律中，《国旗法》《国徽法》《国歌法》均明确写明根据宪法制定，《国籍法》则没有规定；民商法中，《个人独资企业法》明确了根据宪法制定，《合伙企业法》则没有明确规定；行政法中，《义务教育法》《教育法》《高等教育法》《民办教育促进法》明确规定了根据宪法制定，《职业教育法》《国防教育法》则没有明确规定；经济法中，《矿产资源法》明确规定了根据宪法制定，而同样规范宪法上属于国家所有的水资源的《水法》则没有明确规定，等等。以上为数不少的事例显示，有些法律明确规定了根据宪法制定，而有些同性质或同类型的法律却没有规定，因此，无法总结出有迹可循的规律性特征。

从列明"根据宪法，制定本法"相关内容的法律文件的制定主体与法律文件的层级分析，在上述 97 部法律中，由全国人大制定的法律有 28 部，分别是宪法相关法中的 14 部，即《全国人民代表大会和地方各级人民代表大会选举法》《人民法院组织法》《人民检察院组织法》《全国人民代表大会组织法》《国务院组织法》《民族区域自治法》《全国人民代表大会议事规则》《香港特别行政区基本法》《全国人民代表大会和地方各级人民代表大会代表法》《澳门特别行政区基本法》《国防法》《立法法》《反分裂国家法》《监察法》；民法商法中的 2 部，即《民法典》《全民所有制工业企业法》；行政法中的 4 部，即《兵役法》《义务教育法》《教育法》《行政处罚法》；经济法中的 2 部，即《预算法》《外商投资法》；社会法中的 2 部，即《工会法》和《妇女权益保障法》；程序法中的 3 部，即《刑事诉讼法》《行政诉讼法》《民事诉讼法》；此外还有《刑法》。其他 69 部明确规定"根据宪法，制定本法"的法律，均由全国人大常委会制定。可以看出，不是全国人民代表大会制定的法律就写明"根据宪法，制定本法"，全国人民代表大会常务委员会制定的法律就不写；也不是说基本法律就必须列明"根据宪法，制定本法"，基本法律以外的法律就可有可无。

从现有的"根据宪法，制定本法"的外在表现方式来看，亦呈现多重样态，缺少统一的范式。大部分法律是通过"根据宪法，制定本法"来表述的，但一部分法律在制定时的表述则"异曲同工"。例如《民事诉讼法》第 1 条规定"中华人民共和国民事诉讼法以宪法为根据，结合我国民事审判工作的经验和实际情况制定"；《义务教育法》规定"根据宪法和教育法，制定本法"；《民族区域自治法》规定"中华人民共和国民族区域自治法，根据中华人民共和国宪法制定"；《预备役军官法》规定"根据宪法和兵役法，制定本法"；《国务院组织法》规定"根据中华人民共和国宪法有关国务院的规定，制定本组织法"；《逮捕拘留条例》（1979 年）规定"根据中华人民共和国宪法第 18 条和第 47 条的规定……特制定本法"；《湖南省行政程序规定》："根据宪法和有关法律法规，结合本省实际，制定本规定"；《北京市未成年人保护条例》规定"根据《中华人民共和国宪法》和《中华人民共和国未成年人保护法》等有关法律、法规，结合本市的实际情况，制定本条例"等等，不一而足。上述法律文件都是把"根据宪法，制定本法"置于文本正文的第 1 条，但也有将"根据宪法"条款不置于第 1 条，而是放在序言部分，典型的如《香港特别行政区基本法》和《澳门特别行政区基本法》。此外，分属同一法律部门的法，有的规定了"根据宪法，制定本法"，而有的则对其加以规避，如《著作权法》规定了"根据宪法，制定本法"，而《专利法》《商标法》则没有规定。

从立法时间上看，上述 97 部法律中，有 6 部法律原本没有规定"根据宪法，制定本法"，后经过修改才予以规定，分别是：（1）《全国人民代表大会组织法》于 2021 年 3 月 11

日经第十三届全国人民代表大会第四次会议修正后，增加规定；（2）《人民法院组织法》《人民检察院组织法》均于 2018 年 10 月 26 日经第十三届全国人民代表大会常务委员会第六次会议修订后，增加规定；（3）《文物保护法》于 2002 年 10 月 28 日经第九届全国人民代表大会常务委员会第三十次会议修订后，增加规定；（4）《土地管理法》于 1998 年 8 月 29 日经第九届全国人民代表大会常务委员会第四次会议修订后，增加规定；（5）《中国人民解放军选举全国人民代表大会和县级以上地方各级人民代表大会代表的办法》于 1996 年 10 月 29 日经第八届全国人民代表大会常务委员会第二十二次会议修订后，增加规定。

三、立法目的与立法根据条款的功能

关于我国诸多法律第 1 条所列"立法目的与立法依据"条款的确切含义，全国人大及其常委会除在立法草案说明中加以扼要阐释外，尚未进行系统解释。从规范解释的角度出发，该条款应具备以下功能：

从立法的合宪性控制程序看，该条款具有合宪性确认的功能。在我国，全国人大一届一次会议在中华人民共和国成立初期行使了制宪权，也是宪法规定的修宪权主体和狭义上的法律制定主体。我国的法律制定和修改程序中包含着合宪性控制机制，其中立法规划的制定、法律草案的起草、论证和协商以及法律草案的审议都在一定程度上发挥着合宪性审查的功能。立法者将"根据宪法，制定本法"写入法律正文篇首，是对立法过程中的合宪性控制机制的确认，考虑到全国人大本身便具有宪法解释权，这样的规定本身也是一种合宪性的宣告。

从宪法与部门法的关系上看，该条款意味着宪法精神、原则、条文将在部门法规范中实现具体化。韩大元教授指出："宪法与民法具有不同的调整对象与功能，但在价值体系与规范体系上民法受宪法的制约，成为宪法的'具体化法'。"2017 年，全国人大常委会在《关于〈中华人民共和国民法总则（草案）〉的说明》中明确提及"我国宪法确立了保障公民人身权利和财产权利的原则。宪法的精神和原则必须在民事法律中予以体现和落实"。《民法典》关于市场经济体制、所有权类型、人格权等方面的规定，具体化了宪法中的概括性规定，成为"宪法的实体基石"。

从司法裁判中援引宪法进行说理看，该条款可以为司法实践中法律的合宪性解释提供规范依据。合宪性解释属于法律解释方法，同时也具有抽象的宪法适用的性质。宪法的司法适用尽管存在重重阻碍，但是援引宪法进行说理则无疑具有实践的正当性和必要性。

第三节 立法技术规范

立法语言、文本结构和行文逻辑构成了立法技术的三大基本要素。如果说，文本结构

是法的骨骼，行文逻辑是法的经络，那么，立法语言则无异于法的血肉。一部合格的法律，必须满足骨骼健全、经络畅通、血肉丰满等基本技术规范。为此，全国人民代表大会常务委员会法制工作委员会在总结立法工作实践经验，广泛听取各方面意见的基础上，针对立法工作中经常遇到的、带有共性和普遍性的有关法律结构、文字等立法技术层面的问题，于 2009 年和 2011 年分别拟定了《立法技术规范(试行)(一)》(法工委发〔2009〕62 号)和《立法技术规范(试行)(二)》(全国人大常委会法工委发〔2011〕5 号)。

一、立法语言

法的世界肇始于语言。当我们通过法律理解人类现实时，我们正在试图通过法律的语言载体通往人类的本质性规定。正如美国著名语言学家乔姆斯基所言："当我们研究人类语言时，我们实际上正在思考的是人民所说的，人类本质，即人类心智所拥有的那些独特品质。"[1]而"法律是透过语言被带出的"一个世界。[2] 法律以语言为赖以存在的基础，而立法语言则是法律内涵、思想的具体体现。

(一)立法语言的意涵

立法语言属于法律语言之范畴。但迄今为止，学界尚未形成统一的表述。周旺生教授认为，立法语言是立法主体按照一定的规则表述立法意图、设定法的规范、形成规范性法律文件的一种专门语言文字，是一定的意志或利益得以表现为成文法或法的规范的专门载体。[3] 邓世豹教授认为，立法语言，是立法主体按照特定的语言规范表述立法意图、设定行为规范、形成规范性文件的一种专门语言文字;[4] 郭龙生教授认为，立法语言规范指立法活动中的语言规范，包括词法规范、句法规范、语篇规范，以及语法、标点符号等语言表达规范。立法语言规范要求立法活动中所使用的语言必须符合立法语言的特性。也有学者认为，立法语言介于法律语言和司法语言之间，不仅归属于法律语言，更归属于法学当中立法技术的主要组成部分，是相关法律解释的专用语言。比如有学者指出，立法语言是规范性法律文件使用的语言，是立法机关制定颁布的法律、法令等规范性法律文件使用的语言，[5] 或语言文字表意系统，也可直接指称为规范性法律文件的语言;[6] 立法语言是制定法的言语总和，或者说是制定法表意单元的总和，尤其在成文法国家，其为法律语言的

---

① [俄]科列索夫著:《语言与心智》(第三版)，杨明天译，中国人民大学出版社 2015 年版，第 80 页。

② [德]考夫曼著:《法律哲学》，刘幸义等译，法律出版社 2004 年版，第 169~170 页。

③ 周旺生主编:《立法学》，法律出版社 2004 年版，第 354 页。

④ 邓世豹主编:《立法学:原理与技术》，中山大学出版社 2016 年版，第 196 页。

⑤ 华尔庚、孙懿华、周广然著:《法律语言概论》，中国政法大学出版社 1994 年版，第 298 页。

⑥ 刘红婴著:《法律语言学》，北京大学出版社 2007 年版，第 111 页。

源头，其他类型的法律语言都随其发展而发展，变化而变化。①

基于上述的不同定义，可以概括立法语言的三个特性：其一，立法语言本质是一种语言文字，这就决定其应当遵循语言文字所通常具有的语言规则；其二，立法语言承载着立法者的法律制度设计，它是法律法规内容的表达者，因此，立法语言具有简洁的特性。简洁即要求尽可能用少的语言文字来表达立法意图，做到言简意赅。② 其三，立法语言具有高度的专业技术性和时空性，由于立法语言具有语言和法律的双重规范性，立法者既要遵循所制定官方语言特有的语汇、语法和修辞等方面的特殊规定，也要尊重法律语言特有的规范性。

(二)立法语言范式

由于法律具有权威性和统一性，法律的语言应当是严谨、准确的。法律的语言具备了较高的权威性、较强的概括性、普遍的适用性和程式化等特点。法律的语言范式主要包括以下几个方面：第一，准确具体。用词准确是法律语言最本质的一个特点，立法主体在制定法律时，对法律文本的用词要求要达到高度准确，立法主体要通过准确运用语言文字来制定出能够清晰地表达出具体内容的法律。同时，法律的语言应当是具体的，不能使用一些模糊的词语导致含义模糊不清或造成歧义。第二，严谨周密。立法主体制定法律时，在语言的使用上，必须慎重地选词用句，使用的词语必须是严谨周密、不能让人有空可钻。第三，庄严朴实。法律具有普遍的约束力和权威性，它是以国家强制力保证其实施。法律的语言必须具有浓重的庄严色彩，符合公文语体的要求，才能与法律的权威性保持一致。第四，简明易懂。在符合了上述三个要求的情况下，法律的语言还需要做到简明易懂。制定法律的目的就是给人们的行为方向提供标准和指引，使得人们很容易地了解并掌握法律的要求，因此，法律条文需要使用简明易懂的语言去表述，方便人们共同理解，共同遵守。③

(三)立法语言技术规范

我国国家历来重视立法语言规范，早在 1951 年，中共中央即发布《关于纠正电报、报告、指示、决定中的文字缺点的指示》，在"五四宪法"起草的过程中，叶圣陶等语言文字专家也被聘为顾问。1995 年制定了《标点符号用法》(GB/T 15834—1995)；1997 年起草《立法法》时，学者们提出的《立法法建议稿》曾专设"法的体例"一章，专门规定法的名称、标题、语言和结构等。2007 年，全国人大法工委建立了工作制度，成立立法用语规范化专家咨询委员会。2008 年，全国人大常委会法工委制定《立法用语规范化专家咨询委员会工

① 宋北平著：《法律语言规范化研究》，法律出版社 2011 年版，第 47 页。
② 杨临宏著：《立法学：原理、程序、制度与技术》，中国社会科学出版社 2020 年版，第 363 页。
③ 谢爱林：《论法律语言的特点》，载《南昌大学学报(人文社会科学版)》2007 年第 1 期。

作规则》，使法律草案语言文字审校成为法律通过前的制度性安排。2009 年和 2011 年，法工委先后制定了《立法技术规范(试行)》(一)和《立法技术规范(试行)》(二)，就法律常用词语规范作了原则性规定。此外，有些行业、部门和地方也制定了更具针对性的立法技术规范。例如，2006 年水利部颁布了《水利行业标准：水利立法技术规范(SL333—2005)》，广东省人大及深圳市人大都各自制定了相关的立法技术与工作程序规范。

其一，和、以及、或者。(1)"和"连接的并列句子成分，其前后成分无主次之分，互换位置后在语法意义上不会发生意思变化，但是在法律表述中应当根据句子成分的重要性、逻辑关系或者用语习惯排序。示例：一切法律、行政法规和地方性法规都不得同宪法相抵触；较大的车站、机场、港口、高等院校和宾馆应当设置提供邮政普遍服务的邮政营业场所。(2)"以及"连接的并列句子成分，其前后成分有主次之分，前者为主，后者为次，前后位置不宜互换。示例：开庭应当公开，但涉及国家秘密、商业秘密和个人隐私以及当事人约定不公开的除外；国务院和省、自治区、直辖市人民政府根据水环境保护的需要，可以规定在饮用水水源保护区内，采取禁止或者限制使用含磷洗涤剂、化肥、农药以及限制种植养殖等措施。(3)"或者"表示一种选择关系，一般只指其所连接的成分中的某一部分。示例：任何组织或者个人不得侵占、买卖或者以其他形式非法转让土地。土地的使用权可以依照法律的规定转让。

其二，应当与必须、"不得"与"禁止"。(1)"应当"与"必须"的含义没有实质区别。法律在表述义务性规范时，一般用"应当"，不用"必须"。示例：仲裁庭对农村土地承包经营纠纷应当进行调解。调解达成协议的，仲裁庭应当制作调解书；调解不成的，应当及时作出裁决。(2)"不得""禁止"都用于禁止性规范的情形。"不得"一般用于有主语或者有明确的被规范对象的句子中，"禁止"一般用于无主语的祈使句中。示例：任何组织或者个人都不得有超越宪法和法律的特权；禁止非法拘禁和以其他方法非法剥夺或者限制公民的人身自由，禁止非法搜查公民的身体。不再使用"不准""不应""不能""严禁"等与"不得"和"禁止"相近的词语。

其二，但是与但、除……外与除……以外、以上、以下、以内、不满、超过。(1)"但是"与"但"二者的含义相同，只是运用习惯的不同。法律中的"但书"，一般用"但是"，不用单音节词"但"。"但是"后一般加逗号，在简单句中也可以不加。(2)"除……外"和"除……以外"搭配的句式用于对条文内容作排除、例外或者扩充规定的表述。对条文内容作排除、例外表达的，置于句首或者条文中间，表述为"除……外，……"或者"……除……以外，……"对条文内容作扩充表达的，置于条文中间，表述为"……除……以外，还……"示例：除法律另有规定外，任何组织或者个人不得检查、扣留邮件、汇款；农村和城市郊区的土地，除由法律规定属于国家所有的以外，属于集体所有；宅基地和自留地、自留山，也属于集体所有；买卖合同内容除依照本法第 12 条的规定以外，还可以包括包装方式、检验标准和方法、结算方式、合同使用的文字及其效力等条款。（3）以上、以下、以内、不满、超过。规范年龄、期限、尺度、重量等数量关系，涉及以上、以下、以内、不满、超过的规定时，"以上、以下、以内"均含本数，"不满、超过"均不含本数。示例：盗窃、诈骗、哄抢、抢夺、敲诈勒索或者故意损毁公私财物的，处五日以上十日以下拘留，可以并处五百元以下罚款；情节较重的，处十日以上十五日以下拘留，可以并处一千元以下罚款；公安机关对吸毒成瘾人员决定予以强制隔离戒毒的，应当制作强制隔离戒毒决定书，在执行强制隔离戒毒前送达被决定人，并在送达后二十四小时以内通知被决定人的家属、所在单位和户籍所在地公安派出所；被决定人不讲真实姓名、住址，身份不明的，公安机关应当自查清其身份后通知；劳动合同期限三个月以上不满一年的，试用期不得超过一个月；劳动合同期限一年以上不满三年的，试用期不得超过二个月；三年以上固定期限和无固定期限的劳动合同，试用期不得超过六个月。

其三，依照、按照、参照、依据、根据。（1）规定以法律法规作为依据的，一般用"依照"。示例：国务院和地方人民政府依照法律、行政法规的规定，分别代表国家对国家出资企业履行出资人职责，享有出资人权益。（2）"按照"一般用于对约定、章程、规定、份额、比例等的表述。示例：投保人可以按照合同约定向保险人一次支付全部保险费或者分期支付保险费。（3）"参照"一般用于没有直接纳入法律调整范围，但是又属于该范围逻辑内涵自然延伸的事项。示例：本法第 2 条规定的用人单位以外的单位，产生职业病危害的，其职业病防治活动可以参照本法执行。（4）引用宪法、法律作为立法依据时，用"根据"。示例：为了加强国防建设，完善国防动员制度，保障国防动员工作的顺利进行，维护国家的主权、统一、领土完整和安全，根据宪法，制定本法。（5）适用其他法律或者本法的其他条款时，用"依据"。示例：提供的统计资料不能满足需要时，国防动员委员会办事机构可以依据《中华人民共和国统计法》和国家有关规定组织开展国防动员潜力专项统计调查。

其四，制定与规定、设定与设立、作出与做出。（1）表述创设法律、法规等规范性文件时，用"制定"；表述就具体事项作出决定时，用"规定"。示例：省、直辖市的人民代表大会和它们的常务委员会，在不同宪法、法律、行政法规相抵触的前提下，可以制定地方性法规，报全国人民代表大会常务委员会备案；全国人民代表大会代表名额和代表产生办法由法律规定。（2）在表述制定或者规定的语境下，与"规定""制定"相近似的用语"确定""核定""另订"等，今后立法中一般不再使用，统一代之以"规定""制定"或者"另行制定""另行规定"。（3）"设定"和"设立"都可以用于权利、义务、条件等的设置。"设立"还可以用于成立或者开办组织、机构、项目等。示例：行政机关和法律、法规授权的具有管理公共事务职能的组织不得滥用行政权力，以设定歧视性资质要求、评审标准或者不依法发布信息等方式，排斥或者限制外地经营者参加本地的招标投标活动；不动产物权的设立、变更、转让和消灭，应当依照法律规定登记。动产物权的设立和转让，应当依照法律规定交付；国务院和县级以上地方人民政府根据实际需要，设立专项资金，扶持农村地区、民族地区实施义务教育。(4)"作出"多与决定、解释等词语搭配使用。示例：农村土地承包仲裁委员会对回避申请应当及时作出决定，以口头或者书面方式通知当事人，并说明理由；"做出"多与名词词语搭配使用。示例：对在社会主义建设中做出显著成绩的残疾人，对维护残疾人合法权益、发展残疾人事业、为残疾人服务做出显著成绩的单位和个人，各级人民政府和有关部门给予表彰和奖励。

其五，会同、商。(1)"会同"用于法律主体之间共同作出某种行为的情况。"会同"前面的主体是牵头者，"会同"后面的主体是参与者，双方需协商一致，共同制定、发布规范性文件或者作出其他行为。示例：具体办法由国务院证券监督管理机构会同有关主管部门制定。(2)"商"用于前面的主体是事情的主办者，后面的主体是提供意见的一方，在协商的前提下，由前面的主体单独制定并发布规范性文件。示例：司法鉴定的收费项目和收费标准由国务院司法行政部门商国务院价格主管部门确定。

其六，缴纳与交纳、抵销与抵消、账与帐。(1)"交纳"较"缴纳"的含义更广，涵盖面更宽。法律中规定当事人自己向法定机关交付款项时，一般使用"交纳"。但是在规定包含有强制性意思时，可以用"缴纳"。示例：当事人进行民事诉讼，应当按照规定交纳案件受理费。财产案件除交纳案件受理费外，并按照规定交纳其他诉讼费用；示例：违反本法规定，应当承担民事赔偿责任和缴纳罚款、罚金，其财产不足以同时支付时，先承担民事赔偿责任。(2)"抵消"用于表述两种事物的作用因相反而互相消除，"抵销"用于表述账的冲抵。法律中表述债权债务的相互冲销抵免情形时，用"抵销"，不用"抵消"。示例：合伙人发生与合伙企业无关的债务，相关债权人不得以其债权抵销其对合伙企业的债务；也不得代位行使合伙人在合伙企业中的权利。(3)表述货币、货物出入的记载、账簿以及债等意思时，用"账"，不用"帐"。示例：保险代理机构、保险经纪人应当有自己的经营场所，设立专门账簿记载保险代理业务、经纪业务的收支情况。

其七，批准、核准、公布、发布、公告。(1)"批准"用于有权机关依据法定权限和法定条件，对当事人提出的申请、呈报的事项等进行审查，并决定是否予以准许。示例：从事考古发掘的单位，为了科学研究进行考古发掘，应当提出发掘计划，报国务院文物行政部门批准；对全国重点文物保护单位的考古发掘计划，应当经国务院文物行政部门审核后报国务院批准。(2)"核准"用于有权机关依据法定权限和法定条件进行审核，对符合法定条件的予以准许。示例：公开发行证券，必须符合法律、行政法规规定的条件，并依法报经国务院证券监督管理机构或者国务院授权的部门核准；未经依法核准，任何单位和个人不得公开发行证券。(3)"公布"用于公布法律、行政法规、结果、标准等。示例：本法自公布之日起施行。(4)"发布"用于公开发出新闻、信息、命令、指示等。示例：履行统一领导职责或者组织处置突发事件的人民政府，应当按照有关规定统一、准确、及时发布有关突发事件事态发展和应急处置工作的信息。(5)"公告"用于向公众发出告知事项。示例：遇有大型群众性活动、大范围施工等情况，需要采取限制交通的措施，或者作出与公众的道路交通活动直接有关的决定，应当提前向社会公告。

其八，违法与非法、谋取与牟取。(1)"违法"一般用于违反法律强制性规范的行为。示例：被检查单位或者个人拒不停止违法行为，造成严重水土流失的，报经水行政主管部门批准，可以查封、扣押实施违法行为的工具及施工机械、设备等。(2)"非法"通常情况下也是违法，但主要强调缺乏法律依据的行为。示例：任何组织和个人不得侵占、挪用义务教育经费，不得向学校非法收取或者摊派费用。(3)"谋取"是中性词，可以谋取合法利益，也可以谋取非法利益。"牟取"是贬义词，表示通过违法行为追求利益。示例：学校以向学生推销或者变相推销商品、服务等方式谋取利益的，由县级人民政府教育行政部门给予通报批评；有违法所得的，没收违法所得；对直接负责的主管人员和其他直接责任人员依法给予处分；国务院证券监督管理机构工作人员应当忠于职守，依法办事，公正廉洁，接受监督，不得利用职务牟取私利。

其九，注销、吊销、撤销。(1)"注销"用于因一些法定事实出现而导致的取消登记在册的事项或者已经批准的行政许可等。示例：建设用地使用权消灭的，出让人应当及时办理注销登记。(2)"吊销"作为一种行政处罚，用于有权机关针对违法行为，通过注销证件或者公开废止证件效力的方式，取消违法者先前已经取得的许可证件。示例：城乡规划编制单位取得资质证书后，不再符合相应的资质条件的，由原发证机关责令限期改正；逾期不改正的，降低资质等级或者吊销资质证书。(3)"撤销"用于有权机关取消依法不应颁发的行政许可或者发出的文件、设立的组织机构，也可以用于取消资质、资格等。示例：违反本法规定，食品检验机构、食品检验人员出具虚假检验报告的，由授予其资质的主管部门或者机构撤销该检验机构的检验资格；依法对检验机构直接负责的主管人员和食品检验人员给予撤职或者开除的处分。

其十，执业人员与从业人员、日与工作日。(1)"执业人员"用于表述符合法律规定的条件，依法取得相应执业证书，并从事为社会公众提供服务的人员。示例：本法所称律师，是指依法取得律师执业证书，接受委托或者指定，为当事人提供法律服务的执业人员。(2)"从业人员"用于表述在一般性行业就业的人员。示例：无雇工的个体工商户、未在用人单位参加基本养老保险的非全日制从业人员以及其他灵活就业人员可以参加基本养老保险，由个人缴纳基本养老保险费。(3)"日"和"工作日"在法律时限中的区别是："日"包含节假日，"工作日"不包含节假日。对于限制公民人身自由或者行使权力可能严重影响公民、法人和其他组织的其他权利的，应当用"日"，不用"工作日"。示例：公安机关对被拘留的人，认为需要逮捕的，应当在拘留后的三日以内，提请人民检察院审查批准。在特殊情况下，提请审查批准的时间可以延长一日至四日。对于流窜作案、多次作案、结伙作案的重大嫌疑分子，提请审查批准的时间可以延长至三十日。

(四)立法语言失范现象

尽管全国人大常委会以规范性文件的形式用列举的方式对一些常用的立法语言现象作出了规范，然而这一文件并未对各级立法主体提出强制性要求，也未明确违反这些语言规范的责任承担。因此，这两份《立法技术规范》规制我国立法语言使用的效果是有限的。而各行业、各省份自行出台的立法语言规范也存在类似的情形，大多数文件侧重于提供参考的功能，而没有对立法主体、审核主体提出强制性要求。因此，我国现行的、数量庞杂的法律规范当中，仍然存在大量的立法语言失范的现象。所谓立法语言失范，也即立法机关颁布的法律文件中，存在表述不符合立法语言规范，造成不同程度的语言表达失当甚至错误。[①] 这类语言表述失当可以划分为如下四种表现：纯粹违反语言表达规范的、违反形式逻辑的、文本内容表述不清的以及语言风格不当的。其中，文本内容表述不清是程度最严重的，其违反了立法语言规则的根本要求，不能很好传达立法原意。然而，尽管此四类语言失范现象在程度上存在差异，但并不意味着其他三类失范现象就不值得关注。

其一，休谟曾言，"法与法律制度是一种纯粹的语言形式"。法律的载体是通过语言文字表现的，因此立法语言应当遵循语言的一般规范。在我国现行法律规范当中，大量存在标点符号使用错误、语汇错误、语法错误等违反语言一般规范的失范现象。(1)就标点符号而言，《大连市城市市政设施管理条例》第50条规定"违反本条例的，由城市市政设施管理机构责令停止违法行为、限期改正，赔偿经济损失，有下列行为之一的，可以处以罚款：(一)违反第10条规定，未经验收合格，将城市市政设施投入使用的，处以工程造价2%以下的罚款。"该条中，一个完整句子包括多项地位平等的内容，每项内容后应为分号。(2)就语汇错误而言，1996年《刑事诉讼法》第60条、第210条都提到了"正在怀孕的妇女"一词，而在汉语中"怀"就当然地涵盖了正在进行的意思。因此，这一词语使用存在错误。在2021年《刑事诉讼法》修订之后，只剩下一处"正在怀孕"的用法。(3)就语法错误而言，现行《刑事诉讼法》第37条规定"辩护人的责任是根据事实和法律，提出犯罪嫌疑人、被告人无罪、罪轻或者减轻、免除其刑事责任的材料和意见"，该条存在搭配不当的错误。辩护人只能提出意见，而不能提出材料。此外，第33条规定"公诉案件自案件移送审查起诉

---

① 李康宁：《民事法律立法语言失范问题检讨》，载《法律科学》2010年第5期。

之日起，犯罪嫌疑人有权委托辩护人"，由于逗号后更改主语，导致前句主语"公诉案件"缺少谓语，应当将"自"提前。

其二，形式逻辑瑕疵。立法语言应当遵守语言的一般规则。立法语言的使用应当严密周延，避免前后不一致、矛盾和可能出现的空白、漏洞。由于立法语言也属于法律语言，其不仅仅是自然语言，更是一种逻辑语言。① 在法律规范体系当中，法律概念通过一定形式相互联系，串联起整个规范体系。孤立的法律概念是无法阐明其自身的内涵及外延的。因此，连接法律概念之间的规则，应当符合一定的逻辑构造。立法语言应当符合逻辑规则，其自身陈述不能前后矛盾，而令人困惑。在诸多逻辑连接词中，最常为立法机关所混淆的莫过于"和"与"或"之间的误用。在逻辑上，连接词"和"表示并存，其连结的全部情况同时存在，同时为真；连接词"或"表示选择，其连结的全部情况中至少有一个情况存在，也可能两个以上情况或者全部情况存在。② 而在我国法律规范中，存在大量没有厘清"和""或"之间关系的用法。例如 1989 年《行政诉讼法》第 11 条规定："人民法院受理公民、法人和其他组织对下列具体行政行为不服提起的诉讼。"该条中使用了"和"，就表层逻辑而言，其表述的意义应当为公民、法人以及其他组织在同一时空、地点提起同一诉讼，而这显然不符合客观事实。因此，《行政诉讼法》经修改后成为"公民、法人或其他组织"。《民法典》第 2 条规定"民法调整平等主体的自然人、法人和非法人组织之间的人身关系和财产关系"。该条规定的第二个"和"字表示，民法调整民事主体之间的人身关系，同时也调整财产关系。然而，尽管法人和非法人组织的名誉权、荣誉权等权利得到了一定程度的认可，但这并不代表法人与非法人组织可以成为人身关系的一方。因此，该条中的第二个"和"应当修改为"或"。

其三，文本表述内容失范。准确表达是法律语言根本和首要的要求。立法语言最核心的任务就是完整且精准地表达出立法原意和立法制度设计。因此，立法者所使用的法律概念、法规的实施范围以及规制的权利义务应当明确明晰。尤其是法律概念的使用，立法者应当力求达到定义明确、语义统一、表述一致的要求。在我国法律规范文本中的法律概念，存在二次定义、过分详细的列举以及有害冗余三种不够准确的情形。(1)就二次定义而言，是指立法者没有充分利用既定的概念去简化文字，而使得重复的概念定义词语稀释了立法主旨。③ 例如，2004 年《公司法》第 2 条即对公司作出了定义，而第 3 条又规定"有限责任公司和股份有限公司是企业法人"，使得公司这一法律概念表述不一致。(2)列举是立法者界定法律概念常用的方式。列举的方式可以帮助确定法律的适用范围，有助于法

---

①　黄文艺主编：《立法学》，高等教育出版社 2008 年版，第 160 页。

②　张继成：《〈民法典〉总则编部分条款的逻辑瑕疵及其修订建议(上)》，载《湘南学院学报》2021 年第 6 期。

③　杨鹏：《立法技术的现状与愿景》，载《行政法学研究》2021 年第 3 期。

官解释法律，但是过分详细的列举可能挂一漏万，抑制法官补充法律漏洞的积极性和主动性。例如，原《侵权责任法》第2条列举了包括生命权、健康权、姓名权、名誉权、荣誉权、肖像权、隐私权等十八种民事权益。这一做法使得法官在具体案件中更容易将具体情形与列举的情形相对照，从而进行法律判断，然而，也会使得法官缺乏将复杂案件作为列举之外的民事权益处理的主动性。在法律技术不发达时，列举可以有效避免司法恣意。因此，立法者应当在列举和决疑论之间寻求折中的做法。（3）从法律体系来看，法律概念存在重复、冲突的情形。例如《民法典》第3条规定："民事主体的人身权利、财产权利和其他合法权益受法律保护"，第4条规定"民事主体在民事活动中的法律地位一律平等"，结合此两条规定就可以得出民事主体的财产权利受到平等保护的含义，而第113条规定"民事主体的财产权利受法律平等保护"则显得重复。并且第113条仅对财产权利的平等保护作出特别规定，从体系上与人身权利的平等保护存在一定程度的冲突。其原因在于立法者针对我国司法实践中以公共利益和公有财产之名侵犯私人财产权益的情形，而特别强调公私财产受到平等保护。因此，该条可以表述为"公私财产受到平等保护"。在日常语言表述中，单纯的重复并不算得上语言谬误。但是对于要求精准的立法语言来说，由于立法资源和法律适用是需要成本的，即便是没有冲突的重复，也是对资源的浪费，因此是有害的冗余。

其四，语言风格不当。立法语言不仅具有语言的特性，更体现了作为法律的双重规范性。因此，立法语言具有区别于社论、文艺作品等体裁的显著风格特征。法律规范是国家制定并由国家强制力保证实施的一种行为规范，具有指导公民行为的作用，这决定立法语言应当具有庄重的色彩与格调。立法者应当在言简意赅的同时，尽可能精准地表达法律规范所承载的内容，用词应当质朴而不应当修辞太过，并且注意避免使用方言、谚语等非正式的语言。一般来说，在现行立法体制下，立法者在法律法规起草和审理过程中，出现措辞不当和显著语言风格不当的情形可能性不高。然而，仍然存在用词过于口语化的现象。原《物权法》第67条规定："国家、集体和私人所有的不动产或者动产，投到企业的，由出资人按照约定或者出资比例享有资产收益、重大决策以及选择经营管理者等权利并履行义务。""投到"一词也属于典型的口语词语，并且该条前句使用了"出资人"这一规范语词，后文应当选择与其保持一致，使用"出资到"，以保持语言风格的一致性。在《武汉市城市市容环境卫生管理条例》中，第35条表述为"街道办事处和镇人民政府管理市容环境卫生的主要职责是：组织落实'门前三包'等市容环境卫生责任制，督促单位和居民搞好市容环境卫生"，其中"搞好卫生"一词偏向口语，不够严肃庄重。此外，1996年生效、2010年废止的《武汉市私营企业工会条例》第31条规定，"上级工会应指导和帮助私营企业搞好协商谈判和签订集体合同"，也存在同样的问题。

二、法律的行文逻辑

全国人大及其常委会在制定法律的过程中，一般都会按照一定的行文逻辑进行。我国的法律大多是按照总则、主体内容、附则的行文逻辑。首先，总则是法律中开宗明义、统领全篇的部分。总则的内容一般包括立法目的、立法依据、立法任务、立法宗旨、基本原则、调整范围等，这些内容体现了一部法律的立法精神，是整部法律的总纲，贯穿于整部法律的始终，具有统领和指导其他章节的作用。① 其次，法律的主体内容是以总则为主线，具体阐述法律所规制的内容，并且始终贯穿总则的精神和原则。最后，法律的附则一般规定的是该部法律的生效时间，有些法律的附则还会规定法律条文中一些用语的含义、其他主体是否适用该部法律的规定等。但是，也有一些法律不是按照总则、主体内容、附则的行文逻辑。有的法律没有附则，比如《民事诉讼法》，该部法律的生效时间规定在了最后一章的最后一个条文中。有的法律既没有附则，也没有总则，比如《全国人民代表大会组织法》《全国人民代表大会议事规则》。有的法律虽然没有总则，但是其第一章的规定的内容与其他法律的总则的内容基本一致，也是包括立法目的、立法依据、立法任务、立法宗旨、基本原则、调整范围等，比如《民法总则》，其第一章的名称是"基本规定"，另外，《宪法》第一章的名称是"总纲"。

(一)定义条款、过渡性条款、法律适用关系条款行文逻辑

其一，定义条款。贯穿法律始终的基本概念，在总则中或者法律第 1 条立法目的之后规定。如果规定适用范围的，定义条款在适用范围之后规定。若涉及多个法律条款的专业术语，一般在附则中规定。概念、术语只涉及某章节的内容时，可以在该章节的开头、结尾或者有关条文中规定。定义条款表述为："本法(本章、本节、本条)所称，××，是指(包括)……"一个定义条款中规定多个概念、术语的，应当分项表述。

其二，过渡性条款。过渡性条款的表述因内容不同而不同。其中为了确保旧法赋予资格的及时补正，尽可能令其与新法所认可的资格达成一致性，应当在过渡条文中规定一个合理的过渡时效，以昭示资格及其权利保留的最后期限。② 过渡性条款内容一般包括：对新法施行(颁布)前相关法律行为、法律关系效力的确定；新法对某种特殊情形所作出的特别生效时间或者依法特别办理的规定；对依据旧法获得的权利、资格、资质效力的承认或者处理等。过渡性条款一般在附则中规定。但是，只涉及某章节或者某条文的，可以在相应的章节或者条文中规定。

其三，法律适用关系条款。新法颁布后，涉及相关法律有关规定的适用问题时，一般

---

① 杨临宏著：《立法法：原理与制度》，云南大学出版社 2011 年版，第 245~246 页。

② 徐向华主编：《立法学教程》，上海交通大学出版社 2011 年版，第 356 页。

采用具体列举的方式；难以全部列举的，在具体列举之后，再作概括表述。示例：《中华人民共和国××法》《中华人民共和国××法》《中华人民共和国××法》与本法的规定不一致的，适用本法；《中华人民共和国××法》《中华人民共和国××法》和其他在本法施行前公布的法律与本法的规定不一致的，适用本法。

(二)法律条文表述逻辑规范

其一，引用法律名称的表述。(1)引用本法时，表述为："本法……"；(2)引用其他法律时，在特指具体法律时，所引法律的名称用全称加书名号。示例：商业银行的组织形式、组织机构适用《中华人民共和国公司法》；(3)引用《中华人民共和国宪法》时，可以不用全称，也可以不加书名号，可直接表述为"宪法"；(4)引用某项时，该项的序号不加括号，表述为："第×项"，不表述为："第(×)项"；引用某条的某项时，表述为："第×条第×项"或者"第×条第×款第×项"；引用两项时，表述为："第×条第×项、第×项"；引用三项以上的，对连续的项表述为："第×条第×项至×项"对不连续的项，列出具体各项的序号，表述为："第×条第×项、第×项和第×项"。

其二，适用法律的表述。(1)具体指明适用某部法律的，表述为："……适用《中华人民共和国××法》的规定"或者"……适用《中华人民共和国××法》……的规定"。为了避免以后法律修改可能出现的条文不对应问题，一般不出现具体条文的序号。(2)概括适用其他法律、法规的，表述为："……适用《中华人民共和国××法》和其他法律(法规)的规定"，或者"……适用有关法律(法规)的规定"。(3)优先适用其他法律、法规的，表述为："……适用本法，《中华人民共和国××法》另有规定的，适用其规定"或者"……适用本法，《中华人民共和国××法》和其他法律(法规)另有规定的，适用其规定"。(4)优先适用本法的，表述为："……与本法规定不一致的，适用本法。"

其三，"有下列情形之一的"与"有下列行为之一的"表述。(1)"情形"用于表示事物所表现出来的外在形态和状况。"行为"用于表示人的活动。如果列举的内容既包括"情形"又包括"行为"时，统一用"情形"；(2)"有下列情形之一的，……"和"有下列行为之一的，……"中的"的"字不能省略，其所列各项末尾是否用"的"字，根据下列三种情况确定：一是所列项是名词时，不用"的"。示例：本章有关规定中，有下列情形的，可以保留或使用繁体字、异体字：(1)文物古迹；(2)姓氏中的异体字；(3)书法、篆刻等艺术作品。二是所列项是主谓结构时，视为名词性短语，不用"的"。示例：有下列情形之一的，委托代理终止：(1)代理期间届满或者代理事务完成；(2)被代理人取消委托或者代理人辞去委托；(3)代理人死亡。三是所列项是动宾结构时，应当用"的"。示例：企业法人有下列情形之一的，除法人承担责任外，对法定代表人可以给予行政处分、罚款，构成犯罪的，依法追究刑事责任：(1)超出登记机关核准登记的经营范围从事非法经营的；(2)向登记机关、税务机关隐瞒真实情况、弄虚作假的；（3）抽逃资金、隐匿财产逃避债务的；（4）解散、被撤销、被宣告破产后，擅自处理财产的。

其四，部门的表述。法律中一般不写部门的具体名称。（1）行政机关的表述，一般使用"××主管部门"。示例：国务院城乡规划主管部门负责全国的城乡规划管理工作。（2）对某些部门，实践中已有固定表述的，如"公安机关""工商行政管理部门""海关"等，仍保留原来的表达方式。示例：县级以上地方人民政府公安机关对本行政区域内的消防工作实施监督管理，并由本级人民政府公安机关消防机构负责实施。（3）对少数情况特殊的部门，应当表述准确，如不能表述为"司法部门"，而应当表述为"司法行政部门"。这里"行政"与"主管"不能并用。示例：司法行政部门依照本法对律师、律师事务所和律师协会进行监督、指导。（4）法律授权履行监督管理职能的组织机构，表述为"××机构"。示例：国务院保险监督管理机构依法对保险业实施监督管理。国务院保险监督管理机构根据履行职责的需要设立派出机构。派出机构按照国务院保险监督管理机构的授权履行监督管理职责。

其五，数字的使用。（1）序数词、比例、分数、百分比、倍数、时间段、年龄、人数、金额，以及表示重量、长度、面积等计量数值的数字，均用汉字数字表述。示例：宪法的修改，由全国人民代表大会常务委员会或者五分之一以上的全国人民代表大会代表提议，并由全国人民代表大会以全体代表的三分之二以上的多数通过。（2）公历年、月、日，统计表中的数字，需要精确到小数点后的数字，法律条文中"目"的序号等，均用阿拉伯数字表述。示例：承运人对货物的灭失或者损坏的赔偿限额，按照货物件数或者其他货运单位数计算，每件或者每个其他货运单位为 666.67 计算单位。

其六，标点符号的使用。（1）主语和谓语都比较长时，主语和谓语之间加逗号。示例：全国人民代表大会常务委员会、国务院、中央军事委员会、最高人民法院、最高人民检察院、全国人民代表大会各专门委员会，可以向全国人民代表大会提出法律案，由主席团决定列入会议议程。（2）一个句子内部有多个并列词语的，各个词语之间用顿号，用"和"或者"以及"连接最后两个并列词语。示例：国家保护公民的合法的收入、储蓄、房屋和其他合法财产的所有权。（3）一个句子存在两个层次以上的并列关系时，在有内在联系的两个并列层次之间用顿号，没有内在联系的两个并列层次之间用逗号。示例：全国人民代表大会常务委员会 1957 年 10 月 23 日批准、国务院 1957 年 10 月 26 日公布的《国务院关于国家行政机关工作人员的奖惩暂行规定》，1993 年 8 月 14 日国务院公布的《国家公务员暂行条例》同时废止。（4）在多重复句中，各并列分句内已使用逗号的，并列分句之间用分号。示例：……人员，有……行为之一的，依法给予行政处分；情节严重的，依法开除公职或者吊销其从业资格；构成犯罪的，依法追究刑事责任。（5）在修正案、修改决定中，使用引号时，根据下列情况确定：一是引用内容是完整的条、款的，条、款末尾的标点符号标在引号里边。示例：将《刑法》第 151 条第 3 款修改为："走私珍稀植物及其制品等国家禁止进出口的其他货物、物品的，处五年以下有期徒刑或者拘役，并处或者单处罚金；情节严重的，处五年以上有期徒刑，并处罚金。"二是引用内容是条文中的局部或者是名词、短语的，在引号内引用部分的末尾不加标点符号，但是在引号外的句末，应当加注标点符号。示例：将本法其他各条款中的"全民所有"改为"国家所有"，"国营"改为"国有"。三是引用内容是分款(项)的条文，每款(项)的前面用前引号，后面不用后引号，但是在最后一款(项)的后面，应当用后引号。

三、法律的文本规范

《立法法》第 65 条规定，"法律根据内容需要，可以分编、章、节、条、款、项、目"。"编、章、节、条的序号用中文数字依次表述，款不编序号，项的序号用中文数字加括号依次表述，目的序号用阿拉伯数字依次表述。"法律采用"编、章、节、条、款、项、目"这样的文本结构，是为了将法律所要表达的具体内容层次分明、有逻辑性地表现出来，使得法律的具体内容一目了然。[1] 一般来说，编、章、节有具体的名称，而条、款、项、目没有标题，是直接将编、章、节的内容表现出来的独立的意思单位。第一，编。在我国的立法实践中，绝大多数法律没有设编，编一般是设置于篇幅较长的法律文本中，如我国的《民事诉讼法》《刑事诉讼法》中设有编。第二，章。章下面可设若干节，也可不设节，取决于章的内容的多少。在设章的法中，章是法的结构中连接法的整体的最主要的因素是，使人们了解这些法的结构、整体、主要内容和风格的要件。[2] 我国现行的法律中大量地使用了章的结构。第三，节。节是设置于章的下面，对于每一章设多少节，取决于每一章的内容的多少，节可以多设，可以少设，也可不设，但是章下面设节就最少不能少于两节。第四，条、款。条是设置在章或节之下的，后接法律文本的具体内容。条是法律文本内容最基本的单位，每一部法律都有条，每一部法律的立法目的、要求和内容都是通过具体条文表述出来的。法律条文的设计在文字表达上要做到准确和精练，并且要力求达到法律本身所规范调整的对象的内在规律要求。[3] 款是次于条且隶属于条的立法单位，使用频率也较高。款是条的组成部分，主要功能是将条的内容分层次进行表述，即条的内容具有多个层次，需要分别表述。每一款都表示一层意思，在法律条文中根据需要设置。[4] 第五、项、目。项设置在款之下，表示款的内容分为不同层次的意思，款有几个层次的意思

---

① 冯玉军主编：《新〈立法法〉条文精释与适用指引》，法律出版社 2015 年版，第 208 页。
② 周旺生主编：《立法学》(第二版)，法律出版社 2009 年版，第 475 页。
③ 李培传著：《论立法》，中国法制出版社 2011 年版，第 328 页。
④ 杨临宏著：《立法学：原理、程序、制度与技术》，中国社会科学出版社 2020 年版，第 405 页。

就设几项。目设置在项之下，表示项的内容分为不同层次的意思。目前我国法律中使用目的比较少。

除了上述编、章、节、条、款、项、目，一个完整的法律文本还应当包括标题和题注。法律的标题是指法律文本的名称，一般情况下，法律的标题是由三个要素组成：第一，法律的适用范围；第二，调整对象；第三，效力等级。① 如《中华人民共和国行政诉讼法》，其中，"中华人民共和国"表示适用范围，"行政诉讼"表示调整对象，"法"表示效力等级。法律的题注是指法律标题下括号里的内容。题注应当载明制定机关、通过日期；另外，对于经过修改的法律，还应当依次载明修改机关、修改日期。

四、法律修正、修订和废止规范

(一)法律修正

法律修正有两种形式，一种是法律修正案，一种是法律修改决定。(1)采用修正案形式的，修正案单独公布。公布修正案，一般不重新公布原法律文本。在表述方式上，按照通过时间先后标明序号，表述为：《中华人民共和国××法修正案》《中华人民共和国××法修正案(二)》。每修改原法律一条内容，在修正案中就列为一条。修正案增加或者删除法律条文，不改变原法律条文的序号。增加的条文排序在内容最相关的条文之后，表述为；"第×条之一"，"第×条之二"。(2)采用修改决定形式的，根据修改决定，重新公布修改后的法律文本。在表述修改的内容时，表述为：将第×条修改为："……"增加条文的，表述为："增加一条(一款或一项)，作为第×条(第×条第×款或第×项)"。删除某条、款、项的，单列一条表述。示例：×、删去第×条第×款第×项。删除两条以上的，被删除条文为连续排列或者虽然不是连续排列，但是被删除条文之间的其他条文没有被修改的，汇总表述为一条。示例：×、删去第×条(至第×条×)、第×条。(3)对多部法律或者一部法律的多处文字作相同修改的，对修改的文字单列一条，集中表述。示例：×、将××法、××法，……(本法)相关条文中的"……"修改为"……"，"……"修改为"……"。

(二)法律修订

采用法律修订形式的，公布新的法律文本，法律实施日期为修订后的实施日期。修订的法律需要明确规定原相关法律停止施行，表述为："本法自×年×月×日起施行。×年×月×日第×届全国人民代表大会(常务委员会)第×次会议通过的《中华人民共和国××法》同时废止。"

（三）法律废止

制定法律时，在法律条文中规定废止相关法律的，表述为："本法自×年×月×日起施行。×年×月×日第×届全国人民代表大会（常务委员会）第×次会议通过的《中华人民共和国××法》同时废止。"

单独通过一个决定废止法律的，表述为："×年×月×日第×届全国人民代表大会（常务委员会）第×次会议通过的《中华人民共和国××法》自×年×月×日起废止。"废止法律的决定由主席令公布。

第四节　全国人民代表大会立法程序

立法程序是指有权机关在制定、修改和废止法律的过程中的工作方法、步骤、手续和次序。[1] 全国人大的立法程序包括提案、审议、表决与公布。

一、提案

提案，即提出法律案，就是由有立法提案权的机关、组织、人员，依据法定程序向有权立法的机关提出关于制定、认可、修改、补充和废止规范性法律文件的提议和议事原型的活动，[2] 是立法程序的起始阶段。《立法法》第 17、18、19 条是对提案的相关规定。关于提案主体一般分为两类：一类是机关主体，另一类是代表团或者代表联名。

（一）机关主体提案

根据《立法法》第 17 条的规定，向全国人大提出法律案的机关主体，可分为三类：一是全国人大主席团。全国人大主席团是在全国人大会议期间主持会议的机构，其有条件集中各方面的意见从而提出法律案。二是全国人大常委会、全国人大各专门委员会。全国人大常委会是全国人大的常设机关，在全国人大闭会期间行使部分国家权力，全国人大各专门委员会是全国人大常设性的专门机构，目前全国人大专门委员会共有 10 个，分别是民族委员会、宪法和法律委员会、监察和司法委员会、财政经济委员会、教育科学文化卫生委员会、外事委员会、华侨委员会、环境与资源保护委员会、农业与农村委员会、社会建设委员会。[3] 三是国务院、中央军事委员会、最高人民法院、最高人民检察院。国务院，即中央人民政府，是最高国家权力机关的执行机关，是最高国家行政机关；中央军事委员

---

[1]　覃福晓著：《立法过程中的利益表达与整合机制研究》，中国民主法制出版社 2011 年版，第 64 页。

[2]　周旺生主编：《立法学教程》，北京大学出版社 2006 年版，第 227 页。

[3]　《十三届全国人大设立 10 个专门委员会》，载中国人大网，http://www.npc.gov.cn/npc/dbdhhy/13_1/2018-03/14/content_2048781.htm，最后访问日期：2018 年 12 月 6 日。

会领导全国武装力量；最高人民法院和最高人民检察院分别是最高审判机关和检察机关。这些机关在各自的工作领域中，容易知悉国家管理和社会生活中需要法律解决的突出问题，能够及时地了解到立法需求，因此规定它们在涉及需要由全国人大制定法律的事项时，可以向全国人大提出法律案是合理的。

对于全国人大主席团向全国人大提出法律案，是直接由全国人大会议审议；对于第二类和第三类提案主体向全国人大提出法律案是由主席团决定列入全国人大会议议程。

(二)代表团或者代表联名提案

《立法法》第18条是对代表团或者代表联名向全国人大提出法律案的规定。一是代表团提出法律案。代表团是由全国人大代表按照选举单位组成的，全国人大代表由省、自治区、直辖市、特别行政区和军队选举产生，分别组成代表团。目前，我国共有35个选举单位，组成35个代表团，每一个代表团都可构成一个提案主体。[1] 代表团提出法律案，应当经过代表团全体会议的充分讨论，然后由代表团全体代表的过半数通过，并由代表团团长签署。二是代表联名提出法律案。代表联名提出法律案，要求有30名以上的代表联名，对于这30名以上的代表，可以分处不同的代表团，只需要达到30名以上代表的人数要求即可。对于30名以上代表联名提出法律案的，领衔代表应当向其余的参加附议的代表提供法律案文本，参加附议的代表需要认真阅读法律案文本，同意并签名附议；另外，如果有条件进行集体讨论的，联名代表应当经集体讨论取得一致意见并签名，以示共同负责。[2] 《立法法》规定代表联名提出法律案是总结了我国立法工作上的经验的体现，能够充分发挥全国人大代表参与立法的积极性。[3]

对于代表团或30名以上代表联名提案的处理程序，与上述机关主体提案的处理程序有所不同。前文中提到了机关主体提出法律案，是直接由全国人大会议审议或者由主席团决定列入全国人大会议议程。而代表团或者30名以上代表联名提出法律案，其处理方式有以下三种：第一，由主席团决定列入会议议程；第二，由主席团决定不列入会议议程；第三，先交有关的专门委员会审议，然后提出是否列入会议议程的意见，再由主席团决定是否列入会议议程。另外，专门委员会在审议的时候，为了深入了解提案人所提出的法律案的相关情况，也可以邀请提案人列席会议，发表意见。

全国人大每年举行一次会议，会议于每年的第一季度举行，并且会期也比较短。那么在全国人大闭会期间，上述提案主体就无法向全国人大提出法律案。为了使向大会提出的法律案能够得到充分的审议，在全国人大闭会期间，上述提案主体可以先向全国人大常委

---

① 冯玉军主编：《新〈立法法〉条文精释与适用指引》，法律出版社2015年版，第82页。

② 覃福晓著：《立法过程中的利益表达与整合机制研究》，中国民主法制出版社2011年版，第65页。

③ 吴高盛主编：《人大立法工作教程》，中国民主法制出版社2015年版，第30页。

会提出法律案。

(三)法律案的起草

法律案的起草工作通常是由法律案的提出主体或者提出主体所属部门或者工作机构负责。同时,为了防止部门利益法律化,发挥全国人大及其常委会在立法工作中的主导作用,推进科学立法、民主立法,《立法法》规定了全国人大有关的专门委员会、常委会工作机构起草法律草案和专家学者参与立法。

其一,关于全国人大有关的专门委员会、常委会工作机构开展法律草案起草工作。全国人大有关的专门委员会、常委会工作机构开展法律草案起草工作有两种方式:一种方式是提前参与。首先,对于国务院、中央军委、最高人民法院、最高人民检察院牵头起草的法律草案,全国人大有关的专门委员会、常委会工作机构应当提前参与有关方面的法律草案起草工作;其次,对于全国人大有关的专门委员会、常委会工作机构各自牵头起草的法律草案,全国人大有关的专门委员会、常委会工作机构相互之间也应当提前参与有关方面的法律草案起草工作。另一种方式是组织起草。对于综合性、全局性、基础性的重要法律草案,可以由有关的专门委员会或者常委会工作机构组织起草。需要注意的是,这一规定并不是限制全国人大有关的专门委员会和常委会工作机构起草法律草案的范围,而是强调对于综合性、全局性、基础性的重要法律草案,全国人大有关的专门委员会和常委会工作机构要格外注意其起草工作。① 对于其他方面的法律草案,全国人大有关的专门委员会和常委会工作机构也可以组织起草。

其二,关于专家参与法律草案起草工作。对于专业性较强的法律草案,可以让专家参与到法律草案的起草工作中,推进科学立法,提高立法质量。专家参与法律草案起草工作有以下两种方式:第一是吸收相关领域的专家参与起草工作。所谓吸收,就是将外界的专家吸收到立法起草部门内部同起草人员一起参与起草工作。实践中,无论是专门委员会还是常委会工作机构,有的专家甚至与立法工作人员一起搭班子,直接参与承担具体的起草工作。② 第二是委托有关专家、教学科研单位、社会组织起草。承担起草工作的机构可以根据该立法项目的具体情况,确定委托对象,可以委托一位或多位专家学者,或者成立专家起草组,如在《民法典》起草过程中曾委托九位学者专家组成民法起草工作小组;也可以委托教学科研单位,如高校、研究机构;还可以委托行业协会等社会组织。③

二、审议

审议是立法程序中的一个比较重要的环节,是指立法机关对列入会议议程的法律案进

---

① 武增主编:《中华人民共和国立法法解读》,中国法制出版社 2015 年版,第 201 页。

② 冯玉军主编:《新〈立法法〉条文精释与适用指引》,法律出版社 2015 年版,第 183 页。

③ 郑淑娜主编:《〈中华人民共和国立法法〉释义》,中国民主法制出版社 2015 年版,第 152 页。

行审查与讨论。法律案的审议是立法程序中的一个比较重要的环节，对法律案进行审议的过程，是审议者们对立项项目的整体内容进行认识和了解的过程，也是审议者们进行沟通讨论，对法律案进行修改、补充与完善的过程。① 通过这一环节，能够较好地保证立法质量，体现立法民主。根据《立法法》的相关规定，全国人大对法律案进行审议主要包括代表团审议、专门委员会审议和法律委员会②统一审议；另外，还规定了主席团常务主席召开有关会议对重大问题进行审议以及全国人大授权全国人大常委会审议。

（一）代表团审议

《立法法》第 21 条是对代表团审议法律案的规定。前文中已经提到了代表团是全国人大代表按照选举单位组成的，而我国的各省、自治区、直辖市、特别行政区和军队之间人口差别较大，存在有的代表团人数较多，有的代表团人数较少的情况。对于人数较多的代表团，可以分成若干代表小组。③《全国人民代表大会议事规则》第 7 条第 2 款规定，"代表团可以分设若干代表小组。代表小组会议推选小组召集人"；第 12 条第 1 款规定："代表团审议议案和有关报告，由代表团全体会议，代表小组会议审议"。由此可知，在全国人大立法程序中，代表团审议的形式实际上也分为两种：代表团全体会议审议和代表小组会议审议。

《立法法》第 21 条第 2 款规定："各代表团审议法律案时，提案人应当派人听取意见，回答询问。"这是一项对提案人的强制性规定，即提案人有义务派人参加代表团对法律案的审议。前文已经提到了提案人包括有关机关和代表团或者 30 名以上代表联名，当提案人是有关机关时，由有关机关派人参加审议；当提案人是代表团或者 30 名以上代表联名时，由代表团或者联名代表派人参加审议。提案人派人参加审议主要是听取代表的意见以及回答代表的提问。这样规定是为了使代表团能够更好地了解法律案的相关情况，从而更好地进行审议。

《立法法》第 21 条第 3 款规定："各代表团审议法律案时，根据代表团的要求，有关机关、组织应当派人介绍情况。"这是对有关机关、组织派人参加代表团对法律案的审议的要求。与前述对提案人派人参加审议不同，对于提案人，无论代表团是否提出要求，都应当派人参加审议并听取意见，回答询问；而有关机关、组织，只需要在代表团要求的情况下，才需要派人参加审议并介绍情况。这里的有关机关、组织是提案人以外的机关和组织，包括直接起草法律案的有关机关、组织，法律通过后再实施的过程中可能涉及的有关机关、组织以及学术性的有关法律研究机关、组织等。因为这些机关虽然不是提案人，但

---

① 李培传著：《论立法》，中国法制出版社 2011 年版，第 119 页。

② 2018 年 3 月 11 日，第十三届全国人民代表大会第一次会议通过《中华人民共和国宪法修正案》，将"全国人民代表大会法律委员会"更名为"全国人民代表大会宪法和法律委员会"。

③ 武增主编：《中华人民共和国立法法解读》，中国法制出版社第 2015 年版，第 95 页。

是他们与需要审议的法律案有着密切的联系，或者对于需要审议的法律案有着充分的了解，由他们派人参加审议并介绍情况，有助于代表团对法律案进行深入的了解，从而能够对法律案进行更全面客观的审议。①

（二）专门委员会审议

专门委员会是全国人大常设性的专门机构，目前全国人大共有十个专门委员会，各专门委员会在全国人民代表大会和全国人民代表大会常务委员会领导下，研究、审议和拟订有关议案。《立法法》第22条是对专门委员会审议法律案的规定，在全国人大的十个专门委员会中，宪法和法律委员会负责统一审议所有的法律案，不属于《立法法》第22条所规定的范围。除宪法和法律委员会外，其他的九个专门委员会属于《立法法》第22条所规定的范围。其他的九个专门委员会在审议法律案时，也不是对所有的法律案都进行审议，而是只对涉及该委员会专业领域的相关法律案进行审议，这是由专门委员会的专业性所决定的。专门委员会由人大代表中具有某方面专业知识的人组成，有的是某个领域的专家学者，有的是具有丰富实践经验的领导干部，有的是行业优秀代表。② 如教科文卫委员会负责审议教育科学以及文化卫生方面的法律案，环境与资源保护委员会负责审议环境与资源保护方面的法律案。另外，如果是涉及多个方面的法律案，则相关的专门委员会都进行审议。

关于专门委员会审议法律案的具体过程，《立法法》第22条没有进行具体的规定，但是根据《全国人民代表大会议事规则》第28条规定："专门委员会审议议案和有关报告，涉及专门性问题的时候，可以邀请有关方面的代表和专家列席会议，发表意见。"由此可知，在专门委员会审议法律案时，可以邀请有关方面的代表和专家参加，并发表意见。

（三）宪法和法律委员会统一审议

前文中已经提到宪法和法律委员会与全国人大其他的专门委员会不同，宪法和法律委员会负责对所有的法律案进行统一审议。根据《立法法》第23条的规定可知，宪法和法律委员会是根据各代表团和有关的专门委员会的审议意见，对法律案进行统一审议。各代表团和有关的专门委员会的审议意见是宪法和法律委员会进行统一审议时的重要参考。宪法和法律委员会统一审议法律案这一规定对于维护法制的统一具有很重要的意义，因为通过宪法和法律委员会的统一审议能够有效地避免各项法律之间可能出现的互相矛盾、互不衔接的问题，同时，宪法和法律委员会进行统一审议还有利于解决立法重点难点以及矛盾焦点问题和统一立法技术规范。③

---

① 冯玉军主编：《新〈立法法〉条文精释与适用指引》，法律出版社2015年版，第92页。
② 张春生主编：《立法实务操作问答》，中国法制出版社2016年版，第68页。
③ 乔晓阳：《怎样做好统一审议工作》，载《中国人大》2016年第18期。

全国人大的十个专门委员会中，虽然宪法和法律委员会进行统一审议，但宪法和法律委员会并不比其他的专门委员会的权力大或地位高，它们只是分工不同，工作的侧重点不同。其他专门委员会集中了一批有经验的专业人才，他们对相关领域的业务非常熟悉，由他们对相关的法律案进行审议，可以提升立法的宽度与深度，但是其他专门委员会的审议主要是根据其专业知识对法律案的具体内容进行审议，并不会关注到法律案与现有法律之间的协调问题，这方面就需要宪法和法律委员会根据各专门委员会的审议意见和其他各方面的意见进行统一审议。① 另外，在实践中，宪法和法律委员会统一审议法律案的工作一般是与全国人大常委会法制工作委员会共同完成的，在审议法律案时，宪法和法律委员会与法制工作委员会分工负责，由法制工作委员会收集整理并汇总各代表团和专门委员会的审议意见，提出法律草案修改稿，然后由法律委员会召开全体会议进行审议。② 宪法和法律委员会对法律案进行统一审议后，需要向主席团提出审议结果报告和法律草案修改稿，其中，对重要的不同意见应当在审议结果报告中予以说明。

（四）主席团常务主席召开有关会议对重大问题进行审议

《立法法》第 24 条是对主席团常务主席召开有关会议，对列入全国人大会议议程的法律案中的重大问题进行讨论的规定。其中，会议的形式有两种：一种是各代表团团长会议，另一种是代表团推选的有关代表进行的会议。

全国人大主席团由全国人大预备会议选举产生，全国人大主席团产生后，由主席团第一次会议推选主席团常务主席若干人，负责召集会议。

全国人大代表人数众多，大会会期又是有限的，所以在对法律案进行讨论的时候不可能让每一位代表都有充分的时间来发表自己的看法。但是有些法律案会涉及一些重大问题，这些问题的影响比较重大，必须广泛听取各方面的意见。而在代表团团长会议上，人数不多，各代表团团长可以将本代表团的意见在会议上充分地展示出来，便于对法律案中的有关重大问题进行深入的讨论。因此，在遇到一些重大问题时，主席团常务主席召开各代表团团长会议，听取各代表团的审议意见，有利于对相关法律案进行全面的审议。在代表团团长会议中，代表团团长应当如实地反映本代表团对法律案中的重大问题的审议意见，并进行讨论，主席团常务主席应当将讨论的情况和意见向主席团报告。

另一方面，对于法律案中的一些重大的专门性问题，主席团常务主席也可召集代表团推选的有关代表直接进行讨论。其中，推选指的是代表之间相互推选，有关代表指的是与专门性问题有一定关联的代表，这种关联体现在各代表的专业知识等方面。③ 比如需要讨

---

① 冯玉军主编：《新〈立法法〉条文精释与适用指引》，法律出版社 2015 年版，第 100 页。

② 乔晓阳主编：《中华人民共和国立法法讲话》（修订版），中国民主法制出版社 2008 年版，第 122 页。

③ 冯玉军主编：《新〈立法法〉条文精释与适用指引》，法律出版社 2015 年版，第 102 页。

论的重大的专门性问题是环境保护领域问题，那么代表团可以推选从事环境保护工作的代表或者对环境问题有专门研究的代表参与讨论。这样的规定能够充分发挥代表们的专长，并且能够对重大的专门性问题进行深入的讨论，有利于对相关法律案进行充分的审议。同样地，主席团常务主席应当将讨论的情况和意见向主席团报告。

(五)全国人大授权全国人大常委会审议

一般情况下，提请全国人大审议的法律案，经全国人大会议审议后即交付表决。但是在有些情况下，对于提请全国人大审议的法律案，有一些重大问题经过审议后仍然存在较大的分歧，为了有充分的时间把存在分歧的问题研究清楚，使最终制定出来的法律更加完善，更加符合科学立法、民主立法的要求，就不宜仓促地把法律案交付表决。[1] 而全国人大的会期较短，在全国人大会议期间可能无法将这些重大问题研究透彻，那么此时全国人大可以授权全国人大常委会对法律案进行进一步审议。

《立法法》第 26 条是关于全国人大授权全国人大常委会对法律案进行进一步审议的规定。根据该条规定可知，对于有重大问题需要进一步研究的法律案，全国人大授权全国人大常委会进一步审议的程序是：第一，全国人大主席团提出授权全国人大常委会进一步审议的意见；第二，全国人大会议全体会议决定是否通过，其需要半数以上的代表同意才能通过；第三，获得授权后，全国人大常委会进行进一步审议，在审议时，全国人大常委会必须认真研究代表的意见，并围绕代表的意见进行审议；第四，全国人大常委会审议完成后，需要作出处理，处理的方式有两种，一种是直接作出决定，并将决定情况向全国人大下次会议报告。这里的"决定"，包括全国人大常委会审议之后交付表决，确定通过或者不通过该法律案；此外，全国人大常委会在进一步审议的过程中对重大问题仍然存在较大分歧，那么也可以搁置审议，经有关机关进一步研究之后再提交全国人大常委会审议。[2] 另一种是提出修改方案，提请全国人大下次会议审议决定。之所以有这两种处理方式，是因为全国人大和全国人大常委会之间存在立法权限的区分。《立法法》第 10 条第 2 款规定的"刑事、民事、国家机构的和其他的基本法律"，这些是必须由全国人大制定的法律，全国人大常委会无权制定，如果法律案是涉及这些基本法律的，那么就只能由全国人大提出修改方案，提请全国人大下次会议审议决定。

(六)撤回法律案

由于立法程序是由法律案的提出启动的，提案人有权提出法律案，自然也有权撤回法律案。《立法法》第 25 条是对撤回法律案的规定，法律案的撤回分为两种情形：第一种情

---

① 武增主编：《中华人民共和国立法法解读》，中国法制出版社 2015 年版，第 109 页。

② 乔晓阳主编：《中华人民共和国立法法讲话》(修订版)，中国民主法制出版社 2008 年版，第 124~125 页。

形是在列入大会会议议程之前要求撤回法律案，此时不需要经过任何同意程序即可撤回；第二种情形是法律案已经被列入了会议议程，由于法律案进入会议议程经过了一系列法定程序，此时就不能让提案人任意地撤回法律案，而要进行一定的限制：一是要在法律案交付表决前提出。因为法律案一经表决获得通过，就成为全国人大常委会的决定，自然不能由提案人撤回。二是提案人应当说明撤回法律案的理由，没有正当理由的，不能撤回。三是要经主席团同意，并向大会报告。如果主席团认为要求撤回的理由不成立，或者多数代表不同意撤回，就应该对该法律案继续审议。

三、表决

法律案经过审议程序后，就进入表决程序。表决程序是一个对法律案的命运至关重要的环节，因为法律案经过表决后，结果是通过或者不通过。通过的法律案再经过一个公布的程序就上升为法律，不通过的法律案，如果提案人认为必须制定该法律，可以按照法律规定的程序重新提出，重新由全国人大会议审议决定。①

《立法法》第 27 条规定："法律草案修改稿经各代表团审议，由宪法和法律委员会根据各代表团的审议意见进行修改，提出法律草案表决稿，由主席团提请大会全体会议表决，由全体代表的过半数通过。"这个条款中提到了法律草案修改稿以及法律草案表决稿，其中，全国人大代表进行表决的对象是法律草案表决稿。那么法律草案修改稿和法律草案表决稿的区别是什么呢？在实践中，宪法和法律委员会根据各代表团和有关的专门委员会的审议意见对法律案进行统一审议后，向主席团提交审议结果报告和"法律草案修改稿"；该法律草案修改稿经主席团会议审议通过后，印发会议，由各代表团再次进行审议，宪法和法律委员会根据各代表团的审议意见，对法律草案修改稿再次进行修改研究，提出法律草案建议表决稿；然后再经各代表团审议后，经主席团审议提出"法律草案表决稿"，该法律草案表决稿由大会全体会议进行表决。②（1）表决的主体是大会全体会议。大会全体会议是全国人大会议的重要形式，也是全国人大行使权力的主要场所。大会全体会议进行表决时采取的是整体表决方式，即大会全体代表对法律案的整体投赞成、反对或者弃权票。（2）表决的具体方式。根据《全国人民代表大会组织法》和《全国人民代表大会议事规则》的相关规定可知，表决的具体方式分为三种：无记名投票、举手表决以及法律规定或主席团决定的其他方式；其他方式一般包括电子表决器表决、鼓掌、默示等方式。目前，全国人大全体会议进行表决，一般采用的是电子表决器进行表决。这种方式具有保密性，方便各

---

① 乔晓阳主编：《中华人民共和国立法法讲话》（修订版），中国民主法制出版社 2008 年版，第 161~162 页。

② 郑淑娜主编：《〈中华人民共和国立法法〉释义》，中国民主法制出版社 2015 年版，第 85 页。

代表按照自己的意见进行表决，并且快速准确，有利于提高全国人大会议的效率。① （3）表决的通过方式。大会全体会议对法律草案表决稿进行表决，是由全体代表的过半数通过。这里的全体代表指的是经全国人大常委会根据代表资格审查委员会提出的报告，确认有代表资格的代表。

四、公布

法律的公布是立法程序中的最后一个步骤，是法律生效的前提。经过了前述提案、审议与表决的环节，对于表决通过的法律案即形成了法律，但是如果不经过最后一个步骤，即未经法定程序和法定形式予以公布，将不会产生法律效力，这是现代法治理念的基本要求。②

在我国，法律公布的主体是国家主席，由国家主席签署主席令予以公布。这也是来自宪法有关国家主席的相关规定。公布法律是国家主席的专有权，同时，公布法律也是国家主席的一项义务和责任。这与一些西方国家对于法律公布的规定有所不同。例如，美国宪法规定，众议院和参议院通过的法律，总统可以不签署，从而将其否决。而我国是实行人民代表大会制度，国家主席是由全国人大选举产生的，对于全国人大通过的法律，国家主席必须签署主席令予以公布，不得拒绝。③

根据《立法法》第 62 条之规定，签署公布法律的主席令应当载明该法律的制定机关、通过和施行日期，法律签署公布后，应当及时在全国人民代表大会常务委员会公报和中国人大网以及在全国范围内发行的报纸上刊载。

第五节　全国人民代表大会常务委员会立法程序

与全国人大的立法程序一致，全国人大常委会的立法程序也包括提案、审议、表决与公布这几个环节。

一、提案

《立法法》第 29、30 条是对不同的提案主体向全国人大常委会提出法律案的相关规定。有权向全国人大常委会提出法律案的主体包括委员长会议和国务院、中央军事委员会、国

---

① 冯玉军主编：《新〈立法法〉条文精释与适用指引》，法律出版社 2015 年版，第 106 页。
② 杨临宏著：《立法法：原理与制度》，云南大学出版社 2011 年版，第 72 页。
③ 乔晓阳主编：《中华人民共和国立法法讲话》（修订版），中国民主法制出版社 2008 年版，第 167 页。

家监察委员会、最高人民法院、最高人民检察院、全国人民代表大会各专门委员会以及常务委员会组成人员十人以上联名。

（一）委员长会议提案

《立法法》第29条第1款规定了委员长会议可以向全国人大常委会提出法律案。委员长会议由全国人大常委会的委员长、副委员长和秘书长组成，是处理全国人大常委会重要日常工作的机构，它决定全国人大常委会工作的程序问题。[1] 对于委员长会议向全国人大常委会提出的法律案，直接进入全国人大常委会会议议程，由全国人大常委会会议审议。这是因为委员长会议是直接负责处理全国人大常委会重要日常工作的机构，对哪些问题应当由全国人大常委会审议比较了解，这样规定也有利于全国人大常委会及时审议一些重要的问题。

（二）国务院、中央军事委员会、最高人民法院、最高人民检察院、全国人民代表大会各专门委员会提案

《立法法》第29条第2款规定了国务院、中央军事委员会、国家监察委员会、最高人民法院、最高人民检察院、全国人民代表大会各专门委员会可以向全国人大常委会提出法律案。对比《立法法》第17条第2款可知，上述主体与第17条第2款规定的可以向全国人大提出法律案的主体是一致的。

对于上述主体提出法律案的处理程序，规定了三种不同的情况：第一，对于比较成熟的法律案，由委员长会议决定列入常委会会议议程。第二，对于基本成熟但仍有一些问题尚待研究的法律案，先交有关的专门委员会审议、提出报告，再决定列入常委会会议议程。第三，委员长会议认为法律案有重大问题需要进一步研究的，可以建议提案人修改完善后再向常务委员会提出。[2] 对于这种情况下的法律案，不宜直接列入常委会会议议程，否则会给之后的审议环节造成一定的困难，但是由于提案权是提案人依法享有的权利，提案人是向全国人大常委会提出法律案，故也不宜直接由委员长会议决定退回或建议退回法律案。而《立法法》规定委员长会议可以建议提案人修改完善后再向常委会提出，这很好地解决了这一问题，不仅有利于保证列入常委会会议议程的法律案的质量，而且也使得立法程序更加严密。[3]

（三）常务委员会组成人员十人以上联名提案

《立法法》第30条规定了常委会组成人员十人以上联名可以向全国人大常委会提出法律案。

---

① 刘莘主编：《立法法》，北京大学出版社2008年版，第139页。

② 武增主编：《中华人民共和国立法法解读》，中国法制出版社2015年版，第118页。

③ 乔晓阳主编：《中华人民共和国立法法讲话》（修订版），中国民主法制出版社2008年版，第130页。

对于常委会组成人员十人以上联名提出法律案的处理程序与前述两种主体提案的处理程序都有所不同。具体的处理方式分为三种：一是由委员长会议决定是否列入常委会会议议程；二是由委员长会议决定不列入常委会会议议程，这种情况下应当向常委会会议报告或者向提案人说明；三是先交有关的专门委员会审议、提出是否列入会议议程的意见，再决定是否列入常务委员会会议议程。另外，专门委员会在审议的时候，为了深入了解提案人所提出的法律案的相关情况，也可以邀请提案人列席会议，发表意见。

二、审议

根据《立法法》的相关规定，全国人大常委会审议法律案，一般实行三审制。另外，对于列入全国人大常委会会议议程的法律案，需要由有关的专门委员会审议与宪法和法律委员会进行统一审议。

（一）三审制

《立法法》第32条是对全国人大常委会审议法律案实行三审制的规定，"列入常务委员会会议议程的法律案，一般应当经三次常务委员会会议审议后再交付表决"。三审制的具体分工是：一审，全国人大常委会会议第一次审议法律案，在全体会议上听取提案人的说明，由分组会议进行初步审议。提案人的说明一般要包括该法律的主要内容以及制定该法律的必要性与可行性。二审，全国人大常委会会议第二次审议法律案，在全体会议上听取宪法和法律委员会关于法律草案修改情况和主要问题的汇报，由分组会议进一步审议。宪法和法律委员会的汇报是宪法和法律委员会根据各方面对法律草案的意见进行统一审议后，即对法律草案逐条进行进一步研究修改后作出的，其中，各方面对法律草案的意见包括常委会组成人员、有关专门委员会以及有关部门、地方、人民团体、专家、有关基层和群体代表对法律草案的意见。[①] 三审，全国人大常委会会议第三次审议法律案，在全体会议上听取宪法和法律委员会关于法律草案审议结果的报告，由分组会议对法律草案修改稿进行审议。在当次会议上，宪法和法律委员会根据常务委员会委员们的意见对第三次审议稿进行必要的修改然后提出法律草案表决稿，之后再由委员长会议决定将法律草案表决稿提请全国人大常委会全体会议表决。

全国人大常委会审议法律案实行三审制是为了使常委会组成人员有充分的时间对法律案进行深入的审议，保证立法质量，充分发扬民主。[②] 但是三审的时间一般比较长，一个法律案往往需要经过很长一段时间才能审议完成，为了在保证立法质量的同时也讲究立法

[①] 郑淑娜主编：《〈中华人民共和国立法法〉释义》，中国民主法制出版社2015年版，第97页。

[②] 《详解全国人大常委会如何立法》，载网易网，http://news.163.com/14/0309/03/9MS6IN6P00014AED.html，最后访问日期：2018年12月7日。

效率，《立法法》同时规定了全国人大常委会审议法律案的例外规定，《立法法》第 33 条是对全国人大常委会审议法律案实行三审制的例外规定。具体规定有两种，即对于列入常务委员会会议议程的法律案，第一，各方面意见比较一致的，可以二审通过；第二，调整事项比较单一或者部分修改，各方面意见比较一致的，也可以一审通过。

根据《全国人民代表大会常务委员议事规则》第 12 条之规定，"常务委员会举行会议的时候，召开全体会议和分组会议，根据需要召开联组会议"，这三种会议在全国人大常委会审议法律案中的作用各不相同。首先，全体会议是全国人大常委会全体组成人员参加的会议，对法律案的说明、关于法律案修改情况和主要问题的汇报以及关于法律案审议结果的报告都是在全体会议上进行的。① 其次，分组会议是将全国人大常委会组成人员分成若干个小组进行开会。分组会议的人数较少，便于常委会组成人员对审议的问题充分发表意见。对法律案的审议的具体工作主要是在分组会议中进行。② 最后，联组会议是在分组会议的基础上召开的若干个小组举行的联席会议。联组会议主要是对法律案中的主要问题进行讨论。全国人大常委会审议法律案时，一般是召开分组会议进行审议，这样能够保证常委会组成人员充分发表自己的意见，体现了民主立法，也保证了立法质量，但是对于法律案中的一些主要问题，在分组会议审议时出现了意见不一致的情况需要进一步研究讨论的，也可以召开联组会议或者全体会议对这些主要问题进行讨论。因为联组会议和全体会议与分组会议相比，参加会议的人员范围扩大了，能够使法律案中的问题得到更多的讨论，推进对问题的讨论进展，使问题得到更好的解决。

另外，《立法法》第 34 条规定了分组会议审议法律案时提案人和有关机关、组织派人听取意见、回答询问和派人介绍情况。这与《立法法》第 21 条规定的在全国人大立法程序中，代表团审议法律案时的情况是一致的。对于提案人而言，是有义务派人参加分组会议对法律案的审议，听取意见和回答询问，是强制性的。但是对于有关机关、组织而言，只需要在小组的要求下，才需要派人介绍情况。《立法法》之所以规定提案人和有关机关、组织派人参加分组会议审议法律案，是为了让分组会议对需要审议的法律案进行更充分的了解，从而能够对法律案进行全面客观的审议。

(二) 专门委员会审议

专门委员会是全国人大常设性的专门机构，受全国人大的领导，在全国人大闭会期间受全国人大常委会的领导。根据《立法法》第 35 条的规定，列入常委会会议议程的法律案，由有关的专门委员会进行审议。专门委员会对法律案的审议可以在全国人大常委会审议的

---

① 吴高盛主编：《人大立法工作教程》，中国民主法制出版社 2015 年版，第 42 页。
② 乔晓阳主编：《中华人民共和国立法法讲话》(修订版)，中国民主法制出版社 2008 年版，第 133 页。

各阶段进行。这里的有关的专门委员会是除宪法和法律委员会之外的其他专门委员会，宪法和法律委员会是负责统一审议的。专门委员会审议法律案是由其专业性决定的，各专门委员是按照代表们的专业以及擅长的领域加以划分，然后组成相关的专门委员会。因此，由有关的专门委员会审议与其相关的法律案，能够使审议工作更加具体与深入。①

根据《立法法》第 37 条、第 38 条之规定，专门委员会审议法律案时，应当召开全体会议讨论，根据需要，可以要求有关机关、组织派有关负责人说明情况。需要注意的是，这里的有关机关、组织不仅包括提案机关，也包括其他与法律案中的某些问题有关的机关、组织，比如直接起草法律案的有关机关、组织，法律通过后再实施的过程中可能涉及的有关机关、组织以及学术性的有关法律研究机关、组织等。另外，有关机关、组织需要派"有关负责人"参加会议说明情况，这与《立法法》第 34 条规定的常委会分组会议审议法律案时有关机关、组织应当派人介绍情况有所不同。专门委员会之间对法律草案的重要问题意见不一致时，应当向委员长会议报告。

(三)宪法和法律委员会统一审议

《立法法》第 36 条是对宪法和法律委员会统一审议法律案的相关规定。对于列入常委会会议议程的法律案，宪法和法律委员会根据常委会组成人员、有关的专门委员会的审议意见和各方面提出的意见进行统一审议。宪法和法律委员会对法律案的审议是在全国人大常委会审议的各阶段进行，在常委会会议审议的三个不同阶段，宪法和法律委员会需要提交不同的材料。一般情况下，常委会会议第一次审议法律案后，宪法和法律委员会要向常委会提交法律草案二次审议稿以及法律草案情况和主要问题的汇报；常委会会议第二次审议法律案后，宪法和法律委员会要向常委会提交法律草案三次审议稿以及法律草案审议结果的报告；在常委会会议第三次审议法律案期间，宪法和法律委员会根据常务委员会委员们的意见对第三次审议稿进行必要的修改然后提出法律草案表决稿。②

宪法和法律委员会在统一审议法律案时，对重要的不同意见，无论是否被采纳，都应当在汇报或者审议结果报告中予以说明。同时为了加强与各专门委员会的沟通，对有关的专门委员会的审议意见没有采纳的，应当向有关的专门委员会反馈。另外，宪法和法律委员会在审议法律案时，还应当邀请有关的专门委员会的成员列席会议，发表意见。这样的规定有利于宪法和法律委员会与有关的专门委员会之间的配合，也使得各专门委员会能够进行充分的交流沟通，有利于解决法律案中的一些重大问题。

在审议法律案的整个过程中，《立法法》第 39 条、第 40 条、第 41 条、第 42 条还分别规定了各专门委员会、常委会工作机构采取多种形式听取各方面对法律案的意见；法律案

---

① 冯玉军主编：《新〈立法法〉条文精释与适用指引》，法律出版社 2015 年版，第 124 页。
② 乔晓阳：《怎样做好统一审议工作》，载《中国人大》2016 年第 18 期。

向社会公布，征求意见；常委会工作机构整理各方面关于法律案的意见分送宪法和法律委员会和有关的专门委员会以及法律案通过前进行评估。

第一，关于各专门委员会、常委会工作机构采取多种形式听取各方面对法律案的意见，主要有座谈会、论证会、听证会以及书面征求意见等形式。座谈会的参加人员可以包括与该法律案有关的机关、组织、专家学者和利害关系人等。论证会主要是针对法律案中专业性较强的，需要进行可行性评估的有关问题，邀请有关专家、部门和全国人大代表等进行研究讨论，发表意见，对于论证情况应当向常委会报告。① 听证会主要是针对法律案中的有关问题存在重大意见分歧或者涉及利益关系重大调整，需要进行听证的情况。听证会听取的是有关基层和群体代表、部门、人民团体、专家、全国人大代表和社会有关方面的意见，同样，听证情况也应当向常委会报告。书面征求意见指的是常委会工作机构应当将法律草案发送给相关领域的全国人大代表、地方人大常委会以及有关部门、组织和专家征求意见。此外，书面征求意见是一个必经程序。

第二，法律案向社会公布，征求意见。对于列入常委会会议议程的法律案，除委员长会议决定不公布的外，都应当向社会公布并征求意见。公开的内容除了法律草案外，还包括法律草案起草、修改的说明等。这样有利于社会公众对法律草案的起草背景，法律草案中涉及的一些主要的问题等进行了解，从而更有针对性地提出意见。目前，全国人大常委会审议的法律草案一般都在中国人大网站上公开征求意见，重要法律草案还会在主要新闻媒体上公布。另外，向社会公布征求意见的时间一般不少于三十日，征求意见的情况应当向社会通报。

第三，常委会工作机构整理各方面关于法律案的意见分送宪法和法律委员会和有关的专门委员会。常委会分组会议在审议法律案的过程中，常委会工作机构需要安排人员到各个小组听取意见并做记录，会议后将意见进行整理之后分送给宪法和法律委员会和有关的专门委员会，对于前文提到的常委会工作机构采取多种形式听取的各方面的意见和法律案向社会公布征求的意见，常委会工作机构都应当进行整理，再分送给宪法和法律委员会及有关的专门委员会，以便宪法和法律委员会及专门委员会对法律案进行审议并对法律草案进行修改。② 同时，常委会工作机构收集整理各方面的意见和其他有关资料，根据需要印发常委会会议。

第四，法律案通过前进行评估。法律案通过前需要进行评估，评估的主体是常委会工作机构，评估的内容是法律草案中主要制度规范的可行性、法律出台时机、法律实施的社会效果和可能出现的问题，评估的时间是在宪法和法律委员会提出审议结果报告前。对于

---

① 郑淑娜主编：《〈中华人民共和国立法法〉释义》，中国民主法制出版社 2015 年版，第 113 页。

② 吴高盛主编：《人大立法工作教程》，中国民主法制出版社 2015 年版，第 49 页。

常委会工作机构最终对法律草案相关问题进行评估的情况，需要在宪法和法律委员会的审议结果报告中予以说明。

（四）撤回法律案

《立法法》第 43 条是对列入全国人大常委会会议议程的法律案的撤回的规定。与在全国人大会议议程中撤回法律案类似，如果提案人在法律案列入常委会会议议程之前要求撤回，撤回立即生效，该法律案不再列入会议议程。如果法律案已经列入会议议程，需要满足三个条件才能撤回：首先是要在法律案交付表决前提出；其次是要说明理由；最后是经委员长会议同意并向常务委员会报告。

三、表决

与全国人大立法程序中的表决一致，全国人大常委会对法律案进行审议后，必须交付全国人大常委会全体会议表决通过才能正式成为法律。表决程序是一个对法律案的命运至关重要的环节，是立法程序中必不可少的重要步骤。

全国人大常委会立法程序中的表决的具体方式是，"法律草案修改稿经常务委员会会议审议，由宪法和法律委员会根据常务委员会组成人员的审议意见进行修改，提出法律草案表决稿，由委员长会议提请常务委员会全体会议表决，由常务委员会全体组成人员的过半数通过"。第一，表决的主体是全国人大常委会全体会议。第二，表决的具体方式，《全国人民代表大会常务委员会议事规则》第 45 条规定："表决议案由常务委员会全体组成人员的过半数通过。"目前，全国人大常委会全体会议表决一般是采用电子表决器进行表决。第三，表决的通过方式，全国人大常委会全体会议进行表决，是由全国人大常委会全体组成人员的过半数通过。采取的是绝对多数原则，而且必须是全国人大常委会的全体组成人员的过半数，无论常委会组成人员是否出席会议或者是否参与表决，都要计算进去。

法律案的表决有整体表决与单独表决这两种方式。整体表决是指全国人大常委会全体会议对法律案进行表决时，常委会组成人员是对法律案的整体投赞成、反对或者弃权票，而不能单独对其中某个条款表示赞成、反对或者弃权。单独表决指的是全国人大常委会全体组成人员先对法律草案中的个别意见分歧较大的重要条款进行表决，之后再对整个法律草案进行表决。[1] 单独表决的时间是在法律草案表决稿交付全国人大常委会会议表决前，单独表决的内容是个别意见分歧较大的重要条款，单独表决的具体程序是由委员长会议根据常委会会议审议的情况，决定提请全国人大常委会全体会议进行表决。[2] 个别意见分歧较大的条款获单独表决通过后，即获得了全国人大常委会全体组成人员的过半数同意，委

① 郑淑娜主编：《〈中华人民共和国立法法〉释义》，中国民主法制出版社 2015 年版，第 125 页。
② 刘风景：《重要条款单独表决的法理与实施》，载《法学》2015 年第 7 期。

员长会议可以决定将法律草案表决稿交付表决。若个别意见分歧较大的条款未获单独表决通过，则委员长会议可以决定暂不交付表决，而交宪法和法律委员会及有关的专门委员会进一步审议。单独表决可以对一些重要条款进行集中研究讨论，同时也能防止因个别条款有争议而拖延整部法律的出台，有利于提升立法的民主性和科学性，提高立法质量。[1]

与单独表决一致，《立法法》第 46 条还规定了分别表决，分别表决同样也是提升立法的民主性和科学性的重要途径。在对多部法律中涉及同类事项的个别条款进行修改，一并提出法律案的情况下，经委员长会议决定，可以合并表决，也可以分别表决。在对多部法律中涉及同类事项的个别条款进行修改时，一般涉及的法律比较多，而每部法律涉及需要修改的条款又少，并且需要修改的条款性质相同或者类似，那么就可以采取一并提出法律案的形式，节约立法资源。一并提出的法律案，经过审议后，有些常委会组成人员认为有些法律的修改涉及几个方面的内容的修改，或者涉及几项重要制度的修改等，认为不宜采取合并表决的方式，应该逐个分别进行表决，以确保立法质量。[2] 那么在这种情况下，委员长会议可以根据法律案的内容和审议的情况，作出是否分别表决的决定。

一般情况下，对于列入常委会会议议程的法律案，经过审议之后就会交付表决，但是也存在不能按照正常程序进行表决的情况，有以下两种情况：一是在常委会会议一审或者二审的过程中，因各方面对制定该法律的必要性、可行性等重大问题存在较大意见分歧需要进一步研究，暂不列入下次常委会会议议程，而使得法律案被搁置审议；二是个别意见分歧较大的条款获单独表决未获通过，委员长会议决定对法律草案暂不交付表决。[3] 对于这两种没有按照正常程序进行表决的法律案，《立法法》规定了一个两年的时限，第一种情况法律案被搁置满两年的，第二种情况暂不交付表决经过两年没有再次列入常委会会议议程审议的，由委员长会议向常委会报告，对该法律案终止审议。

四、公布

全国人大常委会通过的法律，是由国家主席签署主席令后予以公布。全国人大常委会通过的法律与全国人大通过的法律的公布，其要求是一致的。

第六节　法律解释

法律解释是指有关国家机关、组织或公民个人，为遵守或适用法律规范，根据有关法

---

① 刘晨熙：《论法律案的逐条表决》，载《人大研究》2015 年第 9 期。
② 黄宇菲：《实行"分别表决制"提升立法科学性》，载《检察日报》2014 年 2 月 10 日，第 006 版。
③ 武增主编：《中华人民共和国立法法解读》，中国法制出版社 2015 年版，第 170 页。

律规定、法学理论或自己的理解，对现行法律规范或法律条文的内容、含义以及所使用的概念、术语等所作的各种说明。① 此处的法律解释属于正式解释，是具有法律约束力的。法学学者或其他个人及组织对法律规定所作的不具有法律效力的解释，即非正式解释。

一、法律解释的主体

《宪法》第 67 条第 4 项规定，全国人大常委会享有解释法律的职权，《立法法》第 48 条第 1 款也明确规定了"法律解释权属于全国人民代表大会常务委员会"，因此，法律解释的主体是全国人大常委会。另外，对于一些属于审判、检察工作中具体应用的法律，可由最高人民法院和最高人民检察院针对具体的法律条文进行解释。

《立法法》第 48 条第 2 款规定，在如下两种情况下需要由全国人大常委会作出立法解释：第一种情况是法律的规定需要进一步明确具体含义：一是法律条文需要进一步明确法律界限，使法律条文的界限清晰，便于法律的理解与正确适用；二是对法律条文规定的理解容易产生较大分歧时，需要对该法律条文规定的含义作出明确解释，统一各方面对该法律条文的认识，统一法律的适用。② 第二种情况是法律制定后出现新的情况，需要明确具体适用法律依据。法律具有权威性与稳定性，不宜频繁修改。但是社会生活却是不断发展变化的，新的情况经常出现，就会出现新的情况没有相对应的法律规定直接进行规制。在这种情况下，如果新出现的情况是原来的法律所能包含的，那么可以通过法律解释的方法，对原来的法律进行解释，明确其适用依据，把新出现的情况纳入进去。③ 这样既可以适应社会生活的发展变化，使新出现的情况有法可依，又可以减少对法律的修改，保持法律的稳定性。

二、法律解释的程序

一般而言，法律解释的程序包括以下五个环节：一是提出法律解释要求；二是研究拟定法律解释草案；三是审议法律解释草案；四是表决法律解释草案；五是公布法律解释。

(一)提出法律解释要求

《立法法》第 49 条规定，可以向全国人大常委会提出法律解释要求的有国务院、中央军事委员会、最高人民法院、最高人民检察院和全国人民代表大会各专门委员会以及省、自治区、直辖市的人民代表大会常务委员会。

上述主体提出法律解释要求，是因为对法律规定的具体含义不清楚，是对全国人大常

---

① 朱景文主编：《法理学》，中国人民大学出版社 2021 年版，第 344 页。
② 冯玉军主编：《新〈立法法〉条文精释与适用指引》，法律出版社 2015 年版，第 157~158 页。
③ 乔晓阳主编：《中华人民共和国立法法讲话》(修订版)，中国民主法制出版社 2008 年版，第 195 页。

委会进行法律解释提出的建议，故提出法律解释要求一般不需要同时提出具体解释的内容。①

(二)研究拟定法律解释草案

提出法律解释要求后，先由常委会工作机构，即法制工作委员会研究拟定法律解释草案，然后由委员长会议决定列入常委会会议议程。

法制工作委员会是全国人大常委会的法制工作机构。法制工作委员会的主要职责包括受委员长会议委托，拟订有关刑事、民事、国家机构以及其他方面的基本法律草案；对提请全国人大和全国人大常委会审议的有关法律草案进行调查研究，征求意见，提供有关资料，提出修改建议等。由拟定法律草案的机构负责研究拟定法律解释草案，法律解释更能够体现出立法原意，有利于保持法律解释的统一，也能够避免法出多门。② 同立法程序一样，法制工作委员会在研究拟定法律解释草案的过程中，应当广泛地听取各方面的意见，包括全国人大常委会其他工作机构、法律执行机关、法律专家学者以及有关公民、法人和其他组织的意见，全面听取意见，有利于法制工作委员会对法律条文规定更全面地掌握，使得法律解释在准确表达立法原意的基础上，也能够谋求更多的社会共识，能够适应社会生活的发展变化。

(三)审议法律解释草案

根据《立法法》第51条规定，法律解释草案是由常委会会议审议，然后由宪法和法律委员会根据常委会组成人员的审议意见进行审议、修改，提出法律解释草案表决稿。常委会对法律解释草案的审议，一般实行一审制，如果法律解释涉及的问题比较复杂，分歧较大，也可实行二审制。

法律解释草案列入常委会会议议程后，对于有说明的，先在常委会全体会议上听取法制工作委员会的说明，然后由常委会分组会议进行审议。关于对法律解释草案是否必须同时提出说明，《立法法》中没有进行规定，一般情况下是根据需要决定，如果法律解释草案的内容比较复杂，则可以提出说明，法律解释草案的内容比较简单，就可以不提出说明。③

法律解释草案经常委会分组会议审议完成后，由宪法和法律委员会根据常委会组成人员的审议意见进行审议、修改，提出法律解释草案表决稿。关于法律解释草案进行审议后是否需要提出审议结果报告，《立法法》中没有进行规定，一般情况下是根据修改的情况决

---

① 张永和主编：《立法法》，法律出版社2009年版，第121页。

② 吴高盛主编：《人大立法工作教程》，中国民主法制出版社2015年版，第145页。

③ 乔晓阳主编：《中华人民共和国立法法讲话》(修订版)，中国民主法制出版社2008年版，第198页。

定，如果修改得比较多，那么可以提出审议结果报告。关于其他的专门委员会是否可以进行审议，《立法法》中也没有规定。一般在实践中如果遇到需要有关的专门委员会进行审议的情况，可以交由有关的专门委员会审议。①

（四）表决法律解释草案

宪法和法律委员会根据常委会组成人员的意见对法律草案进行修改后提出的法律草案表决稿，再经常委会会议审议，如果常委会组成人员没有较大的分歧，则由委员长会议提请常委会全体会议进行表决，常委会全体组成人员的过半数同意后通过。

（五）公布法律解释

法律解释草案通过后，还需要经过公布才能具有法律效力。法律解释的公布是由常委会发布公告予以公布。这与法律的公布不同，法律的公布需要国家主席签署主席令予以公布。这是因为法律解释属于法律的一部分，不是一部新的法律，所以不需要国家主席签署主席令，只需常委会直接发布公告予以公布。

三、法律解释的方法

法律解释必须遵循一定的方法，才能为法律适用提供前提，也才能有助于解决实践中的法律问题。② 从目前的研究来看，学者对法律解释方法的认识和理解也存在不小的分歧。从动、静两个视角分析，"相同或者相似的解释方法经常出现在不同体系编制的不同位置上"③。一般而言，主要有五种方法，分别是文义解释、体系解释、历史解释、目的解释、当然解释。

（一）文义解释

文义解释，又称文理解释、语义解释、语法解释等，是指根据语法规则对法律条文的语言文字的含义进行分析的解释方法。在法律解释的过程中，通常都是从文义解释开始，再进行其他的解释。文义解释有三个方面的含义，首先，法律条文中的用语或者用词很多都直接来源于人们的社会生活当中，人们对于其含义有通常之理解，那么文义解释时应当按照人们通常之理解进行解释；其次，法律条文中的用语或者用词在某一学科或者专业领域有着通行的理论，那么文义解释时应当按照该学科或者专业领域通行的理论进行解释；最后，法律条文中的用语或者用词在法律领域被赋予了特殊的含义，那么文义解释时应当以优先考虑法律赋予的特殊的含义。④

---

① 郑淑娜主编：《〈中华人民共和国立法法〉释义》，中国民主法制出版社 2015 年版，第 141 页。
② 张文显主编：《法理学》，高等教育出版社 2018 年版，第 296 页。
③ 孙光宁：《法律解释方法的体系整合——制度和谐的视角》，载《法律方法》2007 年第 7 期。
④ 李龙主编：《法理学》，武汉大学出版社 2011 年版，第 288 页。

（二）体系解释

体系解释是指根据该法律条文与其他法律条文的关系，该法律条文在所属法律文本中的位置(编、章、节、条、款、项之前后关联位置)，以及该法律文本与其他法律文本的联系，以确定它的内容和含义的解释方法。体系解释便于理解个别字句、条文在法律文本中的准确含义，有利于系统全面地分析法律条文的内容和含义，统一法律中的概念，消除法律条文间的矛盾。①

（三）历史解释

历史解释是指按照立法时的历史背景对法律进行的解释。历史解释的依据主要是立法时的历史背景资料、立法机关审议情况、草案说明报告等，通过对这些资料进行研究，来具体分析立法当时立法主体准备赋予法律的含义。②

（四）目的解释

目的解释是指根据法律本身的目的对法律进行的解释。目的解释中的目的既包括制定法律之初时的立法目的，也包括法律在之后的条件下被赋予的目的；既可能是法律文本明确规定的目的，也可能是隐藏于法律规定之后的目的。

（五）当然解释

当然解释，即自然解释，是论理解释的一种，属"不言自明、理所当然"，意指在法律没有明文规定的情况下，根据已有的法律规定，某一行为与法律所规定者相比更有适用的理由，而直接适用该法律规定的解释方法。比如，法律规定"禁止以垂钓的方法捕鱼"，那么按照当然解释，撒网捕鱼也是禁止的。

四、法律解释的效力

法律解释的效力范围分为三个方面，分别是法律解释的时间效力、法律解释的空间效力、法律解释的对人的行为效力。法律解释的空间效力和法律解释的对人的行为效力与它所解释的法律的空间效力和对人的行为效力是一致的。关于法律解释的时间效力，是指法律解释开始生效的时间和终止生效的时间。法律解释终止生效的时间与它所解释的法律的终止生效的时间是一致的，但是在不同情况下，法律解释开始生效的时间有所不同。法律解释分为两种情况，第一种情况是法律的规定需要进一步明确具体含义而进行法律解释，第二种情况是法律制定后出现新的情况，需要明确适用法律依据而进行法律解释。在第一种情况下，法律解释开始生效的时间可溯及它所解释的法律的生效之日；在第二种情况下，法律解释开始生效的时间为法律解释本身公布之后，具体生效时间由法律解释作出

---

① 张文显主编：《法理学》，高等教育出版社 2011 年版，第 239 页。
② 葛洪义主编：《法理学》，中国政法大学出版社 2017 年版，第 338 页。

规定。

思考题:

1. 试论全国人民代表大会的立法权限。

2. 试论全国人民代表大会常务委员会的立法权限。

3. 试论立法目的与立法根据。

4. 试论立法的语言规范。

5. 试论全国人民代表大会的立法程序。

6. 试论全国人民代表大会常务委员会的立法程序。

7. 试论立法解释的方法。

第十章　行政法规的制定规范

行政法规是指国务院为管理各项行政工作，根据宪法和法律，按照《行政法规制定程序条例》的相关规定而制定的各类法规总称。行政法规的制定规范与法律的制定规范有所不同，但对其制定的权限、程序应予以明确的规定，确保其制定过程的合宪性与合法性，并且，在条件成熟时，国务院应当及时提请全国人民代表大会及其常务委员会制定法律。

第一节　行政法规制定权的理论渊源

行政法规制定权即行政立法权，是指国家行政机关根据宪法和法律的规定或根据权力机关授权，依照法定程序制定规范性文件的权力。根据行政机关获得行政立法权的方式不同，可以将行政立法权分为委任立法权（授权立法权）和职权立法权。[1] 前者基于立法机关的授权，后者则来源于宪法及其他法律的授权。而这两种行政立法权的分野本质上是两种立法理论的分庭抗礼，即委任立法理论与职权立法理论。

一、委任立法理论

洛克在《政府论》中谈道：如果没有得到公众所选举和委派的立法机关的批准，任何人的命令，无论采取什么方式行使或以任何权力作为后盾，都不具有法律效力和强制力。[2] 可见，如果没有人民认可的立法机关批准，法律就不具备"社会同意"这个必需条件。因此，任何国家行政机关的立法权限均需要得到立法机关的授权。

（一）委任立法的内涵

委任立法，亦称授权立法，从结构上来看，既属于偏正短语，也构成了动宾短语，包含"委任"和"立法"两个关键词。委任意味着三层含义，即委任主体、委任对象和委任内容。而立法则是对委任内容的解答，涉及委任立法和非委任立法的相关关系。

在委任这一概念中，委任主体是指拥有立法权的权力机关，而委任对象则指行政机

---

[1]　郑继汤：《行政立法权的正当性及其限制》，中共中央党校 2014 年博士论文。
[2]　[英]洛克著：《政府论》（下卷），叶启芳、瞿菊农译，商务印书馆 1986 年版，第 78 页。

关，这一委任关系是一种单向的授权关系，即由权力机关将部分权限让渡给行政机关来行使。立法机关的内部授权不能认为是委任立法，而是立法权的内部分工。① 而立法作为这一委任关系的内容，既有其特殊性，也与权力机关一般立法行为相联系。②

因此，委任立法可以表述为享有宪法规定立法权的立法主体，通过授权法的形式，将其部分立法权限授予其他机关或组织来行使的一种法律制度。③ 可见，委任立法的要义有三：首先，委任立法制定的是授权法，即其立法须得到立法机关的授权。因为根据三权分立学说，立法权与行政权分立，前者由议会、国会等立法机关所垄断，后者则由政府部门来专门行使，二者不可任意互相干涉。因此，若须由行政机关来制定具有法律效力的文件，必须得到立法机关的授权，否则便有越权之虞。其次，委任立法以法律规定为依据，委任立法必须得到法律的授权，这是程序上的必然要求，意味着委任立法所制定的文件不能超出上位法的范围，不得与上位法相抵触，是法律原则与规则的细化与补充。最后，委任立法所制定的文件具备法律强制性以及对内对外效力，由国家强制力来保障实施。

委任立法具备双重属性，既属于一种相对独立于立法机关的特殊立法权，又是构成行政权的一大重要组成部分。但需要注意的是，"委任"是对行政机关行政权的扩大，是立法机关立法权的部分授予，因此不属于行政机关原有的制定权。固有的行政规则不属于委任立法的范畴，而是基于其权限之外所制定的各类法规、制度原因使行政规则"一般为内部行为，与公民权利不相干涉"，因而无须"特别授权"。④

（二）委任立法的发展历程

早在古希腊时期，就存在通过委任授权来制定法律的做法。⑤《社会契约论》记载："大多数希腊城邦的习惯都是委托异邦人来制定本国的法律。"⑥现代意义上的委任立法则肇始于英国，一般认为始于 1834 年的《济贫法》，该法明确规定：济贫专员"得以其认为适当的方式，制定和颁布管理济贫事业的规则、命令和条例……"以使本法得以实施。⑦

近代以来，随着资本主义经济的发展，"市场失灵"开始出现，政府由此不再满足于"守夜人"的角色，开始干预国家经济活动。在理论层面，虽然结构主义立法权将立法主体限定为"立法机关"，但自功能主义出现以来，立法主体突破了狭隘的议会独占之局限，将

① 戚渊：《委任立法片论》，载《山东大学学报（哲学社会科学版）》2000 年第 5 期。
② 行政立法的"立法"性质表现在：代表国家以国家名义制定人们遵守的行为规则具有法的基本特征、必须遵循法之程序；与权力机关立法在主体、客体、效力、程序、形式等方面存在差异。参见许崇德、皮纯协主编：《新中国行政法学研究综述（1949—1990）》，法律出版社 1991 年版，第 204~206 页。
③ 邓世豹著：《授权立法的法理思考》，中国人民公安大学出版社 2002 年版，第 44 页。
④ 汪全胜：《德国的委任立法制度探讨》，载《德国研究》2000 年第 4 期。
⑤ 李林著：《立法理论与制度》，中国法制出版社 2005 年版，第 105 页。
⑥ ［法］卢梭著：《社会契约论》，何兆武译，商务印书馆 1980 年版，第 55~56 页。
⑦ 孙晓民：《论委任立法》，载《法学杂志》1985 年第 6 期。

主体扩充到代议机关以外的合法主体。① 此外，社会生活领域的不断丰富也使得行政活动领域不断扩大，行政职权不断膨胀。在这样的现实情况下，各国开始使用委任立法的方式填补需求。比如，英国的委任立法一般是指议会对政府或行政机关的授权，产生的理由有以下几点：议会受时间的限制，必须将具体的法律细节交由行政机关加以规范；立法事项的专业化特点使拥有大量专家的行政立法更为适宜；行政立法灵活且容易修改，适宜于进行社会改革实验；紧急状态下行政立法更加不可或缺。② 德国议会预先确定行政角色并制定程序规则，其主张适当的委任立法在许多情况下能够很好地为行政机构实质性计划的实施提供支撑。而美国则选择通过公众全面参与委任立法过程来保障委任立法合乎整体法律规则。③ 据此，委任立法作为一种"弹性化""高效化""专业化"的立法措施逐渐兴盛起来。至"二战"后，委任立法得到全面发展，为许多国家的宪法、法律所承认，可以说委任立法这一理论的诞生是对行政权扩张的现实需要的回应。

中华人民共和国成立后，并未像西方资本主义一样经历从自由主义到国家干预主义的发展阶段，而是从一开始便建立了"全能型政府"，但随着改革开放后政府职权的变动与改革以及行政立法方面的现实需要，委任立法需求不断增强："为防止陷入'一放就乱、一管就死'的怪圈，真正实现对社会的良好管理，就出现了对立法的迫切需求，'有法可依'成为当时的首要任务。考虑到立法机关在人员以及会期上的限制，只能通过授予行政机关相应领域的立法权来增强法律的供应。"④1982 年《宪法》颁布实施后，委任立法在我国得以大力发展，也逐渐固定为一项正式的法律制度。

(三) 委任立法的监督

委任立法的出现虽然顺应了行政权扩张的趋势和现实需要，在一定程度上对既有的法律进行了细化与补充，但这并不意味着可以任其发展。从理念上讲，委任立法冲击了西方的"议会主权""三权分立""人民主权""自然正义"等构成现代资本主义政体的基础制度或价值理论。从立法实践上来说，随着行政权涉及的领域越来越广泛、内容越来越细致，委任立法逐渐呈现一种"井喷式"增长趋势，以致西方人自称生活在"条例"的汪洋大海之中，而法律仅是大海中的几个孤岛。⑤ 除此之外，市场与国家都可能会出现"失灵"现象，委任立法的效果并非永远最佳。因此，为了防止"委任立法"的过度发展及其背后行政权力的过

---

① 江国华著：《立法：理想与变革》，山东人民出版社 2007 年版，第 38~40 页。

② 周汉华：《行政立法与当代行政法——中国行政法的发展方向》，载《法学研究》1997 年第 3 期。

③ Pünder & Hermann, "Democratic Legitimation of Delegated Legislation—A Comparative View on the American, British and German Law", *International & Comparative Law Quarterly*, 2009, 58(02), p. 353.

④ 江国华、梅扬、曹榕：《授权立法决定的性质及其合宪性审查基准》，载《学习与实践》2018 年第 5 期。

⑤ 苗连营：《行政立法及其控制》，载《郑州大学学报(哲学社会科学版)》1998 年第 6 期。

度膨胀，实现资源的优化配置与达到较高的行政效能，必须对其进行严格的监督与控制，以实现立法条件的必要性和立法内容的明确性。①

其一，监督主体。按照三权分立制度，对于委任立法的控制主要是依靠行政机关之外的立法机关、司法机关、专门机关及行政机关内部机构来实现的。比如，英国法院无权审议议会的立法，而委任立法属于从属立法，法院有权利严格审查委任立法是否符合所授权限。并且英国政府建立了规制优化局(Better and Regulatory Executive)，向社会公布其制定的原则，即透明、合比例、合目标性、一致性和责任制，并确保这些原则的遵守。② 具体来说，立法机关的监督主要是"由议会通过备案与审查两种方式对行政机关在议会授权下制定的法规、条例、法令等进行监督，审查其是否合法有效"。而司法机关则通过"运用司法审查权对行政机关依议会授权制定的法规进行审查，以决定其是否合法有效"。③ 此外，还有一种专门机关的监督方式，即专门设立一个机构处理宪法上的争议，维护宪法至上的权威并通过这一机关对委任立法的合宪性进行专门的监督。也可以由行政系统内部的机构基于隶属关系或基于行政案件的管辖权对委任立法进行监督。④ 以上四类监督主体，往往不是单独适用，而是以某一种或几种监督主体为核心，进行多元化的监督，在不同侧面、不同阶段实行监督，既保持了监督内容的完整性，又确保了监督的力度。由于我国没有统一的监督委任立法的法律规定，主要由立法机关进行监督。⑤

其二，监督方式。委任立法的监督方式，按时间顺序可以分为事前审查和事后审查，按审查性质可以分为抽象性审查与具体审查，而这两种监督分类方式相互交叉、共同使用。其中，事前审查即行政法律性文件出台前，由有关机关进行的审查，宣布违宪或违法的法律、法规无效，不得公布实施。这一措施主要是由委托或授权主体——立法机关来实施的。此外，这一类监督方式是对某一抽象性法律文件进行的直接监督，其对象与具体行政事件或行政争议无关，具有不特定性，因此经常与抽象性审查相联系。而事后审查指对出台后的行政法律性文件，因引起争议，主要由司法机关来实施，以附带性审查为常用方式。由于其是对行政争议的被动回应，以具体行政事件为基础，因而具有特定性，往往与具体审查相结合。⑥

其三，监督内容。监督授权立法，内容上必须满足行政法治的原则，包含三个基本

① 柳砚涛、刘宏渭：《立法授权原则探析》，载《法学论坛》2004 年第 4 期。
② [英]威廉·韦德著：《行政法》(第十版)，中国人民大学出版社 2018 年版，第 734 页。
③ 王春光：《论西方国家的授权立法》，载《烟台大学学报(哲学社会科学版)》1999 年第 4 期。
④ 邓世豹著：《授权立法的法理思考》，中国人民公安大学出版社 2002 年版，第 171 页。
⑤ 陈伯礼著：《授权立法研究》，法律出版社 2000 年版，第 331 页。
⑥ 邓世豹著：《授权立法的法理思考》，中国人民公安大学出版社 2002 年版，第 171~172 页。

点：行政合法性原则、行政合理性原则与保障公民权利自由原则。① 其中，行政合理性原则包括：立法机关对授权事项必须有授权的权力、授权法中必须明确授权的范围、行政机关依授权立法必须严格遵守宪法和法律、行政机关依授权立法必须遵守法定的程序。② 根据行政合理性原则要求，行政立法监督也应当对法律性文件所体现的精神内容进行审查，譬如目的正当性审查、比例原则审查、成本收益分析审查、协调性审查。③ 即行政立法虽然是授权法，但其亦是基于行政管理的需要而制定的一套强制性法律规则与配套措施，因此必须满足行政管理本身的原则要求，以实现对行政授权立法的控制，进而实现对行政权的控制。由于行政委托立法必然对公民权利进行一定的限制与减损，因此其立法内容也必须保障公民的权利自由，其限制性措施必须符合比例原则，即满足合目的性、必要性和损害最小的标准，对于不当限制行为，行政机关必须承担相应的法律责任，并为公民提供必要的法律救济。

二、职权立法理论

在司法实践中，行政机关根据立法职权和现实需要制定大量的行政法规，其数量上远远超过行政机关根据权力机关授权而制定的行政法规。因此，职权立法成为我国社会管理规范中的重要组成部分，对于社会治理具有重要意义。

(一)职权立法的内涵

职权立法，亦称为自主立法，从结构上属于偏正短语，其中"职权"是"立法"的修饰词语，即对立法方式和权力来源的指定和限制。其中，"职权"表明为履行职能之需要所拥有之权力，而在行政立法方面特指行政职能与行政权。但与"委托"不同，此处的"职权"为行政机关所固有，无须得到其他国家机关的让渡。而立法则与"委托立法"中的"立法"内涵相同。

因此，职权立法可以表述为：法定的行政机关依据其职权，并根据法律和其他上位法的规定精神，对其行政职权范围内的事项，制定执行性行政法规或规章的一种立法行为。④ 与委托立法相对，职权立法中行政机关的立法权并非来源于立法机关的委托授予，而是由宪法直接赋予。从这一概念上讲，其至少包含以下三点内容：首先，职权立法的主体是法定的行政机关。这意味着行政机关的立法权必须得到宪法的承认，而并非行政机关天然获得。之所以必须由宪法承认，是因为如果仅由一般法律承认，实际上依然属于立法

---

① 吴春华主编：《公共行政学》，高等教育出版社 2009 年版，第 274～275 页。
② 邓世豹主编：《立法学：原理与技术》，中山大学出版社 2016 年版，第 137～139 页。
③ 刘权：《论行政规范性文件的事前合法性审查》，载《江苏社会科学》2014 年第 2 期。
④ 陈章干：《关于行政机关依职权立法问题》，载《现代法学》1999 年第 3 期。

机关的间接授予，因为由立法机关所制定，体现立法机关的意志和权力。而宪法居于最高地位，高于一般的立法机关，故只有得到宪法的承认才能确立行政机关固有的立法权。其次，行政机关的立法权必须以职权为依据。其立法的范围不能漫无边际，而是要受到职权的约束，以履行职能为目的。最后，职权立法成果必须符合上位法的内容、程序和精神。这表明职权立法依然是一种次级立法，其在效力上低于权力机关制定的宪法和法律，因此在内容上不能超出上位法的范围，在程序上严格遵循程序法的要求，在精神上与上位法的原则相一致。

职权立法亦具有立法权与行政权的双重属性，但相比于"委任立法"，其在性质上更偏向于一种行政权。概言之，这一立法权因直接来源于宪法规定，便已构成行政权的一部分，与立法机关的立法权在一定程度上相互独立。

（二）职权立法的发展历程

在西方近代资本主义国家普遍采取"委任立法"理论指导行政立法实践时，法国独树一帜地提出了"职权立法"的立法理论。大革命发生后，法国一开始依然遵循"委托立法"，以回应人民主权与分权学说的要求："1791 年宪法明确规定立法权专属国民议会，行政权不能制定法律、甚至临时性的法律，行政权只能为了保障法律的实施，制定与法律一致的决定。"但不久之后，在宪法中却明确承认了行政职权立法："1799 年宪法第 44 条开始明确政府可以'制定实施法律必需的规章和命令'，承认行政部门某种独立的附属立法权。"① 这一骤变与法国实行行政权优先的三权分立制度有关，行政立法被认为是行政权与立法权协约的产物。② 此后，职权立法一直沿袭下来，直至第五共和国建国后，职权立法作为法律保留的例外，即除了 1958 年宪法第 34 条规定的议会法律保留事项外，行政机关均可制定"自主条例"。③

我国自改革开放后，行政法与行政法学快速复苏，并于 1986 年进入行政立法的十年快速发展阶段。④ 在这一过程中，行政自主立法理论得以引入，并在实践中不断发展。但与此同时，这一理论也饱受争议，甚至面临着"存亡危机"。⑤ 有观点认为，行政立法中不应存在职权立法，彻底否认了"职权立法"的存在。其主张根据宪法授权应属于一般授权立法，根据法律或人大及其常委会授权的决议而进行的立法，则属于特别授权立法。⑥ 还有

① 周汉华：《行政立法与当代行政法——中国行政法的发展方向》，载《法学研究》1997 年第 3 期。
② 王锴：《我国行政立法性质分析》，载《重庆社会科学》2006 年第 3 期。
③ 赵玄：《德国与法国行政立法及其控制比较研究——兼谈对中国行政立法的思考》，载《南都学坛》2016 年第 4 期。
④ 马怀德、孔祥稳：《中国行政法治四十年：成就、经验与展望》，载《法学》2018 年第 5 期。
⑤ 陈章干：《职权立法是行政立法的基本类型》，载《中国行政管理》1999 年第 9 期。
⑥ 杨海坤主编：《跨入 21 世纪的中国行政法学》，中国人事出版社 2000 年版，第 289 页。

观点认为，应当取消职权立法。理由是职权立法的存在等于承认行政机关具备立法权的所有权，违背了民主和宪政原则并且造成了职权立法与授权立法的混乱，削弱了授权立法的必要性。① 在立法实践中，职权立法却逐渐得到承认。例如《宪法》第 89 条规定了国务院拥有"根据宪法和法律，规定行政措施，制定行政法规，发布决定和命令"的职权。

（三）职权立法的监督

行政职权立法相较于委任立法，不仅打破了传统的三权分立制度，而且赋予了行政机关独立的立法权，行政权得以空前扩大，对此更应加以严格限制，以防止行政立法权的滥用。具体来说：（1）固有职权比委任职权从天然上更具有扩张性和侵蚀性，赋予行政机关独立的立法权，容易导致其利用这一权力谋取部门利益，并留下权力寻租的空间，产生"既做运动员，又做规则制定者"的现象。（2）行政自主立法具有外部性，不仅影响行政机关的职权行使，而且与行政相对人的权利、义务息息相关，特别是在现代行政权扩大的背景下，这一影响更是涵盖社会生活的方方面面。（3）自主立法不仅违背了宪政的传统理论，而且与法治的要求相背离。因为"依法行政"本质上是一种"控权"措施，其法律依据应为"他立"之法，而非"自立"之法。

其一，监督主体。行政自主立法的监督主体与委任立法大致相同，但由于其特有的职权性质，内部监督得以强化，外部监督在一定程度上得到了削弱。首先，从内部监督来看，上级行政机关的监督效力更强，因为行政立法权已经成为行政系统的一种内部权力，一般不受立法机关的干预，监督权更集中在上级机关尤其是中央行政机关手里，因而其监督权更强而有力。此外，在行政机关内部可以设立专门的机关来予以监督。例如，法国通过设立行政法院在行政权内部分化出相对独立的行政审判权来实现对行政立法权的制约。② 这其实是对行政权的再分配，通过内部的分权制衡来弥补初次分权的不均衡。其次，从外部监督来看，立法机关、司法机关和专门机关依然是重要的监督主体。尽管由于行政立法权的独立性，监督的效力得到了削弱，但因为立法的职权性，监督的内容更为具体。

其二，监督方式。行政自主立法的监督方式与委任立法基本相同，既有抽象性的事前审查，也有具体性的事后审查。但由于监督主体的细微差异，细节上有所不同。例如法国的"自主条例"在被制定之后，若要生效，必须先提交最高行政法院审核。这一做法属于抽象的事前审查，但不同于委任立法提交立法机关或外部专门机关的做法，是由行政机关内部的专门机关行使的。需要注意的是，行政自主立法相比于委任立法，更具有动态平衡的特点。因为其并非严格的三权分立体制，将行政权与立法权相结合，是一种动态的权力运

---

① 曾祥华：《职权立法应当取消》，载《人大研究》2005 年第 9 期。

② 王锴：《我国行政立法性质分析》，载《重庆社会科学》2006 年第 3 期。

作机制，注重于行政系统内部的制约与平衡，并随着行政发展与政治需要不断调整。因而行政权虽然得到了扩张，但其实与立法权、司法权等国家权力实现了相融发展。

其三，监督内容。行政自主立法的监督，可以分为以下内容：首先，从法的一般原则而言，行政自主立法也要满足法律优先与法律保留的原则，其本质上属于次级立法，不得与上位法相冲突，对于减损行政相对人与行政相关人权利，增设其义务的措施不得擅自设立。由于立法的独立性，对其监督的标准应更为严格。其次，职权性成为审查的重要内容。由于行政自主立法的目的是更好地履行行政机关的职权，因此基于这一目的所创制的规则也必须属于行政职权之范围。而根据行政法治的基本要求，即"法定职责必须为，法无授权不可为"，行政机关的职权必须得到法律的明确规定，而行政立法权所规制的内容也应当以此为限。最后，对于立法程序应遵循行政权的基本原则，强调正当的程序、公益的目的、合理的手段。由于行政机关是非民选机关，若由其独立立法，则必须加强公众参与的影响力，更公开透明。

第二节　行政法规的权限

权限，即职权范围。[①] 行政法规的权限，即行政机关为履行法定职能制定和实施行政法规所规定权力的内容与限度，通过正面列举行政机关的职权，将其权力限定在行政法规的规定范围内，未经授权的超限行为将承担违法的不利风险，从而确保行政权的依法行使。"法定职权必须为，法无授权不可为"就是对这一制度的原则性把握。

通过立法明确规定行政机关的职权范围，并将其限制在一定的范围内。首先是对行政权制约和监督的需要。近代以来，随着行政权的快速扩张，行政法规日益成为一种有效的"控权"手段。行政法规权限的调整范围，取决于行政的"疆域"大小，而随着政府职能的进一步转变、转移，国家行政的"疆域"呈缩减趋势[②]，便需要更严密而完备的行政法规体系。不同于法律调整的范围包括国家政治、经济、文化、司法等基本制度，公民的基本权利义务，国家机关组织、职权等，行政法规调整的范围仅限于国家的行政管理事项。[③] 其次，从宪政的角度来看，无论是基于何种授权，行政法规的职权范围都必须限定在特定的范围内，以保障其他国家机关的合法权力不受干扰，避免由于行政权的过度扩张而使得外部监管"虚置化"的现象出现。最后，从行政立法的理论渊源来看，委任立法和行政自主立法的授权均是为了确保行政机关正确履行职能，限制权力滥用。即使是行政职权立法中行

---

① 罗竹风主编：《汉语大词典》（第四卷），汉语大词典出版社 1989 年版，第 1362 页。
② 姜明安主编：《行政法与行政诉讼法》（第二版），法律出版社 2006 年版，第 34 页。
③ 应松年主编：《当代中国行政法》（第三卷），人民出版社 2017 年版，第 867 页。

政机关所拥有的较独立的行政立法权也需要受到监督和制约，而不能沦为其权力扩张的工具，其权限更应被严格规范。

具体而言，明确行政法规的权限，至少需要了解以下几个问题。首先，行政法规的制定权的来源，即立法的权限由谁授予的问题，以保障其权力拥有合法来源，体现公民的意志；其次，需要解决行政法规由谁来制定的问题，通过将行政立法权赋予某一特定机关或者部门，以维护行政法规的统一性与权威性，减少多头立法的问题；最后，需要解决行政法规的具体内容问题，即规定行政机关的权限和职责，划定权力边界，列出权力清单，以限制行政机关的越权行为。因此，可以将行政法规的权限内容归纳为以下三个方面。

一、行政法规制定权的规范渊源

按照行政立法理论，行政机关制定行政法规有两条主要的途径：一是通过宪法的直接授予，从而拥有相对独立于立法机关的行政立法权；二是在宪法授予立法机关立法权的前提下，由立法机关将部分行政领域的立法权限委托由行政机关代为行使。这两条路径并非永远平行，而是相互交叉、相互补充。

（一）宪法授权

宪法乃"国家一切法度之根源"①，它不仅是限权法，还是授权法，不仅向公民授予权利，也向立法机构授予权力。② 因而，无论按照委任立法还是行政自主立法的观点，行政法规都应该由宪法授权制定，并对基本原则、职权范围等基础性要素作出规定，即所谓"根据宪法，制定本法"。宪法授权意味着行政法规的未经授权不得擅自制定，也不得超越授权的内容。对于减损公民权利与增加公民义务的法规及条文，必须得到宪法的授权和承认。

其一，宪法授权的意义。由宪法授权制定行政法规，是立法与实践的共同要求，也是宪法与行政法规的共同需要。首先，宪法具有最高的法律位阶，是其他法律、法规的源流，因而其他法律应当由其决定是否制定、何时制定以及在何种框架下制定等问题。否则，不仅使得宪法的权威性降低，而且不利于国家法治的统一。其次，宪法是公民权利的保障书，不仅明确规定了公民的基本权利与人权保障措施，而且对其他法律、法规也具有指导作用，使其不能够任意减损公民的合法权益。因此，行政法规影响行政相对人、行政相关人权利义务的内容必须具有宪法上的依据或符合宪法规定的精神。再次，宪法授权行政法规，是后者发展和完善的必然要求，为其搭建框架、明确职权、划定范围、提供保

---

① 梁启超著：《政选论》，新华出版社 1994 年版，第 26 页。
② 张扩振：《论宪法对立法的激励与约束——兼对合宪性审查的冷思考》，载《中国法学会立法研究会 2018 年学术年会论文集（上册）》，第 317 页。

障。易言之，若无宪法，则行政法规将缺乏合法性依据，难以具备权威性。最后，行政法规的制定也是完善宪法的一种重要方式。宪法毕竟只是纲领性、全局性的法律，不可能对社会生活的各个领域面面俱到地作出规定。这时，必须以其授权的法律、法规为血肉，使其骨架不断丰满，并成为一个健康的有机体，并主要通过将宪法确立的制度进一步具体化、体系化，进一步明确宪法所确立的原则，创设宪法并未规定的制度三种方式得以实现。①

其二，我国宪法授权的发展历程。我国的宪法授权制度伴随着宪法的修订与相关组织法的出台而不断完善，由分散到集中再到集中与分散相结合，并逐渐体系化和制度化。中华人民共和国成立初期，以 1954 年《宪法》为分野，我国由一种分散立法模式逐步过渡到中央集权的立法模式。即在 1954 年《宪法》出台前，在中央一级，享有立法职权的主体是中国人民政治协商会议全体会议和中央人民政府委员会和政务院。从 1954 年《宪法》颁布到 1979 年全国人大五届二次会议前，我国实行的是中央集权的立法模式。在这个时期，全国人民代表大会是行使国家立法权的唯一机关。② 全国人大五届二次会议后，通过对1978 年《宪法》的修改，使得"革命委员会"得以取消③，行政机关重新确立，我国开始实行集权的分权立法模式。但是，直到 1982 年《宪法》的出台，行政法规这一表述才真正出现在国务院的法定职权中，因而在此之前国务院尚无制定行政法规的权力。④ 这一时期，行政立法快速发展，但仍然处于分散状态，边界较模糊。因此，2000 年《中华人民共和国立法法》(以下简称《立法法》)的出台明确规定了行政法规的制定范围，包括：为执行法律的规定需要制定行政法规的事项、《宪法》第 89 条规定的国务院行政管理职权的事项、全国人大及其常委会授权的事项。⑤ 至此，我国宪法授权制定行政法规已经形成了一个较完善的体系。

其三，当前宪法授权面临的主要问题。首先，宪法授权的激励与限制机制存在平衡问题。以 1999 年《宪法》为分界线，我国宪法授权由激励转变为激励与限制相结合，并逐渐强化对立法的约束。⑥ 这一转变与法制向法治发展的要求息息相关。具体到行政立法领域，目前尚存在其两大机制的平衡问题。在《宪法》第 89 条中，便体现了这一对矛盾：第1 款规定行政法规的依据为"宪法和法律"，为其立法权提供了规制之准绳；而第 2 ~ 17 款

---

① 林彦：《通过立法发展宪法——兼论宪法发展程序间的制度竞争》，载《清华法学》2013 年第 2期。

② 李林：《关于立法权限划分的理论与实践》，载《法学研究》1998 年第 5 期。

③ 肖金明：《新中国宪法政治发展的回顾与展望》，载《法学论坛》2018 年第 3 期。

④ 邹奕：《论我国行政法规的宪法基础》，载《法学论坛》2012 年第 6 期。

⑤ 许安标：《论行政法规的权限范围》，载《行政法学研究》2001 年第 2 期。

⑥ 张扩振：《论宪法对立法的激励与约束——兼对合宪性审查的冷思考》，载《中国法学会立法研究会 2018 年学术年会论文集(上册)》，第 318 ~ 320 页。

使其享有在行政管理职权范围内的规范制定权，即在法律保留的事项范围外，具有独立的宪法地位。① 而解决这个问题须结合社会的发展背景，保持宪法的激励趋势，谨防对立法进行过多的约束。当创新发展成为宪法的纲领性条款后，就需要宪法解释来激励立法创新。② 易言之，徒法不足以自行，即使是作为授权来源的宪法，也最后由人来支持和实践。在这一过程中，支持者的法律素养则尤为重要，因而需要知识的支撑，需要其将实践过程中知识积累与经验运用到行政立法过程中，以权衡激励与限制的具体方面。其次，宪法授权面临边界与限度问题。宪法要保持其纲领性，则其授权立法内容不能没有限制。但是行政法也是动态的、活的、具体化的宪法，二者是密不可分的。因此，如何解决宪法授权的边界问题则尤为重要，包括如何授权、授权事项、授权内容等，以实现二者相互补充而非过度重合或过度干预。对此，学界亦存在较大分歧。部分学者认为只要属于《宪法》第89条的职权范围，均可制定行政法规，而无须依据法律。③ 但是也有学者认为国务院只能制定执行性行政法规，仍需依据法律规定。④ 对于宪法授权的边界问题，应当明确行政立法的宪政基础，赋予其合法性的来源、控制其性质和方向、塑造其风貌及品格。⑤ 即宪法通过授权行政立法的职权范围以确认其合法性，使其不违背公法的基本性质与方向，并通过宪法的控权意识、契约精神等价值塑造行政法的法治、诚信等理念。最后，宪法授权面临遵循与突破问题。宪法授权虽然具有权威性，但并非属于"金科玉律"，任何情况都不得违反。虽然行政法要求行政主体"法无授权不可为"，但是，为了回应现实对立法的要求，行政法规的制定不能一成不变。针对该问题，应在加强落实宪法监督的前提下，允许对宪法、相关法律适度的突破。例如在1982年《宪法》监督制度的基础上，加强备案审查工作，对新制定的行政法规逐件进行主动审查研究，有重点地开展对地方性法规的主动审查。⑥ 在做好监督工作后，可以对既有的制度、规则进行充分科学论证和民主参与后予以改革和调整。

（二）人大授权

人大授权是授权立法理论在我国制度层面的具体体现，意指全国人大及其常委会作出决定，授权有关国家机关立法和有关国家机关根据授权决定行使立法权的活动。⑦ 从结构

---

①　门中敬：《规范行政保留的宪法依据》，载《国家检察官学院学报》2017年第1期，第91页。

②　张扩振：《论宪法对立法的激励与约束——兼对合宪性审查的冷思考》，载《中国法学会立法研究会2018年学术年会论文集（上册）》，第324~325页。

③　俞子清主编：《宪法学》，中国政法大学出版社1999年版，第290页。

④　张涛：《论授权式行政立法体制的确立》，载《行政法学研究》2006年第4期。

⑤　赵娟：《论行政法的宪政基础——对行政法与宪法之间关系的再认识》，载《中国法学》2005年第2期。

⑥　周敬敏：《行政法实施宪法问题研究》，载《中国政法大学学报》2017年第5期。

⑦　吴高盛主编：《人大立法工作教程》，中国民主法制出版社2015年版，第25页。

上可以将这一概念细分为授权主体、授权对象与授权事项三个方面。首先，人大授权的授权主体仅限于全国人大及其常委会。因为根据我国《宪法》规定，全国人大及其常委会享有国家立法权，且这一立法权具备最高效力，因而其他国家机关须经其授权方可立法，其他法规、规章等次级法亦须经其授权方可制定和颁布。其次，授权对象为国家机关，具体包含国务院和地方国家机关两种，其中《立法法》第 12 条明确规定全国人大及其常委会有权决定，授权国务院就专属范围内制定行政法规，故行政法规的授权对象只能为国务院。这是因为行政法规的效力仅次于宪法和普通法律，具有全国性，因而其制定机关也应当具有统领全国行政工作的能力与地位。再次，授权事项应至少包括法律实施细则和技术性事项。① 但是，这些授权事项并非是无限的，因为其属于一种宪政上的概念，因而必须符合宪法规定，遵循一定的法治原则与规则。

其一，人大授权的意义。人大授权为我国的国家建设、法治进步起到了不可或缺的作用，突出表现在以下几方面：首先，通过授权立法，将一部分国家立法权转移到行政机关和地方机关，大大减轻了全国人大及其常委会的工作压力，缓解了社会经济的迅速发展与法律严重缺乏、滞后之间的矛盾；其次，对国务院的授权较好地适应了对外开放与体制改革中不断出现的新情况、新问题等法律调整的状况；② 最后，授权立法也为国家正式立法积累了经验。具体而言，授权立法成为先行先试的法制保障，能通过临时的制度设置为制定法律奠定基础、积累经验、收集意见，以降低立法的法律与社会风险，提高立法质量。

其二，我国人大授权的发展历程。由于我国在 1982 年《宪法》出台后才明确规定了国务院制定行政法规的职权，因而从严格意义上来说，人大授权国务院制定行政法规也应当从 1982 年以后开始，具体体现在《宪法》第 89 条第 18 项中："全国人民代表大会和全国人民代表大会常务委员会授予的其他职权"。由此，明确了国务院职权的授权主体——全国人大及全国人大常委会，从而为国务院的立法权限的规范渊源提供了依据。此后，全国人大及其常委会授权国务院立法共有三次，分别于 1983、1984、1985 年作出。③ 除第一次着力于干部与工人的安置问题，其余两次均与经济体制改革与对外开放战略有关。这一点恰好与授权立法理论中立法机关随着社会变迁对于一些专业性、创新性领域的部分立法权限授予行政机关的规律相契合。而自《立法法》出台后，更是明确规定了人大授权国务院制定行政法规的内容，并作了法律保留，即除了《立法法》第 11 条规定法律保留事项外，全国人民代表大会及其常务委员会有权作出决定，授权国务院可以根据实际需要，对其中的部分事项先制定行政法规，但须排除特定事项。

---

① 邓世豹著：《授权立法的法理思考》，中国人民公安大学出版社 2002 年版，第 111 页。
② 王春光：《我国授权立法现状之分析》，载《中外法学》1999 年第 5 期。
③ 万其刚著：《立法理念与实践》，北京大学出版社 2006 年版，第 146~150 页。

其三，当前人大授权所面临的问题。首先，人大和国务院的关系处理问题。在实际生活中，二者存在着微妙而复杂的联系：国务院的立法意图依赖于人大而实现的同时，人大立法也依赖于国务院，并在党的领导下，相互分工合作，共同完成立法工作。[①] 但在实践过程中，二者的分工必然会出现意见分歧乃至于权力分配的矛盾与问题，在某些具体事项中存在由谁主导、又由谁让步的问题，都需要具体地落实。对于人大与国务院的关系问题，我国业已由政府主导模式进入了人大主导模式。体现在 2014 年党的十八届四中全会提出的"人大主导立法"目标以及 2015 年《立法法》修改时贯彻落实的"人大主导立法"规定（第 51、52、53 条）。[②] 对此，应当完善法规立项机制，建立立法建议公开征集制度、立法建议调研论证制度等配套措施；还应建立多元化的法规草拟机制，牢牢把握法规起草决定权。完善法规审议机制和法规实施监督机制，建立沟通协调、专家参与法律实施评估与追踪等制度也必不可少。[③] 其次，授权限度的问题。人大授权自然不可以漫无边际，但若仅以《宪法》与《立法法》为授权依据可能显得过于原则性，仅能划定边界而难以直接指导具体的立法工作。而授权不明则会导致越权的问题，例如根据《宪法》第 67 条，军人的衔级制度应由全国人大常委会规定。据此，第七届全国人大常委会第二次会议通过了《中国人民解放军军官军衔条例》。但是后来士兵的军衔却下放到国务院和中央军委联合颁布的《中国人民解放军现役士兵服役条例》中。[④] 对于人大授权的限度问题，应结合国内外授权立法经验进行细化处理。一是应当确保其授权的目的在于保障国务院依法更好地行使职权，这一目的必须明确，并在立法工作中要严格落实，以缩减选择性立法、部门化立法和权力寻租的空间。二是应当明确授权的范围与期限。授权范围由授权目的所决定，应根据不同事项作出调整，例如在法律保留事项外，规定明确排除有关犯罪和刑罚等事项。而授权期限经过 2015 年《立法法》修改后确立为 5 年。通过空间上的范围与时间上的期限两种维度相交织将授权限制予以明确。三是被授权主体不能将该项权力转授给其他机关。再次，授权的责任分配问题。有权必有责，用权受监督，这是一切公权力行使的必备原则，人大授权也不例外。在授权立法过程中，难免出现与现实冲突甚至脱离实际的问题，或在制定过程中出现技术性乃至方向性的问题。对此，一方面应当做到立改废释并举，另一方面也应当对授权的主体与对象进行追责，以保障立法的预期质量，避免有权任性。授权的

①　王爱声著：《立法过程：制度选择的进路》，中国人民大学出版社 2009 年版，第 107 页。

②　梁洪霞：《人大主导立法的法教义学思考》，载《中国法学会立法研究会 2018 年学术年会论文集（上册）》，第 64 页。

③　郭朝慧：《人大主导立法的现实困境与优化路径》，载《中国法学会立法研究会 2018 年学术年会论文集（上册）》，第 16~17 页。

④　郭道晖、周旺生、王晨光主编：《立法——原则·制度·技术》，北京大学出版社 1994 年版，第 199 页。

责任分配问题。虽然立法责任难以确定，更难以法条的形式加以规定，但是可以将委员会制、总理个人负责制等行政首层负责制与授权立法结合起来。① 在具体的责任分派方面，由于人大及其常委会是授权机关，因此应对授权事项进行监督并负责，而授权对象则应对具体的法规条文产生的问题负责。不能简单按照"立法权代理说"将责任完全归于行政机关②，而是应当分情况讨论。

二、行政法规的权限范围

在我国，《宪法》已经明确规定，作为最高国家行政机关，国务院可以"根据宪法和法律，规定行政措施，制定行政法规，发布决定和命令"。《立法法》第 12 条也明确规定："全国人民代表大会及其常务委员会有权作出决定，授权国务院可以根据实际需要，对其中的部分事项先制定行政法规。"因此，行政法规的制定主体为国务院，这是宪法赋予国务院的一项重要职权，也是国务院推进改革开放、组织经济建设、实现国家管理职能的重要手段。

（一）行政法规的权限内涵

研究行政法规的权限必须首先弄清立法权限的内涵。所谓立法权限，是指一个主权国家中现行全部有关需要通过立法方式加以调整、控制和规范的事项的权力范围，即立法主体行使立法职权的权力限度和内容范围。③ 而制定行政法规，则可以理解为行政立法主体行使立法权的限度和内容范围。需要注意的是，由于行政立法具有委任立法与职权立法的两种理论来源，因而在制度层面上其立法权限也拥有职权与授权两种方法，不能直接挪用立法权限的含义。

在我国的制度语境下，宪法在配置立法权限时，采用了不同的范畴与词汇进行表达。其中国务院可以根据宪法和法律，制定行政法规，用"根据"原则对行政机关的立法权限作了基本的界定。④ 依据"根据"原则，存在两种不同的理解方式。第一种被称为"职权说"，即法定的行政机关除了根据宪法和法律制定行政法规外，在宪法与法律赋予的职权范围内，根据实际需要，也可以制定行政法规。⑤ 按照这一理解，行政法规的权限范围较宽，是行政机关行使行政管理权的方式之一，本质上符合行政职权立法理论。行政机关在其职

---

① 皮纯协、王丛虎主编：《〈中华人民共和国立法法〉释论》，中国人民公安大学出版社 2000 年版，第 118 页。

② 曾祥华：《行政立法的正当性研究》，苏州大学 2005 年博士学位论文。

③ 李林：《关于立法权限划分的理论与实践》，载《法学研究》1998 年第 5 期。

④ 全国人大法工委国家法室编著：《中华人民共和国立法法解读》，中国法制出版社 2015 年版，第 233 页。

⑤ 全国人大法工委国家法室编著：《中华人民共和国立法法解读》，中国法制出版社 2015 年版，第 234 页。

权范围内，凡是法律未禁止的事项，或者不属于法律明确列举的调整事项，都可以通过制定行政法规来履行职权。这一理解其实是将行政法规的权限范围与行政职能的权限范围相重合了，实际上拥有"法不禁止即自由"的倾向，行政机关的自由裁量范围较大。第二种被称为"依据说"，国务院应当"根据宪法和法律的具体规定"制定行政法规，因此，国务院只可以为了执行已有法律而制定行政法规，即可以依职权制定执行性立法，不得制定创制性立法。① 按照这一理解方式，行政法规的权限范围较窄，不存在"创制"的权力，一切规范的制定都需要法律或权力机关的授权。很显然，这是一种委任立法方式。行政法规的权限不仅不与行政职能权限直接挂钩，甚至由于严格的授权可能小于本身的权限范围。

但是，这两种理解方式在一定程度上是存在偏颇的。从实际情况来看，"职权说"对行政机关的管理职权不加分析，并等同为行政法规的权限范围，混淆了行政权与立法权的区别。而"依据说"又难以适应改革开放深入发展的需要，抵消了部分立法的积极性，消解了行政立法的专业性和高效性的优势。因此，《立法法》将两种理解方式相结合，对"根据"原则作了较宽的界定。

（二）行政法规的权限分类与内容

按照当前《立法法》第72条规定，行政法规的权限范围具体包含以下几种类型：一是为执行法律的规定需要制定行政法规的事项；二是《宪法》第89条规定的国务院行政管理职权的事项；三是全国人大及其常委会授权的事项。

其一，为执行法律的规定需要制定行政法规的事项。国务院的重要职责之一即为贯彻执行国家权力机关的法律，据此，国务院需要根据实际情况制定具体的实施规定，主要包括以下几类：一是综合性的实施细则、条例以及办法，主要对法律实施中的各种问题作出全面具体的解答；二是为实施某一项规定和制度而制定的专门规定，主要针对法律的某项制度或具体行政管理事项；三是对法律实施的过渡、衔接问题作出规定。② 第一款则强调了行政法规的功能，细化法律的原则性规定并使其便于执行。

其二，《宪法》第89条规定的国务院行政管理职权的事项。国务院的行政管理活动实质上就是为执行国家最高权力机关的决策。第2款直接规定了行政法规的权限的外延，即按照宪法赋予行政机关行政管理职权来制定行政法规。这表明了行政法规权限的直接来源——宪法赋予的行政管理权，也意味着行政法规应当有助于其行政职权的实现。除了行政立法权以外，《宪法》第89条规定的行政职权可以分为提案权、行政领导权、人事行政权、保护正当和合法权益、行政监督权等③。

---

① 谢立斌：《论国务院的职权立法权》，载《政法论坛》2018年第6期。

② 全国人大法工委国家法室编著：《中华人民共和国立法法解读》，中国法制出版社2015年版，第203页。

③ 周伟、谢维雁主编：《宪法教程》，四川大学出版社2012年版，第183～184页。

其三，全国人大及其常委会授权的事项。《立法法》第 12 条补充了第 11 条规定的法律保留事项，即全国人大及其常委会可以决定由国务院制定行政法规，但有关犯罪和刑罚、对公民政治权利的剥夺和限制人身自由的强制措施和处罚、司法制度等事项除外。由此，行政法规可以适度突破法律保留事项，但亦存在绝对保留事项这一"红线"。这一规定突破了行政法规本身的权限范围，而是将本应制定法律的事项由行政法规予以规制。这是为了充分发挥行政立法的制度优势，通过降低立法层级减少立法阻力和降低立法成本与风险。但是，对于这一突破性规定必须予以限制。总体而言，为行政法规权限的扩张创造了可能性。

(三)行政法规权限划分存在的问题

虽然有人认为当前我国对于行政法规权限的规定总体上是较科学的，执行起来并不困难。而且这一划分方式是动态的，没有拘泥于事权的分配，保持了立法体制内在的活力。① 但在实际运作过程中，却存在"剪不断，理还乱"的混乱现状。

第一，立法权限的划分混乱可能导致重复立法，造成法律体系的混乱或矛盾。② 对此，首先可以引入地方立法的"不抵触原则"。其宪法依据在于："全国人大常委会有权撤销国务院制定的同宪法、法律相抵触的行政法规、决定和命令。"通过这一原则，强化对行政法规权限的监督和制约，及时进行纠正。

第二，立法权限不明可能出现权力运作的不平衡或过度倾斜，从而导致某些国家机关之间职权分配不均衡。对此，应当明确国务院的立法禁区和专有的立法权。除《立法法》第 12 条规定的绝对保留事项外，对于基本的行政管理体制和制度方面的事项，基本的经济制度和管理体制方面的事项及国防、外交的基本制度方面的事项等可以由法律直接规定，而不宜由行政法规直接调整。而对于规定各部和各委员会的任务和职责以及中央和省、自治区、直辖市的国家行政机关的职权的具体划分，应当视为国务院的专有立法权。③

其三，在立法实践过程中，行政法规权限与其他立法权限存在冲突，有"行政立法权侵越国家立法权"和"授权立法的脱缰"的危险。具体表现有：行政规章中增设法律、法规中没有规定的制裁方法和处罚方式；扩大法律、法规规定的制裁和处罚幅度；有的规章甚至规定只能由法律规定的刑事处罚或刑事诉讼程序；非法限制和减少当事人依法律享有的权利，或增设只能由法律规定的权利或义务(通常是义务)，或滥设许可、批准制度、强化

---

① 全国人大法工委国家法室编著：《中华人民共和国立法法解读》，中国法制出版社 2015 年版，第 233 页。

② 张中秋、张明新：《对我国立法权限划分和立法权运行状况的观察与思考》，载《政法论坛》2000 年第 6 期。

③ 刘春华：《国务院立法权限若干疑难问题探讨》，载《中外法学》1998 年第 5 期。

行政部门自身的权力，与民争利等。① 可见，无论是行政法规权限的划分乱象还是行政法规权限与其他立法权限的矛盾冲突，其核心问题在于如何进一步明确权力边界，使其不走样、不任性。明确对行政法规权限范围的规定，需要适应实际情况的需要，既能恰当体现行政法规在我国立法体制中的地位和作用，也能有力地推动行政法规的制定工作。

第三节　行政法规的制定程序

行政法规的制定，也需要遵循一定的章程与规则，即遵循法定之程序。这里的制定程序是指有关国家机关制定、修改和废除法律或者其他规范性法律文件的法定步骤和方式。② 因此，行政法规的制定程序是指国务院制定、修改和废除行政法规的法定步骤和方式，是一个"立、改、废、释"动态发展的过程，具体包含立项、起草、审查、决定和公布以及解释与修改各阶段。

一、立项

行政法规的制定自立项时起，就已经进入了法律意义上的制定阶段。因此，立项对于行政法规制定的意义在于其已经被批准，准予通过后续系列的程序完成其整个制定的过程。

其一，立项的内涵。立项就是将制定行政法规的项目纳入国务院立法计划，或者由国务院批准或者决定某一事项开展制定行政法规的工作。③ 只有在立项以后，才能着手制定行政法规，从而依次进行行政法规的其他制定程序。按照《立法法》规定，立项主要包含两种情形：一种是指将要制定的行政法规的项目列入立法计划之中的情况；另一种是报请国务院批准或者由国务院决定就某一事项开展制定行政法规工作的情况。④ 需要区分的是，行政法规的立项与一般立法程序中提出的法案是有所不同的。后者是指由有立法提案权的机关、组织和人员，依据法定程序向有权立法的机关提出关于制定、认可、修改、补充和废止规范性法律文件的提议和议事原型的专门活动。⑤ 因此，提出法案是在立项等立法准备工作完成之后，由法案到法的阶段的第一道程序。

---

①　郭道晖著：《法的时代精神》，湖南人民出版社 1997 年版，第 630 页。

②　刘和海、李玉福著：《立法学》，中国检察出版社 2001 年版，第 63 页。

③　全国人大法工委国家法室编著：《中华人民共和国立法法解读》，中国法制出版社 2015 年版，第 209 页。

④　吴高盛著：《人大代表履职与人大工作教程　人大立法工作教程》，中国民主法制出版社 2015 年版，第 78 页。

⑤　周旺生著：《立法学》，法律出版社 2009 年版，第 223 页。

其二，立项的功能。首先，立项可以提高行政法规制定的有序性，促进法制的统一。通过预先制定立法规划，能够强化行政法规制定主体对制定工作的领导，保持立法工作的协调统一，防止重复立法和分散立法。其次，立项可以降低行政法规制定的成本。通过立项研究，有利于明确法规制定工作的重点、难点、目标和任务，从而可以集中制度资源优先和重点解决法规制定的疑难问题，以避免立法后的制度摩擦与不必要的资源浪费。再次，立项可以增强行政法规的科学性，提高立法质量。通过立项明确行政法规制定主体各部门的职责，推动相关工作有条不紊地进行，并将立法与改革相结合，使立法与社会关系协调发展，有助于取得预期的社会效果。①

其三，立项的程序。当前，我国行政法规的立项权归属于行政机关内部。国务院于每年年初编制本年度的立法工作计划。在立法工作计划制定之前，应当由国务院有关部门向国务院报请立项。因此，立项既是国务院立法工作计划的重要组成部分，也是其必要的前置程序，其目的在于为法规制定提供信息来源、指明立法方向。国务院有关部门报送的行政法规立项申请，应当说明立法项目所要解决的主要问题、依据的方针政策和拟确立的主要制度。易言之，立项的内容应按照问题—依据—对策的思路来撰写。国务院法制机构应当根据国家总体工作部署，对行政法规立项申请和公开征集的行政法规制定项目建议进行评估论证，突出重点、统筹兼顾，拟订国务院年度立法工作计划，报党中央、国务院批准后向社会公布。这一意见收集与公开的程序设置是行政立法参与权能的重要体现。②

其三，立项的规制。根据《行政法规制定程序条例》，列入国务院年度立法工作计划的行政法规项目应当符合下列要求：首先，适应改革、发展、稳定的需要；其次，有关的改革实践经验基本成熟；再次，所要解决的问题属于国务院职权范围并需要国务院制定行政法规的事项。因此，行政法规立项不仅需要将权限范围限定在国务院的职权范围内，而且要符合改革的精神，实现改革、发展、稳定的平衡，并在充分调研和经验积累的基础上才能提出。此外，《行政法规制定程序条例》对于行政法规的立项程序不仅有原则上的把控，更有制度上的控制。由国务院法制机构在拟订国务院年度立法工作计划时，对部门报送的行政法规立项申请进行汇总研究，报国务院审批。即行政法规立项之后，需要在立法计划制定过程中进行统一的项目论证，以确定将立法项目纳入立法规划，进而将立法项目纳入立法程序。③而对列入国务院年度立法工作计划的行政法规项目，起草部门应按照要求上报国务院；上报前，应当与国务院法制机构沟通。国务院法制机构应当及时跟踪了解国务

---

① 全国人大法工委国家法室编著：《中华人民共和国立法法解读》，中国法制出版社2015年版，第241页。

② 方世荣：《论行政立法参与权的权能》，载《中国法学》2014年第3期。

③ 周伟：《立法项目论证制度研究》，载《中国法学会立法研究会2018年学术年会论文集（上册）》，第515页。

院各部门落实国务院年度立法工作计划的情况，加强组织协调和督促指导。国务院年度立法工作计划在执行中可以根据实际情况予以调整。因此，在研究通过之后，立项需要由国务院法制机构监督实施。

二、起草

行政法规在确定立项后就要着手进入起草环节，这一环节是制定行政法规最重要的环节之一。因为其主要思想、内容等都将在这一阶段予以确定。这一阶段的工作直接关系着以后的立法活动能否有效地开展，关系着立法质量及其实施效果，[1] 并且起草质量的高低最终也决定了所立之行政法规的质量高低。

（一）起草的内涵

起草是提出行政法规初期方案和草稿的程序，[2] 其具体内涵包括：首先，起草的主体是国务院有关部门或国务院法制机构，其通常以国务院文件的形式确定起草部门，组成起草班子。[3] 在国务院立法工作计划确定之后，可以指定某个立法项目的法规起草工作由一个或几个部门负责，对于内容复杂或由几个部门联合立项的法规草案，可以由国务院法制机构直接起草或组织起草。其次，起草行政法规的内容需要满足以下几点：（1）弘扬社会主义核心价值观；（2）体现全面深化改革精神，科学规范行政行为，促进政府职能向宏观调控、市场监管、社会管理、公共服务、环境保护等方面转变；（3）符合精简、统一、效能的原则，相同或者相近的职能规定由一个行政机关承担，简化行政管理手续；（4）切实保障公民、法人和其他组织的合法权益，在规定其应当履行的义务的同时，应当规定其相应的权利和保障权利实现的途径；（5）体现行政机关的职权与责任相统一的原则，在赋予有关行政机关必要的职权的同时，应当规定其行使职权的条件、程序和应承担的责任。

（二）起草的功能

法案起草是为社会成员提供行为规范的活动。通过法案起草，设定一定的权利和义务，为调整一定社会关系提供具有普遍性、明确性、肯定性的准则。法案起草工作做得如何，对国家、社会和公民生活有重大影响。行政法规对国家、社会和公民的影响、价值和作用，在相当大的程度上取决于法案起草。

起草是行政法规系统性制定的首次尝试。不同于立项中的问题、对策阐述，起草的法规草案在结构上基本符合法规的要求，包含总则、各部分分则及责任追究与附则方面。因此，起草实际上是将立法计划付诸实施，将立法项目转化为法规文本的关键过程。

---

① 黄文艺主编：《立法学》，高等教育出版社 2008 年版，第 121 页。

② 邓刚宏编著：《行政法与行政诉讼法》，华东理工大学出版社 2014 年版，第 115 页。

③ 全国人大法工委国家法室编著：《中华人民共和国立法法解读》，中国法制出版社 2015 年版，第 210 页。

(三)起草的程序

有学者指出我国法案起草过程可以分为 10 个基本步骤。[1] 但是依照当前的《行政法规制定程序条例》,行政法规制定的起草程序主要包括以下几点:

其一,组织起草。行政法规由国务院组织起草。国务院年度立法工作计划确定行政法规由国务院有关部门具体负责起草工作,也可以确定由国务院法制机构直接起草或者组织起草。组织起草是草案拟定机关确立的过程,其确立的依据在于所涉及事项归属的国务院各部门法定职权。此外,为了确保法规的科学性,对于专业性较强的行政法规,起草部门可以吸收相关领域的专家参与起草工作,或者委托有关专家、教学科研单位、社会组织起草。

其二,调查、听取意见。组织工作完成后,起草部门应当深入调查研究,总结实践经验。一方面应当广泛听取有关机关、组织和公民的意见;另一方面应注意听取人民代表大会的意见。[2] 涉及社会公众普遍关注的热点难点问题和经济社会发展遇到的突出矛盾,减损公民、法人和其他组织权利或者增加其义务,对社会公众有重要影响等重大利益调整事项的,应当进行论证咨询。听取意见可以采取召开座谈会、论证会、听证会等多种形式。这一程序的设立是为了收集法规的意见,总结实践经验,保障公众参与,并对社会热点问题、突出矛盾等进行论证咨询,使得立法有据。但在实践中,座谈会和论证会的参加人员选定受主持者主观影响。相对而言,听证会参加人员具有开放性,可以消除征求意见中的主观随意性,但听证会程序相对座谈会与论证会更烦琐,因此对于与公民、法人和其他组织切身利益直接相关的重要行政法规,应当举行听证会。调查、听取意见是依法保障人权在行政法规领域的重大体现,有利于减少法律实施的阻力,增强行政法规的权威性与合法性。

其三,协商。起草行政法规,起草部门应当就涉及其他部门的职责或者与其他部门关系紧密的规定,与有关部门充分协商,涉及部门职责分工、行政许可、财政支持、税收优惠政策的,应当征得机构编制、财政、税务等相关部门同意。经过充分协商不能取得一致意见的,在上报草案送审稿时应当说明情况和理由。[3]

其四,送审。行政法规起草完成后,起草部门应当向国务院报送的行政法规草案送审稿,应当由起草部门主要负责人签署。对于几个部门联合起草的法规,应当由该几个部门主要负责人共同签署。签署之后,应当将送审稿与相关说明和材料一并报送国务院,对立

---

① 周旺生:《论法案起草的过程和十大步骤》,载《中国法学》1994 年第 6 期。

② 全国人大法工委国家法室编著:《中华人民共和国立法法解读》,中国法制出版社 2015 年版,第 211 页。

③ 王周户主编:《行政法学》,中国政法大学出版社 2011 年版,第 216 页。

法的必要性、主要思路、确立的主要制度、所规范领域的实际情况和相关数据等进行说明。

（四）起草的质量控制

首先，应适当突破"部门起草"制度，强化各部门的沟通协调工作。所谓"部门起草"，即由行政主管部门先行起草。这一模式虽然有利于提高立法的效率和专业性，但也难免形成行政立法的部门化倾向，使得行政法规之间、行政法规与上位法之间产生矛盾，也不符合公民的切身利益，留下权力寻租的空间。因此，应当加强起草工作的"内外兼修"，对外应建立健全政府协调机制，负责组织立法协调，并加强政府部门内部的磋商，发挥各自优势，协商解决立法中的争议和难点。对内组织开展立法人员高水准的业务培训和实务锻炼，丰富扩展立法人员的视野，及时更新法律知识和提高理论研究水平。[1]

其次，应适当强化听取意见制度。当前，无论是《立法法》还是《行政法规制定程序条例》对于法规草案的意见听取均采用了"可以"而非"应当"的表述。这意味着起草机关可以在座谈会、论证会、听证会等形式中任意择用。但是，基于部门利益的考虑，起草机关会有减少监督与公开的期望与趋势，从而难以确保民主立法原则的贯彻落实，使得行政法规法的民主性大打折扣。[2] 因此，应当建立起较明确、更严格的意见听取制度，设立指标评估体系，对满足不同标准的法案与事项采用不同的公开和论证方式，并加强对各类意见听取制度的监督工作，对于合理的意见应当采纳。

最后，应当深入调查研究，确保法案经得起实践的检验。调查研究不仅要深入基层，倾听民众的声音，而且要运用科学的调研方法，建立起专门、长期、稳定的智库与意见咨询系统。将部分法规实施效果交由高校、科研部门、社会组织负责，对于调研成果要充分重视，及时反馈和调整。

三、审查

无论是法案还是行政法规，抑或是其他规章等，在起草环节结束后，都要进入审查程序，接受相关主体的审判，以确保草案的质量并对草案的进一步完善提出相应的意见。

（一）审查的内涵

在行政法规起草工作完成后，起草单位应将草案及其说明、各方面对草案的主要问题的不同意见和其他有关资料送国务院法制机构进行审查。[3] 审查是行政法规制定的核心环节，是对法规草案进行论证和完善的必要过程。通过审查，决定行政法规草案的通过与

---

① 湛中乐：《政府立法亟须突破"部门起草"》，载《行政科学论坛》2016 年第 1 期。
② 上官丕亮：《立法法对行政立法程序规定的缺陷及其完善》，载《行政法学研究》2001 年第 1 期。
③ 马怀德主编：《中国行政法》，中国政法大学出版社 2007 年版，第 63 页。

否，因此虽然也包含论证咨询、征求意见等内容，但其标准将更严格。

（二）审查的要求

起草机关报送时应当材料齐备需要有行政法规草案送审稿、行政法规送审稿的说明以及其他有关资料。接下来，国务院法制机构应当从以下五个方面对行政法规的送审稿进行审查：第一，审查行政法规是否符合宪法、法律的规定和国家的方针政策，遵循《立法法》确定的立法原则。第二，是否体现改革精神，科学规范行政行为，促进政府职能向经济调节、社会管理、公共服务转变；是否符合精简、统一、效能的原则，相同或者相近的职责由一个行政机关履行，简化行政管理手续；是否切实保障公民、法人和其他组织合法权益，在规定其应当履行义务的同时，还规定了其相应权力和保障权力实现的途径①；是否符合"有权必有责，用权受监督，失职要问责"的原则要求，使权力行使不走样，公务人员不敢腐、不能腐、不想腐，与纪检监察、法律监督部门做好协调工作。第三，审查行政法规是否与其他法律、行政法规及国际条约等相衔接。第四，是否正确处理了有关机关、组织、专家和普通公民的意见、要求，对相关问题进行回应，并提出切实可行的解决方案。第五，其他需要审查的内容。

（三）审查的程序

对于起草部门的送审稿，应当交由国务院法制机构进行审查。根据《立法法》规定，审查的文件材料包括：草案及其说明、各方面对草案主要问题的不同意见和其他有关资料。根据法定的审查标准，国务院法制机构对于审查的草案有两种处理方式：第一种是根据符合标准的送审草案撰写审查报告和草案修改稿，其中审查报告应当对草案主要问题作出说明；第二种是对不符合《行政法规制定程序条例》第 19 条的草案缓办或者退回起草部门②，由起草部门按要求修改后重新审查。

对于审查中发现的问题，国务院法制机构应当遵循以下程序：其一，应当将涉及的主要问题发送国务院有关部门、地方人民政府、有关组织和专家等各方面征求意见，被发送部门应当在规定期限内反馈书面意见，并加盖公章；其二，将送审稿或修改稿向社会公布，征求意见；其三，对所涉问题深入基层进行实地调查研究，听取基层有关机关、组织和公民的意见；其四，涉及重大利益调整的，国务院法制机构应当进行论证咨询，广泛听

---

① 沈福俊、邹荣主编：《行政法与行政诉讼法学》，北京大学出版社、上海人民出版社 2013 年版，第 147 页。

② 《行政法规制定程序条例》第 19 条规定："行政法规送审稿有下列情形之一的，国务院法制机构可以缓办或者退回起草部门：（一）制定行政法规的基本条件尚不成熟或者发生重大变化的；（二）有关部门对送审稿规定的主要制度存在较大争议，起草部门未征得机构编制、财政、税务等相关部门同意的；（三）未按照本条例有关规定公开征求意见的；（四）上报送审稿不符合本条例第十五条、第十六条、第十七条规定的。"

取有关方面的意见。或者行政法规送审稿涉及重大利益调整或者存在重大意见分歧，对公民、法人或者其他组织的权利义务有较大影响，人民群众普遍关注的，国务院法制机构可以举行听证会；其五，国务院有关部门有不同意见的，国务院法制机构应当进行协调。对于争议较大的事项，国务院法制机构可以委托有关专家、教学科研单位、社会组织进行评估。不能达成一致意见的，国务院法制机构、起草部门应当将争议的主要问题、有关部门的意见以及国务院法制机构的意见及时报国务院领导协调，或者报国务院决定。

（四）审查的规制

首先，审查基准应当同时包括"合法性"与"合理性"两大内容。前者是对于行政法规草案制定权限、内容、程序的合法性进行审查，后者则更为严格，要求行政法规必须满足行政法治的一些基本原则，如比例原则。在这两大基准的运用过程中，应当以"合理性"原则为主，"合法性"原则为辅。具体而言，对于内部管理权能，应采取合法性基准；而对于外部管理权能，要在满足合法性基准的基础上满足合理性基准。①

其次，应当落实《宪法》第 67 条第 7 项的违宪性审查制度。② 具体而言，行政法规草案违宪的情形主要有三种，即超越权限、下位法违反上位法、违背法定程序。对此，可以采取审查方法和宪法解释方法将高度抽象的宪法规范条分缕析为具象的操作细则。③ 对于经济、民生等领域的行政立法及涉及公民基本权利义务的事项，应当采用违宪性审查制度，整理出能够被广泛接受的价值位序。

最后，需要解决法规审查主体存在的两大悖论：其一，审查请求权配置不平衡遭遇激励失灵的窘境；其二，申请资格门槛低与审查实体要求高之间存在张力。④ 易言之，需要提高审查主体的参与积极性，赋予审查主体实质的审查权，增强其对于法规草案的影响力。此外，需要使审查主体的水平与审查内容相匹配，不能盲目追求形式上的民主与公开而忽视了审查的效力和科学性。

四、决定

作为立法前评估与审核的最后一步，草案决定的过程体现着国务院的整体意志，具有最宏观的审查标准，因而对于起草与审查阶段出现的各类问题与分歧，可以全面协调各方

---

① 江国华、周海源：《论行政法规之审查基准》，载《南都学坛》2010 年第 5 期。

② 《中华人民共和国宪法》第 67 条第 7 项规定："全国人民代表大会常务委员会行使下列职权：撤销国务院制定的同宪法、法律相抵触的行政法规、决定和命令。"

③ 秦前红、黄明涛：《行政法规的违宪审查研究》，载《中南民族大学学报（人文社会科学版）》2010 年第 1 期。

④ 林彦：《法规审查制度的双重悖论》，载《中国法学会立法研究会 2018 年学术年会论文集（上册）》，第 240 页。

利益，对于各类建议和意见进行汇总评估，解决争议，并提出修改意见。因此，从效力和功能上而言，决定程序的审议是最有效，也是最严格的。

（一）草案决定的内涵

草案的决定是指行政法规在起草、审查完毕后，由行政立法机关在正式会议上讨论决定的制度。[1] 因此，行政法规决定程序是由国务院常务会议审议，或者由国务院审批行政法规草案，在认真研究的基础上决定是否修改、如何修改和是否通过的过程。

（二）草案决定的程序

《立法法》规定，行政法规的决定程序依照《中华人民共和国国务院组织法》的有关规定办理。而按照《国务院组织法》的相关规定，国务院发布的决定、命令和行政法规，向全国人民代表大会或者全国人民代表大会常务委员会提出的议案，任免人员，由总理签署。但在具体的实行过程中，行政法规草案由国务院常务会议审议，或者由国务院审批。国务院法制机构则存在说明义务，即国务院常务会议审议行政法规草案时，由国务院法制机构或者起草部门作说明。在国务院常务会议形成审议意见后，国务院法制机构应当对行政法规草案进行修改，形成草案修改稿。

（三）草案决定的控制

草案决定的关键在于审议，因而对决定程序进行合理、合法地控制，必须强化审议制度，提高审议的效益。对此，地方立法的相关研究较多，在思路上可资借鉴：在完善审议制度方面，应因地制宜，灵活运用，根据行政法规草案的具体情形与所涉事项决定审议；在完善审议形式方面，应建立专项审议及逐条审议制度、全体会议审议及辩论制度、立法修正案及单项表决制度。[2]

此外，对于关键的审议程序方面，应当合理区分国务院常务会议审议与国务院法制机构审查的区别与联系，明确审议的重点与共同的争点问题，着重解决审查过程中未能解决的疑难问题，并加强沟通和反馈机制，使审查与审议工作中的调查研究、论证说明、公开征求意见等工作合理地衔接。

五、公布

在实践过程中，行政法规制定与公布的主体可能会有所不同，其具体的形式包括：第一，由国务院制定和发布；第二，国务院批准并由各部委发布；第三，国务院批准并由国务院办公厅发布。[3] 而无论采取何种形式，制定主体始终是国务院，而不能由其他机关或

① 陈咏梅主编：《行政法与行政诉讼法》，中山大学出版社 2008 年版，第 107 页。
② 陈洪波、汪在祥：《论地方立法审议制度的完善》，载《湖北社会科学》2007 年第 6 期。
③ 钱锦宇主编：《行政法与行政诉讼法》，华中科技大学出版社 2015 年版，第 15 页。

组织代为行使。

（一）法规公布的内涵

法规的公布是指行政立法通过后，行政机关通过法定媒介将之公之于众的程序。① 行政法规经过前述程序后，应当在一定时间内公布。公布是行政法规生效的前提程序，只有将法规公布才能加以实施，其中有三个因素至关重要：公布主体、公布载体和公布内容。公布主体即国务院总理，以国务院令为具体形式。对于涉及国防建设的行政法规，由国务院总理与中央军委主席共同签署公布；公布的载体分为纸质媒体与电子媒体，前者是指国务院公报期刊与全国范围内发行的报纸，后者指中国政府法制信息网；公布内容是指按照国务院常务会议审议意见制定的草案修改稿。

作为行政法规制定的最后一道程序，行政法规只有经过法定的公布程序才能生效，故公布具有十分重要的功能：首先，公布程序是行政法规是否真正生效的关键。因为行政法规和法律的制定一样，其通过之后，并不自然产生法律效力。因为这时的法规尚不为公众知晓，不能发生调整社会关系、规范人们行为的作用。② 因此，要使行政法规得到遵守和执行，必须将之公之于众。其次，公布程序是公众参与权的最大保障。公众参与是保障公民知情权与维护其基本权益的必要原则，也是确保行政法规民主性的必要保障。虽然在立项、起草、审查的过程中也有召开听证会等形式的公众参与程序，但真正系统地将行政法规全文向全社会公布，唯有专门安排相应的程序才可实现。就内容而言，公布程序不仅是对法规所涉的争议问题征求社会意见，而是对整体进行完全地公开。再次，公开程序为行政规章、地方性法规的调整与立法创造了缓冲时间，有利于保障法制的统一。作为效力仅次于宪法和法律的行政法规，不仅本身的效力及于全国，而且对其他下位法具有一定的示范和指导意义。因此，通过设置公布程序，可以便于其他立法机关对既有的法条或立法计划进行调整，从中吸收经验，并与地方知识相结合。总而言之，行政法规的公布可以增加法规的普遍性特征，③ 体现立法的本质要求。

（二）法规公布的程序

按照《立法法》和《行政法规制定程序条例》规定，行政法规的公布程序主要包含四大步骤，即签署、刊载、施行、备案。④ 签署的主体一般为国务院总理，在涉及国防建设事项的情形下，由国务院总理与中央军委主席共同签署公布。在签署文件中，应当载明该行

---

① 刘善春编：《行政法学模板教程》，中国政法大学出版社 2013 年版，第 188 页。
② 全国人大法工委国家法室编著：《中华人民共和国立法法解读》，中国法制出版社 2015 年版，第 217 页。
③ 刘莘著：《行政立法研究》，法律出版社 2018 年版，第 158 页。
④ 参见《中华人民共和国立法法》第 70 条、第 71 条和《行政法规制定程序条例》第 27、28、29、30 条。

政法规的具体施行日期；签署之后，法规文本及时在国务院公报和中国政府法制信息网以及在全国范围内发行的报纸上刊载，其中以在国务院公报上刊登的行政法规文本为标准文本。国务院法制机构应当及时汇编出版行政法规的国家正式版本；施行则存在两种情形：一般自公布之日起30日内施行；但涉及国家安全、外汇汇率、货币政策的确定以及公布后不立即施行将有碍行政法规施行的，可以自公布之日起施行。行政法规在公布后的30日内由国务院办公厅报全国人民代表大会常务委员会备案。

(三)法规公布的控制

首先，应当加快公报的出版周期，增强公布的时效性。公报不一定要定期出版发行，也不一定逐日出版，而应根据法律、法规的公布时间及时出版发行，甚至还可以活页的形式出版。① 作为行政法规的标准文本，公报应当及时发布，至少应保障与其他媒介同时发布，以便于参照适用。因此，公报的出版方式应当灵活化，并按照实际的法规公布时间作出调整。

其次，应加强理由说明，落实公众的参与权。在行政立法草案公布阶段，行政机关有义务向相关利害关系人以及其他参与主体说明所公布的草案的立法目的、背景和根据以及提供其他相关资料，便于参与主体可以有准备、有针对地进行参与。② 这是考虑到对一些特殊事项与部分群体的利益相关度最高，因而不能仅满足于向一般公众公布法规内容，更要对这部分群体做更为细致的说明，以使其反馈更具有针对性，增强其对法规内容的理解。

最后，应当区分"法律的确定"之意的"公布"与"告知大众法律确定事实"的"公开发布(刊登)"。③ 鉴于当前我国《立法法》所确立的公布制度兼具"刊登"与"法律确定"的双重功能，公布不仅是对法律文本的公开发行，也是表明国务院决定行政法规意志的体现。但是，这种合一的公布容易导致职能混乱，阻碍了两大功能的实现。因此，应当在法规公布的文本中添加"在签署后几日内正式出版发行"等字样，实现两种功能的分离。

六、修改

行政法规的修改是不断适应社会发展的结果，也是保持行政法规科学性、合法性、规范性的重要方式之一。实践中，行政法规存在数量多、内容杂的问题。具体体现在，一是有些行政法规没有充分考虑到社会现实情况，实施效果不佳；二是有的行政法规与司法运行的具体环节衔接不够紧密，可执行性差；三是有的行政法规与上位法不一致，与其他行

---

① 苗连营：《论法的公布》，载《河南省政法管理干部学院学报》1999 年第 4 期。
② 朱芒：《行政立法程序基本问题试析》，载《中国法学》2000 年第 1 期。
③ 苏俊燮：《中国法律中的"公布"概念及其法律性缺陷》，载《上海交通大学学报(哲学社会科学版)》2011 年第 5 期。

政法规抵触，协调性差。① 因此，需要定期对行政法规进行审查，对于不能适应社会发展，不具有科学性、合法性、规范性的行政法规予以修改。

其一，行政法规修改的含义。行政法规的修改是指行政法规在实施一定阶段后，由于社会环境的发展变化、主管部门的变更、母法的修改和废止及进一步规范化的要求，由国务院公布决定予以修改的程序。② 同解释程序一样，行政法规的修改程序同样不属于《立法法》的规制内容，仅在《行政法规制定程序》中有所体现。但是按照后者的行文安排，尚未专门设立章节进行阐述，而是散落在各章节之中。因此，从广义上讲，行政法规的修改是一个贯穿始终的过程。但在实践过程中，以立法文本出台实施后的修改为主要途径。

其二，行政法规修改的功能。行政法规的修改，主要包含三大功能：（1）有利于法规文本的查漏补缺。法规的制定文本，必然不是完美无缺的，需要在实践中予以调整，对部分条款予以补充，对不适应实践需要的部分予以删除。（2）有利于适应行政管理的需要，促进法制的统一。行政法规出台后，会受到外在因素的影响。尤其是近年来国务院大部制改革和简政放权发展趋势使得法规的执行主体发生变化。对此，行政法规应当适时修改以适应其变化。（3）行政法规的修改可以为制定法律积累经验。对于部分临时制定行政法规的授权立法事项，可以在法规实施过程中逐渐修改，使其在制定有关法律之时拥有较为成熟的法律文本，再由国务院提请全国人民代表大会及其常务委员会制定法律。

其三，行政法规修改的情形。行政法规修改主要包含两种情形：（1）对部分条款的修改，其理由包括社会环境的发展变化、主管部门的变更、母法的修改和废止等。这一情形主要是对法规文本进行调整和优化，是促进行政法规发展和完善的过程。（2）对法规的废止。这一情形意味着行政法规完成了其使命或是与现实情形出现较多的脱节的内容必须停止实施。因而，当行政法规出现实质上的"更新换代"之时，便需要对原行政法规予以废止。例如，用"条例"替代"暂行条例"或当"法律"生效时宣布原"法规"予以废止，不再使用。而对于实施遭遇重大问题或出现与制定时不同的社会条件时，对不适应全面深化改革和经济社会发展要求、不符合上位法规定的行政法规，为避免因条文落后误导实践，通过废止予以纠错和清理。

其四，行政法规修改的程序。行政法规修改程序，主要分为立法前修改和立法后修改两大程序。（1）立法前修改包含两个步骤：一是指在审查程序中国务院法制机构对于行政法规送审稿进行修改，形成行政法规草案和对草案的说明；二是在决定程序中，国务院法制机构根据国务院常务会议的审议意见，修改行政法规草案，形成草案修改稿。（2）立法后修改，指在法规制定实施之后进行修改或废止的过程。与立法前修改不同的是，立法后

---

① 刘风景：《行政法规打包修改的原理与技术》，载《地方立法研究》2021 年第 6 期。

② 叶必丰主编：《行政法与行政诉讼法》（第四版），中国人民大学出版社 2015 年版，第 60 页。

修改包含一个专门的评估过程，即国务院法制机构或者国务院有关部门可以组织对有关行政法规或者行政法规中的有关规定进行立法后评估，并把评估结果作为修改、废止有关行政法规的重要参考。具体而言，其实施主要包含成立评估工作小组、制定评估方案、开展调研和收集信息三个部分。[①] 评估之后，由国务院总理签署国务院令并以决定的方式发布。

第四节　行政法规的功能、类型与文本结构

法律本身具有指引、评价、教育、预测、强制等功能，行政法规根据其不同的类型同样体现出相应的功能。当然，在制定行政法规时，也需要遵循一定的文本规范，体现出行政法规的文本结构。

一、功能

依照行政法管理法、控权法和平衡法三大品格[②]，行政法规在社会发展和社会生活中的功能主要体现在以下几个方面：

（一）维护社会秩序和公共利益

社会政治、经济、文化的不断发展，在给社会各个领域带来积极效应的同时，也不可避免地会带来一些社会矛盾，并由此产生一系列严重的社会问题。巴扎尔等人认为："立法的目的是维护道德秩序和特有的形式增进这种秩序。"[③]立法的目的则是解决这些社会问题，维护社会的秩序与公共利益。而随着社会体系的不断发展，社会秩序的维护不仅依赖于法律的出台，也需要制定行政法规对某一特定领域及事项制定较系统和具有操作性的条文，并赋予其国家强制力和普遍的约束力。国家行政机关通过行政立法，有效地规范和约束社会成员的行为，制止和预防危害社会公共利益的违法活动，维护社会秩序，促进经济发展。[④] 因此，在行政法规的总则部分，通常都会对法规所要解决的问题作出说明。而行政法规正是通过不断解决社会矛盾问题，从而推动改革的不断深入和社会经济的向前发展。

（二）监督行政主体，防止行政权力滥用

公权力具有天然的扩张性，近代以来行政权又得到了前所未有的增强，对国家的发展和公民的权利、义务产生重要影响，因而需要通过较稳定而权威的方式将其"关在制度的

---

①　郑宁著：《行政立法评估制度研究》，中国政法大学出版社 2013 年版，第 253~254 页。

②　江国华著：《中国行政法（总论）》，武汉大学出版社 2017 年版，第 27~29 页。

③　［法］巴扎尔等著：《圣西门学说释义》，王永江等译，商务印书馆 2011 年版，第 216 页。

④　孙利主编：《行政法与行政诉讼法》，对外经济贸易大学出版社 2004 年版，第 11 页。

笼子里"。行政法作为控制政府权力的法，而行政法规的制定作为一种立法活动是行政权力的一种运行形式，也必须受到政府控制。① 对此，国务院通过制定行政法规，不仅对其本身的行政权是一种约束，即其必须做到"法无授权不可为"和"法定职责必须为"，而且也是对其下属的行政主体一种有效的监督和控权方式。这一监督和控权主要体现在两个方面：一是通过行政法规条文本身规定国务院各部门和地方行政主体的职责权限；二是通过行政法规使行政规章和规范性文件不得与其相冲突，原因是维护法制的统一是监督行政主体的基础性任务。例如《宪法》第 90 条规定，各部、各委员会根据法律和国务院的行政法规、决定、命令，在本部门的权限内，发布命令、指示和规章。

（三）实现行政主体的行政管理职能，提高行政效能

依照《宪法》第 89 条规定，国务院拥有各项广泛的行政管理职能。但是这一规定较为抽象而原则化。国务院通过制定专门的行政法规将其职能固定为具体的法律形式，从而确保行政权的权威性和合法性。在使得行政职权行之有据的前提下，行政法规还能够提高行政效能。这里的行政效能是指国家机关及工作人员为实现其管理目标从事公务活动时，发挥功能的程度及其产生效益、效果的综合体现。② 行政法规明确行政权如何行使，指明执行的方向和要点，并规定权力滥用的部门和个人责任，从而提高了行政职能行使的效率和效益。

（四）保护公民、法人或其他社会组织的合法权益

在法律领域，社会关系表现为权利义务关系，而权利义务关系总是体现着一定的利益。③ 因而，行政法规规定了行政机关与行政相对人、行政相关人之间的权利义务关系，从而对公益和私益进行平衡和调整。行政法规创设了行政主体执法的依据，以制约权力的运行，并对于违法的权力与权利主体进行追责和处罚，使其承担诉讼的不利后果，从而防止权利被权力的倾轧，并保障行政职能的正确履行。

二、类型

行政法规在实践中的表现形式呈现多样化的特征，其类型主要涉及如下三种，分别是条例、规定、办法。

（一）条例

条例是一种常用的规范性公文，主要用于规范党和国家机关的组织、职权、活动和成

---

① 刘莘著：《行政立法研究》，法律出版社 2018 年版，第 198 页。

② 马春庆：《为何用"行政效能"取代"行政效率"——兼论行政效能建设的内容和意义》，载《中国行政管理》2003 年第 4 期。

③ 应松年主编：《行政法与行政诉讼法学》，法律出版社 2005 年版，第 23 页。

员行为的规章制度。实质上，它是对国家政策、法律和法令的补充性说明或辅助性规定。① 行政法规条例是规定国务院及其相关组织部门的职权、活动和组成人员行为的一种补充性法律性文件。

其一，条例的分类。从形式上，可以将条例划分为条款式条例和章条式条例，前者全文按序列条，逐条列完全文，后者以章划分全文内容，以条按序列入章中。② 而从所涉内容的角度，又可以将条例划分为用于规定某个机关的组织和职权的组织条例与用于制定预计长期实行的调整国家生活某个方面的规则的单行条例。③

其二，条例的适用范围。从制度层面上讲，条例是行政法规最宏观和系统的一种文书类型，其内容主要针对某一方面的事项与某一类人员的职责和权利义务，如《中华人民共和国国库券条例》《国家科学技术奖励条例》《教师资格条例》《军人抚恤优待条例》等。因此，条例主要适用于确定职责权限、实施法律条文和制定管理规则三个方面。④

其三，条例的特征。首先，条例的制定机关具有特定性，仅限于国务院，而不得授权由国务院部门或者地方人民政府制定。其次，条例具有权威性和严格的程序性，依照《行政法规制定程序条例》规定，不得称规章为条例，企事业机关更不能制定条例。此外，条例必须经专门的公布程序才可生效。再次，条例具有实施的强制性和严格的约束性。⑤ 条例由最高行政机关制定发布，遵循党的方针、路线、政策，因而具有较强的权威性和强制性。任何行政机关、公民、法人、组织、社会团体都必须遵守，否则便要承担行政法律责任。最后，条例的内容具有广泛性。条例的制定基于国务院广泛的法定职权，涉及经济、军事、教育、科学、文化、卫生、体育事业、公安、民族事务等各个领域。

(二)规定

规定是针对某项具体工作或专门问题作出部分规范的法规文书，是针对某一事项或活动提出要求，并制定相应措施，要求有关人员贯彻执行的一种文书。⑥ 规定是行政机关及公务人员执法和履行职能的行动指南，可以是长期的，也可以是暂行的。

其一，规定的适用范围。规定是一种中观层面的行政法规，与条例的内容限定有所不同。条例适用的范围广泛，内容比较全面、系统。而规定的内容有一定的局部性，它限于为实施某一法律法规，或为加强某一项管理工作而制定，内容局限在具体政策和管理方

---

① 刘国胜编著：《行政公文写作指要》，中国经济出版社 2012 年版，第 137 页。
② 沈黔编著：《公文写作》，云南大学出版社 2002 年版，第 55~57 页。
③ 丁楠、倪玉主编：《公务文书写作》，哈尔滨出版社 2004 年版，第 135 页。
④ 陈涛涛著：《党政机关公文写作实用案例精解》，中国法制出版社 2017 年版，第 193 页。
⑤ 刘国胜编著：《行政公文写作指要》，中国经济出版社 2012 年版，第 138 页。
⑥ 参见陈非文主编：《党务公文写作与范例大全》，中国言实出版社 2017 年版，第 151 页。

面。① 因此，相较条例的宏观性，其内容上偏向于措施的执行。

其二，规定的特征。规定与条例同属于法规文种，但均与办法存在较大差异。因此，规定相较于条例，可以进一步明确其特征。首先，制发文的机关不同。条例的制发机关限制比较严格，行政法规条例的制发，仅限于国家最高行政机关即国务院。而规定的制发机关既可以是国务院，也可以是国务院有关部门和地方政府。其次，内容的限定程度不同。条例适用的范围广泛，内容比较全面、系统。而规定的内容有一定的局部性，它限于为实施某一法律法规，或为加强某一项管理工作而制定，内容局限在具体政策和管理方面。再次，从执行效力上看，规定比条例的约束力强。这是因为条例的内容比较原则，所以在具体执行中其约束力就有一定的弹性。而规定对完成某项任务、某项工作所提出的要求、执行标准以及措施都很具体，所以法规约束力较强。

（三）办法

办法是对某一方面的具体工作作出具体处理原则和实施办法的一种法规性公文。② 依照办法所涉内容的不同，可以将其分为两类：其一，实施法律、条例、规定的实施性办法。这种办法具有较强的从属性和派生性，例如《中华人民共和国海关实施〈行政复议法〉的办法》便是对海关部门如何贯彻落实《中华人民共和国行政复议法》的规定；其二，实施行政管理的规定性办法。这种办法虽然也是以相关法律为依据制定的，但不是哪一部法律或条例的派生物，有一定的独立性。它是行政管理部门对一些法律不可能具体涉及的局部性工作所作的安排。③

其一，办法的适用范围。办法是一种微观层面的行政法规文种，与条例、规定相比，其适用对象范围更窄，且非常具体，仅适用于某一项行政工作，往往是实施条例的具体性要求。④ 但在内容限定的同时，其适用范围却更灵活和广泛，既可用于指导实施党和国家的方针、政策的贯彻执行，也可以用于指导实施国家的某一法律、某一条例的贯彻执行，还可以用于某项具体的工作事项。

其二，办法的特征。首先，与规定相类似，办法的制发机关较为宽泛，不限于国务院，也可以由国务院有关部门、地方政府出台；其次，办法的适用行政法类型较多，即可制定的行政法规，也可以规章或规范性文件的形式出现；最后，办法的出台方式具有派生性，内部行文时通常以"通知"为载体，公布时则采取"法随令出"的形式。⑤

---

① 黄春霞编：《公文写作与范例大全》，中国言实出版社 2017 年版，第 164 页。

② 岳海翔编著：《最新公文写作规范与格式标准》，中国文史出版社 2017 年版，第 363 页。

③ 付传、林爽著：《新编办公室文书写作要领与范本全书》，中国纺织出版社 2016 年版，第 206 页。

④ 岳海翔编：《中国党政机关公文处理规范实用指导全书》，浙江人民出版社 2016 年版，第 49 页。

⑤ 张保忠、岳海翔主编：《公文写作规范指南》，广东经济出版社 2006 年版，第 229 页。

三、文本结构

法是由若干部分所构成的统一整体，完成法的构造需要了解其文本的各个部分和类型。[①] 行政法规不同于普通规范性文件，其适用范围具有全国性，因此，其在制定过程中需要按照文本规范来制定，以保证文本结构上能够保持相对统一。

(一)行政法规文本结构的内涵

行政法规文本结构是法律文本结构的一种，后者有广义与狭义之分[②]，因此行政法规的文本结构也可分为两种：其狭义上指法规的体例，亦称之为法规的外部结构，主要指法规的各外在组成要素、各外在要素的排列组合以及每个外在要素的内容和形式之间的相互关系；其广义上包含内部结构与外部结构两种，而内部结构是指行政法规中法律规范的种类以及所构成的法律条文的相互关系。

(二)行政法规文本结构类型

按照《行政法规制定程序条例》规定，行政法规根据内容需要，可以分章、节、条、款、项、目。由于行政法规的内容相比法律而言较少，不存在分编等复杂的结构。因此，可以将行政法规的文本结构分为两类：

其一，一般的文本结构。一般的文本结构要件多于简单文本结构，设有正规条文，但条文数量不会过多。[③] 构成法规文本的要件是绝大多数立法文件必备的内容，包括法规的名称和本文两个部分。其中本文除了表述各项权利义务的规范性内容之外，非规范性的内容中的制定目的和依据、定义、适用范围、原则、实施机关、法律责任、救济、解释以及施行日等规定也是一般文本的主要组成部分。由于条文数量较多，一通常设有"节"或者分"章"和"节"等层次。

其二，简单的文本结构。在简单结构的法规文本中，除了法的名称之外，正文因内容有限而仅仅具有明确权利义务的规范性内容和非规范性内容中的制定目的和依据、适用范围、实施机关、法律责任解释权以及施行日期等规定。与一般结构不同，简单结构下的法规文本因条文数量较少，通常不再细分"章"和"节"，仅保留条、款、项。[④]

(三)行政法规文本结构内容

其一，外部结构。行政法规的外部结构通常由章、节、条、款、项、目六部分组成。其中，章、节是标题结构单位，章由若干节或若干条行政规范组成，节则从属于章。[⑤]

---

① 周旺生著：《立法学》，法律出版社 2009 年版，第 459 页。
② 徐向华主编：《立法学教程》，上海交通大学出版社 2011 年版，第 324 页。
③ 周旺生著：《立法学》，法律出版社 2009 年版，第 460 页。
④ 徐向华主编：《立法学教程》，上海交通大学出版社 2011 年版，第 325 页。
⑤ 沈开举主编：《行政法学》，郑州大学出版社 2009 年版，第 384 页。

条、款、项、目则属于条文结构单位。条是行政法规最基本的结构层次，具有相对独立和完整的内容。款则次于条，以段落的形式出现，不冠以数字。项和目冠以数字，表并列，其中项高于目。

其二，内部结构。内部结构是行政法规的实质内容组成及相互之间的逻辑关系，既可以分为标题、本文、奖惩措施(法律责任)、发布机关等，也可以分为总则、分则、附则三大部分，还可以分为假定、处理和惩罚三部分。① 但从总体上而言，行政法规则应当具备适用条件、行为模式和法律后果三个部分。具体包括：(1)制定行政法规的目的、根据；(2)行政法规的适用范围；(3)行政法规的适用主体，包括执行行政法规的机关及被授权、委托执法的组织，以及遵守、执行行政法规的公民、组织；(4)适用行政法规的主体所享有的权利和应承担的义务；(5)法律责任；(6)施行的日期；(7)授权有关机关制定实施细则，以及行政法规的解释机构；(8)废止有关法规、规范性文件的规定等。②

第五节　行政法规的备案审查

行政法规的备案审查，是指国务院将其制定的行政法规依法报送法定机关备案，由接受备案的机关进行登记、存档，并依法对其进行审查的法律制度。③ 虽然对于这一制度国内尚存在许多理解上的分歧，但就立法监督而言，备案审查实际上是两种制度相结合而产生的复合制度。备案属于知情权的范畴，审查是建立在知情权基础之上的审议权，它们是立法监督的两个环节。④ 简而言之，前者是后者的前提条件，但后者并不一定就是前者的必然延伸。

一、备案审查主体

行政法规备案审查主体，是指行政法规备案法律关系中享有权利和承担义务的组织或个人，主要包括设定机关、实施机关和备案审查相对人。⑤ 其中，设定机关是指享有行政法规备案审查设定权的国家机关。依照《立法法》，全国人民代表大会常务委员会享有这一设定权⑥；实施机关是指受理行政法规文本及其相关材料，并进行整理存档的具体监督部

① 魏岭南主编：《行政管理学》，世界图书出版西安公司1995年版，第274页。
② 惠生武主编：《行政法与行政诉讼法教程》，中国政法大学出版社2011年版，第84页。
③ 吴高盛著：《人大立法工作教程》，中国民主法制出版社2015年版，第170页。
④ 封丽霞：《制度与能力：备案审查制度的困境与出路》，载《政治与法律》2018年第12期。
⑤ 朱最新、刘云甫著：《行政备案制度研究》，知识产权出版社2012年版，第61页。
⑥ 《中华人民共和国立法法》第98条第1项规定："行政法规报全国人民代表大会常务委员会备案"。

门，当前由全国人大常委会办公厅秘书局负责；备案审查相对人是指与设定机关和实施机关相对应的另一方当事人，负有提交行政法规以供备案审查的义务，目前由国务院办公厅履行这一义务。

全国人大常委会作为备案审查的设定机关最早始于 1979 年，但在《立法法》颁布前，其备案审查的范围不包含行政法规，宪法和法律中也没有明确的规定，仅有一次特殊的例外情形：1985 年全国人大三次会议上通过的《关于授权国务院在经济体制改革和对外开放方面可以制定暂行的规定或者条例的决定》中规定国务院根据该授权决定制定的暂行规定或者条例要报全国人大常委会备案。[①] 在这一段时间里，实施机关先后为全国人大常委会办公厅政法室和联络局。[②] 因此，为了加强对行政法规的立法监督，2000 年《立法法》颁布之后，全国人大常委会委员长会议审议通过了《行政法规、地方性法规、自治条例和单行条例、经济特区法规备案审查工作程序》(以下简称《工作程序》)，明确了全国人大常委会的设定权，具体由全国人大常委会办公厅秘书局承担。2004 年，全国人大常委会下辖法规备案审查室成立，当前行政法规备案主体的格局基本形成。2015 年新《立法法》开始实施，不仅增加规定了全国人大有关的专门委员会和常委会工作机构可以对报送备案的规范性文件进行主动审查，更明确规定审查机构应当将审查情况及时向提出审查建议的主体反馈。[③] 2023 年《立法法》进一步拓宽了审查的范围，将监察法规纳入其中，并且拓宽了审查方式，如全国人民代表大会宪法和法律委员会、有关的专门委员会、常务委员会工作机构经审查认为行政法规、地方性法规、自治条例和单行条例同宪法或者法律相抵触，或者存在合宪性、合法性问题，而制定机关不予修改的，应当向委员长会议提出予以撤销的议案、建议，由委员长会议决定提请常务委员会会议审议决定。

(三)备案审查的功能

其一，信息收集功能。行政法规的备案首先要对法规文本进行收集和整理，并将其留存备查。因此，备案审查是一个信息收集的过程。信息对于立法机关与行政机关具有重要意义。对于立法机关来说，将行政法规进行备案，可为法律的制定与完善提供信息资源，便于法律信息库的构建，从而便于其查看调用、以作参照。对于行政机关来说，法规的备案审查过程，实际上也是对法规文本的整理归档过程，有利于其文本的收集、整理。

其二，监督功能。备案审查制度是促进人大发挥监督职能的重要力量。《立法法》出台之前，行政法规缺乏备案制度，人大虽然被赋予了改变或撤销权，但由于配套制度不到位，实际上难以落实。备案审查制度使得这一权力落到了实处，使得全国人大常委会拥有

---

① 乔晓阳主编：《〈中华人民共和国立法法〉导读与释义》，中国民主法制出版社 2015 年版，第 303 页。

② 郑淑娜主编：《〈中华人民共和国立法法〉释义》，中国民主法制出版社 2015 年版，第 256 页。

③ 参见 2015 年《中华人民共和国立法法》第 99 条，第 101 条。

了对备案收集的行政法规进行审查的一项法定职权，赋予其重要的监督功能。而且这一监督方式以法律规定为依据，标准明确，问题明确，纠正方式明确，便于跟踪检查。①

其三，维护法制统一功能。备案审查的实施主体主要针对行政法规与宪法、法律及其他法律性文件之间的冲突矛盾之处进行审查，致力于消除矛盾，并维护上位法的权威。新《立法法》增加了审查机构反馈的义务，也是督促其维护法制统一的积极方式。② 通过对行政法规的备案审查，发现并纠正与宪法、法律相抵触的问题，无疑有利于增强立法的科学性，维护法制的统一。③

二、备案审查方式与程序

备案审查主要有主动审查和被动审查两种方式。而备案审查程序主要有备案的报送与受理、审查程序的启动审查意见的形成、审查结果的处理等步骤。

（一）备案审查的方式

当前，行政法规的备案审查主要分为主动审查和被动审查两种，二者的主要区别在于启动方式的不同。（1）所谓主动审查，是指接受备案的机关对于报送的行政法规无须其他国家机关或社会团体、企事业组织和公民提出审查建议就主动进行合法性地审查。④ （2）相反，被动审查须由其他机关、组织、公民等主体提出。在被动审查方式上，存在两种不同的情形：第一种是有权机关提出审查要求后，必须启动正式审查程序；第二种是公民、法人或其他组织可以向全国人大常委会提出审查建议，由全国人大常委会有关机构研究后决定是否启动正式审查程序。⑤ 这样细分主要有两个考虑：一是有权机关享有专门性的立法监督权力，对于行政法规具有法定的审查权，实施机关必须遵守；二是这样能够节约立法监督资源，对于并非法律冲突的情形可以弹性化处理。（3）区分主动审查与被动审查，可能存在以下问题：首先，容易让人觉得，行政法规需要经过主动审查后才能生效；其次，主动审查的人员队伍和能力压根就跟不上，资源依然稀缺；再次，主动审查是否要将审查的结果向社会公告存在疑问；最后，没有经过实践，主动审查未必就有利于发现问题和解决问题。⑥

---

① 本书编写组编著：《规范性文件备案审查制度理论与实务》，中国民主法制出版社 2011 年版，第 22 页。

② 姜明安：《改进和完善立法体制〈立法法〉呈现七大亮点》，载《行政管理改革》2015 年第 4 期。

③ 张筱偲：《〈立法法〉修改后我国法规备案审查制度的再检视》，载《理论月刊》2016 年第 1 期。

④ 魏海军主编：《立法概述》，东北大学出版社 2013 年版，第 394 页。

⑤ 阮荣祥著：《地方立法的理论与实践》（第 2 版），社会科学文献出版社 2011 年版，第 202 页。

⑥ 刘松山：《备案审查、合宪性审查和宪法监督 需要研究解决的若干重要问题》，载《中国法学会立法研究会 2018 年学术年会论文集（上册）》，第 255~256 页。

（二）备案审查的程序

其一，备案的报送与受理。国务院将行政法规草案公布后，应当在30日内由国务院办公厅报全国人大常委会备案。全国人大常委会将报送备案的法规交由办公厅秘书局负责接收、登记、存档，并按照全国人大各专门委员会的职责分工，将报送备案的法规分送有关的专门委员会。在实际运行过程中，在法规备案审查室成立之后仍然由办公厅秘书局负责备案工作，即负责审查的专门委员会接收到涉及法规审查建议的信函后，应及时转交常委会办公厅秘书局办理。此外，为了便于备案材料的整理和归档，每年1月底前，国务院办公厅应将其上一年度制定的法规的目录报全国人大常委会办公厅备查。

其二，备案文件的内容。依据《法规、司法解释备案审查工作办法》规定，行政法规报送备案时，报送机关应当将备案报告、国务院令或者公告、有关修改废止或者批准的决定、法规文本、说明、修改情况汇报及审议结果报告等有关文件(统称备案文件)的优质文本装订成册，一式五份，一并报送常委会办公厅。

其三，主动审查程序的启动。主动审查依照要求权与建议权有两种启动方式。前者由国务院、中央军事委员会、最高人民法院、最高人民检察院和各省、自治区、直辖市的人大常委会享有，后者则由上述机关之外的其他国家机关和社会团体、企业事业组织以及公民所享有。二者都需要以书面的形式提出，其区别在于，要求权具有强制性，常委会办公厅应报秘书长批转有关的专门委员会对法规进行审查。而建议权设置了一个前置程序，即先由常委会工作机构先行组织有关人员进行研究，需要审查的，再送有关的专门委员会对法规进行审查。若行政法规的内容涉及两个或者两个以上专门委员会的，应同时分送有关的专门委员会进行审查。

其四，审查的内容与标准。我国《立法法》第107条规定了对法律、行政法规等文件的审查标准，即由审查主体来具体判断是否存在下列情形：（1）超越权限；（2）下位法违反上位法规定；（3）规章之间对同一事项的规定不一致；（4）规章的规定被认为不适当；（5）违背法定程序。从以上规定可见，我国对行政法规的审查既有形式标准也有实质标准，既有合法性审查又有合理性审查。其中，第4项规定应为实质性审查、合理性审查，其余4项规定为合理性审查、合法性审查。故审查机关主要还是对行政法规的形式与合法性进行审查。

其五，审查意见的形成。专门委员会在一般情形下，应在收到秘书长批转的审查要求或者审查建议的三个月内，提出书面审查意见。经专门委员会会议审查，认为法规同宪法或者法律不抵触的，专门委员会应当书面告知常委会办公厅；认为存在法律冲突情形的，专门委员会应向制定机关提出书面审查意见，并抄送常委会办公厅。若行政法规所涉内容较专业和复杂，专门委员会在常委会办公厅报经秘书长同意后，由法律委员会和专门委员会召开联合审查会议，要求制定机关到会说明情况，再向其提出书面审查意见。制定机关针对书面审查意见研究提出的是否修改的意见，在向专门委员会反馈后，由接收反馈意见的专门委员会将原件一式三份送常委会办公厅。

其六，审查结果的处理。法律委员会和有关的专门委员会审查认为法规存在法律冲突但提出书面意见后制定机关不予修改的，可以向委员长会议提出书面审查意见和予以撤销的议案，由委员长会议决定是否提请常委会会议审议决定。法规审查工作结束后，常委会办公厅负责将审查结果书面告知提出审查要求和审查建议的单位或个人。常委会办公厅秘书局定期将法规的备案情况和审查工作的进展情况编辑成《法规备案审查简报》，及时提供给常委会组成人员、各专门委员会、常委会办公厅和法工委各局(室)及报送机关。

三、备案审查效力

行政法规的备案审查不仅是行政法规正当合法的有效保障，也是保障人权和更好地实现国家治理的有效手段之一。我国备案审查制度目前面临的困境为制度要求与现实有限的审查能力之间的不协调问题。因此，对于行政法规的备案审查工作，应当要引起重视，必须提升制度有效性和审查能力，不能让备案审查流于形式。

(一)备案审查的原则

首先，要遵循严格依法审查的原则。2017 年第二十三次全国地方立法工作座谈会对备案审查工作提出了"有件必备""有备必审""有错必纠"的明确要求。这一规定，体现出备案审查制度力图实现备案与审查在行政法规领域的"全覆盖"和严格的纠错要求。行政法规具备较高的效力层级和广泛的适用范围，具有极强的外部效应，对于行政机关与相对人均会产生极大影响，对其审查不可不慎。因此，不仅要做到依法将所有现行有效行政法规纳入备案审查的范围之内，而且应当在审查时依照法律规定严格执行。

其次，要遵循集体行使职权的原则。人大及其常委会的基本工作规则是实行民主集中制，集体行使职权。任何决议、决定的作出，都必须经过人大常委会全体组成人员的充分审议和讨论，相同意见和不同意见都应当充分表达出来，最后通过表决，按多数组成人员的意见，作出决定。[①] 在全国人大常委会办公厅与有关专门委员会形成书面审查意见时，应当采用集体行使职权的形式，赋予其平等的审查权。

最后，应以被动审查为主，主动审查为辅。被动审查是一种常规的审查方式，而主动审查是一种特殊的制度，不仅程序繁杂，会消耗较多的审查资源，而且信息来源较多，甄别的时间较长，审查效率低下。相反，被动审查却具有与实践问题紧密结合的优势，其必

---

① 吕发成、吕文广编著：《地方人大监督通鉴》，中国民主法制出版社 2009 年版，第 120 页。

须由审查要求主体提起或者审查建议人提起，没有提起，就没有审查，侧重于不告不理。[①] 被动审查往往是出现了行政法规与宪法、法律的冲突情形再进行审查，因而审查的预期较明确，准确性较高。但是，主动审查依然具有独立而重要的价值，能够在一定程度上抵消事后审查的滞后性，并带来积极的示范效益，鼓励各类监督主体参与进来。

（二）备案审查的制度保障

首先，应强化备案审查的沟通制度。备案审查主体不限于一个专门的机关，而是包括设定机关、实施机关和备案相对人。即使在同一种审查主体之内，也存在许多机构同时办理的情形，例如由多个相关专门委员会负责某一项内容复杂的行政法规的审查工作。这一多元备案审查主体结构可能带来备案审查结果效力不确定并导致备案审查制度异化。因而需要在实践中不断积累经验，积极探索各备案审查主体之间的联系，在时机成熟时适时在立法上寻求突破建立有效的协调机制。[②]

其次，应促进备案审查反馈制度的发展。反馈制度不仅关乎专门委员会与行政法规的制定机关之间的意见互动，而且如果反馈未能达成一致意见，将可能会引发撤销程序的启动。因此，不仅要提高反馈的效率，减少反馈工作的次数，而且要加强制定机关对审查意见的认同度，列明依据的法律和强化法理说明，并协调好利益分配，使审查意见在合法的同时尽量合理。

最后，应巩固备案审查的衔接联动制度。备案审查主体本身难以实现其法定职能，在具体实施过程中需要积极探索建立与最高人民法院、最高人民检察院、地方人大常委会之间的备案审查工作联系机制。由于行政法规的不适当需要通过大量的案例与纠纷来发现，而在实践中法院与检察院处理案件较多，对法律文件的核对与审查更具专业性与现实性。[③] 充分有效运用备案审查衔接联动机制，通过座谈会、共同调研等方式推动纠正存在问题的行政法规。还应加强全国统一的备案审查信息平台建设和国家法律法规数据库建设，建立备案审查工作信息公开机制，加强有关宣传工作。

（三）备案审查的自我纠错

备案审查是权力机关对于行政法规的一种追认，其审查意见应当代表了对法律的准确理解，具备权威性。但是，当其本身存在认定错误时，便存在极大的风险。例如，一旦专门委员会、常委会工作机构对宪法、法律的理解发生了错误，而规范性文件制定主体又接

① 全国人大常委会法制工作委员会法规备案审查室：《规范性文件备案审查理论与实务》，中国民主法制出版社 2020 年版，第 60 页。
② 张筱倜：《〈立法法〉修改后我国法规备案审查制度的再检视》，载《理论月刊》2016 年第 1 期。
③ 封丽霞：《制度与能力：备案审查制度的困境与出路》，载《政治与法律》2018 年第 12 期。

受了这种错误理解,对行政法规做了修改和废止,[1] 一经公开,则将具备新的法律效力。此时,外部纠错将面临巨大的阻力,承担高昂的成本。因此,应当加强备案审查机关的自我纠错,并尽量集中于法规的审查程序。

首先,应建立、完善备案审查的专业人才队伍。当前人大系统尚未形成一支强有力的备案审查专业队伍,[2] 这将导致备案审查工作缺乏实施力,其形成的审查意见难以确保质量和科学性,自我纠错亦将面临困难。

其次,应增强办公厅秘书局对专门委员会的监督。在当前行政法规备案程序中,专门委员会承担具体的审查工作,并需要将审查意见与反馈意见抄送办公厅秘书局。但抄送仅是一种知晓性的程序,监督效力较低。而要实现自我纠错的提前,必须赋予办公厅秘书局更高的监督权限,例如允许其参会列席,对审查意见具备一定的审查权。

最后,要强化审查的意见咨询制度。仅由专门委员会成员审查行政法规可能存在资源不足的问题,也难免闭门造车。可以采用论证会、听证会等形式允许科研部门、专家学者提出意见,从而增加发现错误的可能性。在具体的人员安排上,不能仅限于专家库成员和参与过制定程序咨询的专家学者。为了确保意见的客观性、科学性和综合性,应适当引入相关事项领域内的民间专家力量,并在人员构成上避免与制定程序的参与者完全或高度重合。

📋 **思考题:**

1. 试论行政法规制定权的规范渊源。
2. 试论行政规范的权限范围。
3. 试论行政法规的制定程序。
4. 试论行政法规的基本类型。
5. 试论行政法规的文本结构。
6. 试论行政法规备案审查。

---

[1]　刘松山:《备案审查、合宪性审查和宪法监督　需要研究解决的若干重要问题》,载《中国法学会立法研究会 2018 年学术年会论文集(上册)》,第 251 页。
[2]　上海市社会科学界联合会编:《改革开放与学术发展:重建·创新·贡献》,上海人民出版社 2008 年版,第 74 页。

第十一章 地方性法规、自治条例和单行条例、规章、规范性文件

除了全国通行的法律和行政法规，针对不同地区的不同经济发展、文化水平、教育水平、风土人情等不同因素，我国还授予了地方人大和政府根据当地实际情况制定法规、规章、条例以及规范性文件的权限。这也是更好地践行实事求是、因地制宜的发展观，以实现更加高效、现代化的国家治理手段之一。

第一节 地方性法规

在我国，地方性法规是省、自治区、直辖市以及省级人民政府所在地的市和设区的市的人民代表大会及其常务委员会，根据宪法、法律和行政法规，结合本地区的实际情况制定的、并不得与宪法、法律行政法规相抵触的规范性文件。1979年制定的《地方组织法》规定省级人大及其常委会行使地方性法规制定权，第一次以法律的形式赋予地方立法权。1982年五届全国人大常委会第五次会议通过的《宪法》，确认了1979年《地方组织法》规定的地方立法制度。1986年修改的《地方组织法》，进一步规定省会市和较大的市的人大及其常委会有权制定地方性法规报省级人大常委会批准后施行。2000年制定《立法法》时又增加规定经济特区所在地的市的人大及其常委会也可以制定地方性法规。2015年修改《立法法》时，明确规定所有设区的市的人大及其常委会都可以根据本市的具体情况和实际需要，在不同宪法、法律、行政法规和本省、自治区的地方性法规相抵触的前提下，可以对城乡建设与管理、环境保护、历史文化保护等方面的事项制定地方性法规。自此后，我国立法体制迎来了重大调整，地方性法规的制定主体除了省、自治区、直辖市一级的人大及其常委会外，另有320个市(自治州)的人大及其常委会也获得了地方立法权。①

---

① 2015年在修订《立法法》前，我国拥有地方立法法的地方仅有49个。这49个市也被称为"较大的市"。修订后，我国享有地方立法权的市共有320个，包括49个已享有地方立法权的设区市，237个新获地方立法权的设区市，30个自治州、广东省东莞市、中山市、海南省三沙市和甘肃省嘉峪关市4个不设区的市。但在2020年4月，经国务院批准三沙市设立西沙区和南沙区。

一、地方性法规的权限

我国地方行政区基本采取省(自治区、直辖市)、县(自治县、市)、乡(民族乡、镇)三级制,部分省、自治区下设自治州、市,其下属的县级单位又设立乡级单位,因而属于四级制①。在这三级中,省和设区的市根据宪法和法律的授权拥有相应的立法权限。

(一)省级地方性法规的权限

《宪法》第100条规定:"省、直辖市的人民代表大会和它们的常务委员会,在不同宪法、法律、行政法规相抵触的前提下,可以制定地方性法规,报全国人民代表大会常务委员会备案。"《立法法》第80条规定:"省、自治区、直辖市的人民代表大会及其常务委员会根据本行政区域的具体情况和实际需要,在不同宪法、法律、行政法规相抵触的前提下,可以制定地方性法规。"本条规定了地方性法规的制定主体与制定原则。《地方组织法》第10条第1款也规定:"省、自治区、直辖市的人民代表大会根据本行政区域的具体情况和实际需要,在不同宪法、法律、行政法规相抵触的前提下,可以制定和颁布地方性法规,报全国人民代表大会常务委员会和国务院备案。"由此可见,我国省级地方性法规的立法权限主要体现在以下三个内容:

其一,制定依据和制定原则。地方立法必须在不同宪法、法律和行政法规相抵触的原则基础上,根据不同地区的具体情况和实际需要合理界定地方立法的权限范围。如《宪法》第100条、《立法法》第80条以及2022年新修订的《地方组织法》第10条为了重申《立法法》第80条之规定,并新增一款规定:"省、自治区、直辖市以及设区的市、自治州的人民代表大会根据区域协调发展的需要,可以开展协同立法。"

其二,有关地方立法范围的限制规定。(1)《宪法》部分条文针对一些事项明确规定,只能由法律规定,② 这意味着在这些领域,地方法规不能触及。(2)《立法法》结合中央立

---

① 张千帆著:《宪法学导论》(第二版),法律出版社2008年版,第248页。

② 《宪法》规定由法律规定的事项包括:(1)第8条,参加农村集体经济组织的劳动者,有权在法律规定的范围内经营自留地、自留山、家庭副业和饲养自留畜。即规定经营自留地、自留山、家庭副业和饲养自留畜的范围只能依据法律。(2)第9条,矿藏、水流、森林等自然资源属国家所有,法律规定属于集体所有的森林和山岭、草原、荒地、滩涂除外。即森林和山岭、草原、荒地、滩涂属于集体所有的只能由法律规定。(3)第10条第2款,农村和城市郊区的土地,除法律规定属于国家所有的以外,属于集体所有。第10条第2款,国家为了公共利益的需要,可以依照法律规定对土地实行征收或者征用并给予补偿。第10条第4款,土地的使用权可以依照法律的规定转让。即农村和城市郊区土地属于国家所有、土地使用权转让及土地征收征用等事项只能由法律规定。(4)第13条第2款,国家依照法律保护公民的所有财产权和继承权。即公民的财产权、继承权只能由法律规定。(5)第16条第1款,国有企业在法律规定的范围内自主经营。国有企业依照法律规定,通过职工代表大会和其他形式,实行民主管理。即国有企业经营权和民主管理制度只能由法律规定。(6)第18条第1款,中华人民共和国允许外国企业和其他组织或者个人依照法律的规定在中国投资,进行经济合作。即外商投资、中外合作制度(转下页)

法权限，对地方性法规的权限作出明确的原则规定，具体体现为该法第 8 条明确列举的只能制定法律的事项，② 这些事项既是全国人大及其常委会的专属立法权，也是制定地方性法规的禁区。(3) 相关法律对地方立法的调整手段有限制性规定，如《中华人民共和国行政处罚法》《中华人民共和国行政许可法》《中华人民共和国行政强制法》。三部法律分别对行政处罚权、行政许可权和行政强制权的种类与内容做了限制，禁止地方性法规创设新形式与新种类的行政权。这些限制性规定延续了《立法法》"严格限制地方立法权限，确保法制统一"的指导思想。③

其三，有关立法范围的列举事项。《立法法》第 82 条对可以由地方性法规作出规定的事项进行了列举，其权限范围包括三个方面的内容：第一是为执行法律、行政法规的规定，需要根据本行政区域的实际情况作具体规定的事项，通常称之为执行性地方立法，这是最常见的地方立法，其存在的前提是"存在上位法的具体规定"。第二是属于地方性事务需要制定地方性法规的事项，通常称之为自主性地方立法。关于对地方性事务的理解，通常的理解为"地方性事务是指具有地方特色的事务，一般来说，不需要或在可预见的时期内不需要由全国制定法律、行政法规来作出统一规定"。第三是全国人大及其常委会的专属立法权外，其他事项国家尚未制定法律或者行政法规的可以先制定地方性法规，通常称之为先行性地方立法或实验性立法，关于先行性立法，有着严格条件限制，即在国家制定的法律或者行政法规生效后，地方性法规同法律或者行政法规相抵触的规定无效，制定机关应当及时予以修改或者废止。

此外，《立法法》第 84 条还规定经济特区所在地的省、市的人民代表大会及其常务委

（接上页）只能由法律规定。(7) 第 19 条第 4 款，国家鼓励社会力量依照法律规定举办各种教育事业。即民办教育制度只能由法律规定。(8) 第 41 条第 3 款，由于国家机关和国家工作人员侵犯公民权利而受到损失的人，有依照法律取得赔偿的权利。即国家赔偿制度只能由法律规定。(9) 第 44 条，国家依照法律规定实行企业事业组织和国家机关工作人员的退休制度。即退休制度只能由法律规定。(10) 第 55 条第 2 款，依照法律服兵役和参加民兵组织是公民的义务。即兵役和民兵预备役制度只能由法律规定。(11) 第 89 条有关国务院职权第 16 项，依照法律规定决定省、自治区、直辖市范围内部分地区进入紧急状态；第 17 项依照法律规定任免、考核、培训、奖惩行政人员。即紧急状态制度和行政人员任免、考核、奖惩制度只能由法律规定。(12) 第 91 条第 2 款，审计机关依照法律规定行使审计权，不受其他行政机关、社会团体和个人干涉。第 109 条，地方各级审计机关依照法律规定独立行使审计权。即审计机关的职权、审计程序、审计准则只能由法律规定。除这些外，《宪法》中还规定了其他一些只能制定法律的事项，但都被《立法法》列举事项所吸收。

② 《立法法》第 11 条列举的事项包括：(1) 国家主权的事项。(2) 各级人民代表大会、人民政府、监察委员会、人民法院和人民检察院的产生、组织和职权。(3) 民族区域自治制度、特别行政区制度、基层群众自治制度。(4) 犯罪和刑罚。(5) 对公民政治权利的剥夺、限制人身自由的强制措施和处罚。(6) 税种的设立、税率的确定和税收征收管理等税收基本制度。(7) 对非国有财产的征收、征用。(8) 民事基本制度。(9) 基本经济制度以及财政、海关、金融和外贸的基本制度。(10) 诉讼和仲裁制度。

③ 向立力：《地方立法发展的权限困境与出路试探》，载《政治与法律》2015 年第 1 期。

员会，根据全国人民代表大会的授权决定，制定法规，在经济特区范围内实施。

（二）设区的市地方性法规的权限

在 2015 年《立法法》修改前，除省、自治区和直辖市以外，只有"较大的市"有制定地方性法规的权限。随着地方经济社会发生巨大变化，设区的市规模逐渐扩大，大型、特大型城市数量显著增加，管理如此一个人口众多，特别是随着城镇化建设发展的步伐，其人口、土地、环境、城乡建设与管理、社会治理等问题日渐复杂的实际情形下，除了国家的法律法规、省一级的法规外还需一些具有体现行政区域特点、针对性解决本行政区特别存在的具体问题及特别事项的法律法规。这就要求在遵循中央的统一领导下，充分发挥地方主动性和积极性的原则、有特色原则通过修改立法赋予设区的市地方立法权，使其依法科学地解决地方实际问题。《立法法》赋予设区的市地方立法权限，既有利于在省、自治区的范围内实现立法权的均衡布局，也有利于在全国范围内实现地方立法权的合理配置。① 它的重要价值和现实意义在于破除了长期以来地方立法权配置的特权化，实现了权力配置的源头平等。②

其一，根据《立法法》的规定，"设区的市的人民代表大会及其常务委员会根据本市的具体情况和实际需要，在不同宪法、法律、行政法规和本省、自治区的地方性法规相抵触的前提下，可以对城乡建设与管理、环境保护、历史文化保护等方面的事项制定地方性法规，法律对设区的市制定地方性法规的事项另有规定的，从其规定"，"自治州的人民代表大会及其常务委员会可以依照本条第 2 款规定行使设区的市制定地方性法规的职权"；《立法法》第 82 条规定："地方性法规可以就下列事项作出规定：（一）为执行法律、行政法规的规定，需要根据本行政区域的实际情况作具体规定的事项；（二）属于地方性事务需要制定地方性法规的事项。除本法第 11 条规定的事项外，其他事项国家尚未制定法律或者行政法规的，省、自治区、直辖市和设区的市、自治州根据本地方的具体情况和实际需要，可以先制定地方性法规。在国家制定的法律或者行政法规生效后，地方性法规同法律或者行政法规相抵触的规定无效，制定机关应当及时予以修改或者废止。设区的市、自治州根据本条第 1 款、第 2 款制定地方性法规，限于本法第 81 条规定的事项。"

其二，从立法内容的限制来看，《立法法》为地方立法权划定了两个界限。（1）地方立法权的纵向界限，即中央和地方的立法权限范围的划分。根据我国单一制国家的性质，地方的立法权由中央赋予，因此，《立法法》对地方性法规的权限范围作出了原则规定。根据《立法法》第 82 条的规定可知，地方立法分为三类，即为执行法律、行政法规的规定，需

---

① 宋才发：《设区的市立法权限、实践困境及法规质量提升研究》，载《学术论坛》2020 年第 6 期。

② 倪洪涛：《新中国地方立法权：历史、歧视及矫正——以 2015 年〈立法法〉修改为中心的论证》，载《湘潭大学学报（社会科学版）》2017 年第 6 期。

要根据本行政区域的实际情况作具体规定的事项,即实施性立法事项;地方性事务中需要制定地方性法规的事项,即自主性立法事项;在全国人大及其常委会专属立法权之外,中央尚未立法的事项,即先行性立法事项。[①] 其中,需要说明的是,虽然根据《立法法》对地方立法事项的规定,将地方立法分为上述三大类,但在我国单一制的立法体制下,并不存在真正意义上的地方自主性立法。对于地方立法而言,对中央尚未立法的事项进行立法,都要受到《立法法》第80条的规定,即不得与宪法、法律和行政法规相抵触的限制,即"不抵触原则"。(2)横向界限,即地方立法的对象;纵向界限,即地方立法与中央立法之间的不抵触原则。所谓地方立法权限的横向界限,是指设区的市有权进行地方立法的具体事项范围。尽管新《立法法》一次性给予全部设区的市以立法权,但设区的市在可立法事项上仍有一定的限制。在2020年中共中央、国务院颁布《关于构建更加完善的要素市场化配置体制机制的意见》《关于新时代推进西部大开发形成新格局的指导意见》《关于新时代加快完善社会主义市场经济体制的意见》三个重要指导意见,使得中央与地方事权划分、设区市的地方立法权限问题再次成为焦点。设区的市(自治州)人大及其常委会只能对城市建设与管理、环境保护、历史文化保护等方面的事项制定地方性法规,而省级人大及其常委会的立法事项则不受这三方面事项范围的限制。

其三,如何界定城市建设与管理、环境保护、历史文化保护三方面事项的内涵与外延。从字面上看,城市建设与管理、环境保护、历史文化保护三方面似乎内涵明确外延清晰,但在实际操作上,不仅三者的内涵和外延不清晰,甚至相互之间也存在着交叉或者重叠。例如《环境保护法》第2条中"环境"的外延包含"城市和乡村",因此"城乡建设与管理"与"环境保护"就可能存在着重叠;《文物保护法》对文物的界定里包含古文化遗址、古建筑、代表性建筑等的内容,而《环境保护法》也有"人文遗迹"的规定,导致环境保护、历史文化保护间也可能出现重叠。立法层面也缺乏对该款规定的权威的立法解释以及其他相关的法律进行解释,使得当前理论与实务对此在理解上并不尽一致。以设区的市(自治州)立法事项中争议最大的"城市建设与管理"为例,城乡建设与管理方面的立法权限以横向与纵向两个纬度展开:横向纬度指权限内容的范围,纵向纬度则表明了中央与地方,省(自治区)与设区的市(自治州)之间立法权的划分。2015年全国人大法律委员会《关于立法法修正案(草案)审议结果的报告》将其说明为:"从城乡建设与管理看,就包括城乡规划、基础设施建设、市政管理等。"该项解释对于"城乡建设与管理"的范围作出列举说明,缩小了其范围。但并没有对"城市建设与管理"一词的内涵作出明确释义。回顾我国立法史不难发现我国长久以来粗放的立法工作特点对于立法工作者带来了深刻影响。《草案审结报

---

① 焦洪昌、郝建臻:《论我国立法中的"根据"原则与"不抵触"原则》,载《宪法论坛》(第1卷),中国民航出版社2003年版,第242页。

告》把城乡建设与管理的权限范围限缩解释为"城乡规划、基础设施建设、市政管理等"。这些名词虽在日常生活与相关管理条例中耳熟能详，但从法律解释角度来看，依旧是不确定概念，无法使用文理解释等简单的法律解释技巧确定其概念，需要进一步借助相关法律法规、规范性文件确定其范围。全国人大常委会法工委主任李适时在 2015 年 9 月第 21 次全国地方立法研讨会上指出："城乡建设既包括城乡道路交通、水电气热市政管网等市政基础设施建设，也包括医院、学校、问题设施等公共设施建设。城乡管理除了包括对市容、市政等事项的管理，也包括对城乡人员、组织的服务和管理以及对行政管理事项的规范等。"而 2015 年 12 月 24 日印发的《中共中央　国务院关于深入推进城市执法体制改革改进城市管理工作的指导意见》则将其理解为"城市管理的主要职责是市政管理、环境管理、交通管理、应急管理和城市规划实施管理等。具体实施范围包括：市政公用设施运行管理、市容环境卫生管理、园林绿化管理等方面的全部工作；市、县政府依法确立的，与城市管理密切相关，需要纳入统一管理的公共空间秩序管理、违法建设治理、环境保护管理、交通管理、应急管理等方面的部分工作"。不过整体而言，近年来对于"城乡建设与管理"的解释，体现出从"宽"解释的倾向，使得设区的市可借由从宽解释通过立法项目，但对"宽"的具体尺度的把握在各地做法不一。环境保护的内涵可以理解为污染防治、生态保护、自然资源保护等。由此可见，城乡建设管理与环境保护之间有很大交集，城乡建设管理中的城乡规划与基础设施建设当然要考虑环境保护过程中所需设施与保护规划需求，换言之，"环境保护"包含于"城乡建设与管理"，是"城乡建设与管理"不可剔除的一部分。历史文化作为一种精神产物具有精神传承性，与前两项比起来具有一定的抽象性，其具有各自的载体，如名胜古迹、博物馆等，而其载体正是"历史文化保护"的对象。历史文化的保护意味着要通过城市规划确认或建造相应的文化场所将历史文化的载体保护起来，如《自贡市井盐历史文化保护条例》第 2 条第 2 款将历史文化保护对象列举为"（一）与井盐生产相关，本体尚存、建筑格局相对完整的代表性建筑物、构筑物；（二）与井盐运输、贸易相关，具有典型代表性的盐运水道、陆道沿线设施及建筑物、构筑物；（三）与城市发展历史相关，能够体现井盐历史文化风貌的建筑物、构筑物。"《宜宾市白酒历史文化保护条例》第 2 条第 2 款规定："……历史建筑等的白酒历史文化资源，按照有关法律、法规的规定实施保护。"同理可知，历史文化的保护依然没有脱离"城乡建设与管理"的范畴。

其四，如何理解三方面事项范围后的"等"的问题。《现代汉语词典》中将"等"字的含义分为"等外等"与"等内等"。"等外等"表示列举未尽，"等内等"表示列举结束后的煞尾。因为立法讲究精确，为了避免扩大解释，所以通说认为，《立法法》表述的"等"为"等内等"，应做限缩解释而非扩大解释。这一点，全国人大法工委主任李适时关于"等"的理解上的"从立法原意上讲，应该是等内，不宜再做更宽泛的理解"这句话更是作为权威解释被广泛引用。然而,在实践中对此的执行却存在较大的偏差。一方面,《立法法》第 81 条规定:"省、自治区的人民政府所在地的市,经济特区所在地的市和国务院已经批准的较大的市已经制定的地方性法规,涉及本条第 1 款规定事项范围以外的,继续有效。"一些较大的市就通过对旧法进行修改以达到超越城乡建设与管理、环境保护和历史文化保护的权限范围的效果。另一方面,也有部分设区的市直接超越《立法法》权限范围制定地方性法规的现象存在。再加上受前述"宽"的解释的实际尺度的影响,使得"等内等"的限缩解释已被实际上架空,取而代之的是"等外等"的扩大解释。

二、省级人大及其常委会制定地方性法规的程序

当前《立法法》并未对地方性法规制定程序作出具体规定,而是采用了"参照适用"的立法技术,即规定地方性法规草案的提出、审议和表决程序,参照全国人大及其常委会的规定,由本级人民代表大会规定。就《立法法》第 2 章第 2 节规定的全国人民代表大会及其常委会的立法程序来看,主要包括提案、审议、表决、公布程序,其中关于提案、审议程序的规定比较详细。另外,《立法法》第 2 章第 5 节的其他规定,还涉及了立法规划和立法计划、起草、公布程序;《立法法》第 4 章关于地方性法规的制定程序还涉及地方性法规的公布程序;综合以上规定,通常认为,我国地方性法规制定程序应当包含立法规划与立法计划、起草、提案、审议、表决、公布 6 大基本程序。就各省的具体情况来看,当前大部分省、自治区、直辖市均制定了有关地方立法的程序性规定,尽管各地相关程序性规定并不尽统一①,但内容基本涵盖了前述的 6 个环节。

(一)立法规划与立法计划

立法规划是指人大及其常委会在一届任期内对立法工作、立法任务的总体设想和安排,也就是一定时期内制定、修改、废止地方性法规的总体安排,是编制年度立法计划的重要依据,一般五年编制一次。立法计划,是人大常委会确定较短时期的人大及其常委会立法项目的具体安排,一般一年编制一次。年度立法计划又可细分为立法(审议)项目和立法调研(预备)项目。立法规划和年度立法计划是保障立法科学化、系统化的重要举措,有助于减少立法的盲目性,实现科学、民主、有序、高效立法。

根据大部分省、自治区和直辖市地方法规制定的程序规定,省级地方法规的制定已经实现高度计划化、流程化和可控化。编制立法规划和年度立法计划整体上由省级人大常委会负责,大部分省针对立法规划和立法计划的具体编制程序都有较细化的规定,内容涵盖

---

① 当前各省、自治区、直辖市出台的地方性立法的程序性规定,首先在名称上并不统一,大部分省称地方立法条例,如《重庆市地方立法条例》《甘肃省立法条例》;但也有些省的规定不同,如《青海省人民代表大会及其常务委员会立法程序规定》《江苏省制定和批准地方性法规条例》等。其次就具体内容来说,也存在一些细节上的差异。

了立法项目的来源、① 立法规划和立法计划的起草(一般由常委会的法制工作机构完成)，就立法规划草案和年度立法计划草案对外征求意见、立法规划和立法计划的审议通过(一般经省人大常委会会议通过，也有部分省份规定由省人大常委会主任会议讨论通过，如广东省、辽宁省)，以及向社会公布等方面内容。

(二)起草

起草法规案，是指列入年度立法计划的法规项目，由有权提出地方性法规案的机关或者人员开展的法规草案的拟定工作。实践中，地方性法规草案多由有权提出地方性法规案的机关或者人员组织起草政府起草，但省人民代表大会有关的专门委员会、常务委员会有关工作机构应当提前参与有关方面的地方性法规草案起草工作；综合性、全局性、基础性的重要地方性法规草案，由有关的专门委员会或者常务委员会有关工作机构组织起草。专业性较强的地方性法规草案，还可以吸收相关领域的专家参与起草工作，或者委托有关专家、教学科研单位、社会组织起草。在起草过程中，起草单位还应当同步起草地方性法规草案文本、草案说明及参阅资料。草案说明主要包括制定法规的主要内容、必要性、可行性以及起草过程中重大分歧意见的协调处理情况。涉及法规修改，起草单位还应当同步起草法规修改前后的对照文本。

(三)提案

提案，即提出地方性法规案，是指有权提出地方性法规案的机关和人员，向有地方性法规制定权的机关提出关于制定、修改或废止地方性法规的议案的活动。提出法规案是地方性法规制定程序的核心环节，包括向本级人大提出法规案和向本级人大常委会提出法规案两种情况。

其一，根据《地方组织法》第22条的规定，有权向本级有地方性法规制定权的人民代表大会提出法规案的主体包括：(1)主席团；(2)常务委员会；(3)各专门委员会；(4)本级人民政府；(5)代表10人以上联名。前四种情形所提的地方性法规案，由主席团决定提交人民代表大会会议审议；对于代表10人以上联名提出地方性法规案的情形，则由主席团决定是否列入大会会议议程，或者先交有关的专门委员会审议，提出是否列入人大会议议程的意见，再由主席团决定是否列入人大议议程。从当前各省公开的地方性立法程序来

---

① 对立法项目的来源各地规定不尽相同。有些省份规定的来源比较详细、全面，如《河南省地方立法条例》第10条规定："立法规划和立法计划中的立法项目来源包括：(一)省人民代表大会代表提出的议案、建议；(二)有权提出地方性法规案的机关提出的立法建议项目；(三)向社会公开征集的立法建议项目；(四)立法后评估、执法检查中反映问题较多，应当进行修改或者废止的项目；(五)需要立法的其他项目。"有些省份对此则语焉不详，如《贵州省地方立法条例》。部分省份还对提出立法项目的时间做了限定，如《广东省地方立法条例》规定有权提出地方性法规案的机关有立法建议项目的，应当于每年第三季度向省人民代表大会常务委员会提出下一年度立法计划的建议。

看，大部分省都遵循了这个规定，但要注意的是，在个别省份，还规定省高级人民法院和省人民检察院或一个代表团也可以向本级人民代表大会提出地方性法规案。① 从实践来看，向人大提出的地方性法规案，往往是先向常委会提出，经常委会审议后，再由常委会决定提请大会审议。

其二，根据《地方组织法》第 52 条的规定，有权向本级人大常委会提出地方性法规案的主体包括：（1）常委会主任会议；（2）本级人民政府；（3）本级人大各专门委员会；（4）常委会组成人员 5 人以上联名。其中常委会主任会议所提地方性法规案直接列入常委会会议议程外；本级人民政府、人大各专门委员会向常委会提出的地方性法规案，由常委会主任会议决定提请常委会会议审议，或者先交有关的专门委员会审议、提出报告，再提请常委会会议审议；常委会组成人员 5 人以上联名向常委会提出的地方性法规案，由常委会主任会议决定是否提请常委会会议审议，或者先交有关的专门委员会审议、提出报告、再决定是否提请常委会会议审议。从当前各省公开的地方性立法程序来看，大部分省份都遵循了这一规定，个别省还将省高级人民法院和省人民检察院列为向省人大常委会提出地方性法规案的主体。② 不少地方对提交审议的时间也作出了限定。③

其三，提出地方性法规案的时限。在我国当前地方立法制度与实践中，根据《立法法》以及部分地方人民代表大会及人大常委会立法条例的规定，提出地方性法规案一般有以下时限要求：（1）向地方人民代表大会提出地方性法规案的时限，具体分为以下三种情况：一是大会主席团提出地方性法规案的时间应在大会预备会议之后，截止时间一般可以至主席团讨论通过大会各项决议、决定草案的会议之前；二是地方人民代表大会常务委员会、本级人民政府、地方人民代表大会各项专门委员会提出地方性法规案截止时间一般为人民代表大会会议举行的一个月前；三是代表团或者地方人民代表大会代表 10 人以上联名提出地方性法规案的，应当是地方人大常委会作出召开地方人民代表会议决定之日前至大会主席团决定的人民代表大会代表提出议案的截止时间；（2）向地方人民代表大会常务委员会提出地方性法规案，一般在地方人大常委会会议举行的一个月前提出。

---

① 例如《北京市制定地方性法规条例》第 24 条规定："一个代表团或者 10 名以上的代表联名，可以向市人民代表大会提出法规案，由主席团决定是否列入会议议程，或者先交有关专门委员会审议、提出是否列入会议议程的意见，再决定是否列入会议议程。"又如《江苏省制定和批准地方性法规条例》第 25 条规定："常务委员会、省人民政府、专门委员会，可以向省人民代表大会提出地方性法规案，由主席团决定是否列入会议议程……"

② 《江苏省制定和批准地方性法规条例》规定，"省人民政府、省高级人民法院、省人民检察院、专门委员会，可以向常务委员会提出地方性法规案，由主任会议决定列入会议议程，也可以先交有关专门委员会、常务委员会有关工作机构审议或者审查并提出意见，再决定列入会议议程"。

③ 如《上海市制定地方性法规条例》第 19 条规定，拟提请常务委员会会议审议的地方性法规案，应当在会议举行的 30 日前将法规案送常务委员会；未按规定期限送达的，一般不列入该次常务委员会会议议程。

其四，地方性法规案的内容。根据我国地方立法的制度与实践，提出的地方性法规案应当包括：提请审议地方性法规草案的议案、地方性法规草案、地方性法规草案的说明以及其他有关参阅资料或数据。其中，地方性法规草案的说明，应当包括制定或者修改该地方性法规案的必要性、可行性和主要内容。

（四）审议

审议地方性法规案，是指对已经列入本级人民代表大会或者人民代表大会常务委员会会议议程的地方性法规案进行审查和讨论。审议围绕着制定法规的必要性、法规草案的成熟度、法规草案是否同宪法、法律、行政法规相抵触，是否符合本市的具体情况和实际需要，法规草案的体例、结构、条文及法律用语是否准确、规范等展开。审议质量高下也影响着地方性法规的最终质量。审议程序可分为人民代表大会会议审议程序和人大常委会审议程序。

其一，关于地方性法规案的审议程序，《立法法》仅作了三方面的原则规定：一是根据《地方组织法》；二是可以参照法律案的审议程序；三是应当实行统一审议。从当前各省公开的地方性立法程序来看，各省的规定虽在细节上呈现差别，但基本遵循了这三个原则。

其二，省级人民代表大会审议地方性法规案的程序为：（1）由提案人向大会全体会议作草案的说明。内容主要是起草法规的过程、起草法规的理由和内容，并提供相关的参考资料。相关资料应提前发给代表。[①]（2）专门委员会对法规草案进行审议，提出审议意见，由主席团将审议意见印发给代表。（3）代表团审议。各代表团就法规草案发表审议意见。（4）法制工作委员会统一审议。即法委根据专委审议意见、代表审议意见以及从其他方面收集到的意见，对法规草案进行统一审议，提出审议结果的报告和草案修改稿。

其三，省级人大常委会审议地方性法规案的程序为：（1）由提案人向人大常委会会议就地方性法规草案作说明；（2）由常委会分组会议进行审议，或者同时由有关的专门委员会进行审议。审议时提案人应当派人听取意见，回答询问。常委会审议地方性法规案，一般实行三审制，[②] 但也可以经两次或者一次常委会会议审议即付表决。[③]

---

① 各地规定不一致，如江苏省规定的是会议举行的七日前，山东省规定的是会议举行的一个月前，重庆市规定的是会议举行前二十日。

② 参照《立法法》的规定，省人大常委会审议程序一般采取三审制，即法规草案经过三次常委会会议审议后再交付表决。具体程序是：第一次常委会会议，全体会议听取提案人对法规草案起草的说明，印发专委的审议意见，在分组会议上省人大代表对草案进行审议；第二次常委会会议，全体会议听取法委草案修改情况的报告，在分组会议上省人大代表对草案修改稿进行审议；第三次会议是全体会议听取法委法规草案审议结果的报告，在分组会议上市人大代表对草案修改二稿进行审议，法委根据有关意见对草案修改二稿进行修改，提出法规建议表决稿，由主任会议决定提交常委会表决。

③ 二审制与三审制度主要区别是减少了法委提出法规草案修改情况的报告和修改稿环节，跳过了第二次常委会审议的有关议程。一次审议是常委会直接听取法委审议结果的报告，对法委提出的草案修改稿进行审议，之后法委直接提出草案建议表决稿，由主任会议提交常委会表决。

（五）表决

表决法规草案，是指人大代表或人大常委会组成人员，采取投票方式决定是否通过法规草案的活动。地方性法规案修改稿经本级人民代表大会或者人民代表大会审议后，如果对重大问题没有大的分歧意见，分别由大会主席团或者常委会主任会议交付全体会议表决。《地方组织法》的规定，人民代表大会会议表决地方性法规案，以全体代表的过半数通过。当前各省有关地方立法程序的规定均遵循了这一规定，对于列入省人民代表大会会议议程的地方性法规案，其草案修改稿经各代表团审议，由法制委员会根据各代表团的审议意见进行修改，提出地方性法规草案表决稿，由主席团提请大会全体会议表决，由全体代表的过半数通过。对于列入省人民代表大会常务委员会会议议程的地方性法规案，法规草案修改稿经常务委员会会议审议后，由法制委员会根据审议意见进行修改，提出法规草案表决稿，由主任会议提请常务委员会全体会议表决，由常务委员会全体组成人员的过半数通过。

（六）公布

法不公布无效力，公布地方性法规是要求国家机关、社会组织以及公民遵守和执行法律的前提。《立法法》第88条就地方性法规的公布作了明确规定："省、自治区、直辖市的人民代表大会制定的地方性法规由大会主席团发布公告予以公布。"《立法法》第89条还规定，地方性法规公布后，应当及时在本级人民代表大会常务委员会公报和中国人大网、本地方人民代表大会网站以及在本行政区域范围内发行的报纸上刊登。在常务委员会公报上刊登的地方性法规文本为标准文本。①

三、设区的市人大及其常委会制定地方性法规的程序

与省级人大及其常委会制定地方性法规的程序一样，当前《立法法》并未对设区的市的地方性法规制定程序作出具体规定，也是采用了"参照适用"的立法技术，即规定地方性法规案的提出、审议和表决程序，参照全国人大及其常委会的规定，由本级人民代表大会规定。与此相应，各设区的市都先后出台了各自的地方立法程序性规定。②

《立法法》第81条规定："设区的市的地方性法规须报省、自治区的人民代表大会常务

---

① 如广东省人大制定的地方性法规都在指定媒体《南方日报》刊登人大常委会公告及地方性法规文本。

② 据统计，截至2018年3月，全国共有205件设区的市地方立法条例获得省、自治区人大常委会批准，占到全部设区的市的74.8%。其中绝大部分"地方立法条例"（共计116件）或者"制定地方性法规程序规定"（共计58件）为法名。其中184个设区的市是在制定地方立法条例后再制定其他地方性法规的，另外有21个设区的市在制定三个事项范围相关地方性法规后又补充制定了地方立法条例。地方立法条例在所有设区的市地方性法规所占比例约为三分之一。以上数据参见毛雨：《设区的市地方立法工作分析与完善》，载《中国法律评论》2018年第5期。

委员会批准后施行。省、自治区的人民代表大会常务委员会对报请批准的地方性法规，应当对其合法性进行审查，认为同宪法、法律、行政法规和本省、自治区的地方性法规不抵触的，应当在四个月内予以批准。"这是省级地方性法规与设区的市的地方性法规制定程序上的最大区别。由此，设区的市人大及其常委会制定地方性法规之程序应包括立法规划与立法计划、起草、提案、审议、表决、审批、公布 7 个基本程序。

（一）立法规划和立法规划编制

参照《立法法》关于全国人大和全国人大常委会立法规划和立法计划编制的规定，设区的市（自治州）的立法规划和计划由该市（自治州）人大常委会法制工作机构编制，经主任会议通过后向社会公布。其中立法规划五年编制一次，一般要求结合省立法规划，在每届第一年度制定本届任期内的立法规划。立法计划一年编制一次，在每年第四季度制定下一年度的立法计划。一些省的地方立法程序规定还规定省人民代表大会常务委员会法制工作委员会负责对设区的市制定、调整立法规划、立法计划工作的协调、指导工作，以及要求设区的市人民代表大会常务委员会立法规划、立法计划，应当在通过前征求省人民代表大会常务委员会的意见以及通过后书面报送省人民代表大会常务委员会。①

（二）起草

列入年度立法计划的地方性法规，一般由主任会议、市人民政府、专门委员会、常务委员会工作机构按照各自的职责组织起草；市人民代表大会代表联名或者常务委员会组成人员联名提出地方性法规案的，可以自行起草地方性法规，也可以委托有关专家或者单位起草。综合性、全局性、基础性的重要地方性法规，可以由有关的专门委员会、常务委员会工作机构组织起草；专业性较强的地方性法规，可以委托有关专家、教学科研单位、社会组织等起草。当前各设区的市都比较重视立法的民主性和立法的公开性，确立了委托第三方起草法规案、公众参与立法、重大利益调整论证咨询、公众意见采纳情况反馈等制度。②

（三）提请

根据《地方组织法》第 22 条规定，向本级人民代表大会提交法规案的主体包括：主席

---

① 如《江苏省制定和批准地方性法规条例》第 8 条、第 9 条。

② 如《合肥市人民代表大会及其常务委员会立法条例》明确规定了基层立法联系点制度，规定了法规草案的征求意见渠道，将立法座谈会、论证会、听证会作为法规起草的必经程序；《杭州市立法条例》明确了法规案的公开时间及条件，确立了听证会的召开条件及参加主体；《太原市立法条例》在规章备案审查程序中，赋予了社会公众对政府规章的审查建议的权利。再如广州市人大常委会发布的《广州市公众参与地方立法指南》，为公众参与立法提供详细的路线指引，并通过官方微博、官方微信、网上立法听证会等形式扩大公众参与立法的途径；温州市人大常委会联合地方报纸媒体，开展网络问卷调查，进行立法过程跟踪报道，征集立法相关意见，使民众互动中的不少建议被直接采纳或成为立法制度创设的重要依据。

团、常务委员会、各专门委员会、本级人民政府、代表 10 人以上联名。前四种提案人所提的地方性法规案，由主席团决定提交人民代表大会会议审议。对于代表 10 人以上联名提出的地方性法规案，由主席团决定是否列入大会会议议程，或者先交有关的专门委员会审议，提出是否列入人大会议程的意见，再由主席团决定是否列入人大会议议程。另外，部分省规定本级人民法院和人民检察院或一个代表团也可以向本级人民代表大会提出地方性法规案，这些规定同样体现在本省的设区的市的地方立法程序性规定中。①

根据《地方组织法》第 58 条的规定，有权向本级人大常委会提出地方性法规案的主体有：常委会主任会议、本级人民政府、本级人大各专门委员会、常委会组成人员 5 人以上联名。除常委会主任会议所提地方性法规案直接列入常委会会议议程外，本级人民政府、人大各专门委员会向常委会提出的地方性法规案，由常委会主任会议决定提请常委会会议审议，或者先交有关的专门委员会审议、提出报告，再提请常委会会议审议。常委会组成人员 5 人以上联名向常委会提出的地方性法规案，由常委会主任会议决定是否提请常委会会议审议，或者先交有关的专门委员会审议、提出报告，再决定是否提请常委会会议审议。另外，有的省、市还规定，本级人民法院和人民检察院，也可以向本级人大常委会提出地方性法规案。② 另外，部分设区的市关于向本地人大常委会提出地方性法规案也有着时间方面的限制。③

（四）审议

设区的市人民代表大会审议地方性法规案的程序为：（1）由提案人向大会全体会议作草案的说明。内容主要是起草法规的过程，起草法规的理由和内容，并提供相关的参考资料。相关资料应提前发给代表。④（2）专门委员会对法规草案进行审议，提出审议意见，由主席团将审议意见印发给代表。（3）代表团审议。各代表团就法规草案发表审议意见。（4）法制工作委员统一审议。即法委根据专委审议意见、代表审议意见以及从其他方面收集到的意见，对法规草案进行统一审议，提出审议结果的报告和草案修改稿。

设区的市人大常委会审议地方性法规案的程序为：（1）由提案人向人大常委会会议就

---

① 如《徐州市制定地方性法规条例》第 17 条规定："市人民代表大会主席团（以下简称主席团）可以向市人民代表大会提出地方性法规案，由市人民代表大会审议。常务委员会、专门委员会、市人民政府、市中级人民法院、市人民检察院，可以向市人民代表大会提出地方性法规案，由主席团决定列入会议议程。"

② 如《徐州市制定地方性法规条例》第 29 条规定："主任会议可以向常务委员会提出地方性法规案，由常务委员会会议审议。专门委员会、市人民政府、市中级人民法院、市人民检察院，可以向常务委员会提出地方性法规案，由主任会议决定列入常务委员会会议议程。"

③ 如《徐州市制定地方性法规条例》第 29 条也规定："地方性法规案在常务委员会会议举行三十日前提出的，一般列入常务委员会本次会议议程；不足三十日的，列入常务委员会下次会议议程。"

④ 各地规定不一致，如徐州市规定的是会议举行的一个月前，无锡市规定的是会议前七日。

地方性法规草案作说明。(2)由常委会分组会议进行审议，或者同时由有关的专门委员会进行审议。审议时提案人应当派人听取意见，回答询问。常委会审议地方性法规案，一般实行三审制，但也可以经两次或者一次常委会会议审议即付表决。(3)为了体现立法的民主性，一些设区的市还规定审议时省人大代表列席会议、公民可以旁听等制度。①

（五）表决

《地方组织法》的规定，人民代表大会会议表决地方性法规案，以全体代表的过半数通过。当前各设区的市的地方立法程序规定均遵循了这一规定，对于列入设区的市人民代表大会会议议程的地方性法规案，其草案修改稿经各代表团审议，由法制委员会根据各代表团的审议意见进行修改，提出地方性法规草案表决稿，由主席团提请大会全体会议表决，由全体代表的过半数通过。列入设区的市人民代表大会常务委员会会议议程的地方性法规案，法规草案修改稿经常务委员会会议审议后，由法制委员会根据审议意见进行修改，提出法规草案表决稿，由主任会议提请常务委员会全体会议表决，由常务委员会全体组成人员的过半数通过。

（六）报批

报批地方性法规，是指设区的市人大及其常委会表决通过法规草案后，将通过的法规报省级人大批准的活动。只有经过省级人大批准的地方性法规才能公布实施。《立法法》第81条明确规定："省、自治区的人民代表大会常务委员会对报请批准的地方性法规、应当对其合法性进行审查，认为同宪法、法律、行政法规和本省、自治区的地方性法规不抵触的，应当在四个月内予以批准。"这是设区的市的人大及其常委会的地方立法权与省级人大及其常委会的地方立法权的重要区别。由于批准制度的存在，设区的市立法权是不完整的，被一些学者称为"半个立法权"。

就当前的制度来看，《立法法》关于设区的市的地方法规的批准，涉及了审查批准主体——省级人大常委会；②审查批准的标准——合法性审查，不抵触原则；审查批准的时限——四个月内等内容，但相关规定并不能完全覆盖现实中可能出现的问题。例如，合法性与不抵触上位法原则并非相同概念，到底依哪个标准？又如对于报请批准的地方性法规与上位法不相抵触时，省级人大常委会应当予以批准，但对不予批准处理方法并没作出明

---

① 《无锡市制定地方性法规条例》第29条规定："常务委员会审议地方性法规案时，应当邀请有关的市人民代表大会代表列席会议，可以邀请本市选举的省人民代表大会代表列席会议，也可以安排公民旁听。"

② 一些省、自治区人大常委会还在法工委增设了专门的下属机构，负责设区的市地方性法规合法性审查的具体工作。(如山西省成立了法规审查处、江苏省成立了立法指导协调处、浙江省成立了法规审查与指导处、湖北省成立了(法规工作室)法规审批处，湖南省成立了审查指导处、广东省成立了法规审查指导处。参见毛雨：《设区的市地方立法工作分析与完善》，载《中国法律评论》2018年第5期。

确规定。这就导致各地的处理方式极不统一。①

（七）公布

《立法法》第88条就地方性法规的公布作了明确规定：设区的市、自治州的人大及其常委会制定的地方性法规报经批准后，由设区的市、自治州的人大常委会发布公告予以公布。地方性法规公布后，应当及时在本级人民代表大会常务委员会公报和中国人大网，本地方人民代表大会网站以及本行政区域范围内发行的报纸上刊载。在常务委员会公报上刊登的地方性法规文本为标准文本。

四、地方性法规的类型与文本结构

地方性法规根据不同的标准来可以划分为不同的类型。而地方性法规的文本结构同样具有规范性，主要由名称、正文、辅助部分等三部分构成。

（一）地方性法规的类型

根据权限来源进行划分，地方性法规可分为执行性立法、地方性立法、先行性立法。根据法规体例进行划分，地方性法规常见类型包括条例、实施办法、规定、规则等。一些地方如广东省专门对地方性法规的名称进行规范，并对条例、实施办法、规定、规则各自的适用范围作出了明确规定。故一般情况下，条例适用于对某一方面事项做比较全面、系统规定的地方性法规，如《江苏省物业管理条例》。实施办法是指法律授权的地方国家权力机关可以依据该法律制定的实施法规，如《江苏省实施〈中华人民共和国人民防空法〉办法》。规定是适用于对某一方面的事项或者某一方面的内容做局部或者专项规定的地方性法规，如实施性、自主性或者先行性法规，如《广州市湿地保护规定》。规则是对某一具体方面工作作出的带有规范性的规定，常见于规范人大及其常委会的程序性活动的地方性法规，如《广东省人大常委会主任会议议事规则》。②

---

① 关于各省立法条例中对设区的市的市法规报批审查后不予批准的处理方式包括：直接不予批准（山西省、福建省、广东省、辽宁省、江苏省、浙江省、安徽省、江西省、河南省、广西壮族自治区）；以附修改意见的方式予以批准（甘肃省、江西省、广东省）；对抵触部分直接修改后予以批准（山西省、辽宁省、江苏省、浙江省、安徽省、福建省、河南省、海南省、陕西省、青海省）；退回报请机关修改后再提请批准（山西省、江苏省、福建省、河南省、广东省、海南省、陕西省、青海省、甘肃省、云南省）；由专门委员会提出修改意见（湖北省、云南省、宁夏回族自治区）；未作明确规定（北京市、上海市、天津市、重庆市、山东省、河北省、内蒙古自治区、黑龙江省、吉林省、湖南省、四川省、贵州省、西藏自治区、新疆维吾尔自治区）。由此可见，由于《立法法》对审查后采用何种处理方式的问题上没有进行统一，各省级人大常委会的做法各有"地方特色"。参见曹翰予：《省级人大常委会对设区的市法规报批处理方式探讨》，载《人大研究》2018年第9期。

② 《广东省人民代表大会常务委员会立法技术与工作程序规范（试行）》第13条规定，"地方性法规名称中的种类名称，分为条例、实施办法、规定、规则"，第14条至第17条规定，"条例，适用于对某一方面事项作比较全面、系统规定的地方性法规"；"实施办法，适用于为贯彻实施法律作比较具体、详细的固定的实施性法规"；"规定，适用于对某一方面的事项或者某一方面的内容作局部或者专项规定的地方性法规，可用于制定实施性、自主性或者先行性法规"；"规则，适用于规范人大及其常委会的程序性活动的地方性法规"。

（二）地方性法规的文本

一般来说，规范性法律文件因为规模、体量、大小的不同，在外部结构上是不完全一样的。例如宪法有序言，刑法有总则、分则，民法分编，而多数法律文件并不具备这样的结构。在所有的规范性法律文件中，一些结构要素是必不可少的，即文本的名称（标题与题注）、正文、辅助部分（目录与附则）。

其一，标题。标题应包含适用范围、调整对象、效力层级三方面的要素。其中适用范围反映的是该法规的适用空间范围，通常表现为"某某省"或"某某市"。调整对象是指地方法规所涉的行为和物化事项。如《上海市饮用水水源保护条例》，其调整事项即"饮用水水源保护"。效力层级是指法规的体例，包括条例、实施办法、规定和规则等。从技术规范来看，法规的名称应结构完整、文字简洁、内涵准确。然而，当前地方性法规在采用名称体例上仍较为混乱。具体表现为，一是体例繁多，地方性法规的名称除了条例、实施办法、规定、规则四种最常见的类型外，还有细则（如《新疆维吾尔自治区县级以下人民代表大会代表直接选举实施细则（2016）》、决定（如《江苏省人民代表大会常务委员会关于苏州市人民政府在苏州工业园规划区内土地审批权限的决定》）等各种称谓。二是名称的条例在采用上较随意，表现为类似的事项，在不同的地方立法机关可能采用不同的体例。例如《广州市湿地保护规定》与《武汉市湖泊保护条例》，城市的级别一样，规定的都是有关环境保护的事项，却采取了不同的名称。甚至同一立法主体在采用法规名称时似乎也无规律可遵循。以厦门市人大常委会制定的地方性法规为例，《厦门市老字号保护发展办法》《厦门经济特区户外广告设施设置管理办法》《厦门市海洋环境保护若干规定》这三个法规所涉的事项，就其内容来看，应属于同一层级，但在名称上却使用了不同的体例。

其二，题注。题注主要用来表明所立之法的合法性及制定时间。《立法法》第 65 条第 3 款明确要求"法律标题的题注应当载明制定机关、通过日期"。就地方性法规而言，题注不仅要载明制定或者修改主体的名称、通过或者公布的时间，对于设区的市所制定的地方性法规，由于其经批准后才能生效，所以还应载明批准机关和批准时间。以《南京市旅游条例》为例，其题注的内容为"2017 年 10 月 20 日南京市第十五届人民代表大会常务委员会第三十七次会议制定；2017 年 12 月 2 日江苏省第十二届人民代表大会常务委员会第三十三次会议批准"。

其三，正文的层次与条标。根据《立法法》第 65 条第 1 款规定，全国人大或者全国人大常委会制定的法律可分编、章、节、条、款、项、目 7 个层次，在实务中，立法部门根据篇幅的长短和内容的繁简决定是否需要涉及所有的层次。实际上，很多法律都未采用编、章、节等，而直接从条开始编排，条才是构成法律文本的基本单位。对于地方性法规而言，《立法法》第 82 条规定："制定地方性法规，对上位法已经明确规定的内容，一般不作重复性规定。"这实际上意味着在地方立法上提倡的是简易体例结构。尽管如此，各地的地方立法工作中不乏法规体例上追求"大而全小而全"的现象，体现为章节和条文数目比较多，过多引用甚至照搬照抄上位法，重复立法等现象。① 当然，也有部分地方人大及常委会在这方面做得比较好，出现一些"不设章""有几条定几条"的好的做法。如《铜陵市燃放经营烟花爆竹管理规定》，全文只有18条，包括立法目的、责任主体、行为规范、法律责任等，该规定不贪大求全，只对实践中突出的问题加以规范，法规短小而有力。再如《三亚市白鹭公园保护管理规定》，全文只有3124个字，共31条，以具体的公园作为保护对象，确立了白鹭公园的性质、功能、用地和规划保护等事宜，做到了不贪大求全，只求切实管用。

其四，正文的内容。地方性法规的所有内容由不同的条文逐一描述，一般分为总则、分则、附则三大部分。其中总则处于开篇，内容包括制定目的和依据条文、适用范围、基本原则等内容。分则则是立法文件的主体部分，通常包括行为规范和法律责任。分则不一定在文本中表明，而直接由各个章节构成。附则是立法文件的补充部分，位于文本的最后部分，内容一般为术语的解释、施行日、废止日等。

其五，辅助部分。目录与附则是法律规范性文件正文之外的辅助部分。（1）地方性法规的目录。目录是法律文本正文之前所载的目次，一般用于篇幅较长且各层次设有标题的立法文件。目录的存在有助于读者和使用者在整体上把握文件的全部内容，也方便查找相关内容。理论上来说，地方性法规提倡简易体例，对上位法已经有规定的，不做重复性规定。既然条文不应大而全，那么也就没有必要使用目录了。但是立法实践中仍有相当部分的地方性法规在架构上追求内容的完整，不仅条文数量多，而且也安排了目录，例如《苏州市制定地方性法规条例》《徐州市制定地方性法规条例》《泰州市历史文化名城名镇保护条例》等。（2）地方性法规的附录。附录是一段辅助性的文字或者数字材料，其与本文内容有关但不宜放在本文中。如《武汉市湖泊保护条例》的附录部分就以表格的方式列明了武汉市保护湖泊目录。

五、地方性法规的备案审查

与行政法规相同，地方性法规在制定后同样需要经过备案和审查两步骤。这也是保障地方性法规能够有效实施的重要一环。

---

① 有学者做过数据分析，"截至2018年3月经省级人大审查批准的621件设区的市地方性法规中，平均每件法规设有5、6章，章数最多的4件法规均设11章，设6章或以上的法规共计406件，占到法规总件数的65.4%；平均每件法规包含49.6个条文，条文数最多的一件共114条，条文数目在40~80条的法规共429件，占到法规总件数的69.1%"。参见毛雨：《设区的市地方立法工作分析与完善》，载《中国法律评论》2018年第5期。

（一）备案

备案是指效力等级较低的规范性文件必须报请上级权力机关或行政机关收存，以备审查的一种方式。① 备案是立法监督主体实施立法监督活动的具体形式之一，它是一种事后监督程序，与事前监督程序相对。《立法法》第六章的标题为适用与备案审查，其中第109条涉及备案，该条规定，省级地方性法规应当在公布后的三十日内，报全国人民代表大会常务委员会和国务院备案；设区的市、自治州的人民代表大会及其常务委员会制定的地方性法规，由省、自治区的人民代表大会常务委员会报全国人民代表大会常务委员会和国务院备案。需要指出的是，《立法法》对备案后的后续制度规定不详，如对备案是否仅为单纯的履行手续、接收备案机关是否应主动对备案文件进行审查、不按时报送备案会有什么后果等问题均无规定。"备案是一种事后监督机制而非形式上的设计，不包含审查的备案是一种虚化的权力，根本无法起到其应当发挥的立法监督功能。"②但目前，就全国各省关于地方立法的程序规定来看，大多数省关于备案的程序规定只是对《立法法》相关规定的重申，甚至个别省份没有对此予以规定。③

（二）审查

地方性法规的审查主要涉及全国人民代表大会常务委员会的审查以及国务院的审查。上述两种审查并不重合，有其自身的审查范围。

其一，全国人民代表大会常务委员会的审查。《立法法》第110条规定："国务院、中央军事委员会、国家监察委员会、最高人民法院、最高人民检察院和各省、自治区、直辖市的人民代表大会常务委员会认为行政法规、地方性法规、自治条例和单行条例同宪法或者法律相抵触的，或者存在合宪性、合法性问题的，可以向全国人民代表大会常务委员会书面提出进行审查的要求，由全国人民代表大会有关的专门委员会和常务委员会工作机构进行审查、提出意见。前款规定以外的其他国家机关和社会团体、企业事业组织以及公民认为行政法规、地方性法规、自治条例和单行条例同宪法或者法律相抵触的，可以向全国人民代表大会常务委员会书面提出进行审查的建议，由常务委员会工作机构进行研究；必要时，送有关的专门委员会进行审查、提出意见。有关的专门委员会和常务委员可以对报送备案的规范性文件进行主动审查。"可见，启动审查的方式有两种：被动审查和主动审查。在被动审查过程中，提出审查要求是国务院、中央军事委员会、最高人民法院、最高人民检察院和各省、自治区、直辖市的人民代表大会常务委员

---

① 徐向华主编：《立法学教程》，北京大学出版社2017年版，第25页。

② 冯玉军主编：《新〈立法法〉条文精释与适用指引》，法律出版社2015年版，第354页。

③ 例如《山东省地方立法条例》，虽然其第六章以"地方性法规的备案和解释"为标题，但其具体内容并未涉及备案程序。如《青海省人民代表大会及其常务委员会立法程序规定》则无论是章节标题还是具体条文对此都未涉及。

的权力。而除此以外的其他国家机关和社会团体、企业事业组织以及公民享有审查建议权。但从目前的情况来看，提出审查要求的权力因为各种与自身利益有关的因素而怠于行使，而审查建议权因缺少明确程序而无法行使。《立法法》第112～113条还对审查的具体程序做了进一步规定。

其二，国务院的审查。《立法法》第114条规定："其他接受备案的机关对报送备案的地方性法规、自治条例和单行条例、规章的审查程序，按照维护法制统一的原则，由接受备案的机关规定。"结合《立法法》第109条关于备案的规定，国务院作为接受备案的机关，对地方性法规亦可进行审查。从表面上看，似乎全国人大常委会和国务院拥有相同的备案审查权力。但是从制度上仔细比较可以发现，其实二者的备案审查权存在重大差异。一方面，对于超越权限、违反上位法规定、违背法定程序的地方性法规，全国人大常委会依法有权予以撤销，而国务院并不能直接作出决定，而是提请全国人大常委会处理。可见全国人大常委会的审查权属于实质性的决定权力，而国务院的审查权类似于初审权，是一种程序性的建议权力。另一方面，对于地方性法规是否与上位法冲突的备案审查，现行立法没有直接划分全国人大常委会和国务院的审查范围，但相应的法律条款却隐含了二者审查范围的实际差异，即全国人大常委会可以对照宪法、法律、行政法规进行备案审查，而国务院只能对照行政法规进行备案审查。

第二节　自治条例和单行条例

《宪法》第4条规定："中华人民共和国各民族一律平等。"各少数民族聚居的地方实行区域自治，设立自治机关，行使自治权；各民族都有使用和发展自己语言文字的自由，都有保持或者改革自己风俗习惯的自由。根据《中华人民共和国宪法》第116条的规定，民族自治地方的人民代表大会有权依照当地民族的政治、经济和文化的特点，制定自治条例和单行条例。制定自治条例和单行条例是自治机关行使自治权的重要方式。《民族区域自治法》第19条规定，民族自治地方的人民代表大会有权制定自治条例和单行条例。2023年《立法法》第85条规定："民族自治地方的人民代表大会有权依照当地民族的政治、经济和文化的特点，制定自治条例和单行条例。自治区的自治条例和单行条例，报全国人民代表大会常务委员会批准后生效。自治州、自治县的自治条例和单行条例，报省、自治区、直辖市的人民代表大会常务委员会批准后生效。自治条例和单行条例可以依照当地民族的特点，对法律和行政法规的规定作出变通规定，但不得违背法律或者行政法规的基本原则，不得对宪法和民族区域自治法的规定以及其他有关法律、行政法规专门就民族自治地方所作的规定作出变通规定。"根据《宪法》关于民族区域自治的规定，当前我国的民族自治地方包括自治区、自治州、自治县三级，亦即在我国、自治区、自治州、自治县三级自治地方均享有制定自治条例和单行条例的权力。其中，自治条例是指由民族自治地方的人民代表大会制定的、有关本地方实行区域自治的组织和活动原则、自治机关的构成和职权等内容的综合性的规范性文件；单行条例的内容则是指民族自治地方的人民代表大会在自治权的范围内，根据当地民族的政治、经济和文化特点，制定的关于某一方面具体事项的规范性文件。与一般地方立法权相比较，自治立法权在基本属性、价值取向、制定主体、权限范围均存在较显著的区别，其制定程序也不完全相同。以下将重点介绍其与地方性法规相比较的特别之处。

一、自治条例和单行条例的权限

就《宪法》《立法法》的相关规定来看，自治条例和单行条例的权限强调的是依照当地民族的政治、经济和文化的特点制定，并赋予其依照当地民族的特点的变通权。然而，这样的规定是比较宽泛的，在实践中容易出现理解上的分歧。要明确自治条例和单行条例的权限，首先必须对自治条例、单行条例与地方性法规各自的权限进行明确界定；其次是要在自治条例与单行条例之间进行明确的界定；最后就是如何理解变通规定的问题。

（一）自治条例、单行条例与地方性法规间权限划分

《立法法》第 85 条规定："民族自治地方的人民代表大会有权依照当地民族的政治、经济和文化的特点，制定自治条例和单行条例。"第 80 条规定："省、自治区、直辖市的人民代表大会及其常务委员会根据本行政区域的具体情况和实际需要，在不同宪法、法律、行政法规相抵触的前提下，可以制定地方性法规。"第 81 条规定："设区的市的人民代表大会及其常务委员会根据本市的具体情况和实际需要，在不同宪法、法律、行政法规和本省、自治区的地方性法规相抵触的前提下，可以对城乡建设与管理、生态文明建设、历史文化保护、基层治理等方面的事项制定地方性法规。"由此可见，自治区、自治州的人民代表大会实际上被赋予了双重立法权，既可以制定地方性法规，又可制定自治条例和单行条例。

从上述《立法法》两条规定可以看出，自治区、自治州人大制定自治条例和单行条例，其权限范围是"依照当地民族的政治、经济和文化的特点"方面的事项；自治区人大及其常委制定地方性法规，其范围限定在"根据本行政区域的具体情况和实际需要"；自治州的人大及其常委会制定地方性法规，其范围则限定在"城乡建设与管理、生态文明建设、历史文化保护、基层治理"等方面的事项。无论是"民族的政治、经济和文化"还是"根据本行政区域的具体情况和实际需要"都是相对抽象、宏观的概念，内涵模糊，伸缩性很大。更有学者坦言："如按照法律规定的广义解释，二者区别不大。"①由此，我们就不难理解为

①　彭建军：《自治区自治条例所涉自治立法问题研究》，载《民族研究》2015 年第 2 期。

什么会出现自治区这一级自治立法权行使不充分的情况。因为除了必须作出变通规定的情形以外，大部分事项完全可以通过制定地方性法规来进行规范，而无须采用无论是在制定主体还是制定程序上都更繁琐的自治条例和单行条例。在自治州这一级，过去自治州行使自治立法权是较活跃的，然而自修改后的《立法法》授予其地方立法权之后，即使其权限被限定在"城乡建设与管理、生态文明建设、历史文化保护、基层治理等方面的事项"，但自治州人大也仍然面对双重立法权所带来的冲突与竞合，[①] 而这个问题在地方立法实践中已经暴露了出来。[②]

如何明晰民族自治地方的两类立法权的"楚河汉界"呢，在什么是"民族性"、什么是"地方性"等问题上反复纠缠显然一时难以得出定论。但也有学者"针对同一立法事项，倘若将其移植到非民族自治地方，而该立法在结构、规范内容与规制目标甚至具体规则设定方面并无本质变化，则可基本判断其属于一般地方立法权事项，自治区、自治州在理论上自当选择制定地方性法规"。[③] 这个方法简单且具有一定可操作性。

(二)单行条例与自治条例间的权限划分

单行条例和自治条例都是由民族自治地方的人民代表大会根据宪法和法律制定的，二者之间表现出多方面的一致性，例如都具有民族属性、制定机关都是自治地方的人民代表大会，都可以作出变通规定等。但两者也具有明显区别。自治条例通常规定有关本地区实行的区域自治的基本组织原则、机构设置、自治机关的职权、工作制度及其他重大问题，它是民族自治地方实行民族区域自治的综合性的基本依据和活动准则。自治条例集中体现民族自治地方的自治权，具有民族自治地方总章程的性质。比较起来自治条例规定的内容

---

① 尽管《立法法》将自治州人大的立法事项限定在"城乡建设与管理、环境保护和历史文化保护三个方面，但问题是，第一，"城乡建设与管理"本身就极容易扩大解释，其对立法边界的实际限定效果尚存有疑问；第二，即使这三项事项能够作出明确界定，但这些事项在实行民族区域自治地方也很容易与民族性联系起来而被认定为具有"当地民族的政治、经济和文化的特点的城乡建设与管理、环境保护和历史文化保护"。

② 2014 年年底，恩施土家族苗族自治州和湘西土家族苗族自治州将单行条例《西水河流域保护条例》的协同起草列入立法计划。2015 年在修改后的《立法法》赋予自治州一般地方立法权后，却出现两种不同声音：一派主张继续以单行条例的形式出台该条例，另一派却以生态保护问题本身缺乏民族性要素为由，建议以地方性法规的方式出台该条例。最终结果是恩施自治州采用了地方性法规的形式，而湘西自治州采用了单行条例的方式。另一个例子以湖南省湘西土家族苗族自治州为例，检索湘西人大官方网站，《湘西土家族苗族自治州高望界国家级自然保护区条例》归于自治条例单行条例目录下，属于单行条例，而《湘西土家族苗族自治州白云山国家级自然保护区条例》则是归于地方性法规。实际上这两个条例都是对国家级自然保护区的野生动植物的保护、物种疫病监控、种群调控措施及野生动物救助救治、安全防范、致害补偿等方面的规定，从内容上看较雷同。这说明在自治州拥有了地方立法权之时，自治地方立法中存在的地方性立法和自治立法界限不明确的问题也开始凸显。

③ 郑毅：《〈立法法〉修改后自治州一般地方立法权与自治立法权关系研究》，载《法学评论》2018年第 4 期。

更具广泛性。而单行条例是"民族自治地方的人民代表大会依照当地民族的政治、经济、文化的特点制定的调整本自治地方某方面事务的规范性文件。……单行条例是民族自治地方行使某一方面自治权的具体规定，单行条例应当遵循自治条例的规定"。① 故单行条例往往比较具体，条文具有比较强的可操作性。

(三)正确理解变通规定

自治条例和单行条例可以依照当地民族的特点，对法律和行政法规的规定作出变通规定，这是其与一般地方立法权的不同之处。然而，自治地方人大作出的变通规定，是有边际和规则的，不能随意而为。正确理解自治民族自治地方在进行自治立法时的变通权，有几点值得注意：

其一，自治立法的变通权的来源。自治立法的变通权的来源包括两个方面：一是直接来自《宪法》《民族区域自治法》《立法法》的相关规定，这种变通权具有职权性立法的色彩。二是来自单行法律的专门条文授权。例如目前我国《刑法》《婚姻法》《继承法》《收养法》等法律通过授权立法的方式赋予民族自治地方某些"法律保留"事项的变通立法权。这种立法具有授权性立法的色彩，② 也是单行法专门授权条款规定的变通和补充规定权。

其二，自治立法的变通权的限制。自治立法的变通的权力，是当有关的法律法规在自治地方实施，不适应自治地方特殊的民族传统和经济文化等方面的特点时，对相关的法律法规不予施行或者变通施行的权力。为防止权力的滥用，其必须受到严格的限制。《立法法》规定，"自治条例和单行条例可以依照当地民族的特点，对法律和行政法规的规定作出变通规定，但不得违背法律或者行政法规的基本原则，不得对宪法和民族区域自治法的规定以及其他有关法律、行政法规专门就民族自治地方所作的规定作出变通规定"。这说明自治立法的变通权受到三方面的限制：一是只能在法律、行政法规的基本原则范围内作出变通。法律(行政法规)的基本原则是其基本精神的体现，如果自治条例和单行条例对此作出变通，无异于是对整部法律(行政法规)的否定。二是只能在宪法和民族区域自治法规定范围内作出变通规定。宪法是根本法，宪法的规定不能变通。民族区域法是实施宪法规定的民族区域自治制度的基本法律，全面系统地规定了民族自治地方的建立、民族自治地方机关的组成和自治权、上级国家机关领导和帮助、民族自治地方内的民族关系等，是民族自治地方立法权的法律依据，如果对此变通则无异于否定了立法的基础。三是只能在其他有关法律和行政法规，或者本自治区域专门就民族自治地方所作的规定范围内作出变通

① 《中华人民共和国立法法释义》，载中国人大网，http//www. npc. gov. cn/npc/flsyywd/xianfa/2001-08/01/content_140409. htm，最后访问日期：2019年2月25日。

② 如《刑法》第90条关于民族自治地方刑法适用的变通规定："民族自治地方不能全部适用本法规定的，可以由自治区或者省的人民代表大会根据当地民族的政治、经济、文化的特点和本法规定的基本原则，制定变通或者补充的规定，报请全国人民代表大会常务委员会批准施行。"

规定。

二、自治条例的制定程序

根据《立法法》第 87 条的规定，自治条例和单行条例案的提出、审议和表决程序，依据《地方组织法》，参照《立法法》第二章第二节、第三节、第五节的规定，由本级人民代表大会规定。绝大部分的自治区(州)采取了将自治条例和单行条例与地方性法规的立法程序在同一文本中一并规定的做法，[1] 也有少数地方出台了专门的规定，如《巴音郭楞蒙古自治州制定自治条例和单行条例程序的规定》《伊犁哈萨克自治州制定单行条例程序规定》。另外，由于《立法法》规定"自治区的自治条例和单行条例须报经全国人大常委会批准后生效。自治州、自治县的自治条例和单行条例，须报经省、自治区、直辖市人大常委会批准后生效"，许多地方还专门出台地方性法规对自治条例和单行条例的批准程序做了具体规定。如《四川省民族自治地方自治条例和单行条例报批程序规定》《吉林省人民代表大会常务委员会批准民族自治地方自治条例和单行条例工作程序的规定》等。

结合我国《立法法》第 87 条的提出、审议和表决程序，第 88 条的公布程序，第 89 条的文本标准，第 109 条的备案程序及第 112 条的合法性审查问题等规定，可知与地方性法规的制定程序相比较，自治条例和单行条例的制定程序的独特之处主要体现为：一是主体不同：自治条例和单行条例不能由民族自治地方的人大常委会制定，只能由人民代表大会制定，[2] 且自治县的人大也可以制定自治条例和单行条例，县级人大则无地方法规的制定权。二是报批程序不同。省、自治区自治州、自治县的自治条例和单行条例均须报批后才生效。地方法规制定中仅规定设区的市制定地方性法规须报批才生效，省一级的地方性法规则无须报批。三是公布程序可能涉及民族语言文本。其他环节则与地方性法规的制定程序的规定基本一致。此处不再赘述。

三、自治条例和单行条例的文本结构

不同类型的法律文本具有不同的文本结构，这就如行政法规和地方性法规一般，两者具有不同的文本结构。因此，自治条例和单行条例同样具有不同的文本结构。

---

① 例如，《西藏自治区立法条例》第 2 条规定，自治区地方性法规、自治条例、单行条例的制定、修改、废止、解释，批准设区的市制定的地方性法规适用本条例。

② 实践中存在极个别的自治条例或单行条例是由民族自治地方人大常委会制定的现象，如 1988 年由西藏自治区人大常委会制定的《西藏自治区实行婚姻法的变通条例》。但学术界和立法实务的共识仍是"自治条例和单行条例只能由民族自治地方人大制定"。

（一）自治条例的文本结构

我国目前除了自治区一级的自治条例阙如之外，[①] 多数的自治州与自治县都出台了自治条例。[②]

其一，名称。自治条例的名称包括标题和题注两部分。（1）标题。自治条例的标题应为该民族区域自治地方地名全称+自治条例。值得注意的是，当前还存在部分民族区域自治地方没有在地名上使用全称的现象。[③]（2）题注。由于报批后才生效，除了制定（修改）机关、通过时间外，自治条例的题注还应当体现批准机关和批准时间以及生效时间等内容。当前有少数自治条例在题注上还存在不甚规范的现象。有些自治条例并未提及批准机关与批准时间，[④] 有些自治条例的题注在内容表达方面不甚严谨和准确。[⑤]

其二，正文。（1）正文的层次与条标。自治条例在层次上大多采取章、条的结构，常见采取七至九章的设计，条文数在 70 条左右。（2）正文的内容。自治条例一般分为总则、分则、附则三大部分。其中，总则内容包括制定目的和依据条文、适用范围、基本原则等内容。自治条例的总则大多是在第 1 条列明根据《中华人民共和国宪法》和《中华人民共和国民族区域自治法》的规定，结合本民族区域自治地方的政治、经济和文化特点制定本自治条例。第 2 条则列明本民族区域自治地方的辖区范围及少数民族分布情况。分则是立法文件的主体部分。分则不一定在文本中表明，而直接由各个章节构成。现行颁布的自治条例的分则在内容上大多为自治机关、自治权的内容等事项。需要指出的是，基于自治条例是综合性、纲领性规范的思维定式，各自治条例在形式和内容上照抄照搬《民族区域自治法》的现象较为突出，因此存在一些问题引起了理论和实务的争议：一是部分条文并不能

---

① 迄今为止，我国 5 个自治区的自治条例还没有实现零的突破。广西最早从 1957 年开始自治区自治条例立法草案的工作，距今已有近 60 年，截至 2011 年已形成 19 稿，其中 1987 年第 13 稿和 1990 年第 18 稿曾上报中央。内蒙古自治区自 1980 年起开始起草自治区自治条例，历经 22 稿，宁夏回族自治区和西藏自治区自治条例，历经 22 稿，宁夏回族自治区和西藏自治区的自治条例草案也不在少数，多达 16 稿，但至今都无一获得批准。

② 以新疆维吾尔自治区为例，仍有 5 个自治州和 6 个自治县的自治条例尚付阙如。

③ 如《环江毛南族自治县自治条例》《五峰土家族自治县自治条例》等名称严格来说并不完整。

④ 如《三江侗族自治县自治条例》（2018 年修订本），其题注的内容为"1989 年 4 月 16 日三江侗族自治县第九届人民代表大会第三次会议通过 根据 1997 年 4 月 1 日三江侗族自治县第十一届人民代表大会第五次会议《三江侗族自治县自治条例修正案》修正 2018 年 1 月 11 日三江侗族自治县第十六届人民代表大会第三次会议修订"。

⑤ 如《北川羌族自治县自治条例》（2015 年修订本），其题注的内容为"2006 年 2 月 18 日北川羌族自治县第一届人民代表大会第五次会议通过，2015 年 4 月 1 日四川省第十二届人民代表大会常务委员会第十五次会议修订"。严格来说，四川省人大常委会在此行使的应是批准权而非修订权。这样的表达容易造成自治地方人大的自治立法权与所属省级人大常委会的批准权的混淆。

体现当地民族特点，① 很多条文停留于政治语言宣告上，不具可操作性。② 现行的自治条例中，体现本地方民族特色的事项一般为对本民族人事的任免、人口的发展、婚姻家庭、语言文字等方面，大多雷同，毫无生气。二是自治条例重复上位法情况严重。尽管2023年《立法法》第82条第4款明确规定："制定地方性法规，对上位法已经明确规定的内容，一般不作重复性规定。"虽然其规制对象指向"地方性法规"，但在逻辑上，以"执行法律"为重要功能价值的地方性法规尚不应照搬上位法，更遑论以"自治"为核心的自治条例了。③ 但纵观已经出台的自治条例文本，照搬照抄《民族区域自治法》或上位法的条款现象较普遍。各自治条例，基本都是按自治机关、经济建设、财政金融、社会事业建设、人才队伍建设和民族关系等内容进行立法构建。三是部分条款超越法律保留原则。不少自治条例对人民法院和人民检察院作出了规定，且是以专章形式，或与自治机关并列的形式作出，这明显不当，因为根据《宪法》第112条的规定，只有民族自治地方的人民代表大会和人民政府才是自治机关，而人民法院和人民检察院职能的独立性也不宜通过自治条例作出规定。事实上，根据《立法法》第11条第1、10项和第12条的规定，司法制度属于法律绝对保留的事项，不能通过自治条例进行规范。就我国地方立法实践来看，也不存在通过地方立法来规范人民法院和人民检察院的现象。附则是立法文件的补充部分，位于文本的最后部分，内容一般为术语的解释、施行日、废止日等。多数自治条例还规定了成立纪念日及放假事宜。

其三，辅助部分。目录与附则是法律规范性文件正文之外的辅助部分。（1）目录。由于条文数量不多，绝大部分的自治条例没有目录。但个别除外，如《三江侗族自治县自治条例》。（2）附录。当前生效的自治条例均没有设置附录。

---

① 在《立法法》修改以前，自治州立法权限于自治条例和单行条例，由于自治条例是特定民族地方的"小宪法"，有显著的综合性和唯一性的特点，因此，单行条例就成为自治州满足事务性、日常性立法的唯一途径。在实践中出现了很多本不属于单行条例涵盖范围的事项，却以单行条例形式立法。

② 以《凉山彝族自治州自治条例（修订）》为例，其"总则"部分除了第1条、第2条以外，其他内容多数是体现民族区域自治的宣示性条款，未指明具体行为规范及其法律后果等内容，与《民族区域自治法》的内容无实质区别，仅在文字语言表述上略有差异。其中，第4条"自治州各民族人民在中国共产党的领导下，坚持以马克思列宁主义、毛泽东思想、邓小平理论、'三个代表'重要思想和科学发展观为指导……"和第7条"自治机关对自治州内各民族公民进行以爱国主义、集体主义、社会主义思想、社会主义荣辱观教育……"尤其体现了这一问题。这些条款内容都是宣示性规范，表述属政治话语，而非法律术语，缺乏应有的规范性。

③ 以《凉山彝族自治州自治条例》为例，其基本设计逻辑思路为：总则—自治机关—审判与检察机关—经济财政—科教文卫—民族关系—人才培养—附则。该文本结构思路依据，一是抽象到具体、总体到个别的逻辑关系，二是"序言"+"七章式"合成的"八章式"文本结构样式，而这两者即是《民族区域自治法》关于自治权条款的逻辑关系及其文本结构样式"序言+七章式结构"，大多数章节内容都只是在《民族区域自治法》相应章节前添加"自治州的"字样，算是摹仿《民族区域自治法》的文本结构样式制定的。

（二）单行条例的文本结构

尽管有学者认为单行条例与变通（补充）规定在制定主体、性质、形式、报批程序等均有不同，[①] 一些官方文件也将其分别列举[②]，但在一些地方人大的官方网站上，变通（补充）规定被纳入了单行条例的范围。例如青海省人大官方网站的地方法规一栏中，其自治条例、单行条例一类中，共收入了126部规范性文件，其中13部是各自治县（州）对《婚姻法》的变通（补充规定）。[③] 笔者认为，自治立法意义上的单行条例的文本包括两种类型，一是狭义意义上的单行条例，即民族自治地方的人民代表大会依照当地民族的政治、经济、文化的特点制定的调整本自治地方某方面事务的规范性文件；二是根据法律文本的授权进行的变通（补充）规定。前者是针对某一方面事项的综合性规定；后者被纳入单行条例范畴则要满足两个条件，一方面，作出变通与补充规定的前提是有法律授权，二是作出变通与补充规定的原因是考虑到当地民族的政治、经济、文化的特点。这也是为什么民族区域自治地方的变通（补充）规定大多是针对婚姻法、人口与计划生育法的原因，因为这些事务与"民族性"等有紧密关系。

其一，狭义上的单行条例的文本结构。（1）单行条例的名称包括标题（地名全称+事项+条例），题注（制定机关名称、制定时间、批准机关、批准日期）。比较典型的如《海北藏族自治州义务教育条例》（1989年4月14日海北藏族自治州第八届人民代表大会第五次会议通过，1989年6月30日青海省第七届人民代表大会常务委员会第九次会议批准，2009年1月7日海北藏族自治州第十二届人民代表大会第四次会议修订，2009年11月30日青海省第十一届人民代表大会常务委员会第十二次会议批准），在该条例中，其制定机关、时间、针对事项、批准机关、时间一目了然。（2）单行条例的正文。尽管单行条例是民族自治地方的人民代表大会依照当地民族的政治、经济、文化的特点制定的调整本自治地方某方面事务的规范性文件，而且《立法法》第82条也规定"制定地方性法规，对上位法已经明确规定的，一般不作重复性规定"的精神，且一些地方立法程序也延续了"不作重复性规定"的精神，如《海北藏族自治州人民代表大会及其常务委员会立法程序规定》规定："除自治条例和内容复杂的地方性法规外，单行条例、地方性法规一般列条规定，不分章、节。"为保证其格式上的完整性，当前出台的大部分单行条例都有较完整和规范的立法体例，在形式上呈现章、节、条款等多层次的结构。

---

① 郑毅：《论民族自治地方变通权条款的规范结构》，载《政治与法律》2017年第2期。

② 如国务院新闻办公室2005年2月28日发布的《中国的民族区域自治》白皮书中指出："截至2003年底，我国155个民族自治地方共制定自治条例133个、单行条例384个，对婚姻法、选举法、土地法、草原法等法律的变通和补充规定有68件。"

③ 参见青海人大常委会官方网站，http://www.qhrd.gov.cn/Default.html，最后访问日期：2019年3月2日。

其二，变通(补充)规定的文本结构。大多数的变通规定的名称大多为(地名全称+对某某法的变通(补充)决定)，内容上，结构较为简单，一般只有几条内容，涉及变通的依据、变通的结果以及变通的适用范围三部分。

四、自治条例和单行条例的备案审查

与行政法规、地方性法规等一致，自治条例和单行条例同样也需要经过统一的备案审查程序，以确保其有效性。

(一)备案

《立法法》第 109 条规定，自治州、自治县的人民代表大会制定的自治条例和单行条例应当在公布后的三十日内，由省、自治区、直辖市的人民代表大会常务委员会报全国人民代表大会常务委员会和国务院备案；自治条例、单行条例报送备案时，应当说明对法律、行政法规、地方性法规作出变通的情况。一些地方立法程序规定也重申了这一要求。[①] 新修订的《立法法》规定在自治条例、单行条例报送备案的程序中，如果涉及变通权的行使，在报送备案时，自治地方需对变通相关法律法规的情形进行说明。这主要是基于实践中自治条例、单行条例条款较多，变通法律和行政法规的条款规定夹杂其中，备案审查机关往往难以发现，难以对比审查，不利于审查备案程序发挥其效果。因此，自治条例、单行条例报送备案的程序中，要求就自治条例和单行条例的变通情况进行说明，提高备案审查工作的效率和精度，这也是加强对变通权行使的监督的一种体现。

(二)审查

对自治条例和单行条例的审查分为两方面：

其一，待批准的自治条例和单行条例的事前审查。对于自治条例、单行条例，《宪法》《立法法》虽然规定了须报请全国人大常委会或省级人大常委会批准后生效，但上级人大常委会如何进行审查批准，审查的具体标准是合法性审查还是既有合法性审查又有合理性审查，如何协调其与省级规章的抵触等问题，这两部法律都没有明确规定，只是在《立法法》中对于变通规定作出了规范的要求，这不能不说是批准制度的一大疏漏。

其二，已公布的自治条例和单行条例的事后审查。《立法法》第 110 条规定："国务院、中央军事委员会、国家监察委员会、最高人民法院、最高人民检察院和各省、自治区、直辖市的人民代表大会常务委员会认为行政法规、地方性法规、自治条例和单行条例同宪法或者法律相抵触的，或者存在合宪性、合法性问题的，可以向全国人民代表大会常务委员

---

① 如《海北藏族自治州人民代表大会及其常务委员会立法程序规定》第 45 条规定："自治条例、单行条例对法律、行政法规和本省地方性法规的规定作出变通规定的，应当说明变通的依据及理由。"第 47 条规定："自治州人民代表大会及其常务委员会通过的自治条例、单行条例、地方性法规，应当在通过之后的三十日内，将自治条例、单行条例、地方性法规文本及说明报省人大常委会。"

会书面提出进行审查的要求，由全国人民代表大会有关的专门委员会和常务委员会工作机构进行审查、提出意见。前款规定以外的其他国家机关和社会团体、企事业组织以及公民认为行政法规、地方性法规、自治条例和单行条例同宪法或者法律相抵触的，可以向全国人民代表大会常务委员会书面提出进行审查的建议，由常务委员会工作机构进行审查；必要时，送有关的专门委员会进行审查、提出意见。"第 111 条规定："全国人民代表大会专门委员会、常务委员会工作机构可以对报送备案的行政法规、地方性法规、自治条例和单行条例等进行主动审查，并可以根据需要进行专项审查。"

第三节　规　章

在我国的国家管理中，规章发挥了重要的作用。国务院组成部门及直属机构，从省到设区的市一级人民政府均有权限制定规章。因此，在我国国家治理的法律体系中，需要认真研究规章在其中的地位，以及其对于国家治理的意义。

一、规章的性质与功能

规章是我国体量最大、涉及面最广的一类规范性文件。此处讨论的规章，是指国务院组成部门及直属机构，省、自治区、直辖市人民政府及省、自治区政府所在地的市和设区市的人民政府、自治州，在它们的职权范围内，为执行法律、法规要制定的事项或属于本行政区域的具体行政管理事项而制定的规范性文件。

（一）规章的性质

规章的性质到底是什么？规章是否具有法的属性？产生这种疑问的原因主要源于对规章制定权的性质的不同理解。学界对规章制定权的性质存在不同理解主要可归纳为三种观点：

第一种观点认为，规章制定权属于行政权。行政立法本质上属于行政行为，不同于立法机关的立法行为。[1] 持这种观点的主要依据在于：（1）从我国的宪法体制和人民大代表大会制度的实际情况出发，人民代表大会才是立法机关；（2）我国《行政诉讼法》也明确规定人民法院审理行政案件时，依据法律和行政法规、地方性法规、参照规章。[2] 该"参照"条款实际意味着国务院部委及法律规定的地方政府所制定并发布的规章仅具有法律补充渊源或非正式渊源的意义，其实质仍是一种抽象行政行为。

第二种观点认为，规章制定权属于立法权。"行政机关行使的行政法规和规章的制定

① 乔晓阳主编：《中华人民共和国立法法讲话》，中国民主法制出版社 2008 年版，第 33 页。
② 《行政诉讼法》第 63 条规定："人民法院审理行政案件，以法律和行政法规、地方性法规为依据。地方性法规适用于本行政区域内发生的行政案件。人民法院审理民族自治地方的行政案件，并以该民族自治地方的自治条例和单行条例为依据。人民法院审理行政案件，参照规章。"

权，在法律性质上属于立法权而不是行政权"①，地方政府规章就是立法性质的规范性法律文件。这种论断的依据主要包括三方面：（1）从法律依据来说，规章的制定权来自地方组织法关于地方政府可以制定规章的规定。（2）从行政法的一般理论来说，行政立法是指制定行政法规与规章的行为和活动，这种观点已经深入人心，如果否认规章的法律属性，其结果必然要求重新界定行政法的概念，这无疑会对行政法学理论带来冲击。（3）从实践来说，如果把规章排斥在法律体系之外，具体行政行为将失去其应有的权威性，势必给基层的行政执法造成混乱，使依法行政成为一句空话。

第三种观点则是对以上两种观点的折中，认为规章制定权兼具行政权和立法权性质。"我国的行政立法，是行政性质和立法性质的有机结合。它既有行政的性质，是一种抽象行政行为，又具有立法的性质，是一种准立法行为。忽视其中任何一方面都是片面的。"②但是从《立法法》的角度看，2000年《立法法》正式将规章列于法律、法规之后，在某种意义上有关规章的性质、地位等争议才尘埃落定。③

（二）规章的功能

规章作为行政机关开展行政管理活动的重要依据，对规范制约行政行为，防止行政权力滥用，保障公民、法人和其他组织合法权益，维护地方经济社会发展等方面起到了积极的促进作用。首先，规章具有执行性和补充性立法功能。现实中不可避免地存在上位法相关规定过于抽象、含义不明确、缺乏可执行性、难以满足地方立法需求等现象。国务院各部委及直属机构或地方政府直接立足于行政管理实践，可以在规章制定权限内作出执行性和补充性规定，增强可操作性，使上位法相关规定得到有效实施。其次，规章具有灵活性、专业性、技术性以及应对突发事件的及时性立法功能。较之法律、法规，规章具有制定程序相对简单、制定时间相对较短的优势，能够有效弥补权力机关立法相对滞后、无法满足实践急需的不足，较好地适应行政管理对于效率的需要和促进有限立法资源的合理配置。最后，规章具有先行立法功能。在确需权力机关立法但立法条件不成熟的情形下可以先行制定规章，既可为改革创新提供法制保障，降低立法风险，也可为权力机关立法积累经验。

二、规章的类型与权限

（一）规章的类型

其一，根据制定主体的不同，在我国规章可分为部门规章与地方政府规章。部门规章是国务院各职能部门根据法律和行政法规，经部务会议或者委员会会议决定，由本部门首

---

① 最高人民法院研究室主编：《行政司法解释理解与适用》，法律出版社2011年版，第412页。

② 罗豪才、湛中乐主编：《行政法学》，北京大学出版社2016年版，第150~151页。

③ 章剑生：《行政诉讼中规章的"不予适用"》，载《浙江社会科学》2013年第2期。

长签署命令公布施行的规范性文件。而地方政府规章，是指省、自治区、直辖市以及设区的市，① 自治州根据法律和行政法规，经政府常务会议或者全体会议决定，由省长、自治区主席、市长签署命令公布施行的规范性文件。

其二，根据内容不同，规章可分为执行性规章、补充性规章和实验性规章。(1)执行性规章是指为了执行法律或者地方性法规以及上级行政机关发布的规范性文件而作出的具体规定，以便于进行更切合实际的行政立法活动。执行性规章并不创设新的法律规则，不得在法律、地方性法规以及上级行政机关规范性文件所规定的事项之外随意增加新的规定。这种立法活动所制定的规章通常被称为实施细则、实施办法。(2)补充性规章是指为了补充已经发布的法律、法规而制定的规范性文件的活动。由于法律、法规对于某些情况不可能都事先预见到或者当时不宜规定得详细、具体，需要行政机关根据实际情况，予以适当补充。因此，有可能根据原法律或法规所确定的原则，创设出某些新的法律规则。所以补充性立法必须得到法律、法规或有权机关的明确授权。通过这类立法活动所制定的法规、规定，通常称之为"补充性规定"或"补充办法"。(3)实验性规章是指行政机关基于有权机关或法律的特别授权，对本应由法律规定的事项，在条件尚不充分、经验尚未成熟或社会关系未定型的情况下，先由行政机关作出有关规定，经过一段实验期后，再总结经验，由法律正式规定下来。这种立法多属于特别授权立法，需要法律或有权机关的特别授权。通过这种立法制定的法规，通常称之为"暂行条例"或"暂行规定"。

(二)规章的权限

由于制定主体不同，其权限也各有不同。

其一，部门规章的权限。《立法法》第 91 条规定，"国务院各部、委员会、中国人民银行、审计署和具有行政管理职能的直属机构②，可以根据法律和国务院的行政法规、决定、命令，在本部门的权限范围内，制定规章。部门规章规定的事项应当属于执行法律或者国务院的行政法规、决定、命令的事项。没有法律或者国务院的行政法规、决定、命令的依据，部门规章不得设定减损公民、法人和其他组织权利或者增加其义务的规范，不得增加本部门的权力或者减少本部门的法定职责。"第 92 条规定："涉及两个以上国务院部门职权范围的事项，应当提请国务院制定行政法规或者由国务院有关部门联合制定规章。"从

---

① 截至目前，东莞市、中山市、嘉峪关市和三沙市四个不设区的市政府也具有规章制定权，其中 2020 年 4 月三沙市已被国务院批准设立西沙区和南沙区。

② 根据我国《宪法》和《国务院组织法》的规定，国务院各部、委可以根据法律和国务院的行政法规、决议、命令，在本部门的权限内，发布命令、指示和规章。由此确定了国务院各部委的行政规章制定权。但在宪法和组织法中，对国务院直属机构的立法权限没有规定，可是直属机构自产生时起，就发布了大量具有法律约束力的规范性文件。它们的行政立法权主要是由单项法律、法规的授权而取得。2015 年修订的《立法法》第 80 条为其制定部门规章提供了明确的法律依据。

主体上看，制定部门规章的主体包括国务院各部、各委员会和国务院直属机构享有制定规章的权力。另外还要注意的是，国务院的一些事业机构(如保监会、银保监会、电监会等)及国务院直属特设机构(如国资委)也具有制定规章的权力。

其二，地方政府规章的权限。《地方各级人民代表大会和地方各级人民政府组织法》为地方政府立法权提供了组织法上的依据，该法第 59 条规定，县级以上地方各级人民政府执行本级人民代表大会及其常委会的决议以及上级国家行政机关的决定和命令、规定行政措施，发布决定和命令。该法第 60 条规定，省、自治区、直辖市的人民政府可以根据法律、行政法规和本省、自治区、直辖市的地方性法规，制定规章，报国务院和本级人民代表大会常务委员会备案。设区的市的人民政府可以根据法律、行政法规和本省、自治区的地方性法规，制定规章，报国务院和省、自治区的人民代表大会常务委员会、人民政府以及本级人民代表大会常务委员会备案。2023 年《立法法》关于地方政府规章的内容体现在第 93 条中。其亮点一是将制定地方规章的主体扩大到了设区的市和自治州，即"省、自治区、直辖市和设区的市、自治州的人民政府，可以根据法律、行政法规和本省、自治区、直辖市的地方性法规，制定规章"。从权限上看，整体来说地方政府制定规章的权限体现在三方面：(1)执行性事项。即为执行法律、行政法规、地方性法规的规定需要制定规章的事项。(2)自主性事项。即属于本行政区域的具体行政管理事项。(3)先行性事项。即制定地方性法规但条件尚不成熟的，因行政管理的迫切需要，可以先制定地方政府规章。《立法法》第 93 条还对地方政府规章的制定设定了一些限制，体现在三方面：(1)对设区的市、自治州制定规章的权限，规定"限于"城乡建设与管理、生态文明建设、历史文化保护、基层治理四类事项。亦即设区的市、自治州的政府无论是根据法律、行政法规或者地方性法规还是在缺乏法律、法规规定情况下的创制性规定都只能限制在上述领域范围内进行规定。(2)对于先行性规章的制定，设定了两个条件，第一个条件是，制定规章是基于行政管理的迫切需要；第二个条件是，规章实施满两年后需继续实施的，应当制定法规。(3)没有法律、行政法规、地方性法规的依据，地方政府规章不得设定减损公民、法人和其他组织权利或者增加其义务的规范。结合《行政处罚法》《行政许可法》《行政强制法》的相关规定，这些限制具体可体现为，地方规章在尚未制定法律、法规的情形下，对违反行政管理秩序的行为，可以设定警告或者一定数量的行政罚款，但是罚款的限额由省、自治区、直辖市人大常委会规定。省级政府的规章可以设定非经常性的行政许可，实施期限为 1 年的临时性行政许可，如果要继续实施需要提请本级人大及其常委会制定地方性法规。地方政府规章不得设定行政强制措施。

三、规章的制定程序

当前我国有关规章的程序性规定主要体现在《立法法》《规章制定程序条例》《法规、规章备案规定》。其中《规章制定程序条例》于 2017 年 12 月由国务院通过决定修改，并于 2018 年 5 月 1 日正式实施。综合以上文件的规定，规章的制定程序包括立项、起草、审查、决定、签署与公布五个环节。

（一）立项

根据《规章制定程序条例》第 2 章（第 9 条至第 12 条）的专门规定，有关制定部门规章的"立项"程序是：国务院内设机构或者其他机构认为需要制定部门规章的，应当向该部门申请立项。报送制定规章的立项申请，应当对制定规章的必要性，所要解决的主要问题，拟确立的主要制度作出说明。国务院部门可以向社会公开征集规章制定项目建议，国务院部门法制机构应当对制定规章的立项申请和公开征集的规章制定项目建议进行评估论证，拟定本部门年度规章制定工作计划，报本部门批准后向社会公布。规章的年度制定工作计划应当明确规章的名称、起草单位、完成时间等。国务院各部门应当加强对执行年度规章制定工作计划的领导。年度规章制定工作计划在执行中，可以根据实际情况予以调整，对拟增加的规章项目应当进行补充论证。

（二）起草

根据《规章制定条例》第 3 章（第 13 条至第 17 条）的专门规定，有关规章的起草程序是：部门规章由国务院部门组织起草。国务院部门可以确定规章由其一个或者几个内设机构或者其他机构具体负责起草工作，也可以确定由其法治机构起草或者组织起草。起草规章可以邀请有关专家、组织参加，也可以委托有关专门组织起草。起草规章应当深入调查研究，总结实践经验，广泛听取有关机关、组织和公民的意见。听取意见可以采取书面征求意见、座谈会、论证会、听证会等多种方式。起草的规章直接涉及公民、法人或者其他组织切身利益，有关机关、组织或者公民对其有重大意见分歧的，应当向社会公布，征求社会各界的意见；起草单位也可以举行听证会。起草部门规章涉及公务员其他部门的职责或者与国务院其他部门关系紧密的，起草单位应当充分征集国务院其他部门的意见。起草地方政府规章涉及本级人民政府其他部门的职责或者与其他部门关系紧密的，起草单位应当充分征求其他部门的意见。起草单位与其他部门有不同意见的，应当充分协商；经过充分协商不能取得一致意见的，起草单位应当在上报规章草案送审稿时说明情况和理由。

（三）审查

审查是指规章草案拟定之后，送交主管机构进行审议、核查的制度。承担规章审查职能的是政府法制机构。

根据《规章制定程序条例》第 4 章（第 18 条至第 26 条）规定，有关制定部门规章的审查程序如下：

规章送审稿由法制机构统一审查。法制机构主要从以下方面对送审稿进行审查：（1）

是否符合《规章制定程序条例》第 3 条、第 4 条、第 5 条的规定。(2)是否与有关规章协调、衔接。(3)是否正确处理有关机关、组织和公民对规章送审稿主要问题的意见。(4)是否符合立法技术要求。(5)需要审查的其他内容。法制机构应当将规章送审稿或者规章送审稿涉及的主要问题发送有关机关、组织和专家征求意见。法制机构应当就规章送审稿涉及的主要问题,深入基层进行实地调查研究,听取基层有关机关、组织和公民的意见。法制机构应当认真研究各方面的意见,与起草单位协商后,对规章送审稿进行修改,形成规章草案和对草案的说明。说明应当包括制定规章拟解决的主要问题,确立的主要措施以及与有关部门的协调情况等。规章草案和说明由法制机构主要负责人签署,提出提请本部门有关会议审议的意见。法制机构起草或者组织起草的规章草案,由法制机构主要负责人签署,提出提请本部门或者本级人民政府有关会议审议的建议。

(四)决定

根据《立法法》第 95 条的规定,有关制定规章的"决定"程序是:部门规章应当经部务会议或者委员会会议决定。地方政府规章应当经政府常务会议或者全体会议决定。审议规章草案时,由法制机构作说明,也可以由起草单位作说明。

(五)签署与公布

规章通过后,还需经制定机关的行政首长签署。各部委发布的规章,应当由本部门首长签署;地方人民政府发布的地方性规章,应由省长、自治区主席或市长、自治州州长签署。

《立法法》第 96 条规定:"部门规章由部门首长签署命令予以公布。地方政府规章由省长、自治区主席、市长或者自治州州长签署命令予以公布。"本条是关于规章公布程序的规定。公布规章的命令应当载明该规章的制定机关、序号、规章名称、通过日期、施行日期、部门首长或者省长、自治区主席、市长、自治州州长署名以及公布日期。部门联合规章由联合制定的部门首长共同署名公布,使用主办机关的命令序号。部门规章公布后,及时在国务院公报或者部门公报和中国政府法制信息网以及全国范围内发行的报纸上刊载。地方政府规章签署公布后,及时在本级人民政府公报和中国政府法制信息网以及在本行政区域范围内发行的报纸上刊载。在部门公报或者国务院公报和地方人民政府公报上刊登的规章文本为标准文本。

规章应当自公布之日起 30 日后施行;但是,涉及国家安全、外汇汇率、货币政策的确定以及公布后不立即施行将有碍规章施行的,可以自公布之日起施行。

四、规章的文本结构

关于规章的文本结构,《立法法》并未作出规定,但《规章制定程序条例》中列出了较为明确的要求。

其一，规章的名称。《规章制定程序条例》第 7 条规定，一般称规章为"规定""办法"，但不得称之为"条例"。故在实践中，规章的名称通常为"管理办法"等。

其二，规章的正文。《规章制定程序条例》第 8 条规定，规章用语应当准确、简洁，条文内容应当明确、具体，具有可操作性。法律、法规已经明确规定的内容，规章原则上不作重复规定。除内容复杂的，规章一般不分章、节。由此可见，制定规章的应坚持以问题为导向，强调操作性和实用性，删繁就简，避免重复，做到名称统一，条文精简。但当前，规章制定上存在的问题较突出：一是在名称上，称谓不一，"规定""实施细则"等表述使用较多；二是在结构上，过于强调完整性，囊括总则、章节、附则，结构烦琐；三是在条文数量上，普遍过多，动辄几十条；四是在内容上，重复、原则化、操作性不强等现象严重，且内容繁杂、过多借鉴其他省市规定，重复甚至照搬上位法的情况较普遍。

五、规章的备案审查

规章制定的主体众多且规章的数量也是繁多，涉及国家和社会生活的方方面面，因此，对于规章的备案审查应当明确、慎重且严格。

（一）备案

备案是将已经公布的规章上报法定的机关，使其知晓，并在必要时审查的程序。根据《立法法》第 109 条，现行《法规规章备案条例》对备案程序进行了比较完整的规定，主要涉及报送备案的主体，承担备案工作的具体机构，提交格式、处理结果以及未报送备案的责任追究等问题，从制度上改变了我国长期以来备案职责不清，备而不审以及无法追究不及时备案者责任等状况。

部门规章只需要向国务院备案；省级地方政府规章同时向省级人大常委会和国务院备案；设区市政府规章最复杂，应同时向本级人大常委会、省级人大常委会、国务院、省政府四个备案机关备案。

（二）审查

根据《立法法》第 110 条规定，有关的专门委员会和常务委员会工作机关可以对报送备案的规范性文件进行主动审查。[①] 第 114 条规定其他接受备案的机关对报送备案的规章的审查程序，按照维护法制统一的原则，由接受备案的机关规定。[②]

---

　　① 《中华人民共和国立法法》第 66 条规定："法律规定明确要求有关国家机关对专门事项作出配套的具体规定的，有关国家机关应当自法律施行之日起一年内作出规定，法律对配套的具体规定制定期限另有规定的，从其规定。有关国家机关未能在期限内作出配套的具体规定的，应当向全国人民代表大会常务委员会说明情况。"
　　② 《中华人民共和国立法法》第 114 条规定："其他接受备案的机关对报送备案的地方性法规、自治条例和单行条例、规章的审查程序，按照维护法制统一的原则，由接受备案的机关规定。"

《规章制定程序条例》第 34 条规定："规章应当自公布之日起 30 日内，由法制机构按照立法法和《法规规章备案条例》规定向有关机关备案。"第 35 条规定："国家机关、社会团体、企业事业组织、公民认为规章同法律、行政法规相抵触的，可以向国务院书面提出审查的建议，由国务院法制机构研究并提出处理意见，按照规定程序处理。国家机关、社会团体、企业事业组织、公民认为设区的市、自治州的人民政府规章同法律、行政法规相抵触或者违反其他上位法的规定的，也可以向本省、自治区人民政府书面提出审查的建议，由省、自治区人民政府法制机构研究并提出处理意见，按照规定程序处理。"

第四节　规范性文件

规范性文件在我国行政管理中具有非常重要的地位，其分为广义和狭义两种。广义的规范性文件有两类，一类是属于法律范畴的立法性文件，即宪法、法律、行政法规、自治条例、单行条例、国务院部门规章、地方政府规章、司法解释等；另一类是指除上述立法性文件以外的决定、决议、命令等具有普遍约束力的非立法性文件。狭义的规范性文件专指后一类，即具有普遍约束力的非立法性文件。① 本书探讨的即为狭义的规范性文件，是指国家行政机关为执行法律、法规、规章，对社会实施管理，依法定权限和法定程序发布的规范行政相对人行为的具有普遍约束力的决定、政令等。②

一、规范性文件的性质与功能

规范性文件在我国整个行政法律规范体系中的数量占据了相当大的比例。虽然其效力有限，但是却在日常行政管理过程中，扮演着重要的角色。因此，厘清规范性文件的性质和功能，对于整体把握规范性文件大有裨益。

（一）规范性文件的性质

第一，规范性文件不是行政立法。行政立法是行政机关作为立法主体的行政行为，具有行政性，是一种主体立法活动。行政立法必须是依法定程序制定的立法行为，享有行政立法权的行政机关非依法定程序制定的规范性文件也不能被称为行政立法。③ 行政立法的内容主要为贯彻执行权力机关制定的法律采取行政措施，所以以具有执行性和从属性特点，从属于权力机关的立法。并且，行政立法是得到宪法和组织法的授权，由一部分高层次的行政机关行使的一种高规格的立法行为。而规范性文件是行政机关出于国家管理的需要，

---

①　温辉：《政府规范性文件备案审查制度研究》，载《法学杂志》2015 年第 1 期。

②　姜明安著：《行政法与行政诉讼法》，北京大学出版社、高等教育出版社 1999 年版，第 172 页。

③　应松年主编：《当代中国行政法（第三卷）》，人民出版社 2017 年版，第 834 页。

依据法律、法规、规章所制定的针对某一领域范围内具有普遍约束力的准立法行为。例如，《宪法》第 89 条规定："国务院行使下列职权：（一）根据宪法和法律，规定行政措施，制定行政法规，发布决定和命令。……"第 90 条规定："各部、各委员会根据法律和国务院的行政法规、决定、命令，在本部门的权限内，发布命令、指示和规章。"上述决定、命令是规范性文件的主要形式，而行政法规和规章则属于行政立法。

第二，与具体行政行为相对应，规范性文件是行政机关为执行法律、法规、规章，对社会进行管理而实施的一种抽象行政行为。抽象行政行为所针对的对象是不特定的人和事，其主要行为方式为制定普遍适用的规范性文件。由于其结果是抽象规范的产生，故称之为抽象行政行为。抽象行政行为虽然不对某一具体事件或特定人作出具体处理，但一切具体事件和特定人的行为合乎抽象规范的，均在其适用范围以内，抽象行政行为的结果，往往是具体行政行为的依据和条件。抽象行政行为并不直接对具体人或事作出处理，因此，在我国不能单独针对抽象行政行为向人民法院提起行政诉讼。抽象行政行为的合法性审查属于国家权力机关和上级行政机关的职权。①

第三，规范性文件是行政机关发布的用以对社会进行管理，规范公民、法人和其他组织行为的政令。我国是成文法国家，因而对于社会生活的许多方面需要通过制定相应的法律法规以及其他相关文件来实现国家对社会的治理。但若对方方面面的事情都由法律来予以规定，不仅社会治理的效率低下，还浪费了大量的立法资源。并且我国疆域广阔，人口众多，各地区之间所处的自然环境、人文环境不一，因此由相应的机关通过制定行政规范性文件来实现当地的社会治理，不仅有助于提升治理效率，还能因地制宜地有效治理。

（二）规范性文件的功能

规范性文件在我国行政法律体系中数量庞大，其涉及国家治理中的具体问题，因而其在国家治理中也发挥着重要的作用。

其一，具有明确和细化立法上不确定法律概念和行政裁量权、弥补成文法局限的功能。社会在不断地发展中，纷繁复杂的社会现象和社会行为层出不穷，纵使立法者有心将其全部纳入规制的范围，对其进行解释和说明，但由于受限于多重因素的影响，要想实现这一目标却是相当之艰难。因此，为求周全和避免挂一漏万，便不得不大量使用"不确定法律概念"。由于我国幅员辽阔、人口众多，只能通过立法将一些具体情形抽象为具有共性的一般情况。然而在实践中存在诸多不同情况，为充分地实现正义——在实现普遍正义的同时进一步追求个案正义，制定相应的规范性文件来解决具有不同地域或不同领域的问题，势在必行。同时，立法者也深知，对于这些同中有异的具体情形，在赋予法律效果时应进一步区别对待，但对于实践中究竟存在哪些细微区别以及如何区别对待方属适当，立

---

① 邹瑜主编：《法学大辞典》，中国政法大学出版社 1991 年版，第 12 页。

法者往往缺乏足够的知识、经验和能力来预作判断和规定，由此，立法者便不得不止步于给出多个选项或规定一个大致的范围和幅度，同时授予负责执行法律的行政机关和负责适用法律的司法机关以裁量权，由后者根据其独特的知识、经验和对案件的直观感受，在法定的范围和幅度内进行斟酌选择，以作出在其看来是最适合的个案决定。①

其二，在行政日益专业化背景下具有补充立法所需专业标准的功能。在我国，立法更多的是涉及国家宏观层面的问题，难以对社会生活中的方方面面问题作出相应的规定。而随着工业化、城市化、全球化的快速发展，尤其是科学技术的日新月异，行政的触角已经遍及了政治、经济、社会、文化等各个领域，由此导致，行政事务不仅数量上急剧增加，而且专业技术性也越来越强。比如产品质量监管、建筑工程和设备设施的检验、食品药品安全、进出口货物的检验检疫、生态环境的保护等行政管理和执法事务，都具有高度的专业技术性。② 而立法者在制定相应法律时，即便有相应的专家列席提出专业意见，但专家也很难将社会生活中的方方面面都列举出来，即便专家能够列出，法律也无法涵盖所有这些内容。因此，这就需要行政机关配备相应的专业技术人员和设备，针对不同的专业领域和实际情况制定专业技术标准，以便相对人和公众普遍知悉、遵守，为行政管理和执法提供必要的专业性依据。

二、规范性文件的制定程序

由于规范性文件制定的主体较多，不同主体对于自身以及其下位机关制定规范性文件的程序规定也不尽相同。但通过梳理《湖北省行政规范性文件管理办法》《广西壮族自治区行政规范性文件制定程序规定》《安徽省行政机关规范性文件制定程序规定》《上海市行政机关规范性文件制定程序规定》可以发现，主要制定程序包括起草、审查、公布三个环节，不同省在这三大环节之中又嵌入了不同的具体环节。湖北省的规范性文件制定程序主要为：调研起草、公开征求意见、组织论证、合法性审查、风险及制度廉洁性评估、集体讨论决定、公布、备案。广西壮族自治区的规范性文件制定程序主要为：调研起草、征求意见、合法性审查、集体讨论决定、公布施行等程序。安徽省的规范性文件的制定程序主要为：立项、起草、审查、决定、公布。综合来看，规范性文件的制定程序可以大致总结为：

（一）立项

任何一项规范性文件的制定，首先需要经过立项这一程序。通过立项程序来确定某一规范性文件是否有制定之必要。《安徽省行政机关规范性文件制定程序规定》第7条规定：

---

① 赵清林：《新时代行政规范性文件的功能研究》，载《政府法制研究》2019年第4期。
② 赵清林：《新时代行政规范性文件的功能研究》，载《政府法制研究》2019年第4期。

"政府所属部门认为需要由政府制定规范性文件的，应当向本级人民政府报请立项。报送政府制定规范性文件的立项申请，应当对制定规范性文件的必要性、所要解决的主要问题、拟确立的主要制度以及依据的上位法等作出说明。"

在立项时，政府法制部门要对立项申请作出审核，并根据相关的法律对立项申请提出相应的意见。《安徽省行政机关规范性文件制定程序规定》第 8 条规定："政府法制部门应当对报送政府制定规范性文件的立项申请进行汇总研究，拟订本级人民政府年度规范性文件制定工作计划，报本级人民政府批准后执行。"

总而言之，对于规范性文件的制定而言，立项虽然是一个最简单的在先程序，其对规范性文件有无制定的必要性进行了审查，避免了在后续程序进行过程中再发现该规范性文件无制定之必要而终止程序所带来的资源的浪费。

（二）起草

在规范性文件准予立项后，申请单位应当组织相关专业人员开展规范性文件起草工作。根据《广西壮族自治区行政规范性文件制定程序规定》的相关内容，政府行政规范性文件由业务主管部门或者相关单位负责起草，部门行政规范性文件由部门负责起草。事实上，这也是遵循"谁申请、谁起草"的原则。在起草过程中，可以邀请有关机构、专家参加，也可以委托有关机构、专家起草。此外，根据《上海市行政机关规范性文件制定程序规定》，若规范性文件的内容涉及两个或者两个以上职能部门职权的，应当由两个或者两个以上职能部门联合起草；联合起草的，可以一个职能部门为主，其他职能部门配合。

根据《广西壮族自治区行政规范性文件制定程序规定》：在起草规范性文件时，应当对制定行政规范性文件的必要性、可行性、合法性、合理性进行深入研究，对所要解决的问题、拟确立的主要制度和措施、实施效果及社会风险等内容进行广泛调研。虽然制定规范性文件的必要性审查工作在立项时已经开展，但为了谨慎起见，在各个环节都加入必要性审查均有必要。因为，在规范性文件的制定过程中，会不断深入地研究所涉领域的相关内容，对于各种社会情况以及相关知识的认识会进一步加深，所以伴随着整体情况的不断变化，也要不断适应社会、知识等的发展来进一步确定规范性文件制定的必要性。

此外，若行政规范性文件内容涉及其他部门职责的，起草单位应当充分征求相关部门的意见，相关部门应当及时反馈意见和建议。起草单位在征求相关部门意见过程中，对收到的意见和建议应当认真研究处理。对于部门间意见有分歧的，起草单位应当进行协商协调；难以达成一致意见的，起草单位应当列明各方意见，并提出明确的处理意见，报请制定机关决定。

最后，对于整个起草工作而言，不能陷入闭门造车的境地，毕竟规范性文件的制定是为了更好地实现国家对社会的治理。因此，在起草时就要注意吸收社会公众的意见，提升规范性文件制定的民主性。《广西壮族自治区行政规范性文件制定程序规定》第12条对起草的规范性文件的公开征求意见作出了如下规定：起草行政规范性文件，应当公开征求公众意见。公开征求公众意见，应当通过政府网站或者其他便于公众知晓的方式公布行政规范性文件草案。本自治区县级以上人民政府应当建立行政规范性文件网上公开征求意见平台或者专栏，逐步实现本级政府行政规范性文件和部门行政规范性文件统一在征求意见平台或者专栏上公开征求意见。公众对行政规范性文件草案提出的意见和建议，起草单位应当研究处理，并在报送审议时对公众意见采纳情况作出说明。

总之，对于规范性文件的起草，不同地区所需要经过的程序不一样，但是大体还是保持相对一致，以相关主体为主进行起草，必要时可以邀请相关专业人士加入，同时要注意听取社会公众的意见。

（三）审查

《湖北省行政规范性文件管理办法》《广西壮族自治区行政规范性文件制定程序规定》《安徽省行政机关规范性文件制定程序规定》《上海市行政机关规范性文件制定程序规定》均对规范性文件起草后的审查作出了相应的规定。

通过梳理发现，《安徽省行政机关规范性文件制定程序规范》不仅对审查需要提交的材料作出了规定，还对审查后发现问题的处理方式作出了规定。其主要内容包括：第15条规定："政府规范性文件送审稿及其说明由政府法制部门统一审查、修改。部门规范性文件送审稿及其说明由部门法制机构或负责法制工作的机构统一审查、修改。"第16条规定："规范性文件送审稿有下列情形之一的，政府法制部门、部门法制机构或负责法制工作的机构（以下统称审查机构）可以缓办或者退回起草单位：（一）不符合本规定第五条①规定的；（二）制定规范性文件的基本条件尚不成熟的；（三）有关部门对规范性文件送审稿规定的主要制度存在较大争议，起草单位未与有关部门、机构协商的。"第17条规定："审查机构审查规范性文件送审稿，应当将规范性文件送审稿或者规范性文件送审稿涉及的主要问题发送有关单位征求意见。"第18条规定："审查机构应当就规范性文件送审稿涉及的主要问题，深入基层进行实地调查研究，听取基层有关单位和个人的意见。"第19条规定："规范性文件送审稿涉及重大问题的，审查机构应当召开由有关单位、专家参加的座谈会、论证会，听取意见，研究论证。"第20条规定："有关部门、机构对规范性文件送审稿涉及的主要措施、管理体制、权限分工等问题有不同意见的，审查机构应当进行协调，达成一致意见；不能达成一致意见的，应当将主要问题、有关部门、机构的意见和审查机构的意见上报本级人民政府或本部门决定。"第21条规定："审查机构应当认真研究各方面的意

---

① 《安徽省行政机关规范性文件制定程序规定》第5条规范性文件的内容，应当符合精简、统一、效能的原则，体现改革精神，促进政府职能向调节经济、管理社会和服务公众转变。

见，与起草单位协商后，对规范性文件送审稿进行修改，并直接向本级人民政府或本部门提出规范性文件草案和审查报告。审查报告应当包括制定规范性文件拟解决的主要问题、拟采取的主要措施、依据的上位法以及与有关部门、机构的协调情况等。"第22条规定："部门规范性文件在印发前，有关部门应将规范性文件送同级政府法制部门进行合法性审查，并提交下列材料：（一）提请审查的公函；（二）规范性文件文本；（三）规范性文件的说明；（四）制定规范性文件所依据的法律、法规、规章、上级行政机关的命令和决定；（五）制定规范性文件所依据的其他有关资料。"第23条规定："政府法制部门应在10个工作日内完成审查工作，并将审查意见书面通知制定规范性文件的政府部门。"第24条规定："制定规范性文件的部门收到政府法制部门的审查意见后，应当认真研究吸收其所提出的意见。对主要意见不能采纳的，应当书面告知政府法制部门。"第25条规定："部门规范性文件未经同级政府法制部门审查不得印发。政府法制部门发现未经其审查而印发的部门规范性文件，可以提请本级人民政府撤销该文件，并在公开发布文件的载体上公告。政府法制部门可以对同级政府部门制发规范性文件情况进行检查。"

此外，《上海市行政机关规范性文件制定程序规定》第15条规定："审核意见应当包括下列内容：（一）是否具有制定的必要性和可行性；（二）是否超越制定机关法定的职权范围；（三）是否符合本规定第四条、第八条、第九条的规定；（四）是否与相关的规范性文件相协调、衔接；（五）是否征求相关机关、组织和管理相对人的意见；（六）是否对重大分歧意见进行协调；（七）其他需要审核的内容。"

《广西壮族自治区行政规范性文件制定程序规定》第21条规定："行政规范性文件合法性审查，主要审查下列内容：（一）制定机关是否合法；（二）制定机关是否超越法定权限；（三）内容是否与法律、法规、规章和上级规范性文件相抵触；（四）内容是否违反本规定第六条的禁止性规定；（五）内容是否与相关行政规范性文件冲突；（六）制定程序是否违反本规定；（七）其他需要审查的内容。"

总而言之，规范性文件的审查是对规范性文件起草情况的综合评价，不仅仅要在审查程序上作出细致的规定，更要在具体审查内容上作出明确规定，毕竟只明确每一步审查程序，而不告知在程序中具体应当审查的内容，则整个完善的审查程序难以建立。

（四）公布

规范性文件的公布是制定规范性文件最后一环，也是落实政府信息公开的重要一步。通过梳理上海、湖北、安徽、广西等地的情况，发现上海市和湖北省要求通过各种方式向社会公众公布规范性文件，广西壮族自治区只是明确了要向社会公布，并未明确具体的公布方式。而安徽省则并未强调如何公布及公布的方式。《上海市行政机关规范性文件制定程序规定》第18条规定："规范性文件应当向社会公布，公布的方式应当方便公民、法人和其他组织查阅。行政机关可以指定政府公报、政府网站、新闻媒体等多种方式公布规范性文件。"《湖北省行政规范性文件管理办法》第 19 条规定："规范性文件由制定机关主要负责人签署后，通过本级政府公报、政府网站、部门网站或者新闻媒体向社会公布。"《广西壮族自治区行政规范性文件制定程序规定》第 28 条规定："制定机关应当及时通过便于公众知晓的方式公布行政规范性文件。"《安徽省行政机关规范性文件制定程序规定》第 27 条规定："会议审议通过的规范性文件草案，由审查机构按会议意见修改后，报本级人民政府或本部门负责人签署发布。"

三、规范性文件的备案与审查

对于规范性文件备案而言，上述四个省、直辖市、自治区都有一套严格的规范性文件的备案程序。安徽省制定了《安徽省行政机关规范性文件备案监督办法》，广西壮族自治区制定了《广西壮族自治区行政规范性文件备案审查规定》，上海市也制定了《上海市行政规范性文件制定和备案规定》。湖北省并未单独地制定相关的备案文件，而是在《湖北省行政规范性文件管理办法》中单独列出"第三章备案与监督"来规定详细的备案事宜。

（一）备案时间

上述四个省、直辖市、自治区都对备案时间作出了相应的规定，除《湖北省行政规范性文件管理办法》第 21 条规定"规范性文件应当自公布之日起 30 日内，由制定机关按照下列规定报送备案……"外，安徽省①、广西壮族自治区②以及上海市③均规定"行政规范性文件应当自发布之日起 15 日内，由制定机关报送备案"。因此，通常行政机关在规范性文件颁布后的 15 天或 30 天内，均需将规范性文件报送备案。之所以各地方报送备案的时限不一，主要是由于各地的实际情况不一。

（二）备案材料

行政机关将颁布的行政规范性文件报送相应的部门备案时，需要提供相应的材料，以供备案机关审查。同样，四省、直辖市、自治区虽然均对备案时所应提交的材料作出了相应的规定，但是具体所需提交的材料并不统一。例如：《湖北省行政规范性文件管理办法》第 22 条规定：规范性文件报送备案时，应当一式两份提交下列材料：（1）规范性文件备案报告；（2）规范性文件正式文本；（3）规范性文件起草说明；（4）法律、法规、规章和政策

---

① 《安徽省行政机关规范性文件备案监督办法》第 4 条规定："规范性文件应当自公布之日起 15 日内，由制定机关按照下列规定报送上一级行政机关(以下称备案监督机关)备案……"

② 《广西壮族自治区行政规范性文件备案审查规定》第 6 条规定："下列行政规范性文件应当自发布之日起 15 日内，由制定机关按照以下规定报送备案……"

③ 《上海市行政规范性文件制定和备案规定》第 33 条规定："制定机关应当自规范性文件公布之日起 15 个工作日内，按照下列规定将规范性文件报送备案……"

或者事实依据；（5）听证会、论证会等公开征求意见的材料；（6）其他相关材料。提交前款材料时，应当一并提交电子文本。而《安徽省行政机关规范性文件备案监督办法》则规定得相对简单，仅在第 6 条规定"制定机关报送备案规范性文件，应当提交备案报告、规范性文件的纸质和电子文本及说明"。上海市①和广西壮族自治区②的相关规定与湖北省的规定较为相似。

（三）备案审查

当行政机关将规范性文件送至备案机关备案审查时，备案机关需要对规范性文件进行审查后再决定是否予以备案。四省、直辖市、自治区对于审查的内容进行了规定，但各个地方的规定并不一致。《湖北省行政规范性文件管理办法》实行的是二次审查，当行政机关报送规范性文件备案时，依据制定时的合法性审查所要审查的内容，再一次对规范性文件进行审查。《安徽省行政机关规范性文件备案监督办法》《上海市行政规范性文件制定和备案规定》《广西壮族自治区行政规范性文件备案审查规定》均重新对规范性文件的备案审查作出了规定。例如：

《广西壮族自治区行政规范性文件备案审查规定》第 11 条备案审查主要包括以下内容：（1）是否超越制定机关法定职权；（2）是否符合法定程序；（3）是否同法律、法规、规章、上级规范性文件相抵触；（4）是否违法设定行政处罚、行政许可、行政强制、行政收费等；（5）是否减损公民、法人和其他组织的合法权益或者增加其义务；（6）其他需要审查的内容。

《安徽省行政机关规范性文件备案监督办法》对于备案审查的规定较《广西壮族自治区行政规范性文件备案审查规定》更细致。其第 9 条规定："备案监督机关的法制机构应当自收到备案的规范性文件之日起 30 日内就下列事项进行审查：（一）是否超越权限，限制或者剥夺公民、法人和其他组织的合法权利，或者增加公民、法人和其他组织的义务；（二）是否同法律、法规、规章和上级行政机关规范性文件相抵触；（三）同级人民政府所属工作部门制定的规范性文件之间、上级人民政府所属工作部门与下级人民政府制定的规范性文

---

① 《上海市行政规范性文件制定和备案规定》第 34 条规定："报送市或者区人民政府备案的规范性文件，直接送市或者区人民政府的法制办公室（以下统称法制办）。规范性文件报送备案时，应当提交下列材料：（一）规范性文件备案报告 1 份；（二）规范性文件正式文本 5 份（附电子文本 1 份）；（三）规范性文件起草说明 1 份；（四）规范性文件制定依据目录 1 份；（五）按照本规定第十九条规定出具的合法性审查意见 1 份。规范性文件备案报告应当载明规范性文件经有关会议审议的情况、公布情况等内容。规范性文件的制定，按照本规定第二十二条规定简化程序，自公布之日起未满 30 日即施行或者按照本规定第二十六条第三款规定溯及既往的，还应当在备案报告中注明理由。"

② 《广西壮族自治区行政规范性文件备案审查规定》第 7 条规定："制定机关报送行政规范性文件备案应当提交以下材料：（一）备案报告；（二）行政规范性文件正式文本和起草说明；（三）制定依据；（四）征求意见情况汇总和合法性审查意见书；（五）政府常务会议审议或者部门办公会议集体讨论决定的证明材料。备案报告的文本格式，由自治区人民政府法治部门统一制定。"

件之间，对同一事项的规定是否一致；（四）规范性文件涉及两个以上部门职责或者与其他部门关系紧密的，制定机关是否按照《安徽省行政机关规范性文件制定程序规定》（安徽省人民政府令第 149 号）第 12 条的规定充分征求其他部门意见，或者是否违反其他法定制定程序；（五）规范性文件的规定是否适当。"

总之，各个地方对于规范性文件备案审查具体内容的规定不完全一致，这不仅与当地的实际情况相关，也与规范性文件在制定时的制定程序相关。若制定程序把控严格，则备案审查可能较简单，反之则备案审查的规定就较为细致，审查也就更深入。

（四）审查处理

备案机关在审查规范性文件，若发现规范性文件出现违法规定以及在制定过程中出现其他不当行为等一切反映出待备案规范性文件可能有问题的情形时，均需作出相应的处理。同样，各省市在本省的备案办法中的规定也不一致。例如：《湖北省行政规范性文件管理办法》则规定得较简单，其第 16 条规定："规范性文件送审稿有下列情形之一的，法制机构可以要求起草部门修改、补正程序、补充材料后再报送审查，或者建议暂不制定该文件：（一）制定的基本条件尚不成熟的；（二）内容合法性、合理性存在较大问题的；（三）草拟工作缺少必要程序的；（四）相关方面存在重大分歧意见的；（五）未按本办法第十四条规定提供相关材料的。"

《安徽省行政机关规范性文件备案监督办法》《广西壮族自治区行政规范性文件备案审查规定》《上海市行政规范性文件制定和备案规定》中关于审查后发现规范性文件存在问题的处理方式的规定较细致。以《安徽省行政机关规范性文件备案监督办法》为例，其第 10 条规定："备案监督机关的法制机构审查规范性文件时，需要制定机关说明情况或者补充材料的，制定机关应当在规定期限内予以说明或者补充材料；需要征求下级人民政府或者有关部门意见的，被征求意见的机关应当按照要求在规定期限内予以回复。"第 11 条规定："经审查，规范性文件超越权限，违反法律、法规、规章和上级行政机关规范性文件规定，或者其规定不适当的，由备案监督机关的法制机构研究处理，可以提出限期修改、暂停执行、自行废止等意见；制定机关不按备案监督机关法制机构的意见予以处理的，备案监督机关的法制机构可以提出撤销等处理意见报请备案监督机关决定或者提请有权机关处理。"第 12 条规定："经审查，同级人民政府所属工作部门制定的规范性文件之间、上级人民政府所属工作部门与下级人民政府制定的规范性文件之间，对同一事项规定不一致的，由备案监督机关的法制机构协调；协调不能取得一致意见的，由备案监督机关的法制机构提出处理意见报请备案监督机关决定。"

总之，规范性文件的备案审查过程，对于规范性文件的制定有着重要意义。它是规范性文件在制定程序中接受相关机关审查的且确保其质量的最后一道防线。因此，规范性文件的备案审查，对于人权保障和国家治理有着重要意义。

思考题:

1. 试论地方性法规的权限来源。
2. 试述地方性法规的制定程序。
3. 试论设区的市的地方性法规的权限范围。
4. 试论地方性法规的备案审查。
5. 试述自治条例和单行条例的制定程序。
6. 试述规范性文件的备案审查。

第十二章　立法监督

　　立法监督是指对法律、法规(包括行政法规、自治法规和地方性法规)、规章(包括行政规章、地方政府规章)、规章以下规范性文件的制定活动的审查监督,在我国是由国家权力机关负责立法监督审查工作。"这种监督模式契合了我国国家体制和民主集中制的活动原则,从理论上讲可以保证立法监督工作的权威性和科学性。"[①]

第一节　立法监督概念、原则与定位

　　立法监督或立法监督审查,通常在两大语境、四个层次中被提及:(1)宪法学语境下,其指代国家立法机关所具有的一项重要职能,即监督职能;(2)或指代立法机关对于行政、司法等方面的监督,着眼于权力的制约与平衡;(3)或指代国家立法机关对"行政、司法和立法本身诸多方面的监督,以及有关方面对立法主体的监督"[②]。而立法学语境下,其指代"有权主体对立法行为(过程)及其结果的审查和控制"。[③] 我们论及的即为这种意义上的立法监督审查。

一、立法监督的概念与性质

(一)立法监督的概念

　　在其一般意义上,立法监督意指国家有权主体,按照一定的监督程序在法定权限范围之内,对立法行为、立法过程及其结果实施的监察、督促和控制,如美国式司法审查和中国式备案审查等。从内容上看,立法监督审查包括:(1)对立法权限的监督;(2)对立法活动、立法行为的监督;(3)对立法程序的监督;(4)对立法范围的监督;(5)对立法结果或者成果的监督;(6)对违宪或违法的督促、控制和处理等。理解这一概念的含义可以从以下方面着手:

---

　　① 苗连营、沈开举:《论我国立法监督中的附带性审查——兼析〈立法法〉关于立法监督之规定》,载《郑州大学学报(哲社版)》2002 年第 1 期。

　　② 周旺生著:《立法论》,北京大学出版社 1994 年版,第 153 页。

　　③ 周旺生著:《立法学》,法律出版社 1998 年版,第 385 页。

其一，立法监督与立法机关的监督、议会监督既有联系，也有区别。上述三者之间的关系常常被混淆。(1)立法监督与立法机关的监督既有联系，又有区别，二者不是等同的概念，二者在监督对象、监督主体、监督方式和监督内容等方面具有若干差异。总体来说，立法监督的主体是广泛的、对象是特定的立法活动及其结果，而立法机关的监督在主体上是特定化的，在对象上是广泛的。当然，二者含义具有重叠部分。如立法机关监督的对象特定化为有权主体的立法活动，或者立法机关进行立法监督活动。(2)立法监督与议会监督也非等同概念，应当加以区分。

其二，立法监督的目的，不在于重新创设法律法规规范，在此层面上其不具有立法性质。但在实质上，立法监督审查或可影响立法成果之变动、否定，如：批准、备案、改变或撤销、补充、修改等，而法律法规规范的变动与否定又具有立法的属性，这使得我们不得不对之加以重视。

其三，从立法监督的主体角度来讲，其具有广义和狭义之分。广义上的立法监督审查，是指包括政治党派、国家机关、社会团体、公民在内的所有组织和个人对于立法活动、立法行为和立法结果的监督。尤其在现代民主社会中，公民通过社会舆论、媒体的方式加强对国家立法活动的监督的实现程度，俨然已成为一国民主化、法治化的重要标尺，公民参与立法最重要的内容之一就是对立法活动进行监督。狭义的立法监督审查，是指"有关的国家机关对于立法的监督"①，即"国家机关依法行使立法监督权对立法行为和立法结果的审查和控制"。② 从监督效果上讲，除国家机关以外的其他监督主体对立法活动进行的监督，并不具有法律上之效力，并不必然引起法定立法监督的实效，其仅仅具有道义上、政治上和舆论上的威慑力和效果，故不为立法学研究所侧重。

其四，立法监督审查既包括对行为(过程)的监督，也包括对立法结果的监督。立法监督审查应当坚持"动态"和"静态"两大面向，既加强对立法行为的监督，也不能忽视对立法结果的监督。③ 究其原因是，立法基本地涵括了立法行为(过程)和立法结果两大要素，立法行为或者说立法过程涉及立法主体、立法对象、立法权限和程序等方面，反映的是立法权的动态属性；而立法结果是立法活动的产物，是立法目的、意图和立法实效的承载物。立法行为监督审查和立法结果监督审查都具有重要意义，二者不可偏废。

(二)立法监督的属性

立法监督包括对于立法行为(活动)和立法结果的审查控制，从广义的立法监督上讲，其监督主体具有广泛性，监督范围具有全面性，对于理解、认识和掌握立法监督审查来

---

① 万其刚：《关于立法监督的研究综述》，载《中外法学》1997年第5期。
② 孙季萍、汤唯：《我国立法监督制度刍议》，载《法学论坛》2001年第3期。
③ 参见孙潮、荆月新：《论立法监督》，载《政治与法律》1995年第4期。

说，其如下特征显得尤为重要：

其一，法定性。立法的监督审查具有法定性，可以从以下几个方面来理解：一是监督主体的法定性。立法的监督审查是有权国家机关的监督，其他机关、社会组织和个人对立法活动的监督因不具有法律效力而被排除在研究范围之外，或其他主体的监督被涵括在其他法学研究领域之内。二是监督审查权限、依据的法定性。"离开一个国家现行的立法权限体制，所谓立法监督就无从谈起"，① 立法监督审查权来自宪法和法律的规定。三是立法监督审查程序的法定性。各国的立法方式林林总总，并无定式，但作为对立法权的制约，任何一国立法监督权的运作方式都在宪法、法律中作出明确规定，以此保障监督的有效进行。②

其二，程序性。立法监督审查必须按照严格的既定程序进行，不得任意更改、跳跃和省略，这是保证立法监督实效的重要手段。忽视、离开或者抛弃立法监督审查设定的严格程序，极有可能会偏离一国立法监督审查体制设定的目标，甚至有危及一国法治和宪政秩序的危险。

其三，准立法性。从目的、权限和程序等诸方面考量，立法监督审查迥异于立法，这是可以肯定的。从目的上讲，立法的目的在于新创一个或者一类法律法规或其他规范性文件，解决的是"从无到有"的问题，而立法监督审查的目的在于立法能够维持一国法制统一，保证立法能够体现立法意图和提高立法质量，即实现"良法"，解决的是"由次到优"的问题。再者，立法过程过于繁复，其往往需要经过立项、成立立法小组、提案、编写、表决、公布等诸程序，而立法监督审查往往没有那样复杂。同时，立法监督审查和立法又具有共生之处。尽管立法监督审查不具有直接造法功能，但它可能导致"对立法行为所产生的法的变动(修改、补充、废止、撤销等)"，③ 而在实践中，立法监督审查实效的充分发挥也往往能够引导、促进和诱发新的法律规范甚至完整的法典文件的产生，从这个意义上讲，立法监督审查具有准立法性是准确的，是贴切的，也是符合实际的。

二、立法监督的原则

立法监督审查的基本原则，是指监督审查主体在遵照法定程序、法定权限对特定法规进行审查时所必须依据的重要准绳，是立法思想和立法监督审查基本原理在立法监督阶段的重要体现。其主要包括三大原则：法制统一原则、越权无效原则及审慎监督与监督有效性相结合原则。

---

① 万其刚：《关于立法监督的研究综述》，载《中外法学》1997 年第 5 期。
② 徐向华主编：《立法学教程》，上海交通大学出版社 2011 年版，第 256 页。
③ 胡戎恩：《完善立法监督制度——兼论宪法委员会的创设》，载《探索与争鸣》2015 年第 2 期。

（一）法制统一原则

法制统一是立法监督审查的出发点和最终目标，是维护社会主义法制和谐的重要原则。"法不仅必须适应于总的经济状况，不仅必须是它的表现，而且必须是不因内在矛盾而自相抵触的一种内部和谐一致的表现。"①进行立法的监督审查，必须以建立、维护和发展一个内在和谐一致的法规范体系为目标和追求，缺乏这一原则的指导，立法监督工作就不能协调、有序地进行，就不能保证法制体系中各种内部规范性文件效力的单向性和有序性，也不能保证立法体系整体的目的和功能。②法制统一原则体现在诸多方面：立法思想统一、立法原则统一、立法权限统一、立法程序统一、法律效力等级统一等。③坚持法制统一原则，是单一制国家立法监督审查和联邦制国家立法监督审查的重要区别，我国是统一的单一制国家，立法监督上应当坚持法治统一原则是肯定无疑的。从历史渊源上讲，我国长期统一、中央集权的政治传统影响了当今的立法，坚持法治统一具有厚重的历史基础。从政治体制和经济体制改革上讲，中国共产党统一领导国家政权，加之建设统一的社会主义市场经济体制的需要，立法活动必须坚持统一原则。从根本上讲，保障、实现和增进最广大人民群众的利益，实现最广大人民群众的统一意志也要求统一立法，统一法制。

《立法法》第5条规定，立法应当依照法定的权限和程序，从国家整体利益出发，维护社会主义法制的统一、尊严、权威。这是对法制统一原则的明显表述，这一原则要求：立法监督审查必须从维护人民根本利益和长期利益出发，杜绝狭隘的部门保护主义和地方保护主义。④ 要保持法律体系内部和谐，不同层次、不同等级的法律、法规和规章之间应当在遵循宪法原则基础上，下位法不得与上位法相冲突，各法律部门应当相互配合、相互补充、相得益彰。同时还要尽可能防止法律矛盾的出现，对于已经出现的法律冲突和法律矛盾，需要通过立法监督审查程序加以妥善解决。

（二）越权无效原则

越权无效原则本属行政法上的基本原则，其首倡于英国。从其最原初的蕴含上讲，"越权无效原则最主要的适用范围是政府的造法行为，而不是日常的行政管理行为，即具体行政行为，因为只有通过类似于规章制定的这类立法行为，行政系统才能扩张自己的权力"。⑤ 其最初的概念也是："任何越权的或者超越权限的行政行为或者行政命令在法律上

---

① 《马克思恩格斯选集》第4卷，人民出版社1995年版，第702页。
② 王黎：《立法监督的困境及其破解路径》，载《法制与社会》2018年第7期。
③ 谷安梁主编：《立法学》，法律出版社1993年版，第112页。
④ 周旺生著：《立法学》，法律出版社1998年版，第82页。
⑤ 何海波：《"越权无效"是行政法的基本原则吗？——英国学界一场未息的争论》，载《中外法学》2005年第4期。

都是无效的。"①在行政法领域，越权无效原则在规制行政权力以保障公民权利、保障和维护程序正义、标榜和衡量司法审查方面具有重要意义。英国通过判例发展起来的越权无效原则，涵括三种主要类型：一是违反自然公正原则，二是程序越权，三是实质越权。② 就其表现形式而言，主要有无权限、层级越权、事务越权、地域越权、内容越权和内部越权六种。

在我国的立法和司法实践中，对于立法的监督审查主要存在两套机制：有限的司法审查制度和法规备案审查制度。对于有限的司法审查而言，我国《行政诉讼法》明确规定了对于规章以下规范性文件可提起附带性审查，且对于超越职权所为行为予以撤销，侵权予以国家赔偿的制度安排来疏解低层级法律规范的冲突问题，对于那些有违上位法的规章有选择参照适用的空间。对于法规备案审查制度而言，全国人大常委会负责对法规的备案审查，不同层级的行政机关内部法制机构负责规章的内部审查。而行政机构内部机构的备案审查并非由专门机关进行，不具有独立性和权威性，其监督审查实效受到制约，难以保证对规章进行实质性审查。故从维护法治统一和法制体系和谐角度出发，为规制行政不法行为以维护公民权益不受侵害，在现阶段，有必要在备案审查制度中引进越权无效原则对规章备案审查进行具体实质性评价。

(三)审慎监督与监督有效性相结合原则

对立法的监督审查应当秉持审慎监督与监督有效性相结合的原则，二者不可偏废。在我国目前的立法监督审查方式中，主要有批准、备案、审查、撤销、改变和清理等，还存在着事前监督和事后监督的区分。事前审查型的立法监督是指在规范性文件生效以前，由有关国家机关对其所实行的立法监督。事后审查型的立法监督是指在法的实施过程中，基于有关机构或公民等就某一规范性文件的合宪性、合法性问题向法定的立法审查机关提出审查的诉求，由该机关对立法所进行的立法监督。③ 作为立法监督审查机关应当积极主动地介入立法审查，同时要求平衡监督有效性和审慎监督之间的关系，这是因为，上述各种监督方式的采纳会涉及各方面的利益，只有公平地、平衡地处理好各方面的利益，才能有序地推进审查工作进行，才能维护法律体系的统一。审慎监督要求监督主体处理好合宪性监督、合法性监督和合理性监督之间的关系，同时要区分好事前监督和事后监督的适用范围，做到有的放矢，轻重并举。而监督有效性要求监督主体积极作为，即立法监督审查讲求实效，讲求纪律。监督审查方式的采用应当有助于及时纠正违宪、违法和越权的立法规

① Sir William Wadeand Christopher Forsyth, Administrative Law, sth, edn, 2000, Oxford University Press(New York), p. 35.

② 王名扬著：《英国行政法》，中国政法大学出版社 1987 年版，第 141 页。

③ 参见朱力宇、叶传星主编：《立法学》(第四版)，中国人民大学出版社 2015 年版，第 220~221 页。

范，并及时消除其带来的不利后果。

此外，关于立法的监督审查应当坚持哪些原则，不同的学者还提出了不同的观点。如万其刚认为立法监督应当包括七大原则：维护法制统一原则、实事求是，有错必纠原则、公开监督，注重协调原则、主动审查，讲求实效原则，普遍性原则，明确性原则和系统性原则等。①

三、立法监督的定位

从理论上讲，人民主权原则、权力制约和法治理论是立法监督审查得以建立、发展和完善的理论基石，应当得到重视。从现实必要性上讲，对于立法科学性、民主性和法治性的追求以及因应地方立法权扩容的需要，为立法监督审查提供了现实驱动力。立法监督审查制度的建立、发展和完善，具有深厚的理论基础和急迫的现实必要性。

（一）立法监督的理论定位

立法监督审查具有深远的理论支撑：人民主权理论内在地纾解了立法权受监督的逻辑困境，权力监督制衡理论为建构立法监督审查机制奠定了理论模型，而法治理念的不断发展和演进为践行立法监督审查起到了促进作用。

其一，人民主权理论。人民主权理论的原初含义在于：国家权力属于人民。而囿于现实，人民往往通过代议民主制度，选举自己的代表来行使国家权力。代议机构作为彰显人民主权的唯一机关享有立法权，由此导致了国家权力的"所有者"与国家权力的"实际行使者"相互分离的情形。② 由此带来的一个重要问题就是：如何使得人民主权得以切实实现？即如何保证权力的授出者——人民如何有效控制授出的权力而不至于使"议员"或"代表"为谋私而滥用权力？为防止国家权力异化以至于出现卢梭言及的"人民只有是选举的时候才是主人，一旦选举完毕就从主人变成奴隶"③，人民必然设计一系列如选举、罢免等制度章程等来约束、控制和监督权力的运行，以期"将权力关进笼子里"。而立法权作为国家权力体系中最核心、最基本的部分，其权力行使及结果在实质上是对社会利益的分配，必然对人民的基本权利产生重大影响，甚至产生侵害，故此，加强对立法权的监督审查应为人民主权的引申之义、应有之义。行政立法的出现，改变了最原初的立法权的配置格局，但是，这并没有改变其作为法律执行机关的定位，也并没有改变或者取缔代议机关作为最高立法机构的地位。因为，行政立法相对于议会立法而言具有从属性，其立法行为及其结果受制于议会立法，不得与议会立法相违背。同时，许多国家都对涉及人民人身权利等基

---

① 万其刚：《关于立法监督的研究综述》，载《中外法学》1997 年第 5 期。

② 参见黄晓辉：《马克思恩格斯的国家权力配置观》，载《福建师范大学学报（哲学社会科学版）》2018 年第 5 期。

③ ［法］卢梭著：《社会契约论》，何兆武译，商务印书馆 1980 年版，第 125 页。

本权利领域实行宪法保留或者法律保留。再有，在委任立法下，立法机关拥有完整立法权，行政机关作为派生立法权的实际行使者，其受委托者地位决定了其必须遵守不得超过委托立法范围、不得违背委托立法界限与精神、被委任者必须接受委任者监督审查等基本原理。这也决定了对行政立法的监督审查必然被涵摄在人民主权的范围之内。

其二，权力制衡理论。"所有的权力都易腐化，绝对的权力则绝对会腐化"①，阿克顿勋爵如是说。不受监督和制约的权力终将走向腐败与堕落，脱离权力衍生和服务的根本目标则沦为寻租工具和利益交换之爪牙。洛克在提出国家具有立法、行政和对外三种权力的基础上指出："如果同一批人同时拥有制定和执行法律的权力，这就会给人们的弱点以极大的诱惑，使他们动辄要攫取权力，借以使他们免于服从他们所制定的法律，并且在制定和执行法律的时候，使法律符合于他们的私人利益。因而他们就与社会的其他成员有不同的利益，违反了政府和社会的目的。"②之后，法国思想家孟德斯鸠在其基础上提出了"三权分立"说，强调国家间立法、司法和行政三权之间的监督、制约和平衡。为防止权力的滥用，"一条万古不易的经验"就是，"有权力的人使用权力一直到遇有界限的地方才休止"。③故为防止权力被僭越和滥用，需力图穷尽可能合法、合理之方式，加强对权力的监督和制约，将其导之于用权为民的正轨和路径上。立法权在国家权力体系中处于核心地位，其实质在于通过立法技术对社会利益进行调整，从而达到间接引导、控制和规范社会运行的目的。同行政权和司法权一样，立法权也存在被滥用、被误用和不规范使用的可能，而国家机制得以顺畅运行的关键之一便在于权力监督与制衡，故此，立法权必须受到监督。

其三，法治理论。法治是一个相对于人治，区别于德治的概念，对其基本内涵和要素的探究必须回归到亚里士多德的良法之治中。亚里士多德提出，"法治应当包含两重意义：已成立的法律应当获得普遍的服从，而大家所服从的法律又应该是本身制定得良好的法律"。④据此可推知亚氏法治包含两大元素：良法以及法律受普遍遵从之状态。后来英国法学家戴雪结合资本主义社会的特征，第一次总结和归纳了法治这一概念，他认为法治的内涵就是"排斥专横权力，即通过确立法律至高无上的地位而排除政府的恣意、特权或宽泛的自由裁量；法治意味着法律面前人人平等；个人权利是法律的来源而不是法律的结果"。⑤在我国本土研究者的著述中，李步云教授提出了我国法治建设的 10 大原则，夏勇

---

① ［英］哈耶克著：《通往奴役之路》，中国社会科学出版社 1997 年修订版，第 129 页。

② ［英］约翰·洛克著：《政府论》（下篇），叶启芳、王菊农译，商务印书馆 1964 年版，第 89 页。

③ ［法］孟德斯鸠著：《论法的精神》（上册），张雁深译，商务印书馆 1982 年版，第 159 页。

④ ［古希腊］亚里士多德著：《政治学》，吴寿彭译，商务印书馆 1965 年版，第 202 页。

⑤ V. Decey, Albert, *Introduction to the Study of the Law of the Constitution*, London: Macmillan, 1968, pp. 188-196. 转引自夏勇：《法治是什么——渊源、规诫与价值》，载《中国社会科学》1999 年第 4 期。

教授将法治的原则归纳为 10 项，而张志铭教授则认为法治的原则有 8 个。① 虽然他们认为法治理论包含的原则数量不同，但都认为法制完备、法律确定性和法的统一性是作为法治的必备要素。可以看出，法的既存是法治得以倡导的前提和基础，良法之制定作为价值判断是立法的最佳结果，而法的统一性也为良法的制定划定了体系边界和整体逻辑。上述三者无不与立法息息相关。其中，立法行为或活动的实际展开，其目的是为统一社会成员的行为而制定规范，即主要解决法的有无问题；在立法过程中必然遵守法的安定性、确定性和统一性的必然要求，属于对立法活动或行为的限制或保障，其最终目的在于确保制定的立法是良法而非恶法，立法效果能够有效地反映人民意志。故此可推知，立法的监督审查作为控制、保障立法实效的重要关卡必不可少。

（二）立法监督的实践定位

我国实行党中央集中统一领导、多层次并存的立法权限划分体制，中央立法、地方立法、行政立法、授权立法和民族立法相互林立。拥有立法权的主体繁多，导致了不同位阶立法质量参差不齐，有危及国家法制统一之虞。故坚持和强化立法法治化、民主化和科学化具有现实重要性。

其一，立法法治化。依宪治国，依法治国，建设社会主义法治国家，首先要求立法的法治化，这是推进我国国家治理体系和治理能力现代化的必然要求和应有之义，是国家行为法治化的前提。② 推崇国家、社会的法治化，是人类社会亘古不移的共同崇高理想，法治的过程始于立法，而立法的法治化便成为我国推进法治国家、法治政府和法治社会一体化建设的基本向度。不同的学者对于立法法治化的含义见解各异。有观点认为，立法的法治化便是指代人民利益至上；也有人从维护国家法制统一的角度出发认为，立法法治化就是立法的合宪性，强调各位阶立法的上下有序及效力等级，以此维护法制统一；但通说认为，立法法治化应当包含以下三个方面的内容：（1）立法权限的合法性；（2）立法内容的合法性；（3）立法程序的法定性。③ 立法的法治化具有重要意义，其主要体现在：首先，立法的法治化是社会主义市场经济发展和民主政治完善的必然要求。社会主义市场经济对市场主体的平等赋权、公平的竞争机制、市场私权保护等提出了更高要求，而作为社会利益调整机制的立法活动可以从制度上确立并巩固各种有利于市场经济发展的机制。同时立法的法治化也更加注重公民在立法活动的参与及其能动性功能、监督功能、协作功能的发挥，从而为政治民主化提供了重要保障。其次，立法法治化有利于保障立法民主化、科学

---

① 参见张志铭、于浩：《共和国法治认识的逻辑展开》，载《法学研究》2013 年第 3 期。

② 参见黄文艺主编：《立法学》，高等教育出版社 2008 年版，第 30 页。

③ 周旺生著：《立法学》，法律出版社 1998 年版，第 122~125 页。

化的基石。最后，立法法治化是维护社会主义法制统一和尊严的内在要求。①

其二，立法民主化。立法活动具体表达人民意志，是民主政治的基本要求。在立法民主化要求下，必然要求立法活动从群众中来，到群众中去，并且发挥人民的聪慧能力；必然要求法为人民委托其代表根据其意志设立并关注于人民利益之维护、保障和确认；更必然包含立法活动(行为)受到监督和控制的意涵。但立法民主化的要求不仅于此，总的来说，其应当意味着"(立法)主体的广泛性、行为的制约性、内容的平等性和立法过程的程序性"。② 立法主体的广泛性，主要包括立法权主体多元化和立法面向社会广大公众两个方面。③ 如列宁所说："民主组织原则……意味着使每一个群众代表，每一个公民都能参加国家法律的讨论，都能选举自己的代表和执行国家的法律。"④而这一原则也在我国《立法法》中得以体现。⑤ 其次，立法民主化也揭示了权力监督和制约的重要内涵。在民主政治中，所有的国家权力都存在异化的可能性，而立法权的滥用相较于行政权和司法权有过之而无不及，故加强对立法行为及结果的监督是防止立法权滥用的有利途径。再次，立法内容的平等性要求权利和义务的一致性，也要求保持权力与权利的平衡性。⑥ 最后，立法民主性要求立法必须遵守法定程序，完善立法协商、立法听证、立法多数决和立法监督等制度。

其三，立法科学化。法应当是人民意志与客观规律的和谐统一，立法民主化与立法科学化具有同等重要性，二者不可偏废。科学立法理应从实际出发，既要尊重客观事实且反映客观规律，又要彰显人民意志；既要排除各种非科学性因素的影响，规制和避免立法随意和立法唯上，避免以长官意志作为立法依据和立法"规范"，也要提高立法质量，避免或者减少立法失误，降低立法成本和提高立法效益，从而实现造"良法"而非"恶法"。关于立法科学化或者科学立法，不同学者有不同观点。有人从反对主观立法角度出发，认为科学立法即是立法活动从实际出发，实事求是，按照客观规律立法。⑦ 也有人认为，立法应当是立法民主与立法科学的相互统一，既要坚持群众路线，也要发挥专家学者的作用。⑧ 而周旺生先生认为，立法科学性应当包含科学的立法观、科学的立法制度、科学的立法技

---

① 参见徐向华主编：《立法学教程》，上海交通大学出版社 2011 年版，第 66 页。

② 周旺生著：《立法学》，法律出版社 2009 年版，第 76 页。

③ 参见丁国卿：《我国立法监督制度的现状及其完善》，载《江西社会科学》2008 年第 1 期。

④ 《列宁全集》(第 27 卷)，人民出版社 1958 年版，第 194 页。

⑤ 《中华人民共和国立法法》第 5 条规定："立法应当体现人民的意志，发扬社会主义民主，坚持立法公开，保障人民通过多种途径参与立法活动。"

⑥ 周伟：《论立法上的平等》，载《江西社会科学》2004 年第 2 期。

⑦ 尹林、路国连：《关于立法科学性的若干思考》，载《法治研究》2010 年第 2 期。

⑧ 程燎原、夏道虎：《论立法的科学化》，载《法律科学》1989 年第 2 期。

术等方面。① 立法科学化具有十分重要的意义：首先，立法民主与立法科学相互贯通，相互统一，坚持立法科学化有利于推进立法民主化；其次，立法尊重规律，特别是市场规律，有利于社会主义市场经济的发展。② 最后，立法科学化重在降低成本，有利于提高立法质效。

其四，立法的协同性。2015 年 3 月 5 日，全国人民代表大会第三次会议通过《全国人民代表大会关于修改〈中华人民共和国立法法〉的决定》并于公布之日起开始生效，修改后的《立法法》第 81 条、第 93 条的主要内容在于：将特定范围内的地方性法规制定权赋予了设区的市、自治州的人民代表大会及其常务委员会，同时将特定范围内的地方政府规章制定权赋予了设区的市、自治州级政府。2015 年修改《立法法》时，赋予了地方立法权，这是"地方自主性的表现，也是实现地方政权机构和居民的意志、利益的基本方式"。③ 而这一赋予所有设区的市以地方立法权具有宪制上的重要意义，被学界冠之以"地方立法扩容"之称。此前，根据《立法法》规定，享有地方立法权的主体仅有 49 个，尚没有地方立法权的设区的市、自治州共 235 个，④ 而根据全国人大常委会法工委统计显示，截至 2016 年 1 月 31 日，根据修改后的《立法法》，新赋予地方立法权的 271 个设区的市、自治州、不设区的地级市中，已有 209 个被确定可以开始制定地方性法规，占比 77.1%，6 个市已出台地方性法规。⑤ 地方立法权的扩容有利于满足地方自治，也有利于推进地方治理体系和治理能力现代化。但其也面临着诸多困境：首先，地方立法恐遭遇工具性自治、民主基础薄弱的困境，难逃地方保护主义、部门利益和政绩立法等困扰；其次，地方立法权的大幅放开恐增加地方立法冲突和不协调的概率，给法治统一和法制体系和谐带来损害；最后，设区的市、自治州的立法，需经省级人大常委会批准或者备案，恐增加其工作压力，从而使得监督实效骤减。为避免上述弊端产生，《立法法》采取了限制立法范围、实行地方立法推进省级控制等措施。此外为维护法制统一和推进法律监督，《立法法》还规定了第三种策略：地方立法的备案审查。根据《立法法》第 81 条规定，设区的市的地方性法规需报经省级人大常委会批准后施行，省级人大常委会对报批的设区的市的地方性法规应当进行合法性审查，若发现其同本省级政府规章相抵触的，应当作出处理决定。同时还规定，设区的市、自治州的人民政府制定的规章应当同时报省、自治区的人民代表大会常务委员会和人民政府备案。

---

① 周旺生主编：《立法学》，法律出版社 1998 年版，第 133 页。

② 冯玉军、王柏荣：《科学立法的科学性标准探析》，载《中国人民大学学报》2014 年第 1 期。

③ 秦前红、李少文：《地方立法权扩张的因应之策》，载《法学》2015 年第 7 期。

④ 《立法法草案：中国 235 个设区的市或拥有地方立法权》，载网易网，http：//news. 163. com/15/0308/21/AK7D0OIV00014JB6. html，最后访问日期：2018 年 12 月 6 日。

⑤ 《立法法修改实施一周年 209 个地方获行使立法权》，载新华网，http：//www. xinhuanet. com//politics/2016-03/02/c_1118215814. htm，最后访问日期：2018 年 12 月 6 日。

第二节 立法监督制度的构成

立法监督审查作为一项系统工程，由多方面的内容构成。一般来说，立法监督审查的主体、分类、特征、对象、权限、方法和程序等方面，都是应予关注和研究的重点。

一、立法监督审查的种类

从不同的角度使用迥异的标准来衡量和判断立法监督审查，可以得出立法监督审查的不同形态。了解和研究这些分类、形态，对于我们全面清晰地认识立法监督审查具有重要意义。

（一）横向监督和纵向监督

从立法监督主体和被监督主体之间的关系角度，可以将立法监督审查分为横向监督和纵向监督。（1）纵向监督是指具备法定权限的且相互之间具有上下级隶属关系的不同层次的立法机关之间的监督，指代狭义层面上的监督，其可以分为重叠的纵向监督和非重叠的纵向监督。① 而重叠和非重叠的纵向监督之间仅有监督主体数量上的区分。（2）横向监督是指具备法定权限的、处于同一机构层级之间的不同立法监督审查主体之间的监督。

（二）权力监督和权利监督

从更为广泛的角度来讲，依照立法监督审查主体的不同，可以将立法监督审查分为权力监督和权利监督。立法监督审查主体具有广泛性，大致可以分为两类：一是立法监督权主体，是指那些具有法律赋予的立法监督权的国家机关；二是民主监督主体，是指通过行使民主权利来实现对国家立法进行监督的主体。（1）权力监督是指"享有立法监督权的国家机关对于立法活动实施的监督"。② 世界各国立法权力监督的形式各异，但都是以立法监督权监督立法权，都体现着"权力制衡"的原理，具有规范性、有效性和强制性等特征。（2）权利监督是指并不具有立法监督权，但根据民主原则和民主原理而对立法活动及其结果进行的监督。这些监督主体往往通过行使宪法法律赋予的政治权利来加强对立法的监督审查，具有经常性和广泛性的特点。我国《宪法》第2条规定："中华人民共和国的一切权力属于人民。"我国是民主国家，国家权力属于人民，人民选举出人大代表来行使国家立法权，人民当然可以直接参与立法的监督审查活动。如：人民和其他组织可以通过向其代表或直接向立法机关提出立法监督建议，也可以向司法机关提出质疑。同时人民或者其他组织对于规章以下规范性文件具有异议的，还可以在提起行政诉讼过程中向法院提出附带性

① 王黎：《立法监督的困境及其破解路径》，载《法制与社会》2018年第7期。
② 田硕：《完善我国立法监督制度的思考》，载《辽宁公安司法管理干部学院学报》2017年第3期。

审查要求以达到监督立法结果的目的。

（三）行为监督和结果监督

从监督对象角度，可以将立法监督审查分为行为监督和结果监督。立法权的行使是立法过程、立法行为以及立法结果等系列综合，故而可将立法监督审查做上述分类。（1）行为监督是指有权监督审查主体对于立法过程、立法行为的监督。立法者的立法权限是否合法，立法过程是否合法合规正当，立法法案是否经过法定程序提请审议和表决等，都集中表现在立法过程中，都应当置于阳光之下接受有权主体监督。行为监督有利于遏制立法异化，有效将立法错误、立法不规范、立法失误等消弭在立法过程中，从而保证立法合法合规且提高立法质量。① （2）结果监督是指有权主体对于立法成果的监督。立法结果监督侧重于关注立法文件的合宪性、合法性问题，并通过改变、撤销、宣布无效等措施消除立法异化现象。②

（四）主动性监督和被动性监督

从监督程序的启动角度，可以将立法监督审查分为主动性监督和被动性监督。（1）主动性监督又被称为积极性监督，是指有权监督主体主动积极对立法行为及其结果进行的监督，其不以法或者法案的违宪、违法为前提。如根据我国《立法法》第109条规定，地方性法规和行政规章都应当报国务院备案，国务院对于报备法案应当主动进行审查。（2）被动性监督又被称为消极性监督，是指有权监督机关被动行使立法监督权对立法行为及其结果进行监督，其以法案或法的违宪性、违法性存疑为前提。如根据我国《行政诉讼法》第53条规定的附带性审查监督。

（五）常规性监督和非常规监督

从立法监督审查的背景和动因角度，可以将立法监督审查分为常规性监督和非常规性监督。质言之，以立法监督审查之启动是否以立法异化为前提，可以将其分为常规性监督和非常规性监督。（1）常规性监督是指作为一种正常的、常规性的立法程序或立法机制而存在的，其启动不以立法行为及其结果异化为前提而实施的监督。③ （2）非常规性监督是指作为一种立法纠错机制或程序而存在的，不以立法异化为前提而提起的监督。④ 例如，在我国，当地方性法规和部门规章就同一事项规定不一致时，由国务院先行提出意见，后由全国人大常委会裁决。总而言之，欲使立法监督审查真正落到实处取得实效，必须将常规性监督和非常规性监督相结合，二者不可偏废。

---

① 李晓明：《中国特色社会主义法治监督研究》，东北师范大学2018年博士学位论文。
② 路慧芳：《我国立法监督制度之完善》，载《法制与社会》2018年第21期。
③ 田硕：《完善我国立法监督制度的思考》，载《辽宁公安司法管理干部学院学报》2017年第3期。
④ 周旺生主编：《立法学》，法律出版社1998年版，第392页。

（六）单向监督和双向监督

以有权监督主体与被监督的立法主体之间是否可以实施相互监督为标准，可以将立法监督审查分为单向监督和双向监督。① （1）单向监督是指在监督主体与被监督的立法机关之间，仅存在一方对另一方的监督。其中，又可以分为同级的单向监督和非同级的单向监督。（2）双向监督是指"两个立法主体之间的监督和牵制"。②

（七）内容监督和形式监督

以立法监督审查的指向为标准，可以将其分为内容监督和形式监督。内容监督是指有权监督主体对立法结果即规范性法律文件的内容所进行的监督。而形式监督是指对立法结果所采取的形式所进行的监督，实质是对于立法权限的监督，故又被称为权限监督。③

依照其他的分类标准，还可以对立法监督审查作出其他区分。如依立法监督的效果可以将其分为立法主体的内部监督和社会主体对立法的外部监督，等等。应当说，对于立法监督审查的分类因时因地而异，无统一固定范式，我们应当在比较分析、去粗取精基础上加以借鉴其他分类，完善我国的立法监督审查制度。

二、立法监督的主体与对象

立法监督审查中的主体、客体（对象）回答了两个问题：谁来监督？监督什么？这是论及立法监督审查的重要内容。

（一）立法监督审查的主体

根据我国《立法法》的相关规定，我国立法监督审查主体具有多样性、多层次性的特点。从广义的角度讲，我国立法监督审查的主体包括：

其一，全国人大及其常务委员会。全国人大及其常务委员会在我国立法监督审查体系中占据核心地位，担负着主要的立法监督审查职能。根据《宪法》第62条规定，全国人大具有修宪权和宪法监督权，其可以制定和修改刑事、民事、国家机构的和其他的基本法律；改变或者撤销全国人民代表大会常务委员会不适当的决定；此外，全国人大还有权撤销其常务委员会批准的自治条例和单行条例。根据我国《宪法》第67条和《立法法》相关规定，全国人大常委会有权撤销国务院制定的行政法规、决定和命令，有权撤销地方性法规，有权撤销省、自治区、直辖市人大常委会批准的自治条例和单行条例，有权撤销最高司法机关和最高行政机关的司法解释和行政解释。

其二，地方各级人大及其常务委员会。地方各级人大及其常委会享有对地方立法的监

---

① 万其刚：《关于立法监督的研究综述》，载《中外法学》1997年第5期。

② 刘家楠、张文静：《法律监督立法与司法学研讨会综述》，载《中国司法》2012年第2期。

③ 山野：《关于立法监督——立法法起草工作研讨会观点综述之二》，载《行政法学研究》1994年第3期。

督审查权。地方各级人大有权撤销或改变其常委会制定或批准的不适当的地方性法规和决定；县级以上地方各级人大常委会有权撤销下级人大和本级人民政府不适当的法规、决定和命令。

其三，授权立法机关。我国《立法法》上的授权立法，主要包括两种类型。首先，根据我国《立法法》第 12 条规定，除绝对法律保留事项，全国人大及其常委会可以根据实际需要，授权国务院对部分事项先行制定行政法规。《立法法》对全国人大及其常委会授权立法作出了一系列的限制规定以规范授权立法行为，其中之一便包括对授权立法的监督审查。其次，根据《立法法》第 84 条①规定，全国人大可授权经济特区所在地的省、市的人民代表大会及其常委会制定经济特区法规。授权立法的监督包括三个方面：一是根据授权制定的法规与法律规定不一致，不能确定如何适用时，由全国人民代表大会常务委员会裁决；二是授权机关有权撤销被授权机关制定的超越授权范围或者违背授权目的的法规，必要时可以撤销授权；三是根据授权制定的法规应当报授权决定规定的机关备案；经济特区法规报送备案时，应当说明对法律、行政法规、地方性法规作出变通的情况。

其四，行政机关。国务院享有内部监督审查的权力。国务院有权改变或者撤销各部、委发布的规章、决定和命令，有权改变或撤销地方各级政府的规章、决定和命令；县级以上的地方各级人民政府有权改变或撤销下级人民政府和所属工作部门的规章或决定；行政复议机关有权对部分抽象行政行为行使复议审查权。

其五，最高司法机关。从更为广泛的角度讲，最高司法机关对于法律的选择性适用也是对于立法的监督。再者，我国《行政诉讼法》第 53 条规定的对于规章以下规范性文件的附带性司法审查，也可以看做对于立法的监督审查。最后，我国司法机关审理民事、行政案件需要参照规章，对于规章文件的拒绝适用也可变相地对规章进行监督。② 当然，我国司法机关不具有违宪审查之权力，其仅仅具有选择适用法律规范的自由。

(二) 立法监督的对象

立法监督的对象，主要是为了明确监督目标，明确监督什么这个问题。监督对象既包括立法过程、立法行为，也包括立法结果，主要是监督立法结果。立法监督的对象，主要包括：对法律的监督、对行政法规的监督、对地方性法规的监督、对规章的监督、对授权立法法规的监督、对法律解释的监督。乃至在更广泛的层面上，还应当包括对上述规范以外的规范性文件的监督。比如，有关不适当的决议、决定、命令等也应当属于被监督的对象。

---

① 《中华人民共和国立法法》第 84 条第 1 款规定："经济特区所在地的省、市的人民代表大会及其常务委员会根据全国人民代表大会的授权决定，制定法规，在经济特区范围内实施。"
② 李乐平：《关于违法立法审查职责的四点思考》，载《检察日报》2012 年 9 月 11 日，第 003 版。

其中，（1）对于法律的监督，主要包括对法律的违宪审查和对非基本法律是否符合基本法律的监督审查，前者是宪法监督的范畴，后者是我国特有的内涵；（2）对于行政法规的监督，即对行政立法行为的监督是现代民主国家法治监督的重要内容，是规制行政权力依法行使，保障公民合法权益的重要途径；① （3）对地方性法规的监督，主要包括两个方面：对地方自治性法规的审批和备案及对其他地方性法规的备案，必要时候进行审查；（4）对规章的监督，这是国务院的主要职能范围，包括对国务院部委规章和地方政府规章的监督；（5）对被授权立法的监督主要由授权机关来完成；（6）对于法律解释的监督。我国实践中的法律解释主要包括立法解释、司法解释和行政解释。其中对立法解释的监督问题由全国人大来完成，而司法实践中存在的大量的司法解释，宪法并未规定由全国人大常委会来进行撤销，但宪法规定全国人大常委会有监督"两高"工作的职权，由此推知，由全国人大常委会对"两高"司法解释进行监督。

三、立法监督的权限与方法

立法监督的权限，主要解决两个方面的内容：一是有权进行立法监督审查主体之间的监督审查的权限分工，是不同监督部门就立法监督审查的权限划分，这与诉讼法中的主管问题相类似；二是在同一种立法监督主体的不同层级机构之间所进行的权限划分，这与诉讼法中的级别管辖相类似。例如：全国人民代表大会及其常委会与地方各级人大及其常委会在立法监督审查上的权限分工。立法监督审查的方法，与其他法律监督方法有所不同，一般采取的方式有：法规批准、法规撤销、法规改变、法规备案、法规清理、法规审查等。② 就我国目前的立法监督审查规定来看，在区分立法监督审查方法的基础上，有条理地梳理不同有权监督机关的监督权限是一种比较不错的方式。

（一）法规批准

法规批准作为对立法的事前监督审查，只有在特定情况下采用。在法规批准前置要求下，未经批准，法规不生效。根据我国《宪法》《立法法》及相关规定，法规批准的情形、权限有：

第一，自治条例和单行条例的批准。根据《宪法》第 116 条规定③，自治区的自治条例

---

① 郭修江：《监督权力 保护权利 实质化解行政争议——以行政诉讼法立法目的为导向的行政案件审判思路》，载《法律适用》2017 年第 23 期。

② 田硕：《完善我国立法监督制度的思考》，载《辽宁公安司法管理干部学院学报》2017 年第 3 期。

③ 《中华人民共和国宪法》第 116 条规定："民族自治地方的人民代表大会有权依照当地民族的政治、经济和文化的特点，制定自治条例和单行条例。自治区的自治条例和单行条例，报全国人民代表大会常务委员会批准后生效。自治州、自治县的自治条例和单行条例，报省或者自治区的人民代表大会常务委员会批准后生效，并报全国人民代表大会常务委员会备案。"

和单行条例，报全国人民代表大会常务委员会批准后生效。自治州、自治县的自治条例和单行条例，报省或者自治区的人民代表大会常务委员会批准后生效，并报全国人民代表大会常务委员会备案。

第二，设区的市制定的地方性法规的批准。根据《宪法》第 100 条规定①，设区的市制定的地方性法规，报本省、自治区人民代表大会常务委员会批准后施行。同时，省、自治区的人民代表大会常务委员会对报请批准的地方性法规，应当对其合法性进行审查，同宪法、法律、行政法规和本省、自治区的地方性法规不抵触的，应当在四个月内予以批准。省、自治区的人民代表大会常务委员会在对报请批准的设区的市的地方性法规进行审查时，发现其同本省、自治区的人民政府的规章相抵触的，应当作出处理决定。

（二）法规审查

法规审查包括合宪性审查和合法性审查两种情形。具体而言，主要包括以下几种情形：

第一，行政法规、地方性法规、自治条例和单行条例的合宪性审查。主要规定在《立法法》第 110 条至第 112 条中，根据规定，国务院、中央军事委员会、国家监察委员会、最高人民法院、最高人民检察院和各省、自治区、直辖市的人民代表大会常务委员会认为行政法规、地方性法规、自治条例和单行条例同宪法或者法律相抵触，或者存在合宪性、合法性问题的，可以向全国人民代表大会常务委员会书面提出进行审查的要求，由常务委员会工作机构分送有关的专门委员会进行审查、提出意见。其他国家机关和社会团体、企业事业组织以及公民认为行政法规、地方性法规、自治条例和单行条例同宪法或者法律相抵触的，可以向全国人民代表大会常务委员会书面提出进行审查的建议，由常务委员会工作机构进行研究，必要时，送有关的专门委员会进行审查、提出意见。有关的专门委员会和常务委员会工作机构可以对报送备案的规范性文件进行主动审查。

第二，"两高"司法解释的合宪性审查。根据《各级人民代表大会常务委员会监督法》第 32 条规定，国务院、中央军事委员会和省、自治区、直辖市的人民代表大会常务委员会认为最高人民法院、最高人民检察院作出的具体应用法律的解释同法律规定相抵触的，最高人民法院、最高人民检察院之间认为对方作出的具体应用法律的解释同法律规定相抵触的，可以向全国人民代表大会常务委员会书面提出进行审查的要求，由常务委员会工作机构送有关专门委员会进行审查、提出意见。其他国家机关和社会团体、企业事业组织以及公民认为最高人民法院、最高人民检察院作出的具体应用法律的解释同法律规定相抵触

---

① 《中华人民共和国宪法》第 100 条第 2 款规定："设区的市的人民代表大会和它们的常务委员会，在不同宪法、法律、行政法规和本省、自治区的地方性法规相抵触的前提下，可以依照法律规定制定地方性法规，报本省、自治区人民代表大会常务委员会批准后施行。"

的，可以向全国人民代表大会常务委员会书面提出进行审查的建议，由常务委员会工作机构进行研究，必要时，送有关专门委员会进行审查、提出意见。

第三，狭义的对设区的市制定的地方性法规的合法性审查。根据《立法法》第80、81条，设区的市的地方性法规须报省、自治区的人民代表大会常务委员会批准后施行。省、自治区的人民代表大会常务委员会对报请批准的地方性法规，应当对其合法性进行审查，同宪法、法律、行政法规和本省、自治区的地方性法规不抵触的，应当在四个月内予以批准。

(三)法规备案审查

法规备案审查是指将那些已经通过的立法规范性文件层报有关机关存档，有关机关对之进行必要的事后审查。其所遵循的原则是：下级向上级备案，本级政府向本级人大常委会备案，而各级人大本身并不接受备案，所有法规都要向全国人大常委会备案，而全国人大常委会并不接受规章的备案。[①] 从我国现有规定看，涉及备案的法规类别、层级较多，但主要遵循《立法法》第109条[②]之规定。以表12-1述之。

表12-1

报批或备案的法律	批准机关	批准内容	备案主体
行政法规			报全国人大常务委员会备案
省、自治区、直辖市人大及其常委会制定的地方性法规			报全国人大常委会和国务院备案

---

① 胡建淼：《"法规"本身必须"合法"——全国人大公布十大备案审查案例(上)》，载《人民法治》2018年第17期。

② 《中华人民共和国立法法》第109条规定："行政法规、地方法规、自治条例和单行条例、规章应当在公布后的三十日内依照下列规定报有关机关备案：

(一)行政法规报全国人民代表大会常务委员会备案；

(二)省、自治区、直辖市的人民代表大会及其常务委员会制定的地方性法规，报全国人民代表大会常务委员会和国务院备案；设区的市、自治州的人民代表大会及其常务委员会制定的地方性法规，由省、自治区的人民代表大会常务委员会报全国人民代表大会常务委员会和国务院备案；

(三)自治州、自治县的人民代表大会制定的自治条例和单行条例，由省、自治区、直辖市的人民代表大会常务委员会报全国人民代表大会常务委员会和国务院备案；自治条例、单行条例报送备案时，应当说明对法律、行政法规、地方性法规作出变通的情况；

(四)部门规章和地方政府规章报国务院备案；地方政府规章应当同时报本级人民代表大会常务委员会备案；设区的市、自治州的人民政府制定的规章应当同时报省、自治区的人民代表大会常务委员会和人民政府备案；

(五)根据授权制定的法规应当报授权决定规定的机关备案；经济特区法规、浦东新区法规、海南自由贸易港法规报送备案时，应当说明变通的情况。"

续表

报批或备案的法律	批准机关	批准内容	备案主体
设区的市、自治州人大及其常委会制定的地方性法规	省、自治区人大常委会	合法性	省级人大常委会报全国人大常委会和国务院备案
自治区人大制定的单行条例和自治条例	全国人大常委会	合法性①	不用备案
自治州、县人大制定的自治条例、单行条例	省级人大常委会	合法性②	省级人大常委会报全国人大常委会和国务院备案
部门规章和地方政府规章			报国务院备案；地方政府规章同时报本级人大常委会备案
设区的市、自治州政府制定的规章			报国务院备案，同时报省、自治区人大常委会和人民政府、本级人大常委会备案
授权法规			报授权决定规定的机关备案

（四）法规改变或撤销

改变或者撤销作为立法监督审查中最有力、最严苛的监督措施，其仅针对那些违宪、违法、不适当和违背法定程序的规范性文件。③ 具体而言，《立法法》第 107 条规定："法律、行政法规、地方性法规、自治条例和单行条例、规章有下列情形之一的，由有关机关依照本法第 108 条规定的权限予以改变或者撤销：（一）超越权限的；（二）下位法违反上位法规定的；（三）规章之间对同一事项的规定不一致，经裁决应当改变或者撤销一方的规定的；（四）规章的规定被认为不适当，应当予以改变或者撤销的；（五）违背法定程序的。"

（五）法规清理

法规清理作为立法机关自我监督、自我督促的方式之一，其定期对自我立法和下级机关立法进行统一整理、清查和筛选，能够及时发现和纠正、避免立法重复、立法矛盾和立法冲突，能够有效控制和遏制立法混乱现象。④

---

① 该项合法性审查的内容主要有：是否符合上位法的基本原则、民族区域自治法、法律、行政法规中的专门规定。

② 该项合法性审查的内容主要有：是否符合上位法的基本原则、民族区域自治法、法律、行政法规中的专门规定。

③ 王黎：《立法监督的困境及其破解路径》，载《法制与社会》2018 年第 7 期。

④ 林馨：《浅论如何完善对地方立法的监督》，载《法制与经济》2017 年第 6 期。

第三节　立法的合宪性审查

党的十九大报告首次提出"推进合宪性审查工作，维护宪法权威"。"合宪性审查"这一长期以来仅为学界使用的术语进入政治文件而成为重要的制度安排①。不同于西方国家的司法审查及宪法法院审查，我国的合宪性审查主要是以人大为主导的具有立法性质的审查。在我国立法实践中，合宪性审查主要分为法律草案审议阶段的审查，以及相关法规生效后的备案审查，又称之为立法的前端审查与后端审查。目前，学界针对立法的合宪性审查研究主要分为两部分，在法律草案的审议阶段，主要是从法律草案的审议程序中来分析合宪性审查制度的运行与局限，② 并且提出在适当时机建立法律草案合宪性审查制度。③ 而在备案审查阶段，主要是对备案审查中合宪性审查的主体、合宪性审查的标准以及备案审查与合宪性审查的关系等进行研究。如胡锦光教授指出，合宪性审查的主体仅限于全国人大和全国人大常委会，法规备案审查包括合宪性审查、合法性审查及适当性审查等，④ 王旭教授提出在合宪性审查中运用层级结构理论，在坚持宪法优位的前提下，对合宪性审查中的相抵触标准进行建构。⑤ 但是学界从立法的制度性层面对合宪性审查进行具体化的构建还相对较少，如在立法的合宪性审查中，其合宪性审查权的渊源及法律属性是什么，在进行立法的合宪性审查时应坚持什么样的原则，其机制的具体内容包含什么，这些问题仍有待讨论。因此，本书将从立法的合宪性审查权、立法的合宪性审查原则及立法的合宪性审查机制三个方面出发，对我国立法的合宪性审查做一个体系化的探究。

一、立法的合宪性审查权

（一）宪法渊源

宪法的渊源主要是指宪法的表现形式。⑥ 在全面实施宪法和推进合宪性审查工作的背景下，宪法渊源指的是宪法的法律化适用过程中合宪性判断依据的来源，它属于权威和形式的范畴。⑦ 我国立法的合宪性审查权的宪法渊源主要表现在三个层面：其一，制度层面。我国立法的合宪性审查是立基于我国的人民代表大会制度，全国人大是我国的最高国

---

① 张翔：《"合宪性审查时代"的宪法学：基础与前瞻》，载《环球法律评论》2019 年第 2 期。
② 邢斌文：《论法律草案审议过程中的合宪性控制》，载《清华法学》2017 年第 1 期。
③ 焦洪昌、俞伟：《我国应该建立法律草案合宪性审查制度》，载《长白学刊》2018 年第 1 期。
④ 胡锦光：《论法规备案审查与合宪性审查的关系》，载《华东政法大学学报》2018 年第 4 期。
⑤ 王旭：《合宪性审查中"相抵触标准"之建构》，载《中国法学》2021 年第 6 期。
⑥ 《宪法学》编写组：《宪法学》（第二版），高等教育出版社 2020 年版，第 25 页。
⑦ 张翔：《宪法渊源作为方法》，载《中国法律评论》2022 年第 3 期。

家权力机关，而全国人大及其常委会行使国家立法权，这也预设了我国立法的合宪性审查权主体是全国人大及其常委会。比如《宪法》第 62 条规定，全国人民代表大会有修改宪法、监督宪法实施，制定和修改刑事、民事、国家机构的和其他的基本法律。其二，立法的制定与实行层面。我国《宪法》规定，一切法律、行政法规和地方性法规都不得同宪法相抵触，全国人大常委会有权撤销国务院制定的同宪法、法律相抵触的行政法规、决定和命令等，此种不得相抵触不仅仅是法律生效后，为了维护法制的统一和尊严不得与宪法相抵触，还包括在法律草案的审议过程中要遵循这一宪法要求。其三，效力层面，我国《宪法》序言写道，宪法是国家的根本大法，具有最高的法律效力。从法律的效力位阶来看，这也意味着立法的合宪性审查权具有审查任何与宪法规定、原则和精神不相符合的法律、法规。

（二）法律属性

关于合宪性审查权的属性问题，有学者认为在实行立法的合宪性审查背景下，由于采取全国人民代表大会最高国家权力机关的宪法监督模式，不同于以法院为中心的审查模式——通过法律适用在事实与规范之间往返流连进行涵摄，因此其合宪性审查的性质主要是政治审查，而不是法律审查。[①]

首先，从立法的合宪性审查主体来看，在全国人大最高国家权力机关性质进行的宪法监督模式下，全国人大及其常委最主要的职能是制定法律、监督宪法实施等权力，对不符合宪法规定、原则或精神的相关法规进行审查，是行使宪法所赋予的权力，这是由其行使立法权的职能所决定的。

其次，从审查的对象上来看，我国的合宪性审查一是对法律草案的审议，二是对相关法规的作出审查，其审查对象均属于法律的范畴。当然在审查过程中可能会碰到政治问题，但其基本属性仍属于法律审查。再者，从审查的标准上来看，结合宪法法律规定和多年来各级人大常委会开展备案审查工作的有关实践做法，全国人大法工委备案审查室将规范性文件的审查标准划分为合宪性、政治性、合法性、适当性四个方面[②]，由此可见政治性审查只是我国现行法规备案审查的一个方面，其本质仍是进行法律审查。综上所述，我国立法的合宪性审查的性质主要是法律审查而非政治性审查。

（三）内在结构

其一，合宪性审查权。合宪审查权意指审查主体依据宪法的规定、原则或精神对法律草案与相关的法律法规予以审查的权力。就合宪性审查权的主体而言，2018 年 6 月 22 日，

---

① 郑贤君：《我国合宪性审查的宪法属性》，载《财经法学》2022 年第 5 期。

② 全国人大常委会法制工作委员会法规备案审查室著：《规范性文件备案审查理论与实务》，中国民主法制出版社 2020 年版，第 108 页。

全国人大常委会作出《关于全国人民代表大会宪法和法律委员会职责问题的决定》中规定，宪法和法律委员会统一审议列入全国人大或者全国人大常委会会议议程的法律草案，依法承担推动宪法实施、开展宪法解释，推进合宪性审查的工作职责。在我国的合宪性审查的实践中，宪法和法律委员会主要负责前端审查，即对法律草案的审议进行审查。而对生效后的法规审查，主要是全国人大法工委以备案审查的形式进行审查。由于宪法和法律委员会及全国人大法工委都受全国人大常委会的领导，它们所提出的意见要经过全国人大常委会的审议，并最终以全国人大常委会的名义对外作出决定。从这一点看，合宪性审查权的主体主要是全国人大及其常委会。就合宪性审查权的对象而言，我国《法规、司法解释备案审查工作办法》规定，其审查的对象主要包括行政法规、监察法规、地方性法规、自治条例和单行条例等，但不包括法律。而在前端审查中，主要是对法律的草案进行审议。

其二，备案审查权。备案审查权主要是针对法律以下的行政法规、监察法规、地方性法规及司法解释等进行审查。目前，在我国实行备案审查权的主体主要是全国人大法制工作委员会，其对法规、司法解释及其他有关规范性文件中涉及宪法的问题进行合宪性审查研究，并提出书面审查研究意见，并及时反馈制定机关[1]。备案审查中包含合宪性审查、合法性审查与适当性审查。从备案审查的组织架构看，备案审查工作委员会或备案审查处仅仅是常委会的工作机构或法工委的工作班子，在常委会或法工委领导下开展备案审查的具体工作。[2] 而法工委又是全国人大常委会的工作机构，换而言之，法工委行使的备案审查权实质上来源于全国人大常委会。那么，从这一点而言，备案审查权乃是全国人大常委会的授予性权力。又因为备案审查中包含合宪性审查，可以对涉及宪法的备审案例进行研究，并提出意见，备案审查权又是具有宪法性质的权力。

其三，提请审查权。提请审查权不同于合宪性审查权与备案审查权，它是一种主观性的权利。主观权利源于一个一般的法理性概念，是指法律规范赋予主体的权能，即为了实现个人利益，要求他人为或者不为一定的行为、容忍或者不作为的权利，又以其法律关系调整的对象不同，可分为主观权利与主观公权利。在我国提案审查权可以分为经公民建议的审查与经国家机关要求的审查，故将其视为一种主观性的权利。[3]

我国《宪法》第72条规定全国人大及其全国人大常委会成员，有权依照法律程序提出职权范围内议案的权力。然而，在我国法律草案的审议实践中，由国家机关组织起草的法律案进入全国人大及其常委会议程占据重要地位。[4] 因此，法律草案审议阶段的提请审查权实际上是属于国家机关。然而在备案审查中，根据《立法法》的规定，提请审查权的主体

① 《法规、司法解释备案审查工作办法》第 20 条。
② 梁鹰：《备案审查制度若干问题探讨》，载《地方立法研究》2019 年第 6 期。
③ ［德］哈特穆特·毛雷尔著：《行政法学总论》，高家伟译，法律出版社 2000 年版，第 152 页。
④ 邢斌文：《论立法过程中法律草案合宪性的判断标准》，载《政治与法律》2018 年第 11 期。

有两个：一是经国家机关要求的审查，其认为相关法规、自治条例等同宪法和法律相抵触的，或者存在合宪性、合法性问题的，可以向全国人民代表大会常务委员会书面提出进行审查的要求。二是经建议审查，企事业组织和社会团体以及公民认为行政法规、地方性法规、自治条例和单行条例同宪法或者法律相抵触的，可以向全国人民代表大会常务委员会提出进行审查建议。然而在此款规定中，只有经过常务委员会工作机构研究后，认为有必要，才进行审查并提出意见。这也意味着建议审查并不具有经要求审查的那种强制性。

二、立法的合宪性审查原则

（一）党的领导原则

宪法具有最高的法律效力、法律地位和法律权威，推进宪法实施、监督和完善的有关制度就显得尤为重要，合宪性审查制度的推进尤其如此。立法的合宪性审查机制目的在于判断审查事项合宪与否，轻则引起追究违宪责任程序的启动，重则或可导致宪政危机乃至政治危机，从而应当一以贯之地坚持中国共产党的领导，确保党在推进立法的合宪性审查制度构建、完善过程中的核心地位不动摇。

首先，党对推进立法的合宪性审查制度建构的领导内嵌于党对推进依法治国的全面领导之中。党的十九大决定建立"中央全面依法治国领导小组"，展现了党对推进全面依法治国工程建设的重视和强大关切，在推进全面依法治国的各维度、各层面和各阶段中，立法的合宪性审查制度都是其重中之重。

其次，党的领导为立法的合宪性审查制度提供了思想指导和目标指引。"执政党之所以执政，也有为人民提供精神资源的功能，并且还会引导国家和社会去追求和实现这些核心价值。"[1]党的领导方式主要是政治领导、思想领导和组织领导，其中加强对立法的合宪性审查制度建构的思想领导和政治领导尤为重要。

最后，党的领导能够起到总揽全局、协调各方、调配各项资源的作用。中国共产党作为执政党，能够在最大限度、最大范围内为制度建构提供平台、人力和物力等资源。

（二）政治问题不审查原则

政治问题或与之类似的概念并非一开始出自学理，而是由各国审查机关基于实际情况的需要而产生的。比如在英国称之为国家行为（act of state）、纯粹政策决定或特权权力，法国称之为政府行为，美国称之为政治问题，德国则称之为统治行为或不受法院管辖之高权行为。刘宏恩归纳整理美、日、德各国之相关判例与学说理论，发现其所称之政治问题或统治行为大致上可分为三种不同层次的类型：（1）欠缺法律上判断标准的单纯政治问题。（2）权力分立与民主原则下之司法内在界限。（3）权衡得失、政策考量下之司法自制。例

---

① 徐爽著：《公民基本权利的宪法和法律保障》，社会科学文献出版社 2016 年版，第 15 页。

如美国虽然确立了三权分立的政治制度，立法、行政、司法三种权力彼此相互制衡。然而，在实际政治运作过程中，划定三种权力的各自界限也尤为必要。司法审查制度在保障人权与维护宪法的最高性同时，在某些具体领域也可能会侵犯立法权或行政权在宪法上所应有的范畴。关于司法审查的政治界限问题常被讨论，政治问题的理论也经由美国联邦最高法院的判例逐步发展而成。

而在我国立法的合宪性审查中，首先，从政治制度而言，在我国人民代表大会制度下，所有机关均由其产生，对它负责。另外我国的权力运行体制是建立在权力分工的模式之下，因此，在涉及合宪性问题的法律审查时，审查主体本身即是该机关及其工作机构，似乎不存在权力分立之间的内在界限问题。此外，我国的立法本身就是党领导下的立法，将党的意志通过法定程序上升为国家意志，在法律草案的审议阶段，也不会存在相应的问题。

因此，在牵涉政治问题时，全国人大及其常委会本身应持自制立场。如实践中，在审查人民武装警察法的领导主体规定时，涉及国家军事制度和政治安全，审查主体以武警领导体制正在改革为由给予其合理性的判断，在政治问题上，审查主体并不轻言违反宪法。其次，在合宪性备案审查中，我国所遇到的政治问题大多数应为改革与宪法关系之间的问题，这与我国尚处于改革阶段的现实情形相关，此种政策的不断变化，要求审查主体作出宪法判断时持谨慎之态度。最后，政治问题本身即是一个不确定性概念，西方国家由于司法审查制度的原因，经过个案的争议不断确认，已形成案例积累，确认司法审查政治之界限。在我国，合宪性审查制度刚起步阶段，一方面其主要的功能是维护法制统一，对待政治问题应保持审慎，维护合宪性审查的法律属性；另一方面，如果全国人大及其常委会过多地干预各职能部门的关系，也会破坏各机关的权力边界，不利于合宪性审查机构在审查方面的权威性[1]，故应坚持政治问题不审查原则。

(三)实质审查原则

实质审查区别于形式审查。形式审查主要表现在法律文本的规范表达上，其是属于立法技术层面的问题。为了规范立法语言，全国人大法制工作委员会和一些地方人大常委会都制定了立法技术规范，对立法语言的使用具有积极的指导作用。[2] 然而，随着我国立法技术的完善，此类技术性的错误会越来越少，而我们的法规审查也会从形式审查逐步迈向实质性审查，因此确立实质性审查的原则是具有重要意义的。

其一，符合宪法规范。宪法是我国的根本大法，其具有最高的效力。从宪法地位来

---

① 秦前红：《合宪性审查的原则、意义及推进》，载《比较法研究》2018年第2期。
② 杨临宏主编：《立法学 原理、制度与技术》，中国社会科学出版社2020年版，第365页。

看，宪法规范在我国的法体系之中具有至上性，是以根本规范为指导的价值体系与规范体系。① 从此处而言，宪法规范具有两种表现形式，一种是实定意义上的宪法规范，另一种是注入某种超实在性的价值规范。如果对实定意义上宪法规范进行分类，其还可分为授权性宪法规范、义务性宪法规范以及禁止性宪法规范等。② 在立法的合宪性审查中，无论是对法律草案的审议还是事后的法规审查，其首要的是符合宪法规范。比如张翔教授在《中华人民共和国网络安全法（草案）》二审稿征求意见中提出，在"二审稿"第 46 条的规定与我国《宪法》第 40 条保护通信自由存在冲突，我国《宪法》第 40 条规定，检查通信只能是"因国家安全或者追查刑事犯罪的需要"，明确限定了检查通信的自由，而"二审稿"第 46 条只是笼统地要求了"发现法律、行政法规禁止发布或者传输的信息"。法律法规涉及公益甚广，第 46 条的模糊规定，无疑存在扩大检查理由范围的危险，因此其不符合宪法的规定。③ 在法规的备案审查中，法工委对民航发展基金的征收征用问题进行审查，认为其行为与《宪法》第 13 条规定的对私有财产征收、征用的规定并不一致。符合宪法规范的审查一方面要从形式上予以考虑，即法律法规不能出现违背宪法规范的语词，另一方面从规范的内容予以考量，在审查过程中注意下位法规范包含的主体或权限是否超越了宪法规范本身所包含的范围，从而对其进行一种实质性的审查。

其二，符合宪法原则。宪法的基本原则是指通过宪法规范所体现的宪法内容的基本标准、基本准则或者基本界限。④ 从我国的宪法文本来看，我国的宪法原则包括人民主权原则、基本人权原则、权力制约与监督原则。在立法的合宪性审查中，对相关法规的审查应秉持人民主权原则。我国宪法规定，中华人民共和国的权力一切属于人民，同时宪法规定的国家性质也反映了人民主权原则。《宪法》第 1 条第 1 款中规定："中华人民共和国是工人阶级领导的、以工农联盟为基础的人民民主专政的社会主义国家。"在合宪性审查中，应考虑相关的法规是否符合人民的主体利益，或者由于社会情势的变迁，法规已经无法体现当下人民的意志，应在审查过程中坚持人民主权原则对其予以实质性的审查。

在立法的合宪性审查中，对相关法规的审查应坚持基本人权原则。2004 年修改《宪法》加入"国家尊重和保障人权"条款，同时，2004 年《宪法修正案》中的多处修改都与人权及其保障有密切的关系，例如关于紧急状态的修改、关于建立健全社会保障制度的修改、关于公民私有财产权的修改等，充分显示了国家对人权保障的重视。⑤ 李步云教授提出人

---

① 韩大元：《论宪法规范的至上性》，载《法学评论》1999 年第 4 期。

② 参见刘茂林：《论宪法结构的涵义与宪法规范的结构特点》，载《法商研究》1995 年第 4 期。

③ 张翔：《检查公民通信是谁的权力？——小议网络安全法二审稿第 46 条》，载《法治周末》2016 年 8 月 31 日，第 1 版。

④ 胡锦光、韩大元主编：《中国宪法》，法律出版社 2018 年版，第 55 页。

⑤ 胡锦光、韩大元主编：《中国宪法》，法律出版社 2018 年版，第 68 页。

权具有三种存在形态，即应有的权利，法定的权利与实有的权利。此三种权利有一种递进的过程，从应有的权利转化为法定的权利，再从法定的权利转化为实有的权利。① 立法的合宪性审查就是从法治的视角，以保障人民权利为重要原则对于不当限制公民权利的法规予以审查，从而实现人权保障中法定权利的统一。

在立法的合宪性审查中，对相关法规的审查应坚持权力制约与监督的原则。在我国，从理论上来讲，行政机关、司法机关的权力来源于权力机关，但权力机关不能代替行政机关和司法行政机关行使行政权和司法权，这种权力上的分工本身在一定意义上也是分权原则的一种体现。② 在立法的合宪性审查中，秉持权力监督与制约原则是保持我国宪法权力秩序的要求。宪法是国家权力秩序的基础，最优良的权力秩序就是保持不同权力之间维持某种程度的动态平衡。③ 从权力制约与监督原则出发，对法律草案的审议以及法规、司法解释的审查应从国家机关之间权力配置关系中去考量，从而从宪法的层面维护宪法秩序。

其三，符合宪法精神。何谓宪法精神？韩大元教授认为宪法精神存在于人们对宪法的意识、思维于心理状态之中，其是社会最高的价值共识，体现了国家的根基与元气。④ 范毅教授认为宪法精神是国家体制人本化的价值追求在宪法中的反映，并通过宪法规定、原则等体现出，是宪法真正的本质与核心。⑤ 林来梵教授从规范主义的进路出发，认为宪法精神可以理解为贯穿于宪法规范体系或其主要结构之间的核心价值取向，是整部宪法的根本价值目标。⑥ 综合以上来看，宪法精神乃是蕴含于宪法文本之中以及存在于社会之中的最高价值。在立法的合宪性审查中，由于宪法的价值对法律的制定有着引领性作用，法律草案的审议最重要的一点即是看法律文本所体现的价值是否符合宪法精神。如在民法典编纂中或者是在其他法律的制定过程中，第 1 条都会规定"根据宪法，制定本法"。从法律位阶上来看，如果一部法律得不到上位法的授权，这部法律的正当性是值得存疑的。从法律精神上来看，制定的下位法精神一是对宪法精神的具体阐释，二是宪法精神对所有下位法的制定具有实质性的拘束力作用。而在法规生效后的立法审查中，由于法规在运行过程中已经不符合社会当下的一种共识性基础，亦可根据宪法精神对其进行实质性审查。因此，符合宪法精神也是立法合宪性审查的实质原则之一。

（四）合宪性推定原则

合宪性推定原则是在宪法解释的活动中产生的，其基本的含义包括两个方面：一是从

---

① 参见李步云：《论人权的三种存在形态》，载《法学研究》1991 年第 4 期。

② 周叶中主编：《宪法学》（第五版），高等教育出版社 2020 年版，第 95 页。

③ 江国华：《中国宪法中的权力秩序》，载《东方法学》2010 年第 4 期。

④ 参见韩大元：《民法典编纂要体现宪法精神》，载《国家检察官学院学报》2016 年第 6 期。

⑤ 范毅：《论宪法精神的概念》，载《现代法学》2004 年第 2 期。

⑥ 参见林来梵：《"八二宪法"的精神》，载《中国法律评论》2022 年第 5 期。

审查机关的权力出发，任何一个违宪审查机关的权力都是相对而言的，当特定机关行使违宪审查权或进行宪法解释时应考虑审查对象所涉及的各项因素，应当有节制地行使其权力。二是当判断某一项法律或行为是否违宪时，如没有十分确实、有效的依据认为其违宪，应尽可能推定其合宪，避免出现违宪的判决。① 不同于西方以司法消极主义理念为基础的违宪审查，我国立法机关进行合宪性审查判断适用合宪性推定原则时，需要结合其立法机关的性质以及我国的政治制度去考量。

我国合宪性审查的主体是全国人大及其常委会，这也意味着在进行立法的合宪性审查时，相比于西方的司法机关，它更具有民意基础，并且它所能得到的信息也更具体、翔实。确立合宪性原则的原因主要有三点：

其一，法律规范稳定性的考量。法律的稳定性是与立法恣意、立法随意等方面概念相对应而言的，其要求法律规范一经制定，非经法定程序法定事由不可任意撤销，由此以保护国民预期和实现人权保障，若某一部法律被宣布因违宪而无效，根据条款辐射的原则，该法律项下的下位法均丧失效力上的合法性，必然不利于社会生活稳定和国民预期。

其二，对违宪审查固有的反民主多数难题的技术性校正。林来梵教授认为："合宪性审查的用语策略是高明的，尽管它与宪法监督和违宪审查这两个用语一样，但几乎没有多大的学术价值，其真正的意义则正在于这种用语策略本身，即通过巧妙的用语转换，寄寓了某种温和的、易于被接受的实践动机。"②

其三，对于职能分立原理的固守。司法应当奉行消极主义和谦抑原则，那些能够通过代议民主和思辨民主所决定之事项，审判机关应当尽量尊重立法机关的权力，推定法律合宪有效。

三、立法的合宪性审查机制

(一)表决前的合宪性审查

表决前的合宪性审查即是对法律草案进行审查，梁鹰表示，宪法修改将"法律委员会"更名为"宪法和法律委员会"，明确了该机构在继续承担统一法律案工作的基础之上，负有推动宪法实施、开展宪法解释等新的职责，③ 因此对法律草案的审查主体主要是全国人大宪法和法律委员会。从全国人大常委会的立法程序来看，法律案的提请主体一般是由国务院、中央军事委员会、国家监察委员会、最高人民法院、最高人民检察院等国家机关向全

---

① 参见韩大元、张翔等著：《宪法解释程序研究》，中国人民大学出版社 2016 年版，第 66 页。

② 林来梵：《中国的"违宪审查"：特色及生成实态——从三个有关用语的变化策略来看》，载《浙江社会科学》2010 年第 5 期。

③ 《推进合宪性审查加强宪法实施和监督——全国人大常委会法工委法规备案审查室主任梁鹰谈宪法实施》，载《新华每日电讯》2018 年 5 月 17 日，第 2 版。

国人大常委会提出，由委员长会议列入会议议程，或者先交有关的专门委员会审议、提出报告，再决定列入常务委员会会议议程。除此之外，一个代表团或者三十名以上的代表联名，也可以向全国人民代表大会提出法律案。

我国目前对法律草案进行的审查机制中，审查方式分为形式审查与实质审查。在形式审查方面，主要通过将法律草案的文本与宪法的文本进行对比，宪法和法律委员会不进一步对宪法事实进行审查，而是直接将依据宪法文本对草案进行初步判断。[①] 在实质审查方面，主要是针对是否符合宪法精神、原则方面的审查。

（二）通过后的备案审查

通过后的备案审查即是对生效法规的审查。我国的备案审查的主体主要是全国人大法工委，其审查的主要对象是法规、司法解释但不包括法律。在备案审查中，其分为主动审查与被动审查。主动审查主要是指审查主体依据法律、法规规定的职权对规范性文件进行审查，并对规范性文件的规定是否符合上位法进行研究。而被动审查主要分为两种，一是经国家机关要求的审查，二是经公民建议的审查。近年来，我国的备案审查制度发展迅速，也涌现了许多对相关法规审查的事例，下文主要通过对备案审查事例的探索来探讨备案审查的标准问题。

第一，基于情势变更的判断标准。在关于废止收容教育规定的审查意见论证中，审查主体首先立足于当时的社会情形，认为关于收容教育的规定与宪法规定相符。其次，随着我国民主法治建设的推进和人权司法保障的完善，收容教育的规定存在下位法抵触上位法、严重侵害公民人身自由权利的问题。其不符合"国家尊重和保障人权"的宪法规定，也不符合《宪法》第5条第1款"中华人民共和国实行依法治国，建设社会主义法治国家"的规定。最后，审查主体接受了公安部门对收容教育制度在历史上有一定正当性的陈述。公安部门认为在"依法建立的收容教育制度施行20多年来，对教育挽救卖淫、嫖娼人员，维护社会治安秩序和良好社会风气，发挥了重要作用。但是随着建设法治国家的理念深入推进，我国的法律体系也愈发完善。收容教育措施的使用逐年减少，由此可以认为该项制度已经不符合当下的社会现实"。[②] 最终，收容教育制度被明确废除。

在关于废止收容教育规定的审查意见论证中，审查机关并未直接判断收容教育制度违反宪法，而是通过之前制定该决定的合宪性论证给予其正当性。然而，此种情形属于过去合宪但现在违反宪法的类型，本书认为这是基于情势变更的情形，审查机关作出回避的宪法判断。主要从两方面考虑：其一，从我国目前的政治体制与宪法实际运行情况来看，全国人大及其常委会不会轻言违宪。此外，基于当下的法治实践水平，利用"违宪"的判断去

---

① 焦洪昌、俞伟：《我国应该建立法律草案合宪性审查制度》，载《长白学刊》2018年第1期。

② 参见王锴：《论备案审查结果的溯及力——以合宪性审查为例》，载《当代法学》2020年第6期。

评价过往数十年前的法治实践，也不利于执政党和释宪机关正视和解决当前实践中的法治难题，而只会为合宪性审查制度真正发挥实效增加阻力。① 其二，基于收容教育制度不适应现实情况的判断，之后建议立法机关修改并最终废止。实际上是审查主体基于情势变更，回避宪法判断结果的一种方法。在当下社会转型时期，政策性内容规范、法政策在出台时更多地显现出其历史合理性与灵活性，随着社会发展积累至社会背景的变换，其滞后性不断积累，② 因此，可以预见的是在转型时期的今天，基于情势变更判断的标准事例会继续增多。

第二，直接抵触的标准。在对行政法规即《城市房屋拆迁管理条例》的审查中，法规备案审查室对审查建议提出的三个研究问题进行了逐一回应。三个问题中最核心的是第二个，即拆迁补偿关系的界定问题。根据《宪法》《城市房地产管理法》等法律的规定，征收是国家以行政权取得集体、单位和个人得财产所有权行为，依法包括四个要件：（1）为公共利益的需要；（2）依照法律规定的权限和程序进行；（3）国家是征收的主体；（4）征收应当给予补偿。审查主体认为，征收是政府行使行政权的行为，应属于行政关系而非民事关系。因公共利益需要拆迁城市中私人所有的房屋及其他不动产的，应当由国家按照法律规定的程序进行征收。《城市房地产管理法》规定，国家征收国有土地上单位和个人的房屋并依法给予拆迁补偿的具体办法由国务院规定。目前国务院尚未就此作出规定，城市房屋拆迁的依据依然是2001年制定的《城市房屋拆迁管理条例》。该条例没有规定征收程序，并且将拆迁法律关系定位为取得房屋拆迁许可证的单位与被拆迁房屋所有人之间的关系。这与宪法、城市房地产管理法等法律规定的征收作为国家与被征收人之间的行政关系不一致。审查建议所说的《条例》将拆迁单位作为征收、拆迁主体的问题是存在的。③ 换而言之，这也是审查主体直面法律、法规与宪法规定不一致之处。

（三）执行中的提请审查

2015年修改《行政诉讼法》时，在第53条和第64条确立了行政诉讼中附带审查规范性文件这一新的诉讼制度，赋予了公民、法人或其他组织附带提请审查行政规范性文件的权力。④ 2018年最高人民法院下发的《关于适用（中华人民共和国行政诉讼法）的解释》第145～151条对规范性文件附带审查进行了具体化的设计，这使得法院对规范性文件的审查

① 邢斌文：《什么是"违宪"——基于全国人大及其常委会工作实践的考察》，载《中外法学》2020年第2期。

② 郑磊、赵计义：《备案审查年报事例覆盖对象类型研究——再评2019年备案审查年度报告》，载《中国法律评论》2020年第5期。

③ 全国人大常委会法制工作委员会法规备案审查室编著：《规范性文件备案审查案例选编》，中国民主法制出版社2020年版，第11页。

④ 江国华、易清清：《行政规范性文件附带审查的实证分析——以947份裁判文书为样本》，载《法治现代化研究》2019年第5期。

发生了由"隐性"到"显性"的转变。①

从提请审查的对象来看，主要是公民、法人或者其他组织，它们认为行政行为所依据的国务院部门和地方人民政府及其部门制定的规范性文件不合法，在对行政行为提起诉讼时，可以一并请求对该规范性文件进行审查。从审查的对象来看，此处的规范性文件主要是对不特定的公民、法人或者其他组织作出的，在一定时间段内反复适用并且具有普遍的约束力，但不包括规章。② 在我国现行的行政诉讼体制下，法院在对此类规范性文件作出附带性审查时，不能在判决主文中对其作出直接处理，而是向制定规范性文件的机关提出建议，并且该建议对制定机关不具有强制的约束力。③ 本书认为，在我国现有的备案审查制度体系下，当法院提出政府的规范性文件制定不当，首先由制定的机关对规范性文件进行审查，其次如果牵涉到关于宪法的问题再移交给地方人大及其常委会，由其作出合宪性判断。就判断标准而言，一是主要审查规范性文件制定机关是否超越了制定权限，包括事务管辖权、地域管辖权等，如果规范性文件越权即会造成整体违法，此种情形一般在合法性审查阶段即可予以解决，但在作合宪性判断时，可以从这个角度来考虑；二是规范性文件的制定增设了公民的权利与义务，违反宪法的原则与精神，这是在进行合宪性判断时需要重点考量的内容。由于在我国的法制实践中，法院一般不会直接援引宪法作为其裁判依据。因此，在面临有可能违反宪法的规范性文件时，提请移交给地方人大及其常委会，可以解决此种制度性问题。

在立法的合宪性审查中，地方人大及其常委会是否拥有合宪性审查权，学界有不同的看法。有观点认为从宪法的规范依据来看，全国人大及其常委会拥有宪法解释权，而地方人大及其常委会并不具有这一权力，那么只有全国人大及其常委会才拥有合宪性审查权。而有的观点认为《立法法》规定，省级人大常委会可以对设区的市报请的地方性法规进行合法性审查，更重要的是，其可以审查地方性法规是否同宪法、法律相抵触。从该规定可以看出，在设区的市法规生效前的报请批准阶段，省级人大常委会有权对设区的市地方性法规的合宪性作出自身的判断。既然如此，则推断在事后审查时，省级地方人大常委会同样有权对其有权审查的规范性文件的合宪性作出判断也是符合逻辑的结论。④ 也有学者认为要求其他立法主体参与审查工作将有利于减轻全国人大常委会的负担，使其能够专门处理

① 宋智敏：《论以人大为主导的行政规范性文件审查体系的建立》，载《法学论坛》2020年第6期。

② 朱芒：《规范性文件的合法性要件——首例附带性司法审查判决书评析》，载《行政法学研究》2015年第6期。

③ 王红卫、廖希飞：《行政诉讼中规范性文件附带审查制度研究》，载《行政法学研究》2015年第6期。

④ 全国人大常委会法制工作委员会法规备案审查室著：《规范性文件备案审查理论与实务》，中国民主法制出版社2020年版，第114页。

重大违宪问题，同时也符合《宪法》第 3 条"发挥地方的主动性、积极性"的要求。① 那么从规范意义上而言，地方人大及其常委会可以依据具体条文作出宪法判断。当然，地方人大常委会在适用合宪性标准进行审查时，如遇到对宪法理解方面的疑问，或者涉及宪法规定需要进一步明确其含义的，应当向全国人大常委会提出，由全国人大常委会作出答复。因此，就合宪性审查权的主体来讲，本书认为，全国人大及其常委会与地方人大及其常委会均可以作为合宪性审查权的主体，区别则是两者备案审查的规范性文件范围不同，地方人大及其常委会无宪法解释权。从这个方面来讲，法院发现不当的规范性文件提请人大及其常委会进行审查也是具有可行性的。

第四节　立法的合法性审查

在当前一元多体的立法体制下，"法律冲突普遍性和严重性到了只要对法律有过一定接触或打过一定交道的人即可以略举一二的程度"②。故此建构对立法的合法性审查机制是因应法律部门冲突、层级冲突、地区冲突，维护法制统一和法治权威的必要路径。

一、外延界定：立法的"合法性"问题

合法性是一个多向度、多意涵且富有层级的概念，我们讨论立法的合法性审查问题必然首先需要对之进行界定。自亚氏以降至今，法律的"合道德性"和"合法性"俨然成为学界通识，从自然法角度，我们自然地将"合法性"理解成为"合道德性""合正义性"，这是合法性的原初本意。但在实然性层面，应该将法理解成为一种可以被感知、被理解的实际规范性存在，故此，合法性可以被诠释为合法律性，即"法的合法性问题便被兑换成低阶位的法律与高阶位的法律相一致"③的问题。在这个意义上，法的合法性问题，可以从合宪性、合法性和适当性三个层面来理解。

从法的位阶性出发，区分立法的合宪性、立法的合法性和一定前提下讨论的立法的适当性，故可以就其狭义层面，可以从形式和实质两个方面出发理解合法性的意涵：（1）立法之"合法性"的形式意涵。"合法性的形式问题是有关特定法律或规则或命令的权威之形式渊源的纯法律问题。"④一般来讲，"合法"一词在符合法律规定的意涵下被提及和使用，具体而言，合法性的形式意涵主要包括：立法权来源上具有合法性、立法过程具有合法

---

① 孙煜华、童之伟：《让中国合宪性审查制形成特色并行之有效》，载《法律科学（西北政法大学学报）》2018 年第 2 期。

② 张诚：《法律冲突与守法困境》，载《学习时报》2006 年 7 月 31 日。

③ 江国华著：《立法：理想与变革》，山东人民出版社 2007 年版，第 187 页。

④ ［英］P. S. 阿蒂亚著：《法律与现代社会》，范悦等译，辽宁教育出版社 1998 年版，第 157 页。

性、立法结果符合法定形式、立法条款的不抵触性等。① （2）立法之"合法性"的实质意涵。法的实质合法性判断是个异常复杂的问题，涉及当时社会占主导地位的社会伦理法则、政治理想和价值观念。但从实际来说，立法必然触及公民权利义务的实质性分配，"立法的合法性审查原则之效力，也应当溯及立法之实体领域"。② 故此，立法之合法性的实质意涵主要是立法内容与立法目的之正当性。

二、立法的合法性审查机制的意义

良法乃善治之前提。法治社会、法治国家与法治政府一体化建设，推进国家现代化法治进程，首先要求建立良好的、内部无瑕疵和效力冲突的法制体系，而立法的合法性审查机制同立法的合宪性审查机制一起，对良法的出台起到了不可或缺的作用。总的来说，我国建立立法的合法性审查机制具有以下几个方面的意义：

（一）有利于维护国家法制统一、维护法律权威

2018 年 12 月 24 日，全国人大常委会法工委向全国人大常委会提交的《全国人民代表大会常务委员会法制工作委员会关于 2018 年备案审查工作情况的报告》中指出，2018 年度，法制工作委员会共收到公民、组织涉及规范性文件的各类来信来函 4578 件，可以明确为审查建议的有 1229 件，其中属于全国人大常委会备案审查范围的有 112 件，占 9.1%。在 112 件审查建议中，建议对行政法规进行审查的 5 件，占 4.5%；建议对地方性法规进行审查的 63 件，占 56.3%；建议对司法解释进行审查的 44 件，占 39.2%。③ 上述数据是我国近年来立法暴涨带来"法律打架"现象增多的最好例证。公民不断"上书"向全国人大常委会反映，一方面说明了我国公民法律意识逐步增强，另一方面还表明了我国当前阶段存在的诸多立法矛盾、法律冲突并没有得到很好解决。相同效力的法规范文件之间、不同层级效力的法规范文件之间不协调、相冲突的问题已经对我国公民权利和市场经济发展造成了诸多负面影响。只有建立、发展和完善相互配套的立法合法性审查机制，才能减少、防止乃至杜绝此种情况的发生，确保国家法制统一。④

（二）有利于提高立法质量和立法效率，促进立法科学化

立法的合法性审查体制机制的建立和完善，必将有利于提高我国立法的质量和立法的效率，并能够促进立法科学化。不可否认的是，我国当前不少的法律规范尚不完善，可操作性有待提高，科学性和前瞻性不足，未能有效地回应社会生活需要。自从中国特色社会

---

① 江国华著：《立法：理想与变革》，山东人民出版社 2007 年版，第 188 页。

② 江国华著：《行政立法的合法性审查探析》，载《武汉大学学报（哲学社会科学版）》2007 年第 5 期。

③ 《全国人民代表大会常务委员会法制工作委员会关于 2018 年备案审查工作情况的报告》。

④ 江国华著：《立法：理想与变革》，山东人民出版社 2007 年版，第 234 页。

主义法制体系建成以来，我国在社会生活的多领域、多方面进行了立法，力图实现有法可依。但是应当看到的是，某些法律制度长期未能出台、未能完善，在我国防范法官造法的司法体制下，部分立法与社会生活需要相去甚远。此外，"立法重复""立法部门化""立法地方化"等倾向不在少数，甚至有些立法规划未能及时完成。种种问题的出现和存在都与我国立法的合法性审查机制的完善具有重要关联，通过建立健全立法的合法性审查机制，可以及时纠偏，从而提高立法质量和立法效率。

（三）有利于促进社会主义市场经济发展

市场经济是法治经济，这是通识。法治与市场经济相辅相成，二者不可或缺。首先，多元化的市场主体地位的确立需要法律加以规范。在人人言商的社会中，公民、法人、社会组织和其他非法人组织等作为市场经济活动的参与者、获利者，其法律地位、法律能力、责任承担、风险分配等诸多主体人格需要法律加以固定。其次，公平竞争、自由、统一而又开放的市场环境需要法律加以保障。这种保障往往是通过打击违法行为，例如打击不正当竞争、反垄断和反倾销等方式来实现的。再次，我国目前立法主体多元，立法的地方保护主义和立法的部门保护主义相当严重，这对于建立一个统一的、自由的、公平的市场环境十分不利。这就需要法律来加以破除。而立法的合法性审查机制的完善能够对国家的多数法律规范文件实施全面的审查，这将有利于保障社会主义市场经济的发展。

三、立法的合法性审查机制的正当性渊源

法律应当具备正当性。"法治社会，是以某种法律的合法性审查机制的存在前提的——这种机制不仅履行着规约法律的功能，而且也担负着匡约整个法治的使命。"[1] 欲寻找立法的合法性审查的正当性渊源，可以从下述三个方面着手：原理性渊源、原则性渊源和规律性渊源。

（一）立法的合法性审查机制的原理性渊源

根据《辞海》的解释，"原理"一词指"科学的某一领域或部门中具有普遍意义的基本理论。以大量实践为基础，正确性为实践所检验与确定从原理出发，可以推演出各种具体的定理、命题等，从而对进一步实践起指导作用"。[2] 据此，立法的合法性审查机制的原理渊源，是指"孕育立法审查制度的带有普遍意义的定理或者道理"。[3] 其主要包括：

其一，正义论。正义是一个永恒而古老的命题，是一个有着较大外延和内涵的概念，在不同时代不同背景下具有不同的诠释。柏拉图认为：正义就是社会中各个等级的人"各

---

① 江国华著：《立法：理想与变革》，山东人民出版社2007年版，第196页。

② 《辞海》，上海辞书出版社1989年版，第354页。

③ 江国华著：《宪法哲学导论》，商务印书馆2007年版，第188页。

司其职，各守其序，各得其所"。① 法律作为社会制度的载体和社会利益分配的惯常方式，当然须以正义论为基础。② 就立法审查基准的正义，既须具备实质正义的属性，也须具备程序正义的特征，但究其本质而言，立法审查中的正义更多体现在程序正义。罗尔斯认为："在其他条件相同的条件下，如果一种法律秩序较完善实行着法治的原则，那么这个法律秩序就比其他法律秩序更为正义。"③通过程序上的立法合法性审查则是加强对立法权制约的有效装置之一。

其二，人性论。像"一切人文理论都蕴含着人性的终极关怀一样"④，一切法律学说都具有自身的人性论基础。立法的合法性审查机制之所以必要，就在于其基于人性恶的基本逻辑假设。⑤ 孟德斯鸠认为滥权乃人之天性，麦迪逊也坚持人的理性和道德是不可靠的，故政府和法制作为必要的恶，非借助法治手段不能压制，所以，为防止滥权和暴政出现，对法律进行合法性控制就显得尤为必要。

其三，有限理性论。"人类事务只是部分地受理性支配，理性的作用绝没有人们通常想象的那么大。"⑥认识主体、客体和过程的有限理性决定了立法者并非天然完美的，他们也具有一般人的缺陷，他们也可能犯错误且这种错误危害更广更大，故而有必要对其立法加以合法性审查。

(二)立法的合法性审查机制的原则性渊源

原则，一般是指人们说话或者办事的准则或标准，⑦ 故此，立法的合法性审查机制的原则性渊源是指立法的合法性审查机制得以建构的一般性法则或者标准。

其一，法治原则。法治必须是普遍的，否则它将形同虚设。从另一个侧面来讲，尝试定义何为法治是一件危险的、有难度的工作。迄今为止，理论界对法治的界定无不追溯到亚里士多德的著名的法治定义：所谓法治就是制定的法律得到社会的普遍遵守，而让社会普遍遵守的法律本身又必须是制定得良好的法律。⑧ 从而，立法上的监督对于保证良法之制定显得必不可少。

其二，权力制约原则。"一切有权力的人都容易滥用权力，这是千古不易的一条经

---

① [古希腊]柏拉图著：《理想国》，郭斌和、张竹明译，商务印书馆 1986 年版，第 68 页。
② 江国华著：《立法：理想与变革》，山东人民出版社 2007 年版，第 198 页。
③ [美]约翰·罗尔斯著：《正义论》，何怀宏等译，中国社会科学出版社 1988 年版，第 5 页。
④ 里赞：《"人性恶"与法治——一个形而上学的视角》，载《现代法学》2001 年第 3 期。
⑤ 叶传星：《论法治的人性基础》，载《天津社会科学》1997 年第 2 期。
⑥ 张爱军、洪刚：《审慎的理性——试论哈耶克对权力制约的分析路径》，载《求索》2004 年第 10 期。
⑦ 中国社会科学院语言研究所词典编辑室编：《现代汉语词典》(2002 年增补本)，商务印书馆 2002 年版，第 1422 页。
⑧ [古希腊]亚里士多德著：《政治学》，吴寿彭译，商务印书馆 1965 年版，第 251 页。

验。"故而需要权力制约权力。在现代社会，经济、阶级分化和利益集团的固化是不争的事实，人性弱点决定了当权者在行使公权力时会受到私人利益的驱动而偏离公共利益的目标轨道，所以立法机关在制定法律的时候，就有必要对相应的立法进行监督和审查，以避免立法专制、立法恣意和立法固化，确保法律资源得到合理的分配，克服立法中存在的缺陷。

其三，有限政府原则。现代政治制度之所以要以宪法为基础，就是想通过制定宪法的形式为国家权力设定根本的规则，提供合法性来源，规定行使的依据、标准和程序，明确其界限和责任。① 因此，与有限理性论相似，只有把国家的立法权、司法权和行政权严格限制在法律规定的范围内，公民的权利才会最大限度地避免国家公权力侵犯。政府官员个人力量的有限性以及基于人性恶的考量，使得我们必须警惕立法者恣意和滥用权力。

(三) 立法的合法性审查机制的规律性渊源

规律是指事物之间内在的必然的联系。而需求作为社会运行的第一规律，"是一切社会制度产生的最原始的推动力，也是一切社会制度的最基本的正当性渊源"。② 社会发展现实对规则建构的大量需求构成了立法合法性审查的外部正当性，即社会需要产生立法动机。③ 随着社会发展，社会关系愈来愈趋于复杂化、且数量愈来愈多，社会对于规则的需求不断提高和加强，而现实立法不协调、立法冲突、立法恣意等问题凸显，这对建立健全立法的合法性审查机制建构提出了要求。对立法实行监督，首先就是对立法实行合法性监督，亦即审查立法主体的立法活动及其结果是否具有合法性。④ 其次，保证立法质量，提升立法科学化程度构成了立法的合法性审查的实质正当性。我国是社会主义国家，人民通过代议制间接民主、选举人民代表来实现国家治理和社会治理的目标，但囿于人大代表人数、履职方式和履职途径等限制，人大代表的广泛化与立法事务的专业化、精细化之间出现相对鸿沟，立法的实际承担不知不觉转移到具备专业化知识的立法机关工作人员身上。为缓和与消弭人民与人大代表、立法机关工作人员之间在立法上的张力，立法的合法性审查显得尤为重要。

四、我国立法的合法性审查机制现状

目前我国的立法的合法性审查机制由宪法及相关法律法规共同建构，其显著特点是：以国家权力机关享有核心的立法监督权，辅之以行政机关次要的立法监督权并在特殊情况下司法机关享有一定的对立法的间接监督权。审查程序上主要以事前审查为主、事后审查

---

① 江国华著：《立法：理想与变革》，山东人民出版社 2007 年版，第 211 页。
② 江国华著：《宪法哲学导论》，商务印书馆 2007 年版，第 213 页。
③ 江国华著：《立法：理想与变革》，山东人民出版社 2007 年版，第 220 页。
④ 周旺生著：《立法学》(第二版)，法律出版社 2009 年版，第 332 页。

为辅。审查方式主要包括立法批准、法规备案、审查和裁决等。审查的对象主要是法律、行政法规、地方性法规、自治条例和单行条例、授权制定的法规和规章等。

(一)国家权力机关主导的立法的合法性审查

根据我国《宪法》《全国人民代表大会组织法》《立法法》及相关规定,国家权力机关主导下的对立法的合法性审查具有层级性特点。全国人大及其常委会、地方人大及其常委会对相应的立法活动进行审查。上级权力机关对于下级权力机关所颁布的法律、条例、决定和命令等,在其认为不合适、不适当时,有权予以改变或者撤销。同级人大及其常委会对于同级政府制定法律文件也有监督权。根据《宪法》第 62 条规定,全国人大有权改变或者撤销全国人大常委会不适当的决定。此外,全国人大常委会有权撤销同宪法和法律相抵触的行政法规,有权撤销同宪法、法律和行政法规相抵触的地方性法规,也有权撤销省一级的人大常委会批准的违背《宪法》和《立法法》第 85 条第 2 款规定的自治条例和单行条例。但同时应当注意,全国人大不直接对地方的立法和行政立法实施直接的审查监督。

(二)国家行政机关主导的立法的合法性审查

根据《宪法》《立法法》《地方组织法》《国务院组织法》等相关法律规范,国务院以及一定层级地方人民政府享有立法的合法性审查权力。而国务院作为最高权力机关的执行机关、最高行政机关,是对行政立法进行合法性审查的主要主体之一,一般来说,其审查权限主要有:监督和审查地方性法规立法是否和行政法规相抵触;监督和审查本身各中央部门规章是否合法;监督和审查各部委行政解释是否合法;同时,地方性行政规章的合法性审查权统归于省、自治区、直辖市人民政府行使,基于行政一体和上下级领导关系,它们有权改变或者撤销下一级人民政府制定的不适当的规章。

(三)国家司法机关间接对立法的合法性审查

在我国法律体系中,尚不能找到直接赋权司法机关对立法机关的立法监督职权的法律规范。但是,这并不意味着我国不存在司法机关对立法进行间接监督并作出一定处理的司法审查的存在。其主要体现在两个方面:

其一,对于规范性文件的附带性审查。现行《行政诉讼法》第 53 条规定,公民、法人或者其他组织(即行政相对人)认为行政行为所依据的国务院部门和地方人民政府及其部门制定的规范性文件不合法,在对行政行为提起诉讼时,可以一并请求对该规范性文件进行审查。意即,这承认和赋予了法院对于规章之外的其他规范性文件的审查权力,蕴含着对于立法的合法性、合理性乃至一定程度合宪性审查的元素。[1] 但遗憾的是,该款同时规定,前述受提起审查的规范性文件不包括规章。

其二,司法机关审理行政争议案件,适用法律法规,参照规章。现行《行政诉讼法》第

---

① 张婷:《行政诉讼附带审查的宪法命题及其展开》,载《法学论坛》2018 年第 3 期。

63 条第 3 款规定了人民法院审理行政案件时，参照规章。由此可见，"参照"的实质便是赋予了司法机关一定的判断权、监督权和选择权，[①] 使得法院可以对规章作出合法与否的判断从而决定是否引用于裁判，这实际上形成了司法权对于部分行政立法的合法性的间接审查。

思考题：

1. 试论立法监督的主要形式。
2. 试论立法监督的主要功能。
3. 试论法律的合宪性审查。
4. 试论合宪性审查的基本构造。
5. 试论合法性审查的基本内容。

---

① 谭宗泽、陈子祯：《论地方政府规章在行政诉讼中的适用》，载《行政法学研究》2017 年第 4 期。

第十三章 立 法 评 估

随着中国特色社会主义法律体系的建立，当前立法中所反映出来的主要矛盾不再是空白领域急需立法的问题，而是如何实现既已制定的法律的"落地"，使之更符合实际、更具有可操作性。因此，我们开始逐渐加强对现存法律的整理，强调将法律立、改、废并举，而实现这一要求的前提即是对现存法律进行科学、全面、有效的评估。

第一节 立法评估的基本意涵

通常意义上，评估是指由一定的组织或者个人依据一定的标准、程序和方法，对特定立法的价值大小或高低、趋势或发展的预测、评价、判断的活动，其目的是帮助人们认识、把握特定事物或活动的价值或规律。[1] 立法评估分为立法前评估与立法后评估。立法前评估指的是在立法前进行评价或者评估，所要解决的问题是某立法项目是否应进行立法、何时立法、如何立法的问题。[2] 立法后评估，是对已经公布实施之法律的实施效果进行评价的一种活动。其目的在于对既存法律、法规、规章以及其他规范性文件实施情况进行掌握了解，为日后相关立法活动提供相关的资料。对于任何法律文件而言，在其颁布实施之前，我们都难以知道其将会产生何种社会效果，需要经过不断的司法实践以及社会活动的检验，因此立法评估对于立法水平的检测也显得尤为重要。

一、立法评估的概念

在德国，立法成本效益分析与评估包括法律实施前的预测评估、伴随性评估、法律实施效果评估三个阶段；在英国，分为立法预测评估和立法后评估两种。[3] 在我国，对立法评估的概念尚未形成统一的认识，但对其核心要义则较统一：立法评估是指在立法制定出来实施一段时间后，由评估主体借助一定的评估指标，运用一定的方法对其实施的社会实

---

① 杨临宏著：《立法学：原理、程序、制度与技术》，中国社会科学出版社 2020 年版，第 440 页。
② 参见何盼盼：《立法前评估机制研究》，载《人大研究》2016 年第 7 期。
③ 侯淑雯主编：《新编立法学》，中国社会科学出版社 2010 年版，第 327 页。

际效果进行评价，为之后开展相关立法的修改、补充、废止提供参考依据。① 立法评估主要分为立法前评估和立法后评估两种主要存在方式。当然，立法过程中也存在评估行为，但这些行为尚未形成系统的制度形式，而是散落于各项立法程序之中。

（一）立法前评估

在我国，对立法前评估的内涵，学界的看法不一②。立法前评估概念的争议归根结底是在立法前评估内容上的着眼点不同，有的学者着眼于立法的必要性和可行性，有的学者着眼于立法对经济、社会、环境的影响。如杨临宏教授认为立法前评估，是指法的制定机关的法治机构在法律法规通过之前，将已经订好的法律案就其立法必要性和实施后可能带来的正负面影响等问题，有组织地进行测量、分析、评价并作出结论的预测性活动。③ 总的来说，我们可以将对其评估内容的探讨移至具体的制度构建中予以解决，无须在其定义确定时就进行统一，况且立法前评估在我国尚属新鲜事物，还处于发展阶段，没有必要对其内容进行严格的限制。所以对于立法前评估制度的定义只需要从其评估主体、对象、时间、内容、效力等方面进行归纳和总结即可。从这个意义而言，可以将其定义为立法前评估制度是立法工作机构、立法案提案人、其他相关机构或组织，在法规通过前，按照一定程序、标准、方法对立法目的、内容、必要性、可行性、社会影响以及法规实施的成本效益等进行预测、评估，并将评估意见作为立法机关决策参考和依据的制度。④《苏州市人民政府立法前评估办法》第 3 条规定："本办法所称立法前评估，是指在申报规章立法计划建议项目前，按照一定的程序、标准和方法，对立法计划建议项目所进行的必要性、可行性、紧迫性以及立法成本效益进行分析研究，形成立法前评估报告以及起草规章建议稿等系列活动。"

我国的立法前评估工作，是根据第十二届全国人民代表大会常务委员会为提高立法质

---

①　邓世豹主编：《立法学——原理学与技术》，中山大学出版社 2016 年版，第 322 页。

②　代表性的观点有：（1）立法前评估指立法机关或者其他机构，按照一定的程序、标准和方法，对某项立法所要达到的目标、所要具体规范的内容的必要性和可行性以及对社会和公众的影响等所进行的评估（参见徐平：《国外立法评估的启示》，载《人民政坛》2010 年第 11 期）。（2）汪全胜认为立法前评估实际上是对立法机关所立之法的一种预评估。着眼点不同则评估内容有所不同，比如可能着眼于立法的可行性、必要性进行评估，也可以对立法的成本与效益作出一个预评估（参见汪全胜：《立法后评估概念阐释》，载《重庆工学院学报（社会科学版）》2008 年第 6 期）。（3）还有学者将关于立法风险评估的研究，基本等同于我们所说的立法前评估，认为立法风险评估是通过一些方法客观地将诸如对健康、安全、卫生、环境等的风险量化地表现出来，并考虑各种立法或者决策所带来的影响，以便人们进行比较和判断，从而作出理性的选择。通过风险评估，充分考量立法之前存在的社会风险，以及立法后可能导致的社会风险，以便采取减少或消灭风险的立法措施，实现社会风险的立法管理（参见何跃军：《立法的风险评估》，载《人大研究》2010 年第 11 期）。

③　杨临宏著：《立法学：原理、程序、制度与技术》，中国社会科学出版社 2020 年版，第 440 页。

④　周怡萍：《立法前评估制度研究——以地方立法为视角》，载《人大研究》2014 年第 8 期。

量，增强法律的可执行性和可操作性的要求而展开的。最早是 2013 年 4 月，全国人民代表大会常务委员会法工委对《旅游法》进行评估。2014 年 8 月全国人民代表大会常务委员会法工委召开《安全生产法修正案草案》出台前评估，使立法前评估更加为人们所熟知。

通过立法前对立法项目的评价，使不适合立法或者条件尚未成熟的立法项目排除在立法计划之外，将立法质量的关口前移至立法前阶段，从而实现事前对立法偏差的预防，节约立法资源，提升立法精准性，如 2019 年颁布的地方政府规章《苏州市人民政府立法前评估办法》《达州市人民政府立法前评估办法》均是对立法前评估的实践尝试。综合学界观点，我们认为立法前评估是立法工作机构、立法案提案人及其他相关组织，在法案通过前，按照一定程序、标准、方法对立法目的、内容、必要性、可行性、社会影响以及法规实施的成本效益等进行预测、评估，并将评估意见作为立法机关决策参考和依据的制度。

（二）立法后评估

立法后评估，俗称"立法回头看""法律跟着问效"，理论界有多种称谓，诸如立法评价、法律评价、法律实施效果评价、立法跟着评估、立法跟着问责制等[1]。当前实务界与理论界对立法后评估的概念有所阐释[2]，其共同点在于强调对实施一段时间的立法进行效果评价，以此提高立法质量和立法水平，完善立法，不同点在于对立法后评估的主体、客体、标准的设定有所不同。此外，对程序和方法的强调少有人在概念中提及。

我们认为，立法后评估是指有关主体遵照一定的程序和方法，对实施一段时间后的法律、法规、规章等规范性文件进行分析和评价，对其制度设计、实施情况以及取得的成效予以考量的立法性活动。之所以将立法后评估定性为立法性活动，而不是一项普通的评估工作，有其自身的原因。首先，立法后评估的客体是已经制定生效并实施了一段时间的法律、法规或规章，而非普通的规则、制度或行为。对这些法律规范的评估在一定程度上可以影响到立法机关与法律规范的权威及其社会公信度。因此立法后评估需要被严肃而郑重地对待，具有特殊性。其次，只有由特定主体来实施，才能既回应第一点中的严肃性，又

① 侯淑雯主编：《新编立法学》，中国社会科学出版社 2010 年版，第 327 页。

② 全国人大常委会法工委许安标认为："立法后评估，一般是指在法律、法规颁布实施一段时间后，结合法律、法规的实施情况，包括取得的成效、存在的问题，对特定的法律、法规所进行的评价，目的在于更好地实施、修改完善被评估的法律、法规，并从中总结经验，为开展相关立法提供借鉴和指导。"参见许安标：《立法后评估初探》，载《中国人大》2007 年第 8 期。国务院法制办张禹提出："立法后评估是指有关主体按照一定的标准和程序，通过一定的方法和技术，对实施了一定时间的立法的协调性、科学性、可操作性、有效性等进行分析和评价的一种活动，是了解立法效果、提高立法质量和立法水平的重要手段。"参见张禹：《立法后评估主体制度刍议——以地方行政立法后评估为范本》，载《行政法学研究》2008 年第 3 期。山东大学威海分校汪全胜认为："立法后评估是指法律实施一段时间以后，有关政府部门、组织或人员对法律实施效果等进行评估，其目的在于找出法律在实施中存在的问题，分析其立法上的原因，从而进一步完善立法。"参见汪全胜：《立法后评估概念阐释》，载《重庆工学院学报（社会科学）》2008 年第 6 期。

能使立法后评估具有权威性和公信力。从一般意义上讲，人民主权原则意味着人人都享有对公共政策进行评估的权力，但是这种评估仅仅是小范围的观点，可以作为立法后评估的准备阶段与意见来源，但并不等同于立法后评估。严格意义上的立法后评估只能由国家公权力机关主导并实施，并且要对已生效的法律和立法水平产生切实的效用。再次，立法后评估是对实施一段时间的立法进行效果评价，其目的是找出现行立法的不足，提升立法质量和立法水平。因此立法后评估是将立法实践再次上升到立法理论的过程，是立法活动的自然延伸。最后，"在我国，现在法律法规尚未明确规定立法后评估制度，各地方部门所开展的立法后评估活动都是法律法规制定主体根据一定的情况自发决策进行的"。① 这一立法后评估实践充分说明，立法后评估是一项立法性活动。

（三）立法过程评估

立法过程评估，德国称之为伴生性评估，是立法机关甚至是其他社会主体对立法是否出台、何时出台甚至条款的有关内容(立法时机、立法内容)的一些评价。②

（四）法律通过前评估

《立法法》第42条规定是有关法律案通过前评估的决定。十二届全国人大常委会以来，常委会领导提出提高立法质量，增强法律的可执行性和可操作性的要求。根据常委会领导的要求和部署，全国人大常委会法工委对《旅游法》开展首次通过前评估的目标，积累了经验。选好评估会的各方面代表以及做好评估会的准备工作，对提高评估会的质量非常重要。例如，2014年8月，全国人大常委会法工委召开了《生产安全法》修正案草案的出台前评估会。③

通过前评估作为民主立法、科学立法的一项创新举措，在提高立法质量，增强立法的可操作性等方面，发挥了很好的作用，也受到了多方肯定，全国人大常委会法工委根据实践经验，对法律案通过前评估的对象、开展评估的时间、评估的内容、评估的主体以及评估情况的应用等做了规范。法律案通过前评估的对象是拟提请常委会会议表决通过的法律案。法律案通过前评估的时间是宪法和法律委员会提出审议结果报告前。根据《立法法》第36条的规定，列入常委会会议议程的法律案，由宪法和法律委员会对法律案进行统一审议，并对拟提请表决的法律案提出审议结果报告和法律草案修改稿。法律案通过前评估的时间要安排在此次宪法和法律委员会全体会议之前。法律案通过前评估的内容主要是法律草案中重要制度规范的可行性、法律出台时机、法律实施的社会效果和可能出现的问题等。在法律草案经过反复研究论证、多次听取意见及修改，已经比较成熟提请表决时，在

---

① 汪全胜等著：《立法后评估研究》，人民出版社2012年版，第56页。
② 汪全胜等著：《立法成本效益评估研究》，知识产权出版社2016年版，第24页。
③ 全国人大常委会法制工作委员会国家法室编著：《中华人民共和国立法法释义》，法律出版社2015年版，第137页。

召开评估会，主要听取的就是各方面对制度规范的可行性、法律出台时机、法律实施的社会效果和可能出现的问题的评估意见，而不再是泛泛地听取意见了。评估情况要在宪法和法律委员会的审议结果报告中予以反映。[①]

二、立法评估的发展背景

2010 年我国宣布法律体系基本形成，标志着国家法制建设已从粗放的数量型发展转入集约化的质量型发展轨道。"有法可依"不再成为立法工作的唯一目标，也不再是衡量国家法制状况的主要标尺。在立法的精细化的发展阶段，衡量立法工作的主要标准就是立法质量。立法质量永远是"法律体系建设的生命线"。如何确保制定的法律合乎正当性，并且该法律能获得公民普遍的遵从，已经成为当下中国法治建设最重要的目标。提高立法质量最快捷有效的途径之一就是进行立法的质量评估。

2000 年，山东省对地方性法规的实施情况进行评估作为我国立法后评估的首次出现，促进了立法后评估的发展。2004 年《全面推进依法行政实施纲要》提出了对行政立法进行成本效益分析和事后评估的要求，标志着行政立法评估制度在我国中央层面的正式法律文件中得到了确认，且被确立为一项制度。2006 年，我国的行政立法后评估试点启动。重庆市社会科学规划办公室批准设立市哲学社会科学基金重点项目"地方人大立法后评估制度研究"。[②] 2008 年 3 月通过的《国务院工作规则》中也提出："行政法规实施后要进行评估，发现问题，及时完善。"《广东省政府规章立法后评估规定》（2008 年）、《甘肃省实施〈中华人民共和国防空法〉办法》评估（2009 年）、《国土资源部规章和规范性文件后评估办法》（2010 年）、《重庆市政府规章立法后评估办法》（2011 年）以及国务院新闻办公室发表《中国特色社会主义法律体系》白皮书（2011 年）中提出，要建立健全立法前论证和立法后评估机制，不断提高立法的科学性、合理性，进一步增强法律法规的可操作性。2006—2012 年，针对立法后评估工作开展并组织完成了 29 个试点评估项目。全国人大常委会在 2014 年度立法工作计划中就明确提出，要进一步完善立法后评估机制，推动这项工作逐步实现常态化、规范化。2018 年新修订的《国务院工作规则》第 20 条明确规定："行政法规和部门规章实施后要进行后评估，发现问题，即是完善。"立法评估，作为提高立法科学性、民主性的重要举措，不仅在国务院法制办自 2008 年开始，起草《关于行政法规、规章立法后评估的指导意见》，更是近年来各省市正在开展并积极实践的制度。2011 年青岛市人大率先在实践层面进行了立法前评估工作的探索。后浙江省、辽宁省大连市才开始开展类似的

---

① 全国人大常委会法制工作委员会国家法室编著：《中华人民共和国立法法释义》，法律出版社 2015 年版，第 138 页。

② 俞荣根：《立法后评估：法律体系形成后的一项重要工作》，载《西南政法大学学报》2011 年第 1 期。

工作，其中 2014 年浙江省《浙江省人民政府立法项目前评估规则》的颁布可看作立法前评估规范化的开始①。2023 年修订的《立法法》第 42 条是关于立法前评估最直接的法律依据。从该规定来看，全国人大常委会的立法前评估工作是法制工作委员会负责，当然，全国人大常委会其他工作机构也可以进行立法前评估工作；立法前评估的时间为宪法和法律委员会提出审议结果报告前进行；立法前评估内容包括法律草案中主要制度规范的可行性、法律出台时机、法律实施的社会效果和可能出现的问题。

立法评估，或言立法质量评估工作机制的建立，在当下中国的立法实践无疑更具现实意义。2015 年修订《立法法》之后，地方立法主体的扩容使得我国法制统一的难度加大。立法评估制度通过立法前对立法项目的评价，使不适合立法或者条件尚未达到的立法项目排除在立法机关的计划之外，节约立法资源，保持立法品格。通过立法后对立法实施状况的评估，适时发现法律适用过程中对立法原旨的偏离以及时进行纠正。借由立法前和立法后评估两种手段，保证和提高我国立法质量。

三、立法评估的原则

(一)客观性原则

客观性是指某物不依赖于另一物的一种属性和意义，即某物具有不依赖于另一物而存在的一种在"两物"相互关系中所显示、体现和表露出来的特性。② 客观真实是立法评估的首要原则。该原则要求在评估过程中应当实事求是，以真实的信息作为评估依据，克服主观臆断，克服部门利益、地方利益倾向。立法评估采取客观原则，是由其自身的属性和目标所决定的。立法评估是保障立法活动产生成果质量，增强其科学性、民主性，降低立法失误风险的一项活动，这就要求其必须经得起实践的检验，必须切实满足其立法目的，符合公民的基本利益，对所涉社会关系实现有效调整。

客观原则贯穿于评估活动的始终，评估过程的客观、中立是保证评估结论科学、中肯的前提。政治独立性和经济独立性是保持客观、中立不可或缺的基石。政治独立性要求立法评估主体在进行评估时不应受决策层政治倾向的影响，不应受法律执法部门态度的影响，以及不应受利益群体及社会媒体的压力影响，从而确保立法评估信息来源的可靠性，确保评估的程序、技术方法的科学性和价值倾向的中立性。经济独立性是指立法评估的经济来源应有公共部门的制度性保证，不应因经费不足而接受被评估部门及相关部门及人员的资助，防止受到物质利益和经济利益的诱导。③ 因此，在评估过程中必须坚持实事求

---

① 《浙江省人民政府办公厅关于印发政府立法项目前评估规则的通知》，载《浙江省人民政府公报》2014 年第 23 期。

② 王永昌著：《实践活动论》，浙江大学出版社 2016 年版，第 31 页。

③ 参见贠杰、杨诚虎著：《公共政策评估：理论与方法》，中国社会科学出版社 2006 年版，第 33 页。

是，排除人为、地方和部门因素的干扰。即在评估过程中应当符合三个要求：一是评估主体应当处于中立、超然的地位，在评估主体的选择上不能由被评估主体和与被评估主体有直接利益关系的主体担当。评估主体制度的设计，必须努力消除各种先入为主或者主观偏见。评估主体构成必须体现出全面性和代表性。二是把被评估的对象放到立法时的环境和历史背景中去考察，才能得出客观的评价。三是要结合现有的法律制度体系，考察被评估对象的实施情况。①

（二）公开性原则

公开是现代法治的一项重要原则，也是民主立法、科学立法的前提。法律也是对社会利益进行分配的一种重要方式，通过对权利义务或是权力职责的制度化安排，直接或间接影响社会公众的利益分配。因此，法律的任何变动或是调整对中央和地方的发展都是有重大意义的。立法评估中的公开原则是指要及时公开评估信息，包括评估主体是谁、评估对象有哪些、评估标准是什么、评估程序怎么样、采取哪些评估方法，以及联系的信箱、邮箱、电话等。在评估过程中除法律有例外规定外，立法主体向社会公众公布一切与立法评估有关的信息和咨询是必不可少的。立法评估的公开同样也是贯穿评估过程的始终，评估信息的公开不是一蹴而就的，而是分阶段有过程地进行。在立法评估的启动阶段，评估主体应该进行评估预告，将预备评估的法律的名称，在执法、司法中被运用的信息，评估组织，评估方式、标准，技术评估结果报告形成规则，公众参与的方式都进行有效公开。在立法评估的实施阶段，要公开阶段性的成果，对国家机关、社会组织、专家和公民比较集中的建议和争论进行信息反馈。在立法评估报告回应的阶段，公开各种数据及其来源，公开社会意见征求情况及回应情况，公开评估过程中产生的问题及责任追究情况和公开评估结果。②

（三）民主性原则

所谓民主性原则是指立法评估能充分地体现民意，要求参与立法评估的主体有广泛性。③ 立法的民主原则应当包括立法主体的民主性、立法内容的民主性和立法程序的民主性。④ 立法评估作为完善立法、提高立法质量的重要途径，本质上也属于立法的范畴，是公民行使监督权、参与权的突出体现，也是评估决策过程科学化的重要保障。立法主体的广泛性是民主原则的核心。在整个立法评估的过程中需要相关国家机关、社会公众、专家学者、人大和政协委员、新闻媒体和非政府组织的积极参与，都要尊重其表达的权利。立法评估的民主性要求评估的启动、实施要充分听取社会的广泛意见，进行充分的协商，保

---

① 邓世豹主编：《立法学：原理与技术》，中山大学出版社 2016 年版，第 323 页。
② 邓世豹主编：《立法学：原理与技术》，中山大学出版社 2016 年版，第 323~324 页。
③ 夏正林、王胜坤、林木明著：《地方立法评估制度研究》，法律出版社 2017 年版，第 143 页。
④ 参见曾粤兴主编：《立法学》，清华大学出版社 2014 年版，第 41 页。

证评估工作顺利开展。立法评估的民主性要求每个人都有平等的表达权，合理建议被采纳吸收的权利，也体现在对立法的权利义务、权力职责作出了科学合理的安排。立法评估是一个动态的过程，它是随特定的制度程序进行运转的。在整个评估过程中，无论是立法评估的准备阶段，还是实施阶段或是最后的评估结论形成阶段，都要注重收集社会意见，保持意见表达渠道的畅通，及时反馈公众的建议和意见。

（四）科学性原则

科学立法是立法的基本原则之一，立法评估也要遵循科学原则。这就要求立法评估的内容、标准的设计科学合理、实事求是，避免顾此失彼，不搞烦琐哲学。在立法评估中，评价标准起到风向标的作用。标准科学合理，可以正确反映立法的效果和效益，引导立法工作的良性发展；标准设计不尽合理，则有可能误导对制度与规范的选择。科学原则还要求立法评估的内容经得起理论和实践的检验，能够制定合理的指标体系。

（五）有效性原则

有效性是权威性的基础。有效性原则主要有两方面的意思：一是评估主体有一定的权威性；二是评估结果有适当的拘束力。（1）评估主体无论多元还是一元，主体的确定方式无论是委托还是招标，均应得到立法机关，或其他国家机关，或有权机关的明确授权。（2）评估结果应经授权机关通过一定民主决策方式形成意见或建议。地方性法规的立法后评估报告应提出法规或存或废或修改或重新制定的意见和建议，并提请人大常委会会议书面审议。立法评估的结果，应有一定的约束力。这是立法后评估与其他评估不同的一点。权威原则的实现需要加强立法成果、立法程序的规范性，评估内容、标准的制定和表述要规范化且统一、准确、简明。评估程序要规范，不能随意更改。

四、立法评估的实践经验与理论研究

（一）立法评估的实践经验

20 世纪 60 年代后，世界主要法制大国已经纷纷开始了立法评估工作尝试。经过数十年的实验和试错，国外在立法评估领域已经形成了完善的制度体系，立法评估也被实践证明是提高立法质量的不二法门。相对来说，我国立法评估工作开展较晚，在可以查询到的资料中，安徽省于 2000 年左右开始的立法后评估工作应当来说开启了我国立法评估的先河。安徽省法制办会同省政府有关部门，每年选择几件已施行一段时期的省政府规章实行"回头看"，进行实施效果情况的测评，形成制度化的"立法后评估"。到 2005 年的时候，安徽省就已经对 12 件政府规章进行了测评①。此后，全国其他省份才逐步开始了立法评估

---

① 《安徽："立法后评估"让规章更管用》，载《浙江人大》2005 年第 11 期。

的探索，如海南省对《海南省红树林保护规定》的立法评估[1]，上海市也在同年 8 月对《上海市历史文化风貌区和优秀历史建筑保护条例》进行了法规评估和法规清理工作。[2] 上海市人大及其常委会对上海市 1979 年以来颁布的 180 多项地方性法规进行合理性、可行性、操作性、针对性评估[3]。重庆市也在 2005 年启动了法规评估工作，不过与上海市情况相同，重庆市的立法评估也主要是基于法规清理的需要[4]。正是从 2005 年开始，全国范围内立法评估工作逐渐扩大，太原市和河北省等也相继开展了立法评估工作[5]。直到 2015 年《立法法》修改后，其第 63 条规定："全国人民代表大会有关的专门委员会、常务委员会工作机构可以组织对有关法律或者法律中有关规定进行立法后评估。评估情况应当向常务委员会报告。"这是立法评估首次正式出现在法律规定之中。立法者已经开始重视法律评估工作，不仅包括立法后的社会效果评估，在提出立法草案之前就要求说明该项制度的可行性和评估社会预期效果。根据 2017 年监督工作计划，全国人大常委会执法检查组于 2017 年 8 月至 10 月对 2012 年《全国人民代表大会常务委员会关于加强网络信息保护的决定》和 2016 年《中华人民共和国网络安全法》的实施情况进行了检查。《网络安全法》是 2017 年 6 月 1 日开始实施的，对一部新制定的法律实施不满 3 月就启动执法检查，这在全国人大常委会监督工作中尚属首次。

（二）立法评估的理论研究

立法前评估在国外已经有了多年的发展，许多国家已经建立起成熟的完整的评估制度。现阶段，美国、加拿大、英国、日本、荷兰、芬兰、经合组织等国家或国际组织都已经实行了类似于立法前评估的制度，或称之为监管分析（regulatory analysis），或称之为规制影响评估（regulatory impact assessment）、规制影响分析（regulatory impact analysis），或称之为立法预测（the prediction of legislation）。如美国建立成本效益评估制度，历经半个世纪及数位总统的行政命令，其中还包括国会立法及法院判例的认可。另外在具体实施过程中，一些监管主体也会制定相应的规则明确立法成本效益评估方法的应用，例如《执行 12866 号行政命令：联邦政府监管》《规范成本和效益评估及会计报告的指南》旨在提高立法成本效益评估的实用性和操作性。相较于我国，原则性、政策性的规定多于具体性、实

---

[1] 《〈海南省红树林保护规定〉立法跟踪评估活动剪影》，载《海南人大》2005 年第 12 期。

[2] 郑文金：《为"立法后评估"叫好》，载《中国人大》2005 年第 20 期。

[3] 乔新生：《启动"立法后评估"提高地方法规司法效率》，载《东方早报》2005 年 8 月 19 日，第 A14 版。

[4] 俞荣根、韩德云、雷平、张双山：《评估：提高立法质量新途径》，载《公民导刊》2005 年第 10 期。

[5] 《太原市人民政府办公厅关于对我市政府规章进行立法评估的通知》，载《太原市人民政府公报》2006 年第 8 期。

用性的规定。总之，从宏观的发展趋势来看，立法前评估正日益成为发达国家提高规制立法科学性的有效措施，并逐步被发展中国家采用。

在我国，随着立法评估制度的逐渐发展。有学者主张将立法评估工作"回头看"这一制度固定下来①，立法跟踪制度应该规范化等。② 2008 年后学界对立法评估工作的探讨逐步深入，一些学者开始在重要的法学期刊上发表文章，就立法评估(基本是立法后评估)的主体、对象选择、评估标准等方面进行了深入研究，立法评估的研究开始迈向正轨③；但学界通常所指的立法评估为立法后评估，与其相比，国内立法前评估研究更是一个新鲜事物。目前理论上对于立法前评估的思考和研究也还处于起步阶段，相关研究尚不完善和成熟，亟待进一步关注和完善。

(三)立法评估的意义

立法评估本身不是目的，如何应用评估成果，为法规的"立改废"提供依据，进一步提升立法质量才是关键。立法评估作为一项立法监督活动或立法制度产生和发展以来，其意义重大：

其一，促进民主立法。我国《广东省政府规章立法后评估规定》第 13 条规定："开展立法后评估工作应当依法保障公民、法人和其他组织参与立法后评估的权利。公民、法人和其他组织可以通过信函、电报、传真和电子邮件、网上提意见等方式，向评估机关提出意见和建议。"可见，立法评估能够充分调动各方面主体监督立法活动，参与立法评估的积极性，促进民主立法。

其二，加强立法的科学性。通过立法评估，对即将制定的规范性文件的成本与效益、可行性与必要性等内容进行评估或者在多个方案中进行利弊分析和平衡，从而选择最佳方案，可为日后生效实施的法律提供科学依据。对已经明显不适应国家、区域经济社会发展需要、立法价值取向与改革精神或改革措施不相一致的地方性法规，及时进行修改、废止，确保各项改革在法治框架内有序推进。④

其三，加强立法监督，完善立法监督程序。立法监督是指监督立法行为的合法性与规范性，审查规范性文件内容的合法性与合理性等，而立法评估的目标和标准正是立法监督内容的体现。国内研究普遍认为，立法评估加强立法监督工作，完善立法监督程序。

其四，提高立法技术，保障立法质量。立法主体通过立法评估对制定法律、法规和规章的必要性与可行性、成本与效益、社会生活和环境影响等进行事前评估，以确保制定规

---

① 直言：《立法后评估"回头看"应成为一项制度》，载《检察日报》2005 年 8 月 10 日，第 06 版。
② 薛刚凌：《立法跟踪评估应制度规范化》，载《法制日报》2005 年 8 月 15 日，第 005 版。
③ 参见丁贤、张明君：《立法后评估理论与实践初论》，载《政治与法律》2008 年第 1 期。
④ 刘洪超：《用好立法评估成果　科学推进"立改废"》，载《人民日报》2022 年 3 月 31 日，第 18 版。

范性文件的必要性、科学性和可行性。立法评估是让立法者真正了解制定相关法律实际情况的前提，才能真正保障立法质量。

第二节　立法评估的指标体系

立法评估指标是指衡量立法评估活动是否符合一定原则和要求的尺度。由于立法前评估和立法后评估存在目的和侧重点上的差异，因此二者的指标也并非完全相同，立法前评估对于法律草案的制定更加着重其论证方面，以期制定法律能够最大程度上解决所涉法律问题；而立法后评估则更强调对法律文件本身的评价，为其进一步修订和修改做准备。但是，立法评估是一个整体的过程，无论是立法前评估还是立法后评估必须要对法律性文件的一些基本指标进行评价，如合法性指标、合理性指标、目的性指标等。

一、立法前评估的指标

立法前评估标准即对于立法项目是否能够进入立法程序所依据的准则和尺度。科学客观的立法前评估标准可以准确地把握评估对象的实际情况，解决其当立不当立、何时立，以及如何立的问题。评估标准的设定就是价值选择的过程，如果评估者将自以为是的价值标准等同于社会公认的价值观并应用于政策评估，那么即使评估广泛且使用了诸如实验设计、数学统计、随机抽样、问卷调查、社会审计等计量化的评估方法，其评估依然只是一种"假评估"，对于评估目的的达成没有任何功用。立法前评估的根本目的是提高立法的科学性和民主性，那么首先立法前评估标准的制定就应当符合科学性和民主性的标准。

借鉴国外立法前评估经验，我们认为在我国的立法前评估中，以下三部分内容是必不可少的。一是必要性评估。立法前评估与立法后评估之最大不同就在于，立法前评估是对立法项目的评估，即决定其是否可以进入下一步的立法程序。所以待评估项目是否有必要进行立法，有无替代措施可以代替立法手段等问题就必须得到优先考虑。二是合法性评估。待评估的立法项目所要涉及的内容不能与宪法法律相冲突，这是立法项目能否通过评估最基础的条件。此外，其与现有法律法规体系的衔接情况也是合法性考察的题中之义。三是立法影响评估。其要求评估法案制定实施后直接或者间接地对经济、社会和环境影响，其中包括立法通过后对相对人的利益影响，以及该法案所带来的执法守法成本等进行影响分析。同时，还需要对该法案可能解决或激发的社会问题、政治问题进行预测。下文将对我们选取的立法前评估指标进行详细介绍，包括为什么选择这个指标和该指标的具体内容两个方面。

(一)必要性评估

首先，法律虽然可以提供一种稳定的社会秩序，但法律并不是万能的也不是无所不包的，它不能解决所有社会问题，也无法解决所有社会问题。法律是对秩序的最高确定，所以对于市场机制可以正常进行调节的，对于道德规范和行业章程可以解决的社会问题，法律都没有必要也不应该涉足。其次，立法资源的有限性确定了法律的优先序位，即该社会问题是否需要采取立法进行解决。无论在任何地方，稀缺的立法资源和有限的起草时间都迫使起草者必须决定起草法案的优先顺序。倘若只是依照先到先得原则，那么宝贵的立法资源就可能被用到相对不那么重要的法案上①。立法制定生效之后都会给社会带来不同程度的影响。所以立法机关应该衡量各立法项目的成本及效益，将可能取得最大社会效益的立法项目排在首位，对有必要制定法律的项目进行立法。立法必要性指标应当着重评估两点：一是该项目是否必须通过立法予以规制，有无其他替代措施；二是立法的收益是否大于成本。

（二）合法性评估

立法的合法性是指立法草案既要符合宪法和法律、行政法规，又要遵守宪法设立的基本政治制度和经济制度。目前行政立法的高歌猛进，导致立法项目尤其是地方立法项目中经常会出现地方政府违法设立行政许可、行政处罚、行政强制等情形，为了规制此类违法现象的出现，有必要在立法前评估中加强对立法草案合法性的审查，尤其应当着重评估立法草案中是否设定了减损公民、法人和其他组织权利或者增加其义务的规范。对于草案中涉及的机构职责、行政许可、行政处罚、行政强制、行政征收、行政征用、行政救助、行政给付、行政裁决、行政赔偿、行政补偿等条款更要逐条审核，进行合法性评估。

（三）协调性评估

立法的协调性包括新法与旧法的协调、同位法律之间的协调、上位法与下位法的协调、政策或规范性文件与法律法规的协调；也就是在法律、司法解释、行政法规、地方性法律和规章、国务院部委规章和规范性文件之间，做到制度设计的不冲突、不抵触②。立法的协调性还应考察该立法项目与现存的配套制度是否协调，立法精神是否符合国家的大政方针和发展规划等。

（四）可行性评估

立法的可行性评估主要包括立法的可操作性、立法的时机和条件。立法的可操作性，即建立的法律制度、设立的法律规则，是否有明确的法律主体、客体和内容，守法者、执法者和司法者有明确的权利、义务和责任③。立法实践中有很多立法在审议时不能形成一

---

① 迪力奇：《立法预备》，载《加拿大律师评论》1953 年第 31 期。

② 席涛：《立法评估：评估什么和如何评估——以中国立法评估为例》，载《政法论坛》2012 年第 5 期。

③ 席涛：《立法评估：评估什么和如何评估——以中国立法评估为例》，载《政法论坛》2012 年第 5 期。

致意见，或者立法时机不合时宜，但基于社会的需要急需立法，为了快速顺利地通过审议，立法就不得不采取很多框架性、原则性、概括性的规定。在我国法治建设的初期，由于经济社会发展对于立法的需求很大，为了实现有法可依，解决社会生活中的实际问题，各级立法机关都本着"宜粗不宜细"的立法模式强行通过了很多法律。这些法律具有相当大的弹性与空间，实务部门为了执法的需要，就不得不请求有关部门对立法文本和制度规定进行细化。这就需要司法部门制定相关司法解释，需要国务院制定相关行政法规、国务院部委制定相关规章或者规范性文件，地方人大制定相关地方性法律或者地方政府制定相关规章。事实上，立法与可执行的具体规则之间形成了委托-代理式的关系，由于信息不对称，代理人可能违背委托人的立法宗旨、立法规则和立法平衡社会资源配置的目标，代理人将部门规则、部门利益填充到下位法中，使其部门利益最大化，有损立法原旨的实现和落实。另外，立法活动涉及方方面面，需要选择合适的时机，使立法草案充分酝酿，充分讨论，达成社会共识。立法所需的各项配套措施是否完善、齐备也是决定立法项目是否具有可行性的重要评估指标之一。

（五）影响性评估

为了减少法的试错成本，从源流上控制立法质量，有必要在立法项目开始启动之时就对社会政治、经济、文化、环境等各方面进行预期的影响性评估，具体来说包括以下内容：立法是否满足了社会对公平、秩序、稳定、正义等的要求[1]；立法是否符合市场规律，是否会加重市场主体的负担；立法是否有利于政治社会的安定团结；立法是否会对生态环境造成破坏等。

（六）规范性评估

规范标准主要从立法技术角度考察地方性法规、规章的纵向、横向以及内部的协调性，各项制度的衔接性；评价法规的结构和逻辑关系是否合理、规范；评价立法语言表达是否准确、简练、易懂；名称使用是否规范。主要包括：（1）协调性。主要指单个法规内部的协调、同位阶法律法规之间的协调、不同位阶法律法规之间的协调、整个法律体系相互之间的协调。（2）结构安排。主要考察其结构安排是否适当和规范。（3）逻辑关系。在法规、规章结构中，分则的内容必须紧扣总则所明确的宗旨、根据和任务、基本原则和指导思想、适用范围以及管理权限等概括性内容；分则内容也要层次清晰，顺序适当；附则应当根据总则和分则的内容作出有针对性的技术性规定。法规、规章条文规定的行为模式和法定后果模式在体系和内容上具有完整性，要完整地规定各有关主体、客体、行为、事件、结果等方面的内容。（4）语言表述。做到准确性和肯定性相结合；立法语言中字、词、句、标点要符合法律规范。（5）名称。法的名称作为法的内部结构中的第一层次的、每件

---

① 汪全胜：《立法效益论证问题的探讨》，载《社会科学研究》2006年第3期。

法都必备的要件，它的科学化和完善化，对立法、司法、守法以致法学研究的科学化、完善化都有重要的意义。

二、立法后评估的标准

对法律实施的社会效果、效益状况的考量有不同的标准，关键在于标准的设定对立法后评估目标有积极意义。国外关于立法后评估的标准或指标的设计，通常会采用发布相关手册的方式予以明确，并着重于经济性标准的设置。日本则是围绕"法律政策的必要性、有效性、效率性以及实施状况"来设计，根据评估主体的不同以及评估的对象、目的、意义等的不同而有所差别。如英国的评估标准主要是三大指标，即英国国家审计署于 2003 年发布的《绩效审计手册》提出的"3Es"标准，即经济性（Economy）、效率性（Efficiency）和效果性（Effectiveness）标准。荷兰司法部发布了《荷兰法律草案可管理性和可执行性检测方法手册》，将立法后评估的重点确定为立法对经济和企业的影响、环境效应和法律的遵守情况。①

我国目前无统一标准，但在实践中，2017 年修订《规章制定程序条例》后，立法后评估已经成为行政规章制定的法定程序。要想检验规章立法的质量，首先需要确定科学合理的评估标准体系；其进行行政立法后评估的评估标准是：立法中的制度设计合不合理、立法内容有没有针对性、规定的条款操作性强不强、立法的实施效果好不好；地方立法后评估已有自己的相关标准：如《重庆市政府规章立法后评估办法》明确政府规章立法后评估的标准主要包括：合法性标准、合理性标准、协调性标准、执行性标准、实效性标准和规范性标准。《厦门市规章立法后评估办法》将立法后评估的标准确定为合法性标准、合理性标准、科学性标准、协调性标准、规范性标准、操作性标准和实效性标准共七个方面。甘肃省确定了地方性法规立法后评估要素计分标准，主要的评估要素有：立法条件、目的和依据（10 分），法制统一（15 分），制度设计和权力配置（25 分），地方特色（10 分），可操作性（15 分），技术规范（10 分），公众参与（5 分），法规的现实适应性（10 分）。② 2006 年太原市人民政府办公厅下发对政府规章进行立法后评估的通知开始，地方政府规章的立法后评估已经持续了 14 年。2011 年《厦门市规章立法后评估办法》第 11 条规定："立法后评估主要依据以下标准进行：（一）合法性标准，即规章是否与法律、法规及其他上位法保持一致；（二）合理性标准，即规章是否符合公平、公正原则，是否必要、适当，设定职权与责任是否相统一；（三）科学性标准，即规章是否具有适当前瞻性，是否体现规律要求，是否适应时代需要，是否符合人民意愿，是否解决实际问题；（四）协调性标准，即规章的各项

---

① 参见李沫、蒋建湘：《立法后评估的实践与反思——以长沙市地方规章立法后评估为视角》，载《中南大学学报（社会科学版）》2012 年第 6 期。

② 李高协、王锡明、张丽伟：《甘肃省立法后评估的探索与思考》，载《人大研究》2010 年第 9 期。

制度之间是否协调一致，与同位阶规章之间是否存在冲突，相关配套制度是否完备；（五）规范性标准，即规章立法技术是否规范，是否影响到规章的正确、有效实施；（六）操作性标准，即规章的概念界定是否明确，各项制度及其程序是否具体可行；（七）实效性标准，即规章是否得到普遍遵守与执行，是否已达到预期目的。"立法后评估标准主要有合法性、合理性、技术性、合目的性、成本与效益、社会影响等。具体标准如下：

其一，合法性标准。立法后评估关于合法性的关注主要体现在以下几个方面：（1）该项立法之主体是否具有合法权限；（2）所立之法是否与上位法相协调；（3）立法程序是否正当且完整；（4）所立之法是否符合民众内心的法律认同。

其二，合理性标准。主要体现为以下几点：（1）政府有没有过多地干预经济，有没有不当地干预市民社会，有没有给行政相对人创设过多的义务；（2）公民、法人及其他社会组织之间的权利、利益分配是否合理；（3）执法程序是否明确、得当，行政相对人的权利及其救济是否有充分的程序保障；（4）执法自由裁量权范围是否适当，行政处罚的种类与范围和行政相对人的违法行为是否相对称，执法权限是否设置合理、权责分明，执法权授权或委托是否符合法律规定等。

其三，技术性标准。技术性标准也被称为规范性标准，即从狭义的立法技术的角度考察法内部的协调性、完备性和可操作性，条文设计是否科学、严谨，文字表达是否准确、简练、易懂，标点符号运用是否规范，以及法的逻辑结构是否合理等。

其四，合目的性标准。立法后评估的合目的性是指人们的行为是否因法律的实施而变得有序，法院面临的纠纷裁判是否因法律的实施而能够更好解决，立法所追求的有序法律关系以及立法背后的价值追求是否能够得以实现。

其五，成本与效益标准。该标准主要是指立法投入的人财物力资源与其实施效果之间的比率关系。设置成本与效益标准主要是为了考察资源投入是否合乎比例，是否在尽可能最小的投入下产出最大的法律效益，实现法律所追求的正义之价值。

其六，社会影响标准。该标准主要是评判该项立法在实施一段时间之后，与其相关的社会领域尤其是经济领域与民生领域所受到的影响。具体来说，立法是否促进了相关社会领域的和谐发展，是否促进了相关经济领域的健康发展，是否有利于普通民众的权利保障和生活水平之提高等。并且还需考量实际影响是否符合法律预期，所带来的有利影响与不利影响之比例如何，以及对于不利影响是否有配套措施予以避免或减轻。总之，充分考虑法律与经济社会发展的适应性，如果立法后状况无法达成一个或几个以上立法后评估标准，则说明该法律的绩效状况低劣，对于已经不适应经济社会发展的法律就需要分析其原因，探索法律改进之路，如修改、废止等。①

---

① 汪全胜、金玄武：《论立法后评估回应之法的废止》，载《北京行政学院学报》2009 年第 5 期。

三、立法评估的方法

(一)立法前评估的方法

立法前评估方法就是指运用什么样的分析方法进行评估，目前立法评估主要有两种方式，一是定量分析，二是定性分析。鉴于定量分析需要专业的评估机构和人员进行，而且参数设计复杂，故而现阶段从中央到地方已经进行的立法评估中使用的方法主要是定性分析的方法。定性分析依靠的调查方式比较传统，主要有召开研讨会、实地调研、具体考察、个别走访等，听取相关部门和单位对立法草案的意见和建议，了解和掌握该法所涉及的基本利益关系和要解决的问题。同时，定性分析还可以通过间接的方式进行，譬如征集社会公众的意见、问卷调查、随机抽查、委托科研机构和高校，对选择的法律法规进行立法评估。

从各地已经公开的立法评估报告中我们也可以看出，评估主体使用的主要是定性分析方法，很少运用定量分析及影响分析。在评估报告中客观量化指标较少，主观性评估成分较多。根据立法评估的实践，2004年3月国务院发布的《全面推进依法行政实施纲要》第6条第17项中明确规定成本效益分析制度："积极探索对政府立法项目尤其是经济立法项目的成本效益分析制度。政府立法不仅要考虑立法过程成本，还要研究其实施后的执法成本和社会成本。"同时，各地也纷纷制定了各自立法评估办法，如从海南省于2007年发布的《海南省人民政府办公厅关于开展立法成本效益分析工作的实施意见》中可以明显地看出立法前评估的定量分析导向，确定了对立法项目进行立法成本效益分析，并对效益分析的内容进行了具体规定。该意见是我国首个政府提出的立法成本效益指标体系，对于建立健全立法成本效益评估制度也开启了立法评估定量分析的先河。我们认为立法前评估应当采取定量和定性相结合的分析方式，并坚持以定量分析为基础，将评价指标作最大限度地量化处理。这是由于定量评价受评价者主观影响相对较少。坚持定量评价分析，既是世界各国立法前"影响性评估报告"制度的通行做法，更是我国在开始构建立法前评估制度时需要走好的第一步，以定量分析的客观性和科学性提升立法质量和立法工作的声誉。强调立法前评估中定量分析的重要性，一点也不意味着将贬低定性分析的意义。从评价一个立法项目所影响的整体性来看，定性分析方法的优越性是显而易见的①。任何定性分析应当建立在基本的定量分析上，即使是主观性的评估也应该根据一定客观事实和客观数据作出。

但是，贸然推行以定量分析为主的评估模式还有很大困难，因为评估立法的成本和收益需要精细化的分析，评估主体需要收集数据、积累数据和分析数据，对数据进行量化分析，相对较复杂和困难。而且一些定量评估方法还存在争论，如经济成本、经济收益、社

---

① 中国立法学研究会编著：《地方立法的理论与实践》，法律出版社2013年版，第91~104页。

会成本、社会收益可能并不完全是由一部法律所影响产生的，而是若干部法律间接共同作用的结果。再如立法的经济社会影响和收益不易进行量化，有些指标只能定性不能定量。这些实践和技术层面的问题都需要我们在日后的立法评估工作中予以处理和解决。但总体来说，对于立法评估来说坚持定量分析为基础，定量分析和定性分析相结合的方法可以最大限度地提升评估的科学性，应当予以贯彻和落实。但是对于不同类型的法律法规，我们应当辩证地使用不同的评估方法，对于经济方面的立法可以进行定量分析就要坚决进行定量分析，但对于某些不适宜进行定量分析的社会立法可以继续沿用定性分析的方法进行评测。

（二）立法后评估方法

其一，数学分析方法。数学分析方法是西方经济学中常用的方法，其建立在大数据法则的基础之上，通过对统计资料的搜集、分析、图示和验证，抵消各种因素中的非规律性活动，从而显示出内在的规律性趋势。立法后评估中可以加以运用的数学分析方法主要是模型方法，是指通过抽象、简化、假设、引进变量等处理过程后，将实际问题采用数学方式表达，建立起数学模型，然后运用先进的数学方法及计算机技术进行求解。① 立法后评估时，可以试图将立法结果进行抽象、简化、假设并引进变量，建立模型，从而实现对立法结果的定量化分析。

其二，成本效益分析方法。成本效益分析方法"是对立法成本、执法成本与立法效益及立法获得的收益进行权衡比较，从而判断所立之法的可取性的过程，是法律的经济分析方法之一"。② 这一方法通过比较项目的全部成本和效益来评估项目价值。成本-效益分析作为一种经济决策方法，将成本费用分析法运用于政府部门的计划决策之中，以寻求在投资决策上如何以最小的成本获得最大的收益。当立法成本与执法成本较实际收益大或大致相当时，就需要考虑这一立法是否应予以调整，当实际收益较立法成本与执法成本大时，也应考虑现实中是否还有更简易可行的方式，以更加扩大实际收益。成本-效益分析法所涉及的数据收集与成本分析，立法与执法成本较易测算，但实际收益则较难采集，一项立法对社会所带来的影响难以避免地掺杂了其他非法律因素的影响，所以这对立法后评估者而言，需要针对具体的问题采取灵活的方式予以处理。

美国法律成本效益分析方法，与经济分析方法基本一致。美国总统行政命令专门在监管理念一节中提出，"成本和收益应该理解为，既包括可以定量衡量的（在最大限度内通常能够估算的成本和收益），也包括对那些难以量化，但又必须考虑的成本和收益进行定性

① 刘作翔、冉井富主编：《立法后评估的理论与实践》，社会科学文献出版社 2013 年版，第 138 页。

② 李鸿飞：《立法后评估制度研究》，中国海洋大学 2008 年硕士研究生学位论文。

计量。进一步说，在可供选择的监管方法中，行政机构应该选择使净收益最大化（包括潜在的经济、环境、公共健康和安全以及其他优势，分配方面的影响，平等）的方法，除非法律要求另一种监管方式"。成本有效性分析，主要针对法律规范对社会和环境影响，通过比较成本或者比较效益的方式，综合考量制度规范的社会、环境影响，从而为决策提供有效性分析结果，供决策参考。此外，德国《联邦法律案注意要点》规定，制定新的法律，要说明对行政机关增加的成本，并对增加的成本进行逐项罗列。

其三，系统分析方法。系统分析方法是指将分析对象放入系统之中予以考察分析，充分考虑其与之相联系的各种关系，从法律系统一体化的视角去分析，判断立法的质量和效果的一种评价方法。① 对立法评估而言即是把评估对象置于与其相关的法律系统之中进行分析，既分析其与上位法的协调关系，也分析其与下位法的对应关系，不仅分析该对象本身，也要分析该对象相关的配套制度。在分析评估对象的实施效果上，不仅仅关注该立法的直接相关领域，也关注该立法的间接相关领域，将立法效果置于整个社会系统中考察。这种方法既能够从整体性中把握局部性，也能够促使局部性适应整体性，是立法后评估的重要方法。

其四，比较分析法。通过对比进行评价，尤其是对法律制定之初和法律实施后的历史对比是立法后评估工作中经常采用的方法。它通过对法律实施前后社会秩序的比较，对立法预期和法律实施绩效的比较，对法律实施效果正反两方面的比较，对同一领域相关法律、法规之间横向比较来进行评估。

在各种立法评估方法中，需要依靠各类评估方式来予以实现，具体包括：其一，问卷调查。这是广泛了解、听取和采纳群众意见的有效方式。在采用问卷调查法时，要注意受调查群体的代表性。调查问卷的发放，既要面向整个社会，也要注意向利益相关群体的重点发放，这样，问卷信息的采集才会更有效，更具有参考价值。其二，座谈会。就评估中的重点、难点问题召集有关执法部门、专家学者进行座谈，这对评估工作的开展有很大的帮助。座谈会可以采用专题座谈、部门座谈、利益相关方座谈等多种形式。其三，实地调研。实地调研能够帮助评估主体获取法律执行绩效的第一手资料。这也是促使评估结果客观公正的有效保证。国内已有的评估实践都采用了实地调研的评估方法。其四，个案分析。通过个案分析，能够对需要评估的重点问题进行深入研究，从而为准确评价法律实施中存在的问题，进一步完善法规中的制度设计奠定良好的基础。其五，定量分析。定量分析的目的是获取比较直观的数据资料。通过对立法成本与其预期所取得的社会、经济效益的权衡比较，得出一系列的数据。这种分析方法比较直观，更能说明问题。不过，经济学

---

① 参见夏正林、王胜坤、林木明著：《地方立法评估制度研究》，法律出版社 2017 年版，第 150 页。

的很多问题容易进行量化，而法律涉及的问题大多关系复杂，全盘量化也是不可能的。定量分析的结果只能为以后的定性分析提供有效的借鉴。

第三节　立法评估的基本程序

一、立法前评估的程序

（一）启动程序

从各地的实践来看，立法前评估工作的启动往往是基于地方人大或者地方政府法制机构的主动探索，即主动启动方式。这种评估模式难以保障评估结果的公正性、客观性与可信性。因为一般是由政府机关内部自行评估，可能无法从中立、客观的角度去判断实际效果；也可委托一些权威专家去评估论证，但难免有为政府"背书"之嫌疑。但纯粹采用社会主导型，虽然其独立性可以使得立法后评估更公正和客观，但是也可能存在弊端：一是评估结果可能受到个人主观色彩或团体的政治倾向影响而使其客观性大打折扣；二是评估所需的相应事实材料可能会因为缺乏强大的政府支持而失之偏颇或信息不全。

各地在启动程序中做法不一，但是可以看出立法前评估应随着立法项目同步进行，因为等法案起草完毕再来做立法前评估报告，那么立法前评估原本所含的可行性研究报告性质就会变成"当行性报告"，失去了评估的意义和价值。立法前评估主要是对立法的必要性和可行性进行论证评估，因此在启动阶段应当明确以下几个问题：

其一，立法的必要性。论证评估首先要解决的是立法的必要性，在现实中制定或者修改该法是否必要，所拟调整的事项通过党纪政纪、道德、政策是否解决不了，只有通过立法才能解决。因为在立法资源有限的前提下，必须将立法活动集中在具备充足必要性的法律议题上。因此，立法应具备一定的"谦抑性"。

其二，立法的可行性。立法的可行性主要包括制定或者修改该法在我国经济社会发展的现阶段和现实生活中是否可行，所涉重大问题在实际立法过程中能否协调解决；立法拟解决的问题、调整范围、执法主体、监管责任等规定是否明确；与相关法律之间的关系是否协调，能否处理好相互间的衔接。2023 年修改《立法法》时在第 7 条第 2 款增加"法律法规应当明确、具体，具有针对性和可执行性"，将此作为提高立法质量的内在要求。

其三，起草单位是否明确，能否及时组织开展起草工作并协调解决相关问题。从我国多年立法实践来看，法律草案通常是由法律案的提案人或提案人所属部门或者工作机关负责起草。具体情况如下：第一类，由全国人大主席团、全国人大常委会、全国人大各专门委员会提出的法律案，其法律草案通常由下列机关起草：（1）全国人大有关专门委员会是法律案的提案人，可以自己组织法律草案的起草工作；（2）全国人大常委会的工作机构，即法工委和办公厅可根据委员长的委托，代常委会拟定法律草案，并向常委会会议作说明；（3）全国人大代表或全国人大常委会组成人员可以起草法律草案，但实践中比较少见；（4）专门的起草委员是在起草某些重要或特殊法律时成立，如香港基本法起草委员会；（5）专业机构和人员，这是新《立法法》增加的内容，针对专业性较强的法律草案而言的。第二类，由国务院提出的草案，通常由国务院确定的某一个部委负责起草。法律草案起草之后，报国务院法制机构审查，经国务院常务会议讨论审议通过后提出。第三类，最高人民法院起草与司法审判以及审判组织有关的法律草案。第四类，最高人民检察院起草与检察工作和检察院的组织有关的法律草案。第五类，中央军委起草有关军事方面的法律草案，主要由军委各总部来承担起草任务。第六类，代表团或代表联名提出法律案。

其四，相关配套法规的制定是否能够同时规划安排，能否保证与法律同步实施。①

（二）实施程序

其一，立法前评估工作的组织实施。立法项目评估论证具体工作由常委会工作机构组织，通常邀请全国人大有关专门委员会、国务院有关部门组成评估领导小组。请国务院有关部门协助制定评估论证工作方案，进行评估问卷的设计和部分问卷的发放和收集工作；请部分地方人大协助安排有关调研和向当地有关企业、科研机构和院校发放和收集问卷；请有关部门协助设计评估指标、问卷调查的表格和评估内容的标准。全国人大有关专门委员会、国务院有关部门参加调研论证评估工作。

其二，撰写分析报告和评估报告。对收集到的各项数据进行分析研究，撰写分析报告和评估报告。提出制定、修改完善法律的建议或者是暂不列入立法规划、立法计划的建议意见。如果是修改完善法律，可将立法前评估论证与立法后评估结合起来。②

二、立法后评估的程序

（一）启动程序

其一，确定立法后评估的主体。立法后评估的主体，是指根据一定的标准和程序对立法活动及其过程以及法文件的质量测量、分析并作出评估结论的国家机关、社会组织或个人。在实践中，立法后评估主体，应当与法的制定机关相一致，即具有法律效力的立法后评估工作应当由立法机关进行。在实践中，法的制定机关通常将评估工作交由本机关具体负责的法制工作机构负责承担，具体负责的法制工作机构可以根据实际情况自己组织实施；也可以委托其他单位实施，如委托高等院校、科研机构、民间组织评估小组实施。但

---

① 参见吴高盛著：《人大立法工作教程》，中国民主法制出版社2015年版，第61页。
② 参见吴高盛著：《人大立法工作教程》，中国民主法制出版社2015年版，第62页。

评估小组的评估报告只具有内部评价的性质，评价报告只有经过立法机关的审议通过才能产生法律效力。[1]

在英国，政府立法后的评估主体包括：制定规则主体本身（即立法者）、政府特别机关、部长、大臣和议会、公众。美国成本与效益评估的主体包括：行政机构本身、美国联邦预算和管理局，美国总审计署，国会。德国立法成本效益与评估工作由总理直接领导的法规评估委员会和执行成本评估委员会具体负责。韩国立法后评估的主体在不同总统执政期间有所不同，主要有政府评估机构和民间评估组织。[2]

其二，评估对象的选择。在立法后评估过程中，选择和确定评估对象是进行评估活动的第一步。评估对象是指已经颁布实施一段时间的一项法律法规，具体包括：全国人大及其常委会制定的法律、国务院制定的行政法规、国务院各部委制定的部门规章和有立法权的地方人大及政府制定的地方性法规和政府规章，还包括民族自治地方人大制定的自治条例和单行条例、经济特区法规等规范性文件。选择评估对象，既要考虑立法工作的现实需要，又要考虑开展后评估后的工作基础；既要考虑社会公众的关注程度，又要考虑评估工作对执法工作可能产生的影响；既要考虑评估工作的典型意义，又要考虑评估结果的客观真实。立法后评估的法律法规的范围可作如下界定：(1)对人民群众切身利益、国家安全、社会稳定、经济宏观调控、生态环境保护有重大影响的法律法规；(2)直接关系公共安全、公共利益、人身健康、生命财产安全的法律法规；(3)在合法性、可操作性、合理性、适用性等方面可能存在严重问题或者实施效果不明显，需要重新修订、废除或者修改的法律法规；(4)法律法规的利益关系人对其存在较大争议、反映问题比较突出的法律法规；(5)法律法规条文规定的评估时间届满，应进行评估的法律法规。[3]《厦门市规章立法后评估办法》第 7 条规定："符合下列情形之一的规章，应当开展立法后评估：（一）实施满五年的；（二）拟上升为地方性法规的；（三）拟作重大修改的；（四）公民、法人或者其他组织提出较多意见的；（五）市人民政府或者其他有权部门认为有必要评估的。因上位法修改或者有特殊情况需要对规章内容作相应修改的，可以不开展立法后评估。"第 8 条规定："负责实施规章的行政主管部门应当于每年的 10 月 31 日前向市政府法制部门申报本部门下一年度的评估项目。市政府法制部门也可以根据实际需要，提出评估项目。"

其三，评估目的的确定。不同的评估目的会导致不同的评估方案设计，会导致不同的评估程序，因而评估目的的确立也是评估活动的一个重要前提条件。评估的目的有很多，有"合法性"或"合理性"评估、"操作性"或"有效性"评估、"规范性"或"技术性"评估、

---

① 杨临宏著：《立法学：原理、程序、制度与技术》，中国社会科学出版社 2020 年版，第 440 页。

② 侯淑雯主编：《新编立法学》，中国社会科学出版社 2010 年版，第 338~340 页。

③ 参见谢忠华：《立法后评估制度研究》，武汉大学 2014 年博士学位论文。

"特色性"评估等。①

其四，评估程序的启动时间。立法后评估程序的启动时间是否适宜直接涉及评估结论的全面性和科学性，至关重要，不容忽视。明确启动立法后评估程序的时间十分重要。如果启动时间过短，法律法规的实效和问题还不能完全显现，从而影响评估目的和效果。同时，针对不太显现的问题进行法律法规的立、改、废，时机亦不成熟，容易造成立法资源的浪费和分配不均衡。如果启动时间过晚，法律法规所暴露的问题长期得不到解决，将激化社会矛盾，损害法律法规的权威性。

其五，立法后评估的方法。比如，《厦门市规章立法后评估办法》第16条规定："立法后评估应当采用下列方法：（一）通过新闻媒体、门户网站公开征集社会公众意见；（二）走访行政执法单位、司法机关、行政相对人或者书面征求其意见；（三）召开座谈会、专家论证会。""评估实施机关根据评估需要，还可以采用以下评估方法：（一）发放调查问卷；（二）实地考察；（三）专题调研；（四）个案分析；（五）相关立法比较分析；（六）成本效益分析；（七）其他方法。"评估主体根据评估工作的需要，可以选择文献研究法、问卷调查法、实地调查法、情况报告、案例分析或听证等。

其六，评估方案的确定。确立了评估的前提条件之后，便可以制定评估方案，作为实施法律评估的方针。评估方案应综合考虑到评估对象、评估目标、评估费用、评估实践等必要条件。评估方案的制定主要从评估的参与主体、评估的地域范围、评估的方法以及评估经费的预算四个方面来确定。这四个要素相互影响，缺一不可。参与主体决定了评估活动开展区域的大小以及采取何种评估方法；评估方法的不同与评估地域的大小会直接影响评估经费的预算。

（二）立法评估的实施程序

立法评估的实施是一个常态化的过程，需要通过各项法定程序来保证实施。"立法后评估制度的推行不应当是立法机关临时性有选择地挑选某一部法律法规的'试检'，而应当是依法确立的长效性的常态化制度。"②立法后评估制度的实施也不应当仅由有关主体随意性地挑选某些步骤，对某些方面进行评估，而应当是在法定的程序下常态化运作。

立法后评估的实施程序主要有信息采集、数据分析以及结论达成三个步骤，信息的采集是立法后评估实施程序的基础，直接决定了立法后评估的质量与价值。信息采集的方法主要有自查报告、座谈会、问卷调查、专题调研等，这些方式可以予以原则性规定，并准许视具体情形而灵活采用。在数据分析阶段应当吸纳专家学者参与，努力求得一个科学而真实的结论。在整个立法后评估过程中，应当及时公开数据与分析过程以及分析结果，保

① 孙晓东著：《立法后评估的原理与应用》，中国政法大学出版社2016年版，第28页。
② 陈书全：《论立法后评估常态化启动机制的构建》，载《现代法学》2012年第3期。

障公民知情权与公民参与权的实现。

（三）提出立法后评估报告

针对评估中发现的问题，提出合理化建议。这些建议一般包括法律继续有效实施的建议、修改法律的建议、补充法律的建议和废止法律的建议等几种。评估报告通常包括：(1)法律实施效果的基本评价；(2)对法律中主要制度设计的分析和评价；(3)评估工作的总结和启示，并提出法规是否需要修改的意见和建议。评估结果只是作为立法机关的一种参考意见。①

此外，必须强调的是对于评估报告的回应也属于立法评估实施程序的一环。按照有关国家机关对立法后评估报告的回应是否主动可以把对立法后评估的回应方式划分为主动回应和被动回应。无论是何种回应方式，均会导致四种结果的出现：一是制定新的法律；二是修改现行法律；三是废止过时和不恰当的法律；四是加强执法措施和力度。

（四）对立法后评估的完善建议

其一，结合司法体制选择立法后评估对象。司法审查在一定程度上扮演着次级立法后评估的功能。虽然《立法法》确立了规范性法律文件的备案审查机制，但是上述机制主要只能纠正规范性法律文件在合法性方面的瑕疵。在中国，不仅应当对全国人大及其常委会制定的法律进行后评估，更应该重视对其他种类规范性法律文件的立法后评估。值得高兴的是，中国的立法后评估对象并没有仅限于法律，而是包括行政法规、地方性法规、部门规章和地方政府规章。

其二，引入第三方参与评估。引入第三方参与评估，而非完全依靠第三方实施评估英国立法后评估实践中，议会和政府都很重视借助外脑，充分利用专业人士和专业机构，把一部议会法令的不同子制度委托给不同的研究机构分别进行评估。作为立法后评估的发展方向，应该是采用国家与社会联动型模式，将内部评估与外部评估结合起来，实现评估主体的多元化。②

其三，强化立法后评估结果的转化。立法后评估的结果不是评估报告的形成，更重要的是报告内容和建议的转化与衔接。首先，需要强化的是评估结果的公开。结果的公开一方面是保障公众的知情权和参与权，方便公众有针对性地对评估再次建议，实现一定程度上的"二次评估"；另一方面是对立法后评估的监督，确保立法后评估真正落到实处。其次，评估的结果应作为法律法规修立改废的重要依据。可以参考规范性文件备案审查制度的相关规定，在评估发现问题后，应当要求相关机关(可能是立法机关，也可能是法律实

---

① 杨临宏著：《立法学：原理、程序、制度与技术》，中国社会科学出版社 2020 年版，第 453~454 页。

② 李沫、蒋建湘：《立法后评估的实践与反思——以长沙市地方规章立法后评估为视角》，载《中南大学学报(社会科学版)》2012 年第 6 期。

施机关）在一定时间内整改，对于需要修改或废止的内容，及时修改废止；对于需要重新立法的项目，尽快列入立法计划。立法后评估结果的转化是由特定机关赋予结果以权威性和执行力，从而实现立法评估的实质意义和目的。①

三、立法后评估程序的回应

（一）立法评估回应的概念

评估的回应是立法评估程序的最后环节，也是地方立法评估的动力之源、目的所在。如果只关注评估，不重视立法评估的回应，把立法评估的报告束之高阁，这样会让立法评估变得毫无意义，因为会导致评与不评一个样的消极后果。按照有关国家机关对立法后评估报告的回应是否主动，把立法后评估回应方式划分为主动回应和被动回应。所谓主动回应是指有关国家机关对评估报告中的应当回应的问题和建议，积极主动地采取措施作出反应和回复。而被动回应是指有关国家机关对评估报告中其有义务回应的问题和建议，迫于外界的压力，消极被动地作出反应和回复。②

（二）立法程序评估回应机制的主要作用

（1）有利于督促相关国家机关及时对立法评估报告的内容作出回应，从而可以增强政府部门的公信力。（2）有利于提高公众参与地方立法评估的积极性和主动性，从而降低立法成本，起到节约立法资源的作用。（3）有利于提高立法技术和质量，化解社会矛盾，促进社会和谐稳定。

（三）立法评估程序的回应方式

立法后评估回应的方式主要有五种。

1. 明令废止

经评估确认有违法情形的，相关的法律、法规的制定机关应当作出予以废止的决定。需要明令废止的情形主要包括：（1）主要规定超越制定机关立法权限；（2）制定违背法定程序；（3）制定的主要内容与上位法相抵触；（4）主要规定明显不适当或者不具有操作性；（5）已被新的法律、法规所替代；（6）管理部门已经撤销，所依据的上位法已被明令废止或宣布失效。

2. 宣布失效

经评估确认已不再发生效力的，相关的法律法规的制定机关应当宣布其失效。需要宣布其失效的情形主要有：（1）适用期已过；（2）调整对象已消失；（3）相关的法律、法规已经不适应社会、经济发展情况。

---

① 林秋萍：《关于完善地方立法后评估制度的几点思考》，载《人民政坛》2021 年第 11 期。
② 王锡明：《地方立法后评估程序研究》，载《人大研究》2011 年第 10 期。

3. 及时修订

经评估确认只需要进行部分修改就能够继续有效实施的，相关的法律法规的制定机关应当及时进行修订。需要予以修订的情形主要包括：（1）个别条款与上位法相抵触；（2）监管事项已消失或者监管方式已改变；（3）小部分内容已不符合社会经济文化的发展实际。

4. 立法解释

经评估确认对条文的理解存在异议，通过明确其含义依然可以适用的，由相关法律、法规的制定机关及时进行立法解释。需要作出立法解释的情形主要有：（1）概念、定义或者文字表述在理解上产生歧义；（2）有些规定需要进一步明确其具体含义的；（3）出现新的情况、适用范围需要作出进一步明确规定。

5. 编纂

在立法后发现相关法律法规存在一些纯技术性问题，制定机关可以授权同级法制工作机构通过编纂技术予以处理，并依法报有权审查部门备案。存在技术性处理的主要情形有：（1）用词与上位法不一致，但含义一致；（2）文字差错；（3）标点错误。

6. 立法前评估的，评估意见要在报告中予以说明

修订后的《立法法》第 42 条规定，在宪法和法律委员会提出审议结果报告前，常务委员会工作机构可以对法律草案中主要制度规范的可行性、法律出台时机、法律实施的社会效果和可能出现的问题等进行评估。评估情况由宪法和法律委员会在审议结果报告中予以说明。也就是说，立法前评估的意见由宪法和法律委员会在审议报告中加以说明，为常务委员会会议审议通过时提供参考。

第四节　立法评估之效力

一、立法前评估的效力

（一）立法活动启动的先决条件

立法前评估首先能够决定立法活动是否启动即法律的立项问题。例如浙江省在 2014 年 6 月出台了首部立法前评估的工作规则，其中规定起草单位向省政府申报和报送立法计划一类项目的，要开展立法前评估，并提交立法前评估报告(以下简称评估报告)。未开展立法前评估的，原则上不列入省政府一类立法计划项目，省委、省人大常委会、省政府要求立即进行立法的项目除外①。从浙江省的办法来看，立法评估将成为较为刚性的立法前置条件。通过开展立法前评估活动，形成立法前评估报告，不仅是提高立法质量的重要手

---

①　参见《浙江省政府立法项目前评估规则》第 2 条规定。

段，还将成为立法程序的重要一环。此外，2019 年《苏州市人民政府立法前评估办法》和《达州市人民政府立法前评估办法》等地方规范性文件对立法前评估活动进行规范。

立法前评估报告在国外已有较详细的规定。美国作为世界上推行立法前评估的先行者，已形成一套完整的评估制度。根据美国现行的制度，立法前评估的主要内容包括评估主体（行政机构、联邦管理和预算办公室、总问责署和国会）、适用范围、评估标准、评估步骤（评估行为、代替方案、成本效益评估）、评估方法和工作评论等。[①] 如美国总统行政命令要求联邦行政机构提交的法律草案、制定规章，应当提交成本效益分析报告。一些州议会明确规定，涉及州财政收支的法律制度实施，应当提交该法的成本效益分析结果，不然州立法议会则可以不予审议该法案，或者不通过该法案。美国的国民议会、总统、联邦的行政管理机构，以及州议会等立法主体，是立法成本效益分析的主体。美国总统行政命令还要求联邦行政机构将立法成本效益分析报告送联邦预算管理局或者总审计署进行审查；同时，这形成了比较规范的成本效益分析报告范例。对立法的成本效益分析对象、范围、程序，以及成本效益的信息、档案和基本格式，作出详细的规定，供联邦行政机构遵照执行。同样，德国内政部制定了《立法工作指南》，规定了法律评估在立法程序中的程序要求，明确由法律评估委员会负责立法经济社会效益分析工作，评估报告立法增加的成本；由执行成本委员会测算评估法律执行成本。

(二)为立法项目的审议提供参考价值

在几个开展了立法前评估工作的省市中，都仅将立法前评估的报告作为该立法项目审议时的参考。但是评估报告在地方立法项目审议中的作用没有严格的规定，参考作用大小未明，而且不具有强制性参考的效力。如果立法前评估工作要持续稳定地开展下去，就必须赋予评估报告以刚性，要求相关单位在审议立法项目必须参考评估报告的结论。如果评估报告的结果是该立法项目不满足合法性以及必要性等核心标准，该立法项目必须被否决，暂停立法项目或者直接取消该项目。

(三)对立法评估工作本身具有反作用

立法前评估也具有重要的反作用，是整个评估工作顺利完成的关键。通过政府部门的评估和专家评审，对于是否立法、何时立法、如何立法等问题能够从不同角度更全面、细致、客观地考虑，也在无形中促进了立法前评估制度的完善，增加了立法评估人员的工作经验，并为立法后评估和其他立法前评估做准备。

二、立法后评估的效力

立法后评估主体在考察法律法规的实施绩效时，不仅要考察它所取得的绩效，还要对

---

① 李向东著：《行政立法前评估制度研究》，中国法制出版社 2016 年版，第 38~46 页。

它取得的绩效进行分析，更重要的是对导致立法后的原因进行分析。立法后状况的影响因素很多，如立法本身的因素、法律执行的因素抑或社会环境因素等，但对立法后状况的分析主要是考察它的立法成因。只有考察它的立法成因，才能对立法的改进提供科学的决策依据，可以说立法后状况低劣的立法成因就是法律废止的直接依据。

（一）程序效力

立法后评估的效力也就是立法后评估结果的效力，从立法的角度来看，它的效力首先表现在程序效力方面，即立法后评估报告中关于法律的立、改、废等建议能否启动法律程序从而实现立法后评估报告中关于法律的立改废的具体落实。根据立法后评估的结果，确定法律是否应修改部分条文或直接废止，是否应对其中部分条款出台细则或相关立法及司法解释。

（二）实质效力

立法后评估的实质效力在于立法后评估结果中关于法律立改废的具体建议能否落实到法律的具体内容中。从执法的角度来看，它的效力主要表现在，它所提出的完善执法的建议能否被执法部门接受，存在的一些问题能否被及时纠正等。

立法后评估的效力从现实层面而言就是特定国家机关对立法后评估所形成的书面报告的态度，也即是立法后评估结果的回应。立法后回应机制与立法后评估结果的内容有关，主要体现在对法律立改废的影响之中。

三、立法评估效力的功能

立法评估要得出评估结论，是评估工作的直接目的。而评估报告是整个评估活动的最终成果，是评估结论的载体。立法评估的效力，其本身并不具有法律上的约束力，它只是指立法评估报告代表了评估主体对法律法规实施情况的一种看法或者评价，仅带有参考性。

评估报告可以使评估结论与立法者、执法者、其他参与者和公众见面，发挥评估的诊断、监督、反馈、完善和创设的功能，提高法律法规的科学性和实用性，并使有关部门了解法律法规实施的最终情形，据此决定法律、法规的修改、废止和持续。[①]　正因为立法评估的效力发挥着上述功能，所以评估报告的撰写应当以满足上述功能为目的，至少应当包括以下几个方面的内容：一是评估的预定目标与主要评估方法。二是对法律法规实施存在的问题及其成因的分析。三是对法律法规实施成本、效果的评价。四是对法律法规的内容、执行、修改和补充提出建议和意见。五是对主要评估指标的具体分析，前面已经就评估指标体系的重要性以及在设立评估指标时需要注意的方面进行了比较详细的阐述，我们应该清晰地认识到确立一个统一、精细、科学的评估指标体系对于完善该制度的重大意义。六是相关制度的具体评价。七是评估结论与建议（包括提出作修改、取消、重拟或者

---

① 王锡明：《地方立法后评估程序研究》，载《人大研究》2011 年第 10 期。

保持原状的决定），为作出废、改、立的决定提供信息。① 由于评估报告是立法机关完善立法的基本依据，所以，在撰写时一定要力求全面、准确，所提建议有针对性和建设性，以便引起立法者的足够重视。立法评估效力的重要功能就是加快评估成果的进一步转化。

立法评估效力的功能还包括价值导向设定。按照马克思主义法学的观点，法是由一定经济基础之上的占统治地位的阶级所制定的、反映其利益的、以权利义务为内容的规范体系。由此可知，尽管法普遍适用于一国以内，但仍蕴含着价值判断的意味，其通过权利的规定来限制权力，保障利益，肯定自由；通过义务责任的设定来规制行为，维护秩序，否定违法违约行为。法的这种价值判断并不是后天形成的，而是在其立法之初由立法者确定的，诸如我国《宪法》规定的民主集中制原则、平等原则、私有财产不可侵犯原则等，都代表着立法者的价值导向。而立法者的这种价值导向也是基于社会习惯、伦理道德以及法律价值来给出的。由此，在评估立法质量及其实施效果时，其立法评估的效力亦表现出法律的价值导向理念。立法评估的效力功能主要彰显科学导向。立法评估效力的设定旨在通过衡量评价立法质量及其实施效果，为科学地完善修改立法提供助益。由此，立法评估的效力本身要具有客观性，即客观地描述立法价值、客观地描述社会规律，体现科学的导向价值。立法评估效力的功能还彰显道德导向。道德是关于善与恶、正义与非正义、公正与偏私的观念集合。道德自古以来就以良善为标准，从亚里士多德提出的"善治"理念，到边沁提出的"趋利避害""最大化幸福"以及罗尔斯的"正义论"等，都从不同角度阐述着法律的道德性。法制定得好坏，与道德导向有着直接的关系，公平正义即制度的道德。立法评估的效力是评价法及其实施效果的尺度和准则，显然，对良法的评估首先要基于道德评价标准。其具体表现为是否体现了正义、公平、效率、利益等道德价值理念。立法评估效力的功能还彰显习惯导向，习惯是一种在历史传承过程中被沉淀下来的公认的价值，其中包含着伦理、道德等价值判断。立法评估效力的确定，须考虑到社会习惯的因素，并能体现特定社会中习惯的价值导向理念。

思考题：

1. 试论立法评估的现实意义。
2. 试论立法评估的基本原则。
3. 试论立法评估的指标体系。
4. 试论立法评估的基本程序。
5. 试论立法评估的效力范围。

---

① 参见夏正林、王胜坤、林木明著：《地方立法评估制度研究》，法律出版社 2017 年版，第 183 页。

主要参考文献

一、中文著作

1. 孙国华、朱景文主编：《法理学》（第五版），中国人民大学出版社 2021 年版。

2. 沈宗灵著：《现代西方法律思想史》，北京大学出版社 1997 年版。

3. 王海根编著：《人权与法制简明教程》，同济大学出版社 2013 年版。

4. 夏勇著：《人权概念起源——权利的历史哲学》，中国政法大学出版社 2001 年版。

5. 胡锦光、韩大元著：《中国宪法》，法律出版社 2018 年版。

6. 李海星著：《人权哲学导论》，社会科学文献出版社 2012 年版。

7.《宪法学》编写组：《宪法学》（第二版），高等教育出版社 2020 年版。

8. 周永坤著：《法理学——全球视野》，法律出版社 2016 年版。

9. 李其瑞主编：《法理学教程》，中国政法大学出版社 2017 年版。

10. 雷磊主编：《法理学》，中国政法大学出版社 2019 年版。

11. 付子堂主编：《法理学进阶》（第六版），法律出版社 2022 年版。

12. 吕世伦、文正邦主编：《法哲学论》，西安交通大学出版社 2016 年版。

13. 周林主编：《法理学》，西南交通大学出版社 2012 年版。

14. 周旺生著：《立法学》（第二版），法律出版社 2009 年版。

15. 徐向华主编：《立法学教程》，上海交通大学出版社 2011 年版。

16. 江国华著：《立法：理想与变革》，山东人民出版社 2007 年版。

17. 柳之茂主编：《法理学》，中国社会科学出版社 2012 年版。

18. 张文显主编：《法理学》（第五版），高等教育出版社 2018 年版。

19. 慈继伟著：《正义的两面》，生活·读书·新知三联书店 2001 年版。

20. 孙笑侠主编：《法理学》，浙江大学出版社 2011 年版。

21. 高其才主编：《法理学》（第四版），清华大学出版社 2021 年版。

22. 苗金春主编：《法理学导论》，法律出版社 2014 年版。

23. 张成福、党秀云著：《公共管理学》，中国人民大学出版社 2001 年版。

24. 张文显著：《二十世纪西方法哲学思潮研究》，法律出版社 1996 年版。

25. 邓世豹主编：《立法学：原理与技术》，中山大学出版社 2016 年版。

26.《商君书》，章诗同注，上海人民出版社 1974 年版。

27. 张文显著：《法学基本范畴研究》，中国政法大学出版社 1993 年版。

28. 雷磊著：《"法的渊源"意味着什么?》，中国政法大学出版社 2021 年版。

29. 冯玉军、赵一单主编：《新〈立法法〉条文精释与适用指引》，法律出版社 2015 年版。

30. 许崇德、胡锦光主编：《宪法学》（第七版），中国人民大学出版社 2021 年版。

31. 胡旭晟、蒋先福主编：《法理学》（第二版），湖南人民出版社、湖南大学出版社 2002 年版。

32. 陈斯喜著：《人民代表大会制度概论》，中国民主法制出版社 2007 年版。

33. 黄文艺主编：《立法学》，高等教育出版社 2008 年版。

34. 乔晓阳主编：《中华人民共和国立法法讲话》，中国民主法制出版社 2000 年版。

35. 朱力宇、叶传星主编：《立法学》，中国人民大学出版社 2015 年版。

36. 张千帆著：《国家主权与地方自治：中央与地方关系的法治化》，中国民主法制出版社 2012 年版。

37. 孙笑侠、夏立安主编：《法理学导论》，高等教育出版社 2004 年版。

38. 公丕祥主编：《法理学》，复旦大学出版社 2008 年版。

39. 蔡定剑著：《中国人民代表大会制度》，法律出版社 2003 年版。

40. 全国人大常委会法制工作委员会法规备案审查室著：《规范性文件备案审查理论与实务》，中国民主法制出版社 2020 年版。

41. 李林著：《立法理论与制度》，中国法制出版社 2005 年版。

42. 王清秀著：《人大学》，中国政法大学出版社 2014 年版。

43.《中华人民共和国第一届全国人民代表大会第一次会议文件》，人民出版社 1955 年版。

44. 刘克希著：《当代中国的立法发展》，法律出版社 2017 年版。

45. 徐平著：《人大职权研究》，法律出版社 2017 年版。

46. 吴高盛主编：《人大立法工作教程》，中国民主法制出版社 2015 年版。

47. 陈伯礼著：《授权立法研究》，法律出版社 2000 年版。

48. 熊哲文著：《法治视野中的经济特区》，法律出版社 2006 年版。

49. 周叶中主编：《宪法》，高等教育出版社 2020 年版。

50. 吉雅著：《民族区域自治地方自治立法研究》，法律出版社 2010 年版。

51. 刘政、于友民、程湘清主编：《人民代表大会工作全书》，中国法制出版社 1999 年版。

52. 宋发才、谢尚果主编：《民族区域自治法通论》，法律出版社 2017 年版。

53. 吴金宗主编：《中国民族区域自治法学》，法律出版社 2016 年版。

54. 武增主编：《中华人民共和国立法法解读》，中国法制出版社 2015 年版。

55. 应松年主编：《当代中国行政法》，人民出版社 2017 年版。

56. 杨临宏著：《立法学：原理、制度与技术》，中国社会科学出版社 2016 年版。

57. 冯玉军著：《中国的立法体制研究》，经济科学出版社 2020 年版。

58. 林来梵著：《宪法学讲义》，法律出版社 2011 年版。

59. 张千帆著：《宪法学导论——原理与应用》(第三版)，法律出版社 2014 年版。

60. 舒国滢主编：《法理学导论》，北京大学出版社 2019 年版。

61. 马工程教材《法理学》，人民出版社、高等教育出版社 2010 年版。

62. 刘莘主编：《立法法》，北京大学出版社 2008 年版。

63. 张春生主编：《立法实务操作问答》，中国法制出版社 2016 年版。

64. 吴大英、任允正、李林：《比较立法制度》，群众出版社 1992 年版。

65. 侯淑雯著：《新编立法学》，中国社会科学出版社 2010 年版。

66. 田禾、吕艳滨主编：《中国立法与人大制度(2002—2016)》，社会科学文献出版社 2018 年版。

67. 赵谦主编：《立法学》，西南师范大学出版社 2021 年版。

68. 李鹏飞著：《立法制度与立法技术研究》，人民日报出版社 2020 年版。

69. 张春生主编：《立法实务操作问》，中国法制出版社 2016 年版。

70. 曾粤兴主编：《立法学》，清华大学出版社 2014 年版。

71. 李林著：《中国依法治国二十年(1997~2017)》，社会科学文献出版社 2017 年版。

72. 全国人大常委会办公厅研究室编：《中国特色社会主义法律体系形成大事记》，中国民主法制出版社 2011 年版。

73. 李向东著：《行政立法前评估制度研究》，法律出版社 2016 年版。

74. 刘红婴著：《法律语言学》，北京大学出版社 2007 年版。

75. 宋北平著：《法律语言规范化研究》，法律出版社 2011 年版。

76. 李龙主编：《法理学》，武汉大学出版社 2011 年版。

77. 姜明安主编：《行政法与行政诉讼法》，法律出版社 2006 年版。

78. 江国华编著：《中国行政法(总论)》，武汉大学出版社 2017 年版。

79. 马怀德主编：《中国行政法》，中国政法大学出版社 2007 年版。

80. 叶必丰主编：《行政法与行政诉讼法》，中国人民大学出版社 2015 年版。

81. 刘莘著：《行政立法研究》，法律出版社 2018 年版。

82. 应松年主编：《行政法与行政诉讼法学》，法律出版社 2005 年版。

83. 沈黔编著：《公文写作》，云南大学出版社 2002 年版。

84. 岳海翔编：《中国党政机关公文处理规范实用指导全书》，浙江人民出版社 2016 年版。

85. 江国华著：《宪法哲学导论》，商务印书馆 2007 年版。

86. 吴庚、陈淳文：《宪法理论与政府体制》，台湾三民书局 2019 年版。

87. 韩大元、林来梵、郑贤君著：《宪法学专题研究》（第二版），中国人民大学出版社 2008 年版。

88. 王世杰、钱端升：《比较宪法》，商务印书馆 2019 年版。

89. 江必新著：《国家治理现代化与法治中国建设》，中国法制出版社 2016 年版。

90. 林聚任、刘玉安主编：《社会科学研究方法》，山东人民出版社 2004 年版。

91. 姚小林著：《司法社会学引论》，厦门大学出版社 2014 年版。

92. 浦兴祖、洪涛主编：《西方治学说史》，复旦大学出版社 1999 年版。

93. 陈慈阳著：《宪法学》，台湾元照出版社 2005 年版。

94. 陈新民著：《德国公法学基础理论》，法律出版社 2010 年版。

95. 包刚升著：《政治学通识》，北京大学出版社 2015 年版。

96. 王名扬著：《美国行政法》，北京大学出版社 2015 年版。

97. 杨仁寿著：《法学方法论》，中国政法大学出版社 1999 年版。

98. 戚渊著：《论立法权》，中国法制出版社 2002 年版。

99. 姚国建著：《违宪责任论》，知识产权出版社 2006 年版。

100. 焦宝乾著：《法律论证导论》，山东人民出版社 2006 年版。

101. 郑振铎著：《原始崇拜纲要》，中国民间文艺出版社 1989。

102. 吕世伦著：《法理的积淀与变迁》，西安交通大学出版社 2016 年版。

103. 倪正茂著：《比较法学探析》，中国法制出版社 2006 年版。

二、中文论文

1. 马长山：《法律的"人本精神"与依法治理》，载《法制与社会发展》2004 年第 4 期。

2. 谢根成：《现代法精神与人文主义》，载《华北水利水电学院学报（社科版）》2001 年第 6 期。

3. 江国华：《论法治的伦理法则》，载《光明日报》2006 年 8 月 7 日，"理论版"。

4. 李步云：《论人权的三种存在形态》，载《法学研究》1991 年第 4 期。

5. 焦洪昌：《"国家尊重和保障人权"的宪法分析》，载《中国法学》2004 年第 3 期。

6. 周旺生：《论法律的秩序价值》，载《法学家》2003 年第 5 期。

7. 廖申白：《西方正义概念：嬗变中的综合》，载《哲学研究》2002 年第 11 期。

8. 李林：《试论立法价值及其选择》，载《天津社会科学》1996 年第 3 期。

9. 陈潭：《公共政策：谁之政策？何种政策？》，载《行政与法》2004 年第 5 期。

10. 钱大军：《立法权的策略配置与回归——一个组织角度的探索》，载《现代法学》2020 年第 2 期。

11. 严峰：《论法律的作用》，载《新疆教育学院学报》2005 年第 3 期。

12. 葛群：《论法律体系形成后地方立法的功能——基于地方立法类型的展开》，载《华北水利水电大学学报（社会科学版）》2014 年第 3 期。

13. 汪全胜：《论立法的正当程序》，载《华东政法学院学报》2006 年第 2 期。

14. 秦前红、叶海波：《论立法在人权保障中的地位——基于"法律保留"的视角》，载《法学评论》2006 年第 2 期。

15. 熊菁华：《发挥立法引领和推动作用的思考》，载《地方立法研究》2018 年第 3 期。

16. 刘作翔：《"法源"的误用——关于法律渊源的理性思考》，载《法律科学》2019 年第 3 期。

17. 叶海波：《"根据宪法，制定本法"的规范内涵》，载《法学家》2013 年第 5 期。

18. 赵宏：《作为客观价值的基本权利及其问题》，载《政法论坛》2011 年第 2 期。

19. 张翔：《基本权利的双重属性》，载《法学研究》2005 年第 3 期。

20. 叶晓川、万其刚：《落实国家机构组织法定原则 修改完善国家机构组织法》，载《行政管理改革》2021 年第 2 期。

21. 江国华：《中国纵向政权组织法治体系的解构与建构》，载《武汉大学学报（哲学社会科学版）》2016 年第 3 期。

22. 何俊志：《中国地方人大的三重属性与变迁模式》，载《政治学研究》2016 年第 5 期。

23. 徐爽：《变通立法的"变"与"通"——基于 74 件民族自治地方变通立法文件的实证分析》，载《政法论坛》2021 年第 4 期。

24. 李适时：《形成完备的法律规范体系》，载《求是》2015 年第 2 期。

25. 雍海滨：《论民族自治地方立法变通权及其运用》，载《民族研究》2006 年第 3 期。

26. 张殿军：《府际关系视野下的民族自治地方自治立法》，载《云南社会科学》2019 年第 6 期。

27. 刘作翔：《构建法治主导下的中国社会秩序结构：多元规范和多元秩序的共存共治》，载《学术月刊》2020 年第 5 期。

28. 封丽霞：《面向实践的中国立法学——改革开放四十年与中国立法学的成长》，载《地方立法研究》2018 年第 6 期。

29. 周旺生：《论中国立法原则的法律化、制度化》，载《法学论坛》2003 年第 3 期。

30. 陈斯喜：《规范立法活动，健全立法制度——〈中华人民共和国立法法〉简介（一）》，载《新疆人大（汉文）》2000 年第 6 期。

31. 黄文艺：《论中国特色社会主义立法理论》，载《南京社会科学》2012 年第 10 期。

32. 曹榕、江国华、梅扬：《授权立法决定的性质及其合宪性审查基准》，载《学习与实践》2018 年第 5 期。

33. 陈书笋、王天品：《新形势下地方政府规章立法权限的困境和出路》，载《江西社会科学》2018 年第 1 期。

34. 蒋劲松：《改革开放以来人民代表大会制政体的成长》，载《湖南社会科学》2009 年第 2 期。

35. 孙莹：《从理念到规范　推进地方人大议事规则的完善》，载《人民之声》2022 年第 4 期。

36. 王蔚：《客观法秩序与主观利益之协调——我国合宪性审查机制之完善》，载《中国法律评论》2018 年第 1 期。

37. 胡锦光：《论法规备案审查与合宪性审查的关系》，载《华东政法大学学报》2018 年第 4 期。

38. 董礼洁：《论中国行政立法程序的蜕变》，载《四川行政学院学报》2008 年第 2 期。

39. 李慎：《规章制定程序概念的评析与重构》，载《政法学刊》2003 年第 4 期。

40. 朱汉卿：《新立法法视域下的授权立法基本范畴研究及其法律规制》，载《江汉大学学报（社会科学版）》2016 年第 5 期。

41. 彭浩：《授权地方改革试点决定的性质与功能探析》，载《法制与社会发展》2018 年第 1 期。

42. 傅蔚冈、蒋红珍：《上海自贸区设立与变法模式思考——以"暂停法律实施"的授权合法性为焦点》，载《东方法学》2014 年第 1 期。

43. 江国华、郭文涛：《全国人大常委会授权决定的实证分析——以第十二届全国人大常委会作出的 21 个授权决定为样本》，载《中南民族大学学报（人文社会科学版）》2019 年第 9 期。

44. 陈林林、许扬勇：《司法解释立法化问题三论》，载《浙江社会科学》2010 年第 6 期。

45. 封丽霞：《人大主导立法的可能及其限度》，载《法学评论》2017 年第 5 期。

46. 乔晓阳：《党的十八大以来立法工作新突破》，载《求是》2017 年第 11 期。

47. 李克杰：《"人大主导立法"原则下的立法体制机制重塑》，载《北方法学》2017 年第 1 期。

48. 陈俊：《论人大主导立法所涉若干重要关系及其立法权行使》，载《政治与法律》2017

年第 6 期。

49. 刘茂林:《论宪法结构的涵义与宪法规范的结构特点》,载《法商研究》1995 年第 4 期。

50. 王斐弘:《地方立法特色论》,载《人大研究》2005 年第 5 期。

51. 徐娟:《地方立法的治理功能及其有效发挥》,载《学术交流》2019 年第 5 期。

52. 宦吉娥、谈西润、王艺:《地方性法规立法特色的实证研究——以湖北省自然资源地方性法规为样本》,载《中国地质大学学报(社会科学版)》2017 年第 2 期。

53. 段葳、刘权:《地方立法民主化的界定、标准及功能》,载《云南行政学院学报》2015 年第 4 期。

54. 封丽霞:《以科学立法引领良法善治》,载《领导科学论坛》2018 年第 5 期。

55. 潘红祥、张星:《中国民族法治七十年:成就、经验与展望》,载《民族研究》2019 年第 3 期。

56. 王理万:《立法官僚化:理解中国立法过程的新视角》,载《中国法律评论》2016 年第 2 期。

57. 王锴:《法律位阶判断标准的反思与运用》,载《中国法学》2022 年第 1 期。

58. 姚建宗:《法律效力论纲》,载《法商研究》1996 年第 4 期。

59. 邓世豹:《论授权立法的位阶》,载《河北法学》2000 年第 5 期。

60. 李拥军:《当代中国法律体系的反思与重构》,载《法制与社会发展》2009 年第 4 期。

61. 吴大英:《我国的立法预测与社会主义现代化》,载《中国法学》1984 年第 1 期。

62. 张建田:《新中国军事立法的历史发展与阶段划分》,载《法学杂志》2007 年第 4 期。

63. 秦前红:《依规治党视野下党领导立法工作的逻辑与路径》,载《中共中央党校学报》2017 年第 4 期。

64. 封丽霞:《人大主导立法的可能及其限度》,载《法学评论》2017 年第 5 期。

65. 石佑启:《论立法与改革决策关系的演进与定位》,载《法学评论》2016 年第 1 期。

66. 宋方青:《立法能力的内涵、构成与提升以人大立法为视角》,载《中外法学》2021 年第 1 期。

67. 汪全胜:《立法论证探讨》,载《政治与法律》2001 年第 31 期。

68. 江国华、梅杨:《重大行政决策公众参与制度的构建和完善——基于文本考察与个案分析的视角》,载《学习与实践》2017 年第 1 期。

69. 杨鹏:《立法技术的现状与愿景》,载《行政法学研究》2021 年第 3 期。

70. 柳砚涛、刘宏渭:《立法授权原则探析》,载《法学论坛》2004 年第 4 期。

71. 周汉华:《行政立法与当代行政法——中国行政法的发展方向》,载《法学研究》1997 年第 3 期。

72. 马怀德、孔祥稳：《中国行政法治四十年：成就、经验与展望》，载《法学》2018 年第 5 期。

73. 林彦：《通过立法发展宪法——兼论宪法发展程序间的制度竞争》，载《清华法学》2013 年第 2 期。

74. 门中敬：《规范行政保留的宪法依据》，载《国家检察官学院学报》2017 年第 1 期。

75. 许安标：《论行政法规的权限范围》，载《行政法学研究》2001 年第 2 期。

76. 赵娟：《论行政法的宪政基础——对行政法与宪法之间关系的再认识》，载《中国法学》2005 年第 2 期。

77. 谢立斌：《论国务院的职权立法权》，载《政法论坛》2018 年第 6 期。

78. 方世荣：《论行政立法参与权的权能》，载《中国法学》2014 年第 3 期。

79. 封丽霞：《制度与能力：备案审查制度的困境与出路》，载《政治与法律》2018 年第 12 期。

80. 何海波：《"越权无效"是行政法的基本原则吗？——英国学界一场未息的争论》，载《中外法学》2005 年第 4 期。

81. 尹林、路国连：《关于立法科学性的若干思考》，载《法治研究》2010 年第 2 期。

82. 秦前红：《合宪性审查的意义、原则及推进》，载《比较法研究》2018 年第 2 期。

83. 王书成：《合宪性推定的正当性》，载《法学研究》2010 年第 2 期。

84. 林来梵：《中国的"违宪审查"：特色及生成实态——从三个有关用语的变化策略来看》，载《浙江社会科学》2010 年第 5 期。

85. 江国华：《行政立法的合法性审查探析》，载《武汉大学学报（哲学社会科学版）》2007 年第 5 期。

86. 席涛：《立法评估：评估什么和如何评估——以中国立法评估为例》，载《政法论坛》2012 年第 5 期。

87. 叶会成：《立法法理学的类型与意义——立法学学科性质的反省》，载《法制与社会发展》2021 年第 6 期。

88. 龚祥瑞：《宪法与法律——读戴雪〈英宪之法的研究导论〉》，载《比较法研究》1995 年第 3 期。

89. 田飞龙：《英国议会主权的思想史演变》，载《环球法律评论》2014 年第 3 期。

90. 李步云：《论人权的三种存在形态》，载《法学研究》1991 年第 4 期。

91. 吕世伦、叶传星：《现代人类学对法起源的解释》，载《中国法学》1993 年第 4 期。

92. 陈端洪：《立法的民主合法性与立法之上——中国立法批评》，载《中外法学》1998 年第 6 期。

93. 张海廷：《英国议会主权的变迁》，载《法商研究》2001 年第 4 期。

94. 李炳辉：《从财产的神圣性看宪法中的"神圣"修辞》，载《法学评论》2020 年第 2 期。

95. 温晋锋：《行政立法责任略论》，载《中国法学》2005 年第 3 期。

96. 刘东亮：《什么是正当法律程序》，载《中国法学》2010 年第 4 期。

97. 王立勇：《论正当程序中的说明理由制度》，载《行政法学研究》2008 年第 2 期。

98. 汪全胜：《立法论证探讨》，载《政治与法律》2001 年第 3 期。

99. 李晓辉：《我国立法论证的形式及其存在的问题》，载《法制与社会》2015 年第 26 期。

100. 王锴：《合宪性、合法性、适当性审查的区别和联系》，载《中国法学》2019 年第 1 期。

三、中文译著

1. [美]E. 博登海默著：《法理学——法哲学及其方法》，邓正来、姬敬武译，华夏出版社 1987 年版。

2. [古希腊]柏拉图著：《理想国》，郭斌和、张竹明译，商务印书馆 1986 年版。

3. [英]安德鲁·海伍德著：《政治学(第三版)》，张立鹏译，中国人民大学出版社 2012 年版。

4. [美]庞德著：《通过法律的社会控制》，沈宗灵等译，商务印书馆 1984 年版。

5. [美]约翰·罗尔斯著：《正义论》，何怀宏等译，中国社会科学出版社 1988 年版。

6. [英]麦金德著：《民主的理想与现实》，武原译，商务印书馆 1965 年版。

7. [英]洛克著：《政府论》(下)，叶启芳、瞿菊农译，商务印书馆 1997 年版。

8. [古希腊]亚里士多德著：《雅典政制》，日知、力野译，商务印书馆 1997 年版。

9. [古希腊]亚里士多德著：《尼各马可伦理学》，廖申白译，商务印书馆 2019 年版。

10. [德]伯恩·魏德士著：《法理学》，丁晓春、吴越译，法律出版社 2013 年版。

11. [美]H. W. 埃尔曼著：《比较法律文化》，贺卫方、高鸿钧译，清华大学出版社 2002 年版。

12. [奥]凯尔森著：《法语国家的一般理论》，沈宗灵译，商务印书馆 2013 年版。

13. [美]理查德·A. 波斯纳著：《道德与法律理论的疑问》，苏力译，中国政法大学出版社 2001 年版。

14. [古希腊]亚里士多德著：《政治学》，吴寿彭译，商务印书馆 1997 年版。

15. [英]W. Ivor. 詹宁斯著：《法与宪法》，龚祥瑞、侯健译，生活·读书·新知三联书店 1997 年版。

16. [英]约翰·密尔著：《代议制政府》，汪瑄译，商务印书馆 1997 年版。

17. [英] 威廉·布莱克斯通著：《英国法释义》（第 1 卷），游云庭、缪苗译，上海人民出版社 2006 年版。

18. [美] 塞缪尔·P. 亨廷顿著：《第三波 20 世纪后期的民主化浪潮》，欧阳景根译，中国人民大学出版社 2013 年版。

19. [日] 穗积陈重著：《复仇与法律》，曾玉婷、魏磊杰译，中国法制出版社 2013 年版。

20. [德] 马克斯·韦伯著：《论经济与社会中的法律》，张乃根译，中国大百科全书出版社 1998 年版。

21. [法] 拉法格著：《思想起源论》，王子野译，生活·读书·新知三联书店 1978 年版。

22. [德] 马克斯·韦伯著：《经济与社会》（下），林荣远译，商务印书馆 1997 年版。

23. [俄] 科列索夫著：《语言与心智》（第三版），杨明天译，中国人民大学出版社 2015 年版。

24. [德] 考夫曼著：《法律哲学》，刘幸义等译，法律出版社 2004 年版。

25. [英] 威廉·韦德著：《行政法》，徐炳等译，中国人民大学出版社 2018 年版。

26. [法] 巴扎尔等著：《圣西门学说释义》，王永江等译，商务印书馆 2011 年版。

27. [法] 孟德斯鸠著：《论法的精神》（上册），张雁深译，商务印书馆 1982 年版。

28. [英] P. S. 阿蒂亚著：《法律与现代社会》，范悦等译，辽宁教育出版社 1998 年版。

29. [德] 拉德布鲁赫著：《法哲学入门》，雷磊译，商务印书馆 2019 年版。

30. [美] 斯科特戈登著：《控制国家——西方宪政的历史》，应奇等译，江苏人民出版社 2001 年版。

31. [英] 霍布斯著：《利维坦》，黎思复、黎廷弼译，商务印书馆 1996 年版。

32. [奥] 弗洛伊德著：《图腾与禁忌》，杨庸一译，中国民间文艺出版社 1986 年版。

33. [德] 哈贝马斯著：《交往行为理论（第一卷）：行为合理性与社会合理性》，曹卫东译，上海人民出版社 2004 年版。

34. [美] 迈克尔·D. 贝勒斯著：《程序正义》，邓海平译，高等教育出版社 2005 年版。

35. [美] 卡尔·J. 弗里德里希著：《超验正义：宪政的宗教之维》，周勇、王丽芝译，生活·读书·新知三联书店 1997 年版。

36. [英] M. J. C. 维尔著：《宪政与分权》，苏力译，生活·读书·新知三联书店 1997 年版。

四、外文著作

1. Lon. L. Fuller, The Morality of Law, Revised edition, Yale University Press, 1969.

2. Sir William Wadeand Christopher Forsyth, Administrative Law, Oxford University Press, New

York，2000.

3. P. P. Craig，Administrative Law，Sweet & Maxwell，London，1983.

4. H. W. R. Wade，Administrative Law，Oxford University Press，1988.

后　　记

时间宛如白驹过隙，自 2003 年主讲立法学以来，不觉二十年过去了。二十年来，主要参用其他老师的教材编写讲义。十年前，以择取各家所长之讲义为基础而编撰的教材尽管已经成型，却迟迟不敢交付出版。今有感于学术生涯苦短，经反复修改补充之后，以"立法法学"为名而面世，不当不足之处恳切希望得到方家批评指正。

江国华

2023 年 12 月 1 日